中国特色社会主义
法治理论与实践系列研究生教材 | 8

法律硕士专业学位研究生案例研究指导丛书

经济法学案例研究指导

主编　李曙光

撰稿人　张钦昱　李蕊　申林平

武卓　赵天书

中国政法大学出版社

2019·北京

图书在版编目（ＣＩＰ）数据

经济法学案例研究指导/李曙光主编. —北京：中国政法大学出版社，2019.12
ISBN 978-7-5620-9099-1

Ⅰ.①经… Ⅱ.①李… Ⅲ.①经济法－法学－中国 Ⅳ.①D922.290.1

中国版本图书馆CIP数据核字(2019)第162937号

出 版 者　　中国政法大学出版社

地　　址　　北京市海淀区西土城路 25 号

邮　　箱　　fadapress@163.com

网　　址　　http://www.cuplpress.com（网络实名：中国政法大学出版社）

电　　话　　010-58908435(第一编辑部) 58908334(邮购部)

承　　印　　北京中科印刷有限公司

开　　本　　720mm×960mm　1/16

印　　张　　34.5

字　　数　　547 千字

版　　次　　2019 年 12 月第 1 版

印　　次　　2019 年 12 月第 1 次印刷

印　　数　　1～5000 册

定　　价　　79.00 元

作者简介

李曙光 法学博士、中国政法大学教授、博士生导师。研究生院院长，破产法与企业重组研究中心主任，国务院学位委员会法学学科组成员，最高人民法院法学研究所研究员，中国经济体制改革研究会研究员，中国经济法学研究会学术委员会副主任，中国侨联常委、特聘专家委员会副主任兼秘书长等。国际破产协会理事会执行理事，美国破产学会终身外籍会员，美国哈佛大学法学院高级访问学者。曾任最高人民法院应用法学研究所副所长，中国证监会第 13 届至 15 届主板发行审核委员会委员。是全国人大财经委员会《企业破产法》《企业国有资产法》《合伙企业法》《证券投资基金法》等起草小组主要成员。自 1993 年至今，担任国家经贸委、国家发改委、中国人民银行总行、国家工商总局、亚洲开发银行、世界银行等有关国企民企改革与市场价格改革等多个大型项目的专家组组长、中方首席顾问等。主要著述有：《法思想录》、《转型法律学——市场经济的法律解释》、《破产法的转型》、《国有资产法律保护机制研究》、《公司重整法律评论》（第 1~5 卷）、《危困企业并购艺术》、《上市公司退市风险处置：规则、数据与案例》等。

张钦昱 中国政法大学民商经济法学院经济法研究所所长，破产法与企业重组研究中心秘书长，副教授，硕士研究生导师。北京市经济法研究会常务理事、中国商业法研究会理事，北京市食品药品安全法治研究会理事。主要著述有：《破产优先权之限制理论研究》（独著）、《法学 e 系列教材：经济法学》（副主编）、《经济法学》（中国政法大学出版社 2018 年版，参编）、《破产法评论》（第 1 卷）（执行主编）等，获得中国政法大学"教学优秀奖"（2018 年）、中国政法大学"科学研究突出贡献奖"（2018 年）、第七届"薛暮桥价格研究奖"（2018 年）、"最受本科生欢迎的十位老师"称号（2017年、2019 年）、"中国政法大学钱端升青年学者"称号（2017 年），入选北京市法学会"百名法学英才"培养计划（2017 年）。主持国家社会科学基金青年项目"改革开放 40 年来中国重要经济立法的方法论研究"（19CFX064）、国家社会科学基金青年项目"互联网市场价格违法行为规制研究"（16CFX045）、国家法治与法学理论研究中青年项目"互联网金融平台市场退出之法律规制研究"（16SFB3038）、教育部人文社会科学研究青年基金项目"企业破产中的环境债权研究"（15YJC820078）、中国政法大学青年教师学术创新团队——"经济法学创新团队"（19CXTD07）。撰写的报告被中国人民银行、市场监管总局、国家发展和改革委员会等机构采纳。

李　蕊　中国政法大学民商经济法学院教授，博士生导师。中国政法大学地方财政金融与农村法治研究中心主任。中国人民大学经济法学博士、中国政法大学经济法学博士后、美国明尼苏达大学访问学者。兼任中国法学会经济法学研究会理事、中国法学会财税法学研究会理事、中国法学会银行法学研究会理事、中国农业经济法研究会理事等。入选北京高层次创新人才支持计划哲学社会科学领军人才、北京高层次创新人才支持计划青年拔尖人才、北京宣传文化系统"四个一批"人才、中国政法大学钱端升杰出学者等人才支持计划。获北京高等学校首届青年教学名师、北京高校育人标兵、北京高校优秀德育工作者等荣誉称号。获北京市第十四届哲学社会科学成果二等奖等主要学术奖励 10 余项。主持国家社科基金项目 1 项，主持教育部人文社会科学研究项目、司法部国家法治与法学理论研究项目等省部级项目 10 项。在《中国法学》《中外法学》《法商研究》《政法论坛》等法学核心期刊公开发表论文 10 余篇，在其他 CSSCI、CPCI 来源期刊及刊物发表中、英文论文 30 余篇。出版专著 3 部，编著 8 部。

申林平　法学博士（2014 年毕业于中国政法大学中欧法学院经济法专业）、执业律师、中国人民大学律师学院客座教授、中国政法大学破产法与企业重组研究中心研究员、中国政法大学法学院兼职教授、美国加州大学洛杉矶分校法学院（UCLA School of Law）访问学者。曾根据实务经验主编并出版《中国〈境外直接投资法〉立法建议稿及理由》、《红筹（VIE 结构）企业回归实务与案例分析》、《香港上市实务精讲与案例分析》、《中国企业境外上市法律实务》（与邢会强教授合著）、《上市公司并购重组解决之道》、《中国 IPO 年度评论》、《创业板上市法律实务》、《科创板上市法律实务》等专业书籍；

《跨国并购税收法律制度研究——原理、规制与经典案例》出版中。

武 卓 中国政法大学经济法专业博士研究生，现为中国人民银行条法司副处长、公职律师。2008 年至今，长期从事金融法治工作，提供法律顾问服务，参与相关金融法律、行政法规以及相关配套制度的立法工作。关注金融法治前沿重大问题，持续开展法律与金融、货币法、公司治理、破产法律制度、存款保险制度、银行风险处置机制、国际金融监管改革等方面的研究工作，参与《加强破产法实施 依法促进市场出清》（清华大学国家金融研究院、中国政法大学企业破产与重组研究中心）等课题的研究与报告撰写工作。

赵天书 中国政法大学中欧法学院讲师，中国政法大学破产法与企业重组研究中心研究员，德国汉堡大学法学博士。研究方向为经济法、破产法。专著 Sicherung des schuldnerischen Vermögens im Eröffnungsverfahren，Peter – Lang Press，2016；译著耶利内克《主观公法权利体系》，中国政法大学出版社 2009 年版。文章："比特币法律属性探析——从广义货币法的角度"，《中国政法大学学报》2017 年第 5 期，《人大复印资料经济法、劳动法》2018 年第 3 期转载；"欧洲破产法源流"，载《公司重整法律评论》（第 4 卷），法律出版社 2014 年版；"政府市场价格监管权边界的法经济学重构"，载《政法论坛》2016 年第 4 期；"关于完善价格监督检查权的思考——瑞士《价格监管法》借鉴与启示"，载《价格理论与实践》2016 年第 5 期。

序　言

　　法学学科是实践性很强的学科。2017 年 5 月 3 日，习近平总书记考察中国政法大学时对法学教育和法治人才培养提出了明确要求。他指出："法学教育要处理好法学知识教学和实践教学的关系。学生要养成良好的法学素养，首先要打牢法学基础知识，同时要强化法学实践教学。"如何使学生学习法治理论的同时，能够深入了解中国法治实践，拥有解决实际问题的知识和能力，是法学教育必须解决的首要问题。

　　法律硕士专业学位研究生教育最注重实践教学，日益成为法学教育的主要形式。近十几年来，法律硕士专业学位研究生教育快速发展，无论是举办高校数量还是招生规模都一路高企，呈现出一派繁荣景象。随着应用型硕士与学术型硕士的分野，二者之间在培养模式、培养标准、教学方式、教材体系等方面有何区别等问题亟待研究。可以说，法律硕士与法学硕士最大的区别在于人才培养目标不同，法律硕士培养应当服务、服从于法治实践，为实务部门培养具有法律专业素养和职业精神的优秀人才。有鉴于此，构建有别于学术型硕士的培养模式、制定统一的培养标准、改革教育教学方法、编写高质量教材，成为法律硕士专业学位研究生教育的当务之急。

　　法律硕士培养规律和实践表明，案例教学是强化实践教学的重要方式，也是增强学生问题意识，提高解决问题能力的有效途径。案例教学不仅能够使学生深入了解法治工作实际，提高他们正确适用法律的能力，而且可以促进理论和实践的有机结合，提升他们的理论素养。

　　中国政法大学作为全国第一批法律硕士专业学位研究生培养单位和第一所设立法律硕士学院的高校，在法律硕士专业学位研究生培养方面积累了一定经验。为进一步推动法律硕士专业学位研究生教学改革，深化培养模式改革，打通知识教学与实践教学之间的壁垒，强化实践教学和案例教学，学校组织有较高理论素养和实践能力的教师编写了《中国特色社会主义法治理论与实践系列研究生教材之法律硕士专业学位研究生案例研究指导丛书》（以下简称"案例研究指导丛书"），帮助学生从案例研究入手，更好地学习法学知识，掌握专业技巧，提高实践能力，以适应日益增长的社会需求。

案例研究指导丛书坚持以中国特色社会主义法治理论为指导，坚持从中国国情和实际出发，融通世界先进经验与中国智慧，结合中国法治实践，在夯实学生法学专业基础的同时，注重培养学生的理想信念、家国情怀、人文精神和责任担当，提高学生发现问题、分析问题、解决问题的能力，形成运用法律思维和法治方法分析解决问题的自觉意识。

衷心希望这套教材能够在法律硕士专业学位研究生培养中发挥积极作用，成为广大法律硕士专业学位研究生的案头必读书。

是为序！

中国政法大学　马怀德
2019 年 4 月 12 日

市场经济本质上是法治经济。市场交易高效、有序运行的一个基本条件就是法治，离开了法治，市场就会混乱不堪，经济就难以持续健康、稳定地发展。正如约翰·穆勒所言："使行动对任何人都有价值，取决于对每个人的行为实施有效的约束。"要想约束经济行为必须先理解经济行为。在当代社会，法律与经济关系的快速变化，对法科尤其是经济法专业的研究生的培养提出了新挑战。为了适应市场经济形态的日益多样化和复杂性，经济法专业人才的培养任务势必从知识点的掌握迈向更为灵活的分析方法的掌握和开放性思维能力的养成。从这一点上讲，我们传统的经济法教材尤其是为职业应用导向型硕士编写的研究生教材，理念亟待更新。

2017年5月3日，习近平总书记在我校考察时强调："法学学科是实践性很强的学科，法学教育要处理好知识教学和实践教学的关系。"如何培养"立德树人，德法兼修"的法大人，使学生在法律硕士专业学位研究生培养中深入理解掌握中国特色社会主义法治理论，充分了解中国法治实践，拥有解决中国经济社会发展中现实问题的智慧与能力，是我们法律教学者的光荣使命。为此，我们组织了多位经济法学专业的骨干教师和校外专家，结合自身的研究与教学经验共同编写了这本《经济法学案例研究指导》教材。

本书的设计理念是按照专题将经济法的知识体系与典型案例结合起来，在传统经济法教材的体系基础上突出了面向问题和解决问题的导向性与实践性。这一开创性的设计是为了进一步推进法律硕士教学内容和教学方式改革，满足法律硕士理论和实践相结合的学习需要。在夯实学生专业基础的同时，培养学生发现问题、分析问题、解决问题的能力，养成用法律思维和方法进行问题探讨的习惯。

本书有四个特点：

第一，问题导向性。本书突破传统的法学教材编写体例，以每个专题所涉及的重点问题为导向，选取适当数量的案例或在真实案例基础上重新加工并对其进行分析。

第二，体系性。本书的案例编撰按照经济法学科各研究方向的知识体系设计，要求选取的案例应具有真实性、权威性、前沿性、典型性和综合性，力求能涵盖本专题重要知识点。并且，为了保证案例的学习不是空中楼阁式的学习，在进行案例分析之前，每个专题都系统地讲述了本部分的基础知识。

第三，应用性。书中知识体系的讲授不是对知识点进行简单罗列，而是阐释本专题特有的分析方法和思维路径。在案例分析中结合实体法、程序法和相关实务操作，从问题提炼、法律制度适用、理论的选择等方面，呈现完整的分析过程，形成解决问题的论证方案，以训练学生形成规范、完整的法律思维。

第四，启发性。本书强调开放性思维，而非知识的灌输。为方便课堂研究、讨论和学生课后学习，本书在各专题设置了"拓展资料"部分，该部分主要包括拓展思考案例和拓展阅读资料。拓展思考案例包括基本案情、法律问题和重点提示等内容。

本书的撰稿分工如下：

李曙光　第一章~第四章、第十三章专题二十八；

张钦昱　第十二章、第十五章、第十七章；

李　蕊　第五章、第六章、第九章、第十章、第十四章；

申林平　第十三章专题二十九~三十二；

武　卓　第七章、第十三章专题二十七；

赵天书　第八章、第十一章、第十六章。

全书由李曙光、张钦昱统稿，感谢陈泽杰、黄丽娇、方子乔、李正洋、廖鹊、龙泓任、牛童、索东汇、项丽环、向姝瑾、王少英、郑海黎等同学在资料梳理、文字校对等方面的付出。

　　本书是对经济法教材编撰体例改革的一次新尝试，问题必然不少，敬请读者批评指正，以待再版时改进。

李曙光

2019 年 5 月 23 日

于蓟门法大

图书总码

目　录

第二编　宏观调控法

第三编　市场监管法

第一编

经济法原理

| 第一章 |

经济法的概念

专题一　经济法的特点

📚 知识概要

经济法作为一个新兴的法律部门，以社会本位，实质正义为原则，以营造平衡和谐的社会经济环境、合理分配经济资源和保障社会总体经济可持续发展为目标。其概念从语义学的角度来看，经济法是调整现代国家进行宏观调控和市场规制过程中发生的社会关系的法律规范的总称。目前，经济法的概念根据国体的不同，对经济法是否为独立的法律部门的理解不同，经济法与民法、行政法的区别不同，众说纷纭。经济法的概念、经济法与民法、行政法的区别是在个案中通过运用具体法条所体现出来的。本专题选取了 1 个经典案例和 4 个拓展案例，以期读者能从具体案例中感受到经济法的概念和经济法所致力维护的信念。

📚 经典案例

江山三星铜材线缆有限公司等五公司重整案[1]

一、基本案情

江山三星铜材线缆有限公司（以下简称"三星铜材公司"）设立于 2000

---

〔1〕　浙江省江山市人民法院（2016）浙 0881 民破 2、3、4、5、6 号。

年9月20日，注册资本5000万元，股东朱某持股东11.62%，星安集团持股88.38%，法定代表人朱某，经营范围为加工、销售无氧钢材、电磁线、绝缘材料等；浙江星安投资集团有限公司（以下简称"星安集团"）设立于2005年8月9日，注册资本5000万元，股东朱某持股东55%，邵某持股45%，法定代表人朱某，经营范围为对外投资、资本运作；江山星安铜业有限公司（以下简称"星安铜业公司"）设立于2009年4月7日，注册资本2000万元，股东朱某持股东49%，星安集团持股51%，法定代表人朱某，经营范围为无氧铜杆生产、销售；江山星翔电工器材有限公司（以下简称"星翔电工公司"）设立于2011年12月7日，注册资本500万元，股东水某持股东90%，郑某持股10%，法定代表人水某经营范围为加工、销售：纸包铜扁线、裸铀线、无氧铜材、电磁线；江山星安房地产有限公司（以下简称"星安房地产公司"）设立于2011年3月2日，注册资本3000万元，股东朱某持股东16.67%，星安集团持股83.33%，法定代表人朱某，经营范围为房地产开发、销售。五公司实为朱某控制，因投资外省房地产开发，造成资金链断裂。2016年3月22日开始，其分别向本院申请重整，江山法院于4月8日裁定受理三星铜材公司、星安投资集团、星安房地产公司、星安铜业公司重整4案，并指定京衡律师事务所等为管理人。于2016年5月13日裁定受理星翔电工公司重整一案。经审核，五公司总计债权人有150多家，申报债权多达5.35亿元。

管理人接管五公司后对公司的经营管理、资产、资金、债务等各方面作了调查，并就是否同意合并重整书面向各债权人发放了征求意见函，回收的统计结果为大多数债权人同意合并重整。为此，管理人向本院请求在破产重整中适用实质合并原则，进行合并重整。

江山法院于2016年6月2日召开听证会听取不同意的债权人意见，同意的债权人代表参加旁听。根据管理人查明的事实，上述五家公司虽为独立企业法人，但其实际控制人均为朱某，且存在人员、管理、资金、债务等方面的混同、相互担保、互负债务等情况，将五公司适用实质合并原则，进行合并重整，有利于提高重整程序的效率，能更好地保障各当事人之间实质上的公平，更符合破产法的宗旨。因此，裁定五公司适用实质合并原则进行合并重整。2016年6月3日召开第一次债权人会议。

2016 年 12 月 16 日，三星铜材公司等五公司破产重整案召开了第二次债权人会议。经 5 个分组表决，职工组、税收组、普通债权组、出资人组均顺利通过了重整计划草案。担保债权组因大多是金融机构，要请示上级并等待答复，因此申请延期表决。为确保投资者在春节前能接盘，江山法院在会后强有力地指导管理人不能被动等待，要求其积极主动与担保债权人协商，通过有效沟通促成及时表决。最终，在政府相关部门的配合下，该组债权人在会后两周内即完成了全部表决并通过重整计划草案。管理人以各表决组均通过重整计划草案为由向法院提出批准重整计划的申请。

2016 年 12 月 30 日，江山法院裁定批准三星铜材公司等的重整计划，终止三星铜材公司等重整程序。同日，投资者出资 8550 万元 100% 收购三星铜材公司、星翔电工公司股权的合同正式签订。2017 年 1 月 5 日，重整企业与投资者顺利完成交接工作。

税收债权、112 名职工债权一次性 100% 清偿；普通债权金额 5 万元（含5 万元）以下部分 100% 清偿；133 名普通债权清偿率客观预估从破产清算状态下的 14%，重整后可提升至 40%。4 家银行债权 1.19 亿元贷款因重整成功从不良转为正常。

二、法律问题

1. 该案如何体现经济法的内涵？
2. 从比较法的角度看，该案如何体现经济法与民法的区别？

三、法理分析

（一）该案如何体现经济法的内涵？

经济法是对社会主义商品经济关系进行整体、系统、全面、综合调整的一个法律部门。在现阶段，它主要调整的是在社会生产和再生产过程中，以各类组织为基本主体所参加的经济管理关系和一定范围的经营协调关系。经济法的概念是经济法学的基本范畴，是经济法学体系和结构的支柱，也是经济法理论研究的逻辑起点。能否科学地揭示和界定经济法的概念，不仅关系到经济法理论框架的构筑，而且直接决定着经济法能否作为独立的法律部门存在。因此对于经济法概念的揭示与探讨，是经济法学研究中不可回避的、最基本的理论问题之一。如果这一问题不能得到圆满的解决，无论经济法在形式上是如何的繁荣，在实践中是多么的重要，其结果都只能是无源之水、无本之木，成为没有根基的空中楼阁。在我国，经过 30 余年的历史，学术界提出了众多经济法概念，经济法的研究在许多基本理论问题上取得了一些成就，部门经济法的研究也取得了长足的进步。但是，在我们认识到经济法研究取得成就的同时，也要看到其中的争议、尴尬、缺陷和不足。以下摘取了三个我国经济法学界主要学说的学术定位，希望读者能从具体的案件去体会抽象的经济法的概念：

（1）"纵横统一说"〔1〕。根据刘文华教授、史际春教授的"纵横统一说"，将经济法基本涵义的表述为"经济法是调整经济管理关系、维护公平竞争关系、组织管理性的流转和协作关系的法。"从本案可以看出，该案调整的是三星铜材公司与其债权人、职工等经济关系，体现出经济法的调整对象是本国经济运行过程中发生的一定范围的经济关系。

（2）需要国家干预说〔2〕。根据李昌麒教授的"需要国家干预说"，认为"经济法是国家为了克服市场失灵而制定的调整需要由国家干预的具有全局性和社会公共性的经济关系的法律规范的总称。"这表现出，经济法最基本的属性是体现了国家运用法律对社会经济生活的干预。首先，经济法并不调整所有的经济关系而只是调整具有全局性的和社会公共性的经济关系，揭示出经济法是以"社会本位"为其存在基础的。市场规制是指国家通过制定行为规范引导、监督、管理市场主体的经济行为。其次，为了实现经济法社会本位、实质正义的目标，法院运用了《企业破产法》，促进企业焕然新生，若此时没有国家干预，债权人的利益得不到保障，职工得不到安顿，企业难以继续开展生产活动。因此国家干预市场的作用便体现出来了。

（3）国家协调说。杨紫烜教授认为"经济法是调整在国家协调本国经济运行过程中发生的经济关系的法律规范的总称"，或者简而言之，经济法就是调整国家经济协调关系的法律规范的总称。经济法不同于国内法体系中的其他法的部门。经济法有着自己特定的调整对象，作为经济法调整对象的社会

---

〔1〕 史际春、邓峰：《经济法总论》，法律出版社 1998 年版，第 48、53 页。

〔2〕 参见李昌麒：《经济法——国家干预经济的基本法律形式》，四川人民出版社 1995 年版。

关系是经济关系，这种经济关系是在本国经济运行过程中发生的，而本国经济运行过程是在国家协调之下进行的，所以也就是国家经济协调关系。总之，经济法特定调整对象之国家经济协调关系的形成是因为经济运行需要国家协调，而国家协调经济运行既是为了促进经济的健康、稳定的发展，也是国家经济管理职能、国家对经济活动的干预和"国家之手"在经济运行中作用的体现。

徐杰教授认为，经济法是调整经济管理和经济协作过程中产生的经济关系的法律规范的总称。经济法的调整对象包括以下四个方面的社会关系：国民经济管理关系、经济协作关系、市场经济主体在内部经济管理中产生的经济关系和涉外经济关系。[1]

以上学说对经济法的研究和发展有着十分积极的意义。然而，就经济法的整体研究状况来看，当前我国的经济法理论往往表现为总论与分论研究脱节。总论中得出的结论不能解释分论中的法律现象，分论中缺乏相关规定时也无从适用总论中的结论。并且几乎出现"一个学者，一种学说"的局面，对使用中的一些概念没有进行准确界定和区分，对引入的法学之外的其他学科中的术语的理解往往与这些术语在其固有学科中的真正含义有很大出入，如经济法学说中高频使用的"市场失灵""政府失灵""国家干预""外部性""公共产品""实质正义""社会正义"等经济学和政治哲学术语。另外，由于几乎所有与经济活动有关的法律都能塞进经济法这个"大篮子"，许多领域的研究与其他学科的研究多有重叠，于是引发了一些不必要的争论。例如对公司法、企业法、消费者权益保护法、产品质量法等的研究，与民商法学者的研究相重叠，当民商法学者主张这些内容属于民商法研究领域时，经济法学者为了维护自己的研究领域，维护经济法作为法律部门的独立地位，便会花费大量的精力、用大量的篇幅来论述这些内容与政府介入经济活动有关，属于经济法的调整对象，因此是经济法的研究内容。实际上，如果只是为了争论某一问题应该属于何领域，这样的争论没有任何意义。因此需弄清经济法与民法、行政法的区别以及经济法所特有的理念。

（1）经济法是国家干预经济的法。经济法的产生是国家干预经济的必然

---

〔1〕 徐杰：《经济法概论》，首都经济贸易大学出版社2001年版，第3页。

结果，它把调整的重点始终放在引导各类经济主体依法进行经济活动，保证经济关系的正确确立和有序进行上，以形成本国经济可持续发展的经济环境和经济秩序。本案中，国家通过《企业破产法》控制调节三星铜材公司的破产重整过程，充分发挥司法职能，达到市场出清、优化资源配置、提高破产清偿率的效果，体现国家对市场经济的干预，以期释放经济活力。

（2）经济法是社会责任本位法。经济法与民法、行政法相比较，在调整社会整体与社会个体的关系上，各有自己的主导思想。经济法是"社会责任本位法"，它以社会利益为基点，无论是国家机关，还是社会组织或个人，都必须对社会负责，在此基础上处理和协调相互之间的关系。本案以优化重整企业资源、盘活生产要素为目标，积极引入战略投资者重整上述两家企业仍具活力的主营业务，同时剥离劣质资产，将两家公司的非重整资产并入其他三家公司的资产，一并作为清算资产进行剥离，较好地发挥了重整制度的拯救功能，切实保护全体债权人的权益。

（3）经济法是以经济为目的的法。经济法始终调整经济关系，调整的目的就是使社会的整体经济能持续、稳定地发展，提高社会生产力水平，而且在这个调整过程中甚至会有意使局部利益或个体利益有所损失。本案中，管理人的行为是为了优化重整企业资源，盘活生产要素；债权人是为了争取自己利益最大化；公司是希望自己能凤凰涅槃、重焕生机；司法是为了维稳地方经济发展，实现资源优化配置，各方均具以经济利益为其重要考虑目标。

（二）从比较法的角度看，该案如何体现经济法与民法的区别？

民法是调整平等主体的公民之间、法人之间、公民和法人之间的财产关系和人身关系的法律关系的总和。经济法、民法、商法作为规范市场经济交易和运行的重要法律，以完善市场和协调发展为出发点，是社会主义市场经济持续发展的重要法律保障。民法由于贯彻私法自治的理念而具有很大的灵活性，所以适合对于市场经济关系的调整，而且民法可以利用其法律原则（如公序良俗原则）让经济法的理念进入自治领域。当国家或者社会组织以"市场失灵"为理由干预经济时，民法能够自动退出；当"政府失灵"的情况出现时，国家的监管被解除，以私法自治为理念的民法又当仁不让地成为市场经济的中流砥柱。所以，经济法与民法的界限问题，就关系到社会整体经济利益与个体利益的边界问题。经济法较之民法更强调强制、责任，而不考虑行为人的意愿，那么这种强制的施加就必须谨慎而为，以免成为权力滥用的工具。社会整体经济利益的定义要基于社会学、经济学和法学的结合，在个体的行为损害了或者危及社会整体经济利益，而没有更好的解决方法时，才能优先考虑社会整体经济利益，而并不是仅仅为了实现矫正正义，因为经济法并不是弱势群体保护法。民法和经济法因调整对象、方式和目标等方面有重合之处，有时界限较为模糊。但两者仍差别明显，具体分析如下：

（1）法律关系主体不同。现代民法产生于资本主义经济的上升时期，资产阶级反抗封建特权，要求废除法律对封建特权的特殊保护，要求经济权利平等，要求法律平等保护每一个个体的权利，因此在法律关系中，现代民法将民事主体抽象为"人"，除民事行为能力外，基本不存在其他个体性的差异，民事法律对主体权利义务的规定一般也不考虑主体的具体身份。因此民法调整平等主体的自然人、法人之间的财产关系和人身关系，以平等性、自治性为基本特征，属于私法的范畴。

经济法以国家在管理和协调国民经济运行过程中发生的经济关系为调整对象，具有显著的服从性，属于公法范畴。经济法强调主体身份的差异性，并通过对参与经济法律关系的主体进行具体的身份识别，进而对主体之间的权利义务关系进行重新配置。由当事人经济地位不平等引发的利益冲突恰恰是法律调整的起点，同时调整建立在国家管制的基础上，经济法律关系主体之间的关系具有不平等的特性。这与民事法律关系主体具有高度的抽象性、除民事行为能力的差异外基本不具有个体性差异的情况是迥然不同的。并且与民事法律关系相比，经济法律关系的主体在类型上具有广泛性，其中最为特殊的是，国家成为经济法律关系的重要主体。此外，在一些以弱势群体为一方当事人的经济法律关系中，权利与义务发生了某种程度上的分离，而在以国家监管机构为一方当事人的经济法律关系中，权利具有公权的性质，主体的权利同时也是其义务，权利不能被放弃或任意处分，权利与义务因此被称为"职责"。这与民事法律中的权利义务规则显然不同。

现实社会生活中，政府对经济和市场的干预是通过一定形式的法律规则来实现的，由于国防、公路等公共物品的提供、环境污染等外部的存在、内幕消息等信息不对称的存在，使得市场配置资源的方式需要政府出面进行调控。因此，政府是经济法法律关系主体中的重要一环。在本案中，则体现为法院带给各方的影响，对于债权人，法院指定管理人，裁定企业进入破产重整阶段，有力地保护了债权人的权益，同时尽最大努力保障债权人得到公平受偿。对于债务人，法院保护企业免受债权人无理瓜分，挽救财务状况恶劣的现状，从而予以重整使其免予解体或破产，能够清偿到期债务，使濒临破产或已达到破产界限的债务人起死回生。对于管理人，首先是受法院指定，其次在管理过程中，江山法院在会后强有力地指导管理人不能被动等待，要求其积极主动与担保债权人协商，通过有效沟通促成及时表决，体现了法院强有力的推进和调节作用。因此可以看出政府的力量在经济法中是强大且不可替代的，"看不见的手"无时无刻不影响我们的生活。

（2）法律理念不同。民法突出个体权利的本位性，强调社会个体的权利、平等和自由，能够调动和保护个体的积极性及创造性，充分体现和运用市场竞争机制。民商法的安全理念是建立在微观的、个体的市场交易安全以及私人权利不受侵犯的基础之上的，以个人利益为本位的私法自治，即在尊重各个主体的意思自治的基础上保护和增进个人利益。

经济法强调社会本位，以社会利益和社会责任为基本原则，着眼于维护全局的、长远的利益，以期营造平衡和谐的社会经济环境、合理分配经济资源、保障社会总体经济可持续发展。其理念就是在社会整体利益优先的基础上保护、分配和促进社会整体经济利益。这主要包括两方面：一是保护现存的社会整体经济利益不受侵犯，这是保护的问题；二是在追求社会整体经济利益与个体利益以及集团利益均衡的基础上促进社会整体经济利益的增加。

本案是通过核心资产重整、清算资产剥离模式盘活破产工业企业，达到市场出清、优化资源配置、提高破产清偿率的效果。《企业破产法》把企业置于中心地位并不仅仅是着眼于包含在企业中的各方当事人利益，而且是着眼于企业在社会经济生活中的地位及其兴衰存亡对社会生活的影响。这体现了经济法的目的着眼于宏观，注重维护社会经济总体效益，兼顾社会各方经济利益公平，维护市场经济平稳发展。经济法的概念中有关于消费者在商品经营中权益受到损害对消费者权益进行保护的内容，有关于劳动者和企业经济利益保护的内容，有关于企业或者是劳动者用劳动合同对自身经济利益进行保护的规定。相关内容的设置，都能直接体现经济法对社会整体利益维护的功能。不仅如此，经济法还能够实现对社会经济资源的运行与管理，这也是经济法对社会整体利益维护的重要体现。我国幅员辽阔，各种资源非常丰富，经济法的建设及应用，能够为社会自然资源的合理化利用提供法律保障，从而能够实现对社会资源的合理化配置，实现对社会整体利益的维护。

（3）调整方法不同。民法则更多地采用任意性规范，当事人可以依法自由处分权利，对违法行为采取民事制裁形式，具有补偿性。民法由于贯彻私法自治的理念，对民事法律关系的调整具有很大的灵活性，而且民法可以利用其法律原则（如公序良俗原则）进行调节。因此民法则更多地采用任意性规范，当事人可以依法自由处分权利，对违法行为采取民事制裁形式，具有补偿性。

经济法是一门公私兼具的法，其中既有政府的参与又不乏市场的作用，因此其以市场的角度出发既利用政府的"有形之手"也兼顾"市场的无形之手"。其根本上还是要尊重市场经济自由的原则，改善市场秩序，因此其具有公法和私法相融合的性质。国家的干预与宏观调控能力对于现代市场经济发展来说至关重要，经济法对于市场经济的调节要通过国家的干预来实现。本案中，债权委员会通过重整计划，则投反对票的少数债权人也不得不接受这一方案。当重整计划通过时，企业在破产管理人的管理下进行重整工作，若重整计划不通过，企业则根据法律进入破产程序，此时企业是没有选择权的。现代国家介入经济生活的方式不仅仅表现为一种协调，有时可能是强制性的。如《银行业监督管理法》里确立了银行业监督管理机构的特别的监督管理措施。其中最重要的是"强制整改的措施"——第37条规定："银行业金融机构违反审慎经营规则的，国务院银行业监督管理机构或者其省一级派出机构应当责令限期改正；逾期未改正的，或者其行为严重危及该银行业金融机构的稳健运行、损害存款人和其他客户合法权益的，经国务院银行业监督管理机构或者其省一级派出机构负责人批准，可以区别情形，采取下列措施：①责令暂停部分业务、停止批准开办新业务②限制分配红利和其他收入；③限制资产转让；④责令控股股东转让股权或者限制有关股东的权利；⑤责令调整董事、高级管理人员或者限制其权利；⑥停止批准增设分支机构。银行业金融机构整改后，应当向国务院银行业监督管理机构或者其省一级派出机构提交报告。国务院银行业监督管理机构或者其省一级派出机构经验收，符合有关审慎经营规则的，应当自验收完毕之日起3日内解除对其采取的前款规定的有关措施。"本措施说明我国法律在公权力介入时，采取的措施不再单单是传统上的罚款，而是带有强制性措施，体现了经济法和民法的差异之一。

（4）调整目的不同。民法侧重对私人利益的保护，目的是保障经济主体自由基础下的交易成果；而经济法在平衡私人利益与社会利益的冲突中将其关注的重心放在社会利益上，以社会为本位，主张对社会利益的保护，尤其强调对社会弱势群体和公共利益的保护，强调合理配置社会公共资源和公平分配社会财富。本案中，因债务人重整的间接目的也是为保护债权人以及社会部分公众的整体利益，其中包括了职工利益，故债务人的重整成功也有利于社会经济的安定与发展，避免了职工的失业、生产力的浪费和社会救济等一系列情况的发生，对防止经济衰退与危机，促进社会稳定和发展具有不可低估的积极意义。

（5）诉讼理念及模式不同。民事诉讼法强调对平等主体之间的财产权益和人身权益的私益进行保护，对当事人之间的纠纷，遵循民法中权利本位和意思自治理念，采取不告不理的原则，这与体现"以社会利益为核心"的经济法保护理念存在直接冲突。

经济法中，随着我国社会主义市场经济以及经济法的发展，公益诉讼发挥了越来越大的作用。公益诉讼是指任何组织或个人都可以根据法律的授权对违反法律、侵犯国家利益及社会公共利益的行为向法院起诉，由法院追究违法者法律责任的活动，体现了"以社会利益为核心"的经济法保护理念。本案中，各方的地位在先天上是不平等的，和民法的分类不同，重整案件中无原告被告各方，而是以管理人、债务人、债权人代替。因此两者的诉讼理念和模式尚有不同。

四、参考意见

在利益主体多元化、经济关系复杂化的现代市场经济条件下，各经济主体以自身利益为出发点，因而不可能自觉地反映社会需要及其长远变动趋势，也不可能自觉地实现当前利益与长远利益、局部利益与整体利益的有效结合。经济法正是为补充民法的不足，从社会经济发展全局出发，通过国家的疏导和纠正等行为调节社会经济，实现经济结构和比例关系的均衡，促进经济的合理运行和有序发展。既从社会整体利益出发，又兼顾社会个体利益，坚持全局观念，对各类主体的意志、行为和利益进行平衡协调，以实现社会整体利益与个体利益的平衡。认清经济法对于调整市场经济的独特且不可取代的作用，发挥其在市场经济领域当中的独特作用。经济法实质正义的理念突破了传统民商法的平等自由理念，从整体上完善和发展了市场经济法律的公平正义观。经济法遵循社会本位理念，从而在整体上使传统市场经济法律由个人本位和私权至上转向个体利益和社会利益的和谐发展。[1]

拓展案例

案例一：江西省盐业集团公司吉安公司诉吉安市工商行政管理局行政处罚案[2]

一、基本案情

江西省吉安市盐务局是国务院授权的盐业主管机构，江西省盐业集团公司吉安公司（以下简称吉安盐业公司）是经工商部门注册登记并办理营业执照的企业（经营范围为食盐、各类用盐、场地出租、日用百货等），二者属一套人马两块牌子。因吉安盐业公司除专营食盐批发业务外，还经营日用百货，为提高企业效益，该公司部分业务员在批发、配送食盐过程中，强制搭配非盐商品（食用油、白酒等）或在食盐配送过程中搭配低钠盐、深井盐，否则就以无高钠盐（中盐）或无盐为由停止供应食盐。部分食用盐零售商不满，向吉安市工商行政管理局（以下简称市工商局）投诉，该局先后于2012、2013年两次向吉安盐业公司下达责令改正通知书。后经市工商局立案调查，告知该公司听证权利并听取陈述后，于2014年7月作出行政处罚决定：责令停止违法行为，处以罚款16万元。吉安盐业公司不服，申请行政复议后复议机关维持上述处罚决定。该公司诉至法院，请求撤销市工商局的行政处罚决定。

吉安市吉州区人民法院一审认为，原告吉安盐业公司作为国家食盐专营

---

〔1〕　参见李曙光主编：《经济法学》，中国政法大学出版社2018年版，第11页。
〔2〕　"江西省盐业集团公司吉安公司诉吉安市工商行政管理局行政处罚案"，载《最高人民法院发布人民法院经济行政典型案例》，2015年10月22日。

企业，具有法定的独占经营权，与其他普通经营者对食盐零售商具有不同支配地位，但其经营主体、地位应当平等。原告在开启多种经营活动中，利用自身专营食用盐的批发、配送过程中的独占优势地位，强制食用盐零售商搭售低钠盐及非盐商品食用油、洗涤系列产品、白酒等商品，其行为构成了限定他人购买其指定的经营者的商品，扰乱市场秩序，违反了《反不正当竞争法》第2条。遂判决维持被告吉安市工商局作出的行政处罚决定。该公司上诉后，吉安市中级人民法院判决驳回上诉、维持原判。

二、法律问题

该案如何体现经济法与行政法的区别？

三、重点提示

从本案分析经济法与行政法区别。行政法是调整行政主体在行使行政职权和接受行政法制监督过程中而与行政相对人、行政法制监督主体之间发生的各种关系以及行政主体内部发生的各种关系的法律规范的总称。行政法调整的是国家机关和私人之间的公务关系。在这种情形之下，国家机关与私人之间地位是不平等的。国家干预产生的经济关系在性质上的模糊，直接导致这类新的经济关系的性质难以在公、私法框架内被确定。行政法改革也没有根本改变其控权的本质属性，具有公私互动、平等与管理相互交错的经济关系无法通过行政法得到完整和准确的反映。为克服市场规则的固有缺陷，保证经济的协调发展，以国家干预经济为基础产生了政府对市场的监管关系和政府对经济的宏观调控关系。因此，经济法律法规都相对独立于行政法，虽有时界限有时较为模糊。但实际操作中，经济法与行政法差别较大，分析如下：

（1）主体不同。行政法主体的一方是政府及其非经济主管部门，另一方则是下属的行政机关、企事业单位、社会团体和公民。本案中，吉安市工商局作出行政处罚时，主体为吉安市工商局与吉安盐业公司，其地位和主体性质明显不同，此时吉安盐业公司为行政行为相对人而非市场主体。经济法主体包括国家权力机关、行政机关行业司法机关，还包括法人、社会组织和公民个人，主要为市场主体。吉安市吉州区人民法院在审理案件中，主体为吉安盐业公司与吉安市工商机关，重点在于吉安盐业公司的行为是否构成不正当竞争。此时，经济法调整的经济管理关系本质上是一种物质利益关系，不是单纯的行政管理关系。

（2）调整对象不同。行政法调整的社会关系所体现的是一种权力从属关系，同时这种关系在大多数情况下是不直接具有经济内容的行政关系，本案中为行政管理关系，即行政机关、法律法规授权的组织等行政主体在行使行政职权的过程中，与公民法人和其他组织等行政相对人之间发生的各种关系。行政主体与行政相对人之间形成的行政管理关系，是行政关系中的主要部分。大部分都是以行政相对人为对象实施的，从而与行政相对人之间产生行政关系，行政处罚时，吉安市工商局作为行政机关，根据公司的不法行为有权作出行政处罚。经济法的调整对象是指经济法所干预、管理和调控的具有社会公共性的经济关系。而经济法的运用是由于当事人经济地位不平等引发的利益冲突，是建立在国家管制的基础上的，因此经济法律关系主体之间的关系具有不平等的特性。本案是行政机关依法查处不正当竞争行为的典型案件。不正当竞争行为的突出表现之一，是公用企业等依法具有独占地位的经营者，限定他人购买其指定的经营者的商品，或违背购买者意愿搭售商品或附加其他不合理的条件，上述行为严重侵害了其他经营者的公平竞争权，排挤、剥夺了他人公平获得财富的机会。因此案件进入司法程序时，调整的经济关系则是吉安盐业公司独占经营权、强行搭售非盐商品行为是否构成不正当竞争，与行政关系中吉安盐业公司因不正当竞争行为而受处罚的行政关系不同。

（3）调整方法不同。行政法采取单纯的强制性办法，而经济法则是采取公权与私权介入的方法。方法如下：首先是国家公权力强行介入的调整方法，即国家以公共权力者的身份介入经济活动并对经济活动进行强制性的整顿和控制，其包括经济手段和非经济手段两种。其次是国家公权力非强制性介入的调整方法，即国家以公共权力者的身份介入经济活动并对经济活动进行非强制性的整顿和控制，主要指国家对经济活动的行政指导。例如，引导、建议、提倡、经济政策的制定、官法信息发布等。最后为国家私权介入的调整方法，即国家以非公权力的手段直接参与经济活动并以此达到对整个经济运行进行整顿和调控的目的。例如，创办国有企业，投资基础设施和公益设施，政府采购，政府出售与收购，发行国债，买卖外汇，政府补贴等。经济法的调整方法的特点是：既采取强行性规范方式，又有许多任意性规范，尤其注重采取大量提倡性规范方式，实行提倡性规范与必要的强行性规范相结合；既规定经济法责任和经济法制裁等否定式法律后果，又注重采用奖励这种肯定式法律后果形式，实行制裁与奖励相结合。此处可看主案例，江山法院召开听证会听取不同意的债权人意见，同意债权人代表参加旁听，之后由第二次债权人会议组表决。这些行为都表明了在经济法中，法律尊重个人意愿，采取私权介入的方法形成重整计划。行政法中，行政法律关系具有不对等性，因此强制性为行政法的特点之一。如行政行为的效力包括执行力，执行力是实现行政处理内容的效力，实现方式包括自行履行和强制履行，因此两者调整方法大相径庭。

（4）作用不同。行政机关通过行政立法、行政执法及行政司法等各种手段，有效地规范、约束行政相对人的行为，制止危害他人利益和公共利益的违法行为，建立和维护社会秩序与行政管理秩序，确保行政机关充分、有效地实施行政管理，有效监督行政主体、防止行政权力违法或滥用的目的，同时保护公民、法人或其他组织的合法权益，着重巩固与发展政治体制改革的成果。而经济法则是着重巩固与发展经济体制改革的成果，着眼于维护全局的、长远的利益，以期营造平衡和谐的社会经济环境、合理分配经济资源、保障社会总体经济可持续发展。

从狭义上讲，根据行政法所做出来的行政行为只为保护行政相对人的利益，行政机关通过行政立法、行政执法及行政司法等各种手段，有效地规范、约束行政相对人的行为，制止危害他人利益和公共利益的违法行为，建立和维护社会秩序与行政管理秩序，确保行政机关充分、有效地实施行政管理。而经济法则是为了保护社会公共利益。因此两者的着眼点不同。本案是为了建立平等自由、竞争有序的市场秩序，充分保护广大经营者的公平竞争权。这一权利是各类市场主体从事经营活动的基础性权利，是稳定市场秩序、激发创新活力的压舱石，因此两者发挥的作用不同。本案中，吉安盐业公司利用独占经营权，强行搭售非盐商品，是一种典型的不正当竞争行为，工商机关根据举报对该公司强行搭售行为予以查处，是正确履行制止和处罚违法经营活动、保障市场秩序的职能行为，体现了行政法的作用。法院的裁判彰显了行政审判对公平竞争权益的有力维护，对行政机关严格执法的有力支持，对市场经济持续健康发展的有力推进，因此体现了经济法特有的作用。

（5）调整程序不同。行政法调整范围内的行政纠纷由行政诉讼程序解决，行政诉讼法通过对行政主体的行政违法行为进行一定程度的遏制，体现了现代社会"依法行政"的理念，但其依然强调主体必须与国家机关的具体行政行为之间存在直接联系，强调对公民个体利益的保护。而经济法则可能有民事诉讼、行政诉讼或经济诉讼程序解决。如本案判断该行为是否构成不正当竞争则是通过经济诉讼程序。经济法中特有的公益诉讼也是区别之一，公益诉讼的特色主要表现为保护公共利益而对诉讼主体适格以及利害因果关系的突破。行政处罚、私人诉讼乃至公益诉讼等不同救济手段在政府监管中组合使用的可能性和可行性，将有助于提高政府监管的效率。

案例二：陈永荣等诉南宁振宁开发有限责任公司
噪音污染损害赔偿纠纷案[1]

一、基本案情

陈某、梁某于 2007 年 3 月购买了振宁公司开发的振宁阳光康城 3 号楼 A 单元 501 号房。该楼房地下一层为车库和水泵房等。陈某称，自 2008 年 9 月入住以来，一直受到水泵运转发出的噪声影响，导致陈某左耳听力下降，为此多次到医院治疗。2009 年 8 月 31 日，陈某委托南宁市环境保护监测站在涉案房屋卧室对水泵噪声进行监测，结论为：501 号房主卧室昼间实测值为 42.1 分贝、夜间实测值为 38.2 分贝。为此，振宁公司对涉案楼房地下一层的水泵房采取了更换水泵等减噪措施。陈某等仍感到噪声未消除，遂再次委托监测，结论为：501 号房卧室夜间实测值为 40.9 分贝。此后，振宁公司未再对涉案水泵采取整改措施。陈某提起诉讼，请求振宁公司赔偿医疗费及后续治疗费、精神抚慰金、噪声检测费、专项维修资金、房屋购置税、房屋办证费；按市场价回收案涉房屋，并支付搬迁费。

广西壮族自治区南宁市西乡塘区人民法院一审认为，振宁公司作为开发

---

〔1〕 "陈永荣等诉南宁振宁开发有限责任公司噪音污染损害赔偿纠纷案"，载最高人民法院《人民法院服务保障新时代生态文明建设十大典型案例》，2018 年 6 月 4 日。

商，应确保其设置的水泵噪声符合环保要求。案涉房屋卧室的水泵噪声夜间值高于《社会生活环境噪声排放标准》规定的限值，构成环境噪声污染，陈某主张的侵权事实成立。因案涉水泵噪声未能根本解决，一审法院判决：振宁公司按市场价格回购案涉房屋，并向陈某赔偿搬迁费、医疗费等费用。南宁市中级人民法院二审认为，振宁公司作为开发商及案涉水泵安装地点的选定者，应确保其所选定的水泵设置位置不对业主产生噪声干扰，并有对水泵采取隔音防噪措施的义务，且该义务不能简单通过房屋买卖而转移给业主。虽然《社会生活环境噪声排放标准》的适用范围为营业性文化娱乐场所、商业经营活动，但既然上述活动中对周围环境（含住宅环境）排放的噪声超过规定限值即构成噪声污染，根据《环境噪声污染防治法》第2条的规定，案涉水泵运转声音干扰他人正常生活、工作和学习并超过国家规定的环境噪声排放标准时，亦构成噪声污染。经监测，涉案房屋卧室水泵运转所产生的噪声夜间高于《社会生活环境噪声排放标准》规定的卧室夜间噪声限值，亦高于同期《住宅设计规范》规定的住宅卧室夜间噪声标准，构成噪声污染。因振宁公司未能证明其已完全尽到隔音降噪义务或涉案水泵噪声污染系水泵自身单方原因造成，其对涉案水泵噪声给陈某造成的损害依法应承担赔偿责任。因涉案水泵噪声未能根本解决，二审法院判决：振宁公司按市场价格回购涉案房屋，并承担相应赔偿责任。

二、法律问题

该案体现了经济法的什么特征？

三、重点提示

本案系商品房住宅楼内水泵噪声污染造成损害的新类型环境污染侵权纠纷。法院充分考虑住宅楼内水泵噪声污染的特殊性，基于振宁公司是开发商及涉案水泵安装地点的选定者的事实，认定其对水泵的安装有采取隔音防噪措施的义务，且该义务不能转移给业主。本案判决基于目前缺乏住宅楼内水泵运行噪声标准的现实情况，参照适用《社会生活环境噪声排放标准》，认定住宅楼内水泵运转声音干扰他人正常工作和生活并超过国家规定的环境噪声排放标准的，构成噪声污染，具有合理性。

经济法遵循社会本位理念，从而在整体上使传统市场经济法律由个人本位和私权至上的理念转向个体利益和社会利益的和谐发展的理念。由于相信在市场规则引导下，单个市场主体追求其个体利益的行为将实现社会利益，传统民商法将保护私权利作为其根本目标，由此形成以权利为中心的个人本位思想。而在经济危机中产生的经济法则认为，在市场经济中，个体效益不同于社会效益，由于市场的外部性，对个体效益的追求不会必然带来社会效益的提高，相反还可能损害社会效益。因此准确地说，社会效益的提高既依靠每一个个体追求其效益的行为，又有赖于个体追求效益行为的外部性的降低。基于此，经济法在平衡私人利益与社会利益的冲突中将其关注的重心放在社会利益上，以社会为本位，主张对社会利益的保护，尤其强调对社会弱势群体和公共利益的保护。在振宁公司经整改仍无法解决水泵噪声污染的情况下，本案判决振宁公司回购涉案房屋并赔偿相应损失，对于维护人民群众宁静生活的权益，警示和督促房地产开发企业关注噪声问题，自觉承担生态环境保护社会责任，具有较好的示范引导作用。由此可见，经济法的形成突破了民商法个人本位的理念，改变了传统民商法保护的单一性，使整个市场经济法律跳出了绝对的个人本位和私权至上理念，转向个体利益和社会利益的和谐发展的理念，进而更加符合现代市场经济可持续发展的需求。

案例三：江苏干预因非典物价涨价[1]

一、基本案情

2003 年 4 月，江苏省因 SARS 疫情掀起了从药材、防护用品到部分食品的两轮市场涨价。这是江苏消费市场十多年来首次遭遇的涨价冲击，其来势凶猛，对广大居民的消费心理产生了一定的震动。据查，截止到 4 月 22 日，淮安市金银花由每千克 80 元涨到 522 元；南通，中草药销量大幅增加，以前正常量每天三、四百剂，4 月 19 日起每天一千多剂，其中一单个处方量就达 900 剂；冷僻的"贯仲"由每千克 18 元涨到 167 元；南京，市中心的药店，

---

〔1〕　参见："'非典'对江苏市场物价的影响与反思"，载中国信息统计网，http：//www. stats. gov. cn/ztjc/ztfx/fxbg/200305/t20030529_ 14177. html，最后访问日期：2019 年 3 月 8 日。

配制中药剂的 11 种中药材，有 8 种断货；84 消毒液等消毒药水、口罩、白醋等生活用品也纷纷离奇涨价，且供不应求。省内各市多数药店防非中药剂及相关药材已脱货，无法配药。几乎同时，各级政府及时采取了下列干预措施：①将特需药剂列为干预商品；②对本省生产的相关商品实行最高限价；③对从外地进入的商品控制差价率；④对违规者没收非法所得，并处 5 倍以下的罚款；⑤启动基本生活品的价格监测。对本省生产的商品，在生产环节控制利润率，流通环节控制差价率，零售环节实行最高限价。从外省组织的商品，在进货价格的基础上，实行差价率控制。对违规的生产经营单位责令整改，没收违法所得，并处以违法所得 5 倍以下的罚款；没有违法所得的，处 4 万元以上 40 万以下的罚款。同时，南京、盐城等地先后启动基本生活品的价格监测。如南京市城调队按市政府的要求，具体负责对该市五大超市、六大农贸市场粮油价格及销量的监测，自 4 月 28 日起出台应急措施，由原来的每月一报，改为"每日调查，每日一报"。消费物价统计体系从 700 多种与居民日常生活密切相关的消费品与服务价格来考察，绝大部分居民消费品与服务价格依然在市场的内生机制作用下涨跌互现，市场物价总体上小幅回升的态势并未改变。经过干预，全省的物价暴涨势头受到遏制。4 月份，江苏省居民消费价格指数仅上涨了 0.1 个百分点。

二、法律问题

该案如何体现经济法的概念？

三、重点提示

我国经济法是国家对国民经济进行宏观间接调控的部门法，市场主体之间的平等性经济关系主要由民法调整，国家行政主体与市场主体之间的社会公务性直接管理经济关系由行政法调整。为克服市场规则的固有缺陷，保证经济的协调发展，以国家干预经济为基础，产生了政府对市场的监管关系和政府对经济的宏观调控关系，经济法应运而生。市场物价对于任何突发灾情来说，都是社会稳定的敏感神经，政府对市场经济运行实行宏观调控，使经济各部门运行协调，使在市场经济在灾情下运行平稳。政府相关部门对暴涨商品的及时干预，遏制了价格暴涨势头。经济法调整具有社会公共性的经济管理关系的作用，并以维护社会公共利益为其首要价值目标。

SARS 期间，追求个人利益的人们大多并不能自发地促进社会公共利益；相反地，部分地区少数生活必需品一度脱销往往破坏社会公共利益，"看不见的手"也无法解决宏观经济领域的问题。无论是作为私法一般法的民法还是作为私法特殊部分的商法，都只能调整私人之间的关系，并无力顾及社会公共利益；因此，国家以社会公共管理者的身份，对经济生活加以干预，在充分尊重私人利益的基础上，致力于社会公共利益的维护并由此产生了不同于民法、商法的法域，经济法的社会性弥补了这一空白。针对疫情造成的经济损失和对部分商品价格形成的冲击，还须研究制定相关价格政策，使疫情过后的经济和消费市场尽快得到恢复。

案例四：杨某诉某家具公司劳动关系纠纷案[1]

一、基本案情

2016 年 7 月，杨某在"打工之家"登记本人求职信息后，2016 年 9 月 26 日，某家具公司的法定代表人谢某通过电话联系张某，让其到公司面试。经面试，杨某于 9 月 27 日正式工作，双方未签订书面劳动合同和其他协议，仅口头约定报酬为计件，按照安装面积计算，为 30 元/㎡。同年 11 月 9 日上午，杨某在安装家具时受伤。之后，杨某以该家具公司作为被申请人向劳动人事争议仲裁委员会申请仲裁，其仲裁请求为：请求确认与该公司之间存在劳动关系。劳动人事争议仲裁委员会于 2017 年 2 月 16 日作出相应仲裁裁决书。裁决结果为：确认杨某与家具公司之间存在劳动关系。该公司不服仲裁裁决向法院提起诉讼。该家具公司起诉理由主要为杨某系自带劳动工具，且管理较为松散，双方系承揽关系。

法院经审理认为，首先，无论是用人单位与劳动者之间存在的劳动关系，还是承揽人与定作人之间的承揽关系，均是双方合意的结果。因此，认定家具公司与杨某之间系劳动关系还是承揽关系，首要应考量双方在建立本案所

---

〔1〕"杨某诉某家具公司劳动关系纠纷案"，载《2017 年度成都法院劳动争议十大典型案例》，2017 年 4 月 26 日。

涉关系过程中，意思表示的具体内容。该案中，家具公司通过杨某在"打工之家"所留个人信息联系杨某并与之建立关系是事实。对杨某在"打工之家"登记的求职信息内容、双方联系过程等事实，家具公司并无异议。但从杨某在"打工之家"所留信息看，明确记载了杨某曾就职岗位、期望职位、期望行业、期望薪资、期望工作地等内容。杨某在"打工之家"所留的信息，显然为杨某欲与相关用人单位建立常态、稳定的劳动关系的意思表示。因此，在家具公司认可系在"打工之家"看到杨某登记的信息后联系的杨某，但双方系建立的承揽关系的情况下，应由家具公司举证证明双方系就建立承揽关系达成了合意。该案中，家具公司未提交双方合意过程、内容的相关证据，根据《中华人民共和国民事诉讼法》第64条第1款："当事人对自己提出的主张，有责任提供证据。"《最高人民法院关于适用〈中华人民共和国民事诉讼法〉的解释》第90条："当事人对自己提出的诉讼请求所依据的事实或者反驳对方诉讼请求所依据的事实，应当提供证据加以证明，但法律另有规定的除外。在作出判决前，当事人未能提供证据或者证据不足以证明其事实主张的，由负有举证证明责任的当事人承担不利的后果。"的规定，应承担举证不能的不利后果。其次，家具公司与杨某合意内容虽是认定双方关系性质的重要依据，但不是唯一依据。认定双方关系的性质，还应结合双方实际履行情况综合评判。《劳动和社会保障部劳社部关于确立劳动关系有关事项的通知》（[2005]12号文件）规定："用人单位招用劳动者未订立书面劳动合同，但同时具备下列情形的，劳动关系成立。①用人单位和劳动者符合法律、法规规定的主体资格；②用人单位依法制定的各项劳动规章制度适用于劳动者，劳动者受用人单位的劳动管理，从事用人单位安排的有报酬的劳动；③劳动者提供的劳动是用人单位业务的组成部分。"由此可见，在用人单位与劳动者未签订书面劳动合同情况下，劳动关系是劳动者的劳动行为已经发生，劳动者按照用人单位要求，付出一定的体力和智力，完成工作内容，创造劳动成果，并归用人单位所有，用人单位支付劳动者劳动报酬，双方已经从法律上形成一种相对稳定的事实状态。而根据《中华人民共和国合同法》相关规定，承揽关系是承揽人按照定作人的要求完成工作，交付工作成果，定作人给付报酬所形成的关系。对比上述规定，结合现实情况，劳动关系、承揽关系虽具有一方提供劳动、一方支付报酬等特征的相似性，但两者在人身依附性、关系稳定性、工作常态性方面存在质的区别。就人身依附性而言，该案中，杨某在劳动过程中，工具主要系自带、工作地点不在家具公司、工作系相对独立完成系事实。但杨某工作的上述特征，并非由张某与家具公司关系决定，而由杨某工作的具体内容决定，即在家具公司安排下为不同客户现场安装木地板这一工作内容决定。但杨某具体为谁安装，由家具公司安排。杨某所得报酬，也系家具公司根据杨某实际工作完成的量，按照每平方米 30 元结算。家具公司也认可"遇到投诉的时候，就要让其他师傅重新去检查问题出在哪里，并重新安装，就要对之前的师傅的安装扣钱。"家具公司的上述陈述与杨某的相关陈述相互印证。也即，双方管理与被管理的关系虽然相对松散，但在工作安排、家具公司通过扣减劳动报酬对杨某工作效果的制约上，体现了人身依附性。就双方关系稳定性、工作常态性而言，承揽合同中，承揽人按照定作人的要求完成一定的工作，交付工作成果，是一种典型的完成工作的法律关系，以完成非常态性的工作成果为本质特征，双方关系具有不稳定性。而劳动关系系基于劳动者的劳动行为，与用人单位建立的较为稳定的关系，具有常态性。该案中，家具公司安排杨某为不同的客户完成家具安装工作，相关工作系家具公司常态经营活动，家具公司根据杨某完成的工作量、工作效果支付其报酬，双方关系具有稳定性、常态性，显然与承揽关系的特征不同。因此，双方关系符合劳动关系本质特征。法院遂判决驳回家具公司诉讼请求。

二、法律问题

本案如何体现经济法对民法的促进作用？

三、重点提示

民法因先天理论导致其法律制度在面对复杂多变的现实世界时显得刻板僵化，如私权神圣的绝对化导致了对土地的所有权"上至天空无限高，下至地心"；身份平等的极端化导致了结果平等被忽视；意思自治的极端化成为在资源上占有优势地位的市场主体随心所欲的依据。当自由的市场经济开始走向包含政府干预的混合市场经济时，上述问题就变得更加明显。这导致了对传统私法理念的怀疑，进而又导致了传统民法对自身的修正。例如，针对自身理念的缺陷，民法确立了公共利益原则、诚实信用原则、禁止权利滥用原则；从强调个人本位到重视团体利益，表现为承认对强者的制约和对弱者的保护等。但是如果彻底否定自由、平等和意思自治，将影响民法对现代市场经济关系的调整。这就从根本上决定了民法改革不能从根本上否定私法理念。由于民法改革没有在传统市场经济法律框架内解决对新的由国家干预产生的经济关系的法律调整问题，因此，与其迥然不同的新法律——经济法的产生就成为必然。《劳动法》《劳动合同法》即是国家对市场经济的干预扩展到了宏观经济领域，使国家的力量合法地介入了市场，为国家干预经济开辟了道路。同时加强经济法保护弱者、实质正义的理念，成为调整市场经济法律体系的新的组成部分。《劳动法》《劳动合同法》等法律之所以对用人单位、劳动者所享有的权利、应承担的义务予以明确规定，旨在保护劳动者合法权益，构建稳定的劳动关系。若在无相反证据的情况下，将用人单位在常态经营活动中，因常态用工与提供常态劳动的劳动者之间所形成的较为稳定的关系认定为合作关系、承揽关系等非劳动关系，无疑将规避用人单位在用工过程中依法应承担的责任，不符合立法本意。相反，劳动者在就业过程中，应主动要求用人单位签订书面劳动合同，维护自身合法权益。

拓展资料

专题一　拓展阅读资料

| 第二章 |

经济法的产生

专题二　市场失灵

📚 知识概要

市场经济体制自确立以来，在创造了巨大社会财富的同时也经历了"市场失灵"的困境。市场机制不能自动实现经济总量的平衡、提供公共产品、解决经济活动给他人带来的负外部性、消除垄断的消极影响。由"看不见的手"所调节的市场经济无法克服市场的唯利性、市场调节的被动性和滞后性等缺陷和弊端，借助于国家干预的力量来纠正市场偏差便成为必然选择。本专题选取了 1 个经典案例和 1 个拓展案例，探讨了市场失灵如何成为经济法产生的经济根源。

📚 经典案例

孙某诉上海市交通委员会等行政强制行政纠纷案——网约车未取得营运资质擅自从事客运构成非法营运[1]

一、基本案情

2016 年 12 月 1 日，市交通委执法总队五支队与静安交警在静安寺周边地区对非法客运进行整治。上午 9 时 29 分许，执法人员在南京西路华山路路口

---

〔1〕 上海市浦东新区人民法院（2017）沪 0115 行初 426 号。

拦下一辆牌照为沪 AZG689 的车辆进行检查。车辆上有驾驶员孙某和一名女性乘客，二人称互不认识。执法人员经过询问孙某、查验孙某和乘车人手机发现，涉案车辆未办理上海市出租汽车营运许可证件，乘客通过滴滴出行软件预约了上述车辆，从上海虹桥元一希尔顿酒店上车，前往南京西路的越洋国际广场，乘客到达目的地后会通过滴滴出行软件支付车费。因查处时乘客还未到达目的地，故车费尚未产生。市交通委于当日依据《上海市出租汽车管理条例》第 49 条第 2 款规定，作出编号为 NO. 3150109643 的扣押决定书，并当场送达孙某，孙某拒绝签字，见证人在扣押决定书上签字。该扣押决定认定孙某所驾车辆未取得营运执照，擅自从事出租汽车经营，决定对涉案车辆予以扣押，扣押期限为 30 日，并告知孙某如对该行政强制措施不服，可在收到本决定书之日起 60 日内，向交通运输部或市政府申请行政复议，也可以在 6 个月内直接向上海市浦东新区人民法院提起行政诉讼。孙某不服该扣押决定，向市政府申请行政复议。市政府受理后，经通知其补正，在法定延长期限内作出行政复议决定，维持了上述扣押决定。孙某仍不服，向上海市浦东新区人民法院提起行政诉讼，请求撤销上述扣押决定及行政复议决定。

孙某诉称：国家交通运输部、工信部等七部委联合发布的《网络预约出租汽车经营服务管理暂行办法》（以下简称《网约车管理暂行办法》）已于 2016 年 11 月 1 日正式实施，意味着网络预约出租汽车（以下简称网约车）已经合法化。虽然其驾驶的滴滴网约车当日确实未取得网约车营运证，但既然《网约车管理暂行办法》已经出台，市交通委应当按照该办法来对其进行处罚。而该办法只有对平台的处罚条款，并无对驾驶员的处罚条款。《上海市出租汽车管理条例》虽有对驾驶员作出处罚的补充条款，但该条例在事发当日还未出台，且网约车与出租汽车并不等同，市交通委不应依据《上海市出租汽车管理条例》处罚原告。被诉扣押决定适用法律不当，故被诉复议决定维持被诉扣押决定也属错误，请求撤销被诉扣押决定及被诉复议决定。

市交通委辩称：《网约车管理暂行办法》第 28 条规定，从事网约车运营，平台、车辆和驾驶员均需要取得相应资质，但涉案车辆未取得营运许可，滴滴平台在事发时也未取得经营许可，孙某本人也无网约车的驾驶资质。孙某的行为违反了《上海市出租汽车管理条例》第 14 条第 4 款"本市车辆不得用于出租汽车经营活动"的规定，市交通委适用《上海市出租汽车管理条例》

的相关规定作出被诉扣押决定，认定事实清楚，职权依据充分，执法程序合法，适用法律正确，请求驳回孙某的诉讼请求。

二、法律问题

1. 孙某驾驶网约车载客的行为是否构成未经许可擅自进行出租车经营的行为？

2. 政府对出租车行业实行行政许可是否具有正当性？

三、法理分析

（一）孙某驾驶网约车载客的行为构成未经许可擅自进行出租车经营的行为

市场准入制度，是有关国家和政府准许公民和法人进入市场，从事商品生产经营活动的条件和程序规则的各种制度和规范的总称。它是商品经济发展到一定历史阶段，随着市场对人类生活的影响范围和程度日益拓展和深化，为了保护社会公共利益的需要而逐步建立和完善的。

1988 年 6 月 15 日，建设部、公安部以及国家旅游局联合制定了《城市出租汽车管理暂行办法》，这是第一个国家层面的出租车许可规章，规定凡想从事出租车行业者，均需取得当地公共交通管理部门的出租车经营许可。[1] 1989 年交通部制定了《出租汽车旅游汽车客运管理规定》，要求从事出租车行业需得到当地交通局颁发的出租车所有者许可以及车辆行业许可。1997 年 12 月，建设部和公安部再一次联合颁发新的《城市出租汽车管理办法》，要求所有想要从事出租车行业的人必须获得出租车所有者许可、车辆许可以及出租车司机许可。在城市出租车监管权转移到地方后，各地政府纷纷通过制定出租车管理办法来设立出租车的行政许可制度。[2]

国务院办公厅于 2016 年 7 月 26 日下发的《关于深化改革推进出租汽车行业健康发展的指导意见》第 2 条对网约车的性质进行了明确，对出租汽车服务进行了科学定位。该条规定，出租汽车服务主要包括巡游和网络预约两

---

〔1〕 参见《城市出租车管理暂行办法》第 3、8 条。

〔2〕 参见张卿：《行政许可：法和经济学》，北京大学出版社 2013 年版，第 71、72 页。

种形式。因此，网约车本质上属于出租汽车。《上海市出租汽车管理条例》于1995 年即已出台，后经四次修正，现行有效。网约车作为出租汽车的一种形式，其从事经营性的客运活动应适用出租汽车管理的相关规定。

网约车的营运有其自身的特殊性，私有小汽车业主或驾驶员在从事网约车营运之前，须先与网络平台运营商订立协议，通过网络平台获取服务信息，并在提供服务后通过网络平台分配利益。因此，网约车一旦有收费搭载乘客行为，其以营利为目的进行客运活动的连续性就可以得到确认，其收费搭客行为可以被认定为构成出租汽车经营行为。本案中，孙某所驾网约车虽然是第一次被交通行政执法部门查处，但是其提供乘客运载服务并收取服务费的行为已可以被定义为营利行为，已经构成网约车经营行为。而出租车行业存在市场准入，只有取得相应条件才能够获得经营资格。

根据《上海市出租汽车管理条例》第 11 条、第 14 条和《上海市查处车辆非法客运规定》第 4 条的规定，出租车驾驶员和营运车辆均须取得营运资格证件，未取得营业性客运证件的汽车不得从事出租汽车经营活动。《网约车管理暂行办法》对于网约车的客运经营条件作了特别规定。《网约车管理暂行办法》第 12 条、第 13 条、第 14 条和第 15 条规定，从事网约车经营的车辆和从事网约车服务的驾驶员均需符合一定的条件，并经有权的出租汽车行政主管部门审核通过，发放网约车运输证和网约车驾驶员证，才能上道路运营。

(二) 政府对出租车行业实行行政许可的正当性

1. 出租车行业的市场失灵。市场经济是由市场主体根据自身利益最大为原则配置资源的经济模式。正常情况下，市场经济能够充分发挥每个主体的积极性和创造性，使资源得到充分利用，提高经济效益。但是由个人分散决策和个人利益最大化为目标的市场经济并非完美无缺，本身也存在着缺陷，导致市场无法正常发挥作用，即市场失灵。经济学上对市场失灵 (market failure) 与市场缺陷 (market defect) 作了严格区分。经济学上说的市场失灵或失败 (market failure) 是指"市场不能发挥其有效配置资源的情况"，[1]而市场缺陷是市场本身固有的，如唯利性、周期波动性、滞后性等，"我们说政府

---

〔1〕 〔美〕曼昆:《经济学原理》，梁小民译，生活・读书・新知三联书店、北京大学出版社 1999 年版，第 11 页。

有时可以改善市场结果并不意味着它总能这样"，在市场失灵的情况下，只有"设计良好的公共政策可以提高经济效率"。[1]因为基于市场缺陷导致市场失灵的地方，政府也可能失灵并且可能把事情弄得更糟。市场失灵表现在公共物品、垄断、信息不对称、外部性、分配不公和周期性经济危机等方面。导致市场失灵的原因多种多样，但一个个具体的、不规范的市场行为是导致市场失灵的法律原因。经济法就是运用法律手段，通过规范经济行为，克服市场失灵之法。

没有政府干预的出租车市场，由于没有相应的监管，会存在巨大的问题。没有监管的出租车市场将会面临服务质量良莠不齐的问题，司机的品行、驾驶技能以及车辆的安全状况对乘客而言具有很大的未知数，乘客的搜寻成本会大大增加，甚至出现"劣币驱逐良币"的情况，价格的不确定也将使有效的价格竞争机制产生扭曲。此外，出租车数量的增长在无监管的情况下可能呈现无序的情形，数量过多会造成交通事故威胁增大、交通堵塞和环境污染等负外部性问题，而数量过少则会导致社会公共福利的减少。

2. 政府对出租车行业的干预。国家从放任到干预，是经济法产生的重要原因。完全放任的自由竞争在促进经济社会进步的同时，也导致了各种经济和社会问题。为此，立法机关率先摒弃了自由放任的立场，从法律上对私人经济行为进行限制，同时又授权政府建立专门机构依法对妨碍自由竞争等行为进行规制，可以说，没有国家立场的转变，就没有经济法。政府对出租车市场设立使用许可制度；确定一定的服务标准以较好地解决出租车安全方面地信息问题；设定统一标准价格以减少交易成本；规定不得拒载以保证公共福利并且限制出租车数量以解决交通堵塞和环境污染带来的外部性问题。

值得注意的是，现代市场经济虽然离不开政府，但政府也并不是万能的。政府监管和调控都有可能失败，从而导致政府失灵。利益集团的干扰、政府的代理人本性、政府领导人的经济人属性、决策者和执行者的能力和素质、信息不完全以及政府的民族性、局部性和短期性等因素都会导致政府干预达不到预期目标、低效或者出现不可预期的副作用。

---

〔1〕〔美〕曼昆：《经济学原理》，梁小民译，生活·读书·新知三联书店、北京大学出版社1999年版，第12页。

3. 对于"网约车"等新型经济形态监管的相关分析。随着中国市场经济的不断发展,政府对经济生活的管制程度也在相应地变化,这种变化需要法律的改进来配合。市场经济的快速发展使得政府在某些领域的监管弱化或者缺位,产生权力真空,需要立法来填补和改进。此外由于越来越多的领域开始向"市场自治"转变,因此呼唤更基于市场原则的法律。

"网约车""共享单车""短租"等经济形式,本质上均是分享经济的一种类型。所谓分享经济,是指将个人、集体或企业的闲置资源,包括商品、服务、知识和技能等,通过互联网构建的平台,实现不同主体之间使用权的分享,进而获得收益的一种新兴经济模式。[1]小规模、基于熟人关系的借宿、搭伙、合租、易物等分享型经济活动在互联网信息技术的驱动下转变为陌生人之间的大规模交易活动,产生了广泛的社会影响,同时快速演进的技术和商业形态不断地重塑着分享经济的面貌。[2]

分享经济的兴起为推动经济发展提供了新的动力,同时也给政府管制带来了新的挑战,如何针对分享经济的创新发展模式进行政府监管是一个亟待解决的问题。2017年6月21日的国务院常务会议上明确做出"要清理和调整不适应分享经济发展的行政许可、商事登记等事项及相关制度,避免用旧办法管制新业态"的部署,对分享经济背景下,如何优化行政许可制度的使用进行了探索和尝试。

分享经济在没有受到规制时,主要由于信息不对称、外部性问题和专业与业务界限的模糊等问题,存在市场失灵的情况。分享经济利用信息技术和在线交易平台降低交易成本和扩大交易规模,通过使用他人的车辆、厨房、公寓等财产,使那些未得到充分使用的财产或"资本"得到更充分或更有效率的使用,累计对过去消费者和供应商的评论并将这些信息提供给新的市场参与使用者。从上述分享经济的运行模式中可以看到,其中存在数个可能出现信息问题之处。首先,在平台与用户之间存在着巨大的信息不对称,不论是消费者还是服务提供者,都需要通过平台得以交易,平台掌握着大量的交

---

〔1〕 参见颜卉、敦帅、尹学峰:"分享经济冲击与政府管制重构问题研究——基于政府视角的动态创新模型分析",载《价格理论与实践》2017年第9期。

〔2〕 参见赵鹏:"平台、信息和个体:共享经济的特征及其法律意涵",载《环球法律评论》2018年第4期。

易信息，占据着主导地位，很容易出现平台压榨消费者和服务提供者的情况；其次，那些出借使用的财产的实际状态，在使用之前，消费者仅凭平台提供的信息无法准确判断。以"网约车"市场为例，私家车借助网络平台注册为网约车，与传统的出租车相比，网约车不一定会安装 GPS 和行车记录仪等设备，并且平台出于对利润的追求，其对车辆审核的缺位使得车辆的安全状况和车主的个人素质都存在着不确定性。乘客基于"有限理性"仅考虑低廉的车费而较少考虑潜在的风险，对网约车审核降低带来的成本减少的结果实质上向全社会转移，民众承担了由此带来的安全成本和风险。

分享经济的急速增长同时也对公众巨大的负外部性，首当其冲的是，分享经济在带来经济发展的同时，对传统行业造成了极大的冲击，使得原有的平衡被打破，可能存在传统经济的组织形式（如出租车公司）和新兴产业集团（如平台公司）的"不公平"竞争，如网约车平台的"烧钱大战"使得不公平竞争甚嚣尘上，掠夺性定价使得巡游车逐渐被排挤出出租车市场，可能诱发新的市场垄断。[1]共享单车盲目投放单车，破产风险大，目前已有共享单车企业破产的例子，其破产后资源的处置成本也给社会带来了巨大的外部性压力。此外，某些分享经济形式也可能占用公共资源，从而导致公共福利的减少。举例来说，"共享单车"在给民众出行带来极大便利的同时，也引发了一系列社会问题。一方面，共享单车的产品和服务同质性很高，而可供摆放自行车的公共区域资源有限，于是单车的大量投放成为必然，各个单车企业均希望通过占据尽可能多的区域以此提高自身品牌的影响力，大量的新增资源在最后极有可能造成闲置而无法实现分享经济的初衷；另一方面，一部分使用者在租借共享单车之后，没有遵守公共规范，而是将其随意无序地停放甚至堆放在公共区域。由此，共享单车对公共空间产生的负外部性效应便显现出来：如今城市空间治理问题已经十分迫切，校园内、公交车站旁、社区内、广场中随处可见堆砌乱放的废旧单车身影，甚至出现了"单车围城"的乱象。[2]

---

[1] 参见梁琦、陈时国："城市多重逻辑、网约车规制与规制失灵"，载《学术研究》2018 年第 5 期。

[2] 参见刘然、张旭霞："城市公共空间中共享单车的负外部性治理——解读、困境与规制路径"，载《学习论坛》2018 年第 1 期。

为了解决上述的问题，我们首先应考虑市场机制的自我救济。市场的自我规制在很大程度上有助于解决分享经济中存在的信息不对称问题，但其作用也不可被高估。一方面，用户评价本身可能存在偏差；另一方面，在分享经济中，信誉可以说是最为宝贵的资产，良好的信誉有助于增加收入，不良的信誉则反之，市场主体便有较大的激励来尽力提升信誉评价，从而对评价机制实现"操纵"，此外，即便是信息反馈准确，用户也往往无法准确地解读。[1]对于分享经济带来的外部性问题，市场机制的自我救济手段通常也无法有效地解决。就私法救济而言，由于分享经济的特殊性，消费者遭受损害的因果关系难以确定，且某些损失并不能够通过事后救济得到完全的补偿。

通过上述分析我们可以看到，要解决分享经济中存在的市场失灵问题，政府监管是必要的，但同时我们要明确，行政许可制度划分了市场行为与政府干预的界限，过度的政府监管有可能导致"规制失灵"，我们需要政府创新监管，把握好规制与分享经济创新之间的关系。

目前我国分享经济政府规制即存在着规制过度的情况，如在网约车领域，继《网约车管理暂行办法》对网约车的平台公司、车辆和驾驶员应当具备的资质与条件进行规定之后，全国各大城市纷纷制定了地方网约车管理办法，对从事网约车服务的车辆和驾驶员的许可条件做出了进一步的规定。[2]在网约车新政实施两周年后，部分城市出租车坐地起价、黑车死灰复燃，又回到了"打车难"的窘境。[3]从某种意义上说，各地政府将对出租车的规制复制到了网约车上，对之造成了巨大打击。过于严格和繁复的规制在很大程度上限制了分享经济的发展，而分享经济作为一种新型经济形式，对经济的发展是必要的。许多许可的设置没有考虑到时间的跨度和技术的改变，因此可能阻碍企业的技术改进，增加创新的成本，创新对于经济社会的发展意义重大，实践证明，过度或者不够成熟的政府规制会抑制创新，[4]同时，某项产业过

〔1〕 参见刘绍宇："论互联网分享经济的合作规制模式"，载《华东政法大学学报》2018年第3期。

〔2〕 参见顾彦："户籍、车型限制遭吐槽，改善网约车行业多靠竞争少靠管制"，载《中国战略新兴产业》2016年第21期。

〔3〕 参见蔡辉、卜羽勤："人民网发布网约车包容度排行榜：有城市政策过于严苛'逼死'司机"，载搜狐网，http://www.sohu.com/a/247388235_161795，最后访问日期：2018年8月25日。

〔4〕 参见高秦伟："分享经济的创新与政府规制的应对"，载《法学家》2017年第4期。

分依赖自我规制也会引发失败。[1]

四、参考意见

（一）孙某驾驶网约车载客的行为是否构成未经许可擅自进行出租车经营的行为？

网约车如果进行经营性客运活动，则其本质上可以看作是出租汽车经营的一种形式，营运车辆和驾驶员除了需要满足一定的基本条件外，还应取得网约车运输证和网约车驾驶员证。本案中，孙某本人承认其确实未取得网约车营运证件，不符合上述条例和办法规定的资质要求。

（二）政府对出租车行业实行行政许可是否具有正当性？

政府对出租车行业实行行政许可制度，实质上是一种市场准入制度，是政府对于城市出租车市场的一项干预。在一个没有受到监管的出租车市场，可能会出现大量的市场失灵现象。首先，乘客无法准确了解出租车司机的品行、驾驶技能以及车辆安全状况；其次，出租车引起的交通堵塞和环境污染，将对信任和公众施加巨大的负外部性压力。而使用许可制度，是政府对市场经济做出的调整，可以对出租车服务的质量、价格以及外部性问题作相应的控制，这种监管是必要的。

拓展案例

丁某诉徐某等城镇居民购买农民住宅合同被认定无效判令返还案[2]

一、基本案情

2008 年徐某和其丈夫金某（甲方，现已去世）与丁某（乙方）签订了《房屋买卖合同》一份，约定：甲方将自己的房屋及房屋占用范围内的土地使用权出售给乙方，房屋具体情况如下：①土地范围：为《集体土地建设用地使用证》上"宗地图"所标面积的一半（西宅），即 16.66 米 × 18.22 米的一

---

〔1〕 See Engobo Emeseh et al., "Corporations, CSR and Self-Regulation: What Lessons from the Global Financial Crisis?", German Law Journal, Vol. 11, No. 2 (2010), pp. 235~294.

〔2〕 江苏省连云港市中级人民法院（2013）连民终字第 0453 号。

半为 8.33 米×18.22 米。②房屋建筑范围：为《集体土地建设用地使用证》中所述土地上现有建筑物的一半即西宅（见建筑图纸）。③价款：叁拾陆万元整（人民币 360 000 元）。④付款时间：2008 年 8 月 8 日至 2011 年 8 月 8 日，每年年终付一次。⑤交房时间：2008 年 8 月。⑥甲方保证上述所出售的房屋没有产权纠纷和财务纠纷。如发生纠纷，由甲方承担责任。⑦乙方未按合同约定期限付款的，应按逾期付款向甲方支付银行同期存款利息。⑧如在转户之前此房屋及土地被国家或地方征用，东西宅房屋及土地的拆迁款分开计算，西宅拆迁款全部归乙方所有。合同还对办理过户手续、违约责任等条款进行了约定。

2008 年 8 月中旬，金某和向丁某交付了涉案房屋后，丁某开始对涉案房屋进行装修，装修完工后搬进去居住，后丁某因故搬离该房，该房屋一直闲置至今。丁某共向徐某、全某俩支付购房款 97 700 元。因为金某和向丁某出具的收条丢失，2010 年 2 月 3 日，徐某重新向丁某的代理人于某出具了收条。2011 年 12 月 19 日，丁某通过江苏云台山律师事务所律师向徐某送达了律师函一份，内容为"徐某：江苏云台山律师事务所现接受丁某（以下简称委托人）的委托，针对你欠款一事致函如下：2008 年委托人与你签订购房合同 1 份，并付款壹拾万元整。因你不愿意履行购房合同，根据你与委托人签订的合同，你已经违约。根据《民法通则》《合同法》相关规定，本所律师现向你正式发出函告：一、请你立即返还委托人购房款壹拾万元及利息。二、3 日内如你未全额支付上述款项，本所将代表委托人依法通过司法程序处理此事，由此而产生的一切法律后果均由你承担"。徐某收到该律师函后亦没有向原告返还购房款，丁某因而诉至法院。

二、法律问题

1. 试分析农村小产权房的法律性质？

2. 城镇居民购买农村居民宅基地上的房屋，房屋买卖合同是否有效？买受人是否应当返还房屋？

三、重点提示

"小产权房"是我国近年来出现的社会现象，其在建设及交易过程中，面临着诸多法律上的难题，引起了广泛的讨论。

　　由于土地属于比较特殊和重要的财产，根据我国的基本经济制度，法律对土地所有权的归属作了比较特殊的规定。土地所有权分为两类，一是国家所有权，即全民所有，主要包括城市的土地、法律规定属于国家所有的农村和城市郊区的土地等；二是集体所有权，主要包括法律规定的属于集体所有的土地。那么相应的基于国有土地所有权和集体土地所有权的不同性质而产生的土地使用权，可分为国有土地使用权和集体土地使用权。按照土地用途的不同，又有国有土地建设用地使用权和集体土地建设用地使用权，农业用地使用权。

　　"小产权房"并不是一个法律意义上的名词，它相对于"大产权房"的概念而存在，具有广义和狭义两种含义。广义的"小产权房"是指在集体土地上建设的、产权不完全的构筑物，包含住宅、商业建筑及工业建筑；狭义的"小产权房"是指乡政府或者村委会与房地产开发商在集体土地上开发建设住房，并出让给非集体所属成员，由乡政府或村集体颁发证明的房屋。[1] 主要表现为通过旧城改造、城中村改造、新农村建设、拆迁安置等途径和形式建设，不包括建设在宅基地上农民用来自住的房屋。

　　《土地管理法》第4条规定："国家实行土地用途管制制度。国家编制土地利用总体规划，规定土地用途，将土地分为农用地、建设用地和未利用地。严格限制农用地转为建设用地，控制建设用地总量，对耕地实行特殊保护。前款所称农用地是指直接用于农业生产的土地，包括耕地、林地、草地、农田水利用地、养殖水面等；建设用地是指建造建筑物、构筑物的土地，包括城乡住宅和公共设施用地、工矿用地、交通水利设施用地、旅游用地、军事设施用地等；未利用地是指农用地和建设用地以外的土地。使用土地的单位和个人必须严格按照土地利用总体规划确定的用途使用土地。"第43条规定："任何单位和个人进行建设，需要使用土地的，必须依法申请使用国有土地；但是，兴办乡镇企业和村民建设住宅经依法批准使用本集体经济组织农民集体所有的土地的，或者乡（镇）村公共设施和公益事业建设经依法批准使用农民集体所有的土地的除外。"第62条第4款规定："农村村民出卖、出租住房后，再申请宅基地的，不予批准。"

---

　　[1]　潘磊、葛幼松："'小产权房'的产生原因、影响以及解决方法探讨——基于保障性住房体系的视角"，载《土地与房地产》2014年第4期。

　　"小产权房"的出现是各种因素综合作用的结果。其一，最根本的原因在于城乡土地二元制度的不完善，虽然法律赋予国家土地所有权和集体土地所有权以平等的所有制地位，但两者的开发政策却是不同的；其二，国有土地出让金、土地征用费、耕地占用税、房产开发税、城市基础设施配套费等开发成本的增长，使得商品房价格居高不下，更有囤地、炒房等行为的出现，将很多人置于巨大的购房压力之下，部分人出于无奈选择购买此类产权不完整、维权困难但价格相对优惠的"小产权房"；其三，我国政策法规的模糊性导致人们对"小产权房"的性质产生误解，认为其与一般商品房一样能够流转，最终做出购买的决定。

　　法律对农村集体土地所有权作出严格的限制规定，是出于对耕地资源的保护、对农民宅基地的保护以及对国家农业产量保障，但也从法律的源头阻断了农村集体建设用地财产权利的实现，制约了农村集体建设用地财产权的实现，制约了农村集体建设用地市场建设，农民的土地权益也相应受到损害。"小产权房"自出现至今，国家始终未出台具有针对性的法律法规进行合理规范。

　　"小产权房"的问题也涉及产权的界定和保护问题，发现产权、界定产权、确认产权、保护产权的法律，是整个市场经济的基石。私有财产和私有财产保护是生产和竞争的发动机，它能够确保市场效率的提高和社会福利的增长，是社会向前的动力。它能促使社会财富由无效领域流向有效领域，由低效率的领域流向高效率的领域，使社会资源的配置达到最优化，使财富的社会效应最大化。私有财产权往往比公共财产权具有更为明确的利益动机和监督成本。私有财产及其保护的存在，使公民的权利具体化，使政府的权力有限化。在农村土地产权制度改革遭遇法律障碍时，我们始终要明确法治优先是改革最有力的保障，需要结合改革的目标和方法，进行局部修法和全面立法。

拓展资料

专题二　拓展阅读资料

专题三　政府干预

◈ 知识概要

　　市场失灵导致了国家对经济的干预，在这一过程中，现代国家的经济职能最终被揭示和肯定，以此为基础，形成了政府—市场—企业之间的经济关系。经济法中国家干预经济的类型可分为调控和规制。调控主要针对宏观经济领域，规制主要针对微观经济领域。本专题选取了1个经典案例和1个拓展案例，讨论政府干预对市场失灵缺陷的弥补作用。

◈ 经典案例

刘某诉北京亚通房地产开发有限责任公司买卖合同案[1]

一、基本案情

　　原告刘某与被告亚通房地产于2010年4月17日签署北京市商品房认购书及补充协议，约定刘某购买由亚通房地产开发的位于北京市通州区海棠湾嘉园项目中的久居雅园A区1号住宅楼1402室，建筑面积为88.64平方米，房屋总价2 236 539元。同时约定刘某采取贷款方式付款，并应当于签订认购书当日付齐房屋总价款50%的首付款。同日，刘某向亚通房地产交纳首付款50 000元、定金50 000元。

　　2010年4月17日，国务院出台《关于坚决遏制部分城市房价过快上涨的通知》（国发［2010］10号），其中规定，对贷款购买第三套及以上住房的，贷款首付款比例和贷款利率应大幅度提高。严格限制各种名目的炒房和投机性购房，商品住房价格过高、上涨过快、供应紧张的地区，商业银行可根据风险状况，暂停发放购买第三套及以上住房贷款。2010年4月30日，北京市人民政府发布《贯彻落实国务院关于坚决遏制部分城市房价过快上涨文件的

---

　　〔1〕　北京市通州区人民法院（2010）通民初字第8817号。

通知》（京政发［2010］13 号），其中规定，严格限制各种名目的炒房和投机性购房。商业银行根据风险状况，暂停发放购买第三套及以上的住房贷款。

刘某及其配偶解某名下共有两套房屋，分别是位于北京市怀柔区富乐大街 26 号 1 号楼 3 层 3 单元 301 室（产权证号：X 京房权证怀字第 001118 号）和北京市怀柔区于家园三区 25 号楼 3 - 302 室（产权证号：京房权证怀私移字第 29119 号）。刘某因而无法办理贷款手续，要求解除合同，返还定金及首付款。亚通房地产同意解除合同，但以刘某未足额支付首付款，构成违约为由拒绝返还款项。

二、法律问题

1. 商品房认购合同签订后，因房地产新政的出台导致双方当事人无法继续履行的，认购方能否以情势变更为由主张解除该合同？

2. 政府发布"限购令"调控房市是否具有合理性？

三、法理分析

（一）"限购令"的法律属性

房地产价格过快上涨的原因有很多，其中很重要的原因是经济适用房、"两限"房、廉租房的建设远远滞后于城市发展需求、人口增长速度、大学毕业生等住房刚性需要。为抑制房价过快上涨，切实解决城镇居民住房问题，国务院不断地出台一系列调控政策，各地也相应做出了细化方案。限购政策的出台，主要是为了遏制投资投机性购房，促进房地产市场平稳健康发展和保障民生，对于房屋买卖双方当事人将产生重大的影响。2010 年 4 月 30 日，北京市人民政府下发了《北京市人民政府贯彻落实国务院关于坚决遏制部分城市房价过快上涨文件的通知》，对居民家庭在北京市购买住房的资格限制及限购套数等问题做出规定，"严格限制各种名目的炒房和投机性购房。商业银行根据风险状况，暂停发放购买第三套及以上住房贷款；对不能提供 1 年以上本市纳税证明或社会保险缴纳证明的非本市居民，暂停发放购买住房贷款。自本通知发布之日起，暂定同一购房家庭只能在本市新购买一套商品住房。"随后，又根据《国务院办公厅关于进一步做好房地产市场调控工作有关问题的通知》进一步下发了《北京市人民政府办公厅关于贯彻落实国务院办公厅文件精神进一步加强本市房地产市场调控工作的通知》，对于购房问题作了进一步的调整和说明。

"限购令"的出台在社会上、学界内都引起了较大的争议，主要集中在其合法性与合理性的争议上。我们可以从国务院办公厅以及各地出台的政策文本的内容窥得"限购令"的基本内涵。"限购令"产生自我国"住房体制改革"，是我国房地产市场二次调控中，经中央宏观调控部门授权，由地方政府行使行政职权制定并在一定期限内执行的，针对本区域内房价过快上涨的情势，以限制一定条件的居民家庭从事商品房屋自由交易的权利能力的方式，降低市场投机成分，从而达到规范房地产市场良性运行目的的政府行政干预市场的政策措施。[1]其既涵盖了国务院发布的关于限制购买住房的政令，又包含了地方人民政府的相应落实措施，这属于行政机关为实现某种法律或政策目的而制定的具有普遍约束力的行为准则，从形式上看并不符合法律的构成要件，也不类似于其他的行政法规或地方性法规，属于体现了特定经济政策内容的行政行为，从本质上来说，"限购令"属于国家宏观调控手段之一。

国家的宏观经济政策从根本上说是一种旨在促进良好市场秩序的整体框架，而作为实现市场秩序政策目标的经济法，是"研究人与经济法规则、制度之间互动关系的，指的是以经济法规则为中心的秩序的意义。它研究的是作为秩序中的经济法规则和制度，是如何有效维护和促进既有经济秩序的良性运作的"。[2]房地产市场化改革，可以让住房资源得以优化配置，使百姓"居者有其屋"。但房地产市场并不是按照人们所想象的理想状态发展，市场经济具有其固有的局限性，当发展出现偏差，房地产泡沫严重时，政府宏观调控房地产市场是必然结果。"限购令"即在此范畴之列，其目的是规制市场行为，形成一个既稳定有序又充满活力的经济秩序。近年来，各种类型的炒房者非理性市场行为异化了市场之"无形的手"，并进而影响到良性市场的平稳运行秩序。而"限购令"的制定和执行无不是对公共利益的维护和促进。

"合理的现代市场经济不仅需要技术生产手段，而且需要一种可靠的法律体系和照章行事的行政管理制度。"[3]而"限购令"则正是体现宏观调控，进

---

〔1〕 参见吕翾："房地产市场'限购令'的法经济学与经济法学思考"，载《理论月刊》2012年第7期。

〔2〕 徐强胜：《经济法和经济秩序的建构》，北京大学出版社2008年版。

〔3〕 李曙光：《转型法律学——市场经济的法律解释》，中国政法大学出版社2004年版。

行国家适当干预的一剂良药。市场机制从来都不是万能的，在带来经济机制的充分运行与发展、资源快速配置的同时，其缺陷性也不可避免。事实上任何交易都会产生成本，因而市场上资源的运用并不都是有效率的。某一经济行为在给社会带来正外部性的同时，也会产生不可避免的诸多"负外部性"，市场也有失灵的时候，市场的失灵将有损于社会公共利益，因此，需要通过国家某种形式与程度上的外部干预来消除市场机制的这种缺陷。所谓"政府干预"，是在市场出现失灵现象时，政府通过一定的行政介入方式使其恢复常态的一种公权力干预行为，在这里体现为"限购令"。"限购令"所要参与规制的中国房地产市场活动的目的正是构建一种经济法之平衡协调的运行秩序。经济权利的失衡导致政府对经济的介入，这是市场经济下维持市场持续良好运行、经济持续发展的必然规律。

自由竞争的市场经济及其法律理念自产生时起就给我们留下了深刻的印象，但随着市场经济向现代的发展，经济法进入了我们的视野。尽管其尚未在传统法律的理论框架内得到充分的解释，但这类法律的出现却缓解了市场经济中趋于紧张的一系列社会矛盾，并使国家的力量进入了市场，进而改变着人们既有的市场经济法律观。

马克思在《政治经济学批判》序言中指出："法的关系正像国家的形式一样，既不能从它本身来理解，也不能从所谓人类精神的一般发展来理解，相反，它们根源于物质生活关系。"经济法是现代社会生产高速发展、科学技术突飞猛进、市场经济空前发达，从而导致各国生产关系结构进一步变革，国家成为社会生产、交换的直接组织者、领导者所带来的必然结果，因此，经济法在现代的产生和发展是组织社会化大生产之必须，是国家组织、管理国民经济之历史必然。

(二)"限购令"对于房屋买卖合同效力的影响

"限购令"对房屋买卖合同的影响可以从合同效力和责任承担两方面来看。

就合同效力而言，限购政策并不能成为确认合同无效的法律依据。《合同法》以合同有效为原则，以合同无效为例外，其中对合同无效的情形作出了严格的条件限制。《合同法》第52条规定："有下列情形之一的，合同无效：①一方以欺诈、胁迫的手段订立合同，损害国家利益；②恶意串通，损害国家、集体或者第三人利益；③以合法形式掩盖非法目的；④损害社会公共利益；⑤违反法律、行政法规的强制性规定。"《最高人民法院关于适用〈中华人民共和国合同法〉若干问题的解释（一）》第 4 条规定："合同法实施以后，人民法院确认合同无效，应当以全国人大及其常委会制定的法律和国务院制定的行政法规为依据，不得以地方性法规、行政规章为依据。"第 10 条规定："当事人超越经营范围订立合同，人民法院不因此认定合同无效。但违反国家限制经营、特许经营以及法律、行政法规禁止经营规定的除外。"可见，违反法律和行政法规导致合同无效仅限于全国人大及其常委会制定的法律和国务院制定的行政法规，不得以地方性法规、行政规章为依据，且强制性规定仅限于效力性强制性规定。限购政策并不属于法律和行政法规的范畴，故不能作为合同无效的理由。至于限购政策能否作为解除房屋买卖合同的理由，应根据限购政策的内容和合同的约定来确定。除协议解除和符合约定解除条款外，合同解除一般必须以合同目的无法实现为条件。故当事人就解除房屋买卖合同无法达成一致意见时，如限购政策并未达到不能使合同不能继续履行无法实现合同目的的程度，就不能解除合同，以维护交易秩序。如果限购政策导致合同目的不能实现，则可以解除合同。

就责任的承担来看，限购政策免责与违约责任承担合同解除与违约责任免除不能画等号，限购政策导致合同解除，并不能必然免除违约责任的承担。首先，限购政策不属于不可抗力，《合同法》第 117 条第 1 款规定："因不可抗力不能履行合同的，根据不可抗力的影响，部分或者全部免除责任，但法律另有规定的除外……"不可抗力是指不能预见、不能避免并不能克服的客观情况，预见性是不可抗力的一个判断标准。我国对房地产市场调控经历了一个从限贷到限购逐步强化的过程，并不是一步到位不能预见的，因此，限购政策不能作为不可抗力，不能成为法定免责事由。其次，限购政策并不必然免责。由于限购政策并不属于不可抗力，故限购政策导致合同解除并不必然免责。具体分析，单纯因限购政策实施导致合同目的无法实现致使合同解除的，无需承担违约责任，因为双方均无违约行为。但如果在合同订立、履行过程中，一方违约触犯限购政策导致合同目的无法实现致使合同解除的，则不能免除违约责任，比如恶意拖延付款时间或过户时间，导致触犯限购政策；再比如恶意通过中断缴纳社会保险或所得税而使购房资格丧失。

四、参考意见

（一）商品房认购合同签订后，因房地产新政的出台导致双方当事人无法继续履行的，认购方能否以情势变更为由主张解除该合同？

所谓情势变更原则，是指合同有效成立后，因发生不可归责于双方当事人的事由而致使合同之基础动摇或者丧失，若继续维持合同会显失公平，因而允许变更合同内容或者解除合同的原则。可见，当事人完全可以以情势变更为由单方主张解除合同，但是构成情势变更必须具备如下三个要件：一是须有"情势"变更，即签订合同时作为合同的基础或者其他客观情况发生了非正常变化；二是情势之变更不可归责于双方当事人；三是情势变更具有不可预见性。而房地产新政的出台，对于双方当事人而言，不仅改变了订立合同时的客观情况，而且在签订合同时根本无法预见，也不可归责于任何一方，这种客观情况发生的非正常变化完全符合情势变更构成要件，因此，商品房认购合同签订后，因房地产新政的出台导致双方当事人无法继续履行的，认购方可以以情势变更为由主张解除该合同。

（二）政府发布"限购令"调控房市是否具有合理性？

市场机制从来都不是万能的，市场机制在带来经济充分发展的同时，也产生了诸多市场机制本身不能解决的"负外部性"问题，存在着"市场失灵"的情况，这将对社会公共利益带来不必要的损害。在此情形下，需要国家通过某种形式在一定程度上进行外部干预，以消除此种缺陷，从目前的实施效果来看，"限购令"在某种程度上确实起到了抑制房价非理性上涨的作用，在房地产市场调控体系尚不完善的情况下，不失为一种宏观调控的合理手段。

拓展案例

何某与林某墓地买卖合同案[1]

一、基本案情

某公司是以"骨灰，骨殖墓穴安葬，港、澳、台、华侨遗体安置，建坟；销售殡葬用品"为经营范围的企业。2006 年 7 月 28 日，林某以 146 000 元的价格向某公司购买墓地位一块。

2006 年 8 月 1 日，林某与某公司员工何某签订合作协议，约定林某投资

---

〔1〕 （2011）南法民三初字第 45 号；（2011）穗中法民五终字第 3103 号。

广州南沙某墓地一个，人民币 146 000 元。何某愿意确保林某投资 3 年的利益如下："3 年福位保底利润 30%，即人民币 43 800 元整，售出时超出利润的部分，双方各占 50%；3 年期到，林某可选择续期或终止协议，如续期方案不变直至林某愿意售出为止。"

2010 年 1 月 5 日，某公司致函林某，表示为答谢林某的支持，自该函件签署之日起，按规定每年领取 13% 的红利，3 年期满后自愿申请，某公司同意按原价收回。之后，某公司没有按照上述承诺向林某支付红利。

2010 年 8 月 5 日，林某提起诉讼，请求判决：解除 2006 年 8 月 1 日其与何某签订的合作协议及林某与某公司之间的墓地购买合同，要求某公司和何某共同返还林某购买墓地的本金 146 000 元及利息，并赔偿林某损失 58 400 元。同年 12 月 31 日，广州市南沙区法院作出（2010）南法民三初字第 123 号民事判决，认定何某于 2006 年 8 月 1 日与林签订合作协议不属于何某履行公司职务的行为；林某、何某签订合作协议所形成的法律关系与林某、某公司之间的墓地买卖合同关系是不同的法律关系；阐明该案仅就林某与某公司之间的墓地买卖合同关系作出处理，林某可就其与何某签订合作协议所形成的法律关系另案起诉；遂判决解除林某与某公司之间关于买卖墓地的合同，某公司退还价款 146 000 元给林某。

另查，2011 年 2 月 14 日，林某依据前述 2010 年 1 月 5 日某公司致林某的函件，另案向法院提起诉讼，请求判令某公司以其购买墓地的价款 146 000 元为基数，按每年 13% 的标准，向其支付自 2009 年 8 月 1 日起至 2011 年 2 月 14 日止的利润。2011 年 3 月 15 日，广州市南沙区法院作出（2011）南法民三初字第 46 号民事判决，判决某公司支付利润（从 2009 年 8 月 1 日起至 2011 年 2 月 14 日止，以 146 000 元为基数，按年利润 13% 的标准计算）给林某。

因合作协议中何某确保林某购买墓地后 3 年保底利润 43 800 元。此后林某向某公司交款 146 000 元并完成墓地购买手续。直至 2009 年 7 月 28 日，何某承诺的 3 年利润未予兑现，依合作协议约定，其行为已构成违约，应承担赔偿责任，为此提起本案诉讼，请求原审法院判决何某按每日 40 元（以林某购买墓地的价款 146 000 元为基数，约定的 3 年 30% 保底利润为比例，即以 3 年利润 43 800 元除以 1095 天）的标准，向林某支付自 2006 年 8 月 1 日至

2011 年 2 月 14 日的合作利润。

二、法律问题

1. 试探讨本案中墓地的法律性质?
2. 本案中的合作协议是否有效?

三、重点提示

近年来,伴随着房价的一路上扬和炒房热,炒买炒卖墓地现象也开始初露端倪。公墓买卖相较于一般的房地产买卖,其特殊性在于其公益性以及标的和经营主体的特殊性。公墓的作用在于安放死者,其中涉及了死者家属的情感寄托,具有公益的属性。从事殡葬服务的经营主体必须通过批准方可获得殡葬服务的专营权,容易产生行业垄断。

我国公墓管理法规主要是 1992 年 8 月 25 日民政部发布的《公墓管理暂行办法》和 1997 年 7 月 21 日国务院发布的《殡葬管理条例》。这些法规对公墓买卖中所涉及的财产权问题及买受人对公墓产品享有的权利都没有规定,仅在各地公墓管理法规中,散见保护消费者财产权的规定。虽然地方立法机关已经开始关注公墓经营者和买受者土地使用权的法律保护,但对买受者财产权的保护普遍薄弱。

依照我国《城市用地分类与规划建设用地标准》规定,墓地应属于房地产类别。在我国,墓地买卖合同纠纷直接与社会公序良俗、民族习俗相关,与社会公共利益密切相关。地方政府制定地方法规和政府规章都规定严格禁止或限制墓地买卖。如《广州市殡葬管理规定》《广东省殡葬管理办法》《国务院办公厅转发民政部关于进一步加强公墓管理意见的通知》都作了类似规定,禁止炒买炒卖墓地。在我国,公墓是指为城乡居民提供埋葬骨灰和遗体的公共设施,一般将公墓分为公共性墓地和公益性墓地。公共性墓地面向全社会,实行有偿服务,即经营性墓地。经营性公墓是为城镇居民提供遗体或骨灰安葬服务的公共墓地,属于第三产业。公益性公墓是为农村村民提供遗体或骨灰安葬服务的公共墓地。公益性墓地则仅面向本地村民。原则上,公益性墓地是由村民委员会建立,只对农村村民提供遗体或骨灰实行免费安葬,少部分须支付部分成本费用,属于集体公益设施。

拓展资料

专题三　拓展阅读资料

专题四　政府干预的边界

知识概要

市场失灵要求政府干预，政府干预也可能出现非法与低效。政府干预必须建立在对市场充分尊重的基础之上，任何背离市场经济内在要求的干预，只能阻碍乃至破坏现代市场经济的发展。政府需要积极转变职能，将政府干预纳入规范化和法制化的轨道，以此避免政府干预的随意性与非法性。本专题选取了 1 个经典案例和 1 个拓展案例，框定政府干预市场的合理边界。

经典案例

江苏舜天船舶股份有限公司重整案[1]

一、基本案情

江苏舜天船舶股份有限公司（以下简称舜天船舶）系江苏最大国有上市船企。自 2014 年起，因受航运与船舶市场持续低迷影响，加之企业管理不善，舜天船舶经营陷入困境。2015 年，公司股票被处以"退市风险警示"特别处理，面临退市风险。2015 年 12 月 22 日，中国银行股份有限公司南通崇川支行（以下简称中行崇川支行）作为债权人，以舜天船舶不能清偿到期债

---

〔1〕《最高人民法院公报》2017 年第 12 期（总第 254 期）。

务且现有资产已不足以清偿全部债务为由，向南京市中级人民法院申请对舜天船舶进行重整。经层报最高人民法院批准，南京中院于2016年2月5日裁定受理舜天船舶重整案。针对舜天船舶资产效能低、债务负担重、面临退市风险等多重困难，南京中院经充分研究论证并主持重整参与各方协商后，在江苏国信集团支持下，最终确定了重整与重大资产重组同步实施的重整方案，通过剥离亏损资产、注入优质资产，同时实施市场化债转股，把握时机，高效挽救企业。重整方案经债权人会议和出资人组会议表决，在各表决组均获得超过98%表决权的高票通过。经逐级报请最高人民法院启动与证监会的会商机制，参考证监会并购重组专家咨询委员会出具的专家咨询意见，南京中院于2016年10月24日裁定批准重整计划，终止舜天船舶重整程序。12月16日，舜天船舶完成了证券监管部门对于重大资产重组的行政审批工作。目前，重整计划已基本执行完毕，债权人债务得到全额清偿，公司出资人权益调整方案涉及的资本公积金转增及股票划转等有关事项均已完成，经公司向深圳证券交易所申请，公司股票已于2016年12月28日上午开市起复牌，舜天船舶重整取得圆满成功。

舜天船舶在实施重整过程中同步进行重大资产重组，开创了我国上市公司破产重整实践先河，通过首创式同步操作，高效化解了企业危机，成为困境企业反转投资策略的最佳选择，其开拓性和创新性对未来上市国企脱困具有广泛的示范效应。通过同步实施重整与重大资产重组，舜天船舶摆脱了退市危机，实现了去产能、调结构的目标，使企业重回健康发展轨道，近86亿元债务均得到100%清偿，创下历年上市公司重整最高债权清偿率。通过提升资产盈利能力，实施市场化债转股，全案近55.86亿元金融债权得到全额保护，地区金融生态环境得到进一步优化。同时，舜天船舶重整成功，有效维护了3.1万户股东利益，为国家挽回税款2亿元，维护了民生和地方发展。舜天船舶重整案是人民法院运用市场化、法治化方式妥善处置僵尸企业的典型案例。本案首次采用层报最高人民法院启动与证监会的会商机制的方法，有效解决上市公司重整中涉及的司法程序与行政程序的衔接问题，为我国上市公司重整案件的审理提供了值得借鉴的样板。

二、法律问题

试分析《企业破产法》在市场经济中的作用？

三、法理分析

市场经济是在价值规律的引导下通过价格机制和竞争机制实现资源配置的经济体制，其本质是通过市场机制进行资源配置，以市场反映的价格信号调节社会生产，鼓励优胜劣汰的竞争，推动社会的发展，包括市场准入、市场交易和市场退出三个部分。[1]开放的市场进入通道对于鼓励竞争意义重大，而畅通的市场退出通道同样必不可少。在一个充满竞争与优胜劣汰的市场经济中，人们信奉适者生存的竞争哲学，只有实力雄厚的企业才能生存，弱小、低效、浪费资源和不成功的企业只会被竞争淘汰掉，从而退出市场。[2]在"狼驱羊"死亡机制的倒逼下，市场主体能够最大限度地提高生产效率，积极创新，提高竞争力，以保证自己在市场生态系统中生存并实现利益最大化。

市场退出制度是指运用市场系统组成要素之间的相互作用，推动主体退出市场生态系统的过程和方式。市场退出包括"法庭内"退出与"法庭外"退出两种方式。市场主体在法院的主导下终结现存的法律关系、处理剩余财产，最终归于消灭的过程，被称之为"法庭内"退出；市场主体因章程、决议、司法判决、行政决定等原因解散，应当自行组织清算，这构成"法庭外"的市场退出途径。"法庭内"的退出方式是在法院的主导下进行的清算活动，更强调司法审查对清算活动的监督作用。在"法庭外"退出过程中，法律充分尊重市场主体的控制权及其自治行为，非因法定事由并经法定程序，法院不能介入清算活动。只有当"法庭外"的清算活动出现法定障碍，或自行清算主体出现破产事由时，法院才能依当事人申请启动清算程序，实现"法庭外"退出与"法庭内"退出程序的对接，以"法庭内"的司法审查弥补"法庭外"的主体利益失衡。

除了加强破产法的实施，市场退出制度还要注重对司法机关的强制清算与行政机关的注销程序等进行完善，实现"法庭外"与"法庭内"退出机制的衔接与互动，形成系统的市场退出制度体系。市场经济是法治经济，法治

---

〔1〕　参见尤春媛：《市场经济·契约文明·法治政府》，中国政法大学出版社 2012 年版，第 101 页。

〔2〕　参见李曙光：《转型法律学：市场经济的法律解释》，中国政法大学出版社 2004 年版，第 96 ~ 97 页。

环境是市场经济发展的依托和保障。完善市场退出制度，既需要坚持市场化，发挥市场在资源配置中的决定性作用，同时也要坚持法治的底线。法治是一套刚性的游戏规则，为市场经济的游戏提供必须遵守的强制性规范。[1]

市场退出制度是商业活动持续流转与市场经济保持活力的前提。企业的优胜劣汰引发了"创造性破坏"，[2]人类文明始得不断高速演进。当今中国，解决产能过剩问题要求市场出清制度的辅助，市场退出制度大有作为。十八届三中全会决议提出"紧紧围绕使市场在资源配置中起决定性作用，深化经济体制改革"的理念，为结构性改革提供了政策指引。调整经济结构，矫正市场要素配置扭曲，一个关键的举措在于去产能，这在 2016 年中央经济工作会议中被强调为供给侧结构性改革的关键任务。在 2016 年政府工作报告及"十三五"规划纲要中，"淘汰落后产能"亦成为频繁出现的一项措辞。市场化改革的政策导向，要求市场退出制度的完善应当尊重经济规律，利用市场机制、经济方法、法律手段实现落后产能的清理，深化结构性改革。中央纷纷出台市场化改革政策的大环境为市场退出制度的完善提供了契机，在顶层设计的导向下，改革者应当着力于促进社会主义市场经济与社会主义法治进程的良性互动，实现市场主体退出制度的市场化与法治化的统一。

四、参考意见

《企业破产法》可以说具有市场经济"宪法"的意义，主要体现在三个层面上：一是破产法所涉及的宪法层级问题。二是破产法是转型经济国家改革的"宪法"，是经济改革的母法。一个国家的企业破产法制度完善与否，已成为衡量该国市场经济成熟程度的重要标志。三是在全球竞争激烈，经济一体化，世界日益变成"地球村"的趋势下，各国的破产法正在加速其由磨合到大一统的过程，破产法有可能最早成为全球普遍适用的基本法。破产法在约束制衡各地方权力机构对经济与商业交易的干预、对地方经济利益与债务人保护方面的权力滥用冲动和道德风险，以及保护公民（投资人、债权人）的经济权利方面扮演市场经济与社会商业交易底线法角色。

---

〔1〕 李曙光：《转型法律学：市场经济的法律解释》，中国政法大学出版社 2004 年版，第 53 页。

〔2〕 Joseph A. Schumpeter, Capitalism, Socialism and Democracy, New York: Harper Perennial Modern Thought, 2008, pp. 82 ~ 83.

企业破产是市场经济中最常见和普遍的现象，如果没有破产法，债权人和债务人的利益得不到及时调整，市场就会失去秩序，金融风险就不能控制，因此，破产法越完善，市场经济就越成熟。在经济改革过程中，修改和制定破产法实际上可以为改革的成功奠定基石。在经济转型时期和转轨国家，最容易发生债权人、债务人利益不能得到充分保护，市场秩序失范，保护的标准不一以及市场交易过程中人们没有稳定、可靠预期的现象，而一部统一的破产法则是根治转型期社会这种痼疾的一剂良药。

拓展案例

铁本事件

一、基本案情

江苏铁本钢铁有限公司自 2002 年初筹划在常州市新北区魏村镇、镇江扬中市西来桥镇建设新的大型钢铁联合项目。该项目设计能力 840 万吨，概算总投资 105.9 亿元人民币，2003 年 6 月进入现场施工，2004 年 3 月江苏省政府责令全面停工。

2007 年 4 月国务院派出专项检查组，核实查处江苏铁本钢铁有限公司违规建设钢铁项目。核查认定这是一起典型的当地政府及地方有关部门失职违规，企业涉嫌违法违规的重大事件。经查，自 2002 年 5 月以来，为实施该项目，铁本公司法人代表戴国芳先后成立 7 家合资（独资）公司，把项目化整为零，拆分为 22 个项目向有关部门报批。2002 年 9 月至 2003 年 11 月，常州国家高新技术产业开发区管委会、江苏省发展计划委员会、扬中市发展计划与经济贸易局先后越权、违规、拆项审批了铁本合资公司的建设项目。铁本公司严重违反国家环境保护法、环境影响评价法的有关规定，未取得环保部门批复环境影响报告书擅自开工建设；违反土地管理法，未取得合法土地征地批准文件即动工建设，违法占用土地 6541 亩，其中耕地 4585 亩；通过提供虚假财务报表骗取银行信用和贷款，挪用银行大量流动资金贷款。

但是，在被羁押两年多后，铁本钢铁法定代表人戴国芳在常州市中级人民法院受审，戴被控的罪名只有虚开抵扣税款发票罪。

在钢铁等行业，正当民营资本被严令喊停的时候，国有及国际资本则纷纷大踏步挺进。就在"铁本事件"发生的同时，宝钢与当时世界上最大的钢铁公司阿塞勒、第二大钢铁公司新日本制铁三方合资，开建1800毫米冷轧工程，此外，还与澳大利亚哈默斯利公司签署了每年购买700万吨铁矿石的长期订购协议。公司总裁兼董事长谢企华宣布，宝钢打算在2010年前斥资500亿－600亿元，将产量从2000万吨扩大到3000万吨，增加50%的产能。随即，中国第四大钢铁企业武汉钢铁集团表示，武钢的几个大规模项目，已通过国家发改委审批，总投资将超过200亿元。

二、法律问题

1. 政府宏观调控的边界如何界定？
2. 如何看待国有企业与民营企业之间的关系？

三、重点提示

一般而言，政府在市场经济中的作用是多重的。在市场经济中，政府扮演的是维护秩序、干预经济和增进福利三重角色。就维护秩序这一点而言，政府的目标建立在这样一个支点上，即其应着眼于揭露和消灭一个个具体的社会罪恶，一点一滴地实现具体的正义，以使政府这一公权组织树立其公信力，以使市场经济运行规则良好运转和完善，使人们知道市场经济中自己自由空间的范围和行为界限。就政府干预经济而言，国家干预、政府介入与市场主体自由的冲突在市场经济中始终存在。没有市场主体的自由，就没有市场经济；没有国家和政府的适当干预、准确介入，也不可能有真正的市场主体自由和市场经济秩序。即使是激进的自由主义经济学家，也不主张将政府完全排除在市场经济活动之外，而是认为政府应承担维护市场公正与秩序的职能，保障市场经济的信用关系和交易安全。在市场经济活动中，市场主体由于追求个人或小团体的利益易产生欺诈和违约的倾向，没有适度的政府介入，滥用契约自由和滥用理性的行为就会破坏市场交易和竞争秩序。就增进社会福利而言，政府为社会提供足够的公共物品，并正当地分配这些公共物品，以维系整个社会效率与公平的平衡发展。

政府为抑制经济过热而采取的一些手段和方式，我们习惯性称之为"宏观调控"，但其实许多手段和方式并不是真正的宏观调控。其中比较突出的一个误解，就是把政府部门直接出面下令关闭企业的行为也当作宏观调控的表现。造成这种对宏观调控的误用，有两个原因：一是地方政府长期习惯于运用行政手段，去干预企业的微观经营活动；二是地方政府及其官员的政绩冲动。自上而下的行政调控手段在短期内或许见效较快，但长期而言，不仅调控成本过高，调控难度增大，而且还容易在调控目标与调控效果之间出现偏差。所以，尽管在中国市场机制还不完善的情况下，行政调控有必要存在，但不能把这种干预看作是一种正常状态，更不能将其"固化"甚至"异化"。宏观调控必须回到用财政手段和货币手段来熨平经济起落的本义，更多发挥市场配置资源的基础性作用。

拓展资料

专题四　拓展阅读资料

第三章

经济法的理念与原则

专题五　经济法理念与原则的体现

◈ 知识概要

法的理念就涉及法的本质、存在的依据以及追求的目的。经济法是法的一个组成部分，其理念就是在社会整体利益优先的基础上保护、分配和促进社会整体经济利益。这主要包括两方面：一是保护现存的社会整体经济利益不受侵犯，这是保护的问题；二是在追求社会整体经济利益与个体利益以及集团利益均衡的基础上促进社会整体经济利益的增加，这是分配和促进的问题。本专题从前述两个方面选取了 1 个经典案例和 4 个拓展案例，从实践角度进一步诠释经济法的基本理念，明晰经济法的基本原则。

◈ 经典案例

周某与中国国旅（武汉）国际旅行社有限公司
旅游合同纠纷案[1]

一、基本案情

2015 年 6 月 24 日，国旅公司与周某签订一份赴美国团队出境旅游合同，

---

[1]　一审民事判决书：湖北省武汉市硚口区人民法院（2015）鄂硚口民二初字第 00892 号民事判决书。二审民事判决书：湖北省武汉市中级人民法院（2017）鄂 01 民终 458 号民事判决书。

主要约定周某参加国旅公司组织的赴美国团队出境旅游，出发时间 2015 年 8 月 8 日，结束时间 2015 年 8 月 24 日，旅游费每人 20 300 元；合同对其他有关权利义务等也作了相应约定。该合同签订后，国旅公司为周某代办签证。2015 年 7 月 16 日，周某在广州美国领事馆面签后，国旅公司领取了周某的有美国签证的护照。2015 年 8 月 8 日周某按照国旅公司的要求来到深圳北机场，下午 14：15 分左右接到国旅公司工作人员的通知，说周某（另有其他人员）的护照已不慎丢失，周某的出境游因而未能成行并滞留于深圳。周某曾报警寻找丢失的护照，直至 2015 年 8 月 10 日找寻未果后回到武汉。此后，双方为补办护照、补办签证等事宜多次进行沟通，周某又于 2015 年 9 月 3 日至 9 月 4 日往返于武汉至广州。现周某认为国旅公司的严重违约行为导致周某未能如期出行，合同被迫终止，耽误了周某宝贵的暑假时间。周某在护照丢失后为补办护照、补办签证等多次与国旅公司沟通往返，花费了大量的时间精力，已造成周某的经济损失、精神伤害等，故周某起诉至法院。

　　一审法院认为：周某与国旅公司签订的团队出境旅游合同合法有效。国旅公司因保管措施不当致使周某的护照丢失，其具体原因虽然是快递公司不慎丢失所导致，但属于国旅公司的委托事物，对旅游合同相对方即周某而言，其过错责任应由国旅公司承担。国旅公司与快递公司属另一法律关系，应由国旅公司另行主张权利。周某因此滞留于国内不能出行的事实属实，国旅公司的行为已构成严重违约，依法应当向周某承担违约责任。《中华人民共和国旅游法》（以下简称《旅游法》）第 70 条规定，旅行社不履行包价旅游合同或者履行合同义务不符合规定的，应当依法承担继续履行、采取补救措施或者赔偿损失等违约责任；造成旅游者人身损害、财产损失的，应当依法承担赔偿责任。旅行社具备旅行条件，经旅游者要求仍拒绝旅行合同，造成旅游者人身损害、滞留等严重后果的，旅游者还可以要求旅行社支付旅游费用 1 倍以上 3 倍以下的赔偿金。在周某与国旅公司签订的旅游合同中第 6 章第 17 条第 3 项也有规定：出境社具备旅行条件，经旅游者要求仍拒绝旅行合同，……造成旅游者人身损害、滞留等严重后果的，旅游者还可以要求旅行社支付旅游费用 1 倍以上 3 倍以下的赔偿金。根据上述相关规定，原审法院综合考量本案的客观事实、违约后果等因素，认为比照双方签订的旅游合同的约定，由国旅公司承担周某旅游费用 1 倍的赔偿金是合理适当的。周某的诉讼请求成立，原审法院予以支持。另外，本案周某对人保东湖开发区科技保险支公司并无诉请，故综上，国旅公司的辩称意见不成立，原审法院不予认定。据此原审法院判决：①由国旅公司赔付给周某旅游费一倍的赔偿金人民币 40 480 元；②由国旅公司赔付给周某签证费 440 元、往返车费 5860 元，合计人民币 6300 元。国旅公司应支付款项限于判决生效之日起 5 日内履行完毕。一审案件诉讼费 3122 元由国旅公司负担 1000 元，周某负担 2122 元，国旅公司应负担部分于支付上述款项时一并付清。如果未按判决指定的期限履行给付金钱义务的，应当按照《中华人民共和国民事诉讼法》第 253 条之规定，加倍支付延迟履行期间的债务利息。

国旅公司不服一审判决，向武汉市中级人民法院提出上诉，请求二审法院驳回周某的全部诉讼请求。

二审法院认为，国旅公司的违约行为，致使周某不但未能获得其期待利益，反而造成了周某一定的精神伤害且损害了周某的时间成本。故原审法院根据客观事实以及违约后果，参照《旅游法》第 70 条的规定，酌定由国旅公司向周某支付旅游费用 1 倍的赔偿金以及签证费和往返车费并无不当，应依法予以维持。同时，国旅公司认为应当由人保东湖开发区科技保险支公司承担保险赔偿责任的上诉理由，因周某对人保东湖开发区科技保险支公司无诉请，故国旅公司的该项上诉理由，二审法院不予采纳。综上，二审法院依法驳回了上诉人国旅公司的诉讼请求，维持原一审判决。

二、法律问题

1. 新修订的《旅游法》中的惩罚性赔偿制度确立有何意义？
2. 《旅游法》对于旅游者的倾斜性保护是如何体现出经济法的基本原则的？

三、法理分析

（一）经济法对市场竞争秩序的保护

《旅游法》本质上属于经济法，不仅关注个人利益，更加注重社会整体经济利益的保护与二者之间的协调均衡。当倡导个人本位和自由竞争的民商法，与科技进步所带来的高度社会分工和合作基础上形成的经济形态产生矛盾时，社会的发展早就超出了私人统治的空间，经济的社会化程度日益加深，个人利益本位之下人们对自身利益的无限追求以及对社会整体经济利益的漠视导致了后者的损害。市场经济的负外部性问题使得尊重自治异化为对自治的威胁，而自由竞争的无限发展产生的垄断就会限制自由，导致自由竞争的原始理念又被自由竞争的结果所摧毁。所以社会整体经济利益的提出和落实就有迫切的现实意义，如今强调的人与他人、人与社会的和谐关系，也是社会整体意义上的。

在社会整体经济利益的意义上，个体在目的、行为、利益和责任等方面有共同性和关联性，尽管有角色和分工的区别，但仍是一种群体参与和共同实施。个体为了关联密切的公共经济利益而行为，公共经济利益为个体所分享，这种分享可能是现实性的，也可能是保留性、机会性和潜在性的；公共经济领域的责任具有牵连性，某个体对公共经济利益的侵害会使所有个体都受损，因此需要对所有个体进行普遍的约束，趋利避害，如果个体损害了公共经济利益，会导致公共领域的集体防范和一致谴责。

针对现存的社会整体经济利益而言，经济法保护其不受到来自各方的损害。经济法强调社会整体经济利益优先于个体利益的保护，并不是排斥正当的个体利益的实现，更不否认民商法领域中的私法自治，而只是在涉及社会整体经济利益的关系中体现社会整体经济利益的优先性，这种优先在传统民法的"公序良俗"原则中也有隐约的体现，用以制约权利行使过程中的某些非理性行为。

根据全国人大常委会对《旅游法》第70条的释义，"实践中，旅行社违反合同义务的现象比较常见，如擅自改变旅游行程、遗漏旅游景点、减少旅游服务项目、降低旅游服务标准等，一些旅行社经常采取这些方式压缩组织旅游的成本。遇到这种情况，旅游者往往会要求旅行社履行合同义务，但个别旅行社无视旅游者的要求，在具备履行条件的情况下，仍会拒绝履行合同，如拒绝按约定行程旅游、拒绝增加服务项目、拒绝提高旅游标准等。因旅行社拒绝履行合同，造成旅游者人身损害、滞留等严重后果的，是一种严重的违法、违约行为。在这种情况下，根据本条规定，旅游者除可以要求旅行社承担违约责任或者侵权责任外，还可以要求旅行社支付旅游费用1倍以上3倍以下的赔偿金。这是一种典型的惩罚性赔偿。规定惩罚性赔偿，其目的不在于使旅游者获得过高的补偿，而在于提高旅行社的违约成本，从而迫使其不敢违约。"

从微观角度而言，惩罚性赔偿制度在旅行社和旅游者双方都起到了重要的作用：一方面，可以有效地惩戒和制裁违法旅行社的欺诈行为，使其不仅对旅游者的实际损失进行弥补，同时还应当承担实际损失以外的惩罚性赔偿。这种潜在的经济上的不利后果可以有效监督旅行社在经营管理活动中严格遵守法律法规，诚信经营。另一方面，惩罚性赔偿也调动了旅游者维权的积极性，超出实际损失的惩罚性赔偿从某种意义上看属于消费者的意外所得。因此，超出实际损失的赔偿对于受到侵害的消费者而言，具有激励作用，能够调动旅游者维权的积极性，使那些原来不愿意进行维权的消费者，能够鼓起勇气保护自己的合法权益。[1]

从宏观角度而言，惩罚性赔偿制度能够对市场经营主体起到警示作用，预防违法经营行为，警示经营者必须遵纪守法，尊重消费者的权利，履行经营者的义务，禁止任何的旅游产品或服务的欺诈行为，从而避免惩罚性赔偿。同时，正常的市场交易秩序也通过惩罚性赔偿予以维护。惩罚性赔偿制度旅行社需要对其恶劣轻率的经营行为付出巨大的赔偿，同时保护了旅游者的合法权益，对欺诈行为起到了预防和遏制作用，可见，惩罚性赔偿"可以用于维护整个社会的良好状态"[2]。

（二）对旅游者的倾斜性保护体现了经济法责权利相统一的原则

经济法的基本原则既体现了经济法的本质属性，又贯穿于经济法体系的始终，具有较强的涵盖性和衍生性，其与对经济法的理念与调整对象的理解有着密切的联系。关于经济法基本原则的观点，学术界众说纷纭，本书倾向于将其概括为遵循客观经济规律原则、平衡协调原则、维护公平竞争原则、责权利相统一原则的观点。

责权利相统一的原则，是经济法区别于其他法律的一项基本原则。所谓"责"，是指法律要求经济主体必须履行的义务，以及不履行或不适当履行义务的法律后果，包括具体法律关系中的义务和社会化的责任；"权"是指法律赋予经济主体一定的职权和权利（力）；"利"是指利益，主要指物质利益，但也包括一些非物质利益。

所谓责权利相统一，是指在经济法律关系中各管理主体和公有制主导之经济活动主体享有的权利（力）和利益与承担的义务和职责必须相一致，不

---

〔1〕 杨立新：《我国消费者保护惩罚性赔偿的新发展》，载《法学家》2014 年第 2 期。

〔2〕 ［奥］赫尔穆特·考茨欧、瓦内萨·威尔科克斯主编：《惩罚性赔偿金：普通法与大陆法的视角》，窦海阳译，中国法制出版社 2012 年版，第 219 页。

应当有脱节、错位、不平衡等现象存在。在社会主义市场经济或以公有制为主导的市场经济条件下，这是作为经济法灵魂的一项根本性原则。[1]

　　责权利相统一原则是经济法的公平竞争原则和社会效益价值取向的基本反映和要求。首先，公平竞争原则的实现，要求主体进行经济法律行为时所具备的基本条件是普遍依法享有一定的经济权利、承担相应的经济义务。参与各种不同经济法律关系的主体之权利义务应当一致，不能失衡、畸轻畸重，权重责轻将诱发专权擅权，权轻责重会令人畏缩不前，从而损害社会经济的公平有序发展。其次，社会效益价值取向体现了经济法所追求的社会整体效益最大化目标，当然，整体效益最大化目标的实现的基础在于经济权利与经济义务的最优化配置，这一点同样体现了责权利相统一原则。如果能够以责权利相统一原则来实现经济权利和经济义务的优化配置，社会整体经济利益的实现才会成为可能，否则社会整体经济利益的维持将成为空谈。《旅游法》及相关司法解释中对于旅游者的倾斜性保护，与《消费者权益保护法》《食品安全法》等法律的立法精神相一致，重在保护市场经济主体中处于弱势一方的消费者，其目的是通过维护消费者的合法权益，强化其权利意识，从而构建起有序健康的市场经济环境，促进经营者依照法律规定有序开展经营活动。

　　旅游的基本出发点、整个过程和最终效应都是以获取精神享受为指向。对于旅游合同而言，旅行社的期待利益就是旅游服务所花费的成本加上利润的总和，即旅游者交的团费。与之相对应，旅游者享受的旅游服务加上所感受到的旅途的愉悦、心情的放松才是其期待利益的全部。故旅游合同本身的目的是让旅游者身心愉悦，一旦旅行社违约，游客的精神痛苦和失望是旅游者损失的根本所在。本案中，国旅公司与周某签订一份赴美国团队出境旅游合同，该合同系当事人真实意思表示，未违反法律、法规强制性规定，属有效合同，各方当事人均应依约履行各自的义务。周某按约已向国旅公司支付了相关费用，而由于国旅公司因保管措施不当致使周某的护照丢失，周某由此滞留于深圳不能按计划出行，严重影响了周某在此期间的生活、工作和学习安排。故国旅公司已构成严重违约，依法应当向周某承担违约责任。因此国旅公司的上诉理由，二审法院未予采纳。

---

　　[1]　史际春、邓峰：《经济法总论》，法律出版社 1998 年版，第 169 页。

四、参考意见

1. 惩罚性赔偿制度不仅体现了传统民法理论中损害赔偿功能中的补偿性赔偿，同时还包含了具有惩罚性质的惩罚性赔偿。一方面这是对传统民法理论中损害赔偿最高原则的突破，另一方面也反映了在经济法领域对于特殊群体的倾斜保护。《旅游法》中关于旅行社不当行为的惩罚性赔偿规定吸收了英美法系国家有关惩罚性赔偿的理论，属于惩罚性赔偿而非补偿性赔偿，旨在通过旅行社提供较为充分的补偿，增强旅游者维护自身合法权益的意识，保护旅游者的合法权益能够得到更加有力的保护，同时也有利于规范旅行社经营者或旅游服务提供者的经营行为，营造健康和谐的市场经济秩序。

2. 最新修订的《旅游法》引入旅游行业的惩罚性赔偿制度，一方面是对近段时间有关一些旅行社不当行为的回应，另一方面是对《消费者权益保护法》关于商品欺诈行为在旅游服务领域规定的强化和完善。责权利相统一原则作为经济法的基本原则之一，强调经济法主体应当在法律规定的范围内行使权利履行义务。当旅行社的旅游商品或旅行服务违反法律的规定，侵害旅游者的合法权益时，旅游者有权通过法律武器维护自身权益。同时，作为对近些年来频繁引起社会关注的旅行社侵害旅游者合法权益的回应，《旅游法》有关惩罚性赔偿的规定也有利于鼓励消费者维护自身合法权益，同时也有利于经济法保障社会整体经济利益，在保障公民的生命健康权、财产安全权的同时构建井然有序的市场秩序。

拓展案例

案例一：中国平安财产保险股份有限公司江苏分公司诉 江苏镇江安装集团有限公司保险人代位求偿权纠纷案[1]

一、基本案情

2008 年 10 月 28 日，被保险人华东联合制罐有限公司（以下简称华东制

---

[1] 一审判决书：江苏省镇江市京口区人民法院（2010）京商初字第 1822 号民事判决书。二审判决书：江苏省镇江市中级人民法院（2011）镇商终字第 0133 号民事判决书。再审判决书：江苏省高级人民法院（2012）苏商再提字第 0035 号民事判决书。

罐公司)、华东联合制罐第二有限公司(以下简称华东制罐第二公司)与被告江苏镇江安装集团有限公司(以下简称镇江安装公司)签订《建设工程施工合同》,约定由镇江安装公司负责被保险人整厂机器设备迁建安装等工作。《建设工程施工合同》第二部分"通用条款"第 38 条约定:"承包人按专用条款的约定分包所承包的部分工程,并与分包单位签订分包合同,未经发包人同意,承包人不得将承包工程的任何部分分包";"工程分包不能解除承包人任何责任与义务。承包人应在分包场地派驻相应管理人员,保证本合同的履行。分包单位的任何违约行为或疏忽导致工程损害或给发包人造成其他损失,承包人承担连带责任"。《建设工程施工合同》第三部分"专用条款"第 14 条第(1)项约定"承包人不得将本工程进行分包施工"。"通用条款"第 40 条约定:"工程开工前,发包人为建设工程和施工场地内的自有人员及第三人人员生命财产办理保险,支付保险费用";"运至施工场地内用于工程的材料和待安装设备,由发包人办理保险,并支付保险费用";"发包人可以将有关保险事项委托承包人办理,费用由发包人承担";"承包人必须为从事危险作业的职工办理意外伤害保险,并为施工场地内自有人员生命财产和施工机械设备办理保险,支付保险费用"。

2008 年 11 月 16 日,镇江安装公司与镇江亚民大件起重有限公司(以下简称亚民运输公司)公司签订《工程分包合同》,将前述合同中的设备吊装、运输分包给亚民运输公司。2008 年 11 月 20 日,就上述整厂迁建设备安装工程,华东制罐公司、华东制罐第二公司向中国平安财产保险股份有限公司江苏分公司(以下简称平安财险公司)投保了安装工程一切险。投保单中记载被保险人为华东制罐公司及华东制罐第二公司,并明确记载承包人镇江安装公司不是被保险人。投保单"物质损失投保项目和投保金额"栏载明"安装项目投保金额为 177 465 335.56 元"。附加险中,还投保有"内陆运输扩展条款 A",约定每次事故财产损失赔偿限额为 200 万元。投保期限从 2008 年 11 月 20 日起至 2009 年 7 月 31 日。投保单附有被安装机器设备的清单,其中包括:SEQUA 彩印机 2 台,合计原值为 29 894 340.88 元。投保单所附保险条款中,对"内陆运输扩展条款 A"作如下说明:经双方同意,鉴于被保险人已按约定交付了附加的保险费,保险公司负责赔偿被保险人的保险财产在中华人民共和国境内供货地点到保险单中列明的工地,除水运和空运以外的内陆运输途中因自然灾害或意外事故引起的损失，但被保险财产在运输时必须有合格的包装及装载。

2008 年 12 月 19 日 10 时 30 分许，亚民运输公司驾驶员姜某驾驶苏 L06069、苏 L003 挂重型半挂车，从旧厂区承运彩印机至新厂区的途中，在转弯时车上钢丝绳断裂，造成彩印机侧翻滑落地面遭到损坏。平安财险公司接险后，对受损标的确定了清单。经镇江市公安局交通巡逻警察支队现场查勘，认定姜玉才负事故全部责任。后华东制罐公司、华东制罐第二公司、平安财险公司、镇江安装公司及亚民运输公司共同委托泛华保险公估有限公司（以下简称泛华公估公司）对出险事故损失进行公估，并均同意认可泛华公估公司的最终理算结果。2010 年 3 月 9 日，泛华公估公司出具了公估报告，结论：出险原因系设备运输途中翻落（意外事故）；保单责任成立；定损金额总损 1 518 431.32 元、净损 1 498 431.32 元；理算金额 1 498 431.32 元。泛华公估公司收取了平安财险公司支付的 47 900 元公估费用。

2009 年 12 月 2 日，华东制罐公司及华东制罐第二公司向镇江安装公司发出《索赔函》，称"该事故导致的全部损失应由贵司与亚民运输公司共同承担。我方已经向投保的中国平安财产保险股份有限公司镇江中心支公司报险。一旦损失金额确定，投保公司核实并先行赔付后，对赔付限额内的权益，将由我方让渡给投保公司行使。对赔付不足部分，我方将另行向贵司与亚民运输公司主张"。

2010 年 5 月 12 日，华东制罐公司、华东制罐第二公司向平安财险公司出具赔款收据及权益转让书，载明：已收到平安财险公司赔付的 1 498 431.32 元。同意将上述赔款部分保险标的的一切权益转让给平安财险公司，同意平安财险公司以平安财险公司的名义向责任方追偿。后平安财险公司诉至法院，请求判令镇江安装公司支付赔偿款和公估费。

江苏省镇江市京口区人民法院于 2011 年 2 月 16 日作出（2010）京商初字第 1822 号民事判决：一、江苏镇江安装集团有限公司于判决生效后 10 日内给付中国平安财产保险股份有限公司江苏分公司 1 498 431.32 元；二、驳回中国平安财产保险股份有限公司江苏分公司关于给付 47 900 元公估费的诉讼请求。一审宣判后，江苏镇江安装集团有限公司向江苏省镇江市中级人民法院提起上诉。江苏省镇江市中级人民法院于 2011 年 4 月 12 日作出（2011）镇商终字第 0133 号民事判决：一、撤销镇江市京口区人民法院（2010）京商初字第 1822 号民事判决；二、驳回中国平安财产保险股份有限公司江苏分公司对江苏镇江安装集团有限公司的诉讼请求。二审宣判后，中国平安财产保险股份有限公司江苏分公司向江苏省高级人民法院申请再审。江苏省高级人民法院于 2014 年 5 月 30 日作出（2012）苏商再提字第 0035 号民事判决：一、撤销江苏省镇江市中级人民法院（2011）镇商终字第 0133 号民事判决；二、维持镇江市京口区人民法院（2010）京商初字第 1822 号民事判决。

二、法律问题

1. 保险代位求偿权的适用范围是否限于侵权损害赔偿请求权？

2. 法院再审最终撤销二审判决，维持一审判决是如何体现经济法的维护平衡协调原则的？

三、重点提示

《中华人民共和国保险法》（以下简称《保险法》）第 60 条第 1 款规定："因第三者对保险标的的损害而造成保险事故的，保险人自向被保险人赔偿保险金之日起，在赔偿金额范围内代位行使被保险人对第三者请求赔偿的权利。"该款使用的是"因第三者对保险标的的损害而造成保险事故"的表述，并未限制规定为"因第三者对保险标的的侵权损害而造成保险事故"。将保险代位求偿权的权利范围理解为限于侵权损害赔偿请求权，没有法律依据。从立法目的看，规定保险代位求偿权制度，在于避免财产保险的被保险人因保险事故的发生，分别从保险人及第三者获得赔偿，取得超出实际损失的不当利益，并因此增加道德风险。将《保险法》第 60 条第 1 款中的"损害"理解为仅指"侵权损害"，不符合保险代位求偿权制度设立的目的。故保险人行使代位求偿权，应以被保险人对第三者享有损害赔偿请求权为前提，这里的赔偿请求权既可因第三者对保险标的实施的侵权行为而产生，亦可基于第三者的违约行为等产生，不应仅限于侵权赔偿请求权。本案中，平安财险公司是基于镇江安装公司的违约行为而非侵权行为行使代位求偿权，镇江安装公司对保险事故的发生是否有过错，对案件的处理并无影响。并且，《建设工程施工合同》约定"承包人不得将本工程进行分包施工"。因此，镇江安装公司关于其对保险事故的发生没有过错因而不应承担责任的答辩意见，不能成立。平安财险公司向镇江安装公司主张权利，主体适格，并无不当。

所谓平衡协调原则，是指经济法的立法和执法要从整个国民经济的协调发展和社会整体利益出发，来调整具体经济关系，协调经济利益关系，以促进、引导或强制实现社会整体目标与个体利益目标的统一。不同主体对于同一保险标的可以具有不同的保险利益，可就同一保险标的投保与其保险利益相对应的保险险种，成立不同的保险合同，并在各自的保险利益范围内获得保险保障，从而实现利用保险制度分散各自风险的目的。因发包人和承包人对保险标的享有不同的保险利益，只有分别投保与其保险利益相对应的财产保险类别，才能获得相应的保险保障，二者不能相互替代。《保险法》中的代位求偿制度借鉴了债法中代位求偿的基本法理，赋予了保险公司向造成保险事故一方进行赔偿的权利，既保护了被保险人的保险利益得到实现，同时也使得在保险事故中，致他人以损害的第三人最终应负担该损失，以实现公平正义的法理精神。

案例二：通州建总集团有限公司诉安徽
天宇化工有限公司别除权纠纷案[1]

一、基本案情

2006 年 3 月，安徽天宇化工有限公司（以下简称安徽天宇公司）与通州建总集团有限公司（以下简称通州建总公司）签订了一份《建设工程施工合同》，安徽天宇公司将其厂区一期工程生产厂区的土建、安装工程发包给通州建总公司承建，合同约定，开工日期：暂定 2006 年 4 月 28 日（以实际开工报告为准），竣工日期：2007 年 3 月 1 日，合同工期总日历天数 300 天。发包方不按合同约定支付工程款，双方未达成延期付款协议，承包人可停止施工，由发包人承担违约责任。后双方又签订一份《合同补充协议》，对支付工程款又做了新的约定，并约定厂区工期为 113 天，生活区工期为 266 天。2006 年 5 月 23 日，监理公司下达开工令，通州建总公司遂组织施工，2007 年安徽天宇公司厂区的厂房等主体工程完工。后因安徽天宇公司未按合同约定支付工程款，致使工程停工，该工程至今未竣工。2011 年 7 月 30 日，双方在仲裁期间

---

〔1〕 一审判决书：安徽省滁州市中级人民法院（2013）滁民一初字第 00122 号民事判决书。二审判决书：安徽省高级人民法院（2014）皖民一终字第 00054 号民事判决书。

达成和解协议，约定在处置安徽天宇公司土地及建筑物偿债时，通州建总公司的工程款可优先受偿。后安徽天宇公司因不能清偿到期债务，江苏宏远建设集团有限公司向安徽省滁州市中级人民法院申请安徽天宇公司破产还债。安徽省滁州市中级人民法院于 2011 年 8 月 26 日作出（2011）滁民二破字第00001 号民事裁定，裁定受理破产申请。2011 年 10 月 10 日，通州建总公司向安徽天宇公司破产管理人申报债权并主张对该工程享有优先受偿权。2013 年7 月 19 日，安徽省滁州市中级人民法院作出（2011）滁民二破字第 00001 - 2号民事裁定，宣告安徽天宇公司破产。通州建总公司于 2013 年 8 月 27 日提起诉讼，请求确认其债权享有优先受偿权。

安徽省滁州市中级人民法院于 2014 年 2 月 28 日作出（2013）滁民一初字第 00122 号民事判决：确认原告通州建总集团有限公司对申报的债权就其施工的被告安徽天宇化工有限公司生产厂区土建、安装工程享有优先受偿权。宣判后，安徽天宇化工有限公司提出上诉。安徽省高级人民法院于 2014 年 7月 14 日作出（2014）皖民一终字第 00054 号民事判决，驳回上诉，维持原判。

法院生效裁判认为：本案双方当事人签订的建设工程施工合同虽约定了工程竣工时间，但涉案工程因安徽天宇公司未能按合同约定支付工程款导致停工。现没有证据证明在工程停工后至法院受理破产申请前，双方签订的建设施工合同已经解除或终止履行，也没有证据证明在法院受理破产申请后，破产管理人决定继续履行合同。根据《中华人民共和国企业破产法》（以下简称《企业破产法》）第 18 条第 1 款"人民法院受理破产申请后，管理人对破产申请受理前成立而债务人和对方当事人均未履行完毕的合同有权决定解除或继续履行，并通知对方当事人。管理人自破产申请受理之日起 2 个月未通知对方当事人，或者自收到对方当事人催告之日起 30 日内未答复的，视为解除合同"之规定，涉案建设工程施工合同在法院受理破产申请后已实际解除，本案建设工程无法正常竣工。按照最高人民法院全国民事审判工作会议纪要精神，因发包人的原因，合同解除或终止履行时已经超出合同约定的竣工日期的，承包人行使优先受偿权的期限自合同解除之日起计算，安徽天宇公司要求按合同约定的竣工日期起算优先受偿权行使时间的主张，缺乏依据，不予采信。2011 年 8 月 26 日，法院裁定受理对安徽天宇公司的破产申请，2011

年 10 月 10 日通州建总公司向安徽天宇公司的破产管理人申报债权并主张工程款优先受偿权,因此,通州建总公司主张优先受偿权的时间是 2011 年 10 月 10 日。安徽天宇公司认为通州建总公司行使优先受偿权的时间超过了破产管理之日 6 个月,与事实不符,不予支持。

二、法律问题

法院在确定通州建总公司主张别除权的时间时是如何体现经济法对于个体利益的保护的?

三、重点提示

经济法侧重从经济的整体利益,即从经济方面调整经济关系,其追求的是一种社会的整体利益。传统的民商法把社会整体视为社会个体的简单相加,个体利益的增加也就是整体利益的增加,但在经济法看来,社会整体并非社会个体的简单相加,而是个体的有机整合,个体利益的增加并不必然导致整体利益的增加,甚至两者会呈相反的方向运动,所以经济法以社会整体经济利益为其理念的基础。《企业破产法》和相关司法解释中对于别除权的规定使得本案中法院在认定通州建总公司主张优先受偿权的时间并没有按照合同的约定,而是以法院裁定天宇公司破产的时间为准。本案中正是一方当事人处于破产这一特殊的状态,因此法院在法律适用的过程中并没有一味依照双方当事人的意思自治,而是考虑到天宇公司破产这一特殊情况。这种做法在一定程度上保护了交易相对人的交易安全,符合社会总体经济利益,也维护了通州建总公司的合法利益,体现了经济法在维护社会整体经济利益的基础上对个体利益的保护。

案例三: 连云港市赣榆区环境保护协会诉
王某环境污染损害赔偿公益诉讼案[1]

一、基本案情

原告赣榆环保协会诉称:2012 年下半年以来,被告王某在连云港市赣榆

---

[1] 一审判决书:江苏省连云港市中级人民法院(2014)连环公民初字第 00002 号民事判决书。

区石桥镇石岭村石英石加工厂内，在酸洗池中使用盐酸漬洗石英石，将酸洗过程中产生的含酸废水通过渗坑排放至连云港市赣榆区龙北千渠，导致龙北千渠及与其相连的芦沟河受到污染。王某先后排放含酸废水 100 余吨，造成河流污染，破坏环境，损害了公共利益，应赔偿整治河流的费用。请求依法判令王某赔偿因排放含酸废水而造成的环境损失 10 900 元，承担原告因本案诉讼而发生的合理费用 3500 元。

连云港市人民检察院支持起诉认为：被告王某因私自设置管道渗坑排放含酸废水，导致河流污染。根据《中华人民共和国环境保护法》第 41 条规定，造成环境污染危害的，有责任排除危害，并对直接受到损害的单位或者个人赔偿损失。《中华人民共和国民事诉讼法》第 15 条规定，机关、社会团体、企事业单位对损害国家、集体或者个人民事权益的行为，可以支持受损害的单位或者个人向人民法院起诉。现依法支持连云港市赣榆区环境保护协会提起环境公益诉讼，及时追回相关赔偿费用，治理受污染的河流。

江苏省连云港市中级人民法院一审认为：根据《水污染防治法》第 29 条规定，禁止向水体排放油类、酸液、碱液或者剧毒废液。第 35 条规定，禁止利用渗井、渗坑、裂隙和溶洞排放、倾倒含有毒污染物的废水、含病原体的污水和其他废弃物。被告王某未经环境保护主管部门批准取得《排放污染物许可证》，违法采取酸洗方式清洗石英石，将酸洗后的含酸废水未进行无害化处理即通过渗坑排放，造成水污染并影响了水域周边土壤等生态环境，其应对其造成的环境污染损害承担赔偿责任。对原告赣榆区环境保护协会提起公益诉讼、连云港市人民检察院支持起诉要求被告赔偿公共利益损害的主张江苏省连云港市中级人民法院予以支持。根据出庭专家的评估意见，100 吨含酸废水治理成本约 14 616.7 元，因其未经处理即行排放导致治理成本扩大，无法具体测算对环境和生态的损害程度，依据国家环境保护部《关于开展环境污染损害鉴定评估工作的若干意见》中环境污染损害数额计算推荐方法采取虚拟成本治理法符合本案实际。结合王某排放废酸数量及环境监测评估意见等，被告造成的环境损害，江苏省连云港市中级人民法院酌情认定为 75 000 元。王某主张其经济非常困难，自愿在经济赔偿能力不足的情况下，通过提供有益于环境保护的劳务活动抵补其对环境造成的损害，符合"谁污染，谁治理，谁损害，谁赔偿"的环境立法宗旨，较单纯赔偿更有利于环境的修复与治理，江苏省连云港市中级人民法院予以采纳。在本案审理过程中，连云港市赣榆区环境保护局发函同意对王某提供的劳务进行监管。参照目前全国职工日工资标准，王某提供环境保护劳务的工作量应相当于其环境污染赔偿不足的金额。赣榆环保协会作为不以盈利为目的的公益组织，其为提起公益诉讼支出的合理费用应由被告承担。

江苏省连云港市中级人民法院依据《中华人民共和国环境保护法》第41条、《中华人民共和国水污染防治法》第85条、《中华人民共和国侵权责任法》第15条、第65条、《中华人民共和国民事诉讼法》第15条、第55条、第148条之规定，于2014年9月9日判决：被告王某赔偿其对环境污染造成的损害人民币51 000元，于本判决书生效后10日内交付到江苏省连云港市中级人民法院指定的财政专户，用于对生态环境恢复和治理；被告王某于本判决生效后2年内提供总计960小时的环境公益劳动（每月至少6次，每次不低于6小时），以弥补其环境损害赔偿金的不足部分，该项劳务执行由连云港市赣榆区环境保护局负责监督和管理；被告王某于本判决生效后10日内支付原告赣榆区环境保护协会为提起公益诉讼支出的费用3500元。

二、法律问题

环境民事公益诉讼制度是如何反应经济法维护社会整体经济利益的理念的？

三、重点提示

社会整体经济利益的维护和增进依赖于可持续的发展观。作为一个整体，社会的运行效率必须依靠于社会成员的创新和社会整体的有序运行，并且这种运行必须是可持续的。传统的单纯经济增长观认为发展就是增长，增长也就是发展，然而其带来的结果往往是尽管经济有所增长，但却没有增加就业机会或者仅使少数人受益，或者是滥用资源以致影响了未来的发展。然而，现代的发展观认为，人们需求的发展是可持续的发展，是注重经济安全的发展，也是注重社会效益的发展。所以，以社会整体经济利益为理念基础的经济法恰好体现了现代的发展观，经济法的理念也就自然涵括了社会整体经济利益的可持续增进。

环境民事公益诉讼制度的设立，赋予了相关社会环保组织提起诉讼的权利，在一定程度上解决了我国目前面临的严峻的环境问题，但仍然面临无法将相关责任人绳之以法的尴尬局面。同时，检察机关支持起诉也保障了这些环保组织提起公益诉讼的积极性。与此同时，我国《民事诉讼法》及其司法解释对于公益诉讼若干问题的特殊规定也充分体现了国家对于生态环境保护的重视，对于促进可持续发展具有重要意义，保护了社会整体经济利益。

案例四：广州德发房产建设有限公司与广东省广州市地方税务局第一稽查局涉税行政纠纷案[1]

一、基本案情

2004 年 11 月 30 日，德发公司与广州穗和拍卖行有限公司（以下简称穗和拍卖行）签订委托拍卖合同，委托穗和拍卖行拍卖其自有的位于广州市人民中路 555 号"美国银行中心"的房产。德发公司在拍卖合同中对上述总面积为 63 244.794 4 ㎡ 的房产估值金额为 530 769 427.08 港元。2004 年 12 月 2 日，穗和拍卖行在信息时报 C16 版刊登拍卖公告，公布将于 2004 年 12 月 9 日举行拍卖会。穗和拍卖行根据委托合同的约定，在拍卖公告中明确竞投者须在拍卖前将拍卖保证金港币 6800 万元转到德发公司指定的银行账户内。2004 年 12 月 19 日，盛丰实业有限公司（香港公司）通过拍卖，以底价 1.3 亿港元（按当时的银行汇率，兑换人民币为 1.382 55 亿元）竞买了上述部分房产，面积为 59 907.092 1 ㎡。上述房产拍卖后，德发公司按 1.382 55 亿元的拍卖成交价格，先后向税务部门缴付了营业税 6 912 750 元及堤围防护费 124 429.5 元，并取得了相应的完税凭证。2006 年间，广州税稽一局在检查德发公司 2004 年至 2005 年地方税费的缴纳情况时，发现德发公司存在上述情况，展开调查。经向广州市国土资源和房屋管理局调取德发公司委托拍卖房产所在的周边房产的交易价格情况进行分析，广州税稽一局得出当时德发公司委托拍卖房产的周边房产的交易价格，认为

---

〔1〕 一审判决书：广州市天河区人民法院（2010）天法行初字第 26 号行政判决书。二审判决书：广州市中级人民法院（2010）穗中法行终字第 564 号行政判决书。再审判决书：最高人民法院（2015）行提字第 13 号行政判决书。

德发公司以 1. 382 55 亿元出售上述房产，拍卖成交单价格仅为 2300 元/㎡，不及市场价的一半，价格严重偏低。遂于 2009 年 8 月 11 日根据《中华人民共和国税收征收管理法》（以下简称《税收征管法》）第 35 条及《中华人民共和国税收征收管理法实施细则》（以下简称《税收征管法实施细则》）第 47 条的规定，作出税务检查情况核对意见书，以停车位 85 000 元/个、商场 10 500 元/㎡、写字楼 5000 元/㎡ 的价格计算，核定德发公司委托拍卖的房产的交易价格为 311 678 775 元，并以 311 678 775 元为标准核定应缴纳营业税及堤围防护费。德发公司应补缴纳营业税 8 671 188.75 元和堤围防护费 156 081.40 元。该意见书同时载明了广州税稽一局将按规定加收滞纳金及罚款的情况。德发公司于 2009 年 8 月 12 日收到上述税务检查情况核对意见书后，于同月 17 日向广州税稽一局提交了复函，认为广州税稽一局对其委托拍卖的房产价值核准为 311 678 775 元缺乏依据。广州税稽一局没有采纳德发公司的陈述意见。2009 年 9 月 14 日，广州税稽一局作出税务处理决定，认为德发公司存在违法违章行为并决定追缴德发公司未缴纳的营业税 8 671 188.75 元及应补缴的营业税加收滞纳金 2 805 129.56 元。并且决定追缴少申报堤围防护费的 156 081.40 元，并加收滞纳金 48 619.36 元。德发公司不服广州税稽一局的处理决定，向广州市地方税务局申请行政复议。广州市地方税务局经复议后于 2010 年 2 月 8 日维持了原处理决定。

一、二审法院均认为广州税稽一局作出的税务处理决定，认定事实清楚，证据充分，适用法律正确，德发公司诉讼请求撤销该处理决定理据不足，其要求退回已缴税款、滞纳金以及堤围防护费、滞纳金，并赔偿因缴纳税款、滞纳金以及堤围防护费、滞纳金所产生的利息损失的诉讼请求亦缺乏事实和法律依据。德发公司向最高人民法院申请再审，最高人民法院认为，广州税稽一局核定德发公司应纳税额，追缴 8 671 188.75 元税款，符合《税收征管法》第 35 条、《税收征管法实施细则》第 47 条的规定；追缴 156 081.40 元堤围防护费，符合《广州市市区防洪工程维护费征收、使用和管理试行办法》的规定；广州税稽一局认定德发公司存在违法违章行为没有事实和法律依据；责令德发公司补缴上述税费产生的滞纳金属于认定事实不清且无法律依据。

二、法律问题

本案中最高法院的再审判决是如何通过税法实现经济法的平衡协调与公

平竞争原则？

三、重点提示

经济法中的税收法律制度通过税收杠杆平衡企业、个人的收入，进而调节社会分配，以达到社会分配公正的目的。税收具有较强的国家利益属性，税款的缴纳既是企业的法定义务，同时也是国家通过法律手段实现社会整体经济利益、协调经济发展的重要途径。与此同时，公平竞争原则不仅要求自由、正当的竞争关系，同时也强调平等竞争的环境。对于市场经济主体而言，站在同一起跑线上的外部竞争环境是公平竞争的基础和前提，在税法领域主要体现在税务机关对于相关条款的依法准确适用以及在税收核定的过程中严格尊重法定程序，从而为市场竞争主体树立一个统一的行为标准，推动良好的市场经济秩序的形成。

根据《税收征管法》第 32 条、第 52 条第 2 款、第 3 款规定，加收税收滞纳金应当符合以下条件之一：纳税人未按规定期限缴纳税款；自身存在计算错误等失误；或者故意偷税、抗税、骗税的。本案中德发公司在拍卖成交后依法缴纳了税款，不存在计算错误等失误，税务机关经过长期调查也未发现德发公司存在偷税、抗税、骗税情形，因此德发公司不存在缴纳滞纳金的法定情形。被诉税务处理决定认定的拍卖底价成交和一人竞买拍卖行为虽然能证明税务机关对成交价格未形成充分竞价的合理怀疑具有正当理由，但拍卖活动和拍卖价格并非德发公司所能控制和决定，广州税稽一局在依法进行的调查程序中也未能证明德发公司在拍卖活动中存在恶意串通等违法行为。同时本案还应考虑德发公司基于对拍卖行为以及地方税务局完税凭证的信赖而形成的信赖利益保护问题。在税务机关无法证明纳税人存在责任的情况下，可以参考《税收征管法》第 52 条第 1 款关于"因税务机关的责任，致使纳税人、扣缴义务人未缴或者少缴税款的，税务机关在 3 年内可以要求纳税人、扣缴义务人补缴税款，但是不得加收滞纳金"的规定，作出对行政相对人有利的处理方式。

因此，广州税稽一局重新核定德发公司拍卖涉案房产的计税价格后新确定的应纳税额，纳税义务应当自核定之日产生，其对德发公司征收该税款确定之前的滞纳金，没有法律依据。此外，被诉税务处理决定没有明确具体的滞纳金起算时间和截止时间，也属认定事实不清。

📚 拓展资料

专题五　拓展阅读资料

| 第四章 |

经济法律关系

专题六　经济法主体的特征

📚 知识概要

　　监管以及政府参与的法律关系中依法享有权利（力）、承担义务的当事人。相较于民事法律关系主体，经济法主体具有身份性、不平等性与多样性等特征。身份性是指当事人参加经济法律关系时的不同身份地位，不平等性是指参加经济法律关系的当事人之间的不平等地位，多样性是指经济法律关系的当事人在类型上具有广泛性。本专题选取的 1 个经典案例和 3 个拓展案例，从多个维度阐释经济法主体具有的不同特征。经济法主体的特征作为经济法学上的概念，不仅要学习其理论，还要借助司法实践中的案例加深理解其内涵。

📚 经典案例

赵某、赵某某、周某某诉北京八达岭野生动物世界有限公司生命权纠纷案及赵某诉北京八达岭野生动物世界有限公司健康权纠纷案[1]

一、基本案情

　　2016 年 7 月 23 日下午 14 时许，赵某驾驶一辆白色大众速腾小客车（以

---

　　〔1〕 2017 年 12 月 19 日该案由北京市延庆区人民法院依法公开开庭审理，并通报案情，截止笔者截稿，该案尚未宣判。

下简称速腾车），载着其夫刘某、其母周某和其子（2 周岁）到八达岭野生动物世界游览。刘某在正门南侧彩钢大棚处的一次检票口购买了 3 张成人门票和 1 张自驾车门票。检票人员口头陆续告知了包括赵某等在内的自驾车游客进入猛兽区严禁下车、严禁投喂食物等相关注意事项，发放了"六严禁"告知单（严禁开窗，严禁下车，严禁投喂食物，严禁携带宠物，严禁一切野外用火，严禁酒后、心脏病者驾驶），赵某还与八达岭野生动物世界签订了《自驾车入园游览车损责任协议书》（以下简称《协议书》），该协议载有"严禁下车"等相关内容。14 时 17 分该车通过二次检票口开始游览。据赵某、刘某陈述，行车游览至可下车参观的野性天地游览园时，速腾车由赵某换为刘某驾驶；14 时 56 分该车与另外两辆自驾游车先后从入口进入东北虎园。

15 时，游客赵某中途下车后，被老虎拖走，其母周某某下车去追时遭老虎撕咬。该事件造成周某某死亡，赵某受伤。

事件发生后，延庆区责令涉事动物园停业整顿，确保旅游安全。由北京市延庆区安全监督管理局牵头，延庆区园林绿化局、延庆区旅游发展委员会等多部门组成的"7·23 东北虎伤人事件"调查组，对事件展开调查。

当年 8 月，调查组公布了调查报告，认定事件不属于生产安全责任事故，认为：造成此次事件的原因一是赵某未遵守八达岭野生动物世界猛兽区严禁下车的规定，对园区相关管理人员和其他游客的警示未予理会，擅自下车，导致其被虎攻击受伤；二是周某见女儿被虎拖走后，救女心切，未遵守八达岭野生动物世界猛兽区严禁下车的规定，施救措施不当，导致其被虎攻击死亡。

八达岭野生动物世界在事发前进行了口头告知，发放了"六严禁"告知单，与赵某签订了《协议书》，猛兽区游览沿途设置了明显的警示牌和指示牌，事发后工作开展有序，及时进行了现场处置和救援。结合原因分析，调查组认定该事件不属于生产安全责任事故。

随后涉事动物园恢复营业，但东北虎园不允许游览，猛兽区自驾游暂停。当年 11 月中旬，东北虎园重新开放，增设电网，并在出口处大门上增设"严禁下车"的警示牌。

2016 年 11 月 15 日，赵某、赵某某、周某某（分别系死者周某某之女、之夫、之父）起诉北京八达岭野生动物世界有限公司，请求法院判令八达岭野生动物世界赔偿母亲周女士的丧葬费、死亡赔偿金、精神损害赔偿金，以及赵女士后续医疗整形费、误工费、伙食补助费、精神损失费等共计155.7万余元。延庆区法院受理并正式立案。

二、法律问题

1. 从经济法主体的角度出发，分析本案中游客赵某、赵某某、周某某，涉事动物园与行政主管部门所具有的不同身份。

2. 相对于民事法律关系主体，本案中游客赵某、赵某某、周某某，涉事动物园与行政主管部门作为经济法主体具有哪些特征？

三、法理分析

（一）本案中涉及的经济法主体所具有的不同身份

1. 游客赵某、赵某某、周某某为消费者、旅游者。本案中，游客赵某、赵某某、周某某等购买了涉事动物园的门票，接受其提供的游览服务。根据《中华人民共和国消费者权益保护法》（以下简称《消费者权益保护法》）第2条的规定："消费者为生活消费需要购买、使用商品或者接受服务，其权益受本法保护；本法未作规定的，受其他有关法律、法规保护。"游客赵某、赵某某、周某某为消费者。

对于消费者概念的理解，应当把握以下两点：一是《消费者权益保护法》第2条规定的"生活消费"是一个广义的、开放的概念。它既包括生存型消费，如吃饭穿衣，也包括发展型消费，如个人培训，又包括精神或者休闲消费，如旅游、娱乐等。二是消费者既包括商品的购买者，也包括商品的使用者，还包括服务的接受者。消费者不限于与经营者达成合同关系的相对方，购买商品一方的家庭成员、受赠人等使用商品的主体都是本法规定的消费者。

从另一个角度出发，本案中，游客赵某、赵某某、周某某等在涉事动物园内自驾游览，接受其提供的旅游服务。根据《旅游法》第3条的规定："国家发展旅游事业，完善旅游公共服务，依法保护旅游者在旅游活动中的权利。"游客赵某、赵某某、周某某也为旅游者。

在本案中，游客赵某、赵某某、周某某作为经济法主体，因其权利义务关系受《消费者权益保护法》调整，故其身份为消费者；因其权利义务关系同样受《旅游法》调整，故其身份也为旅游者，二者之间并不冲突。

2. 涉事动物园为经营者、旅游经营者、受监管者。本案中，涉事动物园通过运营动物园、销售门票向赵某等提供游览服务并获取利益。根据《消费者权益保护法》第3条的规定："经营者为消费者提供其生产、销售的商品或者提供服务，应当遵守本法；本法未作规定的，应当遵守其他有关法律、法规。"涉事动物园为经营者。

具体而言，经营者主要有以下三个特征：一是从内涵上讲，经营者是从事生产、销售商品或者提供服务等经营活动的民事主体。二是经营者从事的行为是有偿的，从事的行为是否具有有偿性是判断某一主体是否为经营者的主要标准。三是从外延上看，经营者不以公司等企业法人为限。凡是持续有偿地向消费者从事了商品生产、销售或者提供服务的法人、其他组织和自然人，均为经营者。

从旅游经营的角度出发，本案中，涉事动物园为赵某等提供景区自驾游等娱乐服务。根据《旅游法》第111条第1项的规定："旅游经营者，是指旅行社、景区以及为旅游者提供交通、住宿、餐饮、购物、娱乐等服务的经营者。"涉事动物园为旅游经营者。

从受监管的角度出发，本案中，涉事动物园事发前后均受到延庆区园林绿化局、延庆区安全监督管理局、延庆区旅游发展委员会等部门的监管。在法律层面，《城市动物园管理规定》《消费者权益保护法》《旅游法》等法律均对此有不同层次的规定。作为行政主管部门的监管对象，涉事动物园为受监管者。

在本案中，涉事动物园作为经济法主体，其权利义务受到多部法律的调整。不同法律因其立法目的与调整对象的不同对于某一具体对象的要求也并不相同。具体到涉事动物园，作为经营者，《消费者权益保护法》第26条规定其不得以格式条款、通知、声明、店堂告示等方式，作出排除或者限制消费者权利、减轻或者免除经营者责任、加重消费者责任等对消费者不公平、不合理的规定；作为旅游经营者，《旅游法》第79条规定其应当严格执行安全生产管理和消防安全管理的法律、法规和国家标准、行业标准，具备相应的安全生产条件，制定旅游者安全保护制度和应急预案；作为受监管者，《城市动物园管理规定》《消费者权益保护法》《旅游法》等法律均规定了其不同层次的受监管义务。

3. 行政主管部门为监管者。本案中，延庆区园林绿化局、延庆区安全监督管理局、延庆区旅游发展委员会等行政主管部门拥有对涉事动物园监管的权力。根据《城市动物园管理规定》第3条第3款的规定："城市人民政府园林行政主管部门负责本城市的动物园管理工作。"根据《消费者权益保护法》第32条第1款的规定："各级人民政府工商行政管理部门和其他有关行政部门应当依照法律、法规的规定，在各自的职责范围内，采取措施，保护消费者的合法权益。"根据《旅游法》第83条的规定："县级以上人民政府旅游主管部门和有关部门依照本法和有关法律、法规的规定，在各自职责范围内对旅游市场实施监督管理。县级以上人民政府应当组织旅游主管部门、有关主管部门和工商行政管理、产品质量监督、交通等执法部门对相关旅游经营行为实施监督检查。"延庆区园林绿化局、延庆区安全监督管理局、延庆区旅游发展委员会等行政主管部门为监管者。

在本案中，行政主管部门作为经济法主体，由不同的法律赋予不同的部门不同的监管权力。延庆区园林绿局、延庆区安全监督管理局、延庆区旅游发展委员会等行政主管部门的监管身份和与之对应的权力，不是凭空产生与消灭，而是要根据经济法的具体规定来确定。

（二）本案中涉及的经济法主体所具有的特征

经济法律关系的主体，简称"经济法主体"，是指在宏观经济调控、市场秩序监管以及政府参与的法律关系中依法享有权利（力）、承担义务的当事人。与民事法律关系主体相比，本案中游客赵某、赵某某、周某某，涉事动物园与行政主管部门作为经济法主体具有以下特征：[1]

1. 身份性。在法律关系中，民法将民事主体抽象为"人"，除民事行为能力外，基本不存在其他个体性的差异，民事法律对主体权利义务的规定一般也不考虑主体的具体身份。与民事法律关系主体的非身份性或抽象性相对，经济法中的身份性是指当事人参加经济法律关系时的不同身份地位，身份地位的不同决定了当事人享有不同的权利（力）并承担不同的义务。

---

〔1〕　参见李曙光主编：《经济法学》，中国政法大学出版社2018年版，第57～58页。

在本案中，游客赵某、赵某某、周某某的身份为消费者与旅游者；涉事动物园的身份为经营者、旅游经营者、受监管者；行政主管部门的身份为监管者。这三者作为经济法主体所具有的身份差别是其权利义务配置的前提和基础。以游客赵某、赵某某、周某某与涉事动物园所分别具有的消费者与经营者的身份为例，二者处在同一个经济法律关系之中。为了实现对消费者的保护，调整经济社会中生产者与经营者之间失衡的利益关系，协调其利益冲突，经济法首先必须对主体的身份进行识别，将消费者与经营者之间不平等的真实身份还原，以揭示出两者之间的利益冲突，进而按照经济法的理念对两者间的权利义务关系进行重新配置，最终实现对消费者的特殊保护。

2. 不平等性。在法律关系中，民法调整的是平等主体之间的人身关系和财产关系，而平等主体之间经济地位的不平等因素则一般不在其考虑之内。与民事法律关系主体的平等性相对，主体的不平等性是指参加经济法律关系的当事人之间的不平等地位，而这种经济法主体的不平等性外在表现之一即为不同主体的权利（力）义务不同。比如，经济法中管理主体的权力较多，而市场主体的义务较多；经济法对管理主体来说主要是授权法，而对市场主体来说则限制效果更为明显；经济法规范往往会给弱势方更多的保护，给强势方更多的限制；对追求单一经济价值的行为施加一定的约束，对经济价值与社会价值并重的行为则给予更多的支持。[1]

在本案中，游客赵某、赵某某、周某某，涉事动物园与行政主管部门作为经济法主体所具有的不平等性，从本质上而言，是由经济法所追求的实质平等观以及国家干预的特定调整方式决定的。一方面，由于资源占有的不平等，各个市场参与者在市场中的占据地位不同，例如游客赵某、赵某某、周某某作为消费者普遍处于弱势地位，涉事动物园作为经营者一般处于强势地位。如果一味地强调抽象的平等保护，产生结果不平等的可能性大大增加，进而产生新的利益冲突。从经济法角度看，为平衡由平等保护产生的利益冲突，实质意义上的平等应当成为经济法保护的出发点。另一方面，由于经济法产生于国家对市场经济的干预，受制于国家（政府）的特性，作为调控和

---

〔1〕 参见焦海涛："经济法主体制度重构：一个常识主义视角"，载《现代法学》2016 年第 3 期。

监管主体的国家（政府）与被调控和被监管的市场主体之间的关系也不可能是平等主体之间的关系。例如，本案中涉事动物园与行政主管部门之间的关系，就不是平等主体之间的关系，而是被监管者与监管者之间的关系。

3. 多样性。经济法律关系主体的多样性是指经济法律关系的当事人在类型上具有广泛性。与民事法律关系主体相比，经济法律关系主体的多样性首先表现在国家（政府）通常是经济法律关系的重要主体。例如，在所有的宏观调控关系和政府监管关系中，国家（政府）都是法律关系的主体。以宏观调控为例，国家可以通过对税收的调控，调节总供给与总需求的关系，调节收入水平与经济结构；同时，也可以通过不同的税收扶持部分产业，改善产业结构，实现经济转型。其次，在经济法律关系中，当事人的类型具有多样性。例如，作为经济法律关系主体的国家机关，既有权力机关，又有行政机关；既有中央机关，又有地方机关。作为经济法律关系主体的组织，既有从事服务性经营的中介经济组织，又有按照企业经营领域的不同而成立的行业协会。作为经济法律关系主体的企业，既有一般企业，又有特殊企业；既有内资企业，又有外资企业；既有国有企业，又有非国有企业。

在本案中，游客赵某、赵某某、周某某作为个人，涉事动物园作为企业，行政主管部门作为国家（政府）参与到经济法律关系之中。以行政主管部门作为经济法主体在经济法律关系之中发挥的作用为例，延庆区园林绿化局、延庆区安全监督管理局、延庆区旅游发展委员会等行政主管部门作为国家（政府）参与到经济法律关系之中，起到了政府监管的作用。从理论上而言，在政府监管方面，政府对市场的监管包括政府对企业市场行为的监管及政府对企业组织行为的监管。前者主要有：政府对垄断的监管；政府对不正当竞争行为的监管；政府对包括银行、证券、期货、保险、信托等在内的特殊市场的监管；政府对价格的监管；政府对产品质量的监管等。后者则主要指政府为维护公共利益，对与市场主体组织行为有关的市场行为进行监管，主要包括企业登记监管、企业财务信息监管、特殊企业监管等。

四、参考意见

1. 本案涉及的游客、动物园、行政主管部门作为经济法主体，因其权利（力）义务关系受不同的法律调整，具有不同的身份。游客购买了动物园提供的旅游服务，动物园为游客提供了相关的旅游服务，同时二者又都受《消费者权益保护法》与《旅游法》的规范，故游客赵某、赵某某、周某某为消费者及旅游者；动物园既是经营者，又是旅游经营者。此外，因动物园与行政主管部门的权利（力）义务关系受《城市动物园管理规定》《消费者权益保护法》《旅游法》等法律调整，故动物园还为受监管者，而行政主管部门为监管者。

2. 与民事法律关系主体相比，本案中游客赵某、赵某某、周某某，涉事动物园与行政主管部门作为经济法主体具有身份性、不平等性、多样性等特征。游客赵某、赵某某、周某某，涉事动物园与行政主管部门，这三者作为经济法主体所具有的身份差别是其权利义务配置的前提和基础；并且其作为经济法主体所具有的不平等性，从本质上而言，是由经济法所追求的实质平等观以及国家干预的特定调整方式决定的；而其作为经济法主体所具有的多样性特征通过参与经济法律关系的当事人在类型上具有的广泛性来体现。

拓展案例

案例一：苏某与徐州百鑫商业有限责任公司百惠超市分公司、徐州百鑫商业有限责任公司侵犯消费者权益纠纷案[1]

一、基本案情

2010 年 4 月 12 日，苏某在百惠分公司购买观音王 8 盒，共计花费 3840 元，该茶叶的包装袋上仅有"铁观音"等标识，而外包装盒正面写有"观音王""中国·安溪"字样，其背面有用不干胶粘贴产品标识，记载：销售商，百惠超市；商品品牌，巨佳；卫生许可证，萧山食品产字（2003）0094 号；生产商，杭州巨佳茶叶有限公司及质量安全标识。价格标签记载：铁观音茶叶，价格 480 元/盒。

2011 年 3 月 14 日，杭州市质量技术监督局萧山分局出具《关于举报杭州

---

〔1〕 判决书：徐州市中级人民法院（2013）徐民终字第 803 号，载《中华人民共和国最高人民法院公报》2013 年第 12 期（总第 206 期）。

巨佳茶叶有限公司食品生产许可证问题的回复》中称："2010 年 4 月 12 日在徐州市百鑫商业有限公司百惠超市购买的铁观音茶叶，标注生产商：杭州巨佳茶叶有限公司，标注生产日期：2010 年 4 月 10 日，经该公司鉴别，不是该公司生产。理由为该公司的标识信息是直接印刷在产品外包装上，而不是用不干胶粘贴。"同年 3 月 15 日，杭州市萧山区卫生局出具《关于"卫生许可证号"查询信访函的回复》中称"萧山食品产字（2003）0094 号这个编号明显不符合发证编号规定。同时经查询许可档案，也未发现发放上述编号的卫生许可证。发给杭州巨佳茶叶有限公司的卫生许可证的编号为萧卫食产字（2003）0094"。百惠分公司售有福建省安溪县朝天岩茶厂生产、广州市朝天岩茶业有限公司销售的铁观音茶叶。

苏某主张，上述茶叶属假冒产品，并经杭州市萧山区卫生局查证，上述茶叶的生产厂家的卫生许可证属伪造。苏某请求判令百惠分公司、百鑫公司赔偿调档费 100 元、茶叶损失 3840 元并支付 10 倍赔偿金 38 400 元，诉讼费由百惠分公司、百鑫公司负担。

二、法律问题

1. 在本案中，苏某、徐州百鑫商业有限责任公司百惠超市分公司与徐州百鑫商业有限责任公司分别为哪一类经济法主体？

2. 在本案中，徐州百鑫商业有限责任公司百惠超市分公司与徐州百鑫商业有限责任公司违反了经济法对销售者的什么规定？

三、重点提示

合格的产品质量是市场经济正常发展的重要保障，关系消费者的人身、财产安全。为更好地保障产品质量，销售者作为产品到达消费者前的最后一环，也应该受到法律规制。《中华人民共和国产品质量法》第 3 章第 2 节专门规定了销售者的产品质量责任和义务。食品销售者还应遵守《中华人民共和国食品安全法》的规定。同时，《消费者权益保护法》也对销售者、经营者的义务作出专门规定。产品责任立法体现了社会本位的色彩，是经济法对消费者这一弱势群体利益的保护。

案例二：陈某与云南红塔集团有限公司一般股权转让侵权纠纷案[1]

一、基本案情

2009 年 1 月 4 日，中国烟草总公司（以下简称中烟总公司）作出《关于云南红塔集团有限公司转让持有的云南白药集团股份有限公司股份事项的批复》，同意红塔有限公司有偿转让其持有的云南白药集团股份有限公司（以下简称云南白药集团）无限售条件的流通国有法人股份 65 813 912 股，要求云南中烟工业有限公司（以下简称云南中烟公司）依该批复指导红塔有限公司按《国有股东转让所持上市公司股份管理暂行办法》和《上市公司解除限售存量股份转让指导意见》的规定进行股份转让。

2009 年 9 月 10 日，红塔有限公司与陈某签订了《股份转让协议》，约定红塔有限公司将其持有的占云南白药集团总股本 12.32% 的本案争议股份全部转让给陈某，对价为每股 33.543 元，总价款 2 207 596 050.22 元，在转让协议签订后 5 个工作日内一次性付清。该协议第 12 条约定红塔有限公司在转让协议生效并收到全部价款后，应当及时办理所有与本次目标股份转让有关的报批、信息披露等法律手续，陈某应当配合红塔有限公司的上述工作。该协议第 30 条约定，转让协议自签订之日起生效，但须获得有权国资监管机构的批准同意后方能实施。协议还对其他相关股权转让事宜进行了约定。

2009 年 9 月 11 日，红塔有限公司向其上级机构红塔烟草（集团）有限责任公司（以下简称红塔集团公司）上报了《云南红塔集团有限公司关于将所持云南白药集团股份有限公司的股份整体协议转让给自然人陈某的请示》[云红司（2009）47 号]，并附上了相应的附件。

2011 年 4 月 27 日，陈某向红塔有限公司发出《办理股份过户登记催促函》，要求红塔有限公司自接函之日起 10 个工作日内将转让协议项下股份办理过户登记至陈某名下。红塔有限公司于 2011 年 5 月 10 日回函称，本次股份转让事宜必须获得有权国资监管机构的批准后方能实施，其积极向上级主管机构进行了相关报批工作，现并未收到任何书面批复意见，本次股份转让事宜存

---

[1] 一审判决书：云南省高级人民法院（2012）云高民二初字第 1 号。二审判决书：最高人民法院（2013）民二终字第 42 号。申请再审民事裁定书：最高人民法院（2015）民申字第 1 号。

在批复同意或被否决的可能性,若有任何变化或进展,将及时予以通知。

2012年1月17日,中烟总公司作出《关于不同意云南红塔集团有限公司转让所持云南白药集团股份有限公司股份事项的批复》[中烟办（2012）7号],该批复载明"不同意本次股份转让"。依据该批复意见,云南中烟公司和红塔集团公司也作出了不同意本次股份转让的相关批复。

2011年12月21日,陈某向云南高院起诉,请求:①确认《股份转让协议》合法有效,判令红塔有限公司全面继续履行;②确认红塔有限公司未恰当履行合同义务,致使本案争议股份不能在合理期限内过户给陈某,已构成违约,判令红塔有限公司立即采取完善申报材料、催请审批等补救措施;③确认红塔有限公司因违约给陈某已经造成和可能造成的损失,判令红塔有限公司将因拖延本案争议股份过户所获股息11 846 502.16元及其利息和转增股份19 744 173.6股赔偿给陈某,并赔偿截至争议股份过户时陈某继续遭受的其他损失,包括针对争议股份继续发生的利润分配、派送红利、资本公积金转增股份等权益损失,以及争议股份过户时可能发生的贬值价差损失（截至2011年12月8日上午10点,总损失以每股58.45元计,共1 165 893 450元）。

二、法律问题

1. 本案中,中国烟草总公司作为国有企业,属于哪一类经济法主体?

2. 如何从经济法的角度认识与理解中国烟草总公司作所具有的双重身份?有无利弊?

三、重点提示

国有企业是经济法中较为特殊的主体之一。部分国有企业,既以企业的身份参与市场交易活动,又担负着部分行政职能,例如管控某些领域的市场运行。在本案中,中国烟草公司,作为一个国有企业,对子公司云南红塔的股权转让拥有审批权,引人深思。

国有企业改革是经济发展的重头戏,也是经济转型的重点工作。2015年8月24日,中共中央、国务院颁发了《中共中央、国务院关于深化国有企业改革的指导意见》。其中提到,国有企业仍然存在一些亟待解决的突出矛盾和问题,一些企业市场主体地位尚未真正确立,现代企业制度还不健全。国企改革的指导思想包括：完善产权清晰、权责明确、政企分开、管理科学的现代企业制度。要以"坚持社会主义市场经济改革方向"作为基本原则，遵循市场经济规律和企业发展规律，坚持政企分开、政资分开、所有权与经营权分离，促使国有企业真正成为依法自主经营、自负盈亏、自担风险、自我约束、自我发展的独立市场主体。同年9月，国资委颁发了《国资委关于贯彻落实〈中共中央国务院关于深化国有企业改革的指导意见〉的通知》，指出要进一步贯彻落实国企改革。

案例三：胡某与上海棒约翰餐饮管理有限公司确认劳动关系纠纷案[1]

一、基本案情

胡某系东南某大学2011级学生，2015年2月17日，棒约翰公司向胡某发出录用通知，载明胡某的工作岗位为餐厅见习助理，工作地点为南京，实习期工资为2700元/月，转正工资为2900元/月。双方于2015年3月2日签订《在校生实习协议》，协议约定胡某从事餐厅见习助理工作，实习期限为2015年3月2日至2016年3月1日，棒约翰公司每月支付胡某实习津贴2700元，棒约翰公司不为胡某缴纳社会保险费。胡某在棒约翰公司工作期间，棒约翰公司与胡某及胡某所在学校间并未签订三方协议，棒约翰公司也没有向胡某所在学校支付任何费用。胡某每天工作8小时。棒约翰公司每月通过银行发放胡某的实习补贴至2015年6月，银行对账单中的摘要标注为"工资"。

2015年4月17日胡某在上班路上发生交通事故，并住院手术，后未再至棒约翰公司处工作。2015年6月22日，胡某领取到东南某大学的《毕业证书》。2015年7月15日，胡某向南京市劳动人事争议仲裁委员会提出仲裁申请，请求确认其与棒约翰公司之间存在劳动关系。2015年7月23日，棒约翰公司作出《终止实习协议通知书》，终止胡某、棒约翰公司双方签订的《在校生实习协议》。2015年8月27日，南京市劳动人事争议仲裁委员会经审查认

〔1〕 一审判决书：南京市秦淮区人民法院（2015）秦民初字第5093号。二审判决书：南京市中级人民法院（2016）苏01民终5116号。

为，胡某至棒约翰公司实习以及发生交通事故时为在校大学生，且胡某发生交通事故后未再至棒约翰公司处工作，故裁决对胡某的仲裁请求不予支持。胡某不服，于法定期限内诉至一审法院。

二、法律问题

1. 本案中，胡某是否具有与用人单位建立劳动关系的主体资格？
2. 本案中，胡某是否与棒约翰公司建立了劳动关系？

三、重点提示

关于在校大学生能否成为劳动关系的主体，我国劳动法律法规并未作出禁止性规定。《中华人民共和国劳动法》第 15 条第 1 款规定，"禁止用人单位招用未满十六周岁的未成年人"。原劳动部《关于贯彻执行〈中华人民共和国劳动法〉若干问题的意见》（以下简称《意见》）第 4 条规定，"公务员和比照实行公务员制度的事业组织和社会团体的工作人员，以及农村劳动者（乡镇企业职工和进城务工、经商的农民除外）、现役军人和家庭保姆等不适用劳动法"，该条规定并未将在校大学生包括在内。胡某应聘棒约翰公司时已满 22 周岁，是即将毕业的大学四年级学生，具有完全民事行为能力和责任能力，依法具有与用人单位建立劳动关系的主体资格。

《意见》第 12 条规定，"在校生利用业余时间勤工助学，不视为就业，未建立劳动关系，可以不签订劳动合同"。该规定从规范劳动合同制度的角度，将"利用业余时间勤工助学"的在校生排除在劳动关系主体之外。但胡某与棒约翰公司签订"在校生实习协议"的目的，是与棒约翰公司建立稳定的劳动关系，而非"利用业余时间勤工助学"。

📖 拓展资料

专题六　拓展阅读资料

专题七　行业协会的规制

📚 知识概要

现代市场经济中的行业协会是行业内自律及服务的民间团体。在国外，一些国家通过立法实际上将政府无法行使的权力授权给行业协会。在我国，由于体制原因，过去行业协会多受政府委托代行对业内企业的监督管理职能。近年来，我国展开了行业协会与行政机关脱钩的改革。本专题选取的1个经典案例和2个拓展案例，涵盖行业协会的界定、特征、规制等问题，从多方面阐释行业协会的内涵与外延。在理论学习之外，从实务的角度研究行业协会的相关问题，有助于进一步认识与理解行业协会这一重要的经济法主体。

📚 经典案例

北京市水产批发行业协会与娄丙林垄断纠纷案[1]

一、基本案情

娄某为北京京深渔隆海鲜行业主，经营场所为京深海鲜批发市场交易厅160，经营范围及方式为"许可经营项目；批发兼零售；预包装食品、散装食品"。娄某与刘某系夫妻关系，刘某是北京万鲜隆海产品商行业主，经营场所为京深海鲜批发市场贝类10号，经营范围为"销售水产品、贝类"。

2011年9月29日，北京市民政局颁发了京民社证字第0011647号《社会团体法人登记证书》，该社会团体法人的名称是"北京市水产批发行业协会"（以下简称"水产批发协会"），业务范围是开展水产批发行业的政策宣传、行业自律、行业协调、专题调研、专业培训、信息交流、咨询服务、承办委托、编辑专业刊物，法定代表人为叶某。协会共登记有31名单位会员，分别来自京深海鲜批发市场、大洋路海鲜批发市场、岳各庄农副产品批发市场等，

---

〔1〕　一审判决书：北京市第二中级人民法院（2013）二中民初字第2269号。二审判决书：北京市高级人民法院（2013）高民终字第4325号。

京深渔隆海鲜行业主娄丙林为单位会员。

水产批发协会向其会员发放了《北京市水产批发行业协会手册》，其中包括：协会口号、协会简介、第一届理事会成员、协会章程、会费缴纳和使用办法、选举办法、安全责任制度、会议制度、奖惩规定、会员入会条件和程序、成立后近三年工作计划和设想等内容。水产批发协会第一届理事会成员中，会长为叶某、副会长为王某。协会章程第 2 条规定"本会是由北京京深海鲜批发市场、大洋路海鲜批发市场、四季青海鲜批发市场、东郊市场、岳各庄市场经销海鲜产品的经销商自愿组成的行业性的非营利性社会团体法人"。根据协会章程第 58 条、第 60 条规定，本章程经 2011 年 2 月 26 日第一届会员大会表决通过，自登记管理机关核准之日起生效。"奖罚规定"第 1 条规定，"禁止会员不正当竞争，不按协会规定的销售价格折价销售扇贝的，经督查发现，一次罚款 10 000 元，奖励给举报者 5000 元"，第 2 条规定，"禁止会员向本协会会员所在的市场向非会员销售整件扇贝，发现串货的，一次罚款 10 000 元，奖励给举报者 5000 元"，第 3 条规定，"严格上交货款制度，每 5 天结清货款，货款不到位的，立即停货"；第 4 条规定，"订货时间：每天晚上 6 点前预订第二天的货，第二天需增补货时，时间不超过早上 8 点半，否则不予订货"；第 6 条规定，"以上规定从 2011 年 6 月 1 日起执行"。手册中每一页下方均有"北京市水产批发行业协会"字样，且页码连续。

在 2009 年至 2012 年的会议记录中，先后出现"北京贝类商会会议记录""北京小双赢组合会议""小双赢组合会议""北京市水产批发行业协会会议""协会会议""协会负责人会议""公司负责人会议""组合会议""组合负责人会议"等。2010 年 7 月 7 日"小双赢会议"记录，刘某加入商会成为会员。2011 年 12 月 1 日，"协会全体会员会议"记录记载"退出一名会员：刘某"。2011 年至 2012 年的会议记录中有大量处理水产批发协会事宜的记载。其中，2011 年 11 月 3 日"协会负责人会议"记录记载："关于 11 月份扇贝销售价格，争取销售额超过 800 万元，经研究，11 月份扇贝销售价格：大贝售价每斤 19 元，收价 18.6 元，中贝售价每斤 17 元，收价 16.6 元，小贝售价每斤 13 元，收价 13.6 元，扣贝售价每斤 11 元，收价 11.6 元，上述扇贝协会每斤返还给会员 1 元，从 11 月 1 日起。"2011 年 11 月 12 日"协会负责人会议"

记录记载："除协会原有的违规罚款以外，其他违反协会作出的决定和制度的，发现一次罚款2000元整。"2012年1月9日"公司负责人会议"记录记载："经讨论议定：大连獐子岛渔业集团股份有限公司北京销售组合。"上述会议，内容不仅涉及扇贝的销售价格、返利、销售计划以及禁止串货、禁止折价销售等内容，还涉及对相应处罚所进行的讨论与决定。

2011年12月10日，水产批发协会（11）月份财务报表显示"每斤补1元"项目下各成员分别补一定金额，合计补564 850元，"收方"项目下刘某因违规被罚款2000元。2011年11月18日、11月21日，水产批发协会分别发出通知：刘某因违反协会规定被罚款2000元。

2011年2月15日，獐子岛公司大双赢贸易组合发布"关于给予北京区底播贝销售返利的通知"规定北京区域底播贝销售激励政策为2011年1月1日起至2011年12月31日，根据北京区域每月销售收入的数额可以获得相应数目的返利。2012年前，"组合"销售模式是獐子岛公司所采用的经销商管理模式，在北京公司与叶某、王某等个体工商户组成的北京销售组合建立了经销关系；鲜活虾夷扇贝供应价格执行全国统一的价格政策，其最低限价、价格调整都是由公司确定，经销商应当执行公司规定，不得串货；每次价格调整是由公司业务人员以电话或短信方式通知相关经销商。2012年9月13日，叶某等15位经销商与獐子岛公司签订"獐子岛虾夷扇贝经销商2012年销售激励政策"，其中内容包括经销商不得低于最低产品价格销售产品等。2013年公司与北京市场经销商逐一签订单独销售合同，但未与刘某、娄某签订经销合同，没有业务往来。

娄某主张，其为北京京深渔隆海鲜行个体工商户，与妻子刘某在北京市丰台区大红门京深海鲜批发市场共同销售海鲜产品，主要经营大连獐子岛集团股份有限公司生产的扇贝。娄某加入水产批发协会并委托刘某代为处理与水产批发协会有关的一切事务。水产批发协会颁发的《北京市水产批发行业协会手册》中的"奖罚规定"部分变更和固定了獐子岛扇贝的销售价格，并禁止水产批发协会会员向其会员所在市场的非会员销售整件獐子岛扇贝，如果协会会员违反规定，将被以各种理由处以罚款、甚至停供獐子岛扇贝。娄某于2011年12月退出水产批发协会，至今无法获得獐子岛扇贝供货渠道，无法销售獐子岛扇贝。娄某认为水产批发协会的上述行为侵害其合法权益并造成其较大经济损失，故诉至法院，请求：①确认《北京市水产批发行业协会手册》中"奖罚规定"部分第 1 条、第 2 条规定无效；②判令水产批发协会停止继续实施已经组织会员达成的固定和变更商品价格协议的垄断民事侵权行为，即停止变更和固定獐子岛扇贝的销售价格；③判令水产批发协会停止继续实施已经组织会员达成的限制商品销售数量协议的垄断民事侵权行为，即停止禁止水产批发协会会员向其会员所在市场的非会员销售整件獐子岛扇贝；④判令水产批发协会赔偿娄某各项经济损失 772 512 元。

水产批发协会主张：其一，原被告主体均不适格，娄某系水产批发协会的会员，其主张与自身法律地位矛盾，不具有本案原告的诉讼主体资格；水产批发协会系社会团体法人，不属于反垄断法所规定的经营者，与獐子岛北京销售组合非同一主体；獐子岛北京销售组合的行为系销售代理行为，行为结果应由组合成员共同承担。其二，水产批发协会未实施娄丙林所诉的垄断行为，"奖罚规定"第 1、2 条规定系重申獐子岛公司的要求，水产批发协会组织会员达成的价格仅是执行獐子岛公司的定价和调价决定，獐子岛北京销售组合成员可以在最低限价基础上自由定价，水产批发协会组织会员达成"禁止向会员销售整件扇贝"的协议系为防止串货而采取的措施，而且水产批发协会组织会员达成的协议不具有排除或限制市场竞争的效果，獐子岛扇贝除由獐子岛北京销售组合销售外，还有其他獐子岛公司的直营店销售，京深海鲜批发市场的扇贝除大连外，还有山东、辽宁等来源地，扇贝与海螺、角螺类产品具有可替代性，故扇贝、海螺、角螺类产品的北京市场竞争充分。其三，娄某所谓的经济损失与涉案被诉行为无关，系娄某未与獐子岛公司建立经销关系所致，实际上娄某一直在销售獐子岛公司的产品。其四，原告未尽到举证义务证明其诉讼主张，应承担举证不能的不利后果。故请求驳回原告的全部诉讼请求。

二、法律问题

1. 在本案中，水产批发协会属于行业协会。请从经济法主体的角度，对行业协会作出界定，并分析水产批发协会作为行业协会所具有的特征。

2. 请结合案情，分析水产批发协会作为行业协会受到经济法中何种实体法的规制？

三、法理分析

（一）界定为经济法主体的行业协会与其所具有的特征

在我国，行业协会的名称主要有"行业协会""行业自治组织""行业自律组织""市场中介组织"等。行业协会作为经济法主体，一方面符合经济法主体的社会结构框架，以社会团体法人的身份参与经济调节，同时也承担着协助政府监管市场的责任，受到政府的调控，充当政府与市场间润滑剂与缓冲带的角色；另一方面符合经济法的基本理念，具有协调、服务、干预功能，发挥着服务行业内市场参与者、维护行业利益的功能，有助于克服市场失灵与政府干预的缺陷，通过利益的平衡与协调，追求实质公平正义。

此外，从经济法的实证角度观察，在我国还存在为数不少的行业协会受政府委托代行对业内企业的监督管理职能。从经济法律关系的理论分析，经政府授权可以行使部分市场监管权，成为某种意义上的市场监管主体的行业协会，其特点在于：①行业协会对市场主体组织行为的管理权利（力）是政府依法授予而产生的，由此产生的权利（力）实际上是政府监管权（力）的特殊表现形式；②由于政府授权的特性，行业协会行使监管权资格的取得及权利（力）行使又被纳入政府监管的范围。[1]

从实践中来看，一些地方与政府部门已经尝试对行业协会作出了相关界定。例如早在 2005 年，广东省人大常委会通过并公布的《广东省行业协会条例》第 3 条就规定："本条例所称的行业协会是指从事相同性质经济活动的经济组织，为维护共同的合法经济利益而自愿组织的非营利性社会团体。"而在2017 年，国家发展和改革委员会制定的《行业协会价格行为指南》对于行业协会有了更为细致的界定，其规定：行业协会一般是指由同业经济组织和个人组成，实行行业服务和自律管理，在县级以上人民政府社团登记管理机关依法登记的社团法人。以学会、商会、同业公会、联合会、促进会、联盟等名称命名，符合上述定义的社团法人，属于本指南所称的行业协会。

在学术界，学者亦早已有了对行业协会界定的思考。例如，早在 1998年，有学者就将行业协会界定为："行业协会是以同一行业共同的利益为目

---

[1] 参见李曙光主编：《经济法学》，中国政法大学出版社 2018 年版，第 59 页。

的，以为同行业提供各种服务为对象，以正义监督下的自治行为为准则，以非官方机构的民间活动为方式的非营利的法人组织。"[1]当下，也有学者从行业协会的目标出发，将行业协会界定为："行业协会是以降低市场主体交易成本为目标，以相近或近似行业为标志，依据国家法律法规自愿组成的会员制非营利组织。"[2]

综合上述地方、政府部门与学者对于行业协会的界定，行业协会主要具有以下特征：①中介性。行业协会介于政府与市场主体之间，是联系政府与市场主体的桥梁与纽带。②公共性。行业协会是非营利性组织，它以实现某一行业的公共利益为宗旨。行业协会通过制定章程、审查资格等行为规范其成员行为，维护市场竞争秩序；还可以提供公共产品，满足成员内特殊的公共需求，最终实现协助国家纠正市场失灵，克服国家干预缺陷的功能。③自治性。行业协会的组织形式通常是会员制，由符合既定范围或条件的地位平等的成员组成，一般通过平等协商等内部自治机制形成协会的章程作为协会活动的准则。

在本案中，水产批发协会亦或多或少地反映出上述特征：①中介性。水产批发协会经北京市民政局登记成立，受《社会团体登记管理条例》调整，是介于政府与企业间的一种社会组织。一方面，水产批发协会具有一定经济方面的社会管理职能，能够协调水产批发行业内部的相关事宜；另一方面，水产批发协会又肩负着政府与企业有效沟通的职责，其业务范围之一即为开展水产批发行业的政策宣传。②公共性。根据水产批发协会章程第2条的规定，水产批发协会是由北京各海鲜产品的经销商自愿组成的行业性的非营利性社会团体法人，其性质为非营利性组织。单以水产批发协会披露的业务范围为分析对象，水产批发协会一方面通过开展行业自律、行业协调等活动，规范成员行为，其目的在于维护市场竞争秩序；另一方面通过提供政策宣传、专业培训、询服务等公共产品，满足会员的公共需求，其目的在于协助国家纠正市场失灵的状态，实现行业的健康发展。③自治性。水产批发协会共登记有31名单位会员，分别来自京深海鲜批发市场、大洋路海鲜批发市场、岳

---

〔1〕　梁上上："论行业协会的反竞争行为"，载《法学研究》1998年第4期。

〔2〕　徐晞："台湾行业协会发展概况及其对大陆的启示"，载《亚太经济》2013年第2期。

各庄农副产品批发市场等，而规范 31 名会员单位权利义务的协会章程须经会员大会表决通过方可生效。此外，从水产批发协会的日常会议记录可见，水产批发协会形成了相关的内部自治机制，在会议中对协会以及协会会员单位的行为进行讨论并作出相关决定。

（二）本案中经济法对行业协会的规制

行业协会是非营利性的企业自我管理、自我服务的自律性组织，但其成员一般是竞争性的、营利性的。[1]如果作为行业协会成员的市场经营者借此联合限制竞争或者由行业协会进行垄断活动，例如进行固定价格、限制产量、瓜分市场、联合抵制等活动，则会产生与行业协会设立目的相悖的结果，阻碍市场交易，扰乱市场秩序，对社会公共利益造成损害。因此，需要对行业协会的行为进行一定的法律规制。

回归到本案，水产批发协会作为行业协会，因其自身属性受到经济法的相关规制。《中华人民共和国反垄断法》（以下简称《反垄断法》）第 11 条对此作了总体的规定："行业协会应当加强行业自律，引导本行业的经营者依法竞争，维护市场竞争秩序。"并且该法第 16 条，还对某些具体行为进行了限制，其规定："行业协会不得组织本行业的经营者从事本章禁止的垄断行为。"对于行业协会违反前述规定的法律责任，《反垄断法》第 46 条第 3 款作了特别规定："行业协会违反本法规定，组织本行业的经营者达成垄断协议的，反垄断执法机构可以处 50 万元以下的罚款；情节严重的，社会团体登记管理机关可以依法撤销登记。"此外，《最高人民法院关于审理因垄断行为引发的民事纠纷案件应用法律若干问题的规定》也对行业协会进行了具体的规制，其第 15 条明确规定行业协会的章程如违反《反垄断法》或者其他法律、行政法规的强制性规定，该章程无效。

在本案中，水产批发协会发放的《北京市水产批发行业协会手册》中"奖罚规定"第 1 条明确规定"禁止会员不正当竞争，不按协会规定的销售价格折价销售扇贝"；并且其多次组织会议对于不同种类的扇贝产品的销售价格、禁止不按规定价格折价销售以及相应处罚等进行讨论并作出相应的决定，

---

[1] 参见王先林：《知识产权与反垄断法：知识产权滥用的反垄断问题研究》，法律出版社 2001 版，第 253～254 页。

意图通过固定和变更价格等手段减少甚至消除会员之间的竞争，使得具有竞争关系的会员达成变更和固定大贝、中贝、小贝、扣贝等扇贝价格的协议，而使本应存在的价格差别趋于一致，并尽可能地提高销售利润，从而获得獐子岛公司的销售返利，这本身在一定程度上会减弱或消除市场竞争，产生排除或限制竞争的效果，最终损害消费者的利益。对于水产批发协会的行为，因其违反了《反垄断法》等相关法律法规对于行业协会的规制，北京市第二中级人民法院与北京市高级人民法院等两级法院均对此作出了否定性评价，并判决其承担相应的责任。

四、参考意见

1. 作为经济法主体的行业协会，一方面符合经济法主体的社会结构框架，另一方面符合经济法的基本理念，充当政府与市场润滑剂与缓冲带的角色，有助于克服市场失灵与政府干预的缺陷，进一步推动经济发展。行业协会主要具有中介性、公共性、自治性等特征，在本案中，水产批发协会亦或多或少地反映出上述特征。

2. 水产批发协会作为行业协会，因其自身属性受到经济法的相关规制。具体而言，为《反垄断法》第 11 条、第 16 条、第 46 条第 3 款与《最高人民法院关于审理因垄断行为引发的民事纠纷案件应用法律若干问题的规定》第 15 条。在本案中，对于水产批发协会违反《反垄断法》等相关法律法规对于行业协会的规制的行为，两审法院均作出了否定性评价，并判决其承担相应的责任。

◈ 拓展案例

案例一：中国生物多样性保护与绿色发展基金会诉宁夏瑞泰科技股份有限公司环境污染公益诉讼案[1]

一、基本案情

2015 年 8 月 13 日，中国环境保护与绿色发展基金会（以下简称绿发会）

---

〔1〕 最高人民法院指导案例 75 号，再审裁定书：最高人民法院（2016）最高法民再 47 号。

向宁夏回族自治区中卫市中级人民法院提起诉讼称：宁夏瑞泰科技股份有限公司（以下简称瑞泰公司）在生产过程中违规将超标废水直接排入蒸发池，造成腾格里沙漠严重污染，截至起诉时仍然没有整改完毕。请求判令瑞泰公司：①停止非法污染环境行为；②对造成环境污染的危险予以消除；③恢复生态环境或者成立沙漠环境修复专项基金并委托具有资质的第三方进行修复；④针对第二项和第三项诉讼请求，由法院组织原告、技术专家、法律专家、人大代表、政协委员共同验收；⑤赔偿环境修复前生态功能损失；⑥在全国性媒体上公开赔礼道歉等。

绿发会向法院提交了基金会法人登记证书，显示绿发会是在中华人民共和国民政部登记的基金会法人。绿发会提交的 2010 至 2014 年度检查证明材料，显示其在提起本案公益诉讼前 5 年年检合格。绿发会亦提交了 5 年内未因从事业务活动违反法律、法规而受到行政、刑事处罚的无违法记录声明。此外，绿发会章程规定，其宗旨为"广泛动员全社会关心和支持生物多样性保护和绿色发展事业，保护国家战略资源，促进生态文明建设和人与自然和谐，构建人类美好家园"。在案件的一审、二审及再审期间，绿发会向法院提交了其自 1985 年成立至今，一直实际从事包括举办环境保护研讨会、组织生态考察、开展环境保护宣传教育、提起环境民事公益诉讼等活动的相关证据材料。

二、法律问题

1. 在本案中，绿发会属于哪一类经济法主体？环境民事公益诉讼制度中的经济法主体又包括什么？

2. 结合本案，探讨将绿发会纳入经济法主体范畴有何意义？

三、重点提示

根据《民事诉讼法》第 55 条，法律规定的机关和有关组织、人民检察院均可提起环境公益诉讼。此外，《环境保护法》第 58 条规定了，依法在设区的市级以上人民政府民政部门登记，且专门从事环境保护公益活动连续 5 年以上且无违法记录的社会组织可提起环境公益诉讼。而对于社会组织"专门从事环境保护公益活动"的判断标准，《最高人民法院关于审理环境民事公益诉讼案件适用法律若干问题的解释》第4条作了较为具体的规定，即社会组织章程确定的宗旨和主要业务范围是维护社会公共利益，且从事环境保护公益活动的。

环境保护一直以来是经济发展中容易被忽视的问题。建立环境保护制度，除了制定环境保护法律规制的个体义务之外，还要靠有效的监督、追责制度。完善环境公益诉讼制度，尤其是通过该制度发挥社会组织的主观能动性，是解决环境污染问题的利器。在本案中，人迹罕至的沙漠是监管的灰色地带，也鲜有具体的受害者。但沙漠生物群落及其环境相互作用所形成的复杂而脆弱的沙漠生态系统，更加需要人类的珍惜利用和悉心呵护。绿发会如果不能作为经济法主体、无法进行环境公益诉讼，则很难通过法律的途径制止瑞泰公司非法污染沙漠环境的行为。

案例二：江西省盐业集团公司吉安公司诉吉安市工商行政管理局行政处罚案[1]

一、基本案情

江西省吉安市盐务局是国务院授权的盐业主管机构，江西省盐业集团公司吉安公司（以下简称吉安盐业公司）是经工商部门注册登记并办理营业执照的企业（经营范围为食盐、各类用盐、场地出租、日用百货等），二者属一套人马两块牌子。因吉安盐业公司除专营食盐批发业务外，还经营日用百货，为提高企业效益，该公司部分业务员在批发、配送食盐过程中，强制搭配非盐商品（食用油、白酒等）或在食盐配送过程中搭配低钠盐、深井盐，否则就以无高钠盐（中盐）或无盐为由停止供应食盐。部分食用盐零售商不满，向吉安市工商行政管理局（以下简称市工商局）投诉，该局先后于2012、2013年两次向吉安盐业公司下达责令改正通知书。后经市工商局立案调查，告知该公司听证权利并听取陈述后，于2014年7月作出行政处罚决定：责令停止违法行为，处以罚款16万元。吉安盐业公司不服，申请行政复议后复议

---

〔1〕 一审判决书：江西省吉安市吉州区人民法院（2014）吉行初字第22号。二审判决书：江西省吉安市中级人民法院（2015）吉中行终字第35号。

机关维持上述处罚决定。该公司诉至法院，请求撤销市工商局的行政处罚决定。

二、法律问题

1. 本案涉及的经济法主体有哪些？

2. 如何从经济法的角度认识与理解江西省盐业集团公司吉安公司与江西省吉安市盐务局以及吉安市工商行政管理局之间的关系？

三、重点提示

以国家干预的具体方式为标准，经济法律关系可以被划分为宏观调控关系和市场监管关系，因此可以按照当事人在不同类型的经济法律关系中活动内容的不同，将经济法律关系主体分为宏观经济调控主体与受调控主体、市场监管主体与受监管主体。市场监管主体是指根据法律的规定或经授权，在市场监管关系中承担经济监管职能，享有监管权的国家机关或组织。被（受）调控主体或被（受）监管主体是指接受国家经济调控与监管的经济组织或个人。

◆ **拓展资料**

专题七　拓展阅读资料

专题八　经济权利、义务

◆ **知识概要**

经济法律关系主体享有的权利和承担的义务是经济法律关系的内容。与民事法律关系的内容相比，权利与权力的复合、权利与义务的一体化、权利与义务的不对应以及权利与义务的法定性是其显著特征。与经济法调整对象相对应，经济法主体的权利（力）主要包括国家（政府）的宏观调控权、市场监督权、市场参与权，市场主体的经济请求权、经营管理权，等等。经济义务主要包括国家（政府）机关或其授权的组织必须在法律范围内正确行使权利（力）或履行职责的义务、市场主体依法接受监管的义务等。本专题选取了1个经典案例和2个拓展案例，以展示经济法权利义务的内容、关系以及特征。

经典案例

苏某诉中国证监会对其作出的行政处罚和行政复议决定上诉案[1]

一、基本案情

2015年中国证监会认为原告苏某涉嫌内幕交易，决定对其进行立案调查，并对威华股份及相关人员进行了检查、调查。经核查，中国证监会认为苏某在内幕信息公开前与内幕信息知情人员殷某联络、接触，相关交易行为明显异常，且其没有提供充分、有说服力的理由排除其涉案交易行为系利用内幕信息，违反了《中华人民共和国证券法》（以下简称《证券法》）第73条、第76条第1款的规定，构成《证券法》第202条所述内幕交易行为。

2015年8月27日，中国证监会向苏某作出《行政处罚事先告知书》，并委托上海局于同年12月9日送达。同年12月11日，苏某表示需要陈述申辩并举行听证会。同年12月25日，中国证监会向苏某送达了《听证通知书》。2016年1月19日，中国证监会举行听证会，听取了苏某的陈述申辩意见。

中国证监会认为，苏某交易威华股份的时点与资产注入及收购铜矿事项的进展情况高度吻合，但是苏某没有为其与殷某在涉案期间存在接触联络以及其交易行为与内幕信息形成过程高度吻合提供充分、有说服力的解释。苏某的上述行为违反了《证券法》第73条、第76条第1款的规定，构成《证券法》第202条所述内幕交易行为。根据苏某违法行为的事实、性质、情节与社会危害程度，依据《证券法》第202条的规定，中国证监会作出〔2016〕56号行政处罚决定：没收苏某违法所得65 376 232.64元，并处以

---

[1]　二审判决书：北京市高级人民法院（2018）京行终445号行政判决书。

65 376 232.64 元罚款。苏某不服被诉处罚决定，向中国证监会申请行政复议。中国证监会经审查作出〔2017〕63 号行政复议决定，决定维持被诉处罚决定。苏某不服被诉处罚决定和被诉复议决定，向北京市第一中级人民法院提起行政诉讼，请求撤销被诉处罚决定和被诉复议决定。一审法院认为，苏某的相关诉讼理由均不能成立，故对其要求撤销被诉处罚决定及被诉复议决定的诉讼请求，不予支持。

苏某不服一审判决，向北京市高院提起上诉，请求撤销一审判决，撤销被诉处罚决定和被诉复议决定。

北京市高院认为，本案中，中国证监会认定苏某从事法律所禁止的内幕交易，其中殷某为内幕信息知情人是关键的事实基础，应当做到证据扎实充分。在案证据显示，中国证监会联系殷某的方式并不全面，电话联络中遗漏掉了"139×××××××"号码，且遗漏掉的该号码恰恰是苏某接受询问时强调的殷某联系方式，也是中国证监会调查人员重点询问的殷某联系方式，更是中国证监会认定苏某与殷某存在数十次电话和短信联络的手机号码。执法中存在的上述疏漏，说明中国证监会对殷某的调查询问并没有穷尽必要的调查方式和手段，直接导致其认定殷某为内幕信息知情人的证据，因未向本人调查了解而不全面、因其他证据未能与本人陈述相互印证并排除矛盾而导致事实在客观性上存疑、因未让当事人本人参与内幕信息知情人的认定并将该过程以当事人看得见的方式展示出来而使得公正性打了折扣。据此，本院确认中国证监会在认定殷某为内幕信息知情人时未尽到全面、客观、公正的法定调查义务，中国证监会认定殷某为内幕信息知情人事实不清、证据不足。苏某对该问题的主张成立，本院予以支持。本案中，中国证监会需要对基础事实承担举证责任，苏某则对推翻基础事实和推定事实承担举证责任，前者是后者的前提和基础，只有中国证监会认定的基础事实成立，才需要苏某承担后续举证责任。在基础事实中，殷某为内幕信息知情人的事实是其重要组成部分，而中国证监会对该事实的认定事实不清，因而导致推定的基础事实不清。在此情况下，中国证监会对苏某的证券交易活动构成内幕交易的推定亦不成立。

二、法律问题

1. 试分析本案中涉及的经济法律关系的内容。

2. 试分析本案中涉及的经济法律关系内容的特性。

三、法理分析

（一）本案中涉及的经济法律关系的内容

经济法律关系主体享有的权利和承担的义务是经济法律关系的内容。与民事法律关系的内容相比，权利与权力的复合、权利与义务的一体化、权利与义务的不对应以及权利与义务的法定性是其显著特征。其中权利（力）主要包括国家（政府）的宏观调控权、市场监管权、市场参与权，市场主体的经济请求权、经营管理权等。义务主要包括国家（政府）机关或其授权的组织必须在法律范围内正确行使权利（力）或履行职责的义务、市场主体依法接受监管的义务等。

在本案中，行使国家（政府）权利的行政机关—中国证监会对其所监管的市场主体—原告苏某作出处罚正是证监会在法律规定的经济权限范围内，依照法定程序行使其对市场的监管权，这种监管权就是经济法律关系的内容之一。而作为市场主体的本案原告苏某，认为自己进行的证券交易活动是正当合法的，而对中国证监会的行政处罚所享有的陈述申辩、申请进行听证会、行政复议等权利，体现着经济法律关系中市场主体的经济请求权，也是本案中经济法律关系的内容之一。

而作为行使国家（政府）权利的行政机关必须在法律规范内正确行使权利（力）或履行职责的义务也包含在经济法律关系的内容之中。本案中，证监会在认定殷某为内幕信息知情人时，未尽到全面、客观、公正的法定调查义务，认定殷某为内幕信息知情人事实不清、证据不足，因而导致推定的基础事实不清，在此情况下，证监会对苏某的证券交易活动构成内幕交易的推定亦不成立。证监会在本案中未能全面、客观、公正地在法律规范内正确行使其权利（力）、履行其职责，故而需要承担相应的法律责任。

（二）本案中涉及的经济法律关系的内容的特性

1. 国家的经济权利（力）是权力与权利的复合。随着国家干预主义的形成以及国家职能的新变化，国家经济职能被凸显出来。为实施对市场经济的宏观调控和监管，国家设置了大量的经济机关，这些机关在法律规定的经济权限范围内，依照法定程序行使其对市场的宏观调控和监管权。但作为经济法律关系的主体，国家干预经济的权利与传统的民事权利具有很大的区别。首先，现代国家干预经济的权利来自国家经济职能的强化与扩展，来自国家行政权力中的一部分被专门用于市场经济的调节；其次，国家的经济权利是由国家（政府）的经济机关来具体行使的。上述两方面的因素决定了，尽管被称为"权利"，但经济法上的权利却不同于传统民商法中体现主体意思自治的权利，即：经济法主体的权利在许多情况下表现出行政权力的特性，更多地体现了国家的意志和国家强制。因此，国家作为经济法主体的权利在一些情况下也被表达为"经济权力"。但从另一个角度，也正是由于此种"经济权力"在产生背景、行使目标及方式上的特点，"经济权力"也不同于传统行政法中的行政权力，因此，许多教材中，国家在经济法上的权利被称为"经济权利（力）"。

本案中，中国证监会在《证券法》等法律法规规定的权限范围内，依照法定程序对苏某作出行政处罚决定，正是中国证监会行使其对市场主体的监管权。这种监管权是基于由于市场自我调节失灵、国家积极介入和干预经济的大背景下，为了维护我国的国家、股民利益，而用来调控市场、打击违法股票交易的一种经济权利，虽然名为"权利"，但相比于传统民商法中体现意思自治的权利有着显著的差异，其更多体现一种国家意志并附有显著的国家强制力；但其又不同于传统行政法的行政权力，其产生的背景基于市场自我调节的失灵、国家干预经济的强化与拓展。因此，经济法律关系中国家的经济权利与权力高度复合。

2. 国家的经济权利（力）是权利与义务的一体化。在民事法律关系中，主体一般可以自由处分其权利，因此民事权利的行使既包含行使权利，也包含放弃权利。但在经济法律关系中，基于以下两方面的理由，国家或政府机关享有的对市场进行宏观调控和监管的权利（力）却不能被放弃：①经济法律关系建立的目的是通过国家（政府）宏观经济调控权和监管权的行使，保持整个国民经济的协调和稳定发展，因此调控及监管主体如果不行使权利或怠于行使权利，就不能达到这一目的。②国家作为经济法律关系的主体，其享有的权利具有公权的性质，主体的权利同时也是其义务，因此，该权利不能被放弃或任意处分。在上述意义上，国家经济权利与义务发生了同一，经济法学研究也因此将国家（政府）享有的宏观调控权利和市场监管权利称为

"经济职权"或"经济职责"。

本案中，中国证监会对其享有的对股票交易市场进行监管的权利（力）是不能放弃的。如果原告苏某在内幕信息公开前与内幕信息知情人员殷卫国联络、接触，利用内幕信息进行《证券法》所禁止的内幕交易行为，势必会对股票交易市场的秩序与稳定产生重大的影响。中国证监会作为国家对证券市场进行统一宏观管理的主管机构，其依据相关法律法规，有义务对市场的异常波动和非法干扰进行调控和监管，其履行义务的方式便是行使其宏观调控和监管的权利（力），通过在法律法规规定的程序和内容下，作出行政处罚决定，惩治违法进行股票交易的市场主体，维护证券期货市场秩序，保障其合法运行。由此可以看到在经济法律关系中，国家的权利（力）与义务高度一体化。

3. 经济法律关系中主体权利与义务的不对应性。在民事法律关系中，当事人权利义务对应是一般规则。但在经济法律关系中，主体权利与义务不对应的情况比较常见。例如，《消费者权益保护法》只规定了消费者的权利，没有规定其义务；而对经营者，法律却只规定了其义务，没有规定其权利。又例如，在政府干预经济产生的政府机构与市场主体之间的关系中，政府的权利义务与企业的权利义务并没有对等性，法律一般只规定政府依法享有对企业监管的权利，企业有接受监管的义务。分析上述两类经济法律关系，我们发现，在前一类关系中，经营者和消费者之间已经建立了平等的民事合同关系，但由于消费者和经营者之间不平等的经济地位，民事合同中双方权利义务的对等掩盖了消费者与经营者之间实际上的不平等。因此为了保护消费者的合法权益，防止经营者对消费者权益的损害，《消费者权益保护法》必须在民事合同法调整的基础上，直接对两者之间的权利义务进行重新分配，将更多的权利赋予相对处于弱势地位的消费者，同时对处于强势地位的经营者施加更多的法定义务。在第二类经济法律关系中，权利与义务的不对应则是由政府机构的特殊地位所造成的，即政府机构作为经济法律关系主体被赋予经济监管的权利，与此同时，该权利的行使也就成为政府机构的义务。这导致从表面上看，此类经济法主体的权利成为不对应义务的权利。

本案中，一方面，中国证监会行使其宏观调控的经济权利（力）本身就是在履行其义务。如前所述，因为在经济法律关系中，国家的权利（力）与义务具有高度的一体化，所以国家（政府）作为经济法主体所享有的权利与应履行的义务不具有对应性，其行使权利（力）的行为也是履行义务的行为；另一方面，作为市场主体的众多股票交易者，在面对中国证监会的经济权利（力）时，显得相当弱势，只能依法接受相应的监管和调控，其在经济法律关系中，并不具有与国家的权利（力）及义务所对应的义务与权利，这种相差悬殊的权利义务关系，也体现出了经济法主体权利与义务的不对应性。

4. 经济法律关系中主体权利与义务的法定性。众所周知，由于民法的调整对象、调整理念以及由此决定的调整手段的特性，在一般情况下，法律允许当事人在意思自治的基础上约定相互之间的权利和义务。因此，约定的权利义务在民事法律关系中占有很大比重，民法的任意性也因此而来。但同样是由于调整对象、调整理念以及由此决定的调整手段的特性，经济法主体的权利义务基本由法律直接规定。例如，经济法对国家（政府）宏观经济调控权以及市场监管权的直接规定；经济法对经营者与消费者之间权利与义务的直接规定。与此相应，经济法主体的义务被解释为经济法律关系主体依法以及在法律严格限定之下约定承受的必须为一定经济行为或不为一定经济行为的约束。

本案中，中国证监会对规范证券发行和交易行为，保护投资者的合法权益，维护社会经济秩序和社会公共利益，促进社会主义市场经济的发展的宏观调控权以及市场监管权是由《证券法》直接规定，而作为市场主体的证券市场交易者原告苏某，其在面对国家（政府）经济权利（力）所享有的权利与义务也是由《证券法》《行政复议法》等相关法律法规规定。由此可见，在经济法律关系当中，经济法主体的权利与义务基本上为法定，约定义务不仅比重小，而且当事人发挥的空间也不大。

四、参考意见

经济法的权利义务与民商法的权利义务相比具有权利与权力的复合、权利与义务的一体化、权利与义务的不对应以及权利与义务的法定性等显著特征。本案中，中国证监会在《证券法》等法律法规规定的权限范围内，依照法定程序对苏某作出行政处罚决定，正是中国证监会行使其对市场主体的监管权。这种监管权是基于由于市场自我调节失灵、国家积极介入和干预经济的大背景下，为了维护我国的国家、股民利益，而用来调控市场、打击违法股票交易的一种经济权利，而证监会在认定殷某为内幕信息知情人时，未尽到全面、客观、公正的法定调查义务，认定殷某为内幕信息知情人事实不清、证据不足，因而导致推定的基础事实不清，证监会在本案中未能全面、客观、公正地在法律规范内正确行使其权利（力）、履行其职责，故而需要承担相应的法律责任。

📚 拓展案例

案例一：国务院关税税则委员会发布公告决定对原产于美国的 500 亿美元进口商品加征关税[1]

一、基本案情

2018 年 6 月 15 日，美国政府发布了加征关税的商品清单，将对从中国进口的约 500 亿美元商品加征 25% 的关税，其中对约 340 亿美元商品自 2018 年 7 月 6 日起实施加征关税措施，同时对约 160 亿美元商品的加征关税开始征求公众意见。

2018 年 9 月 18 日，国务院关税税则委员会强烈谴责美方这一措施违反了世界贸易组织相关规则，有悖于中美双方经贸磋商已达成的共识，严重侵犯我方合法权益，损害我国国家和人民的利益。根据《中华人民共和国对外贸易法》《中华人民共和国进出口关税条例》等法律法规和国际法基本原则，经国务院批准，国务院关税税则委员会发布公告决定，对原产于美国的 659 项约 500 亿美元进口商品加征 25% 的关税，其中对农产品、汽车、水产品等 545 项约 340 亿美元商品自 2018 年 7 月 6 日起实施加征关税，对其余商品加征关税的实施时间另行公告。

二、法律问题

1. 试分析本案中涉及的经济法律关系的内容。

---

〔1〕 案例来源：财政部网站，http://gss.mof.gov.cn/zhengwuxinxi/gongzuodongtai/201809/t20180918_3022593.html。

2. 试分析本案中涉及的经济法律关系内容的特性。

三、重点提示

行使国家（政府）权利的行政机关——国务院关税税则委员会对其所具有宏观调控职责的进出口关税事项，在法律规定的经济权限范围内，依照法定程序行使其宏观调控权，这种宏观调控权就是经济法律关系的内容之一。

本案涉及的经济法律关系内容具有国家的经济权利（力）是权力与权利的复合性、国家的经济权利（力）是权利与义务的一体化性、主体权利与义务的不对应性和主体权利与义务的法定性的特点。

第一，本案中，国务院关税税则委员会在《中华人民共和国对外贸易法》《中华人民共和国进出口关税条例》等法律法规规定的权限范围内，依照法定程序报国务院批准后，对原产于美国的 659 项约 500 亿美元进口商品加征 25% 的关税，正是国务院关税税则委员会行使其对市场的宏观调控权。这种宏观调控权是基于中美贸易战的大背景下，为了维护我国的国家、人民利益，而用来调控市场、反击美国加征关税的一种经济权利，虽然其名为"权利"，但相比于传统民商法中体现意思自治的权利有着显著的差异，其更多体现一种国家意志并附有显著的国家强制力；但其又不同于传统行政法的行政权力，其产生的背景基于市场自我调节的失灵、国家干预经济的强化与拓展。因此，经济法律关系中国家的经济权利与权力高度复合。

第二，国务院关税税则委员会对其享有的对市场进行宏观调控的权利（力）是不能被放弃的。美国政府对从中国进口的约 500 亿美元商品加征 25% 的关税，势必会对我国进出口贸易产生重大的影响，国务院关税税则委员会作为国家对进出口贸易进行宏观调控的国家机关之一，其依据相关法律法规，有义务对市场的异常波动和外来干扰进行调控，其履行义务的方式便是行使其宏观调控的权利（力），通过在法律法规规定的程序和内容，拟定相应的关税措施，反击美国加征关税的行为。由此可以看到在经济法律关系中，国家的权利（力）与义务高度一体化。

第三，一方面，国务院关税税则委员会行使其宏观调控的经济权利（力）本身就是在履行其法定职责的义务，由于在经济法律关系中，国家的权利（力）与义务具有高度的一体化，可以看出经济法主体权利与义务不具有对应性；另一方面，作为市场主体的众多进出口企业，在面对国务院关税税则委员会的经济权利（力）时，显得相当弱势，只能依法接受相应的监管和调控，其在经济法律关系中，并不具有与国家的权利（力）及义务所对应的义务与权利，也体现出了经济法主体权利与义务的不对应性。

第四，国务院关税税则委员会对决定征收反倾销税、反补贴税、保障措施关税、报复性关税以及决定实施其他关税措施的宏观调控权是由《中华人民共和国对外贸易法》《中华人民共和国进出口关税条例》等法律法规规定直接规定，其与进出口企业之间不存在约定的权利义务关系。由此可见，在经济法律关系当中，经济法主体的权利与义务基本上为法定的。

案例二：无锡美通食品科技有限公司诉无锡质量技术监督局高新技术产业开发区分局质监行政处罚案[1]

一、基本案情

2010 年 12 月 30 日、2011 年 1 月 13 日，被告新区质监局执法人员对原告美通公司进行检查。检查中发现，该公司的生产车间内正在生产肉制品（上浆肉丝、上浆鸡小块）。仓库内堆放有已包装的速冻调理生肉制品成品。因涉嫌未经许可从事食品生产经营活动，新区质监局于 1 月 13 日对库存成品采取了查封措施，并开具了责令改正通知书，要求该公司制定新的产品标准。美通公司按要求制定了新产品标准草案。后美通公司于 1 月 18 日、19 日擅自转移了部分被查封的成品合计 21 675kg，货值金额 511 820.1 元。1 月 20 日，被转移的查封产品全部追回并重新进行了查封。

另查明，原告美通公司已取得肉制品（酱卤肉制品）、方便食品（其他方便食品）、豆制品（非发酵性豆制品）三个单元成品的食品生产许可证，但其于 2010 年 10 月开始生产的新产品速冻调理生肉制品不包含在已获证产品范围内。美通公司自 2010 年 10 月 15 日开始至 2011 年 1 月 13 日共生产速冻保鲜调理食品 91 365kg，货值金额 1 999 693.8 元。

4 月 21 日，被告新区质监局作出了锡新质监罚告字［2011］第 18 号

---

[1] 案例来源：《最高人民法院公报》2013 年第 7 期（总第 201 期）。

《行政处罚告知书》。5月19日，新区质监局作出了锡新质监罚字［2011］第19号行政处罚决定书。

二、法律问题

1. 试分析本案中涉及的经济法律关系的内容。
2. 试分析本案中涉及的经济法律关系内容的特性。

三、重点提示

行使国家（政府）权利的行政机关—新区质监局对其所监管的市场主体—原告无锡美通食品科技有限公司作出的行政处罚，正是新区质监局在法律规定的经济权限范围内，依照法定程序行使其对市场的监管权，这种监管权就是经济法律关系的内容之一。而作为市场主体的本案原告无锡美通食品科技有限公司，认为自己进行的生产经营活动是正当合法的，而对新区质监局的行政处罚所享有的行政诉讼等权利，体现着经济法律关系中市场主体的经济请求权，也是本案中经济法律关系的内容之一。

第一，本案中，新区质监局在《食品安全法》《产品质量法》等法律法规规定的权限范围内，依照法定程序对原告无锡美通食品科技有限公司作出行政处罚，正是新区质监局行使其对市场的监管权。这种监管权虽然名为"权利"，但相比于传统民商法中体现意思自治的权利有着显著的差异，其更多体现一种国家意志并附有显著的国家强制力；但其又不同于传统行政法的行政权力，其产生的背景基于市场自我调节的失灵、国家干预经济的强化与拓展。

第二，新区质监局对其享有的对市场进行监管的权利（力）是不能放弃的。原告生产的新产品速冻调理生肉制品不包含在已获证的产品范围内，违反《食品安全法》《产品质量法》的规定，势必会对食品消费者和食品市场产生不利的影响，新区质监局作为国家对食品、食品相关产品生产加工环节的质量安全监督管理，组织实施相关生产许可、强制检验等食品安全市场准入制度，组织查处食品及相关产品生产和加工的质量违法行为的国家机关，其依据相关法律法规，有义务对食品生产企业的违法行为进行监管和处罚，其履行义务的方式便是行使其监管的权利（力），通过在法律法规规定的程序和内容下，作出行政处罚决定。由此可以看到在经济法律关系中，国家的权利（力）与义务高度一体化。

第三，一方面，新区质监局行使其监管食品生产企业的经济权利（力）本身就是在履行其法定职责的义务，由于在经济法律关系中，国家的权利（力）与义务具有高度的一体化，可以看出经济法主体权利与义务不具有对应性；另一方面，作为市场主体的原告无锡美通食品科技有限公司，在面对新区质监局的经济权利（力）时，需要依法接受相应的监管和调控，其在经济法律关系中，并不具有与国家的权利（力）及义务所对应的义务与权利，也体现出了经济法主体权利与义务的不对应性。

第四，新区质监局作为国家对食品、食品相关产品生产加工环节的质量安全监督管理，组织实施相关生产许可、强制检验等食品安全市场准入制度，组织查处食品及相关产品生产和加工的质量违法行为的国家机关，其监管权是由《中华人民共和国食品安全法》《中华人民共和国产品质量法》等法律法规规定直接规定，在本案中，其与被监管的食品生产经营企业之间不存在约定的权利义务关系。由此可见，在经济法律关系当中，经济法主体的权利与义务基本上为法定的。

◆ 拓展资料

专题八　拓展阅读资料

专题九　经济法责任

◆ 知识概要

通过对国家干预经济过程中产生的经济关系的调整，建立和保护此类法律关系，从而建立符合市场经济协调、稳定和可持续发展的国家干预秩序，是经济法调整的目标。为实现这一目标，经济法遵循主体权利、义务、责任统一的基本原则，在确立主体间权利义务关系的基础上，对不依法行使权利或履行义务的当事人进行制裁，为受损害的当事人提供救济。这一切，均建立在经济法责任制度和经济法实施的基础之上。从法的强制性角度，责任制度作为经济法的重要组成部分，奠定了经济法律关系保护的实体法基础；而从法的可诉性角度，经济法实施的具体制度则奠定了经济法律关系保护的程序法基础。迄今为止的经济法律法规所确认的法律责任包含了不同形式和不同性质的责任制度，使得经济法责任制度成为经济法学研究最具争议的领域之一。本专题选取了1个经典案例和3个拓展案例，通过分析经济法责任在其中的具体内容，展示其综合运用各种法律责任维护社会公众利益的新型责任形态。

经典案例

长春长生疫苗案[1]

一、基本案情

2017年11月3日，国家食品药品监管总局发布了百白破疫苗效价指标不合格产品处置情况介绍。国家食药监总局近日接到中国食品药品检定研究院报告，在药品抽样检验中检出长春长生生物科技有限公司生产的批号为201605014-01的百白破疫苗效价指标不符合标准规定。

11月5日，中国疾病预防控制中心网站发布《效价指标不合格的百白破疫苗相关问题解答》称，该两批次百白破疫苗效价指标不合格，可能影响免疫保护效果。国家食药监总局介绍，长春长生生物科技有限公司生产的该批次疫苗共计25.26万支，全部销往山东省疾病预防控制中心；长生生物介绍，前述该批次25.26万支百白破疫苗共实现销售收入约83.38万元。鉴于百白破联合疫苗在公司销售收入总额中占比较小，因此上述事项对公司目前生产经营无重大影响。

---

〔1〕 案情整理自中国政府网，http：//sousuo. gov. cn/s. htm? t = govall&q = 长春长生，最后访问日期：2019年3月2日。

2018年7月18日，多地疾控部门停用、封存长春长生狂犬疫苗。2018年7月18日，长生生物科技股份有限公司（以下简称"公司"）全资子公司长春长生生物科技有限责任公司（以下简称"长春长生"）收到《吉林省食品药品监督管理局行政处罚决定书》，本局决定对你公司给予以下行政处罚：①没收库存的"吸附无细胞百白破联合疫苗"（批号：201605014－01）186支；②没收违法所得858 840.00元。③处违法生产药品货值金额3倍罚款2 584 047.60元。罚没款总计3 442 887.60元（叁佰肆拾肆万贰仟捌佰捌拾柒元陆角整）。

2018年7月22日，央视新闻联播播出了国家药监局负责人介绍长春长生狂犬病疫苗案件有关情况。国家药监局负责人通报长春长生违法违规生产冻干人用狂犬病疫苗案件有关情况时表示，现已查明，企业编造生产记录和产品检验记录，随意变更工艺参数和设备。上述行为严重违反了《中华人民共和国药品管理法》《药品生产质量管理规范》有关规定，国家药监局已责令企业停止生产，收回药品GMP证书，召回尚未使用的狂犬病疫苗。国家药监局会同吉林省局已对企业立案调查，涉嫌犯罪的移送公安机关追究刑事责任。

7月23日，长春警方对长春长生违法违规生产狂犬病疫苗进行立案调查，长春新区公安分局以涉嫌生产、销售劣药罪，对长春长生生物科技有限责任公司董事长高某芳等18名犯罪嫌疑人向检察机关提请批准逮捕。

7月27日，证监会因长生案性质恶劣，修改退市制度，明确上市公司构成欺诈发行、重大信息披露违法或者其他涉及国家安全、公共安全、生态安全、生产安全和公众健康安全等领域的重大违法行为的，证券交易所应当严格依法作出暂停、终止公司股票上市交易的决定的基本制度要求。

8月16日，中共中央政治局常务委员会召开会议，听取关于吉林长春长生公司问题疫苗案件调查及有关问责情况的汇报。会议同意，对吉林省副省长金育辉予以免职，对吉林省政协副主席李晋修责令辞职，要求长春市市长刘长龙、市场监管总局党组书记、副局长毕井泉引咎辞职，要求吉林省委常委、延边朝鲜族自治州委书记姜治莹、国家药监局局长焦红作出深刻检查；对35名非中管干部进行问责；决定中央纪委国家监委对原食品药品监管总局副局长、原卫生计生委副主任吴浈进行立案审查调查。会议责成吉林省委和省政府、国家药监局向中共中央、国务院作出深刻检查。

二、法律问题

1. 经济法律责任是否具有独立性？
2. 试分析本案中涉及的经济法律责任。

三、法理分析

（一）经济法律责任是否具有独立性

最能够体现经济法综合调整特征的莫过于经济法责任制度，它是一个由行政责任、民事责任和刑事责任构成的体系。也正因为如此，经济法责任制度的独立性受到质疑。

不同性质的法律责任被综合运用于一部具体经济法律或法规的现象，究竟仅仅是不同责任形式的简单叠加还是一种具有其内在规律的组合？尽管迄今为止有关经济法责任制度的研究并没有对这一问题给出令人信服的解释，但从法律与政府管制（监管）关系的角度可以肯定，在许多以政府管制（监管）为基础产生的法律法规中，不同性质的法律责任被同时使用确实是出自法律为适应国家干预经济的实际需要而有目的的安排。

第一，采用不同性质的法律责任形式与经济法调整的经济关系具有密切联系。一方面，由于经济法调整的经济关系是具有管理性质的市场关系，因此无论是宏观调控还是政府监管，政府首先要使用具有公法特征的强制性规范手段。但另一方面，由于强制的目的在于消除市场的外部性，保障整个社会经济协调、稳定、可持续地发展，因此必须考虑市场规律，兼顾主体的自由、效率。基于上述两个方面的理由，无论是宏观调控还是政府监管都必须是适度的。这在法律责任规范上就必然表现为公法规范和私法规范的合理组合，或曰"以公为主，公私兼顾"。

第二，经济法采用不同性质的法律责任形式是为了弥补其他法律的缺陷。违反经济法律和法规的行为，其侵害对象往往具有双重性，在损害社会利益的同时，又损害了个体利益。在这种情况下如何弥补受害个体的损失？如果在经济法中只追究违法行为人损害社会的责任，对受损的个体而言将是不公平的；但如果因此而修改民事法律，也是没有效益的。因此，最好的办法就是在经济法中同时规定两种不同性质的责任追究机制。这是造成经济法律责任构成中包含大量民事责任的一个原因。

第三，经济法将不同性质的法律责任进行合理组合使用，有助于提高政府监管的效率。法律规范对政府监管权限的界定以及对政府取得、行使监管权程序的规定，在加大了政府监管成本的同时，对政府监管形成了监督，因此具有提高政府监管效益的作用。但由于政府监管作用的发挥主要依赖政府机构主动行使权利（力），因此监管的效率又会由于这一制度安排而降低，在一些情况下，甚至会导致政府监管失效。基于此，在一个个具体的经济法律关系的保护中努力挖掘传统法律救济的资源，关注行政处罚、私人诉讼乃至公益诉讼等不同救济手段在政府监管中组合使用的可能性和可行性，将有助于提高政府监管的效率。

（二）本案中涉及的经济法律责任

经济法的责任制度体系中的一些具体规定已经明显突破了传统民事、行政、刑事三大责任制度体系的范畴。经济法学界的研究认为，由于经济违法行为侵害的是社会利益，给不特定的社会公众带来损害，经济法律责任的设计必须使违法者为其行为付出高昂的成本，而基于违法主体的经济能力不同，采用传统的财产罚或自由罚只是责任体系中的一部分，还应该设定资格罚、能力罚、声望罚等，这些责任会直接影响到经济活动主体的行为能力，因而会对其产生根本性的甚至是致命的影响。从各国立法的情况看，在具体的经济法律责任制度的构建中，针对经济法律关系主体的不同，产生了以下责任措施：①对于除国家之外的市场活动主体，针对其不同的行为予以不同的责任制裁，有的是针对人格身份的，例如信用减等、资格减免等；有的是针对财产的，例如惩罚性加倍赔偿，有双倍赔偿、三倍赔偿、十倍赔偿等；有的是针对行为的，例如产品召回、禁止企业合并、拆分和分解企业以及返还企业股份等。②对作为宏观调控主体的国家和市场秩序监管主体的政府机关及其授权机关，实施首长和直接责任人员问责制；基于国家（政府）机关的特殊性，遏制经济权力滥用的有效措施是引咎辞职。显而易见，上述有关经济法责任的规定已经突破了传统"三大责任"制度的范畴。

本案中长春长生生物科技有限公司违法违规生产冻干人用狂犬病疫苗，企业编造生产记录和产品检验记录，随意变更工艺参数和设备，严重违反了

《中华人民共和国药品管理法》《药品生产质量管理规范》有关规定。这种违法生产经营的行为，违反了法律法规确立的经济权利义务关系，导致作为市场经营主体的企业应当承担相应的经济法律责任。

一方面，疫苗作为一种特殊的药品，直接关系到接种对象的人身健康，关系到药品使用者对所购买商品的合理信赖，对受损害的当事人进行救济是经济法律责任的应有之义。本案中，由于长春长生生物科技有限公司生产的白百破疫苗均销往地方疾控部门，而药品使用者均通过疾控部门接种疫苗。依据《侵权责任法》第59条规定"因药品、消毒药剂、医疗器械的缺陷，或者输入不合格的血液造成患者损害的，患者可以向生产者或者血液提供机构请求赔偿，也可以向医疗机构请求赔偿。患者向医疗机构请求赔偿的，医疗机构赔偿后，有权向负有责任的生产者或者血液提供机构追偿。"疫苗接种者可以在疾控部门和生产企业中择一请求赔偿。但是人数众多的疫苗接种者若逐一寻求救济显然浪费大量司法和社会成本。最终，由各地疾控部门对涉案疫苗及时进行封存、案发后对疫苗接种者逐一进行补种，同时监测因无效疫苗导致的感染案例等后续措施，更好地对数量众多的无效疫苗接种者进行了救济。疾控部门做出的相应补救措施，体现了经济法律责任对受损害的当事人进行救济的内容。

另一方面，疫苗接种者通过疾控部门接种到缺陷疫苗，损害到整个社会对疫苗药品行业的信赖。长春长生生物科技有限公司的违法行为不光损害了个体利益，也损害了社会公共利益。相应的经济法律法规中的公法规范规定了违法者的行政责任、刑事责任，也是经济法律责任的重要组成部分。例如，吉林省食药监局收回长春长生《药品GMP证书》，同时要求其停止狂犬疫苗的生产；对有效期内所有批次的冻干人用狂犬病疫苗全部实施召回，以及没收库存的"吸附无细胞百白破联合疫苗"186支；没收违法所得858 840.00元；处违法生产药品货值金额3倍罚款2 584 047.60元等行政处罚。再例如，长春新区公安分局以涉嫌生产、销售劣药罪，对长春长生生物科技有限责任公司董事长高某芳等18名犯罪嫌疑人向检察机关提请批准逮捕，追求相关人员的刑事责任。

除此之外，经济法律责任为使违法者为其行为付出高昂的成本，而基于违法主体的经济能力不同，采用除传统的财产罚或自由罚以外的责任体系。

在本案中，证监会修改退市制度，明确规定上市公司构成欺诈发行、重大信息披露违法或者其他涉及国家安全、公共安全、生态安全、生产安全和公众健康安全等领域的重大违法行为的，证券交易所应当严格依法作出暂停、终止公司股票上市交易的决定的基本制度要求，这种退市惩罚责任也是本案中涉及的经济法律责任。而作为宏观调控主体的国家和市场秩序监管主体的政府机关及其授权机关，实施首长和直接责任人员问责制，本案中，相关负责机关的首长和直接责任人员被免职、责令辞职、要求引咎辞职、作出深刻检查等相关责任，也是经济法律责任的内容之一。

四、参考意见

经济法的责任制度体系已经明显突破了传统民事、行政、刑事三大责任制度体系的范畴。其针对除国家之外的市场活动主体，根据不同的行为予以不同的责任制裁，有的是针对人格身份的，例如信用减等、资格减免等；有的是针对财产的，例如惩罚性加倍赔偿，有双倍赔偿、三倍赔偿、十倍赔偿等；有的是针对行为的，例如产品召回、禁止企业合并、拆分和分解企业以及返还企业股份等；以及针对国家（政府）机关的特殊性的首长和直接责任人员问责、引咎辞职等。经济法究竟有多少特有的责任形态，至今仍没有定论。相信随着经济法理论研究思路和方法的发展与完善，其法律责任也许能在不断的提炼和归纳中展现出完整的体系。

📚 拓展案例

案例一：苏某与徐州百鑫商业有限责任公司百惠超市分公司、徐州百鑫商业有限责任公司侵犯消费者权益纠纷案[1]

一、基本案情

2010 年 4 月 12 日，原告苏某在被告百惠分公司购买观音王 8 盒，共计花费 3840 元，该茶叶的包装袋上仅有"铁观音"等标识，而外包装盒正面写有"观音王""中国·安溪"字样，其背面有用不干胶粘贴产品标识，记载：销

---

〔1〕　案例来源：《最高人民法院公报》2013 年第 12 期（总第 206 期）。

售商，百惠超市；商品品牌，巨佳；卫生许可证，萧山食品产字（2003）0094号；生产商，杭州巨佳茶叶有限公司及质量安全标识。价格标签记载：铁观音茶叶，价格480元/盒。2011年3月14日，杭州市质量技术监督局萧山分局出具《关于举报杭州巨佳茶叶有限公司食品生产许可证问题的回复》中称："2010年4月12日在徐州市百鑫商业有限公司百惠超市购买的铁观音茶叶，标注生产商：杭州巨佳茶叶有限公司；标注生产日期：2010年4月10日。经该公司鉴别，不是该公司生产。理由为该公司的标识信息是直接印刷在产品外包装上，而不是用不干胶粘贴。"同年3月15日，杭州市萧山区卫生局出具《关于"卫生许可证号"查询信访函的回复》中称"萧山食品产字（2003）0094号这个编号明显不符合发证编号规定。同时经查询许可档案，也未发现发放上述编号的卫生许可证。发给杭州巨佳茶叶有限公司的卫生许可证的编号为萧卫食产字（2003）0094"。被告百惠分公司售有福建省安溪县朝天岩茶厂生产、广州市朝天岩茶业有限公司销售的铁观音茶叶。

原告苏某请求判令被告赔偿调档费100元、茶叶损失3840元并支付10倍赔偿金38 400元，诉讼费由被告负担。

被告百惠分公司、百鑫公司辩称，被告出售的茶叶非假冒产品，有生产许可证，符合安全标准。原告苏向前购买的茶叶是由于被告工作人员的操作失误将生产厂家福建安溪县朝天岩茶厂错贴为杭州巨佳茶叶有限公司的标签，原告提出的铁观音茶叶上的卫生许可证号为被告销售杭州巨佳茶叶有限公司生产的龙井茶叶的卫生许可证号。被告出售的是铁观音，而消费者需要购买的也是铁观音，就这一点来说被告不存在过错，消费者没有受到任何现实的或潜在的利益损害。

二、法律问题

1. 试分析本案中涉及的经济法律关系内容的责任。
2. 试分析本案中涉及的经济法律责任的特殊性。

三、重点提示

1.《消费者权益保护法》是为保护消费者的合法权益，维护社会经济秩序，促进社会主义市场经济健康发展而制定的法律。《消费者权益保护法》第

20 条第 1 款规定："经营者向消费者提供有关商品或者服务的质量、性能、用途、有效期限等信息，应当真实、全面，不得作虚假或者引人误解的宣传。"第 55 条第 1 款规定："经营者提供商品或者服务有欺诈行为的，应当按照消费者的要求增加赔偿其受到的损失，增加赔偿的金额为消费者购买商品的价款或者接受服务的费用的 3 倍；增加赔偿的金额不足 500 元的，为 500 元。法律另有规定的，依照其规定。"同时，《食品安全法》第 148 条第 2 款规定："生产不符合食品安全标准的食品或者经营明知是不符合食品安全标准的食品，消费者除要求赔偿损失外，还可以向生产者或者经营者要求支付价款 10 倍或者损失 3 倍的赔偿金；增加赔偿的金额不足 1000 元的，为 1000 元。但是，食品的标签、说明书存在不影响食品安全且不会对消费者造成误导的瑕疵的除外。"本案中，原告因被告商场出售茶叶的标识信息不真实为由，要求赔偿相应损失及 10 倍赔偿金，惩罚性赔偿责任是本案中涉及的经济法律责任。

2. 传统民法上的损害赔偿是补偿性赔偿，即不法行为人以一定数量的赔偿额来交换等值的受害人的权益。而本案中涉及的惩罚性赔偿则对承担经济法律责任的市场主体给予惩罚性赔偿，使不法行为人向主张权利者支付大于所应获的赔偿额，以达到制裁、遏制不法行为人的目的。这也正是本案中的经济法律责任的特殊之处。

案例二：田某与雅培贸易（上海）有限公司垄断纠纷上诉案[1]

一、基本案情

田某于 2013 年 2 月 7 日在北京家乐福慈云寺店（简称家乐福慈云寺店）购买雅培婴儿配方奶粉一件，价格为 261 元，并取得购物小票及加盖家乐福双井店发票专用章的发票一张，购物小票中显示商品号为 6932904708765 号，未记载销售方。家乐福双井店表示根据朝阳区税务局的规定，朝阳区的五家分公司统一使用一个税号开发票，因此家乐福慈云寺店开具的发票加盖有家

---

[1] 一审判决书：北京知识产权法院（2014）京知民初字第 146 号民事判决书。二审判决书：北京高院（2016）京民终 214 号。

乐福双井店的发票专用章。

2013 年 9 月 22 日，国家发展和改革委员会（简称国家发改委）作出《国家发展和改革委员会行政处罚决定书》（发改办价监处罚［2013］4 号，简称《处罚决定书》），其中记载："2011 年以来，雅培公司通过合同约定、绩效考核、价格管控、销售返利等方式，对下游经营者向第三人转售乳粉的价格进行固定。在雅培公司对各经销商签订的《经销协议》的附件中，设置了对经销商进行考核的 KPI 体系，以此确定经销商的返利，并将价格管理作为其中一项指标，要求经销商按照公司规定的不同渠道价格出货，如发现违反价格出货则该项指标为 0 分，扣除该项的返利。同时，雅培公司在《雅培价格管理办法》中，还对'跨区冲货'和'内部低价出货'行为进行处罚……本机关认为，雅培公司通过合同约定、绩效考核、价格管控、销售返利等方式，对下游经营者向第三人转售乳粉的价格进行固定，上述行为违法了《反垄断法》第 14 条第 1 项的规定，与交易相对人达成并实施了固定向第三人转售商品的价格的垄断协议，排除和限制了市场竞争，损害了消费者的利益和社会公共利益，且雅培公司未能证明上述行为符合《反垄断法》第 15 条规定的豁免情形，依法应予以处罚。"

原告田某认为雅培公司的垄断行为已经被认定为具有排除和限制竞争效果，此种行为显然包括排除和限制批发商之间、零售商之间的竞争，批发商与零售商无论被迫或者主动都与雅培公司达成了垄断协议，达成了不合理、不公平的价格，损害了消费者的合法权益，雅培公司应当对此承担责任。因此向法院起诉请求：①家乐福双井店和雅培公司共同赔偿田某 10.44 元；②家乐福双井店和雅培公司承担维权合理开支 3000 元。

二、法律问题

1. 试分析本案中涉及的经济法律关系内容的责任。
2. 试分析本案中涉及的经济法律责任的特殊性。

三、重点提示

《反垄断法》是为了保护市场公平竞争，提高经济运行效率，维护消费者利益和社会公共利益，促进社会主义市场经济健康发展，而制定的法律。《反垄断法》第 46 条第 1 款规定："经营者违反本法规定，达成并实施垄断协议的，由反垄断执法机构责令停止违法行为，没收违法所得，并处上一年度销售额 1% 以上 10% 以下的罚款；尚未实施所达成的垄断协议的，可以处 50 万元以下的罚款。"第 50 条规定："经营者实施垄断行为，给他人造成损失的，依法承担民事责任。"本案中如果认定雅培公司实施了达成垄断协议的垄断行为，将要涉及的相应行政与民事责任的组合是本案中的经济法律责任。

案例三：北京百度网讯科技有限公司诉青岛奥商网络技术有限公司等不正当竞争纠纷案[1]

一、基本案情

百度公司经营范围为互联网信息服务业务，核准经营网址为 www.baidu.com 的百度网站，主要向网络用户提供互联网信息搜索服务。奥商网络公司经营范围包括网络工程建设、网络技术应用服务、计算机软件设计开发等，其网站为 www.og.com.cn。该公司在上述网站"企业概况"中称其拥有 4 个网站：中国奥商网（www.og.com.cn）、讴歌网络营销伴侣（www.og.net.cn）、青岛电话实名网（www.0532114.org）、半岛人才网（www.job17.com）。该公司在其网站介绍其"网络直通车"业务时称：无需安装任何插件，广告网页强制出现。介绍"搜索通"产品表现形式时，以图文方式列举了下列步骤：第一步，在搜索引擎对话框中输入关键词；第二步，优先出现网络直通车广告位（5 秒钟展现）；第三步，同时点击上面广告位直接进入宣传网站新窗口；第四步，5 秒后原窗口自动展示第一步请求的搜索结果。该网站还以其他形式介绍了上述服务。联通青岛公司的经营范围包括因特网接入服务和信息服务等，青岛信息港（域名为 qd.sd.cn）为其所有的网站。"电话实名"系联通青岛公司与奥商公司共同合作的一项语音搜索业务，网址为 www.0532114.org 的"114 电话实名语音搜索"网站表明该网站版权所有人为联通青岛公司，独家

---

〔1〕 一审判决书：山东省青岛市中级人民法院（2009）青民三初字第 110 号民事判决。二审判决书：山东省高级人民法院（2010）鲁民三终字第 5-2 号民事判决。

注册中心为奥商网络公司。联通山东公司经营范围包括因特网接入服务和信息服务业务。其网站（www. sdcnc. cn）显示，联通青岛公司是其下属分公司。鹏飞航空公司的经营范围包括航空机票销售代理等。

2009 年 4 月 14 日，百度公司发现通过山东省青岛市网通接入互联网，登录百度网站（www. baidu. com），在该网站显示对话框中：输入"鹏飞航空"，点击"百度一下"，弹出显示有"打折机票抢先拿就打 114"的页面，迅速点击该页面，打开了显示地址为 http：∥air. qd. sd. cn/的页面；输入"青岛人才网"，点击"百度一下"，弹出显示有"找好工作到半岛人才网 www. job17. com"的页面，迅速点击该页面中显示的"马上点击"，打开了显示地址为 http：∥www. job17. com/的页面；输入"电话实名"，点击"百度一下"，弹出显示有"查信息打 114，语音搜索更好用"的页面，随后该页面转至相应的"电话实名"搜索结果页面。百度公司委托代理人利用公证处的计算机对登录百度搜索等网站操作过程予以公证，公证书记载了前述内容。经专家论证，所链接的网站（http：∥air. qd. sd. cn/）与联通山东公司的下属网站青岛信息港（www. qd. sd. cn）具有相同域（qd. sd. cn），网站 air. qd. sd. cn 是联通山东公司下属网站青岛站点所属。

原告北京百度网讯科技有限公司（以下简称百度公司）起诉被告青岛奥商网络技术有限公司（以下简称奥商网络公司）、中国联合网络通信有限公司青岛市分公司（以下简称联通青岛公司）、中国联合网络通信有限公司山东省分公司（以下简称联通山东公司）在山东省青岛地区，利用网通的互联网接入网络服务，在百度公司网站的搜索结果页面强行增加广告的行为，损害了百度公司的商誉和经济效益，违背了诚实信用原则，构成不正当竞争。请求判令：①奥商网络公司、联通青岛公司的行为构成对原告的不正当竞争行为，并停止该不正当竞争行为；第三人承担连带责任；②三被告在报上刊登声明以消除影响；③三被告共同赔偿原告经济损失 480 万元和因本案的合理支出 10 万元。

二、法律问题

1. 试分析本案中涉及的经济法律关系内容的责任。
2. 试分析本案中涉及的经济法律责任的特殊性。

三、重点提示

1. 《反不正当竞争法》是为了促进社会主义市场经济健康发展，鼓励和保护公平竞争，制止不正当竞争行为，保护经营者和消费者的合法权益而制定的法律。《反不正当竞争法》第 17 条第 1 款规定"经营者违反本法规定，给他人造成损害的，应当依法承担民事责任。"第 20 条第 1 款规定"经营者违反本法第 8 条规定对其商品作虚假或者引人误解的商业宣传，或者通过组织虚假交易等方式帮助其他经营者进行虚假或者引人误解的商业宣传的，由监督检查部门责令停止违法行为，处 20 万元以上 100 万元以下的罚款；情节严重的，处 100 万元以上 200 万元以下的罚款，可以吊销营业执照。"本案中如果认定三被告实施了不正当竞争行为，将要涉及的相应行政与民事责任的组合是本案中的经济法律责任。

2. 公平竞争是市场经济的基本原则，是市场机制高效运行的重要基础。《反不正当竞争法》是规制不正当竞争行为，维护市场竞争秩序和市场主体合法权益的法律。其通过对民事责任与行政责任的组合使用，达到弥补传统私法、规范经营者的市场交易行为以及管理者相应的管理行为的作用。

◈ 拓展资料

专题九　拓展阅读资料

专题十　经济法实施的一般理论

◈ 知识概要

法律实施是将抽象的行为模式变成具体的社会行动，从应然状态到实然状态的过程，核心是追究违法者责任，保护法律确认的权利和利益。不同的部门法有各自的实施模式，包括法律适用机构和相应的程序。经济法作为一门新兴法律部门，其实施主体具有特殊性，实施方式具有多样性，实施程序具有正当性。本专题选取了2个经典案例和2个拓展案例，以期读者能够从具体案例中感悟和理解经济法实施的具体方式、程序和特点。

📑 经典案例

案例一：利乐集团滥用市场支配地位案[1]

一、基本案情

当事人：利乐国际股份有限公司、利乐中国有限公司、利乐包装（昆山）有限公司、利乐包装（佛山）有限公司、利乐包装（北京）有限公司、利乐包装（呼和浩特）有限公司。以上当事人属于利乐集团，统称利乐。

办案机关：原国家工商行政管理总局[2]

处罚时间：2016年11月9日

处罚结果：罚款人民币667 724 176.88元

2012年1月，原国家工商行政管理总局根据相关企业投诉，对利乐涉嫌滥用市场支配地位行为进行立案调查。经调查、分析，原国家工商行政管理总局认定利乐案相关商品市场为液体食品纸基无菌包装设备市场、纸基无菌包装设备技术服务市场和纸基无菌包装材料市场，相关地域市场为中国大陆市场。在2009年至2013年期间，利乐在前述相关市场均具有市场支配地位。

2009年至2013年期间，利乐在提供设备和技术服务过程中，借助其市场支配地位，以多种方式对用户使用包装材料施加限制和影响，加深客户对利乐包装材料依赖程度或延续对其使用习惯，进而实施无正当理由的搭售行为。利乐上述行为限制了设备用户的选择权，影响了其他包材厂商的销售，提高了其他经营者的竞争成本，损害了包材市场的竞争秩序。

---

[1] 国家工商行政管理总局行政处罚决定书：工商竞争案字〔2016〕1号。

[2] 2018年3月，根据第十三届全国人民代表大会第一次会议批准的国务院机构改革方案，将国家工商行政管理总局的职责整合，组建中华人民共和国国家市场监督管理总局；将国家工商行政管理总局的商标管理职责整合，重新组建中华人民共和国国家知识产权局；不再保留国家工商行政管理总局。

2011 年，利乐利用其作为红塔牛底纸产品唯一客户的优势，与红塔达成排他性约定，限制红塔与其他包材厂商就牛底纸项目进行合作。2012 年 3 月，利乐限制红塔使用非利乐专有技术信息，对红塔向其竞争对手提供牛底纸构成影响。利乐上述行为实质上是凭借其在包材市场上的支配地位，排除、限制包材市场的竞争。

2009 年至 2013 年期间，利乐利用忠诚折扣将客户不可竞争部分的需求捆绑可竞争部分的需求，与其他折扣叠加运用，短期内对竞争对手造成封锁。利乐的行为导致竞争对手长期内无法与其在相同或相似的成本上竞争，其实质是凭借在包材市场的支配地位排除、限制竞争。

原国家工商行政管理总局认为，2009 年至 2013 年期间，利乐利用其在中国大陆液体食品纸基无菌包装的设备市场、纸基无菌包装设备技术服务市场和纸基无菌包装材料市场的支配地位，实施没有正当理由搭售、没有正当理由限定交易以及排除、限制竞争的忠诚折扣行为，构成了《反垄断法》第 17 条第 1 款第 4 项、第 5 项和第 7 项规定的滥用市场支配地位行为。依据《反垄断法》第 47 条的规定，原国家工商行政管理总局责令利乐停止违法行为，处以 2011 年度在中国大陆相关商品市场销售额 7% 的罚款，合计 667 724 176.88 元人民币。

二、法律问题

1. 本案中，如何体现经济法的实施？
2. 原国家工商行政管理总局的行政处罚是否符合经济法实施程序？

三、法理分析

（一）经济法的实施包括守法、执法、司法等各个环节

不同的部门法有各自的实施模式，包括法律适用机构和相应的程序。民商法的私法属性决定了当事人可以通过协商、自行和解、调解和第三方仲裁等民间方式予以实施。法院作为公共实施机构，是私法实施的最后保障，当事人可以通过民事诉讼程序请求法院裁判。行政法是规范行政行为，维护行政相对人权利的部门法。它通过行政复议和行政诉讼两种途径实施。行政复议是一种行政内部实施，由复议机关作为裁判者，依据《行政复议法》对其

下级行政机关与行政相对人之间的纠纷进行处理。由于复议机关与被诉行政机关存在特殊关系，因此，行政法的实施方式最终需要通过行政诉讼进行。

本案中，由原国家工商行政管理总局给予利乐公司行政处罚，而非普通民商事的法院裁判，这是因为反垄断法的实施机构是国务院设立的反垄断委员会，而国务院规定的反垄断执法机构包括发改委、商务部和原国家工商管理总局及省一级的相应机构。本案中"原国家工商行政管理总局根据相关企业投诉，对利乐涉嫌滥用市场支配地位行为进行立案调查"，是被动式的启动，但同时原国家工商行政管理总局等执法机构还有权力主动进行立案调查。这点与传统司法的被动启动司法程序具有显著差异。

实施机构和实施程序是法律实施不可或缺的两个条件，经济法也不例外。本案中的实施机构是原国家工商行政管理总局，便是经济法中的实施机构之一，类似的实施机构还有发改委、商务部、税务部门等主体。

1. 经济法的实施主体具有特殊性。经济法的实施是维护社会公共利益的过程，也是确认和追究违法者法律责任的过程，一个公正、专业和有效的机构是经济法实施的前提。为此，在实施主体方面，经济法具有以下特殊要求：

（1）实施主体应当具有维护社会经济秩序和社会公共利益的能力。法律实施过程就是保障权利、监督义务人履行义务的过程，作为执法者应当具有相应的能力。经济法针对的是各种破坏经济秩序和危害社会公益的行为，如垄断、不正当竞争、损害众多消费者权益等行为。实施主体要将经济法适用于每个具体的行为，无疑应当具有发现违法行为、收集违法证据和认定违法事实的能力。本案中原国家工商总局被法律赋予了维护市场秩序的职责，对利乐集团滥用市场支配地位这种破坏经济秩序和危害社会公益的行为，具有保护我国经济秩序的稳定的义务和能力。

（2）实施主体应当具有预防危害社会公共利益行为的能力，能防患于未然。因为违反经济法的行为一旦实施，常常会导致巨大损失或者严重的社会危机，如生产销售伪劣食品、非法吸收公众存款或非法建筑活动等。为此，经济法规定了许多预防危害社会公共利益行为发生的措施，包括市场准入审查和日常监管。这就需要实施主体对可能导致危害社会公共利益后果的行为提前作出准确预判，及时采取相应的措施。本案中原国家工商行政管理总局是在相关企业投诉的情况下进行的立案调查，经济法对有些实施主体的要求，并非一定要造成了实害才能介入，充分体现了经济法以社会为本位的理念。经济法对实施主体具有预防危害社会公共利益行为的能力这一点，普通的法院事后裁判、不告不理的司法体系，传统的司法体系难以完全满足，所以经济法的实施有着大量的行政机关参与其中，本案中的原国家工商行政管理总局就是其代表之一。

（3）经济法实施主体应当具有及时和主动制止垄断、不正当竞争、侵犯众多消费者权益、破坏环境资源等危害社会公共利益行为的职责权，当经济活动威胁到社会秩序和所有人的利益时，能够及时进行遏制，防止违法行为和危害后果继续进行。本案中，相关法规赋予了原国家工商行政管理总局在反垄断范围内的执法权，所以才能对利乐集团作出了违法处罚决定书，防止违法行为继续进行。

（4）经济法实施主体应当既有相关的专业知识和能力，又有一定的法律知识，才能对违法行为进行有效规制。经济法规制的对象是食品、电信、建筑、银行和证券等相关市场中具有相关专业技术和专门知识的经营者，每个领域的违法行为，都利用了相关技术手段，如利用互联网发送虚假广告和恶意捆绑软件等。所以，作为实施主体，其专业知识和法律知识只有高于违法者，才能将经济法付诸实施。本案中如何界定客户对利乐包装材料的依赖程度和利乐包装技术是本案的核心，这就要求了相关的执法机构需要具有案件匹配的知识产权和商业知识，方可进行判断。

（5）经济法实施主体既要有规制经营者的能力，也要具有规范政府的能力。由于经济法既规范经营者等普通市场主体的违法行为，又规范政府行政垄断、违规改变预算、非法支出、违规采购等行为。所以，作为执法者还需要具备规制政府违法行为和追究政府的违法责任能力才能保证经济法的实施。

经济法对实施主体的特殊要求，决定了作为最古老和最具权威性的司法权难以成为实施经济法的主要主体。虽然在维护当事人权利，处理民商事纠纷和行政纠纷有其独特优势，但司法权遵循不告不理、不主动介入社会的原则，即具有被动性特性，限制了其在市场上维护社会公共利益的能力。为此，必须根据经济法的宗旨、规制的对象以及法律性、经济性和专业性特点，建立适合经济法实施的体制。

2. 经济法的实施方式。本案中，经济法的实施，是由原国家工商行政管理总局启动的执法程序，属于经济法的行政实施，即行政主体通过行政执法实现经济法法律法规赋予的相应执行法律的权力。除行政实施外，经济法的实施方式还包括自行实施和司法实施。

（1）自行实施。经济法的自行实施即自觉守法，是指承担法律义务的公民、法人、国家机关或其他社会组织，自觉履行法律义务，以实现法律的目的。根据规范对象，市场规制法的守法主体包括经营者、行业协会、消费者组织和行政机关。而政府调控法的守法主体则是各级政府及其部门、税收征收机关、货币发行和金融调控机关、负责政府采购的机关和单位以及国有资产相关的机关、单位和个人。本案中最好的实施方式自然是自行实施，利乐集团如果主动废除其与红塔达成的排他性约定或者不签订排他性约定，自觉维护市场经济秩序，当然是最有利于经济发展与稳定。行政实施和司法实施正是由于承担守法义务的主体，突破了自行实施的边界，方才需要二者进行介入。

（2）行政实施。行政实施是行政机关以执法者身份，将法律适用到社会生活中的活动。它是19世纪末期随着经济法的出现而在司法系统外形成的一种法律实施方式，是行政权向司法权的一种扩张。与司法实施相比，行政实施具有主动性、公益性、法定性、准司法性、程序性、快捷性、效力的有限性和分散性等特点。

本案中，原国家工商行政管理总局主动对利乐进行调查，而非司法体系中不告不理式的被动式执法，充分体现了经济法中行政实施的主动性特点。而其对利乐公司作出的行政处罚决定书则表现了其法定性、准司法性。同时相比于司法机关的严格诉讼规则，行政主体在执法式的程序相对简单，具有程序性、快捷性等特点。行政实施一般不具有终局效力，利害关系人有权提起诉讼，请求法院对行政实施行为进行审查。法院有权撤销或变更行政决定，利乐公司如若对处罚决定不服，有权向人民法院起诉。

不同国家的法律实施机构设置不完全相同。我国是在原计划经济体制基础上，吸收了欧美市场经济国家的一些立法经验后建立的市场监管机构，习惯上也称为行政执法机构。我国经济法上的行政执法机构相当分散，如《水法》由水利部门实施；《草原法》分别由地方渔业和草原管理行政部门实施；《森林法》《野生动物保护法》由林业部门实施；《土地管理法》《矿产资源法》由国土资源部门实施；《反垄断法》是由国务院反垄断委员会负责组织协调，2018 年之前由国家发改委、原国家工商行政管理总局和商务部分别进行执法，2018 年后由新成立的市场监管总局统一进行反垄断执法。

行政实施机构主要是通过对监管方式实施，因此行政实施或监管主要包括的具体方式是：市场准入审查、市场监督检查、调查和处罚、强制退市。

（3）司法实施。除行政实施外，司法实施也是经济法实施的一个重要途径。虽然司法权在实施经济法方面有其不足，但司法是守护正义和权利的最后一道防线，是最具独立性和权威性的法律实施手段。完全离开司法权，经济法实施效果将会受到局限。当然，通过司法程序实施经济法包括市场规制法，应当超越传统的三大诉讼程序，逐步完善公益诉讼和集体诉讼程序制度。现今的司法实施主要包括三种诉讼模式：其一，公益诉讼；其二，集体诉讼；其三，私益诉讼。可见，经济法的实施既有具体的实施主体，又有相应的程序和程序法律制度，即行政程序法、公益诉讼和集体诉讼制度。

本案是经济法实施中行政实施的典型案例，通过法律法规授权的行政机关进行立案，再通过其行政程序进行调查和做出决定。从本案便可以看出经济法的实施似乎和其它部门法实施中具有显著的差异，这是因为法律实施是将抽象的行为模式变成具体的社会行动，从应然状态变为实然状态的过程，核心是追究违法者责任，保护法律确认的权利和利益。

（二）原国家工商行政管理总局的行政处罚符合经济法实施程序

经济法的实施离不开相应的法律程序，司法权的特点一方面决定了其难以独自承担起实施经济法的任务，另一方面也决定了传统的刑事诉讼、民事诉讼和行政诉讼三大诉讼程序难以适应经济法的实施需要。

1. 民事诉讼是以民商法为依据来审理平等的民商事主体之间的人身或财产纠纷的程序，根据《民事诉讼法》的规定，原告应当是个人利益受到侵害和案件有直接利害关系的公民、法人和其他组织。但违反《反垄断法》《反不正当竞争法》《广告法》《食品安全法》等经济法的行为，往往侵犯了不特定多数人的利益，破坏的是市场秩序。如果遵循传统民事诉讼法的规定，几乎无人符合起诉条件。因此，如果不改变纯私益诉讼的性质，经济法很难通过民事诉讼程序实施。

2. 根据《行政诉讼法》的规定，行政诉讼的原告是行政行为相对人以及与行政行为有利害关系的公民、法人或其他组织。从诉讼目的看，行政诉讼也属于私益诉讼。但是，经济法所规范的政府滥用权力限制竞争、违法预算、任意发行地方债、秘密采购、任意出让土地使用权或转让国有资产等行为，直接危害的是社会公共利益，而不是具体行政相对人的利益，况且在多数情况下并没有行政相对人。如果只允许有直接利害关系的相对人对政府提起维护个人权益的诉讼，那么，经济法不可能通过行政诉讼得到实施。2006年，常宁市财政局超出年度财政预算购买了两台小轿车，常宁市农民蒋石林以一名普通纳税人的身份将财政局诉至法院，要求法院认定财政局的行为违法，将违法购置的车辆收归国库。法院审查后认为不属于受案范围未予受理。[1]这充分证明了行政诉讼在实施经济法方面的局限性。

3. 刑事诉讼虽然是一种公益诉讼，但需要以行为人构成犯罪为条件。经济行为如果构成犯罪，刑事诉讼无疑是一种有效途径。然而，多数违反经济法的行为虽有社会危害性，却未达到犯罪程度，不能通过刑事诉讼程序追究违法责任。

因此，传统的三大诉讼程序难以成为实施经济法的程序法。经济法约束的主体、规范的行为、维护的利益和法律责任形式等因素，都决定了它不仅要在实施主体方面进行创新，而且要在程序上进行创新。程序要创新，前提是要正确认识法律程序和诉讼程序的关系。由于司法机关曾经是唯一的法律适用机关，传统法学对法律程序的理解也存在一些片面性，普遍将法律程序等同于诉讼程序，将程序法等同于诉讼法。实际上，诉讼程序只是法律程序中的一种，法律程序还包括立法程序、行政程序、诉讼程序、国家赔偿程序和仲裁程序等环节。法律实施需要何种程序，取决于实施主体。通过法院实施，适用的是诉讼程序法；通过仲裁，则适用仲裁程序法。所以，与经济法实施相匹配的程序法，是由实施主体决定的。

本案是由原国家工商行政管理总局进行的立案、调查和作出处罚决定的，不同于刑事、行政、民事三大诉讼制度，原国家工商行政管理总局下发处罚决定，行使的是其法律法规赋予的行政执法权，在行政权利范围内作出的行

〔1〕 参见"普通纳税人状告财政'管家'"，载人民网，http：//finance. people. com. cn/GB/1037/4280083. html。

为，并未进入司法程序，则只需要符合其本身的行政程序即可，而无需符合几大诉讼法司法程序。换言之，原国家工商行政管理总局的处罚行为其本质是作出了一个具体行政行为，只要行政机关作出的决定符合其行政程序便符合经济法对于程序上的要求。

四、参考意见

此类案件中应当重点对国家机关是否有执法权限和执法程序是否具有瑕疵进行关注和研究。目前在经济法的实施过程中，政府等行政管理主体可能会超越职权或滥用职权，甚至是有职权不明的情况，导致大量诉讼产生。

从诉讼程序和非诉讼程序的分类来看，在经济法领域，虽然也涉及诉讼程序，但非诉程序的比重相对来说较大，这也是经济法不同于民法、刑法等传统部门法的一个重要特点。

案例二：陈某诉重庆商社新世纪百货连锁经营
有限公司等产品销售者责任纠纷案[1]

一、基本案情

原告陈某诉称：其在被告重庆商社新世纪百货连锁经营有限公司世纪新都分公司（以下简称新世纪百货世纪新都分公司）购买了重庆慧远药业有限公司（以下简称慧远药业公司）生产的价值 50 046 元的天宝牌纯冬虫夏草胶囊。该产品无批准文号和产品执行标准，却标注药品生产许可证号和产品质量合格标志，且该产品生产许可证中经许可的产品只有中药饮片而没有纯冬虫夏草胶囊。重庆商社新世纪百货连锁经营有限公司（以下简称新世纪百货公司）、新世纪百货世纪新都分公司销售冒用药品生产许可证号的产品构成欺诈，故诉请判令新世纪百货公司、新世纪百货世纪新都分公司退还货款 50 046 元以及 3 倍赔偿 150 138 元。

被告新世纪百货公司、新世纪百货世纪新都分公司辩称：涉案产品属于

---

〔1〕　一审判决：重庆市江北区人民法院（2015）江法民初字第 07133 号。二审判决：重庆市一中院（2016）渝 01 民终 7017 号。

滋补保健类中药材，加工不需要批准文号；涉案产品没有国家质量检验标准，对其成分国家也没有要求，所以不需要标注产品成分；涉案产品的生产许可证号是真实的，不属于冒用；涉案产品包装上标注的生产许可证是针对企业而不是针对产品，国家对生产药品的企业在其生产的产品上标注药品生产许可证没有禁止性规定，所以涉案产品标注生产许可证不违法，其没有欺诈误导消费者的行为。

法院经审理查明：2014 年 3 月 17 日，陈某在新世纪百货世纪新都分公司购买慧远公司生产的天宝纯冬虫夏草胶囊 4 盒，共计货款 50 046 元。前述产品外包装上标注了药品生产许可证号、成分、规格、生产日期等信息，其中药品生产许可证号 20100061，成分为纯冬虫夏草粉。前述产品外包装另标注"产品质量合格"。2014 年 5 月 26 日，重庆市食药监局对重庆市食药监局沙坪坝分局出具《关于纯冬虫夏草胶囊合法性认定的答复》，载明，冬虫夏草属于滋补保健类中药材范畴，慧远公司生产的纯冬虫夏草胶囊属于滋补保健类中药材；慧远公司销售滋补保健类中药材属于工商登记的一般经营项目，而非药品许可经营项目。

另查明，新世纪百货世纪新都分公司系新世纪百货公司设立的分支机构，不具有独立法人资格。慧远公司于 2010 年 12 月 22 日取得重庆市食药监局颁发的药品生产许可证，编号：渝 20100061；生产范围为：中药饮片（含直接服用饮片）、毒性中药饮片；生产许可证有效期至 2015 年 12 月 21 日。

重庆市江北区人民法院于 2016 年 6 月 6 日作出（2015）江法民初字第 07133 号民事判决：驳回陈某的全部诉讼请求。一审宣判后，陈某不服，提起上诉。重庆市第一中级人民法院于 2016 年 12 月 16 日作出（2016）渝 01 民终 7017 号判决：一、撤销重庆市江北区人民法院（2015）江法民初字第 07133 号民事判决；二、新世纪百货公司世纪新都分公司于本判决生效之日起 10 日内退还陈某购物款 50 046 元，新世纪百货公司对新世纪百货世纪新都分公司财产不足以清偿的部分承担补充清偿责任；三、驳回陈某的其他诉讼请求。

二、法律问题

1. 本案中陈某提起的民事诉讼是否属于经济法的实施途径？

2. 本案的民事诉讼程序是否符合经济法对程序的要求？

三、法理分析

（一）本案中陈某提起的民事诉讼属于经济法的实施途径

经济法的实施途径主要包括：自行守法、行政实施和司法实施。本案中陈雪琴认为新世纪百货世纪新都分公司欺诈，向人民法院提起诉讼，属于经济法的司法实施。

司法是最古老的法律实施方式，也是法律实施最重要的方式。与国家行政机关执法相比，司法活动以国家强制力为后盾，以国家的名义运用法律审查案件，定纷止争，制裁违法和犯罪，其裁定和判决具有最终的法律效力，任何组织和个人必须执行。因此，一方面，司法活动所具有的独立性和权威性为行政机构执法无法企及；另一方面，司法活动的被动性、事后性以及高成本等缺陷又为行政机构执法留下了生存空间。

1. 集体诉讼。集体诉讼是受害者彼此间具有共同利益，其中有一个人提起诉讼，意味着其他所有相同利益受损者同时也提起了诉讼。这种诉讼源于英国，盛行于美国，在消费者、劳工纠纷和证券领域被广泛应用。其主要特点是，除首席原告外，其他受害者不需要直接参加诉讼，任何不愿参加集体诉讼的成员必须亲自申请退出。原告一旦获得赔偿支持，每个受害人都会按照比例得到一定的赔偿。集体诉讼一般是胜诉才收费。部分诉讼费用先由首席原告支付，而其他受害者不需要支付任何费用。如此就降低了消费者、劳动者或证券投资者的诉讼成本，提高了诉讼效率，有利于法律的实施和保护社会公众利益。现行《民事诉讼法》中的代表人诉讼就借鉴于集体诉讼制度。

2. 私益诉讼。

（1）普通民商事诉讼。许多违反市场规制法的行为，常常既损害社会公共利益，又侵犯个别私人利益，具有双重危害性，如垄断和虚假宣传。行政实施和公益诉讼的直接目的是保护社会公共利益，而不是私人受害者。私人受害者需要获得赔偿，应当另行提起普通民事诉讼。受害者的私益民事诉讼的目的虽然是维护其私益，但对社会公共利益在客观上有反射性保护作用。因此，在法律责任部分，立法者都附带规定了受害者可以要求民事赔偿的条款，赋予其起诉的权利。受害者可以选择诉与不诉。如《反不正当竞争法》第 17 条和《反垄断法》第 50 条规定，受害者受到损害的，可以起诉要求民事赔偿。法院在审理这些案件时，需要结合经济法的相关规定进行裁判。

（2）普通行政诉讼。行政机关或法律授权的组织，违反法律规定，由具有直接利害关系的行政相对人提起的行政诉讼。具有直接利害关系的行政相对人在维护私益的同时，在客观上减少行政违法行为，既有利于维护其他行政相对人利益，对社会公共利益也起到反射性保护的作用。

3. 公益诉讼，是指符合条件的自然人社会组织或法律授权的国家机关，根据法律法规的授权向法院提起诉讼，要求追究违反社会公共利益行为责任的诉讼，目的是维护社会公共利益。

本案中陈某诉新世纪百货属于私益诉讼，按照上文分类，可以看出其属于普通民商事诉讼。因为陈某主张的只是个人利益，如果本案中是消费者协会进行诉讼，维护广大消费者的权利，则会成为公益诉讼。私益诉讼和公益诉讼的最根本区别在于保护法益不同。

（二）本案符合经济法对程序的要求

与经济法实施相匹配的程序法，是由实施主体决定的。不同的实施主体所匹配的程序法也有所不同，如利乐案中是原国家工商行政管理总局对利乐公司进行处罚，需要匹配行政程序法，而本案中陈某诉新世纪百货则需要匹配民事诉讼制度，根据民事诉讼法进行诉讼程序。

四、参考意见

本案的诉讼制度方面需要多加关注，在法的可诉性层面，经济司法是在三大诉讼制度基础上进行的，经济法迄今为止并不存在一个独立的被称为"经济诉讼法"的诉讼制度。这是由于经济法责任制度的综合性决定的。

尽管三大诉讼资源的利用是经济法的客观需求，但这并不意味着三大诉讼制度可以解决经济法实施的所有诉讼问题。随着现代社会市场经济发展迅速，出现了一些损害社会整体利益，扰乱社会经济秩序的行为，由此也产生了一些新的经济纠纷，如侵害消费者群体利益纠纷、环境污染等。这些纠纷在传统的诉讼框架内无法完美解决，由此 2012 年我国民事诉讼法加入了公益诉讼制度，来对原有的诉讼体系进行补充完善。

🔖 拓展案例

案例一：中石油昆仑燃气有限公司咸宁分公司
等 5 家天然气公司价格垄断行为案[1]

一、基本案情

湖北省物价局对中石油昆仑燃气有限公司咸宁分公司、仙桃中石油昆仑燃气有限公司、大冶华润燃气有限公司、江夏华润燃气有限公司、石首市天然气有限公司等 5 家天然气公司滥用市场支配地位以不公平的高价销售商品的价格垄断行为进行处罚，共计罚款 295.5 万元。

经查明，自 2013 年以来，上述五家从事管道天然气供应及相关服务的天然气公司，凭借在相关区域内管道天然气供应及相关服务的特许经营权，通过与非居民用户签订管道燃气设施建设安装合同的形式，取得了在相关区域内非居民管道燃气设施建设安装市场的市场支配地位，并且滥用该市场支配地位，在非居民管道燃气设施建设安装经营成本、市场价格没有显著变化的情况下，剥夺了交易相对人自行选择设计、施工、监理等单位以及自行购买建设安装材料的权利，以不公平的高价收取非居民管道燃气设施建设安装费用。

具体违法行为如下：①在非居民管道燃气设施建设安装经营和实际操作过程中，剥夺了交易相对人自行选择设计、施工、监理等单位以及自行购买建设安装材料的权利。②收取的非居民管道燃气设施建设安装费用，明显大幅度高于实际发生的经营成本。③在非居民管道燃气设施建设安装中使用建设安装材料（含配套设备）的计费价格，大幅高于实际采购价格。④非居民管道燃气设施建设安装费用和利润，明显大幅高于其他相同经营者。

上述五家天然气公司的滥用市场支配地位行为，违反了《反垄断法》第 17 条禁止具有市场支配地位的经营者以不公平的高价销售商品的规定。

在调查过程中，江夏华润燃气有限公司和石首市天然气有限公司主动配合调查，自觉进行整改，修订非居民管道燃气设施建设安装合同，允许非居

---

〔1〕 本案湖北省物价局对五家公司下了行政处罚书，分别是：鄂价检处〔2016〕005 号、鄂价检处〔2016〕006 号、鄂价检处〔2016〕007 号、鄂价检处〔2016〕008 号、鄂价检处〔2016〕009 号。

民用户自主选择承建经营者，聘请第三方建设工程造价评估机构对非居民管道燃气设施建设安装费用进行评估，对非居民管道燃气设施建设安装有关服务和价格实行公开告知，起到了主动消除或者减轻违法后果的实际作用。依据《行政处罚法》第 27 条之规定，对上述两家公司从轻处罚，处上一年度相关销售额 2% 的罚款。对中石油昆仑燃气有限公司咸宁分公司、仙桃中石油昆仑燃气有限公司、大冶华润燃气有限公司分别处以上一年度相关市场销售额 4% 的罚款。上述罚款共计 295.5 万元。

二、法律问题

1. 本案的湖北省物价局作为经济法实施主体是否适格？
2. 如若对本案决定不服，五家天然气公司应当如何救济？

三、重点提示

经济法的实施主体具有多元化，每一个案件的实施主体都有可能不同，需要具体审查其是否有执法权限，本案中也是行政机构作为经济法的实施主体，除了行政机构外，司法机关和社会组织也可以成为经济法的实施主体。另外本案还需注意的是随着 2018 年国务院机构改革，我国的反垄断管理机制结束了三分天下的时代，统一由新成立的国家市场监督管理总局进行统一管理。

在经济法的实施中，司法的地位虽然同样不可或缺，但却不如传统领域那般显赫。在司法实践中，市场规制法的诉讼渠道较为畅通，如本案中，五公司如若不服可以向人民法院提起诉讼。

案例二：北京阳光一佰生物技术开发有限公司、习某等生产、销售有毒、有害食品案[1]

一、基本案情

被告人习某于 2001 年注册成立了北京阳光一佰生物技术开发有限公司

---

[1] 一审判决：江苏省扬州市广陵区人民法院（2013）扬广刑初字第 0330 号。二审判决：江苏省扬州市中级人民法院（2014）扬刑终字第 0032 号。

（以下简称阳光一佰公司），系公司的实际生产经营负责人。2010 年以来，被告单位阳光一佰公司从被告人谭某处以 600 元/公斤的价格购进生产保健食品的原料，该原料系被告人谭某从被告人尹某处以 2500 元/公斤的价格购进后进行加工，阳光一佰公司购进原料后加工制作成用于辅助降血糖的保健食品阳光一佰牌山芪参胶囊，以每盒 100 元左右的价格销售至扬州市广陵区金福海保健品店及全国多个地区。被告人杨某具体负责生产，被告人钟某、王某负责销售。2012 年 5 月至 9 月，销往上海、湖南、北京等地的山芪参胶囊分别被检测出含有盐酸丁二胍，食品药品监督管理部门将检测结果告知阳光一佰公司及习某。被告人习某在得知检测结果后随即告知被告人谭某、尹某，被告人习某明知其所生产、销售的保健品中含有盐酸丁二胍后，仍然继续向被告人谭某、尹某购买原料，组织杨某、钟某、王某等人生产山芪参胶囊并销售。被告人谭某、尹某在得知检测结果后继续向被告人习某销售该原料。

盐酸丁二胍是丁二胍的盐酸盐。目前盐酸丁二胍未获得国务院药品监督管理部门批准生产或进口，不得作为药物在我国生产、销售和使用。扬州大学医学院葛晓群教授出具的专家意见和南京医科大学司法鉴定所的鉴定意见证明：盐酸丁二胍具有降低血糖的作用，很早就撤出我国市场，长期使用添加盐酸丁二胍的保健食品可能对机体产生不良影响，甚至危及生命。

从 2012 年 8 月底至 2013 年 1 月案发，阳光一佰公司生产、销售金额达 800 余万元。其中，习某、尹某、谭某参与生产、销售的含有盐酸丁二胍的山芪参胶囊金金额达 800 余万元；杨某参与生产的含有盐酸丁二胍的山芪参胶囊金额达 800 余万元；钟某、王某参与销售的含有盐酸丁二胍的山芪参胶囊金额达 40 余万元。尹某、谭某与阳光一佰公司共同故意实施犯罪，系共同犯罪，尹某、谭某系提供有毒、有害原料用于生产、销售有毒、有害食品的帮助犯，其在共同犯罪中均系从犯。习某与杨某、钟某、王某共同故意实施犯罪，系共同犯罪，杨某、钟某、王某系受习某指使实施生产、销售有毒、有害食品的犯罪行为，均系从犯。习某在共同犯罪中起主要作用，系主犯。杨某、谭某犯罪后主动投案，并如实供述犯罪事实，系自首，当庭自愿认罪。习某、尹某、王某归案后如实供述犯罪事实，当庭自愿认罪。钟某归案后如实供述部分犯罪事实，当庭对部分犯罪事实自愿认罪。

江苏省扬州市广陵区人民法院于 2014 年 1 月 10 日作出（2013）扬广刑初字第 0330 号刑事判决：被告单位北京阳光一佰生物技术开发有限公司犯生产、销售有毒、有害食品罪，判处罚金人民币 1500 万元；被告人习某犯生产、销售有毒、有害食品罪，判处有期徒刑 15 年，剥夺政治权利 3 年，并处罚金人民币 900 万元；被告人尹某犯生产、销售有毒、有害食品罪，判处有期徒刑 12 年，剥夺政治权利 2 年，并处罚金人民币 100 万元；被告人谭某犯生产、销售有毒、有害食品罪，判处有期徒刑 11 年，剥夺政治权利 2 年，并处罚金人民币 100 万元；被告人杨某犯生产有毒、有害食品罪，判处有期徒刑 5 年，并处罚金人民币 10 万元；被告人钟某犯销售有毒、有害食品罪，判处有期徒刑 4 年，并处罚金人民币 8 万元；被告人王某犯销售有毒、有害食品罪，判处有期徒刑 3 年 6 个月，并处罚金人民币 6 万元；继续向被告单位北京阳光一佰生物技术开发有限公司追缴违法所得人民币 800 万元，向被告人尹某追缴违法所得人民币 671 500 元，向被告人谭某追缴违法所得人民币 132 万元；扣押的含有盐酸丁二胍的山芪参胶囊、颗粒，予以没收。宣判后，被告单位和各被告人均提出上诉。江苏省扬州市中级人民法院于 2014 年 6 月 13 日作出（2014）扬刑二终字第 0032 号刑事裁定：驳回上诉，维持原判。

二、法律问题

如何认识刑事程序与经济法实施的关系？

三、重点提示

经济法保护的对象不仅包括私人利益，还包括公共利益或公共经济，所以经济法的审判程序与三大程序法息息相关。随着人们对国家作用、对公共物品的认识和需求的提高，与公共利益相关的案件随之增多，如不正当竞争和侵犯消费者权益案件等。这些案件关系到经济秩序和社会秩序，关系到社会的稳定和发展，因而在经济法的实施中不仅要运用私法保护私权，也应注意运用公法保护公共利益。当一些行为严重危害到社会秩序，需要来对其进行惩戒，则可能需要匹配其相应的刑事程序，所以刑事程序同样是经济法实施的重要组成部分。

拓展资料

专题十　拓展阅读资料

专题十一　公益诉讼

知识概要

公益诉讼，是指符合条件的自然人、社会组织或法律授权的国家机关，根据法律法规的授权向法院提起诉讼，要求追究违反社会公共利益行为责任的诉讼，目的是维护社会公共利益。公益诉讼针对的是损害社会公共利益的行为，原告与被告之间没有直接利害关系，被诉行为与原告之间也没有直接的利益关系。公益诉讼在我国建构较晚，为人们接受到广为运用有较长的过程。本专题选取了 1 个经典案例和 2 个拓展案例，以期读者能够从具体案例中感受公益诉讼的原告范围、程序特点和公共利益的维护本质。

经典案例

江苏省消费者协会诉南京市水务集团供水合同"霸王条款"案[1]

一、基本案情

南京市民的新房在首次开通自来水时，都会签一份《供用水合同》。很少有人注意到，这份格式合同里隐藏着一条违规"霸王条款"。该供用水合同第 7 条第 2 款第 1 项条款约定："用水人逾期不缴纳水费，供水人应该书面催告，

用水人收到催告后，除应补足应缴纳的水费外，还应当支付从逾期之日起每日按应缴纳水费数额的 0.5% 违约金。"

根据国家相关法律规定：城市供水企业，通过与用户协商，约定逾期付款的违约金标准；没有约定的，按照最高人民法院的有关司法解释，可参照中国人民银行规定的金融机构计收逾期利息的标准计算逾期付款违约金。而南京市水务集团规定的 0.5% 违约金，既没有与用户商量，也明显高于中国人民银行的计算标准，不合理地加重了消费者的负担。对于这个问题，江苏省消协经过两次约谈，双方没有达成一致意见。2016 年 9 月 12 日，江苏省消协正式向南京市中院提起诉讼，请求法院判决确认《南京水务集团有限公司供用水合同》（户表用户）第 7 条第 2 款第 1 项条款无效[1]。

二、法律问题

1. 本案是否属于公益诉讼？
2. 本案的消费者协会作为公益诉讼的原告是否适格？

三、法理分析

（一）本案属于公益诉讼中的民事公益诉讼

公益诉讼的种类有民事公益诉讼和行政公益诉讼。根据市场规制法的内容，公益诉讼可分为反垄断诉讼、反不正当竞争诉讼、消费者公益诉讼、劳动者公益诉讼、环境公益诉讼、财政公益诉讼等。但囿于业已建立的诉讼制度，公益诉讼分为民事公益诉讼和行政公益诉讼。前者是针对普通公民、法人和其他组织损害社会公共利益而提起的诉讼，后者是针对行政机关损害社会公共利益而提起的诉讼。

本案中原告是江苏省消费者协会，被告是南京市水务集团，这是由于市民与水务集团签订的《水务合同》损害了公共利益而提起的诉讼。案件依照民事诉讼法进行审理，所以本案为民事公益诉讼。

具体而言，公益诉讼，是指符合条件的自然人社会组织或法律授权的国

---

〔1〕 需要说明的是：南京水务集团修改涉案条款后，江苏省消费者协会以南京水务集团已对侵犯消费者合法权益的行为予以纠正为由，向法院提出撤诉申请，南京市中级人民法院于 2016 年 11 月 7 日作出（2016）苏 01 民初 2034 号裁定：准许原告撤回起诉。

家机关，根据法律法规的授权向法院提起诉讼，要求追究违反社会公共利益行为责任的诉讼，目的是维护社会公共利益。公益诉讼针对的是损害社会公共利益的行为，原告与被告之间没有直接利害关系，被诉行为与原告之间也没有直接的利益关系。被告是否违反法律，损害社会公共利益，是否承担责任，由法院审理后决定。案件是否损害公共利益，是公益诉讼的核心要点之一，如本案中的"霸王条款"，不合理地加重了消费者的负担，损害了公共利益，消费者协会方才提起的诉讼。

2012 年修订的《民事诉讼法》在污染环境和消费者权益方面开始尝试公益诉讼。虽然诉讼范围远不能满足经济法实施的需要，其影响力可能会因依附在充满私益诉讼思维习惯的《民事诉讼法》中而被淡化，但是它毕竟开启了公益诉讼的先河，启动了经济法在司法环节实施的行动。在 2017 年修订的《民事诉讼法》和《行政诉讼法》中，明确规定了人民检察院提起公益诉讼制度，这一制度实际上将公益诉讼的适用范围扩大到生态环境、资源保护、国有财产保护、国有土地使用权出让等领域。2014 年底修订的《最高人民法院关于适用〈中华人民共和国民事诉讼法〉的司法解释》则从案件受理、管辖等方面细化了公益诉讼制度。上述内容充分表明我国的公益诉讼制度正日趋完善。

1. 民事公益诉讼。根据现行法律的规定，民事公益诉讼包括环境公益诉讼和消费公益诉讼。

（1）环境公益诉讼。根据规定，在设区的市级以上人民政府民政部门登记的社会团体、民办非企业单位以及基金会等法律规定的机关和有关组织，对已经损害社会公共利益或者具有损害社会公共利益重大风险的污染环境、破坏生态的行为可以提起环境公益诉讼。检察机关、负有环境保护监督管理职责的部门及其他机关、社会组织、企业事业单位依据《民事诉讼法》第 15 条的规定，可以通过提供法律咨询、提交书面意见、协助调查取证等方式支持社会组织依法提起环境民事公益诉讼。

2015 年 7 月 1 日，第十二届全国人民代表大会常务委员会通过《关于授权最高人民检察院在部分地区开展公益诉讼试点工作的决定》，授权最高人民检察院开展提起公益诉讼试点。人民检察院认为被告有污染环境、破坏生态、在食品药品安全领域侵害众多消费者合法权益等损害社会公共利益的行为，在没有适格主体提起诉讼或者适格主体不提起诉讼的情况下，有权向人民法院提起民事公益诉讼。被告是被诉实施损害社会公共利益行为的公民、法人或者其他组织。

2017 年修订的《民事诉讼法》和《行政诉讼法》中，明确规定了人民检察院提起公益诉讼制度，这一制度实际上将公益诉讼的适用范围扩大到生态环境、资源保护、国有财产保护、国有土地使用权出让等领域。

（2）消费公益诉讼。根据《消费者权益保护法》的规定，中国消费者协会以及在省、自治区、直辖市设立的消费者协会，对经营者侵害众多不特定消费者合法权益或者具有危及消费者人身、财产安全等损害社会公共利益的行为提起消费民事公益诉讼。起诉范围包括：

第一，经营者提供的商品或者服务存在缺陷，侵害众多不特定消费者合法权益的。

第二，经营者提供的商品或者服务可能危及消费者人身、财产安全，未作出真实的说明和明确的警示，未标明正确使用商品或者接受服务的方法以及防止危害发生的方法的。

第三，经营者对提供的商品或者服务的质量、性能、用途、有效期限等信息作虚假或引人误解宣传的；宾馆、商场、餐馆、银行、机场、车站、港口、影剧院、景区、娱乐场所等经营场所存在危及消费者人身、财产安全的情形的。

第四，经营者以格式条款、通知、声明、店堂告示等方式，作出排除或者限制消费者权利、减轻或者免除经营者责任、加重消费者责任等对消费者不公平、不合理规定的。

第五，其他侵害众多不特定消费者合法权益或者具有危及消费者人身、财产安全等损害社会公共利益的行为。

另外，人民检察院认为被告在食品药品安全领域有侵害众多消费者合法权益等损害社会公共利益的行为，在没有适格主体提起诉讼或者适格主体不提起诉讼，有权向人民法院提起民事公益诉讼。本案中如果江苏省消费者协会没有提起诉讼，南京市水务集团所在地的检察院便有权利提起公益诉讼。

2. 行政公益诉讼。市场规制法的实施主要是依靠市场监管机构的监管，监管机构如不认真履行监管，实施效果将大幅降低，并会造成市场秩序混乱、损害社会公共利益的后果。因此，为了督促市场监管机构认真履行职责，有必要建立针对市场监管机构的公益诉讼。

根据授权，人民检察院在生态环境和资源保护、国有资产保护、国有土地使用权出让等领域，对负有监督管理职责的行政机关或者法律、法规、规章授权的组织，违法行使职权或不履行法定职责，造成国家和社会公共利益受到侵害的，公民、法人和其他社会组织由于没有直接利害关系，没有也无法提起诉讼的，可以提起行政公益诉讼，请求撤销或者部分撤销违法行政行为、在一定期限内履行法定职责、确认行政行为违法或者无效。不过，在提起公益诉讼前，人民检察院应当依法督促行政机关纠正违法行政行为、履行法定职责，或者督促、支持法律规定的机关和有关组织提起公益诉讼。虽然授权决定中没有专门针对市场监管机构的行政公益诉讼，但将来条件成熟后，可以建立相应的行政公益诉讼，通过对市场监管机构的司法监督，促进市场规制法的实施。

公益诉讼虽然是市场规制法实施的一种重要形式，是在行政监管机构未能及时监管，或者监管失灵的情况下，通过司法程序维护社会公共利益的一种重要途径，对行政监管失灵起着弥补和督促作用。本案中是水务集团的合同存在问题，假设本案被告发生变更，是南京市物价主管部门下发文件提高了水费的违约金，则本案就成了一起行政公益诉讼。

（二）本案中的消费者协会具有公益诉讼原告的资格

公益诉讼的原告类型有民众诉讼、代表人诉讼、代位诉讼、国家公权力机关诉讼四种类型。基于公益诉讼的理念，起诉主体应该具有广泛性，不受传统诉讼法原告适格制度的束缚，无需证明有利害关系。

具体而言，由于各国情况不同，公益诉讼的原告在范围上存在差异。根据原告的不同，公益诉讼大致被归纳为四种类型：

1. 民众诉讼，即任何人都可以维护社会公共利益的理由提起诉讼。

2. 代表人诉讼，即对公害发生的规模大，受害者人数众多但又不是特定的集团或团体，受害者可以推举代表人行使诉权，维护受害人群的利益。

3. 代位诉讼。由社会中介组织代表其所属的利益集团行使诉权，这种形式有利于将社会弱势群体的力量集中起来与强势对手相抗衡。

4. 国家公权力机关诉讼。维护公共利益本来就是公权力机关职责中的应有之义。

本案是由社会中介组织代表所属利益集团行使诉权的代位诉讼模式，在消费者领域是诉讼案件的高发区，因为一般而言消费者与经营者处于一种信息不对称的状态，每个个人消费者力量都较为弱小，并且许多消费者缺乏维权的专业知识和能力，通常难以向经营者主张权利，这时便需要有个强有力的组织来把一个个分散的民众的力量集中起来实施，消费者协会便是如此。当某些消费者的权利被侵犯，但个人的力量又太小，无法与经营者对抗，特别是经营者可能是一个庞大的商业公司时，个人往往无法使受到侵害的权利获得补偿，这时便可以寻求消费者协会等公益组织代表自己维权。

四、参考意见

公益诉讼尚处于一个不断完善、不断发展的过程，由此其种类随着社会经济的发展也可能逐渐增多。2012 年我国在民事诉讼程序中第一次建立公益诉讼制度，到行政诉讼法修订时建立行政公益诉讼制度，再到检察院公益诉讼主体资格的确定，可以看出，公益诉讼正在改变着学术界对法律功能和程序正义的传统认识。

公益诉讼自 2012 年以来持续受到关注，案件数量逐渐增多。但在 2012 年之前，我国尚未建立公益诉讼制度，如同本案中水务集团之类资源垄断型公司的合同，普通民众根本无力对抗，有些合法权利无法获得保障。一直到 2013 年修订后的《消费者权益保护法》在第 47 条增加了消费民事公益诉讼制度的规定，才有了明确的诉讼主体，即省级以上的消费者协会。"对侵害众多消费者合法权益的行为，中国消费者协会以及在省、自治区、直辖市设立的消费者协会，可以向人民法院提起诉讼。"

本案是全国首例针对消费领域垄断类行业提起的公益诉讼，是继上海市消保委状告三星、欧珀公司，浙江省消保护委状告"铁老大"后的国内第四起公益诉讼，也是江苏省第一起向垄断行业"霸王条款"叫板的民事公益诉讼。与前两次分别针对手机、铁路行业不同的是，此次消费者协会针对的主体是垄断行业，具有一定的社会积极意义。

公益诉讼的原告类型中尤其应当关注检察院作为公益诉讼的主体的重要意义。2017 年 6 月 27 日，第十二届全国人民代表大会常务委员会第二十八次会议通过《关于修改民事诉讼法和行政诉讼法的决定》，检察机关提起公益诉讼制度正式建立。这一举措使得检察院公益诉讼的范围扩大，其在没有适格主体或者适格主体不提起诉讼的情况下，有权向人民法院提起公益诉讼，其中包括民事的侵犯消费者权益诉讼、环保公益诉讼和行政公益诉讼。

拓展案例

案例一：中华环保联合会诉山东德州晶华集团振华 有限公司大气污染民事公益诉讼案[1]

一、基本案情

振华公司是一家从事玻璃及玻璃深加工产品制造的企业，位于山东省德州市区内。振华公司虽投入资金建设脱硫除尘设施，但仍有两个烟囱长期超标排放污染物，造成大气污染，严重影响了周围居民生活，被环境保护部点名批评，并被山东省环境保护行政主管部门多次处罚，但其仍持续超标向大气排放污染物。中华环保联合会提起诉讼，请求判令振华公司立即停止超标向大气排放污染物，增设大气污染防治设施，经环境保护行政主管部门验收合格并投入使用后方可进行生产经营活动；赔偿因超标排放污染物造成的损失2040万元（诉讼期间变更为2746万元）及因拒不改正超标排放污染物行为造成的损失780万元，并将赔偿款项支付至地方政府财政专户，用于德州市大气污染的治理；在省级及以上媒体向社会公开赔礼道歉；承担本案诉讼、检验、鉴定、专家证人、律师及其他为诉讼支出的费用。德州市中级人民法院受理本案后，向振华公司送达民事起诉状等诉讼材料，向社会公告案件受理情况，并向德州市环境保护局告知本案受理情况。德州市人民政府、德州市环境保护局积极支持、配合本案审理，并与一审法院共同召开协调会。通过司法机关与环境保护行政主管部门的联动、协调，振华公司将全部生产线关停，在远离居民生活区的天衢工业园区选址建设新厂，防止了污染及损害的进一步扩大，使案件尚未审结即取得阶段性成效。

山东省德州市中级人民法院一审认为，诉讼期间振华公司放水停产，停

---

〔1〕　一审判决书：山东省德州市中级人民法院（2015）德中环公民初字第1号。

止使用原厂区，可以认定振华公司已经停止侵害。在停止排放前，振华公司未安装或者未运行脱硫和脱硝治理设施，未安装除尘设施或者除尘设施处理能力不够，多次超标向大气排放二氧化硫、氮氧化物、烟粉尘等污染物。其中，二氧化硫、氮氧化物是酸雨的前导物，过量排放形成酸雨会造成居民人身及财产损害，过量排放烟粉尘将影响大气能见度及清洁度。振华公司超标排放污染物的行为导致了大气环境的生态附加值功能受到损害，应当依法承担生态环境修复责任，赔偿生态环境受到损害至恢复原状期间服务功能损失。同时，振华公司超标向大气排放污染物的行为侵害了社会公众的精神性环境权益，应当承担赔礼道歉的民事责任。遂判决振华公司赔偿超标排放污染物造成损失 2198.36 万元，用于大气环境质量修复；振华公司在省级以上媒体向社会公开赔礼道歉等。宣判后，双方当事人均未提起上诉。

二、法律问题

1. 本案中，中华环保联合会作为公益诉讼的主体是否适格？
2. 本案判决中要求的振华公司进行公开赔礼道歉是否具有正当性？

三、重点提示

德州大气污染公益诉讼案是新环境保护法施行后，人民法院受理的首例京津冀及其周边地区大气污染公益诉讼案件。本案原告为中华环保联合会，根据规定，在设区的市级以上人民政府民政部门登记的社会团体、民办非企业单位以及基金会等法律规定的机关和有关组织，对已经损害社会公共利益或者具有损害社会公共利益重大风险的污染环境、破坏生态的行为可以提起环境公益诉讼。检察机关、负有环境保护监督管理职责的部门及其他机关、社会组织、企业事业单位依据《民事诉讼法》第 15 条的规定，可以通过提供法律咨询、提交书面意见、协助调查取证等方式支持社会组织依法提起环境民事公益诉讼。

修改前的环保法没有赔礼道歉的规定，而判决援引了 2014 年新环保法的有关规定，认定被告应当承担赔礼道歉的民事责任，其历史意义是重大而深远的。由于主体角色不同，所受经济或财政方面的约束不同，违法主体所能够承担的责任及其具体形式以及权利人所获得的补救也不同。随着法律的发展，对违法者的惩罚形式，不只是罚款、罚金，也不只是金钱罚或自由罚，而是还可以包括资格罚、能力罚、声望罚等形式，这些惩罚会直接影响到市场主体的行为能力，因而会对其产生根本性的甚至是致命的影响。与上述的资格、能力、声望等方面的惩罚性责任相对应，经济法上的信用减等、资格减免等惩罚性措施，也有着不同于传统责任形态的特点。

案例二：湖北省利川市人民检察院诉吴某、赵某、黄某刑事附带民事公益诉讼案[1]

一、基本案情

2017 年 3 月 25 日，吴某、赵某将湖北省利川市元堡乡朝阳村村民刘某家的一头死因不明并经深埋处理的成年母牛偷偷挖出，分割后将四个牛腿（共计 150 斤）和牛头以 2300 元的价格销售给在毛坝集市专门从事牛肉销售生意的黄某，该批牛肉经黄某以每斤 18 元至 20 元不等的价格销售给附近村民及毛坝集市上的不特定消费者，销售获款 2890 元。

2017 年 4 月 6 日，吴某、赵某又以同样的方式将吴某自家当日深埋的一头死因不明的成年母牛挖出，以 1800 元销售给黄某，黄某将 102 斤牛肉在毛坝集市上以每斤 18 元至 20 元的价格销售给不特定的消费者，销售获款 2000 元。

吴某、赵某、黄某三人两次销售死因不明的牛肉共计获得销售价款 4890元。利川市食品药品监督管理局组织有关专家就病死牛肉的危害后果进行认定，结论为：吴某、赵某、黄某等人经营销售死因不明的牛及其制品，足以造成严重食物中毒事故或者其他严重食源性疾病。

2017 年 5 月，利川市人民检察院通过网络发现一段村民挖掘被埋死牛的视频，即将该线索反馈该市食品药品监督管理局，督促其依法履行监督职责，并联合展开调查。6 月 22 日，利川市人民检察院启动立案监督程序，监督利川市食品药品监督管理局将该案移送利川市公安局办理，同步监督利川市公安局依法立案侦查。同年 8 月 1 日，利川市人民检察院发现吴某等三人生产

---

〔1〕　湖北省利川市人民法院（2017）鄂 2802 刑初 453 号。

销售不符合安全标准的食品可能损害社会公共利益，决定立案审查。

诉前程序：2017 年 8 月 8 日，利川市人民检察院在《检察日报》发出公告，督促适格主体提起民事公益诉讼。公告期满后没有其他适格主体对该案提起诉讼，社会公共利益持续处于受侵害状态。

诉讼过程：2017 年 11 月 22 日，利川市人民检察院向利川市人民法院提起刑事附带民事公益诉讼，诉请判令吴某、赵某、黄某共同支付牛肉销售价款 10 倍的赔偿金 48 900 元，并在利川市市级媒体公开赔礼道歉。

2017 年 12 月 8 日，利川市人民法院公开开庭审理本案并当庭宣判。该院认为，吴某等三人的行为损害了不特定消费者的生命健康权，除应受到刑事处罚外，还应承担相应的民事侵权责任，利川市人民检察院依照法律规定提起刑事附带民事公益诉讼，是维护社会公益的一种方式，程序合法，请求得当有据。在认定三人构成生产、销售不符合安全标准的食品罪，分别处以不同刑期的刑罚、罚金、追缴违法所得、禁止在缓刑考验期内从事食品生产、销售及相关活动的同时，判决吴某等三人赔偿人民币 48 900 元并在利川市市级媒体公开赔礼道歉。赔偿款付至利川市财政局非税收入汇缴结算户。

二、法律问题

1. 本案中的检察院是否具有公益诉讼资格？
2. 此案中判处吴某、赵某、黄某惩罚性赔偿是否具有正当性？

三、重点提示

2017 年修订的《民事诉讼法》和《行政诉讼法》中明确规定了人民检察院提起公益诉讼的制度。这一制度使得公益诉讼适用范围扩大到了生态环境、资源保护、国有资产保护等领域。此外，检察院进行公益诉讼具有很多社会中介组织所不具有的优势。

党的十八届四中全会《决定》明确提出"探索建立检察机关提起公益诉讼制度"。这是根据检察机关的性质、地位、职责以及我国法治进程的现实情况作出的一种制度安排。一是检察机关是国家法律监督机关，依法独立公正行使检察权、监督审判权和行政权。社会主体造成对国家和社会公共利益的侵害或存在潜在的侵害危险，是在法律实施中发生的问题，理应纳入法律监督范畴。二是检察机关具有专门性、独立性、外部性特征，地位超脱，提起公益诉讼能有效解决诉讼费用负担、举证不能、败诉负担等现实问题。三是检察机关具有提起公益诉讼的优势条件。公益诉讼，是代表国家和社会公共利益的公诉权，检察机关处于公诉人或原告的地位。检察机关在获取证据、举证能力、技术手段以及对法律法规的理解等方面，基本上与行政机关的地位保持平衡，符合权利对等和抗衡的法治精神。四是符合诉讼的基本法理。检察机关是代表国家和社会公共利益的"形式当事人"，以国家的名义提起公益诉讼是一种主动、积极的程序性公权力，只是启动相应的诉讼程序，提请法院对违法行为依法裁判，不具有终局或者实体处分的效力。违法行为能否得到纠正，最终要通过法院的裁判来完成。

该案是检察机关提起的全国首例法院判决支持惩罚性赔偿的食品安全领域民事公益诉讼案件，也是检察机关综合运用检察职能加强对行政机关违法不行使职权、公安机关刑事立案监督和对违法犯罪行为人刑事责任和民事责任追究的典型案例。

拓展资料

专题十一 拓展阅读资料

第二编

宏观调控法

| 第五章 |

财政调控法

专题十二　预算法

🔖 知识概要

预算法作为国家财政法中具有总纲性质的法律规范，其立法目的是在保证国家财政预算民主化、现代化以及透明化的前提下，促进国家财政稳定正常运行。2014 年的《中华人民共和国预算法》（以下简称《预算法》）修正案相比于旧法，最大的进步在于建立了人大及常委会对国家预算编制、执行、调整和决算的全方位监督体系。本专题筛选了有关预算信息公开制度、地方预算管理制度和中央预算内资金管理制度等方面的实践案例，以帮助读者全面地了解预算监督体系在实践中的作用以及面临的现实问题。

🔖 经典案例

戴某诉郑州市二七区人民政府信息公开案[1]

一、基本案情

2016 年 8 月 3 日，戴某以邮寄方式向二七区人民政府提出书面申请，要求依法公开郑州市二七区人民政府 2012 年三公经费决算。2016 年 8 月 24 日，郑州市二七区人民政府作出二七政申复［2016］459 号政府信息公开告知书，

---

〔1〕　一审行政裁决书（2015）郑铁中行初字第 340 号（2017）豫行终 224 号。

建议戴某持有效证件到郑州市二七区财政局查询。戴某认为该答复告知内容无其所需信息，侵犯其依法获得政府信息的合法权益，提起诉讼，请求确认二七区人民政府作出的政府信息公开答复内容违法并予以撤销，责令二七区人民政府自收到判决之日起 15 个工作日内对其所需信息重新作出答复。

二、法律问题

"三公经费"信息公开诉讼是否以与当事人自身利益有关为前提？

三、法理分析

上诉人戴某集中向郑州市二七区人民政府提出 20 项政府信息公开申请，要求公开 2008 年以来二七区人民政府的三公经费决算、二七区煤矿安全办公室公务车运行费报销凭证、技防监控设施运行维护费报销凭证等信息虽然与当事人自身利益并无关系，但《中华人民共和国政府信息公开条例》第 9 条规定，行政机关对符合下列基本要求之一的政府信息应当主动公开：①涉及公民法人或者其他组织切身利益的；②需要社会公众广泛知晓或者参与的；③反映本行政机关机构设置、职能、办事程序等情况的；④其他依照法律、法规和国家有关规定应当主动公开的。"三公经费决算"本来就属于政府部门应主动公开的范围。依照《中华人民共和国行政诉讼法》《中华人民共和国政府信息公开条例》等相关法律规定，公民有对上述相关信息的知情权。

同时，《预算法》第 14 条规定"……预算调整、决算、预算执行情况的报告及报表，应当在批准后 20 日内由本级政府财政部门向社会公开……"所以原告向区人民政府要求公布的政府信息也应该作为预算信息予以公开。同时《预算法》第 91 条规定"公民、法人或者其他组织发现有违反本法的行为，可以依法向有关国家机关进行检举、控告"。这实际上确认了当事人就预算信息公开制度提出行政诉讼的合法性以及合理性。

四、参考意见

新《预算法》正式以法律的形式确认了预算公开制度，但我们发现目前的预算公开制度仍存在缺陷。譬如，通过本案例暴露出来的，现有的关于违反《预算法》的案件大多被归为行政类案件，法院通过行政诉讼程序来审理。

然而,《行政诉讼法》的立法目的是对公民受到行政行为侵犯的自身权利进行保障,所以行政诉讼一般与自身利益有关。但《预算法》作为经济法的一部分,以社会利益作为其立法基础。因此,在实际案例中,法院经常以该诉讼内容与原告自身利益无直接关系而认定该诉讼无效。这实际上极大地限制了公民预算监督权的行使,同时也阻碍了预算公开制度的立法目的的实现。

📚 拓展案例

案例一：东莞市中港通电子科技有限公司诉东莞市人民政府信息公开案[1]

一、基本案情

中港通公司于2014年7月14日通过特快专递方式向东莞市政府提交信息公开申请。该《政府信息公开申请表》中"所需的政府信息"一栏的内容包括"文件名称""文号""或者其他特征描述"三项。其中"文件名称"一栏中填写的是"用于编写'东采公(2013)19号东莞市校车安装行驶记录仪等采购'的财政批复预算";"文号"一栏中填写的是"东采公(2013)19号";"或者其他特征描述"一栏中填写的内容是"2013年东莞市校车安装行驶记录仪的《财政预算、决算报告、实施情况》的政府采购信息"。东莞市政府下属的东莞市行政服务管理办公室于2014年7月15日收到该申请后,认为中港通公司要求获取的信息属于负责编制、执行政府采购预算,组织实施和监督管理政府采购工作的东莞市财政局的职责范畴,遂将该申请移交东莞市财政局处理。东莞市财政局于2014年8月1日作出《关于东莞市中港通电子科技有限公司申请信息公开的复函》[东财函(2014)1218号]。该局在复函中称:7月17日由市行政服务办转来《关于东莞市中港通电子科技有限公司信息公开申请》收悉,中港通公司要求提供"2013年东莞市校车安装行驶记录仪的《政府预算、决算报告、实施情况》的政府采购信息"。东莞市财政局回复了项目采购预算情况和招投标情况以及支付情况。中港通公司于2014年8月7日收到该复函。

---

〔1〕 (2016)最高法行申1号。

中港通公司认为东莞市政府未能履行信息公开的法定职责，遂于 2014 年 8 月 11 日向原审法院提起行政诉讼，请求确认东莞市政府未履行政府信息公开法定职责的行为违法，责令东莞市政府依法履行政府信息公开的法定职责。

二、法律问题

1. 政府预算信息公开责任应该由谁承担？

2. 东莞市中港通电子科技有限公司能否依据《广东省实施〈中华人民共和国政府采购法〉办法》第 55 条、第 64 条之规定提起本案诉讼，要求广东省财政厅履行法定职责？（同经典案例）

三、重点提示

（一）政府预算信息公开责任应该由谁承担？

中港通公司向东莞市政府及东莞市教育局均申请公开文件名称为"用于编写东采公（2013）19 号东莞市校车安装行驶记录仪等采购的财政批复预算"、特征描述为"2013 年东莞市校车安装行驶记录仪的《财政预算、决算报告、实施情况》的政府采购信息"。《中华人民共和国政府信息公开条例》第 17 条规定："行政机关制作的政府信息，由制作该政府信息的行政机关负责公开；行政机关从公民、法人或者其他组织获取的政府信息，由保存该政府信息的行政机关负责公开……"《预算法》第 24 条规定，各级政府、各部门、各单位应当按照国务院规定的时间编制预算草案。第 52 条规定："各级政府预算经本级人民代表大会批准后，本级政府财政部门应当在 20 日内向本级各部门批复预算。各部门应当在接到本级政府财政部门批复的本部门预算后 15 日内向所属各单位批复预算。"第 14 条规定"经本级人民代表大会或者本级人民代表大会常务委员会批准的预算、预算调整、决算、预算执行情况的报告及报表，应当在批准后 20 日内由本级政府财政部门向社会公开"。

因此，东莞市政府负责编制预算草案，而东莞市财政局负责批复预算。上诉人中港通公司向东莞市政府申请公开的前述政府信息并不是由东莞市政府制作和保存，而应该由东莞市财政局公开。

（二）东莞市中港通电子科技有限公司能否依据《广东省实施〈中华人民共和国政府采购法〉办法》第 55 条、第 64 条之规定提起本案诉讼，要求广东省财政厅履行法定职责？

东莞市中港通电子科技有限公司要求广东省公开的信息为"2013 年东莞市校车安装行驶记录仪的《财政预算、决算报告、实施情况》的政府采购信息"。虽然此公开内容与上诉人自身的利益无直接关系。但依据《预算法》第 14 条的规定"预算调整、决算、预算执行情况的报告及报表，应当在批转后 20 日内由本级政府财政部门向社会公开"，政府采购信息也属于预算支出的范围，应属于预算信息公开的范围。所以上诉人向广东省财政部要求公布相关信息是合理合法的。同时《预算法》第 91 条规定"公民、法人或者其他组织发现有违反本法的行为，可以依法向有关国家机关进行检举、控告"。这实际上确认了当事人就预算信息公开制度提出行政诉讼的合法性以及合理性。

案例二：浙江合泰投资有限公司诉阜宁县城市资产经营公司、阜宁县人民政府等建设用地使用权出让合同纠纷案[1]

一、基本案情

2009 年 9 月，城资公司（甲方）与合泰公司（乙方）签订协议书一份，约定：白天鹅公园南地块以 25 808 万元的价格挂牌上市出让（规费和服务性收费、溢价部分的奖励比例按"阜政发［2009］62 号文规定执行"）。该地块挂牌出让时，乙方必须报名参与竞拍。协议签订后 5 日内，乙方缴纳 2000 万元履约保证金至甲方指定账户，乙方在报名时甲方及时将其中 1500 万元转为竞买保证金，余款 500 万元在乙方办理最后一期土地出让手续时冲抵土地出让金。若乙方不参加报名则按违约论处。如乙方未能竞得土地，甲方在 5 个工作日内返还乙方缴纳的剩余履约保证金。协议还约定，任何一方违反协议任一条款，均视为违约，违约者必须向对方支付违约金 1000 万元，并承担相应的经济和法律责任。

---

〔1〕 一审判决书：（2013）盐民初字第 0220 号；二审判决书：（2015）苏民终字第 0296 号；申诉、申请民事裁定书：（2016）最高法民申 601 号。

协议签订后，合泰公司共向阜宁城市资产公司汇款2000万（2009年10月2日5万元、2009年10月3日1000万元、995万元），于2009年10月14日向阜宁县财政局汇款3500万元，以上款项已于土地竞拍后陆续退还给合泰公司。

本案所涉土地使用权于2009年10月16日进行拍卖，包括合泰公司在内共5家单位参加竞买，合泰公司持7号牌，举牌一次，报价为45 508万元。涉案土地最终成交价为54 708万元。城资公司称，其已经按照阜政发〔2009〕62号文确定的标准向竞得人进行了奖励。

另查明，阜宁县人民政府阜政发〔2009〕62号《关于县城经营性土地招商引资的激励政策（摘要）》第5条第1项规定，为鼓励客商参与竞买，对土地竞得人按照以下比例给予奖励：成交价超出底价10%（含10%）以内部分，按溢价部分的5%给予奖励；成交价超出底价10%－20%（含20%）的部分，按溢价部分的10%给予奖励；成交价超出底价20%－30%（含30%）的部分，按溢价部分的20%给予奖励；成交价超出底价30%以上的部分，按溢价部分的30%给予奖励。第2项规定，对与政府签订土地开发意向协议且缴纳履约保证金的客商，参加竞价但未竞得土地的，最终报价超出底价10%（含10%）以内部分，按溢价部分的2.5%给予奖励；超出底价10%－20%（含20%）的部分，按溢价部分的5%给予奖励；超出底价20%－30%（含30%）的部分，按溢价部分的10%给予奖励；超出底价30%以上的部分，按溢价部分的15%给予奖励。第6项规定，资金奖励，由县政府牵头，财政局、计经委（项目办）、国土局、建设局、交通局、审计局、外经局、外汇管理局、城资公司等相关单位共同审核，经公示后，在政府设立的相关专项资金中给予奖励。但该文件于2011年3月30日被阜宁县第十四届人大常委会第24次会议决定撤销。

2013年10月，合泰公司诉至原审法院，请求判令城资公司支付2245.28万元奖励款及违约金1000万元，阜宁县政府、阜宁国土局对上述款项承担连带责任。

二、法律问题

1. 合泰公司与城资公司签订协议书是否符合地方政府预算管理制度？是否具有法律效力？

2. 阜宁县政府、阜宁国土局是否应对该协议承担连带责任?

三、重点提示

(一)合泰公司与城资公司签订协议书是否符合地方政府预算管理制度?该协议是否具有法律效力?

政府预算是指对年度政府财政收支的规模和结构进行的预计和测算,与政府以奖励的方式鼓励房地产商和个人积极参与土地的竞买属不同的概念。根据《国务院办公厅关于规范国有土地使用权出让收支管理的通知》的规定,土地出让收支全额纳入地方基金预算管理,实行"收支两条线"管理;而《预算法》第43条第2款规定:"地方各级政府预算由本级人民代表大会审查和批准",此外,根据2001年《财政预算资金拨付管理暂行办法》的规定,财政国库等部门负责审查本级预算单位资金使用计划或请款书,因城资公司将国有土地出让收入以溢价奖励方式进行支出未经阜宁县人大常委会的审批,故该溢价奖励办法无效。

但由于阜宁县人民政府已于阜政发〔2009〕62号《关于县城经营性土地招商引资的激励政策(摘要)》中制定并公示了相应的激励办法。根据信赖保护原则,普通公民或法人组织天然地因对政府行政办法的信赖而与其签订相应的激励协议时,公民的权利应得到相应的保护而免于因政府行政失误使自身权利受到损害。此外,城资公司和阜宁县政府在实现自己的预期目标后又以奖励支出违反政府预算审批制度为由,主张奖励办法无效,其该行为本身有违诚实信用原则,更何况城资公司和阜宁县政府还认可其已按照阜政发〔2009〕62号文向竞得人进行了奖励。因此,该协议应具有相应的法律效力。

(二)阜宁县政府、阜宁国土局是否应对该协议承担连带给付责任?

阜政发〔2009〕62号文件第5条第6项明确载明:"资金奖励。由县政府牵头,财政局、计经委(项目办)、国土局、建设局、交通局、审计局、外经局、外汇管理局、城资公司等相关单位共同审核,经公示后,在政府设立的相关专项资金中给予奖励。"故虽然协议书系由城资公司与合泰公司签订,但阜宁县政府已公开承诺由其给予奖励,故合泰公司基于阜宁县政府的承诺可以要求其承担给付责任。阜宁县国土局未参与协议的签订,对奖励的支付仅负责审核,不应该承担连带给付责任。

案例三：黑龙江省龙财资产经营有限公司诉哈尔滨 工大集团股份有限公司借款合同纠纷案[1]

一、基本案情

2004 年 12 月 9 日至同年 12 月 30 日，龙财公司与工大集团签订七份《借款协议》，工大集团向龙财公司借款共计 3 亿元人民币，借款期限均为一年。《借款协议》签订后，龙财公司按照协议约定将 3 亿元借款给付工大集团，工大集团为龙财公司出具了四张收据，合计为 3 亿元。借款到期后，工大集团未按约定偿还借款，经龙财公司多次催要，工大集团虽认可借款事实，但至今未按约定还款。龙财公司为此诉至法院。

工大集团原审辩称：①涉案借款系经黑龙江省人民政府（以下简称省政府）批准，由省财政资金发放给会展中心用于会展中心项目建设的专项财政借款，并已全部实际用于该项目建设，省政府批准的借款人及实际用款人为会展中心，应由该公司承担还款义务。会展中心项目是省政府、哈尔滨市人民政府（以下简称市政府）及工大集团联合投资的建设项目，属于城市基础设施项目及公益性项目，三方投资比例分别为 35%、20% 和 45%。2004 年 11 月 30 日，省政府会议纪要决定由黑龙江省财政厅（以下简称省财政厅）借款 3 亿元给会展中心，并要求省财政厅签订规范的借款合同，加强对工程开支的财务管理。省财政厅根据会议精神，通过其平台公司即龙财公司发放 3 亿元财政借款给会展中心用于项目建设。龙财公司提供的 3 亿元资金分别汇给哈尔滨丰碑建筑设计院（以下简称丰碑设计院）和哈尔滨国际会展体育中心财政专户，而非提供给工大集团，该 3 亿元资金全部由会展中心用于项目建设。由于涉案借款并非一般商业借款，而是省政府批准的专项财政借款，省财政厅及龙财公司对上述情况均明确知悉并认可，故应由实际借款人及用款人会展中心承担还款义务。工大集团不是经批准的财政借款主体，也不是借款的实际使用人，不应承担还款义务。②涉案借款为财政无息借款，非一般商业

---

〔1〕 一审民事判决书：（2016）黑 06 民初 39 号；二审民事裁定书：（2016）黑民终 523 号；二审民事判决书：（2016）最高法院终 642 号。

借款，龙财公司诉请逾期还款利息损失没有事实依据与法律依据。综上，工大集团不应承担还款义务及逾期还款利息的赔偿责任，恳请法院依法查明事实，驳回龙财公司的诉讼请求。

第三人会展中心原审述称：①涉案借款为经省政府批准，由省财政资金发放给会展中心用于会展中心项目建设的专项财政借款，该3亿元资金已全部用于会展中心项目即非盈利的公益事业建设，省财政厅指定专人作为项目工作组成员对项目资金的使用情况进行监督，故龙财公司应明知该笔借款的实际借款人和使用人是会展中心，应由会展中心负责偿还，因会展中心系由龙财公司等三个股东投资设立，故应由该三个股东承担还款义务。②涉案《借款合同》系龙财公司接受省政府委托，执行省政府指令，拨付所需工程资金，而非商业行为的借款关系。省财政厅借款的目的是帮助解决会展中心建设资金缺口问题，不是为了赚取利息，龙财公司诉请逾期还款利息损失没有事实依据与法律依据，请求依法驳回龙财公司的诉讼请求。

原审法院经审理查明：2001年4月10日，工大集团向黑龙江省发改委提交《关于哈尔滨国际会展体育中心项目立项的请示》（集团办字〔2001〕44号），主要内容为：工大集团为了促进我省经济文化建设，决定利用自身的技术和资金优势，联合省、市政府共同建设哈尔滨国际会展体育中心。此外，该请示的主要内容还包括项目建设的必要性、建设规模及总体规划方案、投资估算和资金来源、经济预测、建设地点及工期等。

二、法律问题

1. 龙财公司出借3亿元借款的行为属于行政行为还是平等商事主体间的民事行为？

2. 黑龙江省财政厅借款7000万的行为是否违反了地方预算资金的管理制度？

三、重点提示

（一）龙财公司出借3亿元借款的行为属于行政行为还是平等商事主体间的民事行为？

本案中，龙财公司系黑龙江省财政厅出资设立的国有独资公司，性质为企业法人，而非行政机关，其作为黑龙江省政府经营、管理国有资产的有限公司，向工大集团出借款项，应属于其作为市场主体从事商业经营的行为。龙财公司将其中2.3亿元款项以转账支票的形式直接给付了工大集团。此外的7000万元虽由省财政厅直接拨付给哈尔滨国际会展体育中心财政专户，但龙财公司主张该款系应工大集团的要求，履行案涉借款合同给付的款项，工大集团亦为龙财公司出具了合计3亿元的结算收据，故应当认定龙财公司作为普通的商事主体按《借款协议》的约定足额发放了借款，履行了出借义务。

（二）黑龙江省财政厅借款7000万的行为是否违反了地方预算资金的管理制度？

由于涉案借款并非一般商业借款，而是省政府批准的专项财政借款，但财政借款系指国家财政部门向政府部门、履行政府职能或提供公共产品服务的企事业单位临时出借国库存款和其他财政性资金的行为。根据《预算法》及财政资金管理的相关规定，财政性资金在原则上通过预算进行使用，严禁随意外借，对于确需出借的临时急需款项，应严格限定借款对象、用途和期限；借款对象应限于纳入本级预算管理的一级预算单位（不含企业），不得对非预算单位及未纳入年度预算的项目借款和垫付财政资金，且应仅限于临时性资金周转或者为应对社会影响较大的突发事件的临时急需垫款。黑龙江省财政厅的这部分财政借款并不属于此前编制并经省人大审核的预算计划内，同时这部分财政借款的用途也并非为应对社会发生的突发性紧急事件，所以黑龙江省财政厅的财政借款行为是违反地方预算资金管理监督制度的。

案例四：荆门京环环保科技有限公司、中节能资产经营有限公司诉荆门实业投资公司、深圳市宇新环保有限公司股东出资纠纷再审案[1]

一、基本案情

2005年4月，投资公司与中国环境保护公司、宇新公司为运营荆门市医疗废物集中处置中心项目，共同签订一份《荆门京环环保科技有限公司出资

---

〔1〕 二审判决书：（2014）鄂民二终字第00111号；申诉、申请民事裁定书：（2015）民申字第891号。

协议》。协议签订后，各方依照出资协议的约定，向京环公司（筹）缴纳了出资，制定了公司章程，向荆门市工商行政管理局申请了公司注册登记，并于2005年5月19日取得京环公司《企业法人营业执照》。2005年12月3日，京环公司分别召开第一届董事会第五次会议和股东会，会议分别决议同意京环公司与荆门市人民政府授权的荆门市环境保护局签订《荆门市医疗废物集中处置特许经营权合同》（以下简称《特许经营权合同》）。同年12月8日，京环公司与荆门市人民政府授权的荆门市环境保护局签订《特许经营权合同》。合同第9.1.3项约定："本项目争取到的无偿国债资金或中央、省其他专项补助资金，其权益属于荆门市所有，由荆门市政府按照国家有关规定委派一家国有企业作为国债出资人。各专项资金（含国债资金）的使用，严格按照国家有关规定执行。"2007年4月24日，荆门市发展和改革委员会（以下简称市发改委）以荆发改投（2007）60号《关于申报荆门市2007年城市基础设施建设中央预算内投资计划的请示》上报湖北省发展和改革委员会（以下简称省发改委），申请包括医疗废物集中处置项目使用中央预算内投资480万元。同年8月3日，省发改委以鄂发改投（2007）757号文下达2007年第一批医疗废物处置设施建设中央预算内投资计划的通知，确定京环公司使用中央预算内投资资金453万元。2008年3月、4月，荆门市财政局分两次向京环公司拨付中央预算内投资资金453万元。京环公司将该笔资金载入长期应付款科目。2008年11月11日，荆门市人民政府国有资产监督管理委员会经报请荆门市人民政府同意，委托投资公司代表荆门市人民政府对医疗废物集中处置项目的中央预算内资金履行出资人职责。2010年12月24日，荆门市财政局以荆财建函（2010）95号函通知投资公司，并依据《中央预算内固定资产投资补助资金财政财务管理暂行办法》［以下简称"财建（2005）355号文"］的规定，指定投资公司代表荆门市人民政府履行出资人权利。

2011年1月18日，中国环境保护公司将其持有的京环公司的全部出资168万元转让给中节投资产经营有限公司，并完成公司变更登记。同年，中节投资产经营有限公司将企业名称变更为中节能公司。2013年4月，该项目经荆门市环境保护局和市发改委组成项目竣工验收委员会进行竣工验收，并由荆门市环境保护局以荆环（2013）67号《荆门市医疗废物集中处置中心项目竣工验收意见》确认通过验收。同月，荆门市财政局以荆财建（2013）15号

《市财政局关于荆门市医疗废物集中处置中心项目竣工财务决算的批复函》作出批复。京环公司医疗废物集中处置中心项目通过竣工验收后，投资公司曾多次与京环公司及中节能公司、宇新公司沟通，要求依照"财建（2005）355号文"的规定，将中央预算内补助资金从长期应付款调整为资本金管理，并根据荆门市人民政府的指定，由投资公司代表出资并行使出资人权利。但京环公司无视《特许经营权合同》的约定，拒不履行合同约定的义务，损害了国家利益。

投资公司认为：①2003年6月16日国务院公布的《医疗废物管理条例》（以下简称《条例》）规定：县级以上的地方人民政府负责组织建设医疗废物集中处置设施。同年，国家环保总局、国家发展与改革委员会（以下简称国家发改委）两部门共同以环发（2003）185号文件向国务院报送了《全国危险废物和医疗废物处置设施建设规划》（以下简称《规划》），2003年12月19日国务院以国函（2003）128号文件批复同意实施《规划》。《规划》规定："涉及地方的能力建设项目（如省级登记交换中心），以地方政府的投资为主，国家给予必要的补助。"同时国务院批复文件规定："《规划》中提出的需要国家支持的项目和资金，由发展改革委按基本建设程序审批并予以安排；有关危险废物、医疗废物处置设施和放射性废物库的建设由环保总局指导和监督；《规划》中提出的有关经济政策由发展改革委、环保总局会同财政部等有关部门具体落实。"2004年1月19日，国家环保总局、国家发改委两部门又共同印发了环发（2004）16号文件《关于印发〈全国危险废物和医疗废物处置设施建设规划〉的通知》（以下简称《规划通知》），本案应适用上述法规规章的规定，确认京环公司使用的中央预算内投资补助资金的权益属荆门市人民政府所有，并确认该项资金投资公司有权作为国有资本的出资人代表行使权利。而国家发展改革委员会于2005年6月8日发布的《中央预算内投资补助和贴息项目管理暂行办法》（以下简称"31号令"）只是对一般投资项目的规定，根据特别规定优于一般规定的原则，本案应适用有关医疗废物处置设施建设项目的特别规定，而不能适用对一般投资项目进行规定的"31号令"。②京环公司与荆门市人民政府授权的荆门市环境保护局签订的《特许经营权合同》中第9.1.3项是荆门市地方政府对国家关于该项目使用中央预算内投资补助资金归属问题的重申，完全合法。③2005年7月26日，国家财政部发布实施的"财建（2005）355号文"虽然是对省、自治区、直辖市进行的发文，但其法律效力及于全国，地方各级人民政府必须贯彻执行。综上，投资公司认为本案涉及的453万元中央预算内投资补助资金应转作京环公司的资本金，并由投资公司作为国有资本的出资人代表行使权利。

二、法律问题

1. 为京环公司使用的453万元中央预算内投资资金是否应作为投资公司对京环公司的出资资金？

2.《特许经营合同》9.1.3条款的性质以及效力？

三、重点提示

（一）为京环公司使用的453万元中央预算内投资资金是否应作为投资公司对京环公司的出资资金？

为综合分析453万元资金的性质，必须以现有的相关国家政策为基础，因此我们首要对与"全国危险废物和医疗废物处置设施建设相应资金"有关的国家行政法规、部门规章及政策性文件进行分析：

1. 2004年1月29日，国家发改委、国家环保总局依128号批复向全国下属部门联合印发《规划通知》及《规划》。《规划通知》第2条规定："各地要落实建设用地、配套资金等建设条件，择优选择项目法人业主单位。……对安排的中央和地方财政性建设资金，地方政府必须明确由国有企业作为国有资本的出资人代表，做到产权清晰，责权明确。"该条款明确了无论中央支持资金还是地方政府财政性资金，投入医疗废物处置设施建设，均需作为国有资本出资，并必须指定某国有企业作为国有出资人代表，以明确产权。同时结合《条例》第4条第2款的规定，可明确医疗废物处置设施建设义务归各地方政府，筹措资金的义务也属各地方政府，国家支持资金的支持对象应为负责项目建设的各地方政府。

2. 2004年3月9日，湖北省发改委、湖北省环保局联合转发《关于转发〈全国危险废物和医疗废物处置设施建设规划〉的通知》（以下简称《省规划通知》），并制定《关于贯彻落实〈全国危险废物和医疗废物处置设施建设规划〉的实施意见》（以下简称《省实施条例》）。《省规划通知》第二部分第2

条规定："对安排的中央和地方财政性建设资金，地方政府必须明确由国有企业作为国有资本的出资人代表，做到产权清晰，责权明确。"《省实施条例》第二部分第 3 条："对拟争取中央或地方财政专项补助资金的危险废物和医疗废物处置项目，各地必须明确由国有企业作为国有资本的出资人代表，做到产权清晰，权责明确。"上述规定表明湖北省相关职能部门严格按照 128 号批复和国家发改委、国家环保总局《规划通知》精神，在省级部门文件中，强化和明确中央支持资金属国有资本金投入性质，并要求各地方政府应严格依照 128 号批复及《规划通知》精神，落实指定国有企业为国有资本出资人代表的责任和义务。

3. 2004 年 7 月 16 日，国务院发布国发（2004）20 号《关于投资体制改革的决定》（以下简称《决定》）。《决定》第 2 条第 1 款规定："改革项目审批制度，落实企业投资自主权。彻底改革现行不分投资主体、不分资金来源、不分项目性质，一律按投资规模大小分别由各级政府及有关部门审批的企业投资管理办法。对于企业不使用政府投资建设的项目，一律不再实行审批制，区别不同情况实行核准制和备案制。其中，政府仅对重大项目和限制类项目从维护社会公共利益角度进行核准，其他项目无论规模大小，均改为备案制……"《决定》第 3 条第 3 款同时规定："政府投资资金按项目安排，根据资金来源、项目性质和调控需要，可分别采取直接投资、资本金注入、投资补助、转贷和贷款贴息等方式。以资本金注入方式投入的，要确定出资人代表。"《决定》第 3 条第 4 项还规定："对于政府投资项目，采用直接投资和资本金注入方式的，从投资决策角度只审批项目建设书和可行性研究报告。……采用投资补助、转贷和贷款贴息方式的，只审批资金申请报告。"上述条款表明：其一，中央及各级政府对全社会的投资项目针对不同类型有三种批准方式：审批（有政府资金参与投资）、核准（社会资本投资，无政府资本参与，同时又涉及公共利益）、备案（社会资本投资，无政府资本参与且不涉公共利益）。其二，有政府资金参与的预算内投资项目需以审批方式进行批准。同时，在投资资金使用方式上存在四种类型，即直接投资、资本金注入、投资补助、转贷和贷款贴息。直接投资和资本金注入方式需审批可行性报告，而投资补助、转贷和贷款贴息无须审批可行性报告，仅审批资金申请报告。其三，只有资本金注入一种投资方式需指定出资人代表。本案中，医疗废物设施建设项目所使用的国家支持资金，从发文、立项之初即明确无论中央还是地方财政性资金需由地方政府指定国有资本出资人代表，表明中央及各级地方政府对医疗废物设施建设的支持或补助资金属资本金注入的投资方式，并非无偿归项目企业或项目本身。

4. 2005 年 8 月 1 日，国家发改委颁布实施 31 号令。31 号令第 1 条规定："为规范中央预算内投资补助和贴息项目的管理，提高中央预算内补助和贴息资金的使用效益，根据《国务院关于投资体制改革的决定》精神，制定本办法。"31 号令第 2 条规定："以投资补助和贴息方式使用中央预算内投资（包括长期建设国债投资）的项目管理，适用本办法。"31 号令第 3 条规定："本办法所称投资补助，是指国家发展改革委对符合条件的企业投资项目和地方政府投资项目给予的投资资金补助。本办法所称贴息，是指国家发展改革委对符合条件、使用了中长期银行贷款的投资项目给予的贷款利息补贴。投资补助和贴息资金均为无偿投入。"31 号令第 7 条同时规定："国家发展改革委安排给单个投资项目的投资补助或贴息资金的最高限额原则上不超过 2 亿元。超过 2 亿元的，按直接投资或资本金注入方式管理，由国家发展改革委审批可行性研究报告。安排给单个投资项目的中央预算内投资资金不超过 2 亿元，但超过 3000 万元且占项目总投资的比例超过 50% 的，也按直接投资或资本金注入方式管理，由国家发展改革委审批可行性研究报告。安排给单个地方政府投资项目的中央预算内投资资金在 3000 万元及以下的，一律按投资补助或贴息方式管理，只审批资金申请报告。"31 号令第 9 条还规定："申请中央预算内投资补助或贴息资金的投资项目，应按照有关工作方案、投资政策的要求，向国家发展改革委报送资金申请报告。"上述规定表明第 31 号令是为具体贯彻实施《决定》而制定，专用于规范和落实《决定》中所明确的政府资金参与社会投资的四种方式（即直接投资、资本金注入、投资补助、转贷和贷款贴息）中后两种方式的。同时，第 9 条规定则再次回应了《决定》中在审批后两种方式时，只审批资金申请报告的要求。另一方面，31 号令第 7 条规定系针对单个项目后两种方式的最高额度及投资比例所作的相应限定，即按照投资补助或贴息资金审批的单个项目投资资金最高额不超过 2 亿；如占投资总额 50% 以上，则应不超过 3000 万；如超过上述限额，则应转按直接投资或资本金注入投资方式审批和管理。反之，前述限额并不制约按前两种方式所进行投资的最低限额及比例。进言之,该条款不能说明所有3000万元以下的预算内投资就一定是投资补助或贴息资金投资。本案所涉医疗废物设施建设项目的中央支持资金金额虽低于3000万元,但该项目从发文、立项之初即明确系资本金注入的投资方式,而该投资类型又不属31号令规制的投资类型范围,因此依31号令第7条规定,不能确定和改变涉案项目投资资金的类型或性质。

5. 2005年8月26日,国家财政部同时颁布实施了财建(2005)354号《中央预算内固定资产投资贴息资金财政财务管理暂行办法》和财建(2005)355号文。财建(2005)355号文第1条规定:"为加强中央预算内固定资产投资补助资金(以下简称'投资补助')预算管理,提高财政资金的使用效益,根据《中华人民共和国预算法》、《中华人民共和国预算法实施条例》、《国务院关于投资体制改革的决定》以及《基本建设财务管理规定》等法律、行政法规,制定本办法。"财建(2005)355号文第16条第4项同时规定:"项目竣工后,核定项目投资补助总额及项目概算中其他资金来源实际到位额。对投资补助总额占项目总投资的比例超过50%的,转作直接投资或资本金注入方式管理,并根据有关规定和各投资主体资金实际到位额重新确定项目各方出资比例,由同级财政部门指定有关机构依法代表国家行使所有者或出资人权利。"财建(2005)355号文也再次明确了31号令中对于中央以投资补助方式进行基本建设投资的比例限额要求,也表明财建(2005)355号文系依据《决定》在财务管理上具体措施的细化落实。

综上,本案所涉医疗废物设施建设项目的国家支持资金属中央按照资本金注入方式进行的基本建设投资资金,应按《决定》及《规划通知》中关于资本金注入投资方式的管理规定,由同级地方人民政府指定国有资本的出资人代表代持资金对应股份进行管理。涉案资金投资类型不属31号令规制的投资类型,故不受31号令第7条中中央投资补助资金额度及比例的限制。

(二)《特许经营合同》9.1.3条款的性质以及效力?

1. 关于《特许经营合同》9.1.3条款的性质。

首先,《最高人民法院关于适用〈中华人民共和国行政诉讼法〉若干问题的解释》(以下简称《行政诉讼法解释》)第11条规定:"行政机关为实现公共利益或者行政管理目标,在法定职责范围内,与公民、法人或者其他组织协商订立的具有行政法上权利义务内容的协议，属于行政诉讼法第 12 条第 1 款第 11 项规定的行政协议。公民、法人或者其他组织就下列行政协议提起行政诉讼的，人民法院应当依法受理：①政府特许经营协议；②土地、房屋等征收征用补偿协议；③其他行政协议。"上述解释将政府特许经营协议明确认定为行政合同，据此，二审判决认定《特许经营合同》属于行政合同并无不妥。其次，行政合同中既含行政性要素，又含契约性要素，行政合同中关于民事权利义务内容的约定，可以适用民商事法律的规定。《行政诉讼法解释》第 14 条规定："人民法院审查行政机关是否依法履行、按照约定履行协议或者单方变更、解除协议是否合法，在适用行政法律规范的同时，可以适用不违反行政法和行政诉讼法强制性规定的民事法律规范。"第 15 条规定："原告主张被告不依法履行、未按照约定履行协议或者单方变更、解除协议违法，理由成立的，人民法院可以根据原告的诉讼请求判决确认协议有效、判决被告继续履行协议，并明确继续履行的具体内容；被告无法继续履行或者继续履行已无实际意义的，判决被告采取相应的补救措施；给原告造成损失的，判决被告予以赔偿。原告请求解除协议或者确认协议无效，理由成立的，判决解除协议或者确认协议无效，并根据合同法等相关法律规定作出处理。被告因公共利益需要或者其他法定理由单方变更、解除协议，给原告造成损失的，判决被告予以补偿。"《特许经营合同》9.1.3 条款规定："本项目争取到的无偿国债资金或中央、省其他专项补助资金，其权益属于荆门市政府所有，由荆门市政府按照国家有关规定委派一家国有企业作为国债出资人。各专项资金（含国债资金）的使用，严格按照国家有关规定执行。"该条款内容涉及讼争合同履行过程中特定款项的权益归属，性质上应属于双方当事人间民事权利义务的约定。

2. 关于《特许经营合同》9.1.3 条款的效力。首先，2003 年 6 月 16 日国务院发布的《条例》第 4 条第 2 款规定："县级以上地方人民政府负责组织建设医疗废物集中处置设施。"同年 12 月 19 日，国务院 128 号批复原则同意《规划》，由环保总局、国家发改委联合印发各地区执行。128 号批复还明确了国务院就医疗废物处置设施建设支持资金的审批权交由国家发改委行使。2004 年 1 月 29 日，国家发改委、国家环保总局依据 128 号批复联合印发《规划通知》《规划》。《规划通知》第 2 条规定："各地要落实建设用地、配套资金等建设条件，择优选择法人业主单位。……对安排的中央和地方财政性建设资金，地方政府必须明确由国有企业作为国有资本的出资人代表，做到产权清晰，责权明确。"根据上述规定，中央财政性建设资金投入医疗废物处置设施建设的，需作为国有资本出资，并由地方政府指定某国有企业作为国有出资人代表。其次，2004 年 7 月 16 日国务院发布 20 号《决定》，对原有投融资体制进行改革。根据该《决定》，政府投资资金使用方式上存在四种类型，即直接投资、资本金注入、投资补助、转贷和贷款贴息。2005 年 8 月 1 日，国家发改委根据《决定》颁布实施 31 号令，其中第 7 条规定："国家发展改革委安排给单个投资项目的投资补助或贴息资金的最高限额原则上不超过 2 亿元。超过 2 亿元的，按直接投资或资本金注入方式管理，由国家发展改革委审批可行性研究报告。安排给单个投资项目的中央预算内投资资金不超过 2 亿元，但超过 3000 万元且占项目总投资的比例超过 50% 的，也按直接投资或资本金注入方式管理，由国家发展改革委审批可行性研究报告。安排给单个地方政府投资项目的中央预算内投资资金在 3000 万元及以下的，一律按投资补助或贴息方式管理，只审批资金申请报告。"中节能公司主张讼争项目申请国债投资 457 万元，应属于投资补助而非资本金。该主张不能成立，因为 31号令针对的是 20 号《决定》中的投资补助和贴息这两种政府投资资金使用方式，不能适用于直接投资和资本金注入方式。而本案项目从立项之初到国债资金下拨，均明确该资金需由地方政府指定国有资本出资人代表，并非无偿归项目企业本身。①投标时中国环境保护公司提交的《商务运作方案》以及项目立项时提交的《可行性研究报告》，均将《规划》作为编制依据。②省发改委 2005 年 10 月 12 日《省发改委关于荆门市医疗废物集中处置中心项目可行性研究报告的批复》明确载明，根据《规划》要求，投资公司为该项目国有资本的出资人代表。同时，京环公司 2006 年 4 月呈报给市发改委的《关于申请荆门市医疗废物集中处置中心项目国债资金的请示》中也同意投资公司为国有资本出资人代表。③根据 20 号《决定》，对于政府投资项目，采用直接投资和资本金注入方式的，从投资决策角度只审批项目建设书和可行性报告。采用投资补助、转贷和贷款贴息方式的，只审批资金申请报告。而从现有证据看，省发改委对讼争项目的可行性报告进行了审查。④国家发改委2007 年下发的《国家发展改革委关于下达 2007 年第一批危险废物和医疗废物处置设施建设中央预算内投资计划的通知》中载明，包括讼争项目在内的中央补助投资是依据国务院批准的《规划》下拨的。至于财政部 2005 年 8 月 26 日颁布实施的财建（2005）355 号文，也是针对中央以补助方式进行基本建设投资的比例限额要求，不适用于资本金注入方式，因此也不能适用于本案。最后，二审法院到湖北省发改委就中节能公司提出的国债资金性质以及权属等问题进行走访。湖北省发改委投资处王箭（系讼争项目立项、资金审批负责人）称其就此问题咨询了国家发改委相关部门，涉及讼争项目的投资资金，在该项目立项之初就明确是以资本金注入方式投入到项目中的，不是无偿投资补助，资金的投资权益归各级地方政府，不是补偿给某个企业或项目的。

综上，《特许经营合同》9.1.3 条款系双方当事人真实意思表示，内容并不违反法律、行政法规、规章以及国家政策的规定，应当认定为有效。

◈ 拓展资料

专题十二　拓展阅读资料

专题十三　政府采购法

◈ 知识概要

我国目前实行的《中华人民共和国政府采购法》（以下简称《政府采购法》）自 2003 年开始施行，于 2014 年由全国人大常委会修正。《政府采购法》的立法目的在于维护国家利益和社会公共利益，保护政府采购当事人的合法权益，促进廉政建设。由此，我们总结了部分关于《政府采购法》的最新司法判例，涵盖了：政府采购公平原则、政府采购纠纷投诉机制以及政府采购合同中出现民事与国家政策之间的纠纷等，以期更加直观地了解政府采购法在实践中的适用。

经典案例

案例一：佛山盈海智能科技有限公司诉佛山市顺德区财税局、佛山市顺德区乐从镇人民政府政府采购合同诉讼案[1]

一、基本案情

2014 年 8 月 12 日，政府采购项目"乐从镇智慧交通（智能停车管理）项目系统建设及移动运营服务资格采购（项目编号：LCCG2014020）"在佛山新城（乐从镇）公共资源交易中心进行公开招标，该项目的采购人为佛山市顺德区乐从智慧城镇发展中心、佛山市顺德区环境运输和城市管理局乐从分局、佛山市顺德区乐从镇经济和科技促进局，采购代理机构为深圳市国际招标有限公司。至开标截止日，该项目收到投标人永泰吉奥信息技术有限公司、广东兆邦智能科技有限公司和佛山软通动力信息技术有限公司、深圳市新视达视讯工程有限公司和易泊（广州）停车系统有限公司、深圳市亿贝网络技术有限公司、广州天治智能科技有限公司和广东瑞图万方科技股份有限公司、广东暨通信息发展有限公司、银江股份有限公司和广州市市政工程维修综合发展公司的投标。[此外，盈海公司与投标联合体（银江股份有限公司和广州市市政工程维修综合发展公司）之间签有合作协议，是隐名的实际供应商]。2014 年 9 月 4 日，佛山市顺德区乐从镇财政局作出《关于废除"乐从镇智慧交通（智能停车管理）项目系统建设及移动运营服务资格采购"评标结果的决定》（以下简称《废标决定》）。2014 年 10 月 10 日，顺德财税局收到佛山市顺德区政务监察和审计局（区纪委）转来的《关于乐从智能停车管理系统建设项目有关问题的转办函》及相关材料，于同年 10 月 20 日作出《关于乐从智能停车管理项目有关问题的复函》（以下简称《复函》）并于次日送达盈海公司。盈海公司不服顺德区乐从镇财政局做出的行政决定，向法院提起行政诉讼。

---

〔1〕 二审行政判决书：（2015）佛中法行终字第 154 号；再审复查和行政监督行政裁定书：（2015）粤高法行申字第 368 号。

二、法律问题

1. 乐从镇财政局对政府采购行为有监督职权吗?

2. 盈海公司是否符合政府采购项目投诉人的资格条件?

三、法理分析

（一）乐从镇财政局对政府采购行为有监督职权吗?

根据《中华人民共和国政府采购法》第13条第1款及《政府采购供应商投诉处理办法》第3条第1款的规定，顺德财税局作为区政府财政部门，有对本辖区政府采购行为进行监督管理和对投诉进行处理的职权。顺德财税局在收到投诉后，在30个工作日内对投诉事项作出处理，并以书面形式通知投诉人，符合《政府采购供应商投诉处理办法》的规定，程序合法。

（二）盈海公司是否符合政府采购项目投诉人的资格条件?

本案审查焦点是被上诉人顺德财税局对上诉人的投诉所作出的《复函》是否合法，其核心是上诉人是否符合政府采购项目投诉人的资格条件，以及上诉人对被上诉人乐从镇政府作出的《废标决定》是否有提起本案诉讼的原告主体资格。关于上诉人是否符合政府采购项目投诉人的资格条件的问题，上诉人认为其与投标联合体（银江股份有限公司和广州市市政工程维修综合发展公司）之间签有合作协议，是隐名的实际供应商。经查，《中华人民共和国政府采购法》第21条规定："供应商是指向采购人提供货物、工程或者服务的法人、其他组织或者自然人。"《政府采购供应商投诉处理办法》第10条规定："①投诉人是参与所投诉政府采购活动的供应商；……"另《财政部关于加强政府采购供应商投诉受理审查工作的通知》第2点规定："财政部门经审查，有投诉人不是参加投诉项目政府采购活动的当事人，……应当认定为无效投诉，不予受理……"根据上述法律及财政部部门规章和规范性文件的规定可知，供应商应当是参加本次采购的当事人，上诉人没有以自己的名义参与其所投诉政府采购活动，不属于本次采购项目有效投诉的供应商。也就是说，对于政府采购项目投诉人的资格条件，只有直接供应商中的实际参与供应商才有权提出投诉，即便上诉人是隐名的供应商，也被排除在政府采购投诉人范围之外。

四、参考意见

本案在解决政府采购合同诉讼主体问题时，实际上采用的是民事合同中的"合同相对性"理念，即指合同关系只能发生在特定的主体之间，只有合同当事人一方能够向合同的另一方当事人基于合同提出请求或提起诉讼。因此，我们可以更加充分地理解行政合同实际上是将民事合同理念引入行政实践中的结果。在理解行政合同的渊源时试图通过为行政合同找到独立于民事合同的发展渊源，从而论证行政合同容许性是不妥当的。恰恰相反，我们应当充分认识到行政合同与民事合同的渊源关系，并让行政合同保持合同属性，防止其异化为一种单纯的权力手段。

案例二：上海辉慈医疗器械有限公司诉崇明县财政局行政决定案[1]

一、基本案情

2012 年 6 月 1 日，上海市崇明县政府采购中心受该县妇幼保健所委托，对高频 X 线摄片机设备政府采购项目组织招标。上海辉慈医疗器械有限公司（以下简称辉慈公司）、裕满公司等四家企业参与报名，招标文件中有"欧美一线品牌"等具体要求。辉慈公司中标后，另一参与竞争的公司以辉慈公司投标设备为国产品牌，不属于招标文件所要求的"欧美一线品牌"为由提出质疑。后崇明县政府采购中心经复评，对此次投标作流标处置。辉慈公司遂向崇明县财政局投诉。崇明县财政局经审查后作出崇财库（2012）9 号投诉处理决定，认定招标文件中设定产品为欧美品牌，且作为实质性条款加以限制，具有明显歧视性。根据《政府采购供应商投诉处理办法》第 18 条之规定，决定确认涉案的政府采购活动违法、责令重新开展采购活动。辉慈公司不服诉至法院，请求撤销崇明县财政局上述处理决定。

辉慈公司诉称：崇明县财政局作为监督部门，没有对政府采购活动作全面核查，也没有就质疑方所质疑的具体问题及辉慈公司所投诉的不应废标等具体事项作出处理。崇明县财政局的处理决定违背《政府采购法》相关规定，

──────────

〔1〕 （2013）沪二中行终字第 188 号。

请求法院依法撤销崇明县财政局作出的处理决定。

崇明县财政局辩称：其作为财政部门，有权受理投诉、作出处理决定。其在审查投诉事项过程中，查明涉诉项目的招标文件中设定欧美品牌，且作实质性条款加以限制，违反《政府采购法》的相关规定，崇明县财政局作出的处理决定事实认定清楚、程序合法、法律适用正确，请求法院依法维持该处理决定。

二、法律问题

1. 政府采购公平竞争原则及非歧视待遇的判断？
2. 对"采购本国货物原则"的适用如何认定？

三、法理分析

（一）政府采购公平竞争原则及非歧视待遇的判断

《政府采购法》第22条第2款规定，采购人可以根据采购项目的特殊要求，规定供应商的特定条件，但不得以不合理的条件对供应商实行差别待遇或者歧视待遇。因此，采购方发布的采购招标文件，对所有供应商应当平等对待，不得带有明显的歧视性、倾向性。本案中，崇明采购中心发布的招标文件中的《货物需求一览表及技术规格》设定了"欧美一线品牌，近两年发布最新机型……"的条件。该招标文件是否存在歧视性条款，从而违反公开竞争原则？审查认定需要把握两点：一是，采购项目是否存在特殊要求，需要规定特定条件；二是，在同一条件下，政府是否设定不合理条件排除适格供应商。招标文件中设定的品牌条件，显然对本次政府采购产品的品牌作出了限定，该品牌限定并非本采购项目的特殊要求或特定条件；通过公告发布的招标文件系向不特定的对象公示，其受众并不仅仅针对已经投标的供应商，品牌条件的设定排斥了部分供应商参加投标的资格，未平等地给予所有潜在供应商公平竞争的机会。故崇明县财政局认定招标文件条款存在歧视性。

（二）采购"本国货物原则"的认定

本案还牵涉到另外一个重要的政府采购制度：优先采购本国货物。政府采购的采购方是依法进行采购的国家机关、事业单位、团体组织，使用的是财政性资金，采购行为本身具备社会公共性特征。《政府采购法》第10条规定，除特定情形外，政府采购应当采购本国货物、工程和服务。

对于采购国货的审查，必须重点审查政府采购是否存在特定例外情形需要采购国外产品，在确定采购本国产品后，再审查采购过程是否存在阻碍条件和措施。招标文件中载明："本项目不允许进口产品的报价"，不难判断，此次政府采购中并不存在例外情形，应采购本国货物。招标文件中的"欧美一线品牌"，从一般人的理性经验及文义理解来看，会被认为招标文件规定的产品不符合优先采购本国货物的规定。

四、参考意见

政府采购的招标文件中设定产品为特定范围品牌，涉嫌以不合理的条件对供应商实行歧视待遇，违反公平竞争原则。人民法院在行政诉讼中对公平竞争原则中非歧视待遇的审查判断需要把握：采购项目是否存在特殊要求，是否需要规定特定条件；在同一条件下，是否设定不合理条件排除适格供应商。政府采购还需兼顾优先采购国货制度。

案例三：中华人民共和国财政部诉北京现代沃尔经贸
有限责任公司政府招标合同案[1]

一、基本案情

2014 年 5 月 9 日，财政部作出财库（2014）52 号《财政部投诉处理决定书》（以下简称被诉处理决定），认定：2004 年 10 月 28 日，国信招标集团股份有限公司（以下简称国信招标）受原中华人民共和国卫生部（以下简称原卫生部）委托，在中国采购与招标网发布招标公告，采购内容为 286 台干式血气分析仪，招标文件中规定采用综合打分法，规定了商务、技术和价格三部分的分值，但未规定具体评分因素及其分值比重。2004 年 11 月 19 日，投标截止、开标、评标，共有三家供应商参与投标，评标委员会专家由多家采购代理机构提供的专家库汇总后随机抽取，评审后中标人为广东开元医疗设

---

〔1〕 一审行政判决书：（2015）一中行初字第 232 号；二审行政判决书：（2015）高行终字第 4487 号；再审与审判监督行政裁决书：（2016）最高法行申 2867 号。

备有限公司（企业名称后变更为广东开元医疗科技有限公司，即第三人开元医疗），北京现代沃尔经贸有限责任公司（以下简称现代沃尔）综合排名第三。2004 年 12 月 21 日，国信招标受原卫生部委托发布中标公告，其中未包括评标委员会成员名单。2004 年 12 月 22 日，现代沃尔向国信招标提出质疑。2004 年 12 月 29 日，国信招标答复质疑，称"由于本项目属于国家医疗救治体系建设项目的一部分，应遵照《中华人民共和国招标投标法》（以下简称《招标投标法》）的相关规定。"财政部另查明，中标通知书发出后，国家医疗救治体系项目（编号为 GXTC－0404038）D 包－血气分析仪（以下简称被投诉项目）政府采购合同已经履行。财政部认为，根据法院判决，被投诉项目属于货物采购，其采购方式和采购程序，均应依照 2004 年项目启动前已实施的《政府采购法》及《政府采购货物和服务招标投标管理办法》规定执行，而被投诉项目未依照上述规定执行，违反了《政府采购法》第 2 条第 1 款和第 64 条第 1 款的规定。鉴于被投诉项目适用法律和采购程序错误，财政部不再对投诉事项逐一进行审查。综上，根据《政府采购法》第 2 条、第 64 条，《政府采购供应商投诉处理办法》第 19 条第 3 项规定，决定采购活动违法。

现代沃尔不服财政部所作的被诉处理决定，以财政部未就其投诉事项进行审查、查处，未履行生效判决所确认的监管职责等为由，向北京市第一中级人民法院（以下简称一审法院）提起行政诉讼，请求法院撤销被诉处理决定，判令财政部重新作出行政行为。

二、法律问题

1. 政府采购投诉处理决定的程序是否合法？

2. 国家卫计委是否应成为被诉处理主体？

3. 第三人开元医疗在本案中与被诉处理决定是否有利害关系？是否应属于与投诉事项有关的供应商？

三、法理分析

（一）政府采购投诉处理决定的程序是否合法？

1. 政府在处理采购投诉时完全履行了法定义务。财政部门在作出政府采购投诉处理决定前，应当保障与投诉事项有关的供应商参加投诉处理程序的权利，此为正当程序原则的应有之义，也是财政部门的法定义务。行政机关在作出行政行为前，应当通知利害关系人参加行政程序，并保障其陈述意见、提交证据等程序权利，避免利害关系人在未陈述申辩甚至毫不知情的情况下，受到行政行为的侵害，此为正当程序原则的重要内涵。而且，对于政府采购投诉处理程序中的利害关系人参加问题，《政府采购供应商投诉处理办法》亦有明确规定。参照该办法第 12 条及第 13 条之规定，财政部门应当在受理投诉后 3 个工作日内向被投诉人和与投诉事项有关的供应商发送投诉书副本，而被投诉人和与投诉事项有关的供应商则应当在收到投诉书副本之日起 5 个工作日内，以书面形式向财政部门作出说明，并提交相关证据、依据和其他有关材料。上述规定之目的，即在于保障包括与投诉事项有关的供应商在内的利害关系人参加行政程序的权利，并对其行使该权利的行为加以规范。因此，在政府采购投诉处理程序中，财政部门通知与投诉事项有关的供应商参加投诉处理程序，既是正当程序原则的要求，也是财政部门的法定义务。

2. 对有关供应商的具体范围界定正确。关于与投诉事项有关的供应商的具体范围相关法律规范并未予以明确列举，对于与投诉事项有关这一概念的判断标准，亦无明确界定。结合法理予以分析，在行政行为所涉及的行政法律关系中，如果公民、法人或者其他组织的权利义务将直接因行政行为而产生、变更或者终止，则通常属于应当参加行政程序的利害关系人。而参照《政府采购供应商投诉处理办法》第 17 条之规定，"财政部门经审查，对投诉事项分别作出下列处理决定：……"因此，投诉处理决定系针对投诉事项作出，即可认为与投诉处理决定或与投诉处理结果有利害关系亦构成与投诉事项有关。对此，《政府采购供应商投诉处理办法》第 20 条亦可佐证。因此，如果供应商的权利义务将直接因投诉处理决定而产生、变更或者终止，则该供应商与投诉处理决定即有利害关系，亦为与投诉事项有关的供应商。

（二）国家卫计委是否应成为被诉处理主体？

本案被诉处理决定认定，中标通知书发出后，被投诉项目政府采购合同已经履行。这一事实是被诉处理决定适用《政府采购供应商投诉处理办法》

第 19 条第 3 项的要件性事实,该事实能否确认,将对最终的处理方式产生重大影响,属于本案关键事实之一。但综合现有证据,唯有国家卫计委在投诉处理程序中提交的答复意见提及该投诉所涉及的血气分析仪设备在 2005 年招标结束后已按照合同签约执行,并由中标厂商配送至相关传染病医院投入使用。合同是否履行除了根据合同当事人的陈述,一般还应当有其他客观证据予以佐证。况且,国家卫计委只是合同的一方当事人,在作为合同对方当事人的开元医疗未参加投诉处理程序,又无其他证据能够佐证的情况下,被诉处理决定仅以合同一方当事人的单方陈述即确认上述事实,所依据主要证据不足。

(三) 第三人开元医疗在本案中与被诉处理决定是否有利害关系?是否应属于与投诉事项有关的供应商?

被诉处理决定系根据《政府采购供应商投诉处理办法》第 19 条第 3 项作出,而该项规定适用的前提即是财政部门认定采购文件、采购过程影响或者可能影响中标、成交结果的,或者中标、成交结果的产生过程存在违法行为的。在此前提下,财政部门再根据上述办法的规定进一步区分政府采购合同尚未签订、政府采购合同已经签订但尚未履行以及政府采购合同已经履行等三种不同情况分别作出不同的处理决定。因此,《政府采购供应商投诉处理办法》第 19 条虽然针对不同情形规定的处理方式有所不同,但适用该条作出的处理决定从法律效力上会对中标、成交结果产生影响,而且参照《政府采购供应商投诉处理办法》第 19 条第 3 项之规定,给采购人、投诉人造成损失的,由相关责任人承担赔偿责任。因此,决定采购活动违法,是对采购活动合法性作出的具有法律效力的评价,会对采购人以及中标人的权利义务产生直接的影响。本案中,开元医疗作为中标人,其在政府采购中的相关权利义务可能直接因被诉处理决定而受到影响,其当然构成与被诉处理决定有利害关系的供应商,亦即与投诉事项有关的供应商。

四、参考意见

本案中"开元医疗设备有限公司"被认定为第三人,依据的是"结果型利害关系第三人"的判断标准,即行政判决可能对行政诉讼当事人以外的第三人产生影响,但这种影响是不确定的。判决内容对于结果型利害关系第人产生所发挥的作用有可能是决定性的（使第三人从无到有），也有可能仅仅是影响性的（使第三人权利变动的方向发生改变）。我们可以将对于结果型利害关系第三人之产生作用的案件处理结果定义为具备"唯一相关性"的结果，那么可知这类结果主要涵盖两种模式：第一，原本无任何行政行为存在，司法诉讼结果引发行政行为产生，由此引起第三人权益的变化；第二，原本存在某种行政行为，司法诉讼结果导致该行政行为发生改变，变动后的行为引起第三人权利义务变化。而本案中，"开元医疗设备有限公司"其本身通过竞标获得该项医疗设备采购合同，但如果行政诉讼判决支持原告诉讼请求，其已获得的采购合同可能无效，因此原已存在的行政行为发生改变而实际上导致其权利义务发生变化，符合第二种结果模式。

◈ 拓展案例

庆阳讯通电子科技有限公司诉庆阳市文化广播

影视新版局政府采购合同纠纷案[1]

一、基本案情

2013 年 4 月 8 日，原告在庆阳市政府采购中心购买被告电脑操作系统及办公软件招标文件（编号：qy2013 - 17）。2013 年 4 月 10 日，原告严格按照招标文件规定所要求的资质及产品进行投标，经评标委员会评审确定，原告以 210.7 万元中标。2013 年 4 月 16 日，根据招标文件规定，原告在领取中标通知书时向政府采购部门缴纳保证金 7 万元。2013 年 4 月 18 日，原、被告签订政府采购合同时，本应按照招标文件的合同授予原则签署，但被告相关负责人擅自增加并修改了合同条款内容（涉及第 7 项一般条款 2 条和 3 条中增加了一条；第 9 项经济责任中第 1 项中的第 3 条供货时间本应为 30 日改为 10日）。按照招标文件第 8 条规定，合同签订之日起，采购方应向供货方付合同总价 30% 的预付款，但被告作为采购方至今未按合同履行。根据原、被告合同约定，2013 年 5 月 2 日为供货时间，原告准时在 5 月 2 日上午带着产品去

---

〔1〕 一审判决书：（2013）庆中民初字第 25 号；二审民事判决书：（2013）甘民二终字第 232号；申诉申请民事裁定判决书：（2015）民申字第 3140 号。

交货，下午被告相关人员借故提出原告所供产品不符合要求，不是政府系统安装的软件，致使原告从 5 月 2 日交货至 5 月 27 日仍不能正常履行招标文件规定义务，被迫多次向政府采购办、采购中心提出说明及请求。后因被告相关人员提出了背离招标文件中所规定的设备配置和技术参数及要求，双方始终未能协商解决。2013 年 5 月 13 日，被告相关人员到政府采购办提出废标，被当即回绝。5 月 17 日，被告相关人员向政府采购办和原告发送便函，要求终止合同，遭原告拒绝。2013 年 5 月 22 日，原告向被告递交了书面答复，以示强烈抗议。为证实原告采购的产品与招标文件所要求的产品技术参数一致，原告先后于 2013 年 5 月 15 日、16 日、24 日向庆阳市政府采购办等部门提出情况说明和验证请求，并就被告违约侵权有关问题主张维权。现请求：①判令被告继续履行合同，并赔偿经济损失 20 万元。②本案诉讼费用由被告承担。

二、法律问题

1. 涉案政府采购购销合同是否对招标文件进行了实质性变更及其效力？

2.《中央国家机关政府采购中心的紧急通知》是否构成了对政府采购合同的"情势变更"？

三、重点提示

（一）涉案政府采购购销合同是否对招标文件进行了实质性变更及其效力？

《招标投标法》第 46 条规定："招标人和中标人应当自中标通知书发出之日起 30 日内，按照招标文件和中标人的投标文件订立书面合同。招标人和中标人不得再行订立背离合同实质性内容的其他协议。"第 59 条规定："招标人与中标人不按照招标文件和中标人的投标文件订立合同的，或者招标人、中标人订立背离合同实质性内容的协议的，责令改正；……"《中华人民共和国招标投标法实施条例》第 57 条规定："招标人与中标人应当依照招标投标法和本条例的规定签订书面合同，合同的标的、价款、质量、履行期限等主要条款应当与招标文件和中标人的投标文件的内容一致。"由此可见，我国法律对于中标后的合同内容变更是有限制的。本案中，招标文件中操作系统的项目名称为"正版操作系统软件"，货物名称是 Windows8 Pro，具体参数是 Windows8 Pro 简体中文专业版（开放式许可协议），而在购销合同中第 7 条 3 款中，产品为"微软、金山公司认证的政府部门使用的正版软件"。讯通公司认为该约定对招标文件进行了实质性变更，文化广电新闻出版局认为只是对招标文件进行了具体化规定。根据微软（中国）有限公司向一审法院的复函，其公司旗下 Windows8 产品针对政府机关、教育机构等不同客户群有不同的分类，各产品线的内容都不相同，这与微软公司官方网站中关于"批量许可计划"项下的分类一致。也就是说，Windows8 Pro 操作系统虽没有区分"政府专用版"或"教育版"，但在授权许可用户方面是有区别的。根据微软（中国）有限公司的答复，招标文件中技术参数为"Windows8 Pro 简体中文专业版（开放式许可协议）"的产品外延，显然比购销合同中"微软公司认证的政府部门使用"的 Windows8 软件的外延更大。文化广电新闻出版局在制定招标文件时对所需产品的相关知识掌握不够，虽欲通过购销合同予以补正，但购销合同中的该项变更确对招标文件的内容进行了实质性变更。因《招标投标法》对变更招标文件的合同效力未作出强制性规定，因此，本案中政府采购购销合同仍然有效，但变更后的条款不发生法律效力，讯通公司仍可按照招标文件的要求履行合同。也就是说，只要讯通公司提供符合招标文件所列技术参数的任何产品分类，就应认定履行了合同义务。

（二）《中央国家机关政府采购中心的紧急通知》是否构成了对政府采购合同的"情势变更"？

《合同法解释（二）》第 26 条规定了情势变更条款：合同成立以后客观情况发生了当事人在订立合同时无法预见的、非不可抗力造成的不属于商业风险的重大变化，继续履行合同对于一方当事人明显不公平或者不能实现合同目的，当事人请求人民法院变更或者解除合同的，人民法院应当根据公平原则，并结合案件的实际情况确定是否变更或者解除。本案中，如果能够认定双方合同不能履行的理由并不是因为讯通公司的行为造成的，实际上是因为"中央国家机关政府采购中心于 2014 年 5 月 16 日下发的紧急通知而导致了合同不能履行"。但这一客观事实是双方当事人在订立合同前都无法预计、不能克服的不可抗拒的因素，此种情况应属于情势变更的情况。

但经查证，讯通公司在引进该批软件时载明的用户是甘肃庆阳理工中等专业学校，讯通公司为文化广电新闻出版局购置产品，但以第三者名义订货，且该货物以谁的名义订货只能谁使用。所以由于讯通公司所供产品对文化广电新闻出版局而言并非合法使用人，文化广电新闻出版局的招标采购及购销合同目的不能实现，讯通公司主张以该批产品继续履行合同，显然于法无据。讯通公司在中标后应当按照招标文件的要求，提供符合参数的正版计算机软件，但由于其对计算机软件著作权的理解不当，将授权许可使用人为他人的软件作为合同标的物交由文化广电新闻出版局，属于履行客体错误，而讯通公司的不当履行与"中央国家机关政府采购中心的紧急通知"无关。

◈ 拓展资料

专题十三　拓展阅读资料

专题十四　审计法

◈ 知识概要

《中华人民共和国审计法》（以下简称《审计法》）调整的是发生于审计主体与被审计单位之间的经济监督关系，其最终目的是维护国家财政经济秩序，提高财政资金使用效益，促进廉政建设。特别是在国家倡导廉洁政治的大背景下，审计机制的监督作用进一步得到重视。但在实践中，审计机制还存在诸多有待于完善之处。下面是我们列举的与审计相关的几个司法判例，涵盖了：审计信息公开制度以及审计数据在民事合同中的效力等方面的法律问题，从司法实践的角度对审计机制进行更加全面地分析与了解。

📚 经典案例

吴其和诉苏州市审计局审计信息公开案[1]

一、基本案情

吴其和以邮寄方式向苏州市审计局递交政府信息公开申请，申请公开关于对吴维群同志在任土地储备中心主任期间，履行经济责任情况进行审计的审计报告书公开，苏州市审计局不予公开。吴其和不服，向苏州市人民政府申请行政复议，复议机关维持了苏州市审计局作出的答复行为。

二、法律问题

1. 吴其和向苏州审计局申请预算信息公开是否合理？
2. 经济审计报告是否属于审计局应主动公开的政府信息范畴？

三、法理分析

（一）吴其和向苏州审计局申请预算信息公开的行为是否合理？

首先，根据《审计法》第 36 条规定，审计机关可以向政府有关部门通报或者向社会公布审计结果。《党政主要领导干部和国有企业领导人员经济责任审计规定》（以下简称《经济责任审计规定》）第 38 条规定，各级党委和政府应当建立健全经济责任审计情况通报、审计整改以及责任追究等结果运用制度，逐步探索和推行经济责任审计结果公告制度。据此，再审申请人吴其和以邮寄方式向苏州市审计局申请公开的吴维群的经济责任审计报告，并非审计机关应当主动公开的政府信息。

其次，根据《政府信息公开条例》第 13 条规定，除行政机关主动公开的政府信息外，公民、法人或者其他组织还可以根据自身生产、生活、科研等特殊需要，向国务院部门、地方各级人民政府及县级以上地方人民政府部门申请获取相关政府信息。再审申请人并未提供证据证明其申请公开吴维群的

---

[1] 再审复查与审判监督行政裁定书：（2015）苏中行监字第 00025 号。

经济责任审计报告的用途属于其自身生产、生活、科研等特殊需要，故再审申请人的涉案信息公开申请不符合上述规定。

（二）经济审计报告是否属于审计局政府信息公开范畴？

根据《审计法》第 25 条的规定，审计机关按照国家有关规定，对国家机关和依法属于审计机关审计监督对象的其他单位的主要负责人，在任职期间对本地区、本部门或者本单位的财政收支、财务收支以及有关经济活动应负经济责任的履行情况，进行审计监督。《经济责任审计规定》第 13 条、第 30 条规定，领导干部的离任经济责任审计是由组织部门提出委托建议；审计机关应当将经济责任审计结果报告等结论性文书提交委托审计的组织部门。因此，原告申请公开的信息不是被告在履行行政管理职责过程中制作或获取的政府信息，不符合《政府信息公开条例》第 2 条的规定，不在政府信息公开范围。

四、参考意见

各级法院针对"经济审计报告审计"类案件的审理时的主要观点可以归纳如下：

1. 申请人申请公开经济责任审计报告的，需要提供证据证明其用途属于其自身生产、生活、科研等特殊需要，如未能提供，则审计机关作出不予公开的答复并无不当；

2. 领导干部的经济责任审计是由组织部门提出委托建议，审计机关应当将经济责任审计结果报告等结论性文书提交委托审计的组织部门。因此，该类信息不是审计机关在履行行政管理职责过程中制作或获取的政府信息，不在政府信息公开范围；

3. 审计机关应当根据法律、法规和国家其他有关规定，按照本级人民政府和上级审计机关的要求，确定年度审计工作重点，编制年度审计项目计划。年度审计项目计划一经下达，审计项目组织和实施单位要确保完成，不得擅自变更。因此，只有列入年度审计计划的审计项目，才能按照法定程序予以审计。而且，对领导干部的经济责任审计，还需要组织部门的委托才能进行。

拓展案例

中铁十九局集团有限公司诉重庆建工集团
股份有限公司工程合同纠纷再审案[1]

一、基本案情

2003 年 8 月 22 日，重庆金凯实业股份有限公司（以下简称金凯公司）作为重庆市北部新区经开园金山大道西延段建设项目业主单位和监管单位，与重庆建工集团签订《金山大道西延段道路工程建设工程施工合同》，将金山大道西延段道路工程发包给重庆建工集团承包。在《金山大道西延段道路工程造价计价原则》中，双方对未定价的材料、立交桥专用材料、路灯未计价材料价格的确定方式约定为"金凯公司、经开区监审局审定后纳入工程结算"。中铁十九局经金凯公司确认为岚峰隧道工程分包商，并于 2003 年 11 月 17 日与重庆建工集团签订《单项工程项目承包合同》（以下简称分包合同），主要约定，重庆建工集团将金山大道西延段岚峰隧道工程分包给中铁十九局，合同价暂定 80 000 000 元（最终结算价按照业主审计为准）；第 6 条资金管理 6.2 约定：工程竣工经综合验收合格，结算经审计部门审核确定后，扣除工程保修金，剩余工程尾款的支付，双方另行签订补充协议明确；合同对工程内容、承包结算等内容进行了具体约定。之后，中铁十九局按照合同约定施工。

2003 年 12 月，金凯公司改制，重庆市北部新区经开园金山大道西延段项目业主变更为重庆市经开区土地储备整治中心，即现重庆市北部新区土地储备整治中心（以下简称土储中心）。2005 年，金山大道更名为金渝大道。

2005 年 9 月 8 日，金山大道西延段道路工程竣工，同年 12 月通过验收并于 2006 年 2 月 6 日取得《重庆市建设工程竣工验收备案登记证》（建竣备字［2006］024 号）。之后，出于为该路段工程中岚峰隧道、花沟隧道部分竣工结算提供价值依据的目的，重庆市经开区监察审计局（以下简称经开区监审

---

［1］ 再审民事判决书：（2012）民提字第 205 号。

局）委托重庆西恒招标代理公司（以下简称西恒公司）对上述工程进行竣工结算审核。2006 年 8 月 10 日，西恒公司出具《基本建设工程结算审核报告》（以下简称审核报告），载明岚峰隧道造价为 114 281 365.38 元（包含岚峰隧道内人行道面层费用 28 569.53 元，非本案诉争工程范围）。以该审核报告为基础，重庆建工集团与中铁十九局于 2007 年 12 月 5 日对中铁十九局分包的工程进行结算，确认中铁十九局图纸范围内结算金额为 114 252 795.85 元，扣除各项费用后，分包结算金额为 102 393 794 元（税金等费用由财务部门按规定收取）。至一审起诉前，重庆建工集团累计已向中铁十九局支付涉案工程的工程款 98 120 156.63 元。

2008 年 10 月 9 日至 11 月 21 日，重庆市审计局以土储中心为被审计单位，对金渝大道（原金山大道）道路工程竣工决算进行审计，并出具渝审报〔2008〕142 号审计报告，审定土储中心应核减该工程竣工结算价款 15 481 440.93 元，其中本案所涉的岚峰隧道工程在送审金额 114 252 795.85 元的基础上审减 8 168 328.52 元。同年 12 月 24 日，重庆市审计局以《关于北部新区经开园金渝大道道路工程竣工决算的审计决定》（渝审决〔2008〕111 号），责令土储中心核减该工程结算价款 15 481 440.93 元，调整有关账目，并要求土储中心在 2009 年 3 月 20 日前执行完毕。

2009 年 2 月 9 日，土储中心向重庆建工集团发出《关于执行重庆市审计局对金渝大道（原金山大道）工程竣工决算审计决定的函》（渝新土储函〔2009〕5 号），要求其按照重庆市审计局复议结果，将审减金额在 3 月 1 日前退还土储中心。重庆建工集团已经扣还了部分款项。

2010 年 9 月 1 日，重庆建工集团向重庆一中院起诉称，根据重庆市审计局对金山大道西延段项目的审计，对中铁十九局完成工程的价款审减 8 168 328.52 元，扣除双方约定的费用，实际分包结算金额应为 94 878 931.76 元（含重庆建工集团应退的管理费）。重庆建工集团在上述审计前已累计向中铁十九局支付工程款 98 120 156.63 元，多支付了工程款 3 241 224.87 元，故重庆建工集团向法院上诉要求中铁十九局立即返还重庆建工集团多支付的工程款 3 241 224.87 元。

二、法律问题

1. 国家审计机关的审计结论能否成为确定重庆建工集团与中铁十九局之

间结算工程款的依据?

2. 涉案工程应当采用经开区监审局委托西恒公司所作的审核报告还是重庆市审计局所作的审计报告作为结算依据?

三、重点提示

(一)国家审计机关的审计结论能否成为确定重庆建工集团与中铁十九局之间结算工程款的依据?

根据《审计法》的规定及其立法宗旨,法律规定审计机关对政府投资和以政府投资为主的建设项目的预算执行情况和决算进行审计监督,目的在于维护国家财政经济秩序,提高财政资金使用效益,防止建设项目中出现违规行为。重庆建工集团与中铁十九局之间关于涉案工程款的结算,属于平等民事主体之间的民事法律关系。因此,本案诉讼争议的工程款的结算,与法律规定的国家审计的主体、范围、效力等,属于不同性质的法律关系问题,即无论涉案工程是否依法须经国家审计机关审计,均不能认为,国家审计机关的审计结论可以成为确定本案双方当事人之间结算的当然依据。

但双方在分包合同中对合同最终结算价约定按照业主审计为准,系因该合同属于分包合同,其工程量与工程款的最终确定,需依赖合同之外的第三人即业主的最终确认。因此,对该约定的理解,应解释为工程最终结算价须通过专业的审查途径或方式,确定结算工程款的真实合理性,该结果须经业主认可,而不应解释为须在业主接受国家审计机关审计后,依据审计结果进行结算。根据审计法的规定,国家审计机关的审计系对工程建设单位的一种行政监督行为,审计人与被审计人之间因国家审计发生的法律关系与本案当事人之间的民事法律关系性质不同。因此,在民事合同中,当事人对接受行政审计作为确定民事法律关系依据的约定,应当具体明确,而不能通过解释推定的方式,认为合同签订时,当事人已经同意接受国家机关的审计行为对民事法律关系的介入。

(二)案涉工程应当采用经开区监审局委托西恒公司所作的审核报告还是重庆市审计局所作的审计报告作为结算依据?

根据《审计法》和《重庆市国家建设项目审计办法》的规定,案涉工程作为重庆市市级重点建设项目，法定审计主体是重庆市审计局。

双方当事人在合同中约定"最终结算价按照业主审计为准"，"审计"一词本身有其特定的含义，能否进行扩张解释，应当结合涉案工程的实际情况，以及双方当事人作此约定的真实目的进行分析。涉案工程系政府投资的重点工程，应当受到国家的审计监督，即工程业主的财务收支须受此审计监督的约束，且该种审计监督并不当然以业主或当事人的意志为转移。对此，本案双方当事人是明知的。双方当事人在合同中约定以独立于双方之外的第三方审计作为结算依据，充分表明其知晓该种审计是严格的、重要的，并将影响双方以及业主最终结算结果的行为。基于此，对合同中约定的"审计"应当限缩解释为法定审计，而非广义的审核。从审计的主体资格上讲，涉案工程的业主并非审计部门或审计机关，不具备审计主体资格，不能成为审计主体，亦不能完成审计行为，本案中的审核报告、审计报告的出具方或委托方均非业主。因此，合同并未将审计主体限定为业主，涉案工程的审计主体应当遵循审计的法定主体。根据《审计法》和《重庆市国家建设项目审计办法》的规定，涉案工程作为重庆市市级重点建设项目，法定审计主体是重庆市审计局。经开区监审局作为经开区内部审计机构，并非法定国家审计机关，不能代表国家对涉案工程行使审计监督职能。因此，重庆市审计局才是符合合同约定的审计主体，其出具的审计结果才是符合双方当事人合同约定的结算依据。而且，即使按照中铁十九局提出的"业主审计"是指"业主同意的审计"来理解，业主最终同意和认可的审计仍然是重庆市审计局的审计结论。审核报告仅是施工过程中阶段性的审核意见，而非最终的审计结果，由于此时工程审计尚未完成，双方当事人根据审核报告所作的结算，只是双方结算过程中的一个阶段性行为，而非最终结算，双方最终结算仍有待于符合合同约定的审计结果形成后决定。但双方在结算中就其他费用的计算方式所达成的合意是有效的，对双方仍具有约束力。故一审法院按照重庆市审计局的审计结果以及双方无争议的其他费用计算方式计算出双方的最终结算价，并无不当。审计作为国家的一种行政监督，在当事人没有约定以审计结果作为结算依据的情况下，通常不会直接对当事人的结算产生法律后果。但在双方当事人约定以审计结果作为结算依据的情况下，由于双方当事人自愿选择以审计结果约束双方之间的结算，虽然从形式上表现为行政权力对民事法律关系的干涉，但这正是当事人意思自治的体现。本案双方当事人在合同中明确约定以审计作为结算依据，对可能出现的后果，当事人是知道或应当知道的，也是必须接受的。

拓展资料

专题十四　拓展阅读资料

第六章

税收调控法

专题十五　税收征管法

📚 知识概要

税在一国治理体系中绝不仅具有经济上的意义而是处于上通下达的枢纽位置，是国家政治清明、民生保障和社会稳定的基石。《中华人民共和国税收征收管理法》（以下简称《税收征管法》）是我国重要的税收程序法，但又不仅仅是一部程序法。从某种意义上说它在内容上超越了税收法律的范围，其承担着税收基本法的功能甚至可以说具有宪法上的意义。我们根据《税收征管法》对相关案例进行一定改写和重新诠释，本专题内有 3 个经典案例，8 个拓展案例，其涵盖税务管理、税收征收、税务稽查等税务行为。通过对相关案例的分析与研究，促进《税收征管法》与新的治国理念相结合，顺应现代化科技的发展，加大对纳税人的权利保护，使税收征管制度的设置更加现代化。

📚 经典案例

案例一：广州德发房产建设有限公司与广东省广州市地方税务局第一稽查局税务处理决定纠纷上诉案[1]

一、基本案情

2004 年 11 月 30 日，德发公司与穗和拍卖行签订委托拍卖合同，委托穗和拍

---

[1] 一审判决书：广州市天河区人民法院（2010）天法行初字第 26 号行政判决；二审判决书：广州市中级人民法院（2010）穗中法行终字第 564 号行政判决；最高人民法院行政判决书（2015）行提字第 13 号。

卖行拍卖其自有的位于广州市人民中路 555 号"美国银行中心"的房产。委托拍卖的房产包括地下负一层至负四层的车库（199 个），面积 13 022.4678 ㎡；首层至第三层的商铺，面积 7 936.7478 ㎡；四至九层、十一至十三层、十六至十七层、二十至二十八层部分单位的写字楼，面积共计 42 285.5788 ㎡。德发公司在拍卖合同中对上述总面积为 63 244.7944 ㎡的房产估值金额为 530 769 427.08 港元。2004 年 12 月 2 日，穗和拍卖行在信息时报 C16 版刊登拍卖公告，公布将于 2004 年 12 月 9 日举行拍卖会。穗和拍卖行根据委托合同的约定，在拍卖公告中明确竞投者须在拍卖前将拍卖保证金港币 6800 万元转到德发公司指定的银行账户内。2004 年 12 月 19 日，盛丰实业有限公司通过拍卖，以底价 1.3 亿港元（按当时的银行汇率，兑换人民币为 1.382 55 亿元）竞买了上述部分房产，面积为 59 907.0921 ㎡。上述房产拍卖后，德发公司按 1.382 55 亿元的拍卖成交价格，先后向税务部门缴付了营业税 6 912 750 元及堤围防护费 124 429.5 元，并取得了相应的完税凭证。

2006 年间，广州税稽一局在检查德发公司 2004 年至 2005 年地方税费的缴纳情况时，发现德发公司存在上述情况，展开调查。经向广州市国土资源和房屋管理局调取德发公司委托拍卖房产所在的周边房产的交易价格情况进行分析，广州税稽一局得出当时德发公司委托拍卖房产的周边房产的交易价格，其中写字楼为 5500 ~ 20 001 元/㎡，商铺为 10 984 ~ 40 205 元/㎡，地下停车位为 89 000 ~ 242 159 元/个。因此，广州税稽一局认为德发公司以 1.38255 亿元出售上述房产，拍卖成交单价格仅为 2300 元/㎡，不及市场价的一半，价格严重偏低。遂于 2009 年 8 月 11 日根据《税收征管法》第 35 条及《税收征管法实施细则》第 47 条的规定，作出税务检查情况核对意见书，以停车位 85 000 元/个、商场 10 500 元/㎡、写字楼 5000 元/㎡的价格计算，核定德发公司委托拍卖的房产的交易价格为 311 678 775 元，并以 311 678 775 元为标准核定应缴纳营业税及堤围防护费。德发公司应补缴营业税 8 671 188.75 元；应补缴堤围防护费 156 081.40 元，同时载明了广州税稽一局将按规定加收滞纳金及罚款的情况。德发公司于 2009 年 8 月 12 日收到上述税务检查情况核对意见书后，于同月 17 日向广州税稽一局提交了复函，认为广州税稽一局对其委托拍卖的房产价值核准为 311 678 775 元缺乏依据。广州税稽一局没有采纳德发公司的陈述意见。2009 年 9 月 14 日，广州税稽一局作出穗地税稽一处

［2009］66 号税务处理决定。

二、法律问题

1. 德发公司以涉案房产的拍卖成交价格作为计税依据申报纳税是否存在"计税依据明显偏低，又无正当理由"情形？

2. 广州税稽一局核定应纳税款后追征税款和加征滞纳金是否合法？

三、法理分析

（一）关于德发公司以涉案房产的拍卖成交价格作为计税依据申报纳税存在"计税依据明显偏低，又无正当理由"情形的问题

根据《税收征管法》第 35 条第 1 款第 6 项的规定，税务机关不认可纳税义务人自行申报的纳税额，重新核定应纳税额的条件有两个：一是计税依据价格明显偏低，二是无正当理由。德发公司委托拍卖的涉案房产包括写字楼、商铺和车位面积共计 63 244.7944 ㎡，成交面积为 59 907.0921 ㎡，拍卖实际成交价格 1.3 亿港元，明显低于德发公司委托拍卖时的 5.3 亿港元估值；涉案房产 2300 元/㎡ 的平均成交单价，也明显低于广州税稽一局对涉案房产周边的写字楼、商铺和车库等与涉案房产相同或类似房产抽样后确定的最低交易价格标准，即写字楼 5000 元/㎡、商铺 10 500 元/㎡、停车场车位 85 000 元/个；更低于德发公司委托的广州东方会计师事务所有限公司对涉案房产项目审计后确认的 7123.95 元/㎡ 的成本价。

其实对于这一问题，可以分成两个层面来回答，第一层面是，拍卖标准是否可以作为计税依据？第二层面的问题是本案中德发公司涉案房产的价格偏低是否合理？

1. 拍卖价格可以作为计税价格标准。营业税条例第 4 条和《广州市市区防洪工程维护费征收、使用和管理试行办法》第 3 条第 1 款规定销售不动产的营业额是营业税的计税依据。拍卖是销售不动产的方式之一，不动产的公开拍卖价格就是销售不动产的营业额，应当作为营业税等税费的计税依据。就本案而言，广东省和广州市的地方税务局有更为明确的规范性文件可以参考，《广东省地方税务局关于拍卖行拍卖房地产征税问题的批复》和《广州市地方税务局关于明确拍卖房地产税收征收问题的通知》明确规定拍卖房地产

的拍卖成交额可以作为征收营业税的计税价格;《广东省财政厅、广东省地方税务局关于规范我省二手房屋交易最低计税价格管理的指导性意见》规定,通过法定程序公开拍卖的房屋,以拍卖价格为最低计税价格标准。

2. 人民法院认为该计税依据偏低且缺乏充分理由的裁决是不具有合理性的。拍卖价格的形成机制较为复杂,因受到诸多不确定因素的影响,相同商品的拍卖价格可能会出现较大差异。广州市地方税务局 2013 年修订后的《存量房交易计税价格异议处理办法》就明确规定,通过具有合法资质的拍卖机构依法公开拍卖的房屋权属转移,以拍卖对价为计税价格的,可以作为税务机关认定的正当理由。该规范性文件虽然在本案税收征管行为发生后施行,但文件中对拍卖价格本身即构成正当理由的精神,本案可以参考。因此,对于一个明显偏低的计税依据,并不必然需要税务机关重新核定;尤其是该计税依据是通过拍卖方式形成时,税务机关一般应予认可和尊重,不宜轻易启动核定程序,以行政认定取代市场竞争形成的计税依据。

但应当明确,拍卖行为的效力与应纳税款核定权,分别受民事法律规范和行政法律规范调整,拍卖行为有效并不意味税务机关不能行使应纳税额核定权,另行核定应纳税额也并非否定拍卖行为的有效性。有效的拍卖行为并不能绝对地排除税务机关的应纳税额核定权,但税务机关行使核定权时仍应有严格限定。

具体到本案,广州税稽一局在被诉税务处理决定中认定拍卖价格明显偏低且无正当理由的主要依据是,涉案房产以底价拍卖给唯一参加竞买的盛丰实业有限公司,而一人竞买不符合拍卖法关于公开竞价的规定,扭曲拍卖的正常价格形成机制,导致实际成交价格明显偏低。此问题的关键在于,在没有法定机构认定涉案拍卖行为无效,也没有充分证据证明涉案拍卖行为违反拍卖法的禁止性规定,涉案拍卖行为仍然有效的情况下,税务机关能否以涉案拍卖行为只有一个竞买人参加竞买即一人竞拍为由,不认可拍卖形成的价格作为计税依据,直接核定应纳税额。一人竞拍的法律问题较为特殊和复杂,拍卖法虽然强调拍卖的公开竞价原则,但并未明确禁止一人竞拍行为,在法律或委托拍卖合同对竞买人数量没有作出限制性规定的情况下,否定一人竞买的效力尚无明确法律依据。但对于拍卖活动中未实现充分竞价的一人竞拍,在拍卖成交价格明显偏低的情况下,即使拍卖当事人对拍卖效力不持异议,因涉及国家税收利益,该拍卖成交价格作为计税依据并非绝对不能质疑。"计税依据明显偏低，又无正当理由"的判断，具有较强的裁量性，人民法院一般应尊重税务机关基于法定调查程序作出的专业认定，除非这种认定明显不合理或者滥用职权。

（二）广州税稽一局核定应纳税款后追征税款合法但加征滞纳金缺少法律依据

关于广州税稽一局的征税执法行为的法律依据是否充分的问题，我们同样需要从两个方面来分析，一是该追缴税款的行为是否是在合规定的法律期限里作出的问题，二是其对追缴行为作出的法律解释是否符合行政法律解释的一般原则。

1. 税收征管法对税务机关在纳税人已经缴纳税款后重新核定应纳税款并追征税款的期限虽然没有明确规定，但并不意味税务机关的核定权和追征权没有期限限制。税务机关应当在统筹兼顾保障国家税收、纳税人的信赖利益和税收征管法律关系的稳定等因素的基础上，在合理期限内核定和追征。在纳税义务人不存在违反税法和税收征管过错的情况下，税务机关可以参照《税收征管法》第 52 条第 1 款规定确定的税款追征期限，原则上在 3 年内追征税款。本案核定应纳税款之前的纳税义务发生在 2005 年 1 月，广州税稽一局自 2006 年对涉案纳税行为进行检查，虽经三年多的调查未查出德发公司存在偷税、骗税、抗税等违法行为，但依法启动的调查程序期间应当予以扣除，因而广州税稽一局于 2009 年 9 月重新核定应纳税款并作出被诉税务处理决定，并不违反上述有关追征期限的规定。

2. 根据依法行政的基本要求，没有法律、法规和规章的规定，行政机关不得作出影响行政相对人合法权益或者增加行政相对人义务的决定；在法律规定存在多种解释时，应当首先考虑选择适用有利于行政相对人的解释。根据《税收征管法》第 32 条、第 52 条第 2 款、第 3 款规定，加收税收滞纳金应当符合以下条件之一：纳税人未按规定期限缴纳税款；自身存在计算错误等失误；或者故意偷税、抗税、骗税的。德发公司在拍卖成交后依法缴纳了税款，不存在上述情形，因此德发公司不存在缴纳滞纳金的法定情形。

被诉税务处理决定认定的拍卖底价成交和一人竞买拍卖行为虽然能证明税务机关对成交价格未形成充分竞价的合理怀疑具有正当理由，但拍卖活动和拍卖价格并非德发公司所能控制和决定，广州税稽一局在依法进行的调查程序中也未能证明德发公司在拍卖活动中存在恶意串通等违法行为。同时本案还应考虑德发公司基于对拍卖行为以及地方税务局完税凭证的信赖而形成的信赖利益保护问题。在税务机关无法证明纳税人存在责任的情况下，可以参考《税收征管法》第52条第1款关于"因税务机关的责任，致使纳税人、扣缴义务人未缴或者少缴税款的，税务机关在3年内可以要求纳税人、扣缴义务人补缴税款，但是不得加收滞纳金"的规定，作出对行政相对人有利的处理方式。

四、参考意见

德发税案对我国现有的税收征管制度改革最有意义的影响在于引发对于税收核准制度的反思。其中关键点在于对《税收征管法》第35条第1款第6项的"计税依据明显偏低，又无正当理由"的解释和标准适用，何为"明显偏低"？何为"正当理由"？税法上并没有给出明确的规定，这也是税收执法中最容易引发争议的地方。法律上对两项标准的界定都没有做出规定，使得税收征纳行为缺乏明确指导，争议频发。

明显偏低的标准是什么？我们认为，价格偏高还是偏低是个相对的概念，选取不同的参照标准可能得出不同的结论，税务机关对于参照标准的选择应该具有可参照性。在税法中，价格明显偏低的参照标注应该是相同或类似商品在相同或类似环境中的独立交易价格，即公允价格。立法者应该制定一个价格明显偏低的可参照标准，使税收具有一定的安定性和可预测性。在通常情况下，市场主体应当可以预测其行为在民法上的法律后果，并根据该法律后果推及其税收待遇，由此，市场主体的行为才是确定并可预测的。如果标准不明确，市场上的交易价格就具有不确定性，因为随时都有可能被税务机关进行核定而补交税款。如果这样的话，就可能导致一种现象，那就是所有市场主体交易之后都去找税务机关进行价格核定，因为税务机关的核定价格才是最终的价格，这也不符合市场经济的规律和要求。

正当理由可以看作对纳税人特殊情况下交易的保护，也可以看作对税务机关税收核定自由裁量权的限制。相比于"计税依据明显偏低"，"正当理由"是一个更难界定的概念，如果说计税依据明显偏低还可以用范围圈定一下，那么正当理由恐怕就难以列举穷尽。何为正当理由？是合法即可，还是既要合法又要合理？假设正当理由只需满足合法即可，那么一切符合法律规定的行为都是正当性的，至少我们看到德发公司的拍卖行为是符合法律程序规定的，因此，如果只是合法即可，就不会有德发案，正当理由应该是即合法又合理的。而合理又该如何界定？另外，即使有正当理由，也涉及税务机关采纳不采纳的问题，这毕竟是税务机关自由裁量权的表现。税收立法应该对什么样的情况属于正当理由作出说明，使税收核定行为具有指导性，同时加强对税收核定自由裁量权的控制和监督，落实税务机关对"正当理由"的反证责任，防止税务机关对核定标准界定的随意性和扩大化。

案例二：中城建第五工程局集团有限公司第一分公司诉哈尔滨市香坊区地方税务局税务行政处罚行政纠纷案[1]

一、基本案情

原告中城建公司分别在 2010 年、2011 年成本列支中入账了三张发票，分别为 2011 年 12 月 10 日由依兰建材商店开具的编号为 60546023 号金额 490 000 元发票和 2010 年 4 月 28 日、2010 年 6 月 17 日由力源公司开具的编号为 11704476 号金额 595 000 元、11589561 号金额 480 000 元两张发票，合计金额 1 565 000 元。2014 年被告香坊地税局调取了中城建公司 2010 年 1 月 1 日至 2011 年 12 月 31 日的账簿、记账凭证、报表和其他有关资料到税务机关，并进行了涉税情况检查。检查中，香坊地税局要求中城建公司提供财务账目及凭证，中城建公司总监马青林在去香坊地税局的途中将该公司的 2005 年至 2013 年财务凭证丢失，后中城建公司对此事进行了报警，并在报纸中刊登了寻物启事及遗失声明。2015 年 12 月 8 日，中城建公司向香坊地税局提交了中城建公司善意取得虚假发票的陈述。

2015 年 12 月 30 日，香坊地税局对中城建公司作出哈香坊地税税罚告 [2015] 6 号哈尔滨市香坊区地方税务局税务行政处罚事项告知书，告知拟于 2015 年 12 月 31 日之前对中城建公司作出行政处罚决定，根据《税收征管法》第 8 条、《中华人民共和国行政处罚法》第 31 条规定，告知了税务行政处罚

---

〔1〕 一审判决书：黑龙江省哈尔滨市香坊区人民法院（2016）黑 0110 行初 20 号。

的事实依据、法律依据及拟作出的处罚决定。同时在告知书中写明：①中城建公司有陈述、申辩的权利。中城建公司可在香坊地税局作出行政处罚决定之前到该局进行陈述、申辩或自行提供陈述、申辩材料，逾期不进行陈述、申辩的，视同放弃权利。②中城建公司有要求听证的权利。可自收到本通知书之日起3日内向香坊地税局提出听证申请；逾期不提出，视为放弃听证权利。该行政处罚事项告知书，中城建公司于2016年1月8日确认签收。

此外，被告香坊地税局同样也于2016年1月8日作出哈香坊地税税罚[2015] 5号哈尔滨市香坊区地方税务局税务行政处罚决定书，决定书中写明了对原告中城建公司处罚的事实依据、法律依据及处罚决定。并作出限中城建公司自该决定书送达之日起15内缴纳，逾期将按照《中华人民共和国行政处罚法》（以下简称《行政处罚法》）第51条第1项的规定，每日按罚款数额的3%加处罚款。该行政处罚决定书，中城建公司同样于2016年1月8日确认签收。

二、法律问题

香坊地税局是否违反了《税收征管法》第8条、《行政处罚法》第31条、第32条的规定？

三、法理分析

《税收征管法》第8条第4款规定"纳税人、扣缴义务人对税务机关所作出的决定，享有陈述权、申辩权；依法享有申请行政复议、提起行政诉讼、请求国家赔偿等权利。"《行政处罚法》第31条规定"行政机关在作出行政处罚决定之前，应当告知当事人作出行政处罚决定的事实、理由及依据，并告知当事人依法享有的权利。"第32条第1款规定，"当事人有权进行陈述和申辩。行政机关必须充分听取当事人的意见，对当事人提出的事实、理由和证据，应当进行复核；当事人提出的事实、理由或者证据成立的，行政机关应当采纳。"被告香坊地税局虽在哈香坊地税税罚告[2015] 6号税务行政处罚事项告知书中写明原告中城建公司有陈述、申辩、要求举行听证的权利，但中城建公司在收到告知书的同一天即签收哈香坊地税税罚告[2015] 6号税务行政处罚事项告知书、哈香坊地税税罚［2015］5 号税务行政处罚决定书，说明香坊地税局未向当事人充分说明其享有的申请听证的权利，也未给予中城建公司充分行使陈述、申辩及要求举行听证权利的时间。《行政处罚法》第 3 条第 2 款规定，"没有法定依据或者不遵守法定程序的，行政处罚无效。"第 41 条规定，"行政机关及其执法人员在作出行政处罚决定之前，不依照本法第 31 条、第 32 条的规定向当事人告知给予行政处罚的事实、理由和依据，或者拒绝听取当事人的陈述、申辩，行政处罚决定不能成立；当事人放弃陈述或者申辩权利的除外。"香坊地税局违反了《税收征管法》第 8 条、《行政处罚法》第 31 条、第 32 条的规定，所作被诉行政处罚决定无效。

四、参考意见

对纳税人权利的保障是税收法治化发展的必然。径由本案例，我们对纳税人的权利范围及纳税人权利保障对税法发展的影响进行更为充分的阐述。首先，对于纳税人权利的范围，学界主要有两种观点：一是广义说，即认为纳税人的权利包括应有的宪法权利和税收法律关系中的法律权利两个方面。宪法权利是民主和法治原则下纳税人在立法层面所享有的权利，比如参与税收立法并监督税法制定的权利。而税收法律关系中的法律权利来源于法律的规定，如知情权、保密权等。二是狭义说，即认为纳税人的权利体现于税收法律关系之中，具体发生于税收的各个环节，主要包括税收立法、税收征纳以及预算支出，其中，税收立法要求做到税收法定和税收公平；税收征纳强调"不支付超过法定税额的权利"；而预算支出要求预算必须公开。从适用层面来看，狭义说更加贴近实务，范围具有明确性。在狭义说的基础之上，纳税人的权利来自于法律的规定，同时也应置于依法纳税义务之前，即纳税人只有在获得权利保障之后，法定的纳税义务才应履行，此时也才存在讨论义务履行的可能性与必要性，纳税人权利保护的范围直接影响义务的履行程度。因此，在界定纳税人的权利范围时，不仅应该明确范围所包含的内容，还应从义务的视角论证范围的边界问题。

其次，税法作为公共财产法的有机组成部分，应当摈弃传统"管理法"之定位，而导向以纳税人为中心的"治理法""服务法"的基本定位。即与前文相呼应，更加强调纳税人的权利，而非依法纳税义务，在逻辑顺序上，应当是纳税人的权益优先于依法纳税，也就是以更好的权利保障促进更好的依法纳税。因此有学者提出，应当将纳税人权利保护作为《税收征管法》的立法之基。从法治的发展趋势来看，权利本位逐渐替代义务本位，成为法律的根本理念，而税法虽然具有强制性，但其正当性来源于权利本位的根本理念，也只有具备正当性，才有实施的可能性。因此，应当将纳税人权利保护的理念置于税法强制性之先，从而建构正当性之基础。

案例三：郑某某逃税案[1]

一、基本案情

2005 年 5 月，被告人郑某某与黄某某签订《财政局培训中心大楼转让中介费协议》，约定黄某某付给郑某某中介费 300 万元。同年 11 月郑某某出具了收到中介费 225 万元的收条。2006 年 11 月至 2009 年 11 月，黄某某陆续通过甘肃金昱房地产开发有限公司支付郑某某中介费 35 万元。2010 年 2 月至 2011 年 9 月黄某某通过甘肃金昱房地产开发有限公司以现金及转账形式支付郑某某中介费 40 万元及利息 2 万元。2008 年 8 月，黄某某出具财政局培训大楼中介费 300 万元的税费由其承担的承诺书。

2014 年 7 月秦州区地方税务局稽查局先后作出税务处理及行政处罚决定书，要求郑某某缴纳个人所得税 825 000 元、营业税 150 000 元、城市维护建设税 10 500 元、教育费附加 4500 元；营业税罚款 75 000 元、城市维护建设税罚款 5250 元、个人所得税罚款 412 500 元，合计 1 482 750 元。因郑某某未在规定期限内缴纳税款及罚款，稽查局将案件移送公安机关。2015 年 9 月，稽查局针对未征税的 40 万元又作出税务处理及行政处罚决定书，要求郑某某缴纳个人所得税 121 000 元；个人所得税罚款 60 500 元。因郑某某未在规定期限内缴纳税款及罚款，稽查局再次将案件移送公安机关。

2015 年 1 月，郑某某以居间合同纠纷将黄某某诉至秦州区人民法院，要

---

〔1〕 一审判决书：天水市秦州区人民法院（2016）甘 0502 刑初 164 号；二审判决书：甘肃省天水市中级人民法院（2016）甘 05 刑终 94 号。

求黄某某支付 300 万元中介费所产生的各项税费及罚款 1 482 750 元。秦州区人民法院审理后判决支持了郑某某的诉讼请求。宣判后黄某某提出上诉，天水市中级人民法院作出终审民事判决，判决黄某某支付因中介费所产生的税费 99 万元。判决生效后，秦州区人民法院依法查封、冻结了黄某某的相应个人财产。

黄某某于 2016 年 5 月至 9 月分次将全部税款 1 111 000 元缴纳至秦州区地方税务局，罚款合计 553 250 元未缴纳。秦州区地方税务局向郑某某出具了 1 111 000 元的税收缴款书。

二、法律问题

1. 郑某某和黄某某谁应该成为税法意义上的纳税主体？
2. 对于本案中两方当事人所涉及的逃税罪应该如何认定？

三、法理分析

（一）郑某某和黄某某谁应该成为税法意义上的纳税主体？

根据《税收征管法》及《税收征管法实施细则》相关规定，法律、行政法规规定负有纳税义务的单位和个人为纳税人。从上述法律及行政法规的规定看，纳税义务人是法定的、特定的和具体的。根据《中华人民共和国个人所得税法》及《个人所得税法实施条例》的相关规定，本案被告人郑某某就其个人收入负有法定纳税义务，被告人郑某某是刑法所规定的逃税罪适格主体。辩护人所提交的最高人民法院公布案例及秦州区人民法院、本院依法作出的两次民事判决书对于税款负担的约定的合法性的认定、判断，与上述法律、行政法规关于纳税义务人的强制性规定并不矛盾。上述民事案例仅能够说明民事主体之间可以约定税款承担，但是并不能改变税务机关对纳税主体的确认，更不能以约定为由改变法定的纳税主体，免除纳税人的法定纳税义务。民事主体之间对于税款负担的约定至产生民法上债的效力，对于民事主体以外的税务机关不产生法律效力。

（二）对于本案中两方当事人所涉及的逃税罪应该如何认定？

上诉人郑某某在收到黄某某支付的中介费后，对其纳税的法定义务是明知的，所以才与黄协商由黄某某签订了关于缴纳税款的相关书面承诺。但是，基于法律产生的本人纳税义务并未因此承诺而消失。而郑某某陆续收到中介费后几年内并没有向税务机关申报纳税，至 2014 年税务机关接到举报查处，两次催缴税款仍未积极协商黄某某缴纳，直至侦查机关刑事立案，仍然不履行其纳税义务。上述事实能够证明上诉人郑某某主观上具有明知其有纳税义务而拒不履行的逃税故意。上诉人郑某某基于与黄某某税款负担的约定而产生纳税主体已转移至他人的错误认识，在刑法理论上不影响以逃税罪对其的定罪处罚。

四、参考意见

本案例涉及对逃税罪的认定，我们可以对此罪名从客观行为表现和主观状态进行全面的分析。

首先，对于逃税罪犯罪行为"采取欺骗、隐瞒手段进行虚假纳税申报或者不申报"在实践中产生了两种理解：一种理解是"采取欺骗、隐瞒手段"分别修饰"虚假纳税申报"和"不申报"；另一种理解是"采取欺骗、隐瞒手段"仅修饰"虚假纳税申报"，不修饰"不申报"，"不申报"本身就是一种逃税行为。笔者赞同后一种理解。逃避缴纳税款是对特定义务的违反，采取欺骗、隐瞒手段属于积极的违反特定义务，而消极的不申报仍然属于对特定义务的违反，实践中，行为人既可以采取"欺骗、隐瞒的手段"对不申报行为进行掩饰，也可能未采取任何手段，仅仅是消极地不申报。

其次，关于逃税罪的主观状态及犯罪形态逃税罪的构成要件中，主观上必须是故意实施一种企图逃税的行为，要求行为人主观上知道自己的行为违反税法。"采取欺骗、隐瞒手段进行虚假申报"立法上对故意要件的要求非常明确，这一点并无异议。从逃税罪的立法目的来看，"不申报"在主观上同样要求故意，有学者认为我国《刑法》条文的字面语义对"不申报"的主观故意要件不够明确，主张明确解释逃税罪在主观方面必须具备逃税的故意。实际上，这一问题通过法律解释即可解决——"采取欺骗、隐瞒手段进行虚假申报"和"不申报"并列为逃税罪的犯罪行为，前者明显要求主观故意，依据同类解释规则，后者主观上同样必须是故意。

🔖 拓展案例

案例一：王某诉长治市地方税务局稽查局税务行政处罚
及长治市地方税务局行政复议纠纷案[1]

一、基本案情

2014年12月15日，稽查局根据举报对王某偷逃税款的违法行为进行立案检查，同日送达了税务检查通知书。2014年12月18日，稽查局向王双印送达提供纳税资料通知书。2014年12月16日至12月23日，稽查局向租赁户孙某、长治市英雄中路办事处蔡家巷居委会、英雄中路办事处进行了调查取证，取得了王某出租房屋的收入情况及租赁房屋的面积情况等相关证据。2015年1月6日，稽查局向王某送达了行政处罚事项告知书，告知了拟对其进行罚款的数额及享有听证的权利。2015年1月22日，根据王某的听证申请要求，举行了税务行政处罚听证会，充分听取了王某及委托代理律师的陈述和申辩意见，制作了听证笔录。2015年2月3日，稽查局作出长地税稽处（2015）2号税务处理决定书。同年2月11日，作出长地税稽罚（2015）3号行政处罚决定书，认定王双印对外出租的房屋面积共计862.28平方米，其中商业用房49.14平方米（占全部面积的5.7%），住宅和车棚813.14平方米（占全部面积的94.3%），并分别计算出租商用房及住宅用房应缴的各项税费。其中2010年未申报缴纳营业税3042.11元、城市维护建设税212.95元、房产税7976.24元、土地使用税786.24元、印花税10.20元、教育费附加91.26元、价格调节基金45.63元、个人所得税13 177.95元；2011、2012年未申报缴纳营业税6967.95元、城市维护建设税487.76元、房产税18 269.60元、土地使用税786.24元、印花税23.37元、教育费附加209.04元、价格调节基金104.52元、地方教育费附加139.36元、个人所得税31 303.57元；2013年未申报缴纳营业税6772.51元、城市维护建设税474.08元、房产税17 757.16元、土地使用税786.24元、印花税22.71元、教育费附加203.18元、价格调节基金101.59元、地方教育费附加135.45元、个人所得税30 399.25

---

[1] 一审判决书：山西省长治市城区人民法院（2015）城行初字第47号。

元；2014 年未申报缴纳营业税 1331.27 元、城市维护建设税 93.19 元、房产税 3490.52 元、土地使用税 786.24 元、印花税 4.46 元、教育费附加 39.94 元、价格调节基金 19.97 元、地方教育费附加 26.63 元、个人所得税 6034.07 元。2010 年至 2014 年度，王某共有未缴营业税 25 081.79 元、城市维护建设税 1755.74 元、印花税 84.11 元、房产税 65 763.12 元、土地使用税 3931.2 元、教育费附加 752.46 元、价格调节基金 376.23 元、地方教育费附加 440.80 元、个人所得税 112 218.41 元。依据《税收征管法》第 64 条第 2 款，处以不缴税款 50% 的罚款，其中对营业税处以罚款 12 540.90 元，城市维护建设税处以罚款 877.87 元，房产税处以罚款 32 881.56 元，印花税处以罚款 42.06 元，土地使用税处以罚款 1965.60 元，以上应缴罚款共计 48 307.99 元。2015 年 2 月 27 日王某补缴了税款、滞纳金、罚款、基金及其附加。后王某不服，向税务局提出行政复议。

二、法律问题

1. 关于长治市地方税务局稽查局是否正当履行复议机关的法定职责的问题。
2. 关于长治市地方税务局稽查局适用法律是否正确的问题。

三、重点提示

（一）关于长治市地方税务局稽查局是否正当履行复议机关的法定职责的问题

根据《税收征管法》第 14 条（本法所称税务机关是指各级税务局、税务分局、税务所和按照国务院规定设立的并向社会公告的税务机构）、第 54 条（税务机关有权进行下列税务检查：①检查纳税人的账簿、记账凭证、报表和有关资料，检查扣缴义务人代扣代缴、代收代缴税款账簿、记账凭证和有关资料；②到纳税人的生产、经营场所和货物存放地检查纳税人应纳税的商品、货物或者其他财产，检查扣缴义务人与代扣代缴、代收代缴税款有关的经营情况；③责成纳税人、扣缴义务人提供与纳税或者代扣代缴、代收代缴税款有关的文件、证明材料和有关资料；④询问纳税人、扣缴义务人与纳税或者代扣代缴、代收代缴税款有关的问题和情况；⑤到车站、码头、机场、邮政企业及其分支机构检查纳税人托运、邮寄应纳税商品、货物或者其他财产的有关单据、凭证和有关资料；⑥经县以上税务局（分局）局长批准，凭全国统一格式的检查存款账户许可证明，查询从事生产、经营的纳税人、扣缴义务人在银行或者其他金融机构的存款账户）、《税收征收管理法实施细则》第 9 条之规定（税收征管法第 14 条所称按照国务院规定设立的并向社会公告的税务机构，是指省以下税务局的稽查局。稽查局专司偷税、逃避追缴欠税、骗税、抗税案件的查处），稽查局作为税务稽查工作的行政主管部门，具有对本辖区内的从事生产、经营的纳税人涉税情况进行检查并对违法行为予以处罚的法定职责。

根据上述规定，长治市地方税务局稽查局对王双印的偷税漏税的情况进行调查并作出相应行政处罚的行政行为完全在其法定职责范围内，并无不当。

（二）关于长治市地方税务局稽查局适用法律是否正确的问题

《税收征管法》第 64 条第 2 款规定："纳税人不进行纳税申报，不缴或者少缴应纳税款的，由税务机关追缴其不缴纳或者少缴的税款、滞纳金，并处不缴或者不缴的税款 50% 以上 5 倍以下的罚款。"本案中，稽查局对王双印未缴营业税、城市维护建设税、房产税、印花税、土地使用税分别按未缴税额处以 50% 的罚款，符合法律规定，处罚适当。稽查局在作出处罚前履行了立案、调查取证、听证、权利义务告知、作出处罚决定及送达等法定程序，处罚程序合法。

案例二：恩平市基隆实业有限公司与广东省恩平市地方税务局等行政处罚纠纷上诉案[1]

一、基本案情

基隆公司成立于 2001 年 7 月 16 日，为被查账征税企业，原法定代表人为谭某，2014 年 4 月 11 日，基隆公司的法定代表人变更为梁某。

2011 年 12 月 1 日，恩平地税局向基隆公司送达《调取账簿资料通知书》，调取基隆公司 2006 年 1 月 1 日至 2010 年 12 月 31 日的账簿、凭证以及其他有关的纳税资料进行检查，请基隆公司于 2011 年 12 月 5 日前送到。2011 年 12

---

[1]　一审判决书：广东省江门市江海区人民法院（2015）江海法行初字第 265 号；二审判决书：广东省江门市中级人民法院（2016）粤 07 行终 144 号。

月 6 日，基隆公司书面回复称无法提供，原因是因 2008 年连续几场的特大暴雨将其简陋的办公室浸没，导致所有的资料已全部毁坏，此后与客户都约定月结，也一直没有建立账册。2012 年 3 月 6 日、6 月 19、20 日，恩平地税局分别对谭某、基隆公司会计、前会计进行询问，三人均表示不能提供会计账簿材料。2012 年 6 月 13 日，恩平地税局向基隆公司发出《税务检查通知书》，从该通知书送达之日起对基隆公司 2006 年 1 月 1 日至 2010 年 12 月 31 日期间涉税情况进行检查，请基隆公司如实反映情况，提供有关资料。2012 年 7 月 2 日，恩平地税局向基隆公司寄出《限期提供资料通知书》，限基隆公司于 2012 年 7 月 5 日前完整、齐全提供 2006 年至 2010 年的会计账簿、记账凭证和原始凭证等资料。基隆公司并未提供上述资料。恩平地税局根据《税收征管法》第 35 条的规定，采用核定方式核定基隆公司应纳税额。在核定过程中，恩平地税局核查了《广东省恩平市横陂镇基隆水泥用石灰岩矿 2011 年度矿山储量年报》（以下简称《2011 年度矿山储量年报》）、《广东省恩平市横陂镇基隆水泥用石灰岩矿 2011 年度矿山储量年报审查意见书》（以下简称《审查意见书》），并核查了从基隆公司购石的各购石单位账簿以及基隆公司的中国工商银行客户存款对账单。2014 年 11 月 20 日，恩平地税局作出恩地税处〔2014〕1 号《税务处理决定书》，认定基隆公司拒不提供账簿、记账凭证等纳税资料，根据《税收征管法》第 35 条之规定，采用合理方法对基隆公司的石灰石产量和单位销售价格进行了核定，进而据此核定基隆公司 2006 年 1 月 1 日至 2011 年 12 月 31 日期间（税款所属期，以下简称同期）应纳资源税 14 369 685.12 元，应纳企业所得税 2 399 945.07 元，并核实基隆公司同期已申报缴纳和已由石灰石收购方代扣代缴的资源税 4 582 398.39 元，已申报缴纳企业所得税 160 448.42 元，同期分别少缴资源税 9 787 286.73 元，少缴企业所得税 2 239 496.65 元。该《税务处理决定书》同时认定，基隆公司的上述行为属于进行虚假的纳税申报，导致少缴应纳税款，根据《税收征管法》第 63 条之规定，已构成偷税。

2015 年 7 月 13 日，基隆公司从恩平地税局处取得恩地税处〔2014〕1 号《税务处理决定书》和恩地税罚〔2015〕1 号《税务行政处罚决定书》。之后，基隆公司并没有就恩地税处〔2014〕1 号《税务处理决定书》申请行政复议，也没有按照该《税务处理决定书》的要求缴纳相应的税款。

基隆公司于 2015 年 7 月 20 日向江门地税局就前述《税务行政处罚决定书》申请行政复议，江门地税局当日受理后，将复议申请书副本和税务行政复议答辩通知书送达恩平地税局。恩平地税局在答辩期限内向江门地税局提交了答辩书及相关证据材料，基隆公司向江门地税局提交了律师意见书。在行政复议过程中，江门地税局依法延长行政复议期限并告知基隆公司及恩平地税局。2015 年 10 月 15 日，江门地税局作出江地税复决字［2015］1 号《税务行政复议决定书》，维持恩平地税局对基隆公司作出的行政处罚决定。

二、法律问题

关于恩平地税局作出的恩地税罚［2015］1 号《税务行政处罚决定书》以及江门地税局作出的江地税复决字［2015］1 号《税务行政复议决定书》是否合法的问题。

三、重点提示

1. 根据《税收征管法》第 35 条规定，纳税人有下列情形之一的，税务机关有权核定其应纳税额：①依照法律、行政法规的规定可以不设置账簿的；②依照法律、行政法规的规定应当设置账簿但未设置的；③擅自销毁账簿或者拒不提供纳税资料的；④虽设置账簿，但账目混乱或者成本资料、收入凭证、费用凭证残缺不全，难以查账的；⑤发生纳税义务，未按照规定的期限办理纳税申报，经税务机关责令限期申报，逾期仍不申报的；⑥纳税人申报的计税依据明显偏低，又无正当理由的。本案中，恩平地税局向基隆公司寄出《限期提供资料通知书》，要求限基隆公司于 2012 年 7 月 5 日前完整、齐全提供 2006 年至 2010 年的会计账簿、记账凭证和原始凭证等资料，但基隆公司并未提供上述资料。其已构成第 35 条第 5 款的情形，恩平地税局有权对其进行税收核查。

2. 根据第 63 条规定，纳税人伪造、变造、隐匿、擅自销毁账簿、记账凭证，或者在账簿上多列支出或者不列、少列收入，或者经税务机关通知申报而拒不申报或者进行虚假的纳税申报，不缴或者少缴应纳税款的，是偷税。对纳税人偷税的，由税务机关追缴其不缴或者少缴的税款、滞纳金，并处不缴或者少缴的税款 50% 以上 5 倍以下的罚款；构成犯罪的，依法追究刑事责任。扣缴义务人采取前款所列手段，不缴或者少缴已扣、已收税款，由税务机关追缴其不缴或者少缴的税款、滞纳金，并处不缴或者少缴的税款 50% 以上 5 倍以下的罚款；构成犯罪的，依法追究刑事责任。本案现有证据显示，恩平地税局作出的恩地税处［2014］1 号《税务处理决定书》已经生效，根据该《税务处理决定书》认定的事实，基隆公司存在拒不提供账簿、记账凭证等纳税资料，以及少缴资源税 9 787 286.73 元、少缴企业所得税 2 239 496.65 元等事实，已构成偷税行为，恩平地税局依照《税收征管法》第 63 条的规定，对基隆公司作出的涉案处罚决定，事实清楚，适用法律并无不当。江门地税局收到基隆公司提交的行政复议申请后，依法受理并审查，经延长复议期限后，作出复议决定并送达给基隆公司和恩平地税局，告知基隆公司享有的提起行政诉讼的权利，相关处理程序及结果并未违反相关法律规定。

案例三：江西广大房地产开发有限公司衢州分公司与衢州市地方税务局稽查局行政处罚案[1]

一、基本案情

原告江西广大房开衢州分公司成立于 2007 年 12 月 18 日，系企业法人。同日，原告取得税务登记证号为 330802670260362 的税务登记证，纳税人名称登记为原告，扣缴义务为依法确定。2013 年 11 月 26 日，原告因未参加 2012 年度年检，被依法吊销，但未注销。2013 年 9 月 23 日，被告决定对原告实施立案检查。次日，被告向原告送达衢地税稽检通一［2013］76 号税务检查通知书，决定派庄青、鲍徽音两人，自 2013 年 9 月 24 日起对原告 2010 年 1 月 1 日至 2013 年 8 月 31 日期间的纳税情况进行检查。后因庄青作为援疆干部赴新疆工作，被告于 2014 年 5 月 26 日决定变更检查人员为姜新磊、鲍徽音，并将变更情况书面通知原告。2015 年 5 月 18 日，被告将该税务稽查案提交稽查局集体审理。同年 5 月 25 日，经集体审理，被告作出税收违法案件集体审理纪要，议定意见为追缴税款、加收滞纳金、建议行政处罚及移送公安处理等。

---

〔1〕 一审判决书：浙江省衢州市柯城区人民法院（2016）浙 0802 行初 83 号。

同年 6 月 29 日，被告作出《重大税务案件审理提请书》，将该案报请衢州市地方税务局审理委员会审理。同年 8 月 3 日，衢州市地方税务局作出衢地税重审意字［2015］1 号《重大税务案件审理委员会审理意见书》，同意被告拟处理意见。同年 8 月 10 日，被告作出衢地税稽罚告［2015］46 号税务行政处罚事项告知书，告知原告拟处罚决定及陈述、申辩、听证权利。因无法向原告直接送达，被告于 2015 年 10 月 9 日公告送达，公告送达期限为 30 日。公告期满，原告未签收。同年 11 月 16 日，被告对原告作出衢地税稽处［2015］61 号税务处理决定书，决定追缴 2010 年至 2013 年 8 月少缴的营业税 903 849.92 元，少缴的城市维护建设税 67 034.33 元，少缴的企业所得税 12 569 738.04 元等。同日，被告对原告作出衢地税稽罚［2015］64 号税务行政处罚决定书，决定对原告少缴税行为处以少缴营业税、城市维护建设税、企业所得税税款各 50% 的罚款，计金额 6 770 311.15 元。因被告无法将上述处罚决定书、处理决定书向原告直接送达，被告于 2015 年 12 月 4 日公告送达，该送达公告载明，限该单位自本公告发布之日起 30 日内到衢州市柯城区荷三路 28 号原市政府大院 1 号楼 229 室签收税务行政处理决定书、税务行政处罚决定书，逾期不签收的视为送达。2016 年 3 月 28 日，原告签收上述税务行政处理决定书、税务行政处罚决定书。同年 6 月 12 日，原告提起本案行政诉讼，诉请判决撤销被告作出的衢地税稽罚［2015］64 号税务行政处罚决定书。

二、法律问题

1. 关于原告认为其资料保管不善导致无法提供完整的开发成本资料，应当减轻其责任的问题；

2. 关于对原告企业所得税应当核定征收还是查账征收的问题；

3. 关于被告作出的行政处罚是否违法的问题。

三、重点提示

（一）关于原告认为其资料保管不善导致无法提供完整的开发成本资料，应当减轻其责任的问题

根据《税收征管法》第 19 条的规定，纳税人、扣缴义务人按照有关法

律、行政法规和国务院财政、税务主管部门的规定设置账簿，根据合法、有效凭证记账，进行核算。该法第24条规定，从事生产、经营的纳税人、扣缴义务人必须按照国务院财政、税务主管部门规定的保管期限保管账簿、记账凭证、完税凭证及其他有关资料。账簿、记账凭证、完税凭证及其他有关资料不得伪造、变造或者擅自损毁。可见，依法设置、保管账簿、记账凭证、完税凭证等系纳税人的法定义务，税务主管部门有权查账核算应纳税数额。原告认为其资料保管不善导致无法提供完整的开发成本资料，该违反法定义务的行为不应当成为减轻其责任的正当事由。

（二）关于对原告企业所得税应当核定征收还是查账征收的问题

《税收征管法》第35条规定了税务机关有权核定征收的具体情形，并规定税务机关核定应纳税额的具体程序和方法由国务院税务主管部门规定。《国家税务总局关于印发〈企业所得税核定征收办法（试行）〉的通知》（国税发〔2008〕30号）第10条至第14条分别规定了确定核定征收企业所得税的企业的鉴定程序、公示程序以及纳税人的纳税申报等。可见，核定征收企业所得税的纳税人，应当依法定程序经有权机关审批确定。本案中，原告未经上述程序，不符合核定征收条件。

（三）关于被告作出的行政处罚是否违法的问题

被告经查账，确定原告应申报、已申报、少申报或多申报企业所得税额，符合法律规定。原告认为被告少列其成本，并提供了相应的合同证明，因合同本身并不能证明合同已经实际履行，在原告未提供合同已经履行完毕的发票、结算凭证的情况下，被告未将其列为成本，符合《国家税务总局关于印发〈房地产开发经营业务企业所得税处理办法〉的通知》（国税发〔2009〕31号）第34条关于"企业在结算计税成本时其实际发生的支出应当取得但未取得合法凭据的，不得计入计税成本，待实际取得合法凭据时，再按规定计入计税成本"的规定。故原告关于应当核定征收其企业所得税的主张，理由不能成立，法院不予支持。综上，被告认定原告少缴营业税、城市维护建设税、企业所得税的事实清楚；其根据《税收征管法》第63条第1款关于"对纳税人偷税的，由税务机关追缴其不缴或者少缴的税款、滞纳金，并处不缴或者少缴的税款50%以上5倍以下的罚款"的规定，对原告处以少缴营业税、城市维护建设税、企业所得税税款各50%的罚款，适用法律正确，处罚适当；被告在作出本案处罚决定前，履行了立案、调查、告知原告陈述、申辩、听证权利等义务，经被告集体审理及衢州市地方税务局重大税务案件审理委员会审理后，作出涉案行政处罚决定并依法公告送达，并不违法。

案例四：大同高速公路建设管理处与山西省大同市地方税务局稽查税务行政处罚案[1]

一、基本案情

山西省大同市地方税务局稽查局按照上级指示规定，对大同市范围内的高速公路进行税收专项检查。大同高速公路建设管理处负责的灵山高速路灵丘路段的项目于2009年6月开工，途径灵丘县、浑源县、山阴县、应县。依据国土部门批复和大同市宏达测绘公司的测绘报告，灵山高速公路灵丘境内占用土地292.7054公顷，其中农用地面积248.741公顷。土地管理部门对原告使用土地作出的批复时间为2012年2月。山西省大同市地方税务局稽查局于2015年7月6日向大同高速公路建设管理处下达了《税务检查通知书》。在检查中，山西省大同市地方税务局稽查局查明大同高速公路建设管理处于2009年向灵丘县地税局进行了纳税申报，对农用地面积按每平方米2元缴纳了耕地占用税。灵丘县地税局出具了耕地占用税完税证、税收缴款书。但山西省大同市地方税务局稽查局认为大同高速公路建设管理处所建的灵丘县境内王庄堡服务区、灵丘服务区占用的耕地面积80 000平方米，未按灵丘县耕地占用税每平方米15元申报缴纳，造成少缴耕地占用税1 040 000元。山西省大同市地方税务局稽查局依法对大同高速公路建设管理处进行了处罚，于2015年7月21日作出同地税稽罚（2015）6号税务行政处罚决定书，决定对大同高速公路建设管理处应交未交的耕地占用税1 040 000元，处以少缴税款50%的罚款520 000元。大同高速公路建设管理处收到处罚决定书后已于2015年8月3日依法缴纳了罚款。另查明，2016年7月15日，山西省大同市地方税务局稽查局向大同高速公路建设管理处送达了税务行政处罚事项告知书，

---

[1]　一审判决书：大同市城区人民法院（2015）城行初字第101号行政判决；二审判决书：山西省大同市中级人民法院（2016）晋02行终32号。

告知大同高速公路建设管理处有陈述、申辩和要求听证的权利。次日，大同高速公路建设管理处进行了陈述、申辩。而在规定的期限内大同高速公路建设管理处未书面提出听证申请。2015 年 7 月 21 日山西省大同市地方税务局稽查局作出同地税稽处（2015）12 号税务处理决定书，决定追缴大同高速公路建设管理处所欠耕地税 1 040 000 元。

二、法律问题

关于本案诉争土地的耕地占用税的纳税起算时间及是否超过追征期的问题。

三、重点提示

税务追征期的计算，按照法律规定，应当自纳税人发生纳税义务的时间开始计算。国土资源部国土资函（2011）889 号批复，由山西省人民政府晋政地字（2011）536 号转发，再由大同市人民政府于 2012 年 2 月 22 日以同政地字（2012）3 号文件转发，因此，诉争土地的耕地占用税的纳税义务发生时间应从 2012 年 2 月 22 日开始计算。《税收征管法》第 52 条第 2 款规定，因纳税人、扣缴义务人计算错误等失误，未缴或者少缴税款的，税务机关在 3 年内可以追征税款、滞纳金；有特殊情况的，追征期限可以延长到 5 年。本案中，大同高速公路建设管理处虽于 2009 年缴纳了部分税款，但从 2012 年 2 月 22 日起其应当补缴欠缴的税款。而大同高速公路建设管理处一直未主动补缴税款，故山西省大同市地方税务局稽查局于 2015 年 7 月 21 日作出征税决定追缴大同高速公路建设管理处欠缴的税款，追征期并未超过法律规定的特殊情况为 5 年的法定期限。

案例五：江苏格雷特起重机械有限公司不服南通市通州区国家税务局税务行政处理案[1]

一、基本案情

自 2011 年 4 月 25 日起，被告南通市通州区国家税务局按照上级部门的要

---

〔1〕 一审判决书：江苏省南通市通州区人民法院（2012）通行初字第 0045 号。

求和步骤，继续开展由省国税局集中选案的重点税源企业 2007~2009 年度增值税、消费税、企业所得税的税收检查工作。2011 年 6 月，被告向原告江苏格雷特起重机械有限公司调取了相关账簿、凭证以及其他有关纳税资料。经委托鉴定、查询及被告调查核实，查明原告取得的收款方为南通市航海金属构件厂的 3 张发票系案外人翁海峰委托他人开具的实为南通百缘人力资源有限公司领购的发票；收款方为通州市旺发建筑安装工程有限公司的 2 张发票系案外人范建军委托他人代开的假发票；收款方为南通旭东劳务服务部的 2 张发票系案外人邱霞委托他人非法代开；收款方为通州市虹业劳务技术有限公司的 14 张发票系案外人薛素娴、於志林等人委托他人代开的假发票；收款人为南京固延建筑工程有限公司的 2 张发票系案外人姜志光、姜年平等人开具的假发票。上述发票均属于《发票管理办法实施细则》规定的不符合规定的发票，且发票所计金额 11 404 381.10 元均已结转成本。2011 年 8 月 11 日，南通市通州区国家税务局稽查局对原告作出了限期责令改正通知书。南通市通州区国家税务局于 2011 年 12 月 12 日作出通州国税处［2011］170 号税务处理决定书，其主要内容为：调增江苏格雷特起重机械有限公司应纳税所得额 11 404 381.10 元，补缴企业所得税 2 851 095.28 元，并从滞纳之日起依法计算加收滞纳金。

二、法律问题

关于被告作出的《税务行政处理决定书》适用法律是否正确？

三、重点提示

国务院税务主管部门主管全国税收征收管理工作。各地国家税务局和地方税务局应当按照国务院规定的税收征收管理范围分别进行征收管理。被告依据《税收征管法》有关规定，依法对纳税人实施税务稽查管理，是在其法定职责范围内履行职责。

《中华人民共和国企业所得税法》（以下简称《企业所得税法》）第 1 条规定，"在中华人民共和国境内，企业和其他取得收入的组织（以下统称企业）为企业所得税的纳税人，依照本法的规定缴纳企业所得税"；《税收征管法》第 19 条规定"纳税人、扣缴义务人按照有关法律、行政法规和国务院财政、税务主管部门的规定设置账簿，根据合法、有效凭证记账，进行核算"；《中华人民共和国发票管理办法》（修改前）第 22 条规定，"不符合规定的发票，不得作为财务报销凭证，任何单位和个人有权拒收"。原告作为企业所得税的纳税人，应依法缴纳企业所得税，纳税人申报的扣除要真实、合法。本案中，原告取得的 23 张发票都是不符合规定的发票，不是合法、有效的记账凭证，不能真实反映其关联业务的往来情况。国家税务总局也多次发文规定不符合规定的发票不得作税前扣除凭证。原告将不符合规定的发票作为记账凭证，在账簿上多列支出税前扣除，造成了当期少缴纳企业所得税。被告在调查核实的基础上，依照《企业所得税法》《税收征管法》等有关规定，作出调整原告应纳税所得额 11 404 381.10 元、追缴企业所得税 2 851 095.28 元并缴纳滞纳金的处理决定符合法律规定。

案例六：浙江神舟置业有限公司诉绍兴市
国家税务局稽查局等行政复议案[1]

一、基本案情

2007 年 3 月 12 日，原告神舟置业公司成立。同年 11 月 14 日，原告神舟置业公司通过公开竞拍获得杨汛桥镇鼎峰住商用地。同日，原告与绍兴县国土资源局签订《国有土地使用权出让合同》，合同约定土地条件以现状为准，总成交价为 2818 万元，另约定受让人在受让宗地时的其他要求：杨汛桥鼎峰住商地块有拆迁安置户 28 户属产权调换原地安置，土地竞得人必须按杨汛桥镇人民政府的安置方案实施安置。12 月 20 日，绍兴县杨汛桥镇人民政府与鼎峰水泥公司签订《鼎峰住商地块拆迁补偿协议》，协议约定鼎峰住商地块由镇政府委托鼎峰水泥公司组织拆迁，镇政府应支付鼎峰水泥公司拆迁补偿款 20 857 375 元，实际结算时扣除绍兴县杨汛桥镇畜牧兽医站补偿款 534 915 元以及按挂牌公告设置回购条件鼎峰水泥公司应支付给镇政府的 363.9674 万元后，最终镇政府应付给鼎峰水泥公司的款项合计为 16 682 786 元。12 月 21 日，鼎峰水泥公司收到镇政府上述拆迁补偿款。12 月 31 日，鼎

---

[1] 判决书：绍兴市越城区人民法院（2016）浙 0681 行初 300 号。

峰水泥公司将该笔款项以"收回江二建借款"为名目记账。在拆迁过程中，鼎峰水泥公司共应支付 39 户居民补偿总额 8 723 612.24 元和 1 户法人洪峰大酒店补偿总额 4 241 854.86 元，合计 12 965 467.10 元。2011 年 8 月 31 日，原告神舟置业公司以现金方式支付两名拆迁户安置款合计 312 291.40 元。同年 11 月 30 日，原告以与鼎峰水泥公司签订协议方式，结转鼎峰水泥公司拆迁支出合计 12 653 175.70 元。前述两笔合计金额为 12 965 467.10 元。

2015 年 3 月 4 日，被告市稽查局下达税务稽查任务通知书，于 2015 年 3 月 5 日至 2015 年 4 月 15 日对原告 2007 年 3 月 1 日至 2013 年 12 月 31 日期间的涉税情况实施了检查，案件经绍兴市国家税务局重大税务案件审理委员会审理后，被告市稽查局于 2015 年 10 月 14 日作出绍兴国税稽处〔2015〕79 号税务处理决定书及绍市国税稽罚〔2015〕87 号税务行政处罚决定书，决定对原告偷税等违法行为进行处理，并处罚款 1 290 388.14 元。原告对绍市国税稽罚〔2015〕87 号税务行政处罚决定书不服，因本案系重大税务案件，原告以绍兴市国家税务局为被申请人向被告省国税局申请行政复议，被告省国税局于 2016 年 2 月 25 日作出浙国税复决〔2016〕1 号税务行政复议决定书，维持被告市稽查局作出的绍市国税稽罚〔2015〕87 号税务行政处罚决定。

二、法律问题

关于 12 965 467.10 元拆迁费支出是否应由原告神舟置业公司列支？

三、重点提示

关于 12 965 467.10 元拆迁费支出是否应由原告神舟置业公司列支的问题。

原告神舟置业公司于 2007 年 3 月成立后，于同年 11 月 14 日通过公开竞拍获得鼎峰住商地块，与绍兴县国土资源局签订《国有土地使用权出让合同》，根据该合同内容约定，原告神舟置业公司并无拆迁附加义务。而杨汛桥镇人民政府与鼎峰水泥公司于 2007 年 12 月 20 日签订的《鼎峰住商地块拆迁补偿协议》显示，明确该地块由镇政府委托鼎峰水泥公司组织拆迁，故受托拆迁的主体是鼎峰水泥公司，杨汛桥镇政府亦将相关款项划入鼎峰水泥公司账户，故拆迁补偿的收入、支出及财务处理都应由鼎峰水泥进行，拆迁费的支出主体亦是鼎峰水泥公司，与原告神舟置业公司无关。原告神舟置业公司将本应由鼎峰水泥公司列支的拆迁费支出 12 965 467.10 元列入本企业土地成本中，无事实和法律依据。

《税收征管法》第 63 条第 1 款规定，纳税人伪造、变造、隐匿、擅自销毁账簿、记账凭证，或者在账簿上多列支或者不列、少列收入，或者经税务机关通知申报而拒不申报或者进行虚假的纳税申报，不缴或者少缴应纳税款的，是偷税。对纳税人偷税的，由税务机关追缴其不缴或者少缴的税款、滞纳金，并处不缴或者少缴的税款 50% 以上 5 倍以下的罚款；构成犯罪的，依法追究刑事责任。第 64 条第 1 款规定，纳税人、扣缴义务人编造虚假计税依据的，由税务机关责令限期改正，并处 5 万元以下的罚款。本案中，原告通过编造虚假计税依据在土地成本中多列支不应由本企业承担的拆迁费支出，多结转开发产品计税成本及多转主营业务成本，被告据此认定原告 2011 年度存在偷税的违法行为，同时 2013 年度其存在编造虚假计税依据的违法行为，因此绍兴市稽查局作出本案税务行政处罚，事实清楚，证据充分，适用法律法规正确，程序合法。

案例七：镇江市国家税务局稽查局与江苏三汇建设工程有限公司行政处罚案[1]

一、基本案情

2015 年 4 月 15 日至 2016 年 11 月 23 日，被告稽查局对原告三汇公司 2013 年 1 月 1 日至 2014 年 12 月 31 日期间的企业所得税情况进行检查，查出原告存在以下事实：

（一）跨年度工程未及时转收入（以下业务已如期完工并投入使用，但尚未办理决算手续）

1. 原告于 2013 年 7 月 28 日与镇江市水利投资公司长江路环境提升及生态湿地建设工程建设管理处签订合同，承包长江路环境提升及生态湿地建设水上平台工程一标项目，合同总金额为 27 183 778.29 元，计划竣工日期 2013

---

〔1〕 行政判决书：镇江市润州区人民法院（2017）苏 1111 行初 15 号。

年10月17日。主体工程于2013年9月完工，因工程设计调整，部分工程于2014年完工。截至2014年12月31日已开票确认营业收入22 840 000元，确认工程成本26 285 002.99元，已收工程款20 480 000元。合同与已确认收入差额为4 343 778.29元，经原告确认，2014年少计营业收入4 343 778.29元；被告认为2014年应调增应纳税所得额4 343 778.29元。

2. 原告于2013年9月8日与镇江市水利投资公司长江路环境提升及生态湿地建设工程建设管理处签订合同，承包长江路环境提升及生态湿地建设水上平台工程长江路三标，合同总金额为16 996 880.66元，工程于2014年5月完工。截至2014年12月31日已开票确认营业收入12 755 600元，确认工程成本12 484 091元，已收工程款10 300 000元。合同与已确认收入的差额为4 241 280.66元，经原告确认，2014年少计营业收入4 241 280.66元，同时账面已发生施工成本3 255 600元尚未结转，被告认为2014年应调增应纳税所得额985 680.66元。

3. 原告于2013年1月与镇江市光大建筑工程有限公司签订合同，承包春天里桩基工程，合同总金额为19 934 618.88元，因工程拆迁问题，该工程于2014年5月完工。截至2014年12月31日已开票确认营业收入18 500 000元，确认工程成本12 478 272.87元，已收工程款3 500 000元。合同与已确认收入的差额为1 434 618.88元，经原告确认，2014年少计营业收入1 434 618.88元，被告认为2014年应调增应纳税所得额1 434 618.88元。

4. 原告于2011年5月与镇江市润豪房地产开发有限公司签订合同，承包滨江花城45某和47某工程，合同总金额为27 483 016元。2013年10月，与镇江市润豪房地产开发有限公司签订合同增项，承包滨江花城45某装饰工程增项，合同金额为2 854 549.02元。93某、184某合同和199某增项合同合计总金额为30 337 735.02元。该工程于2014年4月完工。截至2014年12月31日已开票确认营业收入25 920 000元，确认工程成本22 389 765.23元，已收工程款23 920 000元。合同与已确认收入的差额为4 417 735.02元，经原告确认，2014年少计营业收入4 417 735.02元，同时账面已发生施工成本3 990 319元尚未结转，被告认为2014年应调增应纳税所得额427 416.02元。

以上共计被告认为应调增2014年应纳税所得额7 191 493.85元，原告应补缴企业所得税1 797 873.46元。

（二）取得非法的普通发票入账

1. 原告的 2013 年 12 月 117 号凭证、120 号凭证和 2013 年 9 月 63 号凭证，取得 15 张增值税普通发票，总金额 4 294 590 元，入账进工程成本 4 294 590 元，主要通过现金支付货款，取得由镇江市亮光建材有限公司开具的 3 份、镇江创亿金属材料有限公司开具的 2 份、镇江金山水泥有限公司开具的 2 份、镇江闽乐建材有限公司开具的 1 份、镇江港和新型建材有限公司开具的 3 份、中石化长江燃料镇江分公司开具的 2 份和中海油销售镇江有限公司开具的 2 份增值税普通发票，以上 15 份增值税普通发票均是套打票，开票日期、品名、金额和购货方均不相同。

2. 原告的 2014 年 4 月 34 号凭证、4 月 35 号凭证、4 月 67 号凭证、4 月 68 号凭证、4 月 69 号凭证、4 月 70 号凭证、4 月 71 号凭证和 4 月 72 号凭证，取得的 42 张增值税普通发票（其中三份是重号：14 273 718、14 273 704 和 14 294 722），总金额 28 356 822.2 元，但入账进工程成本 28 353 822.2 元（2014 年 4 月 68 号凭证少入 3000 元），主要通过现金支付货款，取得由镇江弘光建材有限公司开具的 12 份、江苏永元钢材贸易有限公司开具的 23 份、镇江仁缘建材贸易有限公司开具的 6 份、江苏鹤林水泥有限公司开具的 1 份增值税普通发票，以上 42 份增值税普通发票均是套打票，开票日期、品名、金额和购货方均不相同。

被告认为，应调增 2013 年应纳税所得额 4 294 590 元，原告应补缴企业所得税 1 073 647.5 元；调增 2014 年应纳税所得额 28 353 822.2 元，原告应补缴企业所得税 7 088 455.55 元。

被告查获原告上述使用套打发票行为后要求原告整改，后原告仍向被告提交了如东县洋口镇富利加油站、镇江市华建工程劳务有限公司等单位开具的不符合规定的发票。

2016 年 7 月 7 日，被告向原告送达镇国税稽告（2016）25 号《税务行政处罚事项告知书》，告知原告依法享有的陈述、申辩、听证权利，原告收到告知书后 3 日内书面提出听证申请，被告于 2016 年 7 月 29 日组织了听证。

2016 年 12 月 5 日，被告对原告作出镇国税稽罚〔2016〕600002 号行政处罚决定书，认为原告"跨年度工程未及时转收入"的行为构成《税收征管法》第 63 条规定的"少列收入"；认为原告"取得非法的普通发票入账"的行为构成《税收征管法》第 63 条规定的"伪造记账凭证",均是偷税,对原告上述事实(一)造成少缴的 2014 年度企业所得税 1 797 873.46 元、上述事实(二)造成少缴的 2013 年度企业所得税 1 073 647.5 元和少缴的 2014 年度企业所得税 7 088 455.55 元,依据《税收征管法》第 63 条规定处偷税款 9 959 976.51 元 0.5 倍的罚款计 4 979 988.26 元。

原审法院另查明,庭审中原告对被告认定"跨年度工程未及时转收入"的行为构成偷税无异议;但关于"取得非法的普通发票入账"的行为,原告提交的证据证实,有史某、李某、周某、赵某等人实际分包了涉案工程,原告并向上述 4 人实际支付了部分工程款项,上述 4 人分别向原告提供了上述套打发票共计 57 份入账进工程成本。根据上述证据被告是否欠缴税款尚未调查清楚,被告提供的证据并不充分。

二、法律问题

1. 关于原告"跨年度工程未及时转收入"的行为性质应如何认定?
2. 关于原告"取得非法的普通发票入账"的行为应如何认定?

三、重点提示

(一)关于原告"跨年度工程未及时转收入"的行为性质应如何认定?

根据《企业所得税法》第 3 条"居民企业应当就其来源于中国境内、境外的所得缴纳企业所得税"和《中华人民共和国企业所得税法实施条例》第 23 条"……②企业受托加工制造大型机械设备、船舶、飞机,以及从事建筑、安装、装配工程业务或者提供其他劳务等,持续时间超过 12 个月的,按照纳税年度内完工进度或者完成的工作量确认收入的实现"之规定,原告的行为构成《税收征管法》第 63 条规定的,纳税人伪造、变造、隐匿、擅自销毁账簿、记账凭证,或者在账簿上多列支出或者不列、少列收入,或者经税务机关通知申报而拒不申报或者进行虚假的纳税申报,不缴或者少缴应纳税款的,是偷税。对纳税人偷税的,由税务机关追缴其不缴或者少缴的税款、滞纳金,并处不缴或者少缴的税款 50% 以上 5 倍以下的罚款;构成犯罪的,依法追究刑事责任。扣缴义务人采取前款所列手段,不缴或者少缴已扣、已收税款,由税务机关追缴其不缴或者少缴的税款、滞纳金,并处不缴或者少缴的税款50%以上5倍以下的罚款；构成犯罪的，依法追究刑事责任。本案中，依据第63条规定，原告行为构成偷税漏税，因此被告对原告该行为的处罚决定认定事实清楚，适用法律、法规正确。

（二）关于原告"取得非法的普通发票入账"的行为性质应如何认定？

《税收征管法》第63条规定："纳税人伪造、变造、隐藏、擅自销毁账簿、记账凭证，或者在账簿上多列支出或者不列、少列收入，或者经税务机关通知申报而拒不申报或者进行虚假的纳税申报，不缴或者少缴应纳税款的，是偷税……"从该条法律的构成要件分析，税务机关能够确定"纳税人不缴或者少缴应纳税款及具体数额"，应是纳税人的行为构成"偷税"的必要条件。本案中，根据查明的事实，原告实际向工程分包人支付了部分款项，该款项中包含工程成本，因此，被告并未查清原告是否少缴了应纳税款及具体数额，被告对原告的该行为认定为偷税的主要证据不足，对原告该行为的处罚决定应予撤销。原告有关该部分的诉请有事实依据，依法应予支持。

案例八：黎某诉广东省罗定市国家税务局等复议纠纷案[1]

一、基本案情

原告黎某分别于2013年11月19日和2013年11月26日向广东省罗定市国家税务局（以下简称罗定国税）申报并缴纳了车辆识别号为LFMG2K745D×××9409、LFMG2K74XD×××9289、LFMG2K743D×××9389三辆车的车辆购置税共228 600元。原告黎某在其填写的三份《车辆购置税纳税申报表》中均声明"此纳税申报表是根据《中华人民共和国车辆购置税暂行条例》的规定填报的，我相信它是真实的、可靠的、完整的"，并在"声明人签字"栏签名。原告黎某申报车辆购置税时，提供上述三辆车的机动车销售统一发票、四川一汽丰田汽车有限公司的机动车整车出厂合格证、原告黎某的身份证。罗定国税分别于2013年11月19日和2013年11月26日出具上述三辆车的税收通用完税证明和车辆购置税完税证明给

---

〔1〕 一审判决书：广东省云浮市云城区人民法院（2017）粤5302行初46号。

原告黎某。每辆车的车辆购置税均为 76 200 元，原告共缴纳了 228 600 元的车辆购置税。

原告黎某用取得的车辆完税凭证办理机动车入户，2013 年 11 月 19 日，车辆识别号为 LFMG2K745D××9409 的车辆登记为粤××68 号；2013 年 11 月 26 日，车辆识别号为 LFMG2K74XD××9289 的车辆登记为粤××9 号、车辆识别号为 LFMG2K743D××9389 的车辆登记为的车辆登记为粤××2 号。上述车辆的初始登记所有人均为黎某。

2015 年 9 月 28 日，云浮市云城区人民法院作出（2015）云城法刑初字第 262 号《刑事判决书》，判决书认定：黎某通过其持有的伪造的发票向罗定国税申报缴纳了车辆识别号为 LFMG2K745D××9409、LFMG2K74XD×××9289、LFMG2K743D××9389 三辆车的车辆购置税合共 228 600 元后，用取得的车辆完税凭证办理机动车入户，再将已经入户的机动车车牌及行驶证等证件转卖给他人，判处黎某犯持有伪造的发票罪，判处有期徒刑 1 年 6 个月，缓刑 1 年 10 个月，并处罚金 20 000 元。

2016 年 4 月 8 日，罗定市公安局交通警察大队作出《关于撤销机动车登记的通知》，内容为："黎某：根据云浮市云城区人民法院《刑事判决书》（2015）云城法刑初字第 262 号的判决及《机动车登记规定》（公安部令第 124 号）第 58 条第 1 款的规定，现依法撤销你名下粤××68、粤××2、粤××9 号小型汽车的机动车登记，3 年内你本人不得申请机动车登记。"

2016 年 9 月 22 日，罗定国税出具罗国税税通［2016］5388 号、5389 号、5390 号《税务事项通知书》，通知书内容：黎某于 2016 年 9 月 22 日申请的误收多缴退抵税事项，经审核，不符合受理的条件，决定不予受理。特此通知。不予受理理由如下：未能提供车辆识别号为 LFMG2K74XD×××9289、LFMG2K745D×××9409、LFMG2K743D×××9389 的原车辆完税凭证，资料不齐。

2017 年 1 月 4 日，原告黎某到罗定国税车辆购置税业务窗口申请退回已缴纳的上述 3 辆车的车辆购置税合共 228 600 元，分别填写了三份《车辆购置税退税申请表》，并在"退税原因代码"一栏处填写"G"（G. 误收退税：按照误收税额申请退税），同时，向罗定国税提交了罗定市公安交通警察大队出具的《关于撤销机动车登记的通知》、上述 3 辆车的原完税证明正本及按规定补办的完税凭证、身份证及银行卡复印件、［2015］云城法刑初字第 262 号《刑事判决书》等资料。罗定国税依法受理该退税申请，并出具受理通知书。罗定国税于 2017 年 1 月 19 日作出三份《税务事项通知书》（罗国税税通［2017］46 号、47 号、48 号）。

原告黎某不服罗定国税于 2017 年 1 月 19 日作出三份《税务事项通知书》（罗国税税通［2017］46 号、47 号、48 号），向云浮国税提起复议。云浮国税于 2017 年 3 月 14 日收到原告的复议申请书，并于 2017 年 3 月 16 日作出《受理复议通知书》（云国税复受字［2017］第 1 号）并邮寄送达给原告黎某的委托代理人刘某军。同日，云浮国税向罗定国税发出《行政复议答复通知书》（云国税复提答字［2017］第 1 号）及行政复议申请书副本。罗定国税于 2017 年 3 月 28 日向云浮国税提交《行政复议答辩书》及证据依据材料。2017 年 4 月 21 日，云浮国税作出《行政复议听证通知书》（云国税复听同［2017］1 号），并于 2017 年 4 月 28 日举行了行政复议听证。2017 年 5 月 11 日，云浮国税认为本案案情复杂，不能在规定期限内作出行政复议决定，决定将行政复议审理期限延长 30 日。云浮国税于 2017 年 6 月 6 日作出《行政复议决定书》（云国税复决字［2017］第 1 号），并送达双方当事人，黎某于 2017 年 6 月 8 日签收了该《行政复议决定书》。

二、法律问题

1. 罗定国税认为原告黎某申请退回所交税款 228 600 元没有事实和法律依据，作出不同意退税的决定是否合理？
2. 关于原告退税申请是否符合法定条件？

三、重点提示

（一）罗定国税认为原告黎某申请退回所交税款 228 600 元没有事实和法律依据，作出不同意退税的决定是否合理？

第一，申请人负有如实办理申报纳税的义务和责任。《税收征管法》第 25 条第 1 款规定，纳税人必须依照法律、行政法规规定或者税务机关依照法律、行政法规的规定确定的申报期限、申报内容如实办理纳税申报，报送纳税申报表、财务会计报表以及税务机关根据实际需要要求纳税人报送的其他纳税资料。《车辆购置税征收管理办法》（国家税务总局令第 38 号）第 7 条规定，纳税人办理纳税申报，应如实填写《车辆购置税纳税申报表》。申请人在《车辆购置税纳税申报表》上签字声明了纳税申报表的真实性、可靠性、完整性。可见，申请人明确、清晰自己的纳税行为并应当对自己的行为负责。

第二，《国家税务总局办公厅关于印发〈全国税收征管规范（1.2 版）〉的通知》（税总办发：[2016] 133 号）"3.39.1 误收多缴退抵税"业务概述对误收多缴退抵税定义为："误收多缴退抵税，指因税务机关误收，或纳税人误缴而产生的应退还给纳税人的税款。"原告黎某明知是虚假发票，亦未拥有任何车辆的情况下仍然申报纳税，不存在误缴误收税款的情形。

第三，原告纳税行为是为其转卖其用虚假发票办理的车辆行驶证的违法犯罪行为的工具。根据《刑法》第 64 条的规定："犯罪分子违法所得的一切财物，应当予以追缴或者责赔；对被害人的合法财产，应当及时返还；违禁品和供犯罪所用的本人财物，应当予以没收……"原告所缴纳的税款，属于供其犯罪所用的财物，依法应予没收。

因此，原告的退税申请不符合退税条件，罗定国税认定原告的退税申请不属于误收退税，并决定不予退税，罗定国税作出的三份罗国税税通 [2017] 46 号、47 号、48 号《车辆购置税不予退税通知》，认定事实清楚，证据确凿，适用法律依据正确，程序合法，内容适当。云浮国税维持罗定国税作出的上述行政决定，适用法律依据正确，程序合法，内容适当。

（二）关于原告退税申请是否符合法定条件？

罗定国税认为，原告退税申请不符合法定条件，依法不予退税。

第一，《车辆购置税征收管理办法》第 15 条明确规定了准予纳税人申请退税的情形，而原告已缴纳的税款，并不符合上述规定中准予申请退税的情形。

第二，原告已缴纳的税款，不符合《全国税收征管规范 1.2 版》中定义"误收多缴"的情形，故不予退税。

第三，即使案涉税款"误收多缴"的情形，但原告申请退税已超过法定的 3 年时效期限，依法不予退税。原告申请退还的该三项车辆购置税税款已分别于 2013 年 11 月 26 日、2013 年 11 月 19 日、2013 年 11 月 26 日结算缴纳，原告于 2017 年 1 月 4 日申请退税，距结算缴纳税款之日已超过 3 年。依照《税收征管法》第 51 条的规定，纳税人超过应纳税额缴纳的税款，税务机关发现立即退还；纳税人自结算缴纳税款之日起 3 年内发现的，可以向税务机关要求退还多缴的税款并加算银行同期存款利息，税务机关及时查实后应当立即退还；涉及从国库中退库的，依照法律、行政法规有关国库管理的规定退还。可见，由纳税人自己发现的多缴税款，纳税人应当自结算缴纳税款之日起 3 年内向税务机关提出退还的申请，对于超过了 3 年时效期限提出的退税申请，不符合要求退还税款的法定条件。因此，原告申请退税已超过法定的 3 年时效，依法不予退税。

拓展资料

专题十五　拓展阅读资料

| 第七章 |

金融调控法

专题十六　纪念币法偿性

📚 知识概要

根据《中华人民共和国人民币管理条例》（以下简称《人民币管理条例》）第 18 条的规定，中国人民银行可以根据需要发行纪念币。纪念币是具有特定主题的限量发行的人民币，包括普通纪念币和贵金属纪念币。一般情况下，社会公众更多地将纪念币作为收藏品，与流通人民币相区别，很少有人以纪念币支付价款。但是，实践中确实出现了以纪念币支付价款却被拒收的现象，引申出如何理解纪念币法偿性的问题。

📚 经典案例

李某诉 A 超市拒收纪念币案

一、基本案情

2017 年 7 月 31 日起，中国人民银行陆续发行中国人民解放军建军 90 周年纪念币一套。该套纪念币共 10 枚，其中金质纪念币 2 枚，银质纪念币 7 枚，双色铜合金纪念币 1 枚。2017 年 11 月 30 日，李先生在家乐福天通苑店购物，共计花费 62.80 元。为支付价款，李某使用了 7 枚双色铜合金纪念币进行支付。但是，A 超市收银员认为其无法判定 7 枚纪念币的真伪，故对 7 枚纪念币予以拒收，并要求李某以非纪念币或其他方式支付价款，否则无法结账。李某遂按照 A 超市收银员的要求，以普通人民币支付了购物款。2017 年 12 月 14 日，李先生再次来到家乐福超市购物，再次尝试使用纪念币。A 超市收银员依然表示无法判定纪念币真伪，并予以拒收，李先生后以微信支付方式支付了价款。但是，在第二次购物过程中，李某对 A 超市拒收纪念币的全过程进行了录像。除此之外，李某在其他的生活场景中，也遇到过拒收纪念币的情形。

由于两次购物中，李某使用纪念币支付购物款均被 A 超市拒绝，李某认为 A 超市的拒收行为，违反了《人民币管理条例》第 3 条"中华人民共和国的法定货币是人民币。以人民币支付中华人民共和国境内的一切公共的和私人的债务，任何单位和个人不得拒收"等相关法律规定，妨碍了人民币流通，侵犯公民的货币使用权利，故向 B 法院提起民事诉讼。李某主张，纪念币包括普通纪念币和贵金属纪念币，法定货币都可以流通，普通纪念币是等值流通，贵金属纪念币也可以流通。他在银行兑换的时候，银行明确表示纪念币可以流通，故要求 A 超市书面赔礼道歉，并支付其精神损害赔偿金 1000 元。

2018 年 2 月 27 日上午，B 法院公开审理了该案。李某在庭审中出示了第二次购物时的录像视频，以证明 A 银行存在拒收行为。A 超市对所涉纠纷的真实性不持异议，但认为拒收纪念币的行为并未侵害李某的合法权益，主要答辩理由是：一是《人民币管理条例》第 3 条并不是意味着所有的人民币都能流通且可以支付的，如停止流通的人民币、残缺污损的人民币以及大部分纪念币是可以不收取的；二是超市无法在短时间内甄别一个顾客支付的纪念币，也无法区别其是普通纪念币还是贵金属纪念币，更无法甄别其是否可以流通，超市等经营机构不应承担银行甄别货币能力以及承担与此相关的责任和义务；三是李某提供的两张购物小票显示购物行为已经完成，第一张是以现金支付完毕，第二张是微信支付完毕，证据显示 A 超市收取了人民币，并没有拒收人民币，没有对其造成任何妨碍和影响。综上，A 超市没有实施任何侵权行为，也没有造成侵权后果，也不存在任何侵权故意，所以李某所诉侵权的案件无法成立。经检索，未发现该案后续的裁判文书。

二、法律问题

本案的主要法律问题是，纪念币的法律属性以及法偿性范围，是否与普通的流通人民币相一致，还是有所区别。在此基础上，如何平衡商家和消费者在交易媒介选择上的权利义务关系，是否有允许赋予商家拒收纪念币的权利。

三、法理分析

（一）纪念币的法律属性

根据《人民币管理条例》第18条的规定，纪念币是具有特定主题的限量发行的人民币，包括普通纪念币和贵金属纪念币。中国人民银行从1984年发行第一套普通纪念币至2017年1月，共发行了49套111枚（张）普通纪念币，总发行量约39.1亿枚（张）。因此，纪念币的法定属性是人民币，也就是中华人民共和国的法定货币，适用于《中华人民共和国中国人民银行法》（以下简称《中国人民银行法》）和《人民币管理条例》中关于法定货币的相关规定。

（二）法定货币的法偿性

法定货币的法偿性是其进入流通环节的必要前提，需要法律予以规定和明确。在有关货币研究的论著中，法定货币的法偿性或法偿货币是经常被提及和使用的概念，"法偿货币最早出现于罗马法中，它规定共和国与帝国的市民在所有私人之间或者政府与私人之间的债务支付中均必须接受政府所铸造的各种货币"。[1]按照布莱克法律词典的定义，法偿性是指法定货币依照法律规定在本国区域内具有的偿付债务、购买商品和其他价值交易行为的法律效力[2]。欧盟立法法中对法偿性的定义包含三个层面的内容：①强制接受，即债权人不得拒绝接受欧元纸币和硬币，除非双方约定了其他支付方式；②依面额接受，欧元纸币和硬币的价值等于其面额；③债务，债务人通过支付欧元纸币和硬币可以消灭债务[3]。但是实际上，关于法偿性或法偿货币的内涵，从来没有统一认识，各国政府及学术界往往是在综合考虑本国法定货币的发展历史、国家政治制度、经济水平、税收体制、司法体系等多方面因素

---

〔1〕　张庆麟："论货币的法律概念及其法律属性"，载《经济法论丛》2003年第2期。

〔2〕　Black's Law Dictionary 2858, 8th ed. 2004.

〔3〕　"Commission Recommendation on the scope and effects of legal tender of euro banknotes and coins", 2010/191/EU.

的基础上，通过立法、判例、论著等方式来解释运用这一概念。例如，有学者认为法偿性具有绝对支付效力，具体"是指法定信用货币具有结清本货币区域内一切公司债务的效力，任何债权人不得拒收"[1]，也有学者认为法偿性不是由法律强制力所确定的，而是由"税收驱动货币"来实现的，"为什么会有人接受政府的法定货币？因为政府的货币是缴税和偿还政府其他债务时，政府接受的主要货币。为了免受逃税的惩罚，纳税人需要获得政府的法定货币"[2]。

(三) 法偿性的分类

根据法定货币偿付能力的范围广泛程度，法偿性可以分为无限法偿货币和有限法偿两大类：

1. 无限法偿性，即法定货币具有无限偿付能力，"法律保护取得这种能力的货币，不论每次支付数额多大，不论属于何种性质的支付，即不论是购买商品、支付服务、结清债务、缴纳税款等，支付的对方均不得拒绝接受"[3]。《中国人民银行法》第 16 条和《人民币管理条例》第 3 条均明确规定："中华人民共和国的法定货币是人民币。以人民币支付中华人民共和国境内的一切公共的和私人的债务，任何单位和个人不得拒收"，《人民币管理条例》第 2 条规定："本条例所称人民币，是指中国人民银行依法发行的货币，包括纸币和硬币。"由此可见，我国法律赋予人民币纸币和硬币在我国境内的无限法偿性，以纸币和硬币支付我国境内的一切债务，任何单位和个人不得拒收。

2. 有限法偿性，即法定货币的偿付能力不能一概而论，而是受到外在条件的限制，只有在收款方的能力、货币面值、种类、数量、金额以及使用地域等条件均符合法律规定的情况下，法定货币才具有强制偿付能力，否则收款方有权拒收，政府和付款方均不能据此追究收款方的法律责任。与人民币无限法偿性不同的是，美元和英镑等货币并不是无限法偿性，不具有绝对偿付能力，而是受到一定的限制。美国《货币与金融法》明确规定美元纸币和

---

〔1〕 刘少军、王一轲：《货币财产（权）论》，中国政法大学出版社 2009 年版，第 87 页。

〔2〕 ［美］L. 兰德尔·雷：《现代货币理论》，张慧玉、王佳楠、马爽译，中信出版集团股份有限公司 2017 年版，第 65 页。

〔3〕 黄达编著：《金融学》，中国人民大学出版社 2013 年版，第 37 页。

硬币在偿付所有债务、公共收费、税收和义务方面均具有法偿性[1]，而每一张美元上也都印有 "This note is legal tender for all debts，public and private"。但是，按照美联储的正式解释，美国法律并不强制要求私营组织或个人必须接受美元纸币或硬币作为商品或服务交易的支付手段，私营组织或个人可以自主决定是否接受美元纸币或硬币。例如，一条巴士线路可以拒绝接受一美元面值以下的硬币或纸币，而电影院、剧院、便利店和加油站可以拒绝接受大面额纸币（通常是 20 美元面额以上）。至于英国，由于其特殊政治制度的原因，英格兰银行（Bank of England）发行的纸币和皇家铸造局（The Royal Mint）发行的硬币在英格兰和威尔士地区均具有法偿性，但是由于苏格兰和北爱尔兰有权独立发行纸币，因此英格兰银行发行的纸币在这两个地区没有法偿性，只有硬币的法偿性不受地域限制。此外，在整个英国范围内，低面值硬币的法偿性是受到限制的。例如，只有当一次所使用的 1 便士和 2 便士的硬币总计金额不超过 20 便士时，硬币才具有法偿性。也就是说，英镑硬币仅于法定最高限额内才具有法偿性，如果债务人使用价值总计超过 20 便士的 1 便士和 2 便士硬币，则债权人有权利拒绝接受。

从以上可以看出，在无限法偿性的前提下，法定货币等同于法偿货币，反之亦然。但是，在有限法偿的前提下，所有的法偿货币都是法定货币，但不是所有的法定货币均具有法偿性。

（四）绝对法偿性向有限法偿性演变

从历史发展的角度看，关于法定货币的法偿性，整体的趋势是从无限法偿向有限法偿过渡。在很长一段历史时期内，主流观点认为法定货币具有绝对法偿性。"为保证法偿货币的权威性、维护金融秩序以及便利商业流通，各国均禁止债权人拒收法偿货币，并给债权人以惩戒。如在古代的中国和法国，对于拒收法偿货币的债权人给予严厉的惩罚直至死刑。罗马帝国则是对拒绝接收其法定铸币的债权人处以罚金。在英国，亨利八世对于不接收其颁行的法偿货币是处以罚金和监禁。大革命时期的美国则是按对敌法案处理，其惩罚措施相当粗暴，从没收财产到上颈手枷以示众直至失去其耳朵"[2]。但是，

---

　　[1]　Section 31 U. S. C. 5103.

　　[2]　Arthur Kept, *the Legal Qualities of Money*, Pageant Press，INC. 1956，p. 144，转引自张庆麟：《论货币的法律概念及其法律属性》，载《经济法论丛》2003 年第 2 期。

随着时代的发展，各国逐渐认识到，法定货币的法偿性受到主客观原因的诸多限制，在当前的历史条件下继续坚持无限法偿性既不可能也无必要，故目前很多国家都不再坚持法定货币具有无限法偿性，而是主张法定货币都是有限法偿的。主要原因包括：

1. 进入纸币时代后，各国政府对货币体系的管理能力和水平大大加强，大多能够确保法定货币在本国领域不可动摇的垄断地位，原先预期竞争的其他货币或者交易媒介已经逐渐消亡或者影响式微，法定货币已在本国领域内被广泛使用和普遍接受，各国政府通过坚持法定货币的无限法偿性来确立和维护本国货币统一的必要性大大降低。

2. 多元化支付工具的普及尤其是电子货币时代的来临，使得作为法定货币的纸币和硬币的使用频率逐年降低，在日常的交易活动中承担主要交易媒介职能的早已不是法定货币而是存款货币，"在逐步减少将现金作为支付工具使用的世界里，'法定货币'这一正式概念的重要性也在不断降低"[1]。实际上，自从存款货币开始发挥交易媒介职能起，法定货币实际上不再具有绝对法偿地位。随着非现金支付环境的发展，纸币和硬币的使用与其具有明显的负相关性。例如，我国《现金管理暂行新条例》第7条规定："转账结算凭证在经济往来中，具有同现金相同的支付能力。开户单位在销售活动中，不得对现金结算给予比转账结算优惠待遇；不得拒收支票、银行汇票和银行本票。"

3. 除了上述原因外，各国政府出于税收管理、反洗钱和打击犯罪的需要，普遍制定法律法规限制对纸币和硬币的使用，实际上是对法定货币的法偿性作出一定程度的限制。此外，在全世界普遍遵循市场经济原则的前提下，各国更多地是从促进交易和保护交易安全的角度出发，不再单纯强调货币主权的绝对性，而是纷纷赋予市场主体更大范围的自主选择权和自主决定权，平衡国家货币主权和市场主体意思自治之间的关系，并在此基础上来理解和解释法定货币法偿性。因此，对于市场交易活动而言，很多国家都将允许市场主体在契约中约定交易媒介的类别，无论是法定货币还是存款货币，是票据

---

[1] Charles Proctor LLD, *Mann on the Legal Aspect of Money (Seventh Edition)*, Oxford University Press, 2012, para. 2. 28.

支付还是电子支付，除非约定内容在根本上侵害了法定货币的主权性，政府概不干涉。

从上述分析可以看出，无论法律是否承认，当代的法定货币具有有限法偿性。需要说明的是，有限法偿性意味着法定货币转让部分货币职能，而受让这部分货币职能的却不能是其他国家的法定货币，而是以该法定货币计价的存款货币。在此框架下，任何主体只能在法定货币和存款货币之间选择其一作为交易媒介，因此法定货币的有限法偿性换来的是整个法定货币体系的无限法偿性。

（五）纪念币的法偿性

1. 人民币的法偿性。按照《中国人民银行法》第 16 条和《人民币管理条例》第 3 条"中华人民共和国的法定货币是人民币。以人民币支付中华人民共和国境内的一切公共的和私人的债务，任何单位和个人不得拒收"的规定，人民币现钞具有无限法偿性，但是《现金管理暂行条例》作为人民币法律体系中的特别法，其立法目的却是"国家鼓励开户单位和个人在经济活动中，采取转账方式进行结算，减少使用现金"。在此基础上，《现金管理暂行条例》第 3 条规定："开户单位之间的经济往来，除按本条例规定的范围可以使用现金外，应当通过开户银行进行转账结算。"第 5 条则对可以使用人民币现钞的范围作了明确规定，包括"职工工资、津贴；个人劳务报酬；根据国家规定颁发给个人的科学技术、文化艺术、体育等各种奖金；各种劳保、福利费用以及国家规定的对个人的其他支出；向个人收购农副产品和其他物资的价款；出差人员必须随身携带的差旅费；结算起点以下的零星支出；中国人民银行确定需要支付现金的其他支出"。按照上述规定，人民币现钞不仅不具有绝对偿付能力，反而在使用时面临诸多法定限制。人民币现钞持有人如果超出规定范围、限额使用现金的，债权人不仅有权利更有义务予以拒绝。不仅如此，《现金管理暂行条例》第 4 条第 1 款还规定"各级人民银行应当严格履行金融主管机关的职责，负责对开户银行的现金管理进行监督和稽核"，以确保最大程度上减少超出规定范围、限额使用现钞的现象。

2. 纪念币的有限法偿性。《人民币管理条例》第 18 条第 2 款规定："纪念币是具有特定主题的限量发行的人民币，包括普通纪念币和贵金属纪念币。"这意味着纪念币也属于人民币。如果仅从法律规定的字面意思理解，按照《中国人民银行法》第16条和《人民币管理条例》第3条的规定，纪念币作为人民币，应具有无限法偿性，以纪念币支付我国境内的一切债务，任何单位和个人不得拒收。在本案中，原告正是基于这个原因，主张A超市拒收纪念币的行为违反法律规定，并提起诉讼。

但是，如前所述，当前在谈及人民币的法偿性时，实质上是讲以人民币为基础的法定货币体系的有限法偿性，而不再坚持现钞的无限法偿性。当前继续强调人民币现钞无限法偿性既无必要也无可能，以此为基础强调纪念币的绝对法偿性更不符合社会实际。

其次，虽然纪念币属于人民币，但是《人民币管理条例》第18条第2款也明确了纪念币是"具有特定主题的限量发行的人民币"，意味着纪念币与流通人民币的性质还是存在明显区别，更强调其服务于纪念特定主题，也就是说纪念币不仅具有法定货币属性还具有纪念品的属性。由此可见，纪念币的首要功能是纪念特定主题，发挥法定货币功能则处于相对次要的位置。因此，如果仅强调纪念币的法定货币属性，而忽视纪念币的纪念品和商品属性，实际上与中国人民银行发行纪念币的初衷也不相符。

（六）拒收纪念币的合法性分析

实际上，对于商家是否有权拒收纪念币，不宜从人民币法偿性的角度进行分析，更合适的做法是从保护消费者合法权益的角度分析其是否具有合法性。《消费者权益保护法》第16条第3款规定："经营者向消费者提供商品或者服务，应当恪守社会公德，诚信经营，保障消费者的合法权益；不得设定不公平、不合理的交易条件，不得强制交易。"A超市拒收纪念币的做法，实际上是对其与李某之间的交易设定一个条件，即李某不得选择以纪念币作为支付方式。因此，判断A超市的做法是否违反《消费者权益保护法》的规定，就需要判断其拒收纪念币的做法，是否属于设定不公平、不合理的交易条件。

在市场交易中，如果由于实力悬殊导致意思自治难以实现，法律从保护交易平等的角度出发，可以对货币种类的选择划定红线，保护弱势方选择货币的权利。但是，对弱势方的保护并不是没有边界的，而是要符合必要性原则，不能单纯为了保护而保护，更不能因为保护弱势方权利而对另一方施加不公平、不合理的义务和责任，否则就带来了新的不平等，违背了市场经济的基本精神。

就本案而言，如果李某以普通的现钞支付价款，A超市不得以任何方式表示拒收，否则就是剥夺李某作为普通消费者自主选择以现钞支付价款的权利，此时A超市的做法就是不公平、不合理的。但是，A超市并没有拒收流通人民币，而仅是拒收纪念币，并不能简单地认为这种做法是"设定不公平、不合理的交易条件"，主要理由：①在实际生活中，绝大多数客户在购物时都不会使用纪念币，且李某除纪念币外还可以通过其他方式支付价款，A超市拒收纪念币的做法并不是针对李某个人作出的；②正如A超市所述，相对于流通人民币而言，纪念币的种类远远多于流通人民币，由于在实际生活中使用纪念币的几率非常低。即使是商业银行工作人员，如果未经过专门培训，都很难认全其种类和鉴定其真伪。如果要求A超市的所有收银员都具有识别各种纪念币真伪的能力，是不符合实际的。在此前提下，如果仍要求A超市必须接受，也不符合交易安全原则；③对于李某持有的纪念币，如果其在消费中无法使用，还可以到商业银行兑换为流通人民币，李某最终并不会因持有纪念币而产生损失。

四、参考意见

本案的核心问题是，如何理解纪念币的法偿性。究其根源，是立法者在制定《中国人民银行法》第16条和《人民币管理条例》第3条"中华人民共和国的法定货币是人民币。以人民币支付中华人民共和国境内的一切公共的和私人的债务，任何单位和个人不得拒收"时，未区分流通人民币和纪念币的法偿性。

从国际经验看，相对于单纯履行法定货币职能的流通人民币，纪念币更多地是履行收藏品的职能，流通人民币的价值等同于其面值，而纪念币则是通过市场交易来发现其真实价值，其面值与市场价值之间关联性不强。因此，为避免混淆和争议，立法者有必要在未来修法时，针对纪念币的特殊性，作出相应的规定，以与流通人民币区分开来。具体而言，法律不宜强制要求所有主体都必须无条件接受纪念币，而是应当允许市场交易主体在意思自治的基础上，协商决定是否以纪念币支付价款。当然，商业银行作为提供货币服务的特殊机构，应当无条件地接受纪念币，并为市场主体提供相应的兑换服务。

拓展案例

人民银行开出第一例"拒收现金"罚单

一、基本案情

2018 年 12 月，根据游客举报线索，人民银行蓝田县支行行政执法检查组严格按照《中国人民银行执法检查程序规定》，向该违法旅游企业出示《检查通知书》和《执法证》，组织被检查单位有关人员学习了《中华人民共和国中国人民银行法》《中华人民共和国消费者权益保护法》和《中华人民共和国人民币管理条例》，并通过调查取证、问询谈话等方式固定了证据。经宣传引导和依法取证，该旅游企业对其"拒收现金"误导性宣传的违法事实没有任何异议。最终人民银行蓝田县支行依法给予该旅游企业行政警告处罚，并责成其立即撤销不当违法宣传，消除不良社会影响。该旅游企业已通过官方微博就"拒收现金"误导性宣传违法行为的整改情况，向举报游客进行了正式回复和致歉。这是全国首例因"拒收现金"误导性违法宣传开出的罚单。

二、法律问题

"无现金支付"给人们的生活带来了较大便利，商家是否可以拒收现金？

三、重点提示

近年来，非现金支付方式在我国广泛应用，但是我国幅员辽阔、人口众多、地域差异大、城乡发展不平衡，消费者支付需求多种多样，现金支付习惯和偏好仍然广泛存在。近年来流通领域人民币现金使用出现了一些新问题，如一些消费者在旅游景区、餐饮、零售等行业商户消费时被拒收人民币现金，既损害了人民币的法定地位，也损害了消费者对支付方式的选择权。

各商户不得拒绝现金的支付方式，原因在于：一是有利于维护人民币法定地位，人民币现金是法定货币，体现国家信用，是最基础最广泛使用的支付工具之一，公众对现金支付方式高度信任，保证人民币现金的顺畅流通是维护人民币法定地位的基本要求；二是有利于鼓励多元化支付方式和谐发展，目前已经形成现金、银行卡、互联网支付和移动支付并存的多样化支付工具体系，不同的支付工具各有优势，较好地满足了不同市场主体的支付需求，应该和谐发展；三是有利于维护消费者合法权益，公平交易的核心原则是保障消费者享有自主选择的权利。

可以使用非现金支付工具的情形应当满足三个条件：其一，通过互联网等信息网络方式、无人销售方式提供商品或者服务、履行法定职责；其二，不具备收取现金条件；其三，经自愿、平等、公平、诚信协商一致，这三个条件缺一不可。

◈ 拓展资料

专题十六　拓展阅读资料

| 第八章 |

价格调控法

专题十七　价格调控的措施

📑 知识概要

　　价格调控法作为宏观调控法之一，其立法目的在于通过调控价格水平，发挥价格合理配置资源的作用，稳定市场价格总水平，促进社会主义市场经济的健康发展。1998 年 5 月开始实施的《中华人民共和国价格法》（以下简称《价格法》）既包含调控宏观价格水平的价格调控法，又包含规范微观价格行为的价格监管法。其中政府价格宏观调控的主要手段包括政府定价、政府指导价、收购保护价以及临时价格干预措施。本专题《价格法》的价格调控法部分和相应的实施规则为基础，选取了近年来的 1 个经典案例和 4 个拓展案例，涵盖政府定价指导价保护价、自然垄断的商品和服务的价格调控、国务院应对价格异常波动的应急措施。价格调控法相应的条文以授权法为其主要特点，某些价格调控行为的成立条件与合法性要件具有一定模糊性，案例学习应侧重于分析调控手段与干预后果之间的联系，理解政府依法调控价格的正当性、适当性和有限性。

◈ **经典案例**

2016 年沈阳市居民用水阶梯价格调整方案[1]

一、基本案情

沈阳物价局 2016 年 9 月按照《国家发展改革委关于加快建立完善城镇居民用水阶梯价格制度的指导意见》（发改价格〔2015〕2676 号）和辽宁省物价局《关于加快推进居民用水、用气阶梯价格工作通知》（辽价发〔2015〕20 号）开始实施新的阶梯水量和水价方案。按年度用水量为计算周期，将居民家庭全年用水量划分为三个阶梯，水价分阶梯递增。

家庭人口 4 人以内（含 4 人）的居民用户，年用水量 192 吨以内（含 192 吨），执行基础水价；192 吨以上至 240 吨（含 240 吨）部分，执行 1.5 倍基础水价；240 吨以上部分，执行 3 倍基础水价。家庭人口数 5 人以上（含 5 人）的居民用户。每户人均年用水量 48 吨以内（含 48 吨），执行基础水价；48 吨以上至 60 吨（含 60 吨）部分，执行 1.5 倍基础水价；60 吨以上部分，执行 3 倍基础水价。

在此前的十几年间，沈阳市的居民用水价格一直规定为 1.8 元的基础水价从未变动，政府定价没有反映出通货膨胀水平和成本发展水平，导致水务企业长期遭受大幅政策性亏损，累积了巨大的涨价压力。这些压力最终又转变为了地方政府的财政压力。在 2015 年沈阳市物价局就自来水价格调整方案在沈阳召开了制定价格听证会。居民水价每吨拟由 1.80 元涨到 2.35 元，这一提价方案最终没有被施行，沈阳市物价局在维持基础水价不变的基础上采用了上述阶梯水量分级收费的调整方案。

二、法律问题

1. 政府可以对哪些产品和服务定价？
2. 政府制定价格的程序应如何进行？

---

〔1〕 沈阳市发展和改革委员会《关于实行居民用水阶梯价格制度的通知》（2016－09－18）。

三、法理分析

1. 《价格法》第 3 条第 1 款规定："国家实行并逐步完善宏观经济调控下主要由市场形成价格的机制。价格的制定应当符合价值规律，大多数商品和服务价格实行市场调节价，极少数商品和服务价格实行政府指导价或者政府定价。"本条款规定了政府定价权。政府定价的主体是政府，具体价格由政府价格主管部门或者有关部门按照定价权限和范围予以制定。国务院价格主管部门和其他有关部门，按照中央定价目录规定的定价权限和具体适用范围制定政府定价；其中重要的商品和服务价格的政府定价，应当按照规定经国务院批准。省、自治区、直辖市人民政府价格主管部门和其他有关部门，应当按照地方定价目录规定的定价权限和具体适用范围制定在本地区执行的政府定价。政府定价具有强制性，属于行政定价性质。凡实行政府定价的商品价格和服务价格，不经价格主管部门批准，任何单位和个人都无权变动。

市场决定价格是市场在资源配置中起决定性作用的关键。改革开放以来，作为经济体制改革的重要组成部分，价格改革持续推进、不断深化，放开了绝大多数竞争性商品价格。为了建立健全社会主义市场经济体制、促进经济社会持续健康发展，国家发改委于 2006 年发布了《政府制定价格行为规则》，进一步明确政府定价权限的内容。随着近年来经济发展速度的大幅加快，进一步适应经济改革价格调控机制的呼声也日趋热烈，一大批商品和服务价格陆续放开，成品油、天然气、铁路运输等领域价格市场化程度显著提高。国家发改委为了更好地发挥新形势下的价格宏观调控职能于 2018 年 1 月开始实施新的《政府制定价格行为规则》（以下简称《定价规则》）。《定价规则》的第 3 条明确将政府制定价格的职权范围限制为重要公用事业、公益性服务和自然垄断经营的商品和服务等，并由国家发改委具体规定中央定价目录和地方定价目录。根据 2016 年 1 月发布的《中央定价目录》，国务院价格主管部门可以制定或参与制定价格的商品和服务种类包括：天然气、水利工程供水、电力、特殊药品及血液、重要的交通服务、重要的邮政业务、重要的专业服务（包括商业银行基础服务费、银行卡刷卡手续费）等七大门类。而根据辽宁省物价局 2015 年 10 月实施的《辽宁省定价目录》，辖区内公共管网供水价格授权各市县人民政府定价。因此，沈阳市政府可以对居民用水价格进行调控。

2. 政府制定价格的主要程序包括：成本监审程序、价格听证程序和风险评估程序。

（1）成本监审程序。成本监审是 2006 年确定的重要的政府价格生成机制，2008 年 1 月为了提高成本监审的科学性国务院制定了《政府制定价格成本监审办法》（以下简称《监审办法》）。在程序上，成本监审是政府定价的必不可少的法定前置程序，《定价规则》第 12 条第 2 款明确规定"未经成本监审的，不得制定价格。"前文案例中沈阳市调整水价的过程反映出了一个重要问题，行政主导型价格机制与市场经济运行的相互作用是具有两面性的。如果价格调控适当则不仅有利于国计民生也有利于促进市场秩序的健康运行，但如果政府制定价格时罔顾经营成本，则会给企业造成巨大的政策性亏损，而政策性亏损则会转化为相应的财政负担由地方政府承担。这样一来，政府将陷入两难局面，如果因财政负担降低对企业补贴，会形成产品供应的短缺；而如果通过增加税收改善财政，则会相应地降低居民的收入水平和支付能力并很可能引起不公正的分配。企业的政策性亏损最终将低价带来的福利转移成了更多的不利益。因此，低于市场成本定价的调控很难成为有效的调控。

《监审办法》第 2 章规定了成本监审的基本程序、定价机关的监审职权以及经营者配合审核报送成本材料的义务，并规定了回避制度、异议制度和经营者商业秘密保护制度。定价机关可以委托价格主管部门审核也可以委托第三方专业机构审核，初审通过后定价机关进行复核，如无问题和异议定价机关应核定定价成本出具监审报告并向社会公开监审结论。

（2）价格听证程序。价格听证同样是政府定价的必要法定前置程序。《定价规则》第 14 条规定："定价机关制定价格，应当听取经营者、消费者或其代表，以及有关方面的意见。对依法应当通过听证方式征求意见的，由政府价格主管部门主持，按照价格听证的有关规定开展听证；未经听证不得制定价格。"我国 1998 年施行的《价格法》首次将听证制度引入行政决策领域，2001 年原国家计委发布了《政府价格决策听证暂行办法》，并于 2002 年发布了《政府价格决策听证办法》，政策价格决策的听证规则得以具体化。此外，各省、自治区、直辖市和有立法权的城市都制定了有关价格听证的实施细则。为规范政府制定价格听证行为，提高政府价格决策的民主性、科学性和透明度，国家发改委于 2008 年 12 月 1 日起施行了修订后的《政府制定价格听证办法》（以下简称《听证办法》）。依据《听证办法》第 2 条，价格听证是指定价机关依法制定（含调整，下同）政府指导价、政府定价过程中，由政府价格主管部门采取听证会形式，征求经营者、消费者和有关方面的意见，对制定价格的必要性、可行性进行论证的活动。

在前文案例中，价格听证在政府决策上起到了重要的作用。沈阳市定价机关在 2015 年召开价格听证之前拟定的提价方案是将居民用水的基础水价从 1.8 元提高到 2.35 元。但在召开制定价格听证会听取了社会各方的意见之后，尤其是考虑到当地十几年未涨水价的情况下，居民对水价提升的反应，沈阳市物价局最终放弃了直接提高基础水价的调价方案，改为基础水价不变阶梯式提价的方案。其没有寻求简单的一步到位，而是逐步地将价格引向合理。这一方案的实施不仅有利于稳定当地居民的情绪，让当地居民逐渐理解和接受合理的价格，更有利于促进当地居民节约用水。依法治理的最佳效果就是促进人民形成对法治的自发拥护。重要公共商品价格的调整关系到所有社会成员的切身利益，尤其是对一般民众的生活会产生直接的影响，价格听证不仅是定价机关依法定价的义务，更是定价机关积极和社会大众沟通促进法治认同的有力工具。沈阳市物价局通过召开价格制定听证会施放调整信号、引导公众正确认识、找到价格调整的均衡点，实现了制度设计的初衷。

（3）风险评估程序。风险评估程序并不是制定价格的必要前置程序，《定价规则》第 15 条仅规定："制定价格对经济社会可能造成重大影响的，应当开展风险评估。风险评估可以单独进行，也可以结合听取社会意见、专家论证等一并进行。"至于风险评估应如何进行、应从哪几个指标进行评估并没有法定要求。这一条与其说是规定了一个程序，不如说是向定价机关指出了一个定价过程中必须具备的重要的先进的指导思想。社会活动面临的风险包含了两个层面——初级风险与次级风险。初级风险源于特定科学技术或物质造成的危害，而次级风险则是指由于过度管制或错误管制所造成的不确定性危害。风险治理即是在风险间做出的有意识性的选择，仅仅考虑科学性因素是不够的，必须重视政治、民意、社会环境等诸多因素，因此，风险交流便显得尤为重要。在这个角度上讲，听证制度可以被理解为一个"定价风险交流制度"，其本身就是一个有效的风险控制和风险转移的方法，有助于形成社会共识，进而有助于立法或行政行为被公众所接受。然而仅仅"交流"仍然不够，风险评估应包含对定价过程的所有参与人的参与能力、道德风险进行评估、对所有制度节点的完成情况进行评估以及对最终方案可能带来的经济和社会意义上的后果进行全面评估，并从制度设计上回避风险，例如《定价规则》中规定的利害关系人回避制度、信息公开制度、异议制度、监督制度和责任制度等。为了更好地完成这个任务，定价机关自评是不够充分的，应尽量引入来自中立科研机构中在法律、经济和商品相关领域内具备专业知识和良好道德评价的专家进行复合式的评估。

四、参考意见

应从供求均衡的角度，进一步思考政府定价机制和市场价格机制的区别，理解为何《定价规则》第 3 条作出了如下规定："国家实行并完善主要由市场决定价格的机制，政府制定价格的范围主要为重要公用事业、公益性服务和自然垄断经营的商品和服务等。"

价格调控是对市场交易条件的根本性限制，但这一限制并不会阻止供求均衡的形成，而是以新的交换形式形成新的均衡。然而新均衡往往要以更高的成本达成，因为抑制了价格机制所以这些成本往往比价格机制下的相应成本更高，新的交换形式抑制了价格机制。为了充分理解这一问题，我们可以引入一个假设无交易成本的均衡模型分析政府定价低于市场价格的情况：

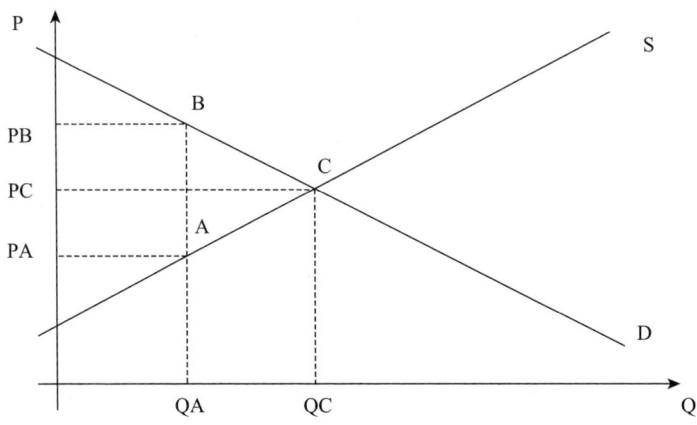

假设没有交易成本，横坐标是产品的供应量和需求量 Q，纵坐标是产品价格 P。S 代表市场状态下（未进行调控的状态）的供应曲线，D 代表市场状态下的需求曲线，点 C 是市场状态下供求关系的均衡点，市场交易在这一点达成。

当市场价格从均衡价格 PC 被限制到 PA 时，价格机制形成的均衡失去了，但市场不会因此失去供求均衡，交易总是能够形成。如果没有来自政府的补贴，市场供应会相应的减少为 QA，而在需求曲线上，之前的均衡点 C 的变动为新的需求点 B，供应出现了短缺。在这一点上，为了竞争 A 点的产品消费者需要支付 PB 的价格。但是实际支付价格则是政府定价 PA，那么消失的价值 L = PB − PA 哪去了呢？排队、贿赂等其他机制可能作为替代性机制来参与分配。并且这些替代机制因为信息分配远比价格机制不充分（其不均程度受到匮乏程度的影响），所以实际成本是要高于 L 的。可见，政府补贴是重要的抑制价格调控负面作用的手段，而保证公用事业、公益性服务与自然垄断经营的商品和服务的供应则为调控和补贴提供了正当性。如果价格调控的负面作用能够得到抑制，保证企业的充分供应，那么在供求均衡的结果背后，政府的财政收入转移了一部分成为消费者的福利。如此一来，关系到社会群众基本生活的公用事业和公益性服务就成了价值转移的桥梁，有助于实现共同富裕、提高最广大群众的生活水平。综上所述，在财政补贴允许的范围内，在科学分析市场成本的基础上，对关系民生的重要基础物资进行的价格调控是促进社会主义特色市场经济健康发展的有效机制。

拓展案例

案例一：国务院放开网间互联协议和电信资费定价限制改为推行携号转网政策

一、基本案情

2014 年国务院修改 21 部行政法规的部分条款，其中包括对《中华人民共和国电信条例》进行的修改。比对原条例与修改处可发现，国务院放开了网间互联协议和电信资费定价的限制。电信资费由原来的"实行以成本为基础的定价原则"改为实行市场调节价。电信企业可以根据市场情况和用户需求制定电信业务资费方案，自主确定具体资费结构、资费标准及计费方式。与此同时工信部同步推进携号转网政策试点工作，于 2010 年 11 月在天津和海南进行了试点，2014 年将江西、湖北和云南三省纳入试点范围。试点地区一家电信运营商的用户可以携带其原有号码转入另一家电信运营商，进而享受该运营商提供的电信服务。

二、法律问题

1. 电信业是否属于《定价规则》中规定的自然垄断的商品和服务？
2. 为何从定价限制政策改为携号转网政策？

三、重点提示

《定价规则》第 3 条规定："政府制定价格的范围主要为重要公用事业、公益性服务和自然垄断经营的商品和服务等。"

自然垄断起初是完全由经济学进行定义的概念。自然垄断的经济学理论从产生到发展大概经历了规模经济、范围经济和成本次可加性三个阶段。规模经济意义上的自然垄断是指随着企业的扩大生产，产品的边际成本低于平均成本的现象，也就是说在这样的产业中生产规模的扩大会不断降低平均成本。此后，范围经济理论基于现实中企业生产多元化的事实对规模经济理论进行了突破和补充，当多种产品由一个企业联合生产比由多个企业单独生产成本更低时，就有范围经济。因此，在规模经济之外多元化生产也可能是自然垄断的条件。1982 年，美国著名经济学家夏基、鲍莫尔、潘泽与威利格等人提出了超越规模经济和范围经济的更为一般性的自然垄断理论——即使规模经济或范围经济不存在，只要单一企业供应整个市场的成本小于多个企业分别生产的成本之和，由单个企业垄断市场的社会成本最小，该行业就仍然是自然垄断行业。这就是自然垄断的成本弱增性理论，规模经济和范围经济都是成本弱增性的充分非必要条件。对自然垄断现象的认识会给出一个推论，在自然垄断的领域内竞争是不好的，因为竞争是多元结构，会增加社会成本。而如果不能适用竞争法规制自然垄断，从兼顾社会公平和大众福利的立场出发，适当的价格调控就是有必要的了。

但是在将某一产业或某一生产范围视为自然垄断行业之前，有一个重要的问题不能被忽略，成本的弱增性指自然垄断条件具备时生产函数的结果。自然垄断的条件应是市场自然形成的，并因市场发展而不断变化，而不应是依赖政府的行政保护产生的。以美国为例，传统认为电力行业的是自然垄断行业，具有规模经济的特点。但在配电业的经营领域内，当多个电力公司建立了自己的配电网络，竞争性地提供电力服务之后，收集实证数据发现效率得到了提高。故而我们需要对某一行业是否具备自然垄断条件进行长期的实证性的观测。例如对国有企业所处的生产领域尝试引入竞争观测效率的变化，分析是否存在自然垄断的条件。

电信业具备沉没成本极高，随着电信网络的成功，搭建服务的边际成本呈现出大幅降低的特点。这是一种规模经济，但这种规模经济是不是范围有限的、是不是达到一定规模后会增加社会成本，就是需要大量的实证数据予以佐证的。用携号转网政策替代中央定价政策是一次重要的尝试。因为，携号转网意味着电信业经营者对其用户的市场支配力降低了，网络用户改变合同的交易成本随之降低，不同运营商的用户之间产生了流动性，可以预期电信业的经营主体之间的竞争会加剧。通过对比竞争促进政策与价格调控政策对电信业的影响，可以让我们更好地把握我国的市场环境，理解反垄断法和价格法的界限。

案例二：2018 年粮食最低收购价格下调[1]

一、基本案情

2018 年国家继续在稻谷主产区实行最低收购价政策。综合考虑粮食生产成本、市场供求、国内外市场价格和产业发展等因素，经国务院批准，2018 年生产的早籼稻（三等，下同）、中晚籼稻和粳稻最低收购价格分别为每 50 公斤 120 元、126 元和 130 元，比 2017 年分别下调 10 元、10 元和 20 元。2018 年 1 月 23 日全国粮食流通工作会议上，国家粮食局对此给出如下解释：今后我国粮食收储将以市场为主导，市场定价将成为常态。这意味着政府将更多让市场本身来调控，粮食价格的调控由政府收购价主导转为多元市场主

---

〔1〕《关于公布 2018 年稻谷最低收购价格的通知》，发改价格〔2018〕264 号。

体共同参与，市场消费的选择最终将决定粮食价格。

二、法律问题

1. 政府实施粮食收购保护价的依据是什么？
2. 为何要逐步解除意在保护粮农利益和粮食供应的价格保护制度？

三、重点提示

《价格法》第 29 条规定："政府在粮食等重要农产品的市场购买价格过低时，可以在收购中实行保护价，并采取相应的经济措施保证其实现。"本条规定了政府实施保护价的权限。

政府为了保护生产者或消费者以及国家的利益而制定的价格，包括对某些工业品的销售价格、农产品的收购价格及国际贸易中某些商品的价格规定最高限价或最低保护价，或由政府直接或间接地将商品价格定在某一水平。其目的是平抑市场物价、保证物价相对稳定、保障人民生活安定及农民的合理收益，促进对外贸易生产的发展。

2003 年以来，我国政府依据《价格法》第 29 条规定的价格调控职权实施的粮食保护价政策，对粮食价格形成了有力支撑，对粮食连年丰产发挥了重要作用。2010 - 2015 年全国三大主粮总产量从 4.25 亿吨提高到 5.01 亿吨，增产 17.70%；玉米增产幅度达 33.10%；小麦次之，增产 16.30%；稻谷最少，增产 4.79%。而于同期中国三大主粮消费量从 4.53 亿吨小幅上涨到 4.74 亿吨，仅上涨 4.63%，比供给上涨幅度低 15.2 个百分点。玉米消费量上涨 13.76%，比供给上涨幅度低 21.5 个百分点；稻谷仅上涨 0.22%，小麦甚至下降 1.8%。

这一供求不均衡反映出来的问题让我国的粮食价格调控面临两难的选择。一方面，农民会依据价格信号合理地调节生产，在不引起财政等其他问题的前提下，适度地提高价格是促进粮食增产的有效手段。而如果降低支持价格以减轻收储压力，农民生产利润将进一步下降，打击农民种粮积极性，甚至诱发大规模粮食减产。而另一方面，若保持或提高支持价格以保护农民种粮积极性，则价格倒挂更加严重，国家收储潜亏更大。仅是玉米的库存，国家潜亏巨大。根据监测数据，目前玉米进口到岸完税价比国内玉米批发平均价还要低 460 元/吨左右，若按照联合国粮农组织提出的库存消费比 17% 的粮食安全标准计算，国家多储备了 1.32 亿吨高价玉米。当前全球玉米供给充裕，若适时进口补充库存，不算仓储、运输、利息等成本，可为国家节省 600 亿元以上。

案例二的分析展示了低价限制可能给市场带来的影响，应思考《价格法》规定粮食的保护价限价收购职权的立法目的——保护农民利益和粮食产量与由此产生的供给侧压力的平衡问题。那么在粮食收购上是否应完全由市场主导呢？

案例三：西安市 2017 年对新开盘商品住房价格的指导价调控[1]与商品房违规销售案[2]

一、基本案情

2017 年西安市物价局为平抑房价对全市商品住房价格的涨幅和定价进行了限制，市物价局依据《价格法》制定了两项调控原则：①楼盘价格有对比数据的，要求申报预售价格比上月的网签备案价不超过 2% 的增长幅度。②新开盘没有对比价格的，申报预售价毛坯房不超过 9000 元/㎡，精装房不超过 10 500 元/㎡。10 月市物价局依据这两个标准审核了市内 26 家房企，将符合标准的楼盘价格予以公示并通知西安市房管局。

2018 年 6 月，经举报、查明，发现西安天磊置业有限公司在 2018 年 4 月 29 日公开摇号销售"南长安街壹号"项目 57、58、59 号楼幢 724 套商品房的过程中，通过人为操作摇号结果的方式违规销售 106 套商品房，该行为违反了《西安市住房保障和房屋管理局关于进一步加强商品住房销售管理的通知》（市房发〔2018〕32 号）的相关规定。长安区住房保障和房屋管理局责令西安天磊置业有限公司立即进行整改，对其违规销售行为进行惩戒记分，暂停受理其新申请预售许可，限制其未售房源的网签销售，并将其纳入社会信用

---

〔1〕《西安市物价局关于商品住房价格公示有关情况的函》市物函〔2017〕179 号。
〔2〕《西安市长安区住房保障和房屋管理局关于对西安天磊置业有限公司违规销售商品住房处理情况的通报》索引号：570233519/2018 - 22234。

体系"黑名单"。对违规销售的 106 套房屋，向 4 月 29 日参与摇号未中签的意向购房人（不含所涉违规摇号购房人）重新进行公开销售。

二、法律问题

1. 何为政府指导价，政府指导价与政府定价之间的区别？

2. 西安市商品住房指导价对商品房市场价格的限制与违规摇号现象之间是否存在内在的关联？

三、重点提示

政府根据其权限和市场现状，可以给出强制性的价格范围。依据《中华人民共和国价格管理条例》第 8 条（以下简称《管理条例》），政府指导价是由县级以上各级人民政府物价部门、业务主管部门按照国家规定权限，通过规定基准价和浮动幅度，最高限度和最低保护价等，指导企业制定的商品价格和收费标准。按现行价格管理办法大体分以下几种类型：

一是由国家规定基准价和上下浮动幅度，适用于市场供求变化快、季节性强的商品。二是最高限价。由国家规定商品买卖的最高价格，允许企业向下浮动。通常用于以下几个方面：限制市场零售商品价格上涨，如对猪肉、鸡蛋、大路菜规定最高限价；对进口商品实行最高限价，防止其商品价格过高，刺激国内暴涨；对边远地区食盐、火柴、煤油等工业品实行最高限价，由此产生的政策性亏损由财政补贴。三是最低保护价。由国家规定商品买卖的最低价格，允许企业或购销双方向上浮动，通常用于防止发生由于一时供大于求造成的价格暴跌、打击生产的情形。它是保护农业生产的重要手段。四是按差价率管理的价格。由国家规定经营差率（进销差率、批零差率），允许企业在进价的基础上按规定的差率制定和调整具体价格，通常适用于商品流通环节某些商品的价格管理。五是按利润率管理的价格。由国家规定企业生产、经营某产品的最高利润率水平，允许企业在规定的利润水平以内自主制定和调整具体价格。

房屋限价和摇号销售之间的关系以及由此引发的摇号过程中的道德风险可以参考本章第一个案例关于价格机制和非价格机制对资源分配效果的分析。

案例四：2018 年 1 月湖北省启动低温雨雪冰冻
灾害性天气临时价格干预措施[1]

一、基本案情

2018 年 1 月，中国南方遭遇数十年一遇的大面积雨雪冰冻天气，自然灾害引起了市民紧张和市场混乱，一些居民生活必需品出现价格异常波动。湖北省物价局启动低温雨雪冰冻灾害性天气价格应急措施，对居民生活必需品价格进行实时监控，加强储备调节，组织市场调运并严格查处了异常涨价行为，保证了市民基本生活必需品的价格稳定。但也有被查处商家主张，灾害天气引起了运输困难、成本上涨、货源紧缺导致了涨价，而非商家人为减少市场供应导致涨价。

二、法律问题

1. 临时价格干预措施包括哪些内容？

2. 商家的主张是否合理？如果商家据此主张要求免予处罚是否有价格法上的依据？

三、重点提示

《价格法》第 30 条第 1 款规定："当重要商品和服务价格显著上涨或者有可能显著上涨，国务院和省、自治区、直辖市人民政府可以对部分价格采取限定差价率或者利润率、规定限价、实行提价申报制度和调价备案制度等干预措施。"第 31 条规定："当市场价格总水平出现剧烈波动等异常状态时，国务院可以在全国范围内或者部分区域内采取临时集中定价权限、部分或者全面冻结价格的紧急措施。"这两个条款共同规定了政府临时干预重要商品和服务价格的职权。在此规定的基础上，国务院 2008 年 1 月 15 日批准实施的《国家发展改革委关于对部分重要商品及服务实行临时价格干预措施的实施办法》（以下简称为《措施办法》）详细规定了临时价格干预措施的成立条件和合法要件。

---

[1] 载《检察日报》2018 年 1 月 10 日，第 006 版。

《措施办法》所称的重要商品主要包括成品粮及粮食制品、食用植物油、猪肉和牛羊肉及其制品、乳品、鸡蛋、液化石油气等关系基本民生的日用商品。干预的手段包括：①达到一定规模的经营者应当按有关规定向省级以上人民政府价格主管部门履行提价申报程序。申报内容应包括企业名称及近3年生产经营情况、提价的幅度、提价的理由。②达到一定规模的零售商、批发商应当向所在地的市或者县人民政府价格主管部门履行调价备案程序。备案内容也应包括企业名称、提价幅度和提价理由。

关于案例4中商家的主张。《措施办法》第8条规定："在实施临时价格干预措施期间，经营者申请提价的商品及服务单位提价额不得高于单位成本增加额……如无正当理由，价格主管部门不得要求经营者亏损经营。"如果经营者按规定在规定时间内履行申报或者备案程序，如实说明提价理由并且提价理由合理，提高的价格与灾情增加的经营成本相符，那么如无正当理由价格主管部门不得反对提价。但《措施办法》并没有规定价格主管部门可以何种理由强制经营者亏损经营，也并未规定如果价格主管机关无正当理由反对提价，经营者有何种救济手段。学习时可以继续思考是否可以要求经营者亏损经营、哪些理由是正当的、经营者是否可以针对临时价格干预措施向价格主管机关提起行政复议等问题。

拓展资料

专题十七　拓展阅读资料

| 第九章 |

自然资源和资源管理法

专题十八　资源管理的措施

📑 知识概要

自然资源法作为调整人们在自然资源开发、利用和保护过程中所产生的各种社会关系的法律总称。其主要调整资源权属关系、资源管理关系、资源流转关系，可将其分为土地管理法、森林法、草原法、水法、渔业法、野生动物保护法、矿产资源法等。自然资源法规范人们保护自然资源和合理利用自然资源，目的是人与自然和谐相处，为了实施可持续发展战略。本专题选了与本法在司法实践中常见的法律问题有关的几个典型案例和拓展案例，涉及野生动物非法买卖、自然资源非法开采或利用以及渔业非法捕捞等不同类型的自然资源保护问题。

📑 经典案例

案例一：定安城东建筑装修工程公司诉海南省定安县人民政府以及第三人中国农业银行定安支行收回国有土地使用权及撤销土地证案[1]

一、基本案情

1994 年 9 月 10 日，定安县建设委员会（以下简称县建委）就定城人民北

---

[1]　一审行政判决书：原海南省海南中级人民法院（2008）海南行初字第 69 号；二审行政判决书海南省高级人民法院（2008）琼行终字第 159 号；再审行政判决书；最高人民法院（2012）行提字第 26 号。

路东横街排水和路面建设工程与城东公司签订《工程承包合同》。后因县建委拖欠城东公司工程款 80.472 万元，县政府同意在该县塔岭工业开发区划出 10 亩土地作为补偿。1995 年 10 月 27 日，县政府根据城东公司递交的《关于给人民北路东横街续建工程重新调整补偿用地问题的请示》，作出定府函 [1995] 117 号《关于重新调整城东建筑装修工程公司补偿用地的批复》，决定在见龙路旁以每亩 8 万元的价格重新调整 10 亩土地给城东公司。同年 12 月 8 日，定安县土地管理局（以下简称县土地局）给城东公司颁发第 14 号《建设用地规划许可证》。同月 27 日，县政府作出定府 [1995] 299 号《关于出让国有土地使用权给定安城东建筑装修工程公司的决定》，将位于塔岭开发区东北侧的 6706 平方米土地，以总价款 804 720 元，出让给城东公司作为建设用地。随后城东公司与县土地局签订《国有土地使用权出让合同》。1995 年 12 月 28 日，城东公司就出让所得 6706 平方米土地申请登记发证，但其填报申请土地登记时未写明土地用途，县土地局在审核过程中亦未在《地籍调查表》《土地登记审批表》等文书上载明土地用途。1996 年 1 月 22 日，县政府根据城东公司的申请和县土地局的审核，在城东公司缴纳土地登记费后，给该公司颁发了定安国用（96）字第 6 号《国有土地使用证》（以下简称第 6 号国土证）。此后，城东公司在该宗土地上开办了水泥预制厂。2001 年 11 月 9 日，城东公司以该宗土地作为抵押物向定安支行贷款，并在定安县建设与国土环境资源局（原县土地局）办理抵押登记。2004 年 1 月 4 日，县政府以城东公司土地闲置为由，在《海南日报》发布公告，拟无偿收回城东公司第 6 号国土证项下的土地使用权，但县政府并未实施无偿收地行为。2007 年 11 月 5 日，县政府为落实塔岭规划新区城市规划用地的需要，作出定府 [2007] 112 号《关于有偿收回国有土地使用权的通知》（以下简称 112 号通知），决定按原登记成本价 806 072 元有偿收回城东公司第 6 号国土证项下的土地使用权，并于 11 月 8 日送达城东公司。同年 12 月 6 日，县建设局（原定安县建设与国土环境资源局拆分为建设局、国土环境资源局）以海南省政府 2007 年 1 月 27 日已批准将城东公司受让的 6706 平方米综合公建用地调整为行政办公用地为由，决定撤销第 14 号《建设用地规划许可证》。同年 12 月 7 日，定安县国土环境资源局（以下简称县国土资源局）就有偿收回城东公司国有土地使用权事宜通知该公司和定安支行于 12 月 11 日举行听证会，城东公司没有参加听证。同年 12 月 14 日，县政府以城东公司申请土地登记发证未填写土地用途、县土地局在审核过程中亦未在《地籍调查登记表》《土地登记审批表》等有关文书上载明土地用途导致错误登记发证为由，告知城东公司拟撤销第 6 号国土证。同年 12 月 29 日，县政府作出定府〔2007〕150 号《关于撤销定安国用（96）字第 6 号〈国有土地使用证〉的决定》（以下简称 150 号撤证决定），撤销第 6 号国土证。定安城东建筑装修工程公司不服，向法院提起行政诉讼，要求撤销该决定。

二、法律问题

1. 县政府收回土地使用权的行政行为是否合法？
2. 县政府在 112 号通知中作出的行政补偿内容是否合法？
3. 县政府作出 150 号决定是否合法？

三、法理分析

（一）县政府收回土地使用权的行政行为是否合法？

关于本案县政府收回城东公司土地使用权的内容主要规定在《中华人民共和国土地管理法》（以下简称《土地管理法》）第 58 条的规定中"有下列情形之一的，由有关人民政府土地行政主管部门报经原批准用地的人民政府或者有批准权的人民政府批准，可以收回国有土地使用权：①为公共利益需要使用土地的；②为实施城市规划进行旧城区改建，需要调整使用土地的；③土地出让等有偿使用合同约定的使用期限届满，土地使用者未申请续期或者申请续期未获批准的；④因单位撤销、迁移等原因，停止使用原划拨的国有土地的；⑤公路、铁路、机场、矿场等经核准报废的。"依照前款第①项、第②项的规定收回国有土地使用权的，对土地使用权人应当给予适当补偿。本案中县政府为了公共利益的需要可以收回土地使用权，但县政府 112 号通知决定按原登记成本价有偿收回其土地使用权，未考虑土地增值的因素，其收地行为显然是不适当的。县政府在作出 112 号通知前，没有提出有偿收回国有土地使用权的方案，并存在先决定收回后举行听证的情形，违反法定程序。鉴于本案涉讼土地现已由县政府作为行政办公用地使用，撤销 112 号通知中有偿收回涉案土地使用权决定已无实际意义，将会给国家利益造成损失，

《最高人民法院关于执行〈中华人民共和国行政诉讼法〉若干问题的解释》第 58 条规定：被诉具体行政行为违法，但撤销该具体行政行为将会给国家利益或者公共利益造成重大损失的，人民法院应当作出确认被诉具体行政行为违法的判决，并责令被诉行政机关采取相应的补救措施；造成损害的，依法判决承担赔偿责任。综上所述县政府收回定安城东建筑装修工程公司土地使用权属于违法行为。

（二）县政府在 112 号通知中做出的行政补偿内容是违法的

根据《土地管理法》第 58 条第 2 款规定，因公共利益需要使用土地收回国有土地使用权的，对土地使用权人应当给予适当补偿。县政府根据省政府批准的总体规划要求为建设县政府办公楼需要使用涉案土地，收回城东公司的土地使用权，应当依法给予"适当补偿"。所谓"适当补偿"应当是公平合理的补偿，即按照被收回土地的性质、用途、区位等，以作出收地决定之日的市场评估价为标准予以补偿。县政府按土地原成本价予以补偿未考虑土地增值的因素，其收地行为显然是不适当的，于法无据。本案收地决定属于违反程序，判决确认收地决定违法并未否定其法律效力。根据《中华人民共和国物权法》第 28 条的规定，涉案土地使用权自收地决定生效之日已经发生物权转移的效力。考虑到涉案土地登记资料中"土地用途"栏系空白，结合当地土地交易市场情况，对涉案土地以使用年限最长、市场价值最高的"住宅用地"用途进行评估，有利于维护行政相对人的合法权益。鉴于县政府收回土地使用权行为违法，补偿价格明显不公，且收地决定作出后涉案土地升值较大，而当事人因不能以转让土地使用权方式及时偿还银行贷款，存在贷款利息损失，县政府在支付补偿款的同时，还要支付贷款利息损失。

（三）县政府做出 150 号决定属于违法

县政府作出 112 号通知后，并未要求城东公司持有关证明文件到土地管理部门申请注销土地登记，而是以该公司持有的《国有土地使用证》予以补偿，其未按《土地登记规则》第 11 条规定的"以宗地为基本单元进行登记。拥有或使用两宗以上土地的土地使用者或土地所有者，应分宗申请"的要求；土地管理部门也未按《土地登记规则》第 14 条规定的"土地管理部门接受土地登记申请者提交的申请书及权属来源证明，应在收件簿上载明名称、页数、件数，并给申请者开具收据"的要求，没有全面审核并填写土地登记审批表。

县政府却造成错误登记发证为由，作出 150 号撤证决定。当初未填写土地用途，并非城东公司的原因所致，而是由经手行政机关造成，本可以补正方式解决，县政府却以此为由撤销城东公司合法持有的《国有土地使用证》，属于滥用行政职权，依法应予撤销。

四、参考意见

从整体上来看，2019 年的《土地管理法》的对土地征收制度进行了全面的改革和完善，主要体现在三个方面：第一，首次对土地征收的公共利益进行明确界定，在总结试点经验的基础上，采用列举的方式，因军事外交，政府组织实施的基础设施建设、公益事业、扶贫搬迁和保障性安居工程，以及成片开发建设等六种情况确需要征地的可以依法实施征收。第二，《土地管理法》首次明确了土地征收补偿的基本原则，是保障被征地农民原有生活水平不降低，长远生计有保障。这一规定改变过去以土地征收的原用途来确定土地补偿，以年产值倍数法来确定土地补偿费和安置补助费的做法，以区片综合地价取代原来的土地年产值倍数法。另外在原来的土地补偿费、安置补助费、地上附着物三项基础上又增加了农村村民住宅补偿和社会保障费，这样就从法律上为被征地农民构建了一个更加完善的保障体系。第三，完善土地征收程序，原来的批后公告改为了批前公告，主要是使被征地农民在整个过程中有更多参与权、监督权和话语权。

案例二：王某等非法采矿案[1]

一、基本案情

2012 年 12 月底至 2013 年 4 月，被告王某、陶某在未取得采矿许可证的情况下，擅自在台州市黄岩区院桥镇梅山村一山地开采宕碴矿 8000 多吨，非法获利人民币 10 万余元。后陶某退出，由王某一人继续开采宕碴矿 5000 多吨，非法获利人民币 65 000 余元。被告人屠某明知被告人王某等人系非法采矿，仍提供炮头机为其开采宕碴矿 10 000 余吨。

---

〔1〕 一审判决书：浙江省台州市黄岩区人民法院（2014）台黄刑初字第 936 号。

2013 年间，陶某（另案处理）等人在未取得采矿许可证的情况下，擅自在黄岩区院桥镇岭下东村开采宕碴矿。期间，陶某等人用其与被告人陶某等人合伙购买的炮头机开采宕碴矿 5600 多吨，非法获利人民币 56 000 余元。

2014 年 6 月 10 日，王全明被公安机关传唤到案。2014 年 7 月 7 日、11日，被告人屠某、陶某主动到公安机关投案，并如实供述了主要犯罪事实。被告人陶某、屠某已向公安机关退缴了违法所得。

台州市黄岩区人民检察院指控王某、陶某、屠某犯非法采矿罪，向黄岩区人民法院提起公诉。

二、法律问题

1. 在本案中，如何从定罪和量刑的层面理解"非法获利"的含义？
2. 如何确定非法采矿行为造成的矿产资源破坏的价值总量？

三、法理分析

（一）在本案中，如何从定罪量刑构成的层面理解"非法获利"的含义？

对非法采矿案件中的非法获利的认定，关系到本罪的定罪与量刑。目前司法实践中的主要争议是对"非法获利"含义的理解。存在着以下两种观点：第一种观点认为非法采矿中的非法获利是指被告人非法开采矿产的销售总额剔除成本后的获利，即狭义的纯获利。第二种观点认为非法获利是指被告人非法开采矿产的销售总额，即广义的总获利。

笔者赞同第二种观点，理由如下：根据我国《矿产资源法》第 3 条，矿产资源属于国家所有，由国务院行使国家对矿产资源的所有权。地表或者地下的矿产资源的国家所有权，不因其所依附的土地的所有权或者使用权的不同而改变。

国家保障矿产资源的合理开发利用。禁止任何组织或者个人用任何手段侵占或者破坏矿产资源。各级人民政府必须加强矿产资源的保护工作。勘查、开采矿产资源，必须依法分别申请、经批准取得探矿权、采矿权，并办理登记；但是，已经依法申请取得采矿权的矿山企业在划定的矿区范围内为本企业的生产而进行的勘查除外。国家保护探矿权和采矿权不受侵犯，保障矿区和勘查作业区的生产秩序、工作秩序不受影响和破坏。由此可知在我国进行矿产开采需要经行政主管部门审批，未经审批不得开采，倘若在未取得开采许可证情况下便进行开采，应认定为非法开采矿物资源。本案中王全明等人未经许可进行采矿应认定非法采矿行为，非法开采矿产并进行销售，其销售所获得收益即销售总额应根据非法开采的矿石的总量乘以每吨矿石的价格来计算，非法获利应以给国家集体造成的损失认定其获利。因为如果将非法开采过程中的成本进行剔除，只认定其获利的纯利润为非法所得，那么也会导致不恰当地缩小国家资源被侵害的范围，出现罚不当罪的结果。综上所述，对王全明等人非法获利的认定应是所涉矿产的销售总额即为本罪的非法获利。

（二）如何确定非法采矿行为造成的矿产资源被破坏的价值总量？

正如本罪的非法获利，本罪中造成矿产资源破坏的价值也关系到本罪的定罪与量刑，但不同的是，造成矿产资源破坏的价值有明确的法律定义和法律程序。根据 2005 年 8 月 31 日国土资源部颁布的《非法采矿、破坏性采矿造成矿产资源破坏价值鉴定程序的规定》的规定：非法采矿破坏的矿产资源价值，包括采出的矿产品价值和按照科学合理的开采方法应该采出但因矿床破坏已难以采出的矿产资源折算的价值。国土资源主管部门在查处矿产资源违法案件中，对非法采矿、破坏性采矿涉嫌犯罪，需要对造成矿产资源破坏的价值进行鉴定的，或者省级以上人民政府国土资源主管部门根据公安、司法机关的请求进行上述鉴定的，适用本规定。再根据最高人民法院《关于审理非法采矿、破坏性采矿刑事案件具体应用法律若干问题的解释》（以下简称《解释》）第 6 条的规定：破坏性的开采方法以及造成矿产资源破坏或严重破坏的数额，由省级以上地质矿产主管部门出具鉴定结论，经查证属实后予以认定。

因此，本罪中的造成矿产资源破坏的价值数额应当包括两部分：一部分是采出的矿产品的价值，即非法采矿已经采出的矿产资源数额；另一部分是用科学合理方法应采出而因非法采矿破坏无法采出的矿产资源数额。当然，无论是哪部分的价值数额，都应当按照相关法律规定，由省级以上地质矿产主管部门出具鉴定意见，经查证属实后予以认定。

四、参考意见

非法采矿罪在《刑法修正案（八）》中被从结果犯修改为情节犯，这也影响了非法采矿罪在司法实践中的认定，对于情节犯的概念，我国刑法理论众说纷纭，主要有以下几种观点：第一，情节犯指的是，我们国家刑法分则中明确以"情节严重（情节恶劣）"作为犯罪成立的情节要求或者以此作为认定该犯罪既遂状态的犯罪类型，当然，这也是基本（纯正）情节犯的概念。第二，情节犯指的是刑法规定以"情节严重"或者"情节恶劣"作为犯罪既遂的犯罪。第三，情节犯是我们国家所特有的犯罪形态，它是指某种对社会造成危害的行为，以"情节严重"或"情节恶劣"作为其成立要件的犯罪形态，数额犯属于情节犯的一种。

对于上面的三种观点，第一种和第二种观点以"情节严重"这一概括性的定罪情节要求作为区分既、未遂的标准实为不妥，因为，如果情节犯构成要件所规定的行为所造成情节不严重的话，情节犯这一犯罪就不能成立，当然就不存在既、未遂之分。情节犯的未遂应当是该犯罪构成规定的行为虽然没有实现犯罪目的但是达到了情节严重程度的情形。第三种观点较为可取，不但将情节犯的性质表述得比较明确，而且这一概念中对情节犯的范围界定的比较明确合理。情节犯并非舶来品，而是我国刑法理论中所特有的概念。情节犯中的"情节"外延非常宽泛，内容十分丰富，犯罪动机、犯罪目的、犯罪时间、犯罪地点、犯罪方法、行为人主观恶性等都可以作为考量因素。从未来发展角度看，非法采矿行为可能带来潜伏性和持续性危害，比如环境污染、生态破坏等，如果只是把对矿产资源的破坏作为入罪的条件，那么它明显跟非法采矿行为的社会危害性不符。虽然从表面来看情节犯似乎有违反罪刑法定原则之嫌，但是它也使得法官在认定非法采矿犯罪之时有了自由裁量空间，法官可以结合案件的实际情况来对具体的个案做出判断，综合分析非法采矿行为的危害程度。

📚 拓展案例

案例一：朱某非法收购珍贵野生动物案[1]

一、基本案情

临海市都市人家美食城为个人经营企业，经营者是原告朱某，陶某系原

---

〔1〕 浙江省台州市中级人民法院行政（2013）浙台行终字第61号。

告朱某妻子。2012年7月28日上午，陶某以每斤60元的价格从台州市椒江区万济池菜场339号郑金福卖鱼摊购得二只鳄鱼脚（2.6斤），将其放在临海市都市人家美食城点菜大厅冰柜中进行销售。但临海市都市人家美食城未取得收购、运输、出售国家重点保护野生动物许可证，也未取得陆生野生动物经营利用核准证。当日，被告在执法检查中发现了临海市都市人家美食城上述非法收购、出售鳄鱼肉行为，并予以立案查处。另查明，陶某于2011年7月份在杜桥镇泥鳅行购得王锦蛇1条、眼镜蛇12条。其中2条眼镜蛇已以每条25元出售给顾客消费，其余放置于美食城点菜大厅销售。被告对查获的上述鳄鱼腿肉、王锦蛇、眼镜蛇当场采取了先行登记保存措施，并于当日聘请临海市森林案件技术鉴定小组对查获的蛇类种属、数量及保护级别进行了鉴定。经鉴定，临海市都市人家美食城经营的蛇类为眼镜蛇、王锦蛇（又名油菜花蛇）二个种类，眼镜蛇保护级别属浙江省重点保护陆生动物，共10条；王锦蛇保护级别属浙江省一般保护陆生野生动物，共1条。2011年7月29日，被告将上述鉴定结论书面告知原告朱锦足，同时告知其享有提出补充鉴定或重新鉴定的权利。同日，被告对先行登记保存的证据物品依法作出处理：对10条眼镜蛇、1条王锦蛇活体予以放生处理，对鳄鱼腿、鳄鱼碎肉送鉴定部门作鳄鱼种属、保护级别鉴定。2011年8月3日，被告向国家林业局森林公安司法鉴定中心提出聘请，要求对涉案的鳄鱼腿肉的物种进行鉴定。2011年8月10日，国家林业局森林公安司法鉴定中心出具了林司鉴字（134号）物证鉴定书，鉴定结论是：通过对送检样本进行DNA序列检验，确定送检样本为《濒危野生动植物种国际贸易公约》附录Ⅰ中的物种暹罗鳄所有，根据最高人民法院《关于审理破坏野生动物资源刑事案件具体应用法律若干问题的解释》[法释（2000）37号]第10条，非原产于我国的附录Ⅰ中的物种，参照国家一级保护动物的认定标准执行，即暹罗鳄等同于国家一级保护动物。2011年8月12日，被告以鳄鱼肉购买者陶雪丽涉嫌非法收购、运输、出售国家重点保护珍贵、濒危野生动物及其制品罪，将案件移送至临海市公安局立案侦查。2012年5月4日，临海市公安局以本案违法情节轻微，社会危害性不大将案件移送回被告处立案查处。2012年5月21日，被告向原告送达临林罚先告字[2012]第314号行政处罚事先告知书，告知拟作出行政处罚决定的事实、理由和依据，并告知原告享有陈述和申辩的权利。

2012 年 5 月 24 日，原告向被告提交了行政处罚申辩意见书，并提出要求听证的申请。但其请求被告驳回。后原告向一审法院提起行政诉讼，在对法院维持原行政处罚决定的判决不服后，又向中级人民法院提起二审。

二、法律问题

1. 朱某的行为是否构成非法收购、运输、出售国家重点保护野生动物或其产品？

2. 非法收购野生动物主观上是否应以故意为主观构成要件？

三、重点提示

（一）朱某的行为是否构成非法收购、运输、出售国家重点保护野生动物或其产品？

本案争议的焦点是实施收购、运输、出售鳄鱼腿肉和经营利用眼镜蛇、王锦蛇的行为如何定性。《中华人民共和国野生动物保护法》中规定，禁止出售、收购国家重点保护野生动物或者其产品。因科学研究、驯养繁殖、展览等特殊情况，需要出售、收购、利用国家一级保护野生动物或者其产品的，必须经国务院野生动物行政主管部门或者其授权的单位批准；需要出售、收购、利用国家二级保护野生动物或者其产品的，必须经省、自治区、直辖市政府野生动物行政主管部门或者其授权的单位批准。驯养繁殖国家重点保护野生动物的单位和个人可以凭驯养繁殖许可证向政府指定的收购单位，按照规定出售国家重点保护野生动物或者其产品。《浙江省陆生野生动物保护条例》第 27 条规定，"经营利用陆生野生动物或者其产品，必须按管理权限报经县级以上陆生野生动物行政主管部门批准，取得陆生野生动物经营利用核准证"。从上述规定可知，对于国家一级保护野生动物或者其产品，一般禁止出售、收购、利用，只有在因科学研究、驯养繁殖、展览等特殊情况下，经批准方可出售、收购、利用，即一般不存在经营利用许可问题，本身不能取得经营利用许可证。对于国家二级保护野生动物或者其产品，以及陆生野生动物或者其产品，可以经营利用，但需经审批许可，未经审批经营利用属于无证经营的行为。本案朱某经营的鳄鱼肉，经鉴定属于国家一级保护动物，是不能取得经营利用许可证的野生动物产品。所以朱某的经营行为构成非法出售、收购、利用国家重点保护野生动物的违法行为。广州市花都区花东生隆水产养殖场的经营范围是部分国家二级、《公约》附录、省重点物种。如果该养殖场经营中有国家一级保护动物，需要凭驯养繁殖许可证向政府指定的收购单位，按照规定出售国家重点保护野生动物或者其产品。眼镜蛇保护级别属浙江省重点保护陆生动物，王锦蛇保护级别属浙江省一般保护陆生野生动物，在取得经营许可证后可以经营利用。朱锦辉未经批准经营眼镜蛇、王锦蛇，行为属于无证经营陆生野生动物的违法行为。故综上所述，朱锦辉经营暹罗鳄鱼肉和眼镜蛇、王锦蛇的行为应认定为构成非法出售、收购、利用国家重点保护野生动物的违法行为。

（二）非法收购野生动物主观上是否应以故意为主观构成要件？

非法收购利用国家重点保护野生动物违法行为不以主观故意为构成要件。鳄鱼肉禁止贩卖是众所周知的事实，禁止出售鳄鱼肉是我国法律明文规定的，朱锦辉作为我国公民，理应清楚国家法律所禁止或限制的事项，而不是类比他人是否做过此类行为，况且朱锦辉应当知道鳄鱼肉是禁止出售的；当事人在购买时有义务进一步向鱼贩核实确认该鳄鱼肉的来源及合法经营的资质，确认经营者是否具有野生动物贩卖的行政许可资格，但朱锦辉妻子采取了放任、侥幸的态度购买了鳄鱼肉并用以贩卖，主观上显然是一种放任的心态。结合这两点来看是知法犯法，此案件中朱锦辉具有非法出售、收购、利用鳄鱼肉、眼镜蛇、王锦蛇行为，应认定其行为构成违法行为。

案例二：湖南桃源法院判决何某非法采矿案[1]

一、基本案情

湖南省桃源县人民检察院指控：2012 年 2 月至 2013 年 12 月，被告人何某在未取得河道采砂许可证和采矿许可证的情况下，擅自在沅水流域大洑溪河道瞎子堰河段采挖河砂。虽经桃源县国土资源局、水利局等相关职能部门多

---

〔1〕 一审判决书：湖南省桃源县人民法院（2014）桃刑初字第118号。

次劝阻并责令停止，但何某拒不停止其违法行为，严重破坏了该河道的矿产资源。后经湖南省国土资源厅鉴定，何某破坏矿产资源的价值达 169 938 元。案发后，何英利向公安机关缴纳违法所得 4 万元。被告人何某对指控的罪名没有异议，但辩解自己破坏的矿产资源价值没有 16 万余元，其销售的河砂总值只有 4 万元。

二、法律问题

1. 何某的行为是否构成非法采矿罪？

2. 如何确定被告人何某破坏矿产资源的价值是否达到了构成非法采矿罪的犯罪标准？

三、重点提示

（一）何英利的行为是否构成非法采矿罪？

何某在未取得河道采砂许可证和采矿许可证的情况下，擅自在沅水流域大㳇溪河道瞎子堰河段采挖河砂。根据《矿产资源法》第 3 条的规定：矿产资源属于国家所有，由国务院行使国家对矿产资源的所有权。地表或者地下的矿产资源的国家所有权，不因其所依附的土地的所有权或者使用权的不同而改变。国家保障矿产资源的合理开发利用。禁止任何组织或者个人用任何手段侵占或者破坏矿产资源。各级人民政府必须加强矿产资源的保护工作。从事矿产资源勘查和开采的，必须符合规定的资质条件。由以上法律规定可知何英利违反了《矿产资源法》，进行了非法采矿的行为。同时触犯了《刑法》第 343 条的规定，构成非法采矿罪。

（二）如何确定被告人何英利破坏矿产资源的价值是否达到了构成非法采矿罪的犯罪标准？

矿产资源被破坏价值不等同于违法所得。根据 2005 年 8 月 31 日国土资源部颁布的《非法采矿、破坏性采矿造成矿产资源破坏价值鉴定程序的规定》的规定：非法采矿破坏的矿产资源价值，包括采出的矿产品价值和按照科学合理的开采方法应该采出但因矿床破坏已难以采出的矿产资源折算的价值。国土资源主管部门在查处矿产资源违法案件中，对非法采矿、破坏性采矿涉嫌犯罪，需要对造成矿产资源破坏的价值进行鉴定的，或者省级以上人民政府国土资源主管部门根据公安、司法机关的请求进行上述鉴定的，适用本规定。再根据《解释》第6条的规定：破坏性的开采方法以及造成矿产资源破坏或严重破坏的数额，由省级以上地质矿产主管部门出具鉴定结论，经查证属实后予以认定。本案中，由于何某并未记账，全凭自己的供述，缺乏其他书证或证人证言予以辅佐，不能确切认定何英利的违法所得金额。而矿产资源破坏价值是由省级以上地质矿产主管部门出具鉴定结论、经查证属实后予以认定的，公诉机关提交了湖南省矿产资源价值评估鉴定委员会出具的鉴定意见，证明何某非法采矿破坏资源的价值为169 938元，该鉴定意见的基础是湖南省煤炭地质勘察院出具的评估报告。本案中湖南省煤炭地质勘察院出具的评估报告具有公信力，其作出的价值评估可以作为标准。

综上所述，何某违反国家矿产资源的法律法规，未取得采矿许可证擅自采挖河砂，导致瞎子堰河段沙洲消失、采坑遍地，河床被严重破坏、水土流失，破坏了当地的生态环境。虽然何英利获利不多，但破坏矿产资源价值达169 938元，符合司法解释中的定罪标准，其行为已经构成非法采矿罪。

案例三：江苏省连云港市连云区人民检察院诉尹某等人非法捕捞水产品刑事附带民事诉讼案[1]

一、基本案情

2012年6月初至7月30日，尹某召集李某、秦某、李某明等人，在伏季休渔期间违规出海作业捕捞海产品，捕捞的海产品全部由尹宝山收购。至2012年7月30日，尹某收购上述另三人捕捞的水产品价值828 784元人民币。连云港市连云区人民检察院以上述四人犯非法捕捞水产品罪向连云港市连云区人民法院提起公诉，同时根据相关职能部门出具的修复方案，提起刑事附带民事诉讼，要求四人采取一定方式修复被其犯罪行为破坏的海洋生态环境。

---

[1] 最高法发布环境资源刑事、民事、行政十大典型案例之二。

二、法律问题

1. 四人行为是否违反了对捕捞渔业资源的管理规定？
2. 对于违法行为应如何进行补救？

三、重点提示

（一）四人行为是否违反了对捕捞渔业资源的管理规定？

对捕鱼行为进行管理是保护渔业资源的重要途径，其主要包括规定禁渔期和禁渔区，规定渔船、渔具以加强渔业资源的繁殖保护。对于重要的渔业水域采取保护措施建立珍惜水资源生物保护区。根据《渔业法》第29条的规定：国家保护水产种质资源及其生存环境，并在具有较高经济价值和遗传育种价值的水产种质资源的主要生长繁育区域建立水产种质资源保护区。未经国务院渔业行政主管部门批准，任何单位或者个人不得在水产种质资源保护区内从事捕捞活动。第30条规定：禁止使用炸鱼、毒鱼、电鱼等破坏渔业资源的方法进行捕捞。禁止制造、销售、使用禁用的渔具。禁止在禁渔区、禁渔期进行捕捞。禁止使用小于最小网目尺寸的网具进行捕捞。捕捞的渔获物中幼鱼不得超过规定的比例。在禁渔区或者禁渔期内禁止销售非法捕捞的渔获物。重点保护的渔业资源品种及其可捕捞标准，禁渔区和禁渔期，禁止使用或者限制使用的渔具和捕捞方法，最小网目尺寸以及其他保护渔业资源的措施，由国务院渔业行政主管部门或者省、自治区、直辖市人民政府渔业行政主管部门规定。

由上可知，尹某召集李某、秦某、李某等人在伏季休渔期出海捕鱼违反了《渔业法》规定，构成违法。

（二）对于违法行为应如何进行补救？

尹某等人对渔业资源造成的损害进行修复补偿应根据谁破坏谁修复，谁污染谁治理原则。根据《渔业法》第38条的规定，"使用炸鱼、毒鱼、电鱼等破坏渔业资源方法进行捕捞的，违反关于禁渔区、禁渔期的规定进行捕捞的，或者使用禁用的渔具、捕捞方法和小于最小网目尺寸的网具进行捕捞或者渔获物中幼鱼超过规定比例的，没收渔获物和违法所得，处5万元以下的罚款；情节严重的，没收渔具，吊销捕捞许可证；情节特别严重的，可以没收渔船；构成犯罪的，依法追究刑事责任。在禁渔区或者禁渔期内销售非法捕捞的渔获物的，县级以上地方人民政府渔业行政主管部门应当及时进行调查处理。制造、销售禁用的渔具的，没收非法制造、销售的渔具和违法所得，并处 1 万元以下的罚款"。因此，针对犯罪嫌疑人构成破坏环境资源保护罪的案件，检察机关除提起公诉追究行为人刑事责任外，还应通过提起刑事附带民事诉讼途径维护国家财产、集体财产等生态环境公共利益。在本案中，检察机关通过提起附带民事诉讼请求依法判令四名被告人修复被其犯罪行为损害的海洋生态环境或赔偿生态环境修复费用 81 900 元的请求得到了法院支持，法院最终判决四名被告以增殖放流中国对虾苗 1365 万尾的方式修复被其破坏的海洋生态环境，实现了维护海洋生态环境公共利益之目的。

案例四：可某与黄某、刘某合同纠纷案[1]

一、基本案情

2013 年 5 月 20 日，原告可某与被告黄某、刘某双方共同协商后签订了一份《水源使用权转让合同》，合同主要内容为：①甲方（原告）将其草果地水源的使用权有偿永久转让给乙方（被告）使用；②转让金额为人民币 26 万元整，该水源使用权转让后，如与周边田地相关所有人发生纠纷，一切协调责任及由此产生的各项费用甲方承担。③该地块使用权转让后，乙方有权在上述草果地自由选址建盖水池，甲方不得以任何理由干涉，乙方建盖水池溢出的水由甲方自由使用；④在乙方所建盖水池周围 100 米范围内甲方不得再建水池、砍伐大树，甲方现有水池除外；⑤转让金支付方式：先付 6 万元整，后付 20 万元整。合同签订当天被告支付了 6 万元转让金给原告。后被告组织工人进行施工建盖水池，因新发寨村民小组干涉其架设的经过新发寨的水管而停工至今。后原告向法院起诉要求判决二被告支付欠原告的水源使用转让金 20 万元。

---

〔1〕 云南省红河哈尼族彝族自治州中级人民法院民事判决书（2016）云 25 民终 278 号。

二、重点提示

村集体成员有偿转让取水权是否合法有效？

三、重点提示

依法订立的合同受法律保护。水资源包括地表水和地下水，根据《中华人民共和国水法》第 3 条规定"水资源属于国家所有。水资源的所有权由国务院代表国家行使。农村集体经济组织的水塘和由农村集体经济组织修建管理的水库中的水，归各该农村集体经济组织使用。"因此，国家对水资源依法实行取水许可制度和有偿使用制度。不需要申请领取取水许可证，无偿使用本集体经济组织的水塘、水库中的水是农村集体经济组织成员享有的权利，这与享有者特定的身份相联系。非本集体经济组织成员只能通过申请领取取水许可证，并缴纳水资源费，才能取得取水权。农村集体经济组织的水塘和由农村集体经济组织修建管理的水库中的水，归各该农村集体经济组织使用。即农村集体经济组织及其成员不能成为水资源的所有人，但享有使用权。国家对水资源依法实行取水许可制和有偿使用制度。但是，农村集体经济组织及其成员使用本集体经济组织的水塘、水库中的水除外。直接从江河、湖泊或者地下取用水资源的单位和个人，应当按照国家取水许可制度和水资源有偿使用制度的规定，向水行政主管部门或者流域管理机构申请领取取水许可证，并缴纳水资源费，取得取水权。任何单位和个人引水、截（蓄）水、排水，不得损害公共利益和他人的合法权益。引水、截（蓄）水、排水，损害公共利益或者他人合法权益的，依法承担民事责任。在本案中，可立祥作为农村集体经济组织成员对本集体经济组织承包地中的水源有权使用，不需要申请领取取水许可证。

农村集体经济组织成员无权转让水源，否则将破坏国家对水资源实行的取水许可制度和有偿使用制度。本案中，可立祥作为农村集体经济组织成员对本集体经济组织承包地中的水源有权使用，不需要申请领取取水许可证，但其对本集体经济组织承包地中的水源无权转让、买卖。双方当事人签订的《水源使用权转让合同》破坏了国家对水资源实行的取水许可制度和有偿使用制度，妨害国家对水资源的管理，并造成国家水资源费的流失。因此，双方签定的水权转让合同违反国家法律的强制性规定，损害了公共利益或者他人合法权益，属无效合同，其自始没有法律约束力。

拓展资料

专题十八 拓展阅读资料

| 第十章 |

产业政策与产业法

专题十九　产业政策与产业法的作用

🔖 知识概要

　　产业政策与产业法的共同目标在于促进产业结构优化升级，但不同于产业政策的灵活性，产业法具有法律所特有的一般性和稳定性，而且鉴于产业政策内容的丰富与庞杂，产业法往往仅对特殊的产业以及特定的政策措施进行立法。因为二者的优缺点具有互补性，所以在实践案例中，更多的是对二者的综合运用。本专题选工业、农业等不同产业领域的司法实践案例，以便于读者更好理解二者在实践中的巨大作用。

🔖 经典案例

江苏省南京市浦口区五友建材厂诉江苏省

南京市浦口区人民政府行政赔偿案[1]

一、基本案情

　　五友建材厂以浦口区政府作出的浦政发〔2012〕73号《关于批转国土分局〈浦口区露采矿山关停实施方案〉的通知》（以下简称《73号通知》）侵犯其财产权，向江苏省南京市中级人民法院提起诉讼，请求判令浦口区政府

---

〔1〕　行政赔偿裁定书：（2017）最高法行赔申3号。

赔偿其经济损失。

江苏省南京市中级人民法院一审查明：为执行《市政府批转市国土资源局关于大力关停露采矿山的实施意见的通知》（宁政发〔2012〕131号）等文件要求，2012年6月7日，浦口区政府作出《73号通知》，内容为：以保护资源、改善生态环境、保障支持科学发展观为目标，以土地、矿产资源法律、法规和政策为依据，突出重点，深入排查，全面摸清粘土砖瓦窑业的开采取土情况，坚决遏制、严肃查处违法国土资源法律法规行为，推进落实露采矿山有效关停，规范矿产资源开发利用秩序。到2013年年底，应关闭露采矿山企业19家，其中砖瓦用粘土企业14家，砖瓦用页岩企业5家。2012年年底前，关停街道区域范围内砖瓦用粘土企业6家，砖瓦用页岩企业4家；2013年年底前关闭镇区域范围内砖瓦用粘土企业8家、砖瓦用页岩企业1家。五友建材厂开采的是砖瓦用粘土，其性质为非金属矿产，被纳入2013年年底之前关停的企业范围之内。另查明，2002年8月28日，原乌江镇（现桥林街道办公室，以下简称桥林街道办）林山村委会与李文章就林山村砖瓦四厂签订了《砖瓦四厂承包合同》，约定承包期限为8年等内容。2006年10月1日，五友建材厂法定代表人李春奇与林山村委会在上述合同签字确认形成合同关系，由五友建材厂继续履行合同。2010年8月2日，五友建材厂法定代表人李春奇与林山村委会签订《补充协议》，双方同意将合同顺延至2014年1月26日，并约定"合同到期后承包人将所有固定资产交还甲方（注：即林山村委会）"等内容。2012年底至2013年初，五友建材厂停产。2013年6月28日，五友建材厂砖厂的烟囱被拆除。再查明，2014年9月15日，江苏天仁资产评估事务所有限公司对五友建材厂砖厂所属的房屋和设备等资产作出苏天仁评鉴字（2014）第F1403号《资产评估咨询报告书》，评估基准日为2012年12月31日，在不考虑租赁期和国家产业政策限制前提下的可持续使用评估咨询价值为2 970 060元。在庭审中，五友建材厂承认其烟囱系被桥林街道办组织拆除，但认为桥林街道办系浦口区政府指使而为；浦口区政府陈述称五友建材厂的烟囱拆除是桥林街道办组织实施，有责任状可以证明。

二、法律问题

1. 上诉人的上诉内容是否属于行政诉讼审理范围？

2. 政府做出的《73 号通知》是否符合现行产业政策？与原告建材厂的损失之间是否存在直接因果关系？

三、法理分析

（一）上诉人的上诉内容是否属于行政诉讼审理范围？

《中华人民共和国矿产资源法》第 3 条第 2 款规定："国家保障矿产资源的合理开发利用。禁止任何组织或者个人用任何手段侵占或者破坏矿产资源。各级人民政府必须加强矿产资源的保护工作。"《中华人民共和国矿产资源法实施细则》第 24 条规定"全国矿产资源的分配和开发利用，应当兼顾当前和长远、中央和地方的利益，实行统一规划、有效保护、合理开采、综合利用"。根据上述法律、法规的规定，浦口区政府具有对辖区内矿产资源进行管理的行政职权。因《73 号通知》的内容涉及包括五友建材厂在内的露采矿山企业的实体权利，对其权利义务可能产生实际影响，属于人民法院行政诉讼的受理范围。

（二）政府做出的《73 号通知》是否符合现行产业政策？与原告建材厂的损失之间是否存在直接因果关系？

浦口区政府根据国家现行产业政策的调整，为落实南京市政府宁政发〔2012〕131 号文件要求，转变粗放发展模式，以保护资源、改善生态环境、保障支持科学发展为目标，于 2012 年 6 月 7 日作出了《73 号通知》，决定对包括五友建材厂在内的砖瓦用粘土等企业纳入 2013 年年底之前关停的企业范围之内。《73 号通知》的上述决定内容并未违反相关法律、政策规定。《中华人民共和国行政诉讼法》第 38 条第 2 款规定，在行政赔偿、补偿的案件中，原告应当对行政行为造成的损害提供证据。本案中，《73 号通知》文中明确规定，乡镇一级人民政府负责制定关停计划及整治配套方案并组织实施。结合经一审庭审质证的相关工作考核责任书，可以认定《73 号通知》作为浦口区政府的专项工作部署，其目的在于明确关停浦口区砖瓦用粘土、砖瓦用页岩生产企业的总体思路、目标任务以及具体职责分工，为后续性的行政处罚、行政强制或其他行政处理决定提供依据，故《73 号通知》与五友建材厂的财产损失之间并不存在直接的因果关系。

四、参考意见

通过此案例，笔者期待探讨产业政策与法的界限究竟在何处？此案例中所提及的产业政策仅仅停留于政策层面，其无法称之为法，其缺乏法的稳定性和可预期性，我们也发现当地政府制定的产业调整政策从制定到执行完仅仅需要 1 年时间，在缺乏相应的配套补偿机制和执行机制辅助的情况下，单纯依靠政府行政强制力推行，对当地经济带来的损害是相当大的。在当前我国法制不健全的情况下，产业政策往往是调节产业发展的重要工具，但我们仍应该以法的标准来要求产业政策，我们同样应重视产业政策制定程序的法治化，同时应严格限制产业政策实施的范围，明确产业政策实施的边界，严格限制政府制定产业政策的权力，以保障企业和公民的权利不会受到以产业政策之名而行使的行政权力的侵害。

◈ 拓展案例

案例一：太湖县海乐烟花制造有限公司诉安庆市

人民政府再审审查与审判监督案[1]

一、基本案情

海乐公司向安徽省安庆市中级人民法院起诉称：2013 年 4 月，《安庆市人民政府办公室转发市安全监管局关于全市烟花爆竹生产企业退出实施意见的通知》（宜政办发〔2013〕7 号，以下简称 7 号通知）要求"2013 年年底前，全市 18 家烟花爆竹生产企业和 2 家烟花爆竹原材料经营企业全部退出"，其在退出名单之内。通知明确相关县人民政府是烟花爆竹企业退出工作的责任主体，其具体负责组织实施烟花爆竹企业的退出工作，并要求烟花爆竹生产企业和烟花爆竹原材料经营企业 2013 年年底前全部退出，2013 年 12 月 20 日前拆除主要生产设备、终止生产。2013 年 11 月 22 日，太湖县政府作出《关于关闭太湖县海乐烟花制造有限公司等 3 家烟花爆竹生产企业的决定》（太政

---

〔1〕 一审行政裁定书：（2015）宜行初字第 00074 号；二审行政裁定书：（2016）皖行终 60 号；再审审查与审判监督行政裁定书：（2017）最高法行申 317 号。

秒〔2013〕174号，以下简称174号决定），要求海乐公司自2013年12月20日起停止一切生产活动，拆除生产专业设备、设施、切断生产供电电源，向有关部门申请注销。2013年12月27日，在《安徽省人民政府办公厅转发省安全监管局等部门关于烟花爆竹生产企业整体退出意见》（皖政办〔2013〕45号）所确定的被关闭75家烟花爆竹生产企业中，包含海乐公司，该文件对海乐公司的利益产生实际影响。

海乐公司认为：7号通知、174号决定违反听证等法定程序，依法应予撤销、确认无效或判令采取补救措施。《安徽省人民政府办公厅转发省安全监管局等部门关于烟花爆竹生产企业整体退出意见》（皖政办〔2013〕45号）已被确认违法，而《安徽省人民政府办公厅转发省安全监管局等部门关于烟花爆竹生产企业有序退出意见的通知》（皖政办〔2010〕61号）与之实质内容一致，同样存在违反听证等法定程序的情形。另外，海乐公司与太湖县安全生产监督管理局（以下简称太湖县安监局）签订的《太湖县烟花爆竹生产企业关闭退出货币化补偿协议书》显失公平，省、市、乡三级人民政府补偿款仅160万元，与评估金额相距520.77万元，对此安庆市政府、太湖县政府应当承担连带责任。请求：①确认7号通知违法并予以撤销，判令安庆市政府采取补救措施，如许可海乐公司转型为烟花爆竹销售公司，支持企业转型；②确认174号决定无效；③判令安庆市政府、太湖县政府追加补偿款520.77万元。

二、法律问题

1. 7号通知和174号决定是否具有外部性亦或属于内部行政行为？

2. 安庆市政府、太湖县政府是否应基于产业政策对原告所造成的损失给予原告补偿？

三、重点提示

（一）7号通知和174号决定是否具有外部性亦或属于内部行政行为？

公民、法人或者其他组织提起行政诉讼，比较常见的是针对一个侵犯其合法权益的行政行为提起撤销诉讼。所谓行政行为，是指行政机关针对具体事件、单方面作出的、具有外部效果的、行政法上的处理行为。所谓具有外部效果，是指行政行为属于外部法律领域，它仅仅是设定公民、法人或者其他组织等外部相对人权利义务的处理行为。一方面，这种处理应当具有法律性，不仅应当对外产生事实上的效果，而且应当对外产生法律上的效果；另一方面，这种处理应当具有外部性，内部业务指令、多阶段行政行为等因其属于内部行政领域，而被排除出行政行为的范畴。就本案而言，被诉的《安庆市人民政府办公室转发市安全监管局关于全市烟花爆竹生产企业退出实施意见的通知》（宜政办发〔2013〕7号），虽然附具了包括再审申请人在内的退出企业名单，但该通知在性质上属于上级行政机关要求"各县（市）、区人民政府，市政府有关部门"等下级行政机关"遵照执行"的内部指令。虽然上级行政机关的指令具有法律和处理行为的属性，但通常认为其仍然属于内部行政领域，由于并不直接产生外部效果，因而不是可诉的行政行为。另一被诉的太湖县政府《关于关闭太湖县海乐烟花制造有限公司等3家烟花爆竹生产企业的决定》（太政秘〔2013〕174号）虽然将退出企业名单进一步限定为包括再审申请人在内的三家，其针对具体事件的特征更加明显，但其只是指令"关闭工作由县安监局牵头，县公安局、工商局、质监局、供电公司、政府法制办、供销社、新仓镇人民政府、北中镇人民政府予以配合"，因此仅是上下级机关之间的内部行文，仍然缺乏外部性，内容上也不直接产生法律效果。对于这种内部行政行为，即使是在法定起诉期限之内起诉，也因不具有可诉性而应当驳回。

（二）安庆市政府、太湖县政府是否应基于产业政策所造成的损失给予原告补偿？

本案的实际情况也表明，直接导致再审申请人企业关闭和退出这一法律效果之发生的，并非7号通知和174号决定，而是再审申请人与太湖县安监局签订的《太湖县烟花爆竹生产企业退出工作协议书》。正是基于该协议，再审申请人自行拆除了相关工房和设备，并按照协议分别领取160万元、70万元，共计230万元补偿款。再审申请人在起诉中，请求判令安庆市政府、太湖县政府追加补偿款520.77万元。其事实根据是《太湖县烟花爆竹生产企业退出工作协议书》第3条规定，"待全市烟花爆竹生产企业退出后，再视周边县补偿情况和企业资产投入酌定最终补偿额"。再审申请人在一审和二审中已提供了其他企业高于再审申请人获得相关补偿的证据，再审被申请人增加补偿的条件已经成就。"烟花爆竹企业整体退出属于产业政策调整范畴，符合公共利益，但退出企业因此而受到的财产损失依法应当予以补偿"改为"烟花爆竹企业整体退出属于产业政策调整范畴，符合公共利益，对退出企业因此而受到的财产损失依法应当予以补偿"。但就再审申请人就其他企业所获赔偿明显高于自己作为根据认为《补偿协议》显失公平并要求补充赔偿，理由并不充分。一方面，不同企业情况不同，受损失情况也不同，不能因为企业所获赔偿高而认定再审申请人与政府订立的《补偿协议》显失公平，这样认定于法无据。另一方面，显示公平要求合同一方的所获利益明显超过法律规定范围，但本案中双方签订《补偿协议》时行政机关尚未出具明确的补偿金额标准，因此无法判断双方协议确定的补偿金额是否显示公平。但根据《最高人民法院关于适用〈中华人民共和国行政诉讼法〉若干问题的解释》（已失效）第2条第1款第5项的规定，当事人可以请求判决行政机关予以赔偿或者补偿。但是，提起请求金钱补偿的一般给付之诉，必须是请求金额或者补偿标准已获明确，如果行政机关在作出实际给付之前尚有优先判断或者裁量余地，则不能直接起诉，而是应与行政机关先行协商解决。此要求是基于行政首次判断权原理所作出的规定，即对于行政机关职权范围内未予判断处理的事项，应待行政机关先行处理后，法院再对其是否合法以及明显不当进行审查。如果司法机关过早介入，就会有代替或者干预行政权行使的嫌疑。因此，本案中《补偿协议》在确定补偿金额时尚未有明确的金额赔偿标准，双方之间可以通过协商确定相应数额。

案例二：仁怀市苍头坝页岩红砖厂诉贵州省仁怀市人民政府资源行政管理局土地行政管理案[1]

一、基本案情

2014年5月25日，苍头坝红砖厂向仁怀市国土局递交了延续采矿权期限申请，经仁怀市国土局向仁怀市政府请示，仁怀市政府作出会议纪要明确对

---

〔1〕 二审行政判决书：（2017）黔行终6号；再审审判与审判监督行政裁决书：（2017）最高法行申4963号。

其的延续采矿权许可证申请不予准许，并安排工业与信息化局、环保局等配合关闭该厂。2014 年 12 月，仁怀市国土局作出仁国土资矿管函〔2014〕54 号《仁怀市国土资源局关于仁怀市苍头坝页岩红砖厂采矿权延续回复意见》（以下简称回复意见），对该厂延续采矿权许可证申请不予许可。

苍头坝红砖厂修建于 2002 年 5 月，位于仁怀市苍龙街道办事处城区北郊。该厂与周边学校距离在 300 米以内，与周边居民区最近距离仅为 50 米左右。2014 年 4 月 18 日，仁怀市政府作出的仁府专议〔2014〕54 号《关于苍头坝页岩砖场整治的专题会议纪要》（以下简称 54 号《会议纪要》）载明：苍头坝页岩砖场属高耗能、重污染企业，该厂生产过程产生的大量粉尘、废气未经任何处理直接排放，严重影响了周边群众及学校师生的正常生活和学习，破坏了生态环境，必须立即采取措施，开展整治工作。会议决定：①市环保局、安监局要加大环境监察力度，强化安全隐患排查整治，确保苍头坝页岩砖场安全生产、污染物达标排放。对其存在安全隐患或污染排放不达标期间，坚决予以关停，并限期整改，整改不合格，坚决不予开工。②市环保局、安监局、经贸局、国土局、供电局等部门共同负责，严格页岩砖场证照审批，对不符合产业政策、存在安全隐患或对环境污染严重的，供电部门不予供电，其他相关部门不予办理有关证照⋯⋯2014 年 11 月 18 日，仁怀市国土局向仁怀市政府递交《关于苍头坝红砖厂〈采矿许可证〉延续有关情况的紧急报告》，请仁怀市政府对苍头坝红砖厂采矿许可证是否延续予以明确。

2014 年 12 月 2 日上午，仁怀市政府召开专题会议进行研究，并作出仁府专议〔2014〕192 号《关于苍头坝红砖厂采矿许可有关事宜的专题会议纪要》（以下简称 192 号《会议纪要》），其中载明：会议认为该厂地处城区北郊，周边有学校和居民集聚区，人群密集，存在一定污染，对城区规划、产业布局和生态环境保护都有不良影响，应按照国家关于淘汰落后产能和省政府关于加强砂石土资源开发管理有关政策要求引导企业停产关闭。会议明确了对苍头坝红砖厂延续采矿权许可证申请不予许可，确保该厂在 2015 年 6 月底前停产关闭等事项。2014 年 12 月 19 日，仁怀市国土局对苍头坝红砖厂作出的回复意见载明："你厂报来申请延续采矿权许可证有效期限资料收悉。你厂采矿许可证（证号：C520382201012712008798，采矿权人：赵某）已于 2014 年 11 月 19 日到期，因你厂地处城区北郊，周边属学校和居民集聚区，存在一定污染，对城区规划、产业布局和生态环境保护都有不良影响，按照仁怀市政府192号《会议纪要》明确意见，对苍头坝红砖厂延续采矿许可证申请不予许可，但考虑到你厂矿山环境存在一定安全隐患和未进行矿山环境恢复治理，经研究决定，原则同意你厂在2015年6月30日前，严格按照《苍头坝红砖厂页岩采场矿山环境保护与综合治理方案》，排除矿山安全隐患，全面履行矿山地质环境恢复治理义务，确保在2015年6月30日前停产关闭。"

原告辩称，该厂为生产投资350万元资金，有35名职工就业，不属于关停企业范围，且该厂修建在学校、居民住宅修建之前。仁怀市政府和仁怀市国土局对该厂的申请不予许可，要求该厂关停的行政行为违法。

二、法律问题

1. 原告有权利申请合法性审查且对原告自身权利构成损害的政府行政文件有哪些？

2. 关于仁怀市国土局对苍头坝红砖厂采矿许可证延期申请不予许可的决定是否违法？

三、重点提示

（一）政府两份《会议纪要》是否对原告的权利造成侵害？同时对原告自身权利构成损害的政府行政文件有哪些？

仁怀市政府54号《会议纪要》属于政府内部议事纪要，并非直接针对行政管理相对人作出的行政行为。而且苍头坝红砖厂并未参加该会议，该54号《会议纪要》亦未向苍头坝红砖厂送达并要求其执行该纪要决议，该54号《会议纪要》对苍头坝红砖厂并无直接约束力。因此，该54号《会议纪要》并未对原告自身的权利造成侵害。

在仁怀市政府54号《会议纪要》不能作为可诉标的的情况下，本案可诉的行政行为应为直接对苍头坝红砖厂产生约束力的，由仁怀市国土局根据仁怀市政府192号《会议纪要》要求作出的回复意见。因此，本案需要审查的应为该回复意见是否违法的问题。从该意见内容来看，除了明确决定对苍头坝红砖厂延续采矿许可证的请求不予许可外，并无决定关闭苍头坝红砖厂的意思，而仅为同意其2015年6月30日前对矿山进行恢复治理，以保证其按期关闭，至于到期后是该厂主动关闭还是政府强制关闭的问题并不明确，如到期后需要强制关闭的，应由行政机关进一步作出关闭决定，对该决定不服时，苍头坝红砖厂此时才能就关闭决定提起行政诉讼。苍头坝红砖厂就该回复意见所能主张的诉请应限于仁怀市国土局对苍头坝红砖厂采矿许可证延期申请不予许可的决定是否违法。

（二）关于仁怀市国土局对苍头坝红砖厂采矿许可证延期申请不予许可的决定是否违法？

《行政许可法》第 50 条关于"被许可人需要延续依法取得的行政许可的有效期的，应当在该行政许可有效期届满 30 日前向作出行政许可决定的行政机关提出申请。但是，法律、法规、规章另有规定的，依照其规定。行政机关应当根据被许可人的申请，在该行政许可有效期届满前作出是否准予延续的决定；逾期未作决定的，视为准予延续"的规定，仁怀市国土局未能在案涉采矿许可证到期之前作出是否准予延期的决定，确已构成程序违法。但该条规定是为了督促行政机关依法行政，及时行政，保护权利人的合法权利而设定。对于本来具备办理延期条件，而行政机关不能按期作出同意延期决定的，应视为准予延续。但是，对于因违反相关法律法规而本已不具备办理延期实质条件的行政许可延期申请，并不应因行政机关的逾期答复而自动获得续期，否则将与相关法律法规形成冲突，使相关公共利益处于风险之中。

本案中，根据查明事实可知，在苍头坝红砖厂提出采矿许可证延期申请时，已经不符合办理延期的相关规定：①2011 年 5 月 4 日国家安全生产监督管理总局第 39 号令《小型露天采石场安全管理与监督检查规定》第 31 条规定：对于周边 300 米范围内存在生产生活设施的小型露天采石场，安全生产监督管理部门不得对其进行审查和验收。②根据 2013 年 4 月 9 日印发的黔国土资发〔2013〕16 号《贵州省国土资源厅贵州省经济和信息化委员会贵州省安全生产监督管理局关于未达最低生产规模非煤矿山采矿权延续登记有关工作的通知》规定，原则上 2013 年 12 月 31 日后，不再受理和审批未达到国家或省矿产资源规划规定最低生产规模矿山的延续和变更申请。③2014 年 1 月 5 日黔府办函〔2014〕5 号《省人民政府办公厅关于加强砂石土资源开发管理的通知》规定：全省砂石土矿山最低生产规模为 6 万立方米每年。因前述文件规定均形成于苍头坝红砖厂采矿许可证到期之前，故可以认定在苍头坝红砖厂采矿许可证到期之前，不具备办理采矿许可证延期条件的事实即已客观存在，并不是仁怀市国土局回复意见逾期作出而使苍头坝红砖厂丧失获得延期的机会，故该逾期回复行为对苍头坝红砖厂权利不产生实际影响。在前述仁怀市国土局以回复意见作出的行政行为虽然违法，但不撤销该行政行为的结论前提下，该回复意见对苍头坝红砖厂具有约束力，即苍头坝红砖厂的采矿许可证不能再延续。

案例三：海南利乐房地产开发有限公司诉海南省国营南新农场海南省农垦总局合同纠纷案[1]

一、基本案情

2010 年 5 月 6 日，利乐公司与南新农场签订《土地转让合同》，约定：南新农场将位于该农场 23 队 981 亩国有划拨农业用地使用权转让给利乐公司，每亩 36 万元，总地价款计 35 316 万元；该土地转让价格包括土地补偿费、劳动力安置补助费和划拨土地转让补办出让手续应向当地政府补交的 40% 地价款，但不含青苗及地上附着物补偿费等。该《土地转让合同》还约定土地为现状转让，即利乐公司自行承担土地利用总体规划和城市总体规划的调整责任，如现行规划不能调整，南新农场按设定的建设用地评估价的 60% 土地价款作为现状条件下的土地转让总价款，并由利乐公司按现状使用土地；如现行规划能予以调整的，利乐公司应按评估价全额向南新农场支付土地转让价款。南新农场不再负责对该地块进行基础设施投入。利乐公司负责办理受让土地的开发立项、规划调整、用地审批等手续，并承担办理用地审批手续过程中各级政府规定收取的行政性收费及税费。利乐公司按合同约定按时支付完 60% 土地转让价款后，即可按照土地利用现状图所确定的用途开发利用土地。土地转让价款支付完毕并依法办理用地审批手续后，即拥有该宗土地的使用权。鉴于利乐公司在合同签订前已缴纳了部分地价款，所缴纳的地价款总额的 10% 即 3531.6 万元作为支付给南新农场的土地转让定金。若因南新农场原因造成项目终止，已收取利乐公司的地价款原数退回，土地定金双倍返

---

〔1〕 二审民事判决书：（2016）最高法民终 201 号。

还。利乐公司必须在办理农用地转用审批及土地过户手续后，方可在土地上进行非农建设开发。若违反规定擅自开发建设的，由此造成的一切责任及后果，由利乐公司承担。利乐公司须按合同约定支付地价款，若不按时足额支付的，则本合同终止，已付土地定金归南新农场。若因利乐公司原因在办完用地手续前终止项目，土地退回南新农场，已付土地定金归南新农场。若因国家政策调整或当地政府的原因，造成项目无法进行，则双方不承担责任，利乐公司已支付给南新农场的土地定金、地价款按原数退回利乐公司。合同签订之后，利乐公司已向南新农场缴纳土地转让款 15 140 万元。合同还约定由南新农场向农垦总局书面申请批准相关的国有土地使用权，农垦总局在利乐公司交纳土地转让价款总额的 30% 后办理批准文件，合同报经农垦总局批准后生效，并上报农垦总局备案两份。2010 年 6 月 23 日，农垦总局以《关于南新农场 981 亩国有土地使用权有偿转让给海南利乐房地产开发有限公司的批复》答复南新农场：同意南新农场转让 981 亩国有土地使用权给利乐公司。

三亚市规划局于 2015 年 4 月 17 日答复利乐公司的《关于开展海南三亚温泉风情小镇项目控规编制相关意见的复函》（三亚市规划局三规技术函〔2015〕11 号）载明：涉案 981 亩土地，在总规中均规划为非建设用地，其中约 380 亩用地位于半岭水库饮用水水源二级保护区范围内；约 120 亩用地规划为有条件可建设用地。由于项目申请用地在规划期内均为非建设用地，暂无法启动控制性详细规划编制工作。

同时，海南省委办公厅、省政府办公厅《关于加强农垦土地利用管理的意见》（琼办发〔2014〕29 号）第 14 项要求：2010 年 7 月 31 日前经农垦总局批准对外流转和合作开发的农垦国有划拨土地，不符合土地利用总体规划、城乡规划和产业政策的，通过调解协商、解除合同等方式予以清理，由农垦总局依法做好善后工作。

二、法律问题

1. 能否依据土地使用权出让和转让条例、房地产管理法、国有土地使用权合同司法解释的规定将本案国有划拨农用地转让合同认定为无效？

2. 中央和海南省有关农垦改革的政策规定对土地使用权合同的效力会产生什么影响？

三、重点提示

（一）能否依据土地使用权出让和转让条例、房地产管理法、国有土地使用权合同司法解释的规定将本案国有划拨农用地转让合同认定为无效？

对于国有土地使用权合同的司法解释，最高人民法院负责人在该司法解释发布时的答记者问中明确指出，该解释调整的国有土地范围为国有建设用地，不包括集体土地和国有农用地。该说明虽未在司法解释中直接规定，但作为适用范围的说明仍是有效的。故该司法解释中关于土地使用权人未经有批准权的人民政府批准，与受让方订立合同转让划拨土地使用权的，应当认定合同无效的规定，不适用于本案国有划拨农用地的转让，不能直接援引该司法解释认定本案合同效力。

《中华人民共和国城市房地产管理法》中第1条规定："为了加强对城市房地产的管理，维护房地产市场秩序，保障房地产权利人的合法权益，促进房地产业的健康发展，制定本法。"第2条规定：在中华人民共和国城市规划区国有土地范围内取得房地产开发用地的土地使用权，从事房地产开发、房地产交易，实施房地产管理，应当遵守本法。从上述立法目的来看，其规范的对象是涉及房地产开发的国有建设用地，而不涉及国有划拨农用地。在有关土地使用权划拨的章节中，第23条虽然对土地使用权划拨做了比较宽泛的定义，但第24条所规范的仍然是建设用地使用权的划拨。国有土地出让和转让条例相关条文的情况与此相同。因此，关于房地产管理法、国有土地出让和转让条例中有关划拨土地使用权转让需先经过审批的规定，从立法目及具体条文意思作整体解读，其所规范的对象均为建设用地，即该种土地使用权的性质在转让前已经属于建设用地，不能直接适用于本案涉及的国有划拨农用地的转让。

综上，利乐公司主张应当按照土地使用权出让和转让条例、房地产管理法、国有土地使用权合同司法解释认定本案转让合同无效的观点，不能成立。

（二）中央和海南省有关农垦改革的政策规定对土地使用权合同的效力会产生什么影响？

本案合同是在农垦改革的背景下一个特定历史时期签订的。中央和海南省有关农垦改革的政策规定精神是，积极扶持农垦单位盘活利用农垦土地资源，解决垦区民生问题，即允许农场以国有土地对外流转进行合作开发、转让。

因本案中利乐公司取得国有划拨农用地以项目开发建设为目的，基于土地用途管制制度、严格限制农用地转为建设用地的基本政策，以及具体政策法规的要求，实际上仍涉及由地方政府审批办理农用地转为建设用地及补办出让手续的问题。而对于农垦国有农场以与项目建设相关的土地流转，有关法规和政策精神也是持支持的态度。2008 年 4 月 30 日，海南省政府《关于农垦改革中国土环境资源管理若干问题的通知》中提出了对农垦土地流转的具体扶持政策：省农垦总局可以统一拟定年度建设用地计划，并单独申报；省政府在省级土地利用年度计划安排时，优先保障垦区用地指标；对垦区土地的农用地转用、划拨土地使用权转让等用地手续，予以优先办理，确保农垦系统各类建设用地的及时供应；垦区国有划拨土地转让时应补缴的 40% 土地出让金等收入，由有关部门拨付给省农垦总局，由省农垦总局统筹用于解决垦区内社会和民生问题。2009 年 5 月 27 日通过的《海南省人民代表大会常务委员会关于推进海南农垦管理体制改革的决定》也规定：省人民政府应当优先考虑农垦年度建设用地计划指标和土地供应，扶持农垦改善民生及建设项目发展，优化农垦土地资源利用和结构布局。市、县、自治县因城镇建设需要，确需使用农垦国有划拨土地的，由省人民政府在兼顾双方利益的前提下，依法协调解决。2008 年到 2011 年，农垦的国有划拨土地处置除法律法规规定应当上交国家的各项税费外，地方所得部分全额返还省农垦总局，用于解决民生等问题。中共海南省委 2010 年 8 月 4 日通过的《关于进一步深化海南农垦管理体制改革的决定》第 17 条指出：2010 年 7 月 31 日前各农场已签订流转合同协议，并经海南省农垦总局批准的国有划拨土地，可按省政府批准的有关规定办理相关手续。2010 年 9 月 10 日，海南省委办公厅、省政府办公厅印发《关于深化农垦管理体制改革的实施方案》，其附件四《海南省农垦总局、海南省农垦总公司政企分开土地资源划分实施办法》第 4 条第 3 项规定对 2010 年 7 月 31 日前，经省农垦总局批准对外流转的国有划拨土地按以下方式处理：①对符合土地利用总体规划、城乡规划和产业政策的，由各县依法办理过户手续。涉及农用地转为建设用地的，应在符合土地利用总体规划、城乡规划和产业政策的前提下，依法办理农用地转用审批手续后，再办理过户手续。②对目前尚不符合土地利用总体规划、城乡规划的宗地，能调整的给予调整，并予以办理农用地转用审批和过户手续。因规划不能调整而造成无法办理农用地转用审批和过户手续的，由省农垦总局做好善后工作。③对未经市县及相关部门审批、已经动工建设的宗地，应依法处理后方可办理农用地转用和流转变更登记等手续。对涉及农用地转用审批的项目用地，由省农垦总局按照项目轻重缓急进行排序，并分年度申请用地计划指标，省国土环境资源厅根据省农垦总局每年核定的计划总量，分年度给予单列，并办理相关审批手续，以彻底解决农垦土地历史遗留问题。

上述政策规定的特殊性在于，对于农垦农场的农用地转为建设用地，并未采取政府先收回农用地，再向市场供应土地的一般做法，而是在认可已签订流转合同的基础上，对于符合土地利用总体规划、城乡规划和产业政策的，经审批农用地转用后，直接办理土地过户手续。本案合同双方均应当了解土地管理的具体做法以及政府支持和鼓励农垦盘活土地资源的政策精神，合同的内容表明，双方在签订合同时已经预见能否最终办理建设用地使用权过户手续，主要取决于宗地规划能否调整，只要规划能够调整，则过户审批也能够顺利完成。合同强调利乐公司必须在办理农用地转用审批及土地过户手续后，方可在土地上进行非农开发建设，否则只能按照现状用途使用，也充分表明双方均不存在擅自将农用地作为建设用地直接转让以及规避审批的意图。双方的意图是先由受让方按照农业用途使用土地，然后努力办理相关调整规划和过户的手续。而从国家对交易管制的一般意义上讲，法律法规并未明确必须先办理管理部门的审批，然后才可以签订转让合同。作为划拨土地使用权转让审批的基础，首先由转让方和受让方签订转让合同，然后再进行审批，并不违背管制的目的。达到管制的目的不需要限制签订交易合同，而只要严格审查最终转让所需具备的相应条件即可。签订转让合同和审批的先后顺序在实务上可以根据方便原则确定。事实上，在合同履行过程中有关部门也已经接受了利乐公司的相关申请，并作出答复。具体办理审批手续时，可以根据管理部门的要求由南新农场配合出具有关手续。双方在签订合同时已经预见到受让的农用地不能成功办理规划变更等审批手续的风险，且在合同中专门分别约定了因南新农场原因、利乐公司原因、国家政策调整或当地政府的原因等各种情况造成项目无法进行的相应后果。对于这种不违背审批的目的，且双方对能否最终得到审批的前景已有预测，明确约定办理审批的责任及相应后果的合同，如果认定无效，则违背鼓励流转交易和合同自由的原则。故应认定签订合同前是否审批以及签订后是否能够完成审批，并不影响本案合同的效力，即并不影响双方当事人之间合同的成立及合同因成立而在双方之间所具有的拘束力，而只是影响合同履行的可能性，未能得到批准及办理过户手续构成履行不能。

拓展资料

专题十九　拓展阅读资料

| 第十一章 |

外贸与外贸法

专题二十　外贸管理制度

📚 知识概要

　　对外贸易法是国家为了管理和控制货物进出口、技术进出口和国际服务贸易而制定的法律规范的总称，其立法目是通过规范对外贸易的管理活动更好的实现国家的宏观经济利益和对内对外政策。其中最重要的一部法律是《中华人民共和国对外贸易法》，于1994年第八届全国人民代表大会常务委员会第七次会议通过，并为了适应加入世界贸易组织的需要，于2004年4月6日第十届全国人民代表大会常务委员会第八次会议修订。对外贸易的管理措施可分为关税措施与非关税措施，关税措施涉及的法律制度主要包括《中华人民共和国进出口关税条例》（以下简称《进出口关税条例》）、《中华人民共和国海关进出口税则》和《中华人民共和国海关关于入境旅客行李物品和个人邮递物品征收进口税办法》。非关税措施所涉及的制度包括我国《中华人民共和国对外贸易法》（以下简称《对外贸易法》）、《中华人民共和国货物进出口管理条例》（以下简称《货物进出口管理条例》）等相关法律法规中规定的进出口许可制度、进出口配额制度、反倾销制度、反补贴制度等重要的外贸管理制度，以及由《中华人民共和国外汇管理条例》《货物贸易进口付汇管理暂行办法》及其实施细则等法律法规规定的与外贸关系密切的外汇管理制度。本专题将以《对外贸易法》规定的几个主要的外贸管理制度——保障措施制度、反倾销制度和反补贴制度为切入点，通过对案件的分析引导对外贸法的学习。

经典案例

2017 年商务部对国内食糖业采取保障措施制定新的进口关税配额方案[1]

一、基本案情

2016 年以前我国食糖进口配额内关税税率为 15%（配额外税率为 50%），远低于 WTO 成员的平均食糖进口关税 97%。而自 2011 年初以来，世界原糖生产成本持续下跌。配额外进口原糖精炼税后价由 2011 年 1 月的每吨 9700 元降至 2014 年 1 月的每吨 5000 元，9 月进一步跌至每吨 3900 元。近年来，进口糖在低成本和低关税的双重加持下获得了与国产糖相比大幅的价格优势。在进口糖的冲击之下，国内糖价遭遇激烈竞争，甚至出现了产成品价格低于生产成本的情况。2011 年，国内糖价每吨约 7600 元，而到了 2014 年，国内糖价降到了每吨 4000 元左右。当时国内产糖成本，约在每吨 4300 元至 4800 元。低于成本的销售让国内糖产业连年受创。

2016 年 5 月 22 日，商务部公布对进口食糖保障措施调查的终裁决定。商务部认定，在调查期内被调查产品进口数量增加，中国国内食糖产业受到了严重损害，且进口产品数量增加与严重损害之间存在因果关系。根据商务部建议，国务院关税税则委员会决定自 2017 年 5 月 22 日起对进口食糖产品实施保障措施，对关税配额外进口食糖征收保障措施关税，期限 3 年，第一年税率为 45%，第二年为 40%，第三年为 35%。实施上述措施后，进口食糖与国内食糖的价格差开始缩减。根据最新的保障措施关税，配额外关税税率为 50%，再加征最高 45%，即按照最高征收 95% 的关税，每吨将增加成本约 1000 元，食糖进口到岸价或将接近每吨 6000 元。16 年全国食糖现货价格监测数据表明，广西、云南地区制糖集团的食糖价格在 6500 元至 6700 元。

对国内产业的影响上，食糖属于下游需求较为稳定的品种，基本上我国一年的食糖需求量是 1500 万吨左右，而国内自产供给约为 800 万吨至 900 万

---

[1]《商务部公告关于 2017 年食糖进口关税配额申请和分配细则的公告》，商务部 2016 年第 53 号，2016 年 9 月 30 日发布。

吨，还存在 700 万吨左右的需求缺口，新的保障措施提高了糖价将会增加国内用糖企业的每吨 1000 元的生产成本。

二、法律问题

1. 如何理解进口配额管理制度，以及两种配额制度对国内产业和价格的影响？

2. 外贸保障措施的法定实施条件有哪些？

三、法理分析

1. 根据《对外贸易法》《货物进出口管理条例》和商务部等部门颁布的行政规章，我国进口商品管理的主要法律制度包括：进口分类管理、进口配额管理、进口许可证管理、进口经营者管理和机电产品进口管理。其中进口配额管理是指一国政府在一定时期内对某些商品的进口数量采取限制的措施，是世界各国管理对外贸易的一种非关税措施。《货物进出口管理条例》第 2 章第 2 节和第 4 节规定了两种进口配额管理制度，分别为绝对配额管理和关税配额管理。前者是指国家在一定时期（如一年）对货物进口规定一个总量的限制，超过限额后的商品不准进口。后者是国家在一定时期（如一年）对进口商品的绝对数量不加限制，但对配额内的进口货物适用较低的关税税率，对超过配额的进口货物适用较高的关税税率。

依据我国《货物进出口管理条例》及相关法律、法规的规定，绝对配额管理有以下主要内容：①配额货物。国家规定有数量限制的限制进口货物，实行配额管理。②配额总量。进口配额管理部门在每年 7 月 31 日前公布下一年度进口配额总量。③配额申请。配额申请人在每年 8 月 1 日至 8 月 31 日向进口配额管理部门提出下一年度进口配额的申请。进口配额管理部门在每年 10 月 31 日前将下一年度的配额分配给配额申请人。进口配额管理部门可以根据需要对年度配额总量进行调整，并在实施前 21 天予以公布。④配额分配。分配配额时应考虑下列因素：申请人的进口实绩；以往分配的配额是否得到充分使用；申请人的生产能力、经营规模、销售状况；新的进口申请者的申请情况；申请配额的数量情况等。⑤配额使用。进口经营者凭进口配额管理部门发放的进口配额证明，到进口许可证发证机构申领进口许可证，向海关办理报关验放手续。配额持有者未使用完其持有的年度配额的，应当在当年 9 月 1 日（关税配额为 9 月 15 日）前将未使用的配额交还进口配额管理部门。未按期交还并且在当年年底前未使用完的，进口配额管理部门可以在下一年度对其扣减相应的配额。

《货物进出口管理条例》第 2 章第 4 节对关税配额管理制度做了原则性的规定，《进出口关税条例》的第 10 条、11 条、12 条规定了关税配额的设置和适用办法，商务部根据《对外贸易法》和《货物进出口管理条例》制定颁布了《农产品进口关税配额管理暂行办法》进一步细化了关税配额制度。根据这些法律法规，关税配额管理制度的主要内容包括：①配额货物。实行关税配额管理的进口货物目录，由国务院外经贸主管部门会同国务院有关经济管理部门制定、调整并公布。②配额关税。属于关税配额内进口的货物，按照配额内税率缴纳关税；属于关税配额外进口的货物，按照配额外税率缴纳关税。③配额总量。进口配额管理部门应当在每年 9 月 15 日至 10 月 14 日公布下一年度的关税配额总量。④配额申请。配额申请人应当在每年 10 月 15 日至 10 月 30 日向进口配额管理部门提出关税配额的申请。⑤配额分配。如关税配额总量能够满足符合条件申请者的申请总量，则按申请者申请数量分配；如关税配额总量不能满足符合条件申请者的申请总量，则有实绩申请者优先获得配额，根据申请者上年进口实绩、生产能力、销售额及其他相关商业标准进行分配。⑥配额使用。进口经营者凭进口配额管理部门发放的关税配额证明，向海关办理关税配额内货物的报关验放手续。

案例中，商务部并未对进口糖进行绝对数量的限制而是增加了进口糖配额外的关税，间接提高了进口糖在国内市场上的平均售价。因此，该案例中商务部实施的保障措施不是绝对配额管理而是关税配额管理。

2. 《对外贸易法》第 44 条规定："因进口产品数量大量增加，对生产同类产品或者与其直接竞争的产品的国内产业造成严重损害或者严重损害威胁的，国家可以采取必要的保障措施，消除或者减轻这种损害或者损害的威胁，并可以对该产业提供必要的支持。"保障措施是指进口国政府对某些进口产品采取的限制进口的紧急措施。我国《对外贸易法》第 16 条、第 17 条规定了政府可以限制或禁止进口商品的 11 种事由。政府可以出于维护国家安全、社会公共利益、特定产业利益、国际金融收支平衡等目的对特定的进口产品依法实施限制措施。这些关于保障措施的规定与世贸组织《关税与贸易总协定》第19条"对某种产品进口的紧急措施"的规定相符，也与乌拉圭回合谈判达成的《保障措施协议》规定的实施保障措施的条件："输入其境内的该产品，就国内生产而言绝对或相对地大量增长；并在此条件下对国内生产同类或直接竞争产品的产业造成严重损害或严重损害威胁"并无相悖之处。

保障措施的法定实施条件包括：①某一产品的进口数量大量增加。所谓的增加既包括进口绝对数量的增加，也包括进口相对数量的增加，即占国内市场份额的增加。②进口数量大量增加是由于不可预见的情况发生或因承担包括关税减让在内的关贸总协定义务造成的。③进口数量大量增加对国内生产同类产品或直接竞争的产业造成了严重损害或严重损害威胁。"严重损害"是指造成一国某一产业的重大全面减损；"严重损害威胁"是指明显迫近的严重损害，或者说是危急且显而易见的威胁。④进口数量大量增加与国内产业遭到严重损害或严重损害威胁之间存在因果关系。进口数量大量增加与国内产业遭到严重损害或严重损害威胁之间存在因果关系是实施保障措施的一个必要条件。如果产业严重损害或严重损害威胁是由进口增长之外的因素造成的，则进口方不得实施保障措施。

本案中，主管部门经审核，认证上述诸项条件均已具备，故可以实施保障措施。应注意的是保障措施具有临时性，根据《保障措施协议》，WTO的成员国"只得在防止和补救严重损害以及促进调整所必要的一段时间内采取保障措施。除非根据第2款延长，否则该期限不得超过4年。"即使主管部门经法定程序认证为防止或补救严重损害继续演唱保障措施是必需的，保障措施的总体年限"包括任何临时措施的适用期，最初适用期及其任何延展期，不得超过8年"。并根据预计适用期的长度和适用期内的审查情况逐渐放宽或加快放款该措施甚或撤销该措施。

在保障措施的选择上，一般应优先选择关税配额的形式，若使用绝对配额的形式，则该措施不得把进口量降到最近一段时期的进口水平以下，即统计数据表明有代表性的前3年的平均进口水平，除非有明确的正当理由表明某一不同水平对防止和补救严重损害是必要的。依据《保障措施协议》第6条，如果"在拖延会导致难以弥补的损害的紧急情况下，一成员根据一项明确证实进口的增加已经或正在威胁造成严重损害的初步裁定，可以采取临时保障措施。该措施的期限不得超过 200 天"并且"此类措施应采取增加关税形式"。

四、参考意见

在此案例的学习中应拓展思考，绝对配额限制与关税配额限制对国内产业和市场价格的影响。绝对配额与关税配额的实施在经济效应上的相似作用包括：国内市场价格的上升、生产者的福利增加、国内市场上的消费减少、该国的贸易量减少、消费者的福利减少。不同之处则主要在于消费者剩余的归属。关税配额的实施使政府成为受益者，产生了政府财政收入效应。而实施绝对配额限制的情况下，消费者剩余的归属取决于进口国分配配额的方式以及世界市场上该商品的出口商品状况。

拓展案例

案例一：商务部立案对原产于韩国等地的进口苯乙烯进行反倾销调查并裁定执行反倾销税[1]

一、基本案情

中国国内苯乙烯产业于 2017 年 5 月 25 日向商务部提交反倾销调查申请，申请书提出，近年来韩国、台湾地区和美国的苯乙烯产品对中国大陆出口大幅增加，对中国大陆苯乙烯产业造成冲击，为此请求商务部对上述产品进行反倾销调查。

根据申请人提供的证据和商务部的初步审查，申请人及支持申请企业的苯乙烯合计产量在 2013 年、2014 年、2015 年和 2016 年均占同期中国大陆同类产品总产量的 50% 以上，符合《中华人民共和国反倾销条例》（以下简称《反倾销条例》）第 11 条和第 13 条有关中国大陆产业提出反倾销调查申请的规定。

根据《反倾销条例》的规定，2017 年 6 月 23 日，商务部发布 2017 年第

---

〔1〕《关于原产于韩国、台湾地区和美国的进口苯乙烯反倾销调查最终裁定的公告》，商务部 2018 年第 43 号公告。

31 号公告，决定对原产于韩国、台湾地区和美国的进口苯乙烯进行反倾销立案调查。商务部以韩国、台湾地区和美国申请调查产品的同类产品在本国（地区）的市场销售价格作为确定韩国、台湾地区和美国苯乙烯正常价值的基础，以中国大陆海关统计的韩国、台湾地区和美国申请调查产品对中国大陆出口价格作为确定出口价格的基础，根据调查结果最终裁定原产于韩国、台湾地区和美国的进口苯乙烯存在倾销，中国大陆苯乙烯产业受到了实质损害，且倾销与实质损害之间存在因果关系。

商务部决定自 2018 年 6 月 23 日起，根据《反倾销条例》第 38 条规定对上述产品征收反倾销税，税率为 3.8%～55.7% 不等，征收期限为 5 年。

二、法律问题

1. 倾销的含义与构成条件是什么？
2. 反倾销调查程序如何进行，反倾销措施如何实施？

三、重点提示

1. 我国反倾销的法律制度分为三个层次：作为立法基础和执法根本依据的《对外贸易法》、国务院 2001 年颁布 2004 年修订的《反倾销条例》以及原对外贸易经济合作部制定颁布的《反倾销调查立案暂行规则》等全面规定反倾销程序的一系列规则。《对外贸易法》的第 41 条规定了对反倾销行为的救济措施："其他国家或者地区的产品以低于正常价值的倾销方式进入我国市场，对已建立的国内产业造成实质损害或者产生实质损害威胁，或者对建立国内产业造成实质阻碍的，国家可以采取反倾销措施，消除或者减轻这种损害或者损害的威胁或者阻碍。"《反倾销条例》第 3 条第 1 款给倾销行为作了更为清晰的定义："倾销，是指在正常贸易过程中进口产品以低于其正常价值的出口价格进入中华人民共和国市场。"依据《对外贸易法》和《反倾销条例》，倾销行为应包含如下构成要件：

（1）产品以低于正常价值的价格销售。根据国际通行做法，我国《反倾销条例》第 4 条规定了确定进口产品正常价值的方法。进口产品的同类产品，在出口国（地区）国内市场的正常贸易过程中有可比价格的，以"出口国价格"正常价值；进口产品的同类产品，在出口国（地区）国内市场的正常贸易过程中没有销售的，或不能进行公平比较的，以该同类产品出口到一个适当第三国（地区）的可比价格，即"第三国价格"，或者以该同类产品在原产国（地区）的生产成本加合理费用、利润，即"推定价格"为正常价值；进口产品不直接来自原产国（地区）的，以"出口国价格"正常价值；进口产品仅通过出口国（地区）转运、产品在出口国（地区）无生产或者在出口国（地区）中不存在可比价格等情形下，以"原产国价格"为正常价值。

本案不存在区分原产国和出口国的问题，并且出口国国内有可比价格。因此主管部门以"出口国价格"为正常价值与进口销售价格做比较，得出进口产品以低于正常价值的价格销售的结论。

（2）倾销对国内产业造成了损害，包括实质性损害、实质性威胁或实质性阻碍。依据《反倾销条例》第 11 条的规定，国内产业是指中华人民共和国国内同类产品的全部生产者，或者其总产量占国内同类产品全部总产量的主要部分的生产者；但是，国内生产者与出口经营者或者进口经营者有关联的，或者其本身为倾销进口产品的进口经营者的，可以排除在国内产业之外。依据《反倾销条例》第 8 条，在确定是否存在对国内产业造成损害时，应当审查倾销进口产品的数量，包括绝对数量和相对数量，是否大量增加，或具备大量增加的可能性；倾销进口产品的价格，包括倾销进口产品的价格削减或者对国内同类产品的价格产生大幅度抑制、压低等影响；倾销进口产品对国内产业的相关经济因素和指标的影响；倾销进口产品的出口国（地区）、原产国（地区）的生产能力、出口能力，被调查产品的库存情况；其他损害因素。

（3）损害和低价销售行为之间具有因果关系。《反倾销条例》第 8 条规定，因果关系应当依据肯定性证据证明，不得将造成损害的非倾销因素归因于倾销。

2. 依据《反倾销条例》、《反倾销调查立案暂行规则》及其他反倾销程序相关规章，反倾销调查主要包含以下程序：

（1）申请。国内产业或者代表国内产业的自然人、法人或者有关组织（以下统称申请人）可以提起反倾销调查申请。申请应以书面形式提出，申请书应包括《反倾销调查立案暂行规则》第 11 条列明的与申请人情况和倾销行为相关的必要内容并附具相关证据材料。

（2）立案。反倾销主管部门应当自对申请书及证据材料签收之日起 60 天内，对申请人的反倾销调查申请进行审查并提出意见，决定是否立案调查。

（3）调查。反倾销主管部门可以采用问卷、抽样、听证会、现场核查等方式向利害关系方了解情况，进行调查。具体调查活动应符合《反倾销问卷调查暂行规则》（已失效）《反倾销调查抽样暂行规则》《反倾销调查听证会暂行规则》（已失效）以及《反倾销调查实地核查暂行规则》的具体规定。

反倾销调查应当自立案调查决定公告之日起12个月结束，特殊情况下可以延长，延长不得超过1年。本案中从商务部2017年6月23日对立案调查决定进行公告，2018年6月23日最终裁定存在倾销并决定执行反倾销税，调查时间没有超过12个月。

（4）初裁和终裁。反倾销主管部门根据调查结果分别就倾销和损害以及二者之间的因果关系进行初步裁定，予以公告。如初裁确定存在倾销行为，主管部门应当对倾销幅度、损害及损害程度进行调查并做出最终裁定，予以公告。

本案中，2018年2月12日，调查机关发布初裁公告，初步认定原产于韩国、台湾地区和美国的进口苯乙烯存在倾销，中国大陆苯乙烯产业受到实质损害，而且倾销与实质损害之间存在因果关系。初步裁定后，调查机关对倾销和倾销幅度、损害和损害程度以及倾销与损害之间的因果关系进行了继续调查。根据《反倾销条例》第25条规定，调查机关作出最终裁定，并于2018年6月23日发布公告。

3. 依据《反倾销条例》第4章，反倾销措施包括：

（1）临时反倾销措施。征收临时反倾销税，要求提供保证金、保函或者其他形式的担保。临时措施的期限，自临时反倾销措施决定公告规定实施之日起，不超过4个月；在特殊情形下，可以延长至9个月。

（2）价格承诺。倾销进口产品的出口经营者在反倾销调查期间，可以向商务部作出改变价格或者停止以倾销价格出口的价格承诺。主管部门可以向出口经营者提出价格承诺的建议但不得强迫出口经营者作出价格承诺。

（3）征收反倾销税。终裁决定确定倾销成立，并由此对国内产业造成损害的，可以征收反倾销税。征收反倾销税应当符合公共利益。

本案中商务部采取了征收反倾销税的措施。

案例二：商务部对原产于美国的进口高粱进行反补贴立案调查[1]

一、基本案情

据商务部获得的证据和信息显示，原产于美国的进口高粱接受了美国政府的补贴。同时，该产品进入中国市场数量大幅增长，价格持续下降，对中国国内产业同类产品价格造成削减和抑制，国内产业同类产品有关经济指标呈恶化趋势。证据和信息还显示，美国高粱产量巨大，库存增加，2013年以来美国高粱出口数量占其产量比例均在50%以上。商务部获得的初步证据和信息显示，中国国内产业遭受了实质损害和实质损害威胁，且自美国进口产品所接受的补贴与国内产业实质损害和实质损害威胁存在因果关系。依据《中华人民共和国反补贴条例》（以下简称《反补贴条例》）第18条的规定，商务部决定自2018年2月4日起对原产于美国的进口高粱进行反补贴立案调查。

本次调查确定的补贴调查期为2016年11月1日至2017年10月31日，产业损害调查期为2013年1月1日至2017年10月31日。根据有关证据和信息，商务部决定在本次调查中对农作物保险项目、价格损失保障项目、农业风险保障项目、营销贷款项目、出口信贷担保项目、市场准入项目、国外市场开发合作者项目等补贴项目进行调查。

二、法律问题

1. 出口补贴的含义、类型与作用？
2. 反补贴措施的法定实施条件有哪些？
3. 与反倾销程序相比反补贴程序有哪些不同之处？

三、重点提示

1.《对外贸易法》第43条规定了反补贴措施："进口的产品直接或者间接地接受出口国家或者地区给予的任何形式的专向性补贴，对已建立的国内

---

[1]《关于对原产于美国的进口高粱进行反补贴立案调查的公告》，商务部公告2018年第13号。

产业造成实质损害或者产生实质损害威胁，或者对建立国内产业造成实质阻碍的，国家可以采取反补贴措施，消除或者减轻这种损害或者损害的威胁或者阻碍。"依据《反补贴条例》第 3 条，补贴指的是出口国（地区）政府或者其任何公共机构提供的并为接受者带来利益的财政资助以及任何形式的收入或者价格支持。

财政补贴是补贴的最主要形式，是国家将一部分财政收入直接或间接的转移给出口货物的经营者。其类型包括：①出口国（地区）政府以拨款、贷款、资本注入等形式直接提供资金，或者以贷款担保等形式潜在地直接转让资金或者债务；②出口国（地区）政府放弃或者不收缴应收收入；③出口国（地区）政府提供除一般基础设施以外的货物、服务，或者由出口国（地区）政府购买货物；④出口国（地区）政府通过向筹资机构付款，或者委托、指令私营机构履行上述职能。

从调控一国宏观经济的角度讲，补贴是一种很有效的经济杠杆，它通过改变相对价格结构，从而起到改变资源配置结构、供给结构和需求结构的作用。具体而言，出口补贴的作用包括：①通过成本的分散承担，降低了出口商的私人生产成本，减少了商品价值，从而能够在国际贸易中获得价格优势，取得更高的国际市场份额；②通过无常提供资助，提供货款优惠等种种手段，激励国内资本向出口业配置，从而形成贸易顺差，增加国家的外汇收入和财政收入；③通过直接和间接的出口补贴可以扶植对国民安全和国民经济有重大利益的产业，弥补经营亏空或增加盈利。

但出口补贴在有利于国内经济的同时必然会影响他国的利益，出口产品因补贴获得的价格优势会转化为在他国市场上占有的销售份额。

2. 鉴于出口补贴对本国经济的危害，各国均通过制定实施国内反补贴法对造成损害的补贴进行制裁。我国的反补贴法包括三个层次。第一个层次是反不公平贸易的基础性法律《对外贸易法》；第二个层次是国务院制定颁布并于 2004 年修订的《反补贴条例》；第三个层次是与反补贴程序相关的部门规章，包括《反补贴调查立案暂行规则》《反倾销和反补贴调查听证会规则》《反补贴调查实地核查暂行规则》。依据我国的反补贴法，实施反补贴措施要满足如下法定条件：

（1）补贴由政府或公共机构提供。

（2）补贴给接收者带来利益。如果财政资助的条件比接收者从市场得到的条件优越，那么补贴的接收者就处于比没有补贴时更有利的地位，因而获得了利益。本案中商务部决定调查的项目包括进口产品原产国的农作物保险项目、价格损失保障项目、农业风险保障项目、营销贷款项目、出口信贷担保项目、市场准入项目、国外市场开发合作者项目等补贴项目。这些项目并不一定直接以资金资助接收者，但都可能使接收者处于更好的市场地位，例如获得更廉价的贷款、减少商业风险、降低销售成本。

（3）补贴具有专向性。补贴是政府向某个或某些企业或产业或某些特殊地区提供的，如果补贴的标准或条件具有普遍性，不特别优惠某个企业或地区，只要符合标准的企业都能获得补贴，该补贴就不具有专向性。依据《反补贴条例》，专向性的补贴包括由出口国（地区）政府明确确定的某些企业、产业获得的补贴；由出口国（地区）法律、法规明确规定的某些企业、产业获得的补贴；指定特定区域内的企业、产业获得的补贴；以出口实绩为条件获得的补贴，包括本条例所附出口补贴清单列举的各项补贴；以使用本国（地区）产品替代进口产品为条件获得的补贴。本案中美国政府提供补贴的对象是高粱产业，而非普遍的国内企业，因而补贴具有专向性。

（4）补贴对国内产业造成了损害。补贴损害包括对已经建立的国内产业造成实质损害或者产生实质损害威胁，或者对建立国内产业造成实质阻碍。确认损害的发生和程度的标准包括补贴可能对贸易造成的影响；补贴进口产品的数量，包括补贴进口产品的绝对数量或者相对于国内同类产品生产或者消费的数量是否大量增加，或者补贴进口产品大量增加的可能性；补贴进口产品的价格，包括补贴进口产品的价格削减或者对国内同类产品的价格产生大幅度抑制、压低等影响；补贴进口产品对国内产业的相关经济因素和指标的影响；补贴进口产品出口国（地区）、原产国（地区）的生产能力、出口能力，被调查产品的库存情况；造成国内产业损害的其他因素。以本案为例，商务部获得的证据现实美国高粱的库存巨大出口比重增加，我国作为其主要的出口对象，国内的相应产业自然会遭到实质的损害或对我国的高粱产业产生实质的损害威胁。

（5）补贴与损害之间存在因果关系。对因果关系的论证应当依据肯定性证据，不应将造成损害的非补贴因素归因于补贴。

3. 反补贴程序与反倾销程序相似性很大，但因为反补贴针对的是他国政府而反倾销针对的是他国企业因此有一些不同之处。

反补贴的认定要比反倾销的认定要困难。反倾销主要是从价格上认定。而反补贴认定就困难很多，首先要区分这些补贴是不是可申诉补贴，然后才能认定补贴的存在，包括补贴产品的数量、补贴幅度、补贴进口产品对国内同类产品价格的影响、补贴产品的市场占有率和补贴对国内产业的损害和损害程度等。

反补贴调查程序包括立案、调查、初裁、终裁。其中包含的调查方式与调查期限都与反倾销调查非常相似。关键的不同在于，反倾销调查是针对企业的，而反补贴调查则是针对政府的。因此在决定立案调查前，主管部门应当就有关补贴事项向产品可能被调查的国家（地区）政府发出进行磋商的邀请。

反补贴措施与反倾销措施也非常相似，包含初裁确定补贴存在时可以适用的临时措施、经营者价格承诺与征收反补贴税。区别在于，反补贴的价格承诺可以由出口国（地区）政府提出。

拓展资料

专题二十　拓展阅读资料

第三编

市场监管法

| 第十二章 |

竞争法

专题二十一　互联网领域滥用市场支配地位

知识概要

　　滥用市场支配地位，是指在相关市场中占支配地位的企业利用其市场支配地位实施的垄断行为。第一，认定滥用市场支配地位应准确认定相关市场，根据《国务院反垄断委员会关于相关市场界定的指南》（以下简称《指南》）第3条的规定，"相关市场是指经营者在一定时期内就特定商品和服务进行竞争的商品范围和地域范围"。《指南》第7条规定："界定相关市场的方法不是唯一的。在反垄断执法实践中，根据实际情况，可能使用不同的方法。界定相关市场时，可以基于商品的特征、用途、价格等因素进行需求替代分析，必要时进行供给替代分析。在经营者竞争的市场范围不够清晰或不易确定时，可以按照'假定垄断者测试'的分析思路来界定相关市场。反垄断执法机构鼓励经营者根据案件具体情况运用客观、真实的数据，借助经济学分析方法来界定相关市场。无论采用何种方法界定相关市场，都要始终把握商品满足消费者需求的基本属性，并以此作为对相关市场界定中出现明显偏差时进行校正的依据。"在互联网领域的相关市场界定中，由于目前主流的互联网企业均采用"基础服务免费"的运营模式，在用传统的"假定垄断者测试"方法划定相关市场时应格外注意该独特的价格要素。另外，虽然互联网的服务对象是全球用户，但在相关地域市场的界定中仍应重点考虑用户实际使用情况和该互联网企业对不同地域竞争者进入相关市场的约束能力，而不应草率认定为全球市场。

第二，需认定是否具有市场支配地位。根据《反垄断法》第18条规定，认定经营者具有市场支配地位时应考虑市场份额以及相关市场竞争状况、经营者控制销售市场或者原材料采购市场的能力、该经营者的财力和技术条件、其他经营者对该经营者在交易上的依赖程度、其他经营者进入相关市场的难易程度以及其他相关因素。其中市场份额在市场支配地位的认定中具有重要作用，《反垄断法》第19条第1款规定了经营者具有市场地位的推定标准，即"①一个经营者在相关市场的市场份额达到1/2的；②两个经营者在相关市场的市场份额合计达到2/3的；③三个经营者在相关市场的市场份额合计达到3/4的"。需要注意的是，在互联网领域中，由于市场占有率的测算存在困难，且市场份额对于认定市场支配地位的作用逐渐降低，在判断经营者是否具有市场支配地位时，应需采用"综合标准分析法"，在考虑市场份额的基础上，综合判断其是否具有排除、限制竞争的能力。

第三，在具有市场支配地位的基础上认定某企业是否实施了滥用该优势地位的垄断行为。《反垄断法》第17条对滥用行为做了列举性规定，即"禁止具有市场支配地位的经营者从事下列滥用市场支配地位的行为：①以不公平的高价销售商品或者以不公平的低价购买商品；②没有正当理由，以低于成本的价格销售商品；③没有正当理由，拒绝与交易相对人进行交易；④没有正当理由，限定交易相对人只能与其进行交易或者只能与其指定的经营者进行交易；⑤没有正当理由搭售商品，或者在交易时附加其他不合理的交易条件；⑥没有正当理由，对条件相同的交易相对人在交易价格等交易条件上实行差别待遇；⑦国务院反垄断执法机构认定的其他滥用市场支配地位的行为"。具有市场支配地位的互联网企业实施了上述行为即可被认定为滥用市场支配地位。

经典案例

案例一：奇虎360诉腾讯反垄断案[1]

一、基本案情

原告北京奇虎科技有限公司，成立于2005年9月，是国内互联网及手机

---

[1] 最高院二审判决书：(2013)民三终字第4号。

安全产品及服务供应商。2006年7月推出主打互联网安全的"360安全卫士"软件，不到一年即成为国内最大的安全软件，用户数量已经超过3亿，覆盖了75%以上的中国互联网用户，成为国内第二大桌面客户端软件，并以该客户端为基础，延伸出360免费杀毒软件、360浏览器等产品，致力于提供免费的互联网安全服务。

被告腾讯（深圳）科技有限公司，是国内最大的互联网综合服务提供商之一，其开发的腾讯QQ是一款基于Internet的即时通信软件，支持在线聊天、视频通话、文件传输、电子邮箱等多种功能，2011年QQ即时通讯活跃账户数高达7.019亿。凭借庞大的用户规模和天然的客户端资源，腾讯也逐步将业务延伸到网络游戏、新闻门户、电子商务、影音、播放等诸多互联网领域。被告深圳市腾讯计算机系统有限公司负责QQ软件的实际运营。

2006年12月6日，腾讯推出QQ医生1.0Beta版本，但此后很长一段时间内只作为查杀盗号木马的小工具。随后QQ医生3.2推出，界面及功能酷似360，同时宣布赠送诺顿防病毒软件半年试用。之后QQ医生利用2011年春节期间强行推广，但360对该突发事件迅速回击，加之QQ医生产品本身并不成熟就匆忙上阵，很多用户陆续卸载QQ医生，其市场份额也快速降至10%以下。

2010年5月31日，腾讯将QQ医生升级至4.0版并更名为"QQ电脑管家"。新版软件将QQ医生和QQ软件管理合二为一，增加了云查杀木马、清理插件等功能，涵盖了360安全卫士所有主流功能，用户体验与360极其类似，且以升级QQ软件名义打包安装QQ电脑管家，基于QQ庞大的用户基础，QQ电脑管家的出现直接威胁到了360在安全领域的生存地位。

2010年9月27日，360发布直接针对QQ的"隐私保护器"工具，宣称其能实时监测曝光QQ的行为，并提示用户"某聊天软件"在未经用户许可的情况下偷窥用户个人隐私文件和数据，引起了网民对于QQ客户端的担忧和恐慌。2010年10月29日，360公司推出一款名为"360扣扣保镖"的安全工具。360称该工具全面保护QQ用户的安全，包括阻止QQ查看用户隐私文件、防止木马盗取QQ以及给QQ加速，过滤广告等功能。72小时内下载量突破2000万，并且不断迅速增加。腾讯对此作出强烈说明，称"360扣扣保镖"是"外挂"行为。

2010 年 11 月 3 日傍晚 6 点，腾讯在《致广大 QQ 用户的一封信》中宣称，将在装有 360 软件的电脑上停止运行 QQ 软件，倡导必须卸载 360 软件才可登陆，并采取技术手段，阻止安装了 360 浏览器的用户访问 QQ 空间。2010 年 11 月 5 日上午，工信部、互联网协会等部门开会讨论此事的应对方案。随后政府部门介入，用行政命令的方式要求双方不再纷争。360 方面也在此形势下宣布召回"360 扣扣保镖"软件，两软件恢复兼容。

2011 年 11 月 15 日，奇虎公司以将腾讯公司、腾讯计算机公司滥用在"即时通讯软件及服务市场"中的支配地位，排除妨碍竞争为由，将两被告诉至广东省高级人民法院，要求两被告停止限定 QQ 软件用户不得与原告交易、在 QQ 软件中捆绑搭销安全软件产品等行为并赔礼道歉、赔偿损失。

两被告则主张其提供的 QQ 软件商品的相关市场远大于原告主张的"即时通讯软件及服务市场"，其在广阔的相关市场中不具有市场支配地位，亦不存在滥用行为。对原告产品实施不兼容是针对原告之前的商业诋毁和恶意篡改破坏 QQ 软件等不正当竞争行为的自力救济，且其升级 QQ 软件的同时安装 QQ 安全管理工具属于软件整合行为，不构成搭销，请求驳回原告全部诉讼请求。

二、法律问题

1. 如何界定腾讯 QQ 的相关市场？
2. 腾讯 QQ 是否具有市场支配地位？

三、法理分析

滥用市场支配地位，是指企业在市场竞争中滥用自己可以控制交易价格、交易条件、阻碍影响其他经营者进入市场的能力等优势条件，通过各种手段恶意排除、限制竞争的行为。对滥用市场支配地位的认定应主要分三大步骤：首先，必须明确界定相关市场，相关市场的准确界定是判断该企业是否具有支配地位的逻辑前提；其次，需要认定该企业是否具有在相关市场上具有支配地位，对市场交易和市场准入有足够的控制能力；最后，需要在此基础上判断该企业是否实施了《反垄断法》第 17 条规定的"滥用"行为，因为单纯具有市场支配地位的状态并不是《反垄断法》所打击的对象，以上认定步骤，下文将逐一探讨。

（一）腾讯 QQ 的相关市场的界定

根据《指南》的规定：相关市场是指经营者在一定时期内就特定商品或者服务（以下统称商品）进行竞争的商品范围和地域范围，界定依据主要是需求者对相关商品在特定地域范围内是否具有紧密替代关系的认识。仅有被需求者认为具有紧密替代关系的商品之间才具有较强的竞争关系，并作为经营者进行竞争的商品范围。

相关市场包括相关商品市场、相关地域市场、相关技术市场等市场，需要同时界定。界定相关市场时，可以基于消费者对于商品功能用途的需求、质量的认可、价格的接受以及获取的难易程度等因素进行需求替代分析，必要时进行供给替代分析；在经营者竞争的市场范围不够清晰或不易确定时，也可以按照"假定垄断者测试"的分析思路来界定相关市场。由于本案所涉的即时通讯技术具有高度相似性和可替代性，故本案对相关技术市场的认定不做过多讨论，而着重探讨相关商品市场和地域市场的认定问题。

1. 对腾讯 QQ 相关商品市场的认定。根据《指南》第 5 条第 1 款的规定："需求替代是根据需求者对商品功能用途的需求、质量的认可、价格的接受以及获取的难易程度等因素，从需求者的角度确定不同商品之间的替代程度。"因此，从需求替代分析的角度界定相关市场时，消费者对于商品功能用途的需求是其选择商品的基础。本案中，腾讯 QQ 提供的免费的兼具文字、音频、视频功能的即时通讯服务，可以满足用户与相对较少的核心联系人之间点对点的即时私密联络需求。首先，因为消费者在使用即时通讯软件时由于个人偏好更倾向于使用固定的方式，如文字功能的使用率高达 90%，且消费者可以轻松迅速免费地在三种功能中自由选择和切换，故单一功能的即时通讯服务亦能满足消费者上述需求。其次，社交网站、微博服务也可以提供单独的即时通讯和网页即时通讯服务。如微博和 QQ 都具有传递信息的即时性和信息载体的多样性，均可进行 2 人以上即时互动；而 SNS 社交网站和 QQ 都具有社交属性，通过关系链锁定用户并通过即使通讯为社交属性服务，具有较强的竞争性和可替代性。最后，考虑电子邮箱以及其他传统通讯方式的可替代性。由于电子邮箱即时性的不足，电话传真等传统通讯方式难以克服收费性的欠缺，使其均不能满足用户免费的即时通讯需求，故其与综合性即时通讯软件

QQ 之间不具有紧密的竞争关系，不属于相关市场。

从需求替代分析的角度界定相关市场时，除了商品的功能用途之外，价格也是影响消费者选择的一个重要因素。目前，以免费的服务吸引大量用户，再利用巨大的用户资源经营增值业务和广告以实现盈利，然后以增值业务和广告的盈利支撑免费服务的生存和发展，已经成为互联网行业目前典型的经营模式。在免费的互联网基础即时通信服务已经长期存在并成为通行商业模式的情况下，用户具有极高的价格敏感度，改变免费策略转而收取哪怕是较小数额的费用都可能导致用户的大量流失，因此非免费的产品自然将被排除出相关市场的范围。

在互联网领域基础商品服务免费提供的背景下，又引发了对"假定垄断者测试"可否适用问题的顾虑。"假定垄断者测试"主要运用于传统行业，在单边市场中依据价格或质量变动时消费者的反应来界定相关产品的市场范围，然而互联网行业独特的行业特征和发展模式直接影响了"假定垄断者测试"方法的适用。一方面，互联网行业具有双边市场的特征，产品或服务的定价也具有特殊性，基础产品或服务是免费的，在测试中哪怕增加极少的费用，该费用相对于原来的零价格而言都是无穷大，从免费到收费的假定将导致整个商业模式的转变。另一方面，互联网行业中普遍存在的网络效应、用户锁定等现象，越有知名度的大型商品服务提供者越有可能吸引到更多用户，而用户将核心联系人整体转移需要成本，这就使得消费者对价格的敏感程度很难预估，在缺乏准确数据的情况下，只能作为参考性的定性分析手段。

2. 对腾讯 QQ 相关地域市场的认定。所谓地域市场，是指需求者获取具有较为紧密替代关系的商品的地理区域。这些地域表现出较强的竞争关系，在反垄断执法中可以作为经营者进行竞争的地域范围。对相关地域市场的界定，同样需要遵循相关市场界定的一般方法。从需求替代的角度，主要考虑需求者因商品价格或者其他竞争因素的变化而转向或考虑转向其他地域购买商品的证据、商品的运输成本和运输特征、多数需求者选择商品的实际区域和主要经营者商品的销售分布、地域间的贸易壁垒、特定区域需求者偏好等因素。从供给替代的角度，则主要考虑其他地域的经营者对商品价格等竞争因素的变化作出反应的证据、其他地域的经营者供应或销售相关商品的即时性和可行性等因素。基于互联网的即时通信服务可以低成本、低代价到达或者覆盖全球，并无额外的、值得关注的运输成本、价格成本或者技术障碍，所以在界定相关地域市场时，应主要考虑多数需求者选择商品的实际区域、法律法规的规定、境外竞争者的现状及其进入的及时性等因素。

需要注意的是，互联网不是地理位置，虽然其面向全世界的网络用户开放，但这并不意味着其所面临的竞争约束一定来自全球市场。事实上，用户使用习惯差异、文化与传统差异、语言差异等均会对消费者选择商品的实际区域造成巨大影响，就像本案中调查数据显示，中国大陆地区境内绝大多数用户均选择使用中国大陆地区范围内的经营者提供的即时通信服务。另外，国家通过相关立法对互联网行业进行管控，对境外经营者的市场准入作了较境内经营者更为严格的限制，例如本案中对即时通信等增值电信业务的经营即实行行政许可制度，外国经营者通常不能直接进入我国大陆境内经营，即使进入也需要以中外合资经营企业的方式进入并取得相应的行政许可。可见境外经营者要想及时进军我国国内市场并迅速占据较大的市场份额并非易事，不应认为境外经营者的存在对国内市场竞争形成了足够强的约束力，故境外经营者不应被纳入本案中的相关地域市场。

综上，经过综合判断，认定本案的相关地域市场为中国大陆地区，包括但不限于综合性即时通讯服务，具有文字、音频或视频功能的单一即时通讯服务也可以被纳入本案的相关市场中。

（二）腾讯QQ不具有市场支配地位

《反垄断法》第18条以列举形式指出了认定经营者市场支配地位需要考虑的几个因素："认定经营者具有市场支配地位，应当依据下列因素：①该经营者在相关市场的市场份额，以及相关市场的竞争状况；②该经营者控制销售市场或者原材料采购市场的能力；③该经营者的财力和技术条件；④其他经营者对该经营者在交易上的依赖程度；⑤其他经营者进入相关市场的难易程度；⑥与认定该经营者市场支配地位有关的其他因素。"该条第1款指出的"经营者在相关市场中的市场份额"在市场支配地位的认定中具有重要作用并在传统的司法实践中得到了广泛运用，但条文本身却并没有指出市场份额与其他因素在认定经营者市场支配地位的作用大小和主次关系。

从我国反垄断法的立法目的来看，其所禁止的并不是具有市场支配地位的现实状态，而是利用该支配地位所实施的排除、限制竞争以及损害消费者利益和公共利益的行为。在传统的反垄断执法中，市场份额的高低往往能直接反映经营者控制价格和排除竞争的能力，因此市场份额的大小对于是否具有市场支配的地位的认定具有决定性作用。但在互联网经济中，市场份额的具体认定往往存在困难。一方面，互联网产品一般是"免费产品"，即通过免费的基础性服务吸引、锁定大量用户，再以庞大的用户数量为基础开展增值业务或广告推广实现盈利，在这种商业模式下，市场价值占有率无法计算，市场容量占有率也会因为下载注册用户数与实际使用用户数不一致而存在较大偏差。另一方面，市场份额对衡量互联网经营者支配力的作用发生退变。在突飞猛进的技术发展和日新月异的产品更新中，市场竞争始终处于动态变化之中，认定垄断地位，不仅要看市场份额，更要看经营者维持巨大市场份额的能力。随着理论研究以及司法实践的丰富，人们逐渐认识到与市场份额相比，市场进入壁垒更能体现经营者排除、限制竞争的能力。因此，应在司法实践中探索建立"综合标准方案"，即判断和认定市场支配地位时，必须兼顾其他综合因素对市场支配地位的影响，比如市场进入条件、市场份额的长时间变化状况以及企业的盈利状况等。[1]在诸多因素中，市场进入最重要。一个企业在市场上占有较大的市场份额，但不存在或存在很小的市场进入障碍，一般不应认定为具有市场支配地位。[2]同时我国《反垄断法》第19条规定："有下列情形之一的，可以推定经营者具有市场支配地位：①一个经营者在相关市场的市场份额达到1/2的；②两个经营者在相关市场的市场份额合计达到2/3的；③三个经营者在相关市场的市场份额合计达到3/4的。有前款第2项、第3项规定的情形，其中有的经营者市场份额不足1/10的，不应当推定该经营者具有市场支配地位。被推定具有市场支配地位的经营者，有证据证明不具有市场支配地位的，不应当认定其具有市场支配地位。"该条款以肯定性推定与否定性排除相结合的方式，规定了依据市场份额对经营者市场支配地位进行推定的具体方法。但应注意的是，立法者将该条文表述为"有下列情形之一的，'可以'推定……"不难看出我国对于依市场结构方案认定

---

〔1〕 参见刘丽："互联网企业市场支配地位认定的理论反思与制度重构"，载《现代法学》2013年第2期。

〔2〕 参见孙凌云："论市场支配地位之认定"，载《河南省政法管理干部学院学报》2010年第5期。

市场支配地位的方法并非强制性推行，而是留有余地，即经营者的市场份额达到《反垄断法》规定的限度时，可以被推定为具有市场支配地位，也可以不被推定。本案中，虽然在2009年至2011年间，腾讯QQ在中国大陆地区个人电脑端即时通信服务市场每年的份额均超过80%，但在同一时期仍有几十款即时通讯工具存在发展，创新活跃且竞争充分。即时通讯服务市场经营者进入门槛较低，进入市场途径多样化，有占据很大市场份额的经营者存在并不直接影响其他经营者进入市场并扩大市场占有率的难易程度，在依靠技术创新和标准化运营的互联网行业中，其他同类经营者对腾讯QQ的依赖性不强。由于相关产品同质化程度较高且相关市场中具有紧密替代关系的种类很多，用户选择空间很大，切换产品成本很低，在这种情况下，腾讯QQ为了持续吸引用户而无法具备对质量、数量或其他交易条件的控制能力。另外，腾讯QQ的财力和技术条件对市场的影响亦有限，故即使腾讯QQ即使具有较高的市场份额，但综合多种因素考量，仍无法认定其具有即时通讯领域的市场支配地位。

四、参考意见

1. 一般而言，在反垄断执法过程中，"相关市场"的准确界定是认定市场支配地位的前提，应主要从需求者角度对相关商品是否具有紧密替代关系作出判断，商品的功能用途、质量、价格、获取难易程度等均可成为衡量是否具有紧密替代关系的因素。具有文字、音频、视频功能的单一性即时通讯产品、微博、SNS社交网站等均能满足用户对于即时免费小范围点对点私密通讯的功能需要，均是腾讯QQ这一综合性即时通讯产品的可替代产品，归属于同一相关市场。但在运用传统的"假定垄断者测试"方法判断互联网领域的相关市场时，应注意目前主流即时通讯工具均向用户免费提供的特点。另外，在相关地域市场的界定中应以境外经营者对境内的竞争约束力大小为判断依据，并非面向全球用户就是全球市场，根据用户实际使用情况和境外经营者市场进入和参与竞争的难度，本案的相关地域市场为中国大陆地区市场。

2. 互联网领域中，由于市场占有率的测算存在困难，且市场份额对于认定市场支配地位的作用逐渐降低，在判断经营者是否具有市场支配地位时，应采用"综合标准分析法"，在考虑市场份额的基础上，兼顾市场份额保持期间、企业盈利情况、财力和技术水平，尤其是市场准入情况等因素做综合分析，判断其是否具有排除、限制竞争的能力。虽然腾讯QQ具有较高的市场份额，但其在以技术革新和标准化服务为核心竞争力且市场准入门槛低、市场竞争充分的即时通讯服务市场中，仍难以认定腾讯QQ具有市场支配地位。

拓展案例

案例一：徐某与深圳市腾讯计算机有限公司
等滥用市场支配地位纠纷案[1]

一、基本案情

腾讯计算机公司和腾讯科技公司在微信中推出表情商城和表情开放平台供微信用户下载、投稿微信表情。徐某通过互联网阅知腾讯计算机公司和腾讯科技公司发布的《制作指引》和《审核标准》的内容，经同意《服务协议》后，注册成为微信表情开放平台投稿人。2015年12月8日，为推广其设立的互联网律师事务所，徐某向腾讯计算机公司、腾讯科技公司提交了由"问问"美术作品演绎的24个微信表情包，其中第10个演绎表情旁有"记得付律师费哦"的一行文字，但未获审核通过。腾讯计算机公司、腾讯科技公司驳回的总体理由是，根据《审核标准》，"感谢投稿，你的表情违反了微信表情开放平台表情审核标准，作品内容不允许含有任何组织机构、个人、产品或服务的名称、标识、产品包装、吉祥物及相关信息或推广目的。徐书青提供的第10个演绎表情为'问律师'网站推广形象，违反了微信表情开放平台表情审核标准，故不予发布。"

徐某认为两公司拒绝发布该表情包的行为构成滥用市场支配地位，故提起诉讼。

二、法律问题

1. 本案相关市场如何界定？
2. 本案两被告是否具有市场支配地位？

----

[1] 广东省高院二审判决书：(2016) 粤民终1938号。

3. 本案两被告行为是否构成滥用市场支配地位？

三、重点提示

本案对相关商品市场的界定，可从需求替代和供给替代两方面考虑。一方面，从需求替代角度分析，徐某向腾讯计算机公司、腾讯科技公司经营的微信表情开放平台投稿"问问"表情包，需求就是在互联网上推广"问问"表情包。经查，表情包是在社交软件活跃后所形成的一种流行文化。互联网用户可以在不同经营者经营的社交平台下载各种表情包使用，或者向这些平台投稿自己创作的表情包。对需求者而言，目前互联网不存在能够替代表情包这种情感表达方式并实现相同功能的其他服务形式，而不同经营者提供的互联网表情包服务之间存在较强的竞争关系，故从需求替代角度分析，表情包服务就是一个商品市场。另一方面，从供给替代角度分析，当前互联网的社交平台，并不仅限于腾讯计算机公司和腾讯科技公司经营的微信表情开放平台，很多都向用户开放表情包投稿。同时，在本案二审中经当庭演示，徐某亦确认其已经在微信平台中注册了"问律师"公众号，通过该公众号，微信用户可以下载"问问"表情包使用，即亦能实现徐某在互联网上推广"问问"表情包的目的。因此，就供给替代而言，徐某并不是只能通过微信表情开放平台才能实现其推广"问问"表情包的目的，而是存在可替代的供给渠道，而且，所有这些可替代的供给渠道均属于互联网社交平台中表情包服务提供平台，相互之间存在紧密的替代关系。综合上述分析，根据互联网表情包服务的特性、用途及价格等因素，本案具有较为紧密替代关系的一组或一类商品就是互联网表情包服务，涉案相关商品市场应界定为互联网表情包服务。本案中，徐某的需求是在互联网上推广"问问"表情包，相关地域市场是可与腾讯计算机公司、腾讯科技公司提供的表情包服务进行有效竞争的地域范围。虽然互联网具有无国界性，但是本案不能简单认定相关地域市场为全球市场。一方面，从需求替代角度考虑，对徐某获取具有较为紧密替代关系的表情包服务的经济和效率成本进行分析，徐某获取境外经营者提供的表情包服务势必没有境内经营者所提供的表情包服务更为便捷与及时。而且，徐某的"问问"表情包有"记得向律师付费"的简体中文表述，表明其需求更容易通过境内经营者提供的表情包服务予以实现。另一方面，从供给替角度考虑，境外经营者可向中国大陆地区用户提供表情包服务并不等于其就能及时进入并被中国大陆地区互联网用户所选择使用从而对境内经营者形成有力的竞争约束。因此，本院认为徐某能够获取的具有较为紧密替代关系的表情包服务的地域市场应为中国大陆市场，本案相关地域市场应界定为中国大陆市场。根据《反垄断法》第 18 条、第 19 条第 1 款，以及《最高人民法院关于审理因垄断行为引发的民事纠纷案件应用法律若干问题的规定》第 8 条第 1 款规定可知徐某应提供证据证明腾讯计算机公司、腾讯科技公司在中国大陆地区互联网表情包服务市场中具有市场支配地位，具体应包括两公司在相关市场的市场份额和相关市场的竞争状况、控制市场的能力、财力和技术条件、其他经营者对其在交易上的依赖程度和进入相关市场的难易程度等。但是，徐某提供的证据不足以证明腾讯计算机公司和通讯科技公司具有市场支配地位，应承担举证不能的法律后果。综上，徐某不能证明腾讯计算机公司和腾讯科技公司在本案的相关市场中具有市场支配地位，况且两公司与徐某在表情包使用上的地位是平等的，两公司根据准入标准审查投稿表情包的权利亦属于正常行使企业经营自主权，没有产生排除限制竞争的效果，故原告徐某对于两公司滥用市场支配地位的主张，没有事实和法律依据。

案例二：华为技术有限公司与 IDC 公司滥用市场支配地位纠纷案[1]

一、基本案情

华为技术有限公司欲取得由 IDC 公司所有的 3G 标准必要技术实施许可，而 IDC 公司却对华为技术有限公司征收远高于苹果、三星等公司的标准必要专利使用费，且要求华为公司无偿将其在全球所有的专利许可给 IDC 公司使用，同时提出将其标准必要专利和非标准必要专利、2G、3G 和 4G 标准必要专利、全球专利打包许可的要求。在双方谈判过程中，IDC 公司突然在美国联邦法院和美国国际贸易委员会同时起诉原告。根据我国反垄断法的规定，IDC 公司在 3G 无线通信标准必要专利许可市场中具有市场支配地位，上述歧视性定价、拒绝交易、搭销等行为构成对其市场支配地位的滥用。据此，华

---

[1] 广东省高院二审判决书：（2013）粤高法民三终字第 306 号。

为公司诉请被告 IDC 公司立即停止垄断性民事侵权行为，并连带赔偿原告经济损失人民币 2000 万元。

二、法律问题

1. 在涉及标准必要专利时相关市场如何界定？
2. IDC 公司是否具有市场支配地位？
3. IDC 公司是否滥用了市场支配地位？

三、重点提示

对相关市场的界定，主要取决于商品或服务市场的可替代程度，但在涉及标准必要专利时，即欲达到技术标准就必须采用某项专利技术时，由于专利技术具有垄断性，因此，技术标准与专利技术的结合使专利的垄断性被技术标准的强制性大大加强。换言之，产品的制造商也就不得不向专利权人寻求专利许可。从专利权人的角度看，当专利技术被纳入标准后，由于该专利技术是产品的制造商唯一且必须要使用的技术，而专利权人又是该必要专利许可市场的唯一供给方，因此，产品制造商无法找到替代技术以规避标准必要专利。因此，在标准技术条件下，每一个 3G 无线通信领域内的必要专利许可市场，均是唯一和不可替代的。故本案中被告方在中国和美国的 3G 无线通信技术标准（WCDMA、CDMA2000、TD – SCDMA）中的每一个必要专利许可市场，均构成一个独立的相关市场。而本案的相关地域市场是专利技术覆盖的中国和美国。

本案被告拥有全球（包括中国和美国）3G 无线通讯领域 WCDMA、CDMA2000、TD – SCDMA 标准中的必要专利，基于 3G 标准中每一个必要专利的唯一性和不可替代性，被告在与 3G 标准相关的每一个必要专利许可市场中均拥有完全的份额，在相关市场内具有阻碍或影响其他经营者进入的能力。由于被告不进行任何实质性生产，仅以专利许可作为其经营模式，原告无法通过标准必要专利的交叉许可来制约被告。故应认定被告在原告界定的本案相关市场中具有市场支配地位。

本案原被告均是 ETST 标准组织成员，均有义务履行 FRAND 义务（即专利权人有将必要专利按照 FRAND 原则授权标准组的其他成员使用的义务）但被告违反 FRAND 义务，向原告要求远高于苹果、三星公司的专利许可使用费，且附加强迫原告免费给予专利许可等不合理条件，存在过高定价、歧视性定价的滥用市场支配地位行为。

必要专利的交易价格，是反映必要专利权人是否按 FRAND 原则进行授权许可的关键因素。将被告授权给苹果、三星等公司的专利许可条件，与被告向原告发出的要约条件进行比较，无论是以一次性支付专利许可使用费为标准，还是以专利许可使用费率为标准，被告拟授权给原告的专利使用费均远远高于苹果、三星等公司。本案被告方不仅要求原告支付高昂的许可费，还强迫原告及其联属公司给予其所有专利的免费许可，使之可以获得额外的利益。这表明被告方存在过高定价和歧视性定价的行为。且被告在自身违反 FRAND 义务的情况下，向美国国际贸易委员会和美国特拉华州地方法院恶意提出禁令之诉，逼迫原告接受过高的专利许可使用费，对原告出口实质产生了排除、限制的影响；另外被告将必要专利和非必要专利捆绑搭销给原告，用标准化力量为非必要专利寻求最大化的许可市场属于搭销行为。综上，被告 DIC 公司确实存在滥用市场支配地位的垄断行为。

◈ 拓展资料

专题二十一　拓展阅读资料

专题二十二　互联网市场经营者集中

◈ 知识概要

经营者集中，是指经营者通过合并，取得其他经营者的股份、资产以及通过合同等方式取得对其他经营者的控制权，或者能够对其他经营者施加决定性的影响的情形。在我国，对于经营者集中的规制采取事前控制模式，即根据《国务院关于经营者集中申报标准的规定》第 3 条的规定："经营者集中达到下列标准之一的，经营者应当事先向国务院商务主管部门申报，未申报的不得实施集中：①参与集中的所有经营者上一会计年度在全球范围内的营业额合计超过 100 亿元人民币，并且其中至少两个经营者上一会计年度在中国境内的营业额均超过 4 亿元人民币；②参与集中的所有经营者上一会计年度在中国境内的营业额合计超过 20 亿元人民币，并且其中至少两个经营者上一会计年度在中国境内的营业额均超过 4 亿元人民币。营业额的计算，应当考虑银行、保险、证券、期货等特殊行业、领域的实际情况，具体办法由国务院反垄断执法机构会同国务院有关部门制定。"需要注意的是，互联网公司具有自身独特的经营状况、竞争机制和运行模式，对于其"营业额"具体如何计算的问题尚无明确规定，是以全部平台流水作为营业额的计算依据还是以互联网平台扣除双端主体个人收入后的净利润作为计算依据各界尚有较大争议，值得根据个案进行讨论。

同时，《反垄断法》第 22 条也对经营者集中申报豁免的情形做出了规定，即"经营者集中有下列情形之一的，可以不向国务院反垄断局执法机构申报：①参与集中的经营者拥有其他每个经营者 50% 以上表决权的股份或资产的；②参与集中的每个经营者 50% 以上有表决权的股份或资产被同一个未参与集中的经营者拥有的"。然而互联网公司在进行合并集中前一般都会进行数轮融资，且在国外注册成立的互联网公司多采取 AB 股股权制度，导致公司股权较为分散，很难出现第 22 条所言之豁免情形。

📑 经典案例

<h3 style="text-align:center">滴滴公司与优步中国合并案[1]</h3>

一、基本案情

2016 年 8 月 1 日，滴滴出行宣布与优步全球达成战略协议，滴滴出行将

---

[1] 参见尚楚：《滴滴优步合并月余：商务部三次回应反垄断调查》，载中商情报网，http://www.edushi.com/zixun/info/113 - 118 - n3332247 - p0.html，最后访问日期：2018 年 10 月 25 日。

收购优步中国的品牌、业务、数据等在中国大陆运营的全部资产。交易达成后，滴滴出行和优步全球将相互持股，成为对方的少数股权股东。优步全球将持有滴滴 5.89% 的股权，相当于 17.7% 的经济权益，优步中国的其余中国股东将获得合计 2.3% 的经济权益。滴滴也因此成为唯一一家腾讯、阿里巴巴和百度共同投资的企业。双方于 8 月 2 日履行股权变更手续，完成了交割。但在同日的商务部例行新闻发布会上，发言人沈丹阳表示："商务部目前尚未收到滴滴和优步中国相关交易的经营者集中申报。按《反垄断法》规定申报条件和国务院关于经营者集中申报标准的规定，经营者都应事先向商务部申报，未申报的不得实施兼并。"针对商务部的表态，滴滴出行回应称："目前滴滴和优步中国均未实现盈利，且优步中国在上一个会计年度营业额没有达到申报标准。"

二、法律问题

1. 滴滴与优步合并是否达到了经营者集中的申报标准？
2. 滴滴与优步合并后能否构成对国内网约车市场的垄断？

三、法理分析

（一）滴滴与优步合并达到了经营者集中的申报标准

本案中合并的两大公司是国内网约车平台的两大寡头，滴滴出行在 2015 年完成对快的打车的合并后俨然成为中国境内活跃用户人数最大的网约车平台；而优步中国作为全球体量最大的即时用车平台，虽然在中国境内的用户人数不及滴滴出行，但其坐拥交通大数据资源和丰富的运营经验，也始终稳居亚军宝座。此番合并引发了人们对经营者集中确定标准和垄断市场地位认定等问题的广泛关注。然而，滴滴出行方面的负责人却表示，由于两企业持续投入大量资金补贴消费者搞价格战的前期不良竞争行为，合并前的上一会计年度两企业均处于持续亏损状态，此次合并案的双方并无力构成相关市场的垄断，也不符合事前申报的经营者集中标准。然而商务部则多次对外表态称，将会依据与"经营者集中"相关的法律法规来深入调查本案。截至当前，商务部反垄断局正积极与网约车相关市场企业进行会谈，同时相关职能部门进行沟通，力图深入探究网约车经营模式，调查网约车相关市场是否存在恶性竞争情形。滴滴出行公司对本次合并案也正在积极配合调查，详细说明本次合并案的具体交易情况，提供相关证明文件资料来证明合并案无需向反垄断局申报的情形。尽管本案目前仍处于调查阶段，尚无定论，但对于借助互联网平台盈利的经营者，其集中的申报条件仍值得讨论。

第一，两公司合并不符合依法可以免于申报的情形。根据反垄断法第22条的规定："经营者集中有下列情形之一的，可以不向国务院反垄断局执法机构申报：①参与集中的经营者又有其他经营者50%以上表决权的股份或资产的；②参与集中的每个经营者50%以上有表决权的股份或资产被同一个未参与集中的经营者拥有的。"而在本次完成交割的合并案中，优步与滴滴将合并成立一个新的滴滴公司，新成立的滴滴出行公司全部股东集体拥有其中20%股权。作价合并后的优步公司又占这其中的17.7%，成为新成立的滴滴公司最大股东，但由于互联网公司采用AB股制度的特殊性质，作为第一大股东的优步公司仅拥有5.8%的投票权。根据早前在《纽约时报》报道的估算原本的滴滴出行公司在投资后的持股比例大约为1.47%，在本次合并案之前无论是滴滴公司还是优步公司都已经历了数轮的融资，在这个过程中已经加入的百度等其他投资人约占2.3%的股份。由此可见，本次合并案中已经不存在任何一家股东同时拥有原本滴滴出行公司和优步公司的50%以上的表决权的股份或者资产，因此可以得出滴滴出行和优步中国的合并案并不符合依法可免于申报的情形的结论。

第二，需要讨论的是两公司合并是否符合申报标准。对于《反垄断法》中概括指出的经营者集中的申报标准，由《国务院关于经营者集中申报标准的规定》第3条加以细化，即以"营业额"为参考指标，包括相关经营者上一会计年度内销售产品和提供服务所获得的收入，并扣除相关税金及附加。然而滴滴和优步公司均为非上市公司，其营业额并没有官方公开数据可查，更棘手的是，对于网络平台"营业额"如何计算，法律界和行业内都有争议，可见两公司合并前的上一会计年度在我国境内的营业额核算问题就成了确定本次合并案是否构成反垄断法对于"经营者集中"规制情形之关键。

然而，对于网约车平台"营业额"如何计算的问题，学界尚存在各种不同观点。对于上一个会计年度在中国境内的营业额核算必须切实考虑不同行业的实际情形，而作为工业 4.0 的互联网创新公司，对于平台的营业额如何计算的问题更是众说纷纭。有观点认为，在滴滴与优步合并之前，双方因为持续的"烧钱补贴"均处于"亏损"状态，未必符合需要申报的条件。事实上，早在 2015 年 2 月滴滴与快的合并时，另一网约车公司易道就曾向商务部举报滴滴与快的合并案以"司机账户流水"为营业额的计算标准，符合国务院关于经营者集中申报条件的规定，应该进行反垄断申报。而滴滴出行则认为，滴滴作为一个平台仅提供中介服务，并不具体介入乘客和司机之间的价款结算，司机账户流水是司机的个人收入，与滴滴公司无关，不应算作平台本身的营业额。还有一种观点认为，平台补贴构成交易的重要部分，而实际交易额又决定市场规模，所以反垄断法意义上的营业额不应该机械等同于税法的营业额，应该把平台所提供的补贴也计算在内。

第三，若以账面流水为营业额认定标准，则两公司合并符合经营者集中的申报标准。基于《反垄断法》的制定目的，从保护市场经济有效竞争秩序的角度，笔者认为以账面流水作为营业额认定标准较为适宜。但是，一方面，符合申报标准也并不意味着一定该次合并定会受到处理，根据以往实践经验，商务部对绝大部分经营者集中的申报予以无条件批准，且《反垄断法》的要求也仅是为了规避经营者集中给市场自由竞争带来的消极影响，并不阻碍企业通过采取正常的市场战略、进行良性的市场竞争后做大做强。此外，滴滴和优步公司均为互联网公司，基于该类型企业开发运营前期成本高、更新发展速度快等特点，在审查时也很可能为了给该行业营造创新、自由的发展环境，而在个案审查中将条件予以放宽。另一方面，即使按照互联网平台净利润作为营业额认定标准，认为该合并不符合申报条件，有关部门仍可依职权进行调查。根据《国务院关于经营者集中申报标准的规定》第 4 条的规定："经营者集中未达到本规定第 3 条的申报标准，但按照相关程序收集的事实和证据表明该经营者集中具有或可能具有排除限制竞争效果的，国务院反垄断执法机构应当依法进行调查。"两企业合并之初虽未申报，但随后反垄断执法机构也依职权启动并进行了对该合并案的深入调查，该案的处理结果很有可能面临两个走向：若两者合并对相关市场没有产生实质性排除、限制竞争的影响，则由于没有按照规定进行申报将面临 50 万以下的罚款；若两者合并已经在实质上产生了排除限制竞争的结果，则可能面临撤销交易、拆分股份资产等处理。

（二）滴滴与优步合并后构成对国内网约车市场的垄断

经营者集中作为一种经济现象，在现实的市场经济运行中极为普遍地发生，且客观上具有积极意义。首先，为了提高市场竞争能力，市场中的经营者往往借由合并兼并等方式实现资产重组和规模整合，从而优化整个产业结构，促进和推动市场经济的发展。尤其是在互联网经济成为主流经济的今天，滴滴出行与优步中国的"联姻"无论从整体经济发展趋势来看还是从消费者个人权益角度都有有利之处。互联网经济时代实际上是大数据时代，网约车两大巨头的合并意味着更庞大而完善的大数据信息的形成，对于网约车这个行业而言未来无论是市场运营、盈利模式创新还是商业模式拓展上都会获得极大助益。其次，两大巨头的联盟意味着形成了一个更大的网约车平台，大平台和大流量的整合体将掌握行业制定标准的话语权，对于网约车这个市场而言，行业的进入门槛和经营门槛会整体提高，这将有利于消费者未来享受更好的"互联网＋服务"产品。另外，经营者集中势必会减少重复建设成本，响应国家供给侧结构改革的号召，更好地推动产业去产能，片面认为市场上必须拥有大量不同市场主体彼此竞争将会极大增加市场内耗，增加市场建设发展成本，降低市场主体的竞争效率。因此必须正确认识到经营者集中对于市场经济的活络起到的积极作用。同时，为了规避经营者集中带来的负面作用，要明晰反垄断法关于经营者集中的规制边界，如此才能构建一个良性竞争的市场经济环境。

本案滴滴公司与优步公司的合并理应属于《反垄断法》对于经营者集中的规制范围。我国《反垄断法》并没有将"经营者集中"的含义通过法律条文进行明确，而仅仅是通过列举的方式对具体情形加以圈定，即包括：经营者兼并合并；经营者经由获取股权或购买相关资产方式从而获得对市场中其他经营者的控制权；经营者依靠双方或者多方之间合同从而能对市场中其他经营者实施决定性影响甚至取得其他经营者的控制权。理论上，在市场经济环境中应当存在多个彼此独立的经营者，从而形成一个较为稳定的竞争环境。当两个或几个经营者为了追求共同利益或是出于各种原因通过某种方式彼此之间形成较强的关联关系甚至是控制关系时，对于市场上其他经营者很可能出于一种极为不利的竞争地位，在原本稳定的竞争结构被打破后，没有处于

"联盟"关系中的经营者即将面临被"联盟"吞并或消灭的结果。此时的市场竞争机制将无法正常发挥作用，在相关市场中被过度集中于"联盟"手中时消费者也无法保障其自身权益，更不利于整个产业的发展。根据我国《反垄断法》列举的情形可知，"经营者集中"表现出的是一种相关市场范围内原本彼此独立的经营者相互连接，进一步强化彼此关联性、控制性的市场行为。而反垄断机制关注的则是这种形成联盟的竞争力量对整个市场经济竞争的影响，因此《反垄断法》通过构建事前预防机制、事后追查机制来保障市场竞争机制的良好运转，任何可能构成不良竞争的"联盟"行动都有可能被归到反垄断规制机制中。可见在本次滴滴和优步的合并案中，两公司均是独立法人且都从事网约车业务，并案完成后滴滴出行公司和优步公司将各自相互持股，成为对方的少数股权股东，同时以 1:4 的作价合并成立新的滴滴公司，这笔交易将产生一个估值约 350 亿美元的新公司，该公司将稳稳占据中国网约车市场鳌头，因此从《反垄断法》的立法目的上看，滴滴优步合并的举动完全符合对于经营者集中进行监管的内容。[1]

认定"垄断"的前提条件是界定滴滴出行服务的相关市场，即某一城市的网约车市场。经营者集中不一定就是垄断行为，只有其具有或可能具有"排除、限制竞争效果"才构成垄断。而探讨"垄断"的认定，首先要明确地界定相关市场，其主要的争议焦点在于传统约车出行市场是否应纳入本案的相关市场。从需求替代分析角度来界定相关产品市场时，应主要从需求者对商品功能用途的需求、质量的认可、价格的接受以及获取的难易程度等方面综合考虑，消费者对即时选择、定点服务、价格较低、服务态度较好、获取便利、移动支付的网上叫车服务的需求，很难被守株待兔挥手即停的传统叫车服务所满足。从供给替代分析角度看，传统的出租车、计程车、公交车、地铁等出行方式，虽然能在一定程度上作为可选择的交通出行方式，但相互替代性并不紧密，没有哪种出行方式能够提供可以与网约车服务经济成本、出行感受、时间成本、便捷程度等方面相似的替代服务，故本案相关市场仅为网约车市场，不包括传统约车出行市场。另外，由于网约车平台普及率地

---

〔1〕 参见吴华倩："从滴滴与 UBER 合并案浅谈经营者集中"，载《海南广播电视大学学报》2018 年第 2 期。

域差异较大，网约车地域市场应界定为某一个城市的网约车市场较为适宜，包括该城市下辖的区县。

合并后的滴滴公司在城市网约车市场中具有排除、限制竞争的垄断地位。相关市场的界定是为了判断企业在相应市场内的市场份额，并综合考虑企业经营状况和相关市场的进入难度等因素综合判断某企业是否具有在相关市场的垄断地位。根据第三方数据研究机构 IT 研究中心曾发布的《2016 年 Q1 中国专车市场研究报告》：2016 年第一季度滴滴占有 85.3% 的订单份额居行业之首，而优步、易到用车及神州专车则分别以 7.8%、3.3% 和 2.9% 位列第二、三、四位。滴滴优步合并后，拥有九成以上的市场份额，符合我国《反垄断法》第 19 条根据市场份额推定具有市场支配地位的标准。另外，以两公司 2016 年第一季度的服务订单量为基础，所测算出的"HHI 指数"[1]高达 7691.29，可见两公司在网约车领域的市场集中度较高。目前，合并后的滴滴公司获得了腾讯、阿里巴巴、百度三大互联网巨头的共同投资，财务经营状况良好，市场控制能力很强。同时，由于两公司合并后大数据资源整合、经营模式优化创新，在一定程度上为消费者提供更优质互联网服务的同时，增加了互联网约车平台的市场准入门槛和标准，新兴企业很难再与坐拥九成以上市场份额，资源丰富运营良好的成熟网约车平台有竞争可能。最重要的是，以北京地区为例，在滴滴和优步合并 1 个月之后，滴滴快车里程计费没变，但时间计费从 0.35 元/分钟涨至 0.55 元/分钟，上涨了 57%，对消费者利益产生一定程度的实际影响。况且近日滴滴司机伤害乘客事件频发，亦暴露了一家独大的滴滴公司在网约车领域具有垄断地位的弊端。综上，滴滴和优步合并确实会在网约车领域产生一定的排除、限制竞争的效果，应将其认定为垄断企业加以必要规制。

四、参考意见

1. 尽管对网络运营平台"营业额"的认定标准存在争议，但本案符合《反垄断法》对于经营者集中进行规制的立法目的，滴滴和优步中国合并具有

---

〔1〕"HHI"指数即赫芬达尔—赫西曼指数，是一种测量产业集中度的综合指数。它是指一个行业内各市场竞争主体所占行业总收入或总资产百分比的平方和，用来计量市场份额的变化。

排除、限制网约车市场良性竞争的可能，故虽然两公司并未申报合并，但商务部也可依职权主动调查。另外，企业合并申报标准还应进一步细化，以回应现实中商业模式的不断创新。

2. 在认定是否具有垄断地位时应综合判断企业的市场份额、经营状况、技术水平、对其他企业参与竞争的影响程度以及对新兴企业进入相关市场的难易程度的影响等相关因素进行综合判断。在经营者集中的案件中，应格外注意规制的尺度，避免对正常的市场行为的过分干预。

◈ 拓展案例

案例一：日本丸红株式会社收购美国高鸿控股有限责任公司 100% 股权的经营者集中反垄断申报案[1]

一、基本案情

在日本注册成立的丸红公司是一家大型综合贸易公司，在全球范围内从事食品原料、食品、纺织品、原材料、纸浆和纸张、化学品、能源、金属和矿产资源以及运输机械的贸易。在中国大宗农产品进口市场，丸红公司 2011 年和 2012 年进口量均居首位。丸红公司在中国境内设有 24 家子公司和分支机构，拥有成熟的分销渠道和健全的物流仓储设施。在美国注册成立的高鸿公司是一家大宗商品管理公司，在全球范围内从事谷物和配料、化肥以及能源产品的采购、存储和加工、运输和物流、推广和经销以及风险管理服务。以存储能力衡量，高鸿公司是目前北美第三大谷物采购、存储和经销公司，其在美国经营 140 多家谷物装载点及大型谷物存储设施，并拥有经销网络。高鸿公司还从美国境外如巴西、澳大利亚和乌克兰等关键产区采购谷物。高鸿公司在中国境内设有 1 家分支机构。2012 年 5 月 29 日，丸红公司与高鸿公司签署了《股权收购协议》（以下简称《协议》）。根据《协议》，丸红公司将通过 Gold Marble 投资公司（丸红公司为本交易而建立的全资子公司）收购高鸿公司全部股权。交易完成后，丸红公司将间接持有高鸿公司 100% 的股权。2012 年 6 月 19 日，商务部收到丸红公司收购高鸿公司 100% 股权的经营者集

---

[1] 商务部公告 2013 年第 22 号。

中反垄断申报。经补充完善相关申报文件材料，延长审理期限进行细致审核调查后，商务部认为此项经营者集中对中国大豆进口市场可能具有排除、限制竞争效果，故作出了附条件批准集中的决定。

二、法律问题

1. 本案丸红公司对高鸿公司的收购是否会在相关商品市场产生排除、限制竞争的效果？

2. 如何附条件以减少丸红公司与高鸿公司进行的经营者集中对竞争产生的不利影响？

三、重点提示

2012 年，丸红公司出口到中国的大宗农产品总量约 1060 万吨，其中大豆 1050 万吨，高鸿公司出口到中国的大宗农产品总量约 40 万吨。根据双方经营范围、方式及商品特性，需求和供给替代等因素，商务部认为中国大豆、玉米、豆粕以及干粗酒糟的进口市场为相关商品市场。同时，考虑到上述商品的实际贸易情况、消费习惯、运输、关税等因素，相关地域市场为中国，同时考虑了全球范围的因素。就中国大豆进口市场而言，2012 年中国进口大豆 5838 万吨。作为主要出口商，丸红公司向中国出口大豆 1050 万吨，居第一位。其他出口商，向中国出口大豆量均远低于丸红公司。与主要竞争对手相比，丸红公司在中国大豆市场的分销能力和客户资源方面也具有一定优势。2012 年，高鸿公司在全球的大豆销售量为 510 万吨，同时高鸿公司在北美大豆采购、仓储、物流领域具有一定规模，其拥有美国商用谷物存储能力的 7%，在美国大豆主产区拥有多个采购平台，并在美国西北海岸拥有出口设施。此项经营者集中完成后，丸红公司将可能利用高鸿公司在北美大豆采购、仓储、物流等方面的能力，扩大其大豆采购来源。同时，丸红公司凭借其在中国市场健全的营销网络和丰富的客户资源，大幅提高对中国的大豆出口，从而进一步强化其在中国大豆进口市场已具有的领先地位，增强其对中国大豆进口市场的控制力。进入大豆贸易市场需要具备获取大豆资源的渠道以及营销网络，且需具备相当的规模经济条件，才能参与有效的市场竞争，市场进入难度较大。最近 5 年，全球大豆贸易市场和中国大豆进口市场均没有重要的新市场进入者。此项经营者集中将大幅增加丸红公司掌握的全球大豆资源，提高潜在竞争者进入相关市场的难度。市场进入难以减轻或消除此项经营者集中引起的排除、限制竞争效果。目前，中国大豆高度依赖进口，国内大豆压榨企业集中度低，生产规模小，议价能力较弱。此项经营者集中可能进一步削弱下游大豆压榨企业的议价能力。综上，此项经营者集中完成后，丸红公司在中国大豆进口市场的控制力进一步增强，市场进入难度进一步增加，可能具有排除、限制相关市场竞争的效果，最终可能损害下游客户及最终消费者利益。就中国玉米、豆粕、干粗酒糟进口市场而言，丸红公司和高鸿公司合并后市场份额分别为6%、4.5%和8.4%，且市场上存在众多强有力的竞争对手，能够对合并后实体形成竞争制约。反垄断机构审查认为，此项经营者集中难以在中国玉米、豆粕和干粗酒糟进口市场产生排除、限制竞争效果。

本案中，反垄断执法机构通过对两企业合并附加综合性条件的方法规避经营者集中对市场竞争产生的不利影响。例如要求丸红公司设立两家独立法人实体，组建独立运营团队负责向中国出口和销售、保持目前丸红大豆子公司与高鸿大豆子公司之间的分离和独立、限制两公司的内部交易，设置公司资产防火墙、禁止交换协调经营行为的竞争性信息等，通过附加这一系列限制性条件，以期保持两公司的相对独立性，避免企业规模的扩张对市场竞争产生的不利影响。同时，丸红公司应及时、真实、准确地向商务部和委托监督人汇报义务完成状况，随时接受监督。

案例二：赛默飞世尔科技公司收购立菲技术
公司经营者集中反垄断申报案[1]

一、基本案情

于1960年10月11日在美国特拉华州注册成立、纽约证券交易所上市的赛默飞世尔科技公司是一家多元化的全球性生产公司，其主要业务为生产和销售生物科学分析仪器、耗材、试剂，以及为生物科学研究、分析和诊断提供服务和软件。于1997年5月21日在美国特拉华州注册成立、纳斯达克证券

---

〔1〕 商务部公告2014年第3号。

交易所上市的立菲技术公司是一家全球性的生物技术公司，供应范围广泛的生物技术产品和服务，包括克隆、聚合酶链反应（PCR）、逆转录、感受态细胞、核酸分析、蛋白质表达、蛋白质分析、样品制备、核糖核酸（RNA）干涉分析、细胞研究、常规生化和其他生命科学应用技术。2013年4月14日，交易双方签署《合并协议》。根据协议，赛默飞世尔科技公司将以现金收购立菲技术公司全部股份，同时还将承担立菲技术公司截至本交易交割时的净债务。2013年7月3日，商务部收到赛默飞世尔科技公司收购立菲技术公司经营者集中反垄断申报，经补充材料后进一步审查，商务部认为此项经营者集中在细胞培养产品、序列特定引物技术（SSP）试剂盒、十二烷基硫酸钠—聚丙烯酰胺凝胶电泳（SDS-PAGE）蛋白质标准品和小分子干扰核糖核酸（siRNA）试剂等市场可能具有排除、限制竞争效果，并作出了附加剥离资产等限制条件后批准集中。

二、法律问题

1. 本案赛默菲世尔公司收购立菲技术公司是否会在相关商品市场产生排除、限制竞争的效果？

2. 如何附条件以减少赛默菲世尔公司与立菲技术公司的经营者集中对竞争产生的不利影响？

三、重点提示

本案交易双方在生物科技行业的分子生物学、蛋白质生物学、细胞培养技术等领域的59种产品具有横向重叠，展开直接竞争。从需求替代和供给替代的角度分析，该59种产品之间不存在相互替代性，各自构成本案独立的相关商品市场。在生物科技行业，大型供应商通常就某一类产品在全球设立一个生产基地，生产产品面向全球销售；此外，还存在大量小型供应商，其生产产品仅在其所在国（地区）销售。各国（地区）生物科技产品销售模式、定价机制差异较大。销售模式分为直销和分销，两种销售模式下产品销售价格存在差异。本案中，少数产品生产技术含量较高（如胎牛血清穿刺技术），或拥有准入性专利（如siRNA试剂涉及美国麻省理工学院Tuschl专利），包括中国在内的全球市场依赖大型生产商的供应，因此，将澳大利亚/新西兰胎牛血清、siRNA 试剂地域市场界定为全球，同时考察交易对中国市场的影响。其他绝大多数产品属商品化产品，生产技术难度不高，亦没有准入性专利，国内外供应商均进行生产销售，由于中国有别于其他国家的销售模式和定价机制，销售模式以分销为主，且同类产品定价往往高于发达国家市场定价，将其地域市场界定为中国，同时考察交易对全球市场的影响。本案中，商务部利用市场集中度分析、价格上涨预测工具等经济学方法及市场调查等实证方法，深入研究了此次集中对 59 种相关商品市场竞争状况的影响后认为，本次交易在细胞培养产品、SSP 试剂盒、SDS-PAGE 蛋白质标准品和 siRNA 试剂市场可能产生排除、限制竞争效果。

本案中商务部决定采取附加结构性条件，即剥离全球细胞培育业务和全球基因调整业务、出售中国境内公司的部分股权和行为性条件，即逐年降低价格、通过代工协议等方式允许永久性许可的方式对两企业的和并加以限制。其中资产剥离制度要求将参与集中的经营者的特定业务出售给非竞争者，使其进入市场参与竞争，或出售给相关市场内的竞争者，增强其与集中后经营者的竞争能力，以抑制过度集中对市场交易环境和消费者权益造成的损害，该措施可更有力地从源头上规避经营者集中的弊端，促进相关市场的良性竞争。

◈ 拓展资料

专题二十二　拓展阅读资料

专题二十三　市场混淆行为

◈ 知识概要

市场混淆行为，是指经营者采取假冒或者模仿之类的不正当手段，使其商品或者提供的服务与他人的商品或提供的服务相混淆，而导致或足以导致购买者误认的行为。根据 2017 年修订的《中华人民共和国反不正当竞争法》（以下简称《反不正当竞争法》）第 6 条规定，目前的市场混淆行为主要有：①擅自使用与他人有一定影响的商品名称、包装、装潢等相同或者近似的标识；②擅自使用他人有一定影响的企业名称（包括简称、字号等）、社会组织名称（包括简称等）、姓名（包括笔名、艺名、译名等）；③擅自使用他人有一定影响的域名主体部分、网站名称、网页等的行为；④其他足以引人误以为是他人商品或者与他人存在特定联系的混淆行为。

防止"市场混淆"与保护知识产权有着密切的关系，具体表现在以下方面：①市场混淆行为的对象是商业标识，而这也是知识产权的保护对象，这种以商业标识为保护对象的知识产权可称为标识性工业产权。防止市场混淆实际上就是运用反不正当竞争法来保护广义的知识产权；②知识产权各专门法和反不正当竞争法对商业标识起着双重或多重保护的作用，在双重或多重保护中知识产权各专门法优先适用；③与知识产权各专门法相比，反不正当竞争法不受商业标识是否注册（强制注册除外）、商品或服务类别、行业范围、地域范围、保护期以及商业标识种类、用途的限制，具有高度的灵活性，防止市场混淆的竞争立法能够为商业标识提供全面、充分的保护，对知识产权各专门法起着补充兜底的作用。如注册商标的保护范围在商标法上有商品、服务类别的限制，而反不正当竞争法的保护则不受此限制，商号的保护在企业名称法上有地域、行业范围的限制，在反不正当竞争法上也不受此限。[1]

◈ 经典案例

广东加多宝饮料食品有限公司诉广州王老吉大健康产业有限公司擅自使用知名商品特有名称、包装、装潢案[2]

一、基本案情

王老吉牌凉茶，始创于公元 1828 年。1996 年 8 月 7 日广药集团正式成

---

〔1〕　胡小红："关于'市场混淆'的若干法律问题探讨"，载《中国工商管理研究》2002 年第 1 期。

〔2〕　一审民事判决书：广东省高级人民法院（2013）粤高法民三初字第 1 号；二审判决书：最高人民法院（2015）民三终字第 2 号。

立，王老吉商标等无形资产划归广药集团持有，2012 年 2 月 28 日广药集团成立全资子公司大健康公司。

东莞鸿道公司成立于 1995 年 9 月 19 日。鸿道集团于 1998 年 9 月 17 日投资成立了东莞加多宝食品饮料有限公司，2000 年 5 月 21 日，名称变更为广东加多宝饮料食品有限公司。

1988 年 10 月 30 日广州羊城滋补品厂取得"王老吉"注册商标，注册有效期自至 1998 年 10 月 29 日。后经商标局核准，该商标转让给广药集团。1997 年、2000 年广州羊城滋补品厂、广药集团分别与鸿道集团签订了商标许可使用合同，独占使用的商品范围为生产及销售红色罐装及红色瓶装王老吉凉茶使用期限自 2000 年 5 月 2 日至 2010 年 5 月 2 日。此后，于 2002 年、2003 年广药集团与鸿道集团分别签订两份补充协议使得鸿道集团在许可期限内能依法使用"王老吉"商标。

1997 年 6 月 14 日，鸿道集团法定代表人陈鸿道取得该产品使用的外观设计专利，并将该专利许可给本案加多宝公司独占实施。该包装、装潢采用红色为底色，主视图中心是突出、引人注目的三个竖排黄色装饰的楷书大字"王老吉"，"王老吉"右边为两列小号宋体黑色文字"凉茶始祖王老吉创业于清朝道光年已有百余年历史"，"王老吉"左边下部为褐色底、宋体白色文字"凉茶"，再左边为三列小号宋体黑色文字"王老吉凉茶依据祖传秘方采用上等草本配制老少咸宜诸君惠顾请认商标"；罐体上部有条深褐色的装饰线，该装饰线上有黄色英文"herbaltea"和"王老吉"楷书小字相间围绕，罐体下部有一粗一细两条装饰线；后视图与主视图基本相同；左视图是中文和英文的配料表及防伪条形码；右视图上部是"王老吉"商标及"王老吉凉茶"字样，下部是"东莞鸿道食品有限公司"及其地址、电话、传真、保质期等商品生产者的信息。

在鸿道集团的大力宣传之下，"王老吉"罐装凉茶饮料这种产品畅销全国各大市场和地区。曾获"95 中国（广东）首届最受欢迎的十佳饮料奖"，1998 年被评为广东省著名商标，并被认定为广东省食品文化遗产——"凉茶的配方及专用术语之一""改革开放三十年凉茶产业最具影响力品牌"等。

2012 年 6 月 3 日，大健康公司在北京八达岭水关长城举行红罐王老吉凉茶新装上市庆典，公开销售其生产的红罐"王老吉"凉茶，其产品的外包装与加多宝公司生产的红罐王老吉凉茶产品类似并以"红罐"的"新装"进行宣传。

加多宝公司认为大健康公司其侵犯了加多宝公司知名商品特有的包装装潢权和加多宝公司"红罐""红罐凉茶""红罐王老吉"等知名商品特有名称权，并且足以导致购买者对大健康公司生产的红罐王老吉凉茶产品的品质和产品来源发生混淆，构成不正当竞争行为。

大健康公司认为装潢中"王老吉"三个字是产品特有名称，且是注册商标，其外观设计必须要经"王老吉"注册商标专用权人许可才能使用，作为红罐王老吉凉茶专用的装潢必然归属广药集团所有，在收回"王老吉"商标的同时，也将与"王老吉"知名商品特有的装潢一并收回，现又授权给大健康公司生产红罐王老吉凉茶，其享有知名商品特有的装潢权。

二、法律问题

1. 涉案包装、装潢是否具有一定影响？
2. 大健康公司的被诉侵权行为是否构成不正当竞争行为？

【法院裁判结果】

一审法院审判委员会讨论认为，加多宝公司认为大健康公司生产、销售的王老吉红罐凉茶侵害了加多宝公司知名商品特有包装装潢权，要求判令大健康公司立即停止侵权行为、消除不良影响、赔偿经济损失和承担诉讼费用等诉讼请求均缺乏事实和法律依据，不能成立，依法应予驳回。

加多宝公司不服一审判决，向最高人民法院提起上诉，请求撤销一审判决，改判支持加多宝公司的全部诉讼请求。最高人民法院审判委员会讨论决定，依照《反不正当竞争法》第 1 条、第 2 条第 1 款、第 5 条第 2 项，《最高人民法院关于审理不正当竞争民事案件应用法律若干问题的解释》第 1 条、第 2 条，《中华人民共和国民事诉讼法》第 170 条第 1 款第 1 项、《最高人民法院关于适用〈中华人民共和国民事诉讼法〉的解释》第 334 条之规定，判决：驳回上诉，维持原判。

三、法理分析

（一）涉案包装、装潢具有一定影响

关于商品的包装、装潢的内容主要规定在《反不正当竞争法》第6条第1项的规定中：擅自使用与他人有一定影响的商品名称、包装、装潢等相同或者近似的标识，引人误认为是他人商品或者与他人存在特定联系，属于不正当竞争行为。1993年《反不正当竞争法》对商业标识的混淆行为的规制体现在第5条第2项：擅自使用知名商品特有的名称、包装、装潢，或者使用与知名商品近似的名称、包装、装潢，造成和他人的知名商品相混淆，使购买者误认为是该知名商品构成市场混淆行为。可以看出，旧法要求"知名商品特有的包装、装潢"。但是，新法明确强调了擅自使用他人具有一定影响的名称、包装、装潢。

这一立法变动，在修订过程中较有争议，从旧法"知名商品特有的包装、装潢"，到草案中"他人商品特有的包装、装潢"，再到新法"他人有一定影响的商品包装、装潢"。司法实践中，认定商业标志市场混淆行为往往需要两个构成要件：知名且特有。理论界认为，旧法用"知名"来修饰"商品"而非"包装、装潢"，使得该规定保护对象变成了"商品"。但是，反不正当竞争法对市场混淆行为的规制目的在于保护消费者不受误导。商品本身不可能脱离其商业标识而具有显著识别特征，因此，使商品知名的是其商业标识，所以反不正当竞争法保护对象应当是商品的知名标识。新法规制的是擅自使用他人具有一定影响的名称、包装、装潢，这一规定使反不正当竞争法回归到对商品包装、装潢的保护，纠正了旧法保护对象的错位。

"有一定影响"应当如何理解？关于这个问题，理论界有三种观点：①根据历史解释，结合旧法"知名商品特有的名称、包装、装潢"的表述，认为对"有一定影响"的理解应当参照旧法中关于"知名商品"中"知名"的标准；②认为《反不正当竞争法》是对《商标法》中驰名商标或知名商标的补充保护，因此，可以参照《商标法》中有关"驰名"或"知名"的认定标准；③认为《反不正当竞争法》的这一规定源于《商标法》第32条"已经使用并有一定影响的商标"以及《商标法》第59条"先于商标注册人使用并有一定影响的商标"，因此应当将反不正当竞争法的"有一定影响"与商标法的"先于商标注册人使用并有一定影响的商标"做相同理解。

若按第一种观点来理解，即为"知名的包装、装潢"，显然忽略了包装、装潢显著性的要求，如果没有显著性，包装、装潢就无法实现对商品的识别功能，也就无法构成反不正当竞争法的保护对象。第二种观点没有认识到反不正当竞争法的立法宗旨，反不正当竞争法保护的对象是社会公共利益，具体体现为竞争秩序和整体经济效率。与商标法在法理上存在本质区别，二者也并非补充的关系，对同一行为的规制还存在竞合。第三种观点，从表面看，反不正当竞争法规定的"有一定影响"与商标法中"已经使用并有一定影响"在表述上缺少了"已经使用"这一标准。如果未经使用，商业标识识别来源功能的可能性不能转化为现实性。只有经过实际使用，相关公众才具有通过特定的商业标识识别商品来源的现实性，该商业标识才能在相关公众中具有一定知名度。因此，"已经使用"是反不正当竞争法规制市场混淆行为的必要条件。

所以无论从法律体系的自洽性还是法律后果来看，将反不正当竞争法中的"具有一定影响"和商标法中的"已经使用并有一定影响"做相同解释都具有一定合理性。《商标审查及审理标准》第五部分对"已经使用并有一定影响"的标准进行了规定，但是该规定仍然不够明确。对于此问题，只能留待司法解释对相关条文作出更清晰的阐释。

因此，只能基于现有法律规定和法理对本案红罐王老吉凉茶的包装、装潢是否具备一定的影响加以分析。加多宝公司对红罐王老吉凉茶包装装潢选用的红色主色调，以及位于罐体中心部位，并与底色形成强烈视觉对比效果的"王老吉"三个大字。加多宝公司对这种包装、装潢的商品进行了持续性的市场宣传和推广活动，红罐王老吉凉茶的生产、销售数量连年攀升，并连续多年在全国罐装饮料商品的销售中名列前茅，亦获得了包括"中华民族凉茶行业第一品牌"在内的多项荣誉称号，在广东地区为广大消费者所知悉，在凉茶饮料市场中占有较大份额。这种醒目的包装、装潢使消费者在购买红罐王老吉凉茶时，既会联想到作为实际经营者的加多宝公司，也会联想到"王老吉"商标的权利人广药集团。综合上述事实，加多宝公司生产经营的红罐王老吉凉茶符合《商标审查及审理标准》规定的"已经使用并有一定影响"的标准，也符合反不正当竞争法保护的法益，因此可以认定红罐王老吉凉茶的包装装潢在广东地区具有一定影响。

(二)大健康公司的被诉侵权行为不构成不正当竞争行为

1993年《反不正当竞争法》第5条第2项规定擅自使用知名商品特有包装、装潢，造成和他人的知名商品相混淆，使购买者误认为是该知名商品构成市场混淆行为。司法实践中，在认定相关不正当竞争行为时，往往是先认定相关商品知名，再认定知名商品的归属，特有的包装、装潢属于该知名商品，因而认定该包装、装潢归属于知名商品的权利人，进而判断是否构成混淆，从而判断是否构成不正当竞争行为。因此，判断知名商品的归属就成为解决相关问题的核心。

本案发生之前，法院往往以商标权人作为知名的商品的归属主体，因为生产者和商品的商标权人属于同一主体，将知名商品归属于生产者或者商标权人均不会造成争议。但是，本案的商标权人和生产者相分离——红罐王老吉凉茶的商标权人是广药集团，而真正使得红罐王老吉凉茶深入人心的是为宣传做出较大贡献的加多宝公司。在旧法的框架下，一审法院和最高法院均采取了此种认定路径，一审法院认为红罐王老吉凉茶的包装、装潢与"王老吉"商标不可分离，最高法院认为可以分离，但又认为由二者共享。尽管两审法院得出不同结论，但均是在传统的认定路径下进行分析，即先认定知名商品的归属，再认定知名商品的包装、装潢的归属。这种认定路径从本质上来说，其实是将反不正当竞争法的保护对象错置了。如前文所述，反不正当竞争法保护的是具有显著识别性的包装、装潢，而非是商品。

2017年新修订的《反不正当竞争法》第6条第1项规定，擅自使用与他人有一定影响的商品名称、包装、装潢等相同或者近似的标识，引人误认为是他人商品或者与他人存在特定联系，属于不正当竞争行为。在新法的框架下，认定是否构成市场混淆行为，只需要先认定涉案包装、装潢是否具有一定影响，进而判断该包装、装潢归属，再判断是否构成混淆。

在前文论述中，已经认定红罐王老吉凉茶的包装、装潢具有一定影响，那么要认定大健康公司的被诉侵权行为是否构成不正当竞争行为的前提就是确定该有一定影响的商品的包装、装潢的权利归属。

最高法院认为，广药集团与加多宝公司在王老吉商标许可使用合同中并没有对涉案红罐王老吉凉茶的包装装潢权益归属作出明确约定，且仅凭厂商名称的标注，难以将涉案包装装潢与加多宝公司形成确定的联系，加多宝公司和广药集团对涉案包装、装潢的影响力都作出了不可忽略的贡献，消费者也会自然地将红罐王老吉凉茶与广药集团、加多宝公司同时建立联系，因此，加多宝公司与广药集团共同享有涉案包装装潢权益。

最高法院的这一认定结果在一定程度上体现了"贡献原则"，即根据商业标识使用主体对商业标识影响力的贡献程度来认定商业标识的权利主体。由于加多宝对红罐王老吉凉茶的宣传、销售等投入，使红罐王老吉凉茶深入消费者心中。可以认定，加多宝一直是红罐王老吉凉茶的经营者。但是，由于红罐王老吉凉茶的包装、装潢设计融入了"王老吉"字样，并且与底色形成强烈视觉对比效果的"王老吉"三个大字，应当是包装装潢中最为引人注目的设计要素。这种使用方式除使消费者不断强化了"王老吉"文字已经与包装装潢融为一体的认知之外，还在事实上发挥了向消费者昭示商品来源的作用，即相关公众在购买红罐王老吉凉茶时，既会联想到作为实际经营者的加多宝公司，也会联想到"王老吉"商标的权利人广药集团。尽管广药集团对红罐王老吉凉茶的包装、装潢的影响力并未作出任何贡献，但是在客观上，其"王老吉"商标又是红罐王老吉凉茶的包装、装潢的影响力不可割裂的一部分。综上，在"贡献原则"的背景下，认定双方共同享有对红罐王老吉凉茶的包装、装潢具有一定合理性。因此，不能认定红罐王老吉凉茶的包装、装潢的相关权益归属加多宝公司单独享有，所以广药集团大健康公司不构成不正当竞争行为。

四、参考意见

1. 《反不正当竞争法》规定的是擅自使用他人具有一定影响的包装、装潢，这一规定使反不正当竞争法回归到对商品包装、装潢的保护。因此，在认定市场混淆行为时，应当直接认定涉案商品的包装、装潢是否具有一定影响。在认定"具有一定影响"时，基于反不正当竞争法的立法目的、法律体系和法律后果，应当将反不正当竞争法中的"具有一定影响"和商标法中的"已经使用并有一定影响"做相同解释。加多宝公司生产经营的红罐王老吉凉茶符合《商标审查及审理标准》规定的"已经使用并有一定影响"的标准，符合反不正当竞争法保护的法益，可以认定红罐王老吉凉茶的包装装潢在广东地区具有一定影响。

2. 由于加多宝公司对红罐王老吉凉茶的包装、装潢的影响力做出了巨大贡献，广药集团"王老吉"商标又是红罐王老吉凉茶的包装、装潢的影响力不可割裂的一部分。在"贡献原则"的背景下，认定双方共同享有对红罐王老吉凉茶的包装、装潢的权益具有一定合理性。因此，广药集团大健康公司不构成不正当竞争行为。

拓展案例

案例一：马爱农诉新世界出版社有限责任公司
等不正当竞争纠纷上诉案[1]

一、基本案情

马爱农在翻译界具有一定的影响力，其翻译并出版了《绿野仙踪》《哈利·波特》系列（合译）等几十部世界成人文学及儿童文学名著。2012年6月18日至2013年1月4日，新世界出版社与北京兴盛乐书刊发行有限责任公司（简称兴盛乐公司）就出版《爱的教育》《捣蛋鬼日记》《男孩彭罗德的烦恼》等13本图书并分别签订了13份《图书出版合同》，约定兴盛乐公司授予新世界出版社在合同有效期内以图书形式出版发行上述作品的专有权利。合同约定作者的署名为"马爱侬编译"。2012年10月至2013年6月，新世界出版社出版发行了上述13本图书。这些图书的封面、书脊、扉页及版权页上均署有"马爱侬编译"，版权页上同时还署名"作者马爱侬"。世纪卓越公司、当当网公司销售了该图书。新世界出版社称"马爱侬"是兴盛乐公司编译部负责人孙豆豆的笔名。马爱农认为新世界出版社仿冒其姓名，构成了不正当竞争，要求新世界出版社停止侵权并赔偿经济损失及合理费用50余万元，要求当当网公司和世纪卓越公司停止销售涉案图书。

二、法律问题

1. 马爱农是否为经营者，其是否与新世界出版社存在竞争关系？

---

[1] 一审判决书：北京市朝阳区人民法院（2013）朝民初字第28008号。二审判决书：北京市第三中级人民法院（2014）三中民终字第04839号。

2. 新世界出版社有限责任公司的被诉侵权行为是否属于不正当竞争行为？

三、重点提示

当前司法实践、行政执法中，往往从主体资格的角度理解经营者，认为只有具有从事经营的法定资格的主体，才可以成为经营者。但是根据我国《反不正当竞争法》的规定"本法所称的经营者，是指从事商品生产、经营或者提供服务（以下所称商品包括服务）的自然人、法人和非法人组织"，可以看出，我国反不正当竞争法是通过主体的行为性质认定经营者，即凡是从事商品生产、经营或者提供服务的主体都是经营者。这也更加符合我国反不正当竞争法规制不正当竞争行为的立法目的。

此外，在文化市场中，作者往往通过在作品上的署名宣传自己的作品，故作者在作品上的署名已成为图书的一种商品标识，具有标识作品来源的功能，特别是有一定影响力的作者的署名，更能发挥区分商品来源的标识作用。因此当自然人的姓名具有商品来源的标识意义时，该姓名应当受到《反不正当竞争法》的保护。

案例二：天津中国青年旅行社诉天津国青国际旅行社有限公司不正当竞争纷再审案[1]

一、基本案情

天津中国青年旅行社于 1986 年 11 月 1 日成立，是从事国内及出入境旅游业务的国有企业，直属于共青团天津市委员会。共青团天津市委员会出具证明称，"天津青旅"是天津中国青年旅行社的企业简称。2007 年，《今晚报》等媒体在报道天津中国青年旅行社承办的活动中已开始以"天津青旅"简称指代天津中国青年旅行社。天津青旅在报价单、旅游合同、与同行业经营者合作文件、发票等资料以及经营场所各门店招牌上等日常经营活动中，使用"天津青旅"作为企业的简称。天津国青国际旅行社有限公

---

〔1〕 一审判决书：天津市高级人民法院（2012）津高民三终字第 3 号。再审判决书：最高人民法院（2012）民申字第 1184 号。

司于 2010 年 7 月 6 日成立，是从事国内旅游及入境旅游接待等业务的有限责任公司。

2010 年底，天津青旅发现通过 Google 搜索引擎分别搜索"天津中国青年旅行社"或"天津青旅"，在搜索结果的第一名并标注赞助商链接的位置，分别显示"天津中国青年旅行社网上营业厅 www. lechuyou. com 天津国青网上在线营业厅，是您理想选择，出行提供优质、贴心、舒心的服务"或"天津青旅网上营业厅 www. lechuyou. com 天津国青网上在线营业厅，是您理想选择，出行提供优质、贴心、舒心的服务"，点击链接后进入网页是标称天津国青国际旅行社乐出游网的网站，网页顶端出现"天津国青国际旅行社－青年旅行社青旅／天津国旅"等字样，网页内容为天津国青旅游业务信息及报价，标称网站版权所有：乐出游网－天津国青，并标明了天津国青的联系电话和经营地址。同时，天津青旅通过百度搜索引擎搜索"天津青旅"，在搜索结果的第一名并标注推广链接的位置，显示"欢迎光临天津青旅重合同守信誉单位，汇集国内出境经典旅游线路，100% 出团，天津青旅 400 - 611 - 5253 022. ctsgz. cn"，点击链接后进入网页仍然是上述标称天津国青乐出游网的网站。

二、法律问题

1. 涉案企业名称是否应为《反不正当竞争法》所保护？
2. 天津国青旅的被诉侵权行为是否属于不正当竞争行为？

三、重点提示

新修订的《反不正当竞争法》规定经营者擅自使用他人有一定影响的企业名称（包括简称、字号等）引人误认为是他人商品或者与他人存在特定联系的，构成市场混淆行为。"天津中国青年旅行社"是天津中国青年旅行社 1986 年成立以来一直使用的企业名称，"天津青旅"作为其企业名称简称，于 2007 年就在其经营活动中被广泛使用。二者均属于反不正当竞争法所指向的企业名称。并且，"天津中国青年旅行社"与"天津青旅"经过多年使用和宣传，具有可以识别经营主体的商业标识意义，已具有一定影响力。其承载了该经营者的主要的识别功能和商誉功能，所以，应当受到《反不正当竞争法》的保护。

案例三：北京爱奇艺科技有限公司诉北京极科极客科技有限公司不正当竞争纠纷案[1]

一、基本案情

爱奇艺公司是爱奇艺网站（www. iqiyi. com）的经营者，以提供网络视频服务为主的互联网科技公司，其主要提供网络服务而非销售实体产品，目标客户群为网络视频观赏者。通过向用户提供免费视频内容，吸引用户访问爱奇艺网站观看视频，用户以观看视频广告为代价获得免费的视频内容，自己以向广告主收取广告费作为主要的营业收入，以该收入购买视频内容的相关版权。中国视频网站采用最为普遍的商业模式，是视频网站赖以生存、发展的基础。

极科极客公司是"极路由"路由器的生产者和销售者，以无线路由器研发、设计、制造、销售、服务为主。"极路由"路由器用户需要到极科极客公司的开放平台（https：//open. hiwifi. com）上下载安装"屏蔽视频广告"插件后，通过"极路由"路由器上网，可屏蔽爱奇艺网站视频的片前广告，吸引了大量的用户购买并使用。涉案插件系独立的第三方开发者上传至极科极客公司的开放平台（https：//open. hiwifi. com）上。

二、法律问题

1. 爱奇艺公司与极科极客公司是否属于竞争者？
2. 极科极客公司的被诉侵权行为是否属于不正当竞争行为？

三、重点提示

在传统经济模式下，经营者之间针对同一商品或者服务领域存在竞争，则应当认定二者具有竞争关系，进而适用《反不正当竞争法》。在新的经济模

---

〔1〕 一审判决书：北京市海淀区人民法院（2014）海民（知）初字第21694号。二审判决书：北京知识产权法院（2014）京知民终字第79号。

式下，一方面，随着社会经济的迅速发展进步，尤其是随着互联网行业的出现和蓬勃壮大，出现了不同于传统经济模式的双边市场，即网络服务运营商通过提供免费的网络服务增加用户；另一方面，在互联网广告市场将这些用户作为推介信息的对象，从而在广告市场中盈利。所以网站流量成为网络服务运营商的竞争优势。若固守传统思维模式，无法将恶意截取其他网络服务运营商的流量，进而形成自己的竞争优势的不正当竞争行为加以规制。因此，在互联网领域有必要淡化竞争关系，不局限于以相同行业作为认定竞争关系的要件。

拓展资料

专题二十三　　拓展阅读资料

专题二十四　虚假宣传行为

知识概要

依据我国《反不正当竞争法》第 8 条，经营者不得对其商品的性能、功能、质量、销售状况、用户评价、曾获荣誉等作虚假或者引人误解的商业宣传，欺骗、误导消费者。经营者不得通过组织虚假交易等方式，帮助其他经营者进行虚假或者引人误解的商业宣传。虚假宣传行为是经营者为取得竞争地位和不法利益，对商品或服务作出虚假的或者导致顾客误解的宣传的行为。[1] 虚假宣传行为的特征有以下几点：①虚假宣传往往是在对商业进行宣传时出现，它和市场竞争息息相关，这里指的商业竞争即为不正当竞争中虚假宣传与其他虚假宣传的最大的不同；②虚假宣传的主体是对其商品或者服

---

〔1〕　顾功耘主编：《经济法教程》，上海人民出版社、北京大学出版社 2006 年版，第 410 页。

务进行宣传的经营者，虚假宣传行为的主体中包含广告经营者，用广告之外的形式宣传的其他经营者；③虚假宣传的内容一般都是对商品的性能等各大特征进行宣传；④虚假宣传会导致引人误解的后果。虚假宣传主要有以下两大类表现形式，一类是借助广告这一媒介作虚假宣传，另一类是用广告之外的其他形式作出的虚假宣传。根据《最高人民法院关于审理不正当竞争民事案件应用法律若干问题的解释》第 8 条规定，经营者可以被认定为引人误解的虚假宣传的行为包括：①对商品作片面的宣传或者对比的；②将科学上未定论的观点、现象等当作定论的事实用于商品宣传的；③以歧义性语言或者其他引人误解的方式进行商品宣传的。但是以明显的夸张方式宣传商品，不足以造成相关公众误解的，不属于引人误解的虚假宣传行为。综合以上分析，结合《反不正当竞争法》的立法宗旨来看，认定经营者的宣传是否构成不正当竞争时，不可以单纯地从表达出来的意思与客观存在是否一致来认定，引人误解是不正当竞争行为的本质所在。[1]不管为引人误解虚假宣传也好，引人误解真实宣传也好，一旦消费者引起了误解，就认为是虚假宣传行为。

◈ 经典案例

加多宝（中国）饮料有限公司等与广州医药集团有限公司等虚假宣传
纠纷上诉案——"中国饮料第一罐"虚假宣传纠纷案[2]

一、基本案情

2012 年 2 月 28 日，王老吉大健康公司成立，同年 5 月 25 日，王老吉公司取得广药集团的商标使用许可，允许王老吉大健康公司使用"王老吉"系列商标。加多宝公司系由鸿道集团投资设立，鸿道集团取得王老吉公司的商标使用许可。

2014 年 4 月 24 日，"久隆百货"商城地下一层的京客隆超市内的电视机播放的视频内容显示有"加多宝凉茶连续 7 年荣获中国饮料第一罐"宣传语；

---

〔1〕 刘大洪主编：《反不正当竞争法》，中国政法大学出版社 2005 年版，第 107 页。
〔2〕 北京市高级人民法院（2015）高民（知）终字第 879 号民事判决书。

在加多宝集团官方网站（www. jdbchina. com）首页顶端突出显示"国家权威机构发布：加多宝连续 7 年荣获'中国饮料第一罐'"，在"最新动态"栏目项下亦显示"国家权威机构发布：加多宝连续 7 年荣获'中国饮料第一罐'"，在加多宝凉茶图片右侧亦有"中国第一罐"字样。在加多宝集团"集团资讯"栏目中有"国家权威机构：加多宝连续 7 年荣获'中国饮料第一罐'"文章，在具体内容中有以下表述"迄今为止已经连续 7 年蝉联'中国饮料第一罐'"的桂冠。在 2014 年 3 月 24 日的《南方日报》《信息时报》《晶报》《深圳特区报》及《深圳晚报》上均发布"加多宝凉茶连续 7 年荣获'中国饮料第一罐'"的广告语。对此，广药集团和王老吉大健康公司认为，加多宝公司通过店堂视频、报纸、互联网、户外广告牌途径发布、传播含有"加多宝凉茶连续 7 年荣获'中国饮料第一罐'""加多宝荣获中国罐装饮料市场'七连冠'""中国第一罐"等构成虚假宣传。

二、法律问题

1. 涉案广告宣传行为是否构成虚假宣传？
2. 加多宝公司应承担何种侵权责任？

【法院裁判结果】

一审法院经过审理作出如下判决：①加多宝（中国）公司立即停止使用含有"加多宝凉茶连续 7 年荣获'中国饮料第一罐'""加多宝连续 7 年荣获'中国饮料第一罐'""加多宝荣获中国罐装饮料市场'七连冠'""中国第一罐""第六次蝉联'中国饮料第一罐'""加多宝凉茶连续第六年蝉联'中国饮料第一罐'"用语的广告；②加多宝（中国）公司在本判决生效后 30 日内在 www. jdbchina. com 及 www. jdb. cn 的网站首页持续 1 个月，在《南方日报》上连续 7 日刊登声明以消除影响；③加多宝（中国）公司、广东加多宝公司于本判决生效后 10 日内赔偿广州医药集团有限公司及广州王老吉大健康产业有限公司经济损失及合理开支共计 300 万元。

加多宝公司不服一审判决，向北京市高级人民法院提起上诉，请求请求撤销原审判决第一、二、三项，改判驳回广药集团、王老吉大健康公司的全部诉讼请求。二审法院依据《中华人民共和国民事诉讼法》第 170 条第 1 款第 1 项的规定，判决：驳回上诉，维持原判。

三、法理分析

（一）涉案广告宣传行为构成虚假宣传

根据《反不正当竞争法》第 8 条规定，经营者不得对其商品的性能、功能、质量、销售状况、用户评价、曾获荣誉等作虚假或者引人误解的商业宣传，欺骗、误导消费者。虚假宣传的本质是引人误解，只有能够造成消费者误解，相关宣传行为就可能构成虚假宣传。

在本案中，一审法院主要从以下三个方面分析，认定加多宝公司构成虚假宣传。首先，根据语义解释的方法：①针对涉案广告语中主语为"加多宝凉茶"的两句，即"加多宝凉茶连续 7 年荣获'中国饮料第一罐'"和"加多宝凉茶连续第六年蝉联'中国饮料第一罐'"，其中"加多宝凉茶"可以理解为加多宝集团生产的凉茶，亦可理解为加多宝品牌的凉茶。"第六次蝉联"与"连续 7 年"即 2007 年至 2013 年间，"第一罐"对于普通的消费者而言，一般理解为销售数量的第一。②针对主语为"加多宝"的两句，即"加多宝连续 7 年荣获'中国饮料第一罐'"和"加多宝荣获中国罐装饮料市场'七连冠'"可以理解为加多宝集团作为生产者获得了中国罐装饮料市场的"七连冠"，也可以理解为加多宝凉茶这种产品获得了中国罐装饮料市场的"七连冠"。③针对没有主语的有两句，即"中国第一罐"和"第六次蝉联'中国饮料第一罐'"这两个广告语旁边均有标着"加多宝"字样的罐装凉茶图片。消费者很自然会将"加多宝"凉茶图片与广告语进行关联，从而很容易认为"加多宝"凉茶是"中国第一罐"和获得了"第六次蝉联'中国饮料第一罐'"的荣誉。考察一个广告是否涉嫌虚假宣传，除了逐字做文义的剖析，更重要的是应以该广告整体给消费者的印象是否会造成误解为标准。就本案而言，涉案广告语给消费者整体上留下的印象和感知是加多宝凉茶已经连续 7 年获得中国饮料市场销售量第一和加多宝凉茶是中国第一罐，其中"加多宝凉茶""连续七年"及"中国第一罐"是涉案广告语的主要部分。其次，对涉案广告语所表达的内容和方式是否真实进行判断，在不考虑数据来源的情况下，根据中国行业企业信息发布中心出具的《统计调查信息证明》显示，加多宝集团生产的凉茶根据其统计的范围和方法在 2007 年至 2013 年这 7 年间确实是中国饮料市场销售量第一。涉案广告语加多宝凉茶连续 7 年获得中国饮料第一罐所表达的内容是有一定依据的，加多宝集团作为市场活动的主体有权利在法律允许的范围内客观真实的宣传其产品，可以认定其宣传的内容真实。但是，由于加多宝集团在 2012 年之前使用的是王老吉商标，2007 年至 2011 年的《统计调查信息证明》中亦显示获得全国罐装饮料市场销售额第一名的是加多宝集团生产的王老吉牌凉茶。涉案广告语将《统计调查信息证明》中的内容进行了人为选择编排后形成的表达为"加多宝凉茶连续 7 年荣获中国饮料第一罐"等。涉案广告语的表达确实存在与事实不符之处。同时，这种处理后的广告向消费者隐瞒了加多宝集团生产的罐装凉茶在 2007 年至 2011 年期间是王老吉红罐凉茶这一事实，不符合《广告法》第 11 条的规定，广告使用数据、统计资料、调查结果、文摘、引用语，应当真实、准确，并表明出处的规定，如果足以导致消费者产生误解，应当承担不正当竞争的法律责任。最后，就涉案广告语是否引人误解而言，加多宝（中国）公司主张广告语中"加多宝凉茶"是表明加多宝公司生产的凉茶这种产品，"连续 7 年荣获中国饮料第一罐"是指从 2007 年到 2013 年根据《统计调查信息证明》其生产的凉茶销量或销售额第一。而实际上，加多宝品牌是在 2012 年才开始作为凉茶品牌进行独立使用，根本不具有 7 年的使用历史，因此，"加多宝凉茶连续 7 年荣获'中国饮料第一罐'"和"加多宝凉茶连续第六年蝉联'中国饮料第一罐'"等广告语会让人产生加多宝品牌具有 7 年以上历史的错误认识。

综上，涉案广告语由于在表达上不真实、不恰当且遗漏了重要的信息，足以导致相关消费者误解，侵犯了广药集团、王老吉大健康公司的正当利益，损害了公平平等的竞争秩序，构成《反不正当竞争法》所规制的虚假宣传行为。

（二）加多宝公司应承担停止侵害、赔偿损失、消除影响等民事责任

本案双方当事人产生纠纷的根本原因是在《"王老吉"商标许可补充协议》和《关于"王老吉"商标使用许可合同的补充协议》无效后，双方并未就在商标许可使用合同有效期间内在王老吉红罐凉茶上积累的商誉作出明确分割，而在此期间所积累的商誉已经具有相当大的市场价值，在未明确归属的情况下，双方在日后展开同业竞争时均试图最大限度的利用或取得该商誉

价值而忽视了后合同义务的遵守和履行，由此引发了包括本案在内的一系列诉讼。涉案侵权行为是加多宝（中国）公司、广东加多宝公司将双方合作期间因产品与商标共同创造的销售成绩而获得的商誉作为自己一方的利益进行片面宣传而产生的纠纷，其存在利用王老吉商标商誉的主观故意，但涉案宣传的内容又并非毫无根据，因此，考虑到双方存在的历史渊源与纠葛，结合本案具体侵权行为的性质、情节、主观过错、给广药集团和王老吉大健康公司可能造成的影响及广药集团和王老吉大健康公司为制止侵权行为所支付的必要合理开支，法院综合确定加多宝（中国）公司、广东加多宝公司的赔偿责任。

此外，根据《中华人民共和国侵权责任法》第 15 条之规定，承担侵权责任的方式主要有停止侵害、赔偿损失、消除影响等，以上承担侵权责任的方式，可以单独适用，也可以合并适用。在本案中，加多宝公司的虚假宣传行为构成对广药集团和王老吉公司商誉的侵害，应当承担停止侵害、消除影响等侵权责任。

四、参考意见

从反不正当竞争法规制虚假宣传的目的看，反不正当竞争法是通过制止对商品或者服务的虚假宣传行为，来维护公平的市场竞争秩序。从不正当竞争行为人的角度分析，侵权人通过对产品或者服务的虚假宣传，如对产地、性能、用途、生产期限、生产者等进行不真实或者片面的宣传，获取市场竞争优势和市场机会，损害其他经营者的合法利益。从消费者角度分析，正是侵权人对商品或者服务的虚假宣传，易使消费者发生误认误购，损害其他经营者的合法利益。

本案中的宣传用语不加区分地向相关公众传达加多宝凉茶连续七年在销售数量或者销售金额方面在中国市场排名第一，或者使用加多宝品牌的市场经营者提供的凉茶在销售数量或者销售金额方面在中国市场排名第一的信息，会使加多宝中国公司和广东加多宝公司在凉茶市场中获得不正当竞争优势，扰乱正常的市场竞争秩序，损害其他同行业经营者的合法权益，并极易使相关公众误认为加多宝品牌已具有七年的历史并在中国市场在销售数量或者销售金额方面一直排名第一。这显然是对相关商品信息的片面、歧义性宣传，容易使相关公众对包括相关商品的品牌历史在内的商品信息产生误解，因而已构成虚假宣传。

拓展案例

案例一：开德阜国际贸易（上海）有限公司与阔盛管道系统（上海）有限公司、上海欧苏贸易有限公司侵害商标权、虚假宣传纠纷上诉案[1]

一、基本案情

2006 年 4 月 6 日，开德阜公司获得阿垮瑟姆公司在中国的独家经销权。2013 年 5 月 23 日，阿垮瑟姆公司致开德阜公司通知函，载明其参考双方间的协议，决定终止合作关系。2013 年 7 月 1 日，阿垮瑟姆公司出具声明书，载明从即日起，其在华的新代表机构为阔盛公司，首次官方引入中文商标"阔盛"。

2013 年 10 月 22 日，阔盛公司在网上发布"［专家在线］德国阔盛、斯宝亚创专家在线解答网友各种问题，以及客户口碑汇总贴（德国洁水已更名为德国阔盛）"一文，文中多处出现"德国阔盛（原德国洁水）"字样；新浪家居网（jiaju. sina. com. cn）储存"德国 aquathermGmbh（原德国洁水）首推官方中文标识—阔盛"一文，文中有"德国 aquathermGmbh 从 2013 年 7 月 1 日起正式启用官方持有的中文标识'阔盛'用于中国区市场推广，原在华使用的中文标识'洁水'系原代理商所持有，现已和德国阔盛 aquathermGmbh 公司及其产品无任何关联"；无锡 58 同城（wx. 58. com）储存"无锡德国洁水唯一授权总经销《更名后的战争》"一文，文中表示"大家都知道德国洁水中国区总经销是《开德阜国际贸易有限公司》，可是现在 aquatherm 与这家公司已经在 6 月 30 号解除合约了，aquatherm 现在的中文名称为'德国阔盛'，德国洁水是属于开德阜持有的名称，所以以后他会另外选择一种不如aquatherm 产品的水管用'德国洁水'来宣传，希望大家要留意"。此外，阔盛公司在金盛国际家居商场管材与管件市场指导价的宣传资料中主要载明"德国 aquatherm 公司对全球品牌标识进行全新的规划和推广，在中国停止使

---

〔1〕 上海知识产权法院（2015）沪知民终字第 161 号判决书。

用德国'洁水'标识……并根据 aquatherm 的谐音，在中国申请注册了中文'阔盛'商标……改变的仅仅是两个在中国宣传用的中文字'洁水'→'阔盛'，不变的是品质……中文商标'洁水'为原中国代理商所持有，以前一直用来延伸推广德国 aquatherm 公司的产品……2013 年 7 月 1 日以后，aquatherm 公司的产品已和中文商标'洁水'没有任何关联"等。

二、法律问题

1. 被告行为是否侵犯原告商标权，构成商业混淆？

2. 被告使用"原德国洁水，现德国阔盛""原德国洁水""老德国洁水"进行宣传，并宣称阿垮瑟姆公司自 2013 年 7 月 1 日起停止使用"德国洁水"标识，是否构成虚假宣传？

三、重点提示

商标的基本功能在于区别商品或服务来源，对于经营者在商业活动中使用他人商标是否构成商标侵权的判断，应当考虑具体使用行为是否破坏了商标与商品或服务之间的联系功能，即是否会导致相关公众就商品或服务的来源产生混淆。如果在商业活动中使用他人商标只是为了描述或说明某种客观情况，且并不会导致相关公众就商品或服务的来源产生混淆，则该行为并非商标法意义上的商标使用行为，而是一种商标正当使用行为，商标权人无权对此予以禁止。本案中，两被上诉人在宣传活动中使用了"德国阔盛（原德国洁水）—不变的品质""原德国洁水、现德国阔盛"等类似的宣传用语，主观善意、方式合理，不会导致相关消费者产生混淆，因此，被告并未侵犯原告的商标权，不属于商业混淆。

消费者在接受商业宣传时通常是整体接受的，在就宣传内容是否会产生引人误解效果的判断上，应当以宣传内容在整体上是否可能给相关公众造成误解为准，不应将可能产生误解的某一词语或某几句话断章取义。因为即使部分宣传内容在隔离分析时会产生歧义，但消费者在整体接受后可以消弭有关的歧义内容，则实质上并没有产生引人误解的效果。如前所述，两被上诉人在使用被控侵权宣传用语的同时，还详细陈述了产品代理商和品牌变化的背景等情况。因此，对于上诉人所主张的上述构成虚假宣传的用语的认定，不能脱离具体的语境进行孤立地判断，而应放置在整体的宣传内容中进行合理解读。故相关公众施加一般的注意力即应知晓宣传内容的真实含义，并不会对"洁水"商标本身是否发生了变更、阔盛公司所销售商品的来源等产生误解。综上，宣传内容并未产生引人误解的效果，不构成虚假宣传行为。

案例二：燕某诉农夫山泉公司等虚假宣传案[1]

一、基本案情

2012 年 8 月 6 日，河南省南阳市的燕某在南阳市禄康源百货有限公司（以下简称禄康源公司）购买了由农夫山泉股份有限公司（以下简称农夫山泉公司）生产的"东方树叶"茉莉花茶原味茶饮料 8 瓶，货款共计 28 元。该产品外包装上标注有"上品饮茶 极品饮花"一词，作为产品宣传用语。燕某和朋友饮用后，未见任何明显效果，认为"东方树叶"茉莉花茶所宣称的"上品饮茶 极品饮花"是农夫山泉的虚假宣传，给自己的消费造成了误导，从而导致自己购买了该产品，造成损失。燕某遂向南阳市宛城区人民法院提起诉讼，请求法院判令二被告停止虚假宣传，向消费者公开赔礼道歉；判令被告禄康源公司退还货款 28 元；判令被告农夫山泉公司赔偿原告 28 元；诉讼费用由二被告承担。

二、法律问题

1. 被告在涉案商品外包装上印制"上品饮茶 极品饮花"宣传语，是否构成虚假宣传？

2. 被告是否应当承担停止宣传、向消费者公开赔礼道歉等侵权责任？

三、重点提示

虚假宣传以夸大产品质量功效等为前提。我国《广告法》第 4 条第 1款规定："广告不得含有虚假的内容，不得欺骗和误导消费者。"《反不正当

---

[1] 河南省南阳市中级人民法院（2013）南民一终字第 00327 号民事判决书。

竞争法》第 8 条第 1 款规定："经营者不得对其商品的性能、功能、质量、销售状况、用户评价、曾获荣誉等作虚假或者引人误解的商业宣传，欺骗、误导消费者"，从法律规定看，虚假宣传的内容主要涵盖产品质量、制作成分、性能、用途、生产者、有效期限、产地等容易引起消费者误解，且与产品本身密切相关的部分。本案中，农夫山泉公司在其生产的"东方树叶"茉莉花茶原味茶饮料外包装上所印制的"上品饮茶 极品饮花"宣传语，与产品本身的密切联系程度不强，既不属于对产品质量、制作成分和性能用途的宣传，更不属于对生产者、有效期限和产地的宣传，没有误导消费者的成分，不符合虚假宣传的相关规定，不构成虚假宣传行为，不应承担相应的民事侵权责任。

健康理念性宣传用语也不应构成虚假宣传。"上品饮茶，极品饮花"是句古语。相传早在茶出现之前，花饮之风便在我国及其他一些地方盛行，并传承至今。因花卉富含花青素、多酚、维生素、氨基酸、果酸、还原糖、矿物质等成分，具有养颜排毒、减酸降脂之特效，也成为很多饮料中时常用到的添加原料之一。因此，可以说，"上品饮茶 极品饮花"仅仅是通过"茶饮"和"花饮"来获取健康的一种倡导性理念。就常人的认识而言，即便是通过一般饮茶来获取健康也并非一朝一夕的事情，必须通过长期的饮用方能起到效果。本案中，原告燕某误将饮料包装上印制的一种倡导性理念当做生产者对其产品功效的宣传，从而认定该宣传构成虚假宣传，显然是不符合常理和常人的认知水平的。故不应认定被告的宣传语构成虚假宣传，不应承担侵权责任。

🔖 拓展资料

专题二十四　拓展阅读资料

专题二十五　商业诋毁行为

知识概要

　　商业诋毁又称为商业诽谤，指从事生产、经营活动的市场主体为了占领市场，针对同类竞争对手，故意捏造和散布有损其商业信誉和商品声誉的虚假信息，以削弱其市场竞争能力，使其无法正常参与市场交易活动，从而使自己在市场竞争中取得优势地位的行为。[1]根据《反不正当竞争法》第 11 条规定，经营者不得编造、传播虚假信息或者误导性信息，损害竞争对手的商业信誉、商品声誉。构成商业诋毁须满足三个法律要件：经营者之间存在竞争关系、出于不正当竞争目的实施了诋毁行为、造成了损害后果。但对经营者来说，法律也赋予其特定的抗辩事由，以防止商业诋毁被滥用，主要包括：①言论自由抗辩，如果不是公开的、大范围地散布，向国家机关，执法部门进行举报，只要大部分是事实，即不应认定构成商业诋毁。②主观善意抗辩。③宣传内容的真实度。即在认定商业诋毁行为时，并非简单地对宣传的内容中真实和虚假内容进行比例计算，在审核上也无固定或者机械的标准。重点还是应当结合案件的具体情况进行具体分析。商业诋毁行为虽然是一种不正当竞争行为，但本质上仍然是一种民事侵权行为。按照侵权责任法的相关规定，承担责任的主要方式就是停止侵权、赔偿损失。实践中存在争议的是其他责任方式的适用，也就是能否适用经济责任以外的其他民事责任，如赔礼道歉，消除影响等。笔者认为，商业诋毁与其他知识产权侵权行为仍然存在一定的区别，与商标侵权等主要造成消费者混淆误认、挤占权利人市场份额存在区别，是对企业的商业信誉和商品声誉构成直接威胁和损害。而商业信誉和商品声誉是经营者通过长期经营所累积下来的，包含了经营者的智力付出和人力付出，具有人身权和财产权的双重属性，在侵权行为主观恶意明显、侵权后果严重的情况下，可以个案考虑适用赔礼道歉和消除影响的民

---

〔1〕　薛克鹏、张钦昱编著：《经济法学》，中国政法大学出版社 2017 年版，第 178 页。

事责任。[1]

📚 经典案例

浙江衢州永晟达科技有限公司与郑某、衢州市
红日陶瓷机械有限公司商业诋毁纠纷案[2]

一、基本案情

浙江永晟达科技有限公司（以下简称永晟达公司）与衢州市红日陶瓷机械有限公司（以下简称红日公司）均系制造、销售陶瓷、石材等生产设备的公司，两有同业竞争关系，郑某系红日公司法定代表人。郑某多次通过聊天论坛等公开方式捏造、散布虚假事实，诋毁永晟达公司。公安机关因此事受理郑某诽谤一案后调解结案，郑某向永晟达公司赔礼道歉。之后郑某又通过微信等方式向永晟达公司的客户发送诋毁永晟达公司的信息。永晟达公司诉至法院，请求判令停止诋毁行为并公开赔礼道歉。

二、法律问题

1. 被告以微信私聊方式向特定客户捏造散布虚伪事实，是否构成商业诋毁？

2. 若构成商业诋毁，郑某应当如何承担侵权责任？红日公司是否应当承担连带侵权责任？

【法院裁判结果】

浙江省衢州市中级人民法院一审判决：①郑某立即停止诋毁永晟达公司商业信誉及商品声誉的不正当竞争行为；②郑某于判决生效之日起 10 日内赔偿永晟达公司经济损失（含为制止侵权支付的合理费用）5 万元；③驳回永晟达公司的其他诉讼请求。

郑某不服，提起上诉。浙江省高级人民法院审理后认为原审事实清楚，

---

〔1〕　蔡伟："商业诋毁行为的法律分析"，载《人民司法（案例）》2018 年第 11 期。

〔2〕　浙江省高级人民法院（2016）浙民终 719 号民事判决书。

依法判决驳回上诉，维持原判。

三、法理分析

（一）以微信私聊方式向特定客户捏造散布虚伪事实，构成商业诋毁

目前我国《反不正当竞争法》对虚伪事实的散布方式并未作限制性规定。世界知识产权组织《关于反不正当竞争保护的示范规定》第 5 条第 1 款规定，在工商活动过程中，任何虚假的或没有根据的陈述，损害或可能损害他人的企业或其经营活动，尤其是该企业提供的产品或服务的信誉的，构成不正当竞争行为。关于散布行为，其基本要求是行为人将虚伪事实以一定的方式传递给第三人，其行为模式是以行为人为原点将相关信息对外扩散，也就是说其行为具有面向公众性，但具体手段却可以不同，传递的方式可以是口头、书面和电子媒体，也可一对多或一对一进行传播。

在本案中，微信私聊亦具有散布行为所要求的公众性特点。首先，本案所涉领域并非大众消费品，产品不为普通消费者熟知，客户群体相对特定。这就意味着，特定行业的商业诋毁行为未必采取向社会普通公众传播的手段。诉争微信私聊的行为系针对特定客户进行，根据行为传播的特点，源发性行为人在首次传播行为完成后，无任何防止信息继续传播的举措，这就意味着，其放任了该信息在之后进行继发性传播的可能性，也完全可以达到向公众传播的目的。其次，相关行为具有传播性目的。郑某明知是永晟达公司的客户，其私聊行为已不属于与经营行为无关人员的聊天行为。此情况下，郑某传播贬低永晟达公司信息的行为存在两方面的意图：一是阻止客户与永晟达公司发生业务联系的直接意图；二是其明知存在客户将信息向其他群体传播的可能性，却无任何阻止行为，存在散布的间接故意。

就如何厘清在微信私聊中诋毁他人与言论自由的关系而言，言论自由应有一定的边界，违反民法规定的公序良俗原则，超越自由的边界，对其他权利造成侵害的，可以构成侵权行为。本案中，郑某向他人传播自己捏造的虚伪事实行为，具有以下方面的应受惩罚性：①郑某之前因商业诋毁行为已被公安机关处理过，其主观过错较深；②郑某向竞争对手客户传播虚伪事实的行为属于散布行为，若不予以制止将会给永晟达公司造成损害；③郑某的聊天行为具有一定的针对性，属于会给市场经济秩序带来不良示范作用的行为；

④郑某在之前已有类似诋毁行为，其后再次实施诋毁行为，与在先行为具有连贯性和整体性，符合《反不正当竞争法》关于商业诋毁行为"散布"的立法本意，构成商业诋毁行为。

（二）郑某应当承担停止侵权、赔偿损失、赔礼道歉等民事责任，红日公司无需承担共同侵权责任

商业诋毁行为虽然是一种不正当竞争行为，但本质上仍然是一种民事侵权行为。根据《侵权责任法》第15条规定，承担责任的主要方式就是停止侵权、赔偿损失。至于其他责任，如赔礼道歉，消除影响等，则应视是否造成了人身权、人格权的损害而定。在本案中，公开捏造散布虚伪事实后，又以微信私聊方式向特定客户捏造散布虚伪事实，应当认定侵害了永晟达公司的商业信誉和商品声誉，郑某应当承担停止侵权、赔偿损失，并公开赔礼道歉。

关于原告永晟达公司以被告郑某系红日公司的法定代表人、公司属于诋毁行为的受益者等为由要求被告红日公司共同承担侵权责任的诉讼主张，由于双方当事人均确认涉案相关的QQ账号及微信账号为被告郑某注册并使用，所涉诋毁内容系通过被告郑某个人注册并使用的QQ账号或微信账号发表，故该行为的直接实施者为被告郑某，应属于被告郑某的个人行为。虽然郑某系被告红日公司的法定代表人，但其不等同于被告红日公司，个人QQ账号及微信账号亦有别于公司网站、广告、官方微博、微信公众号等代表公司的信息载体。原告永晟达公司不能提供相应证据证明被告郑某某的行为系履行公司职务或者两被告之间有共同侵权的意思联络，故不能认定被告红日公司应共同承担侵权责任的诉讼主张。

四、参考意见

《反不正当竞争法》第14条规定商业诋毁的散布行为的基本要求是行为人将虚伪事实以一定的方式传递给第三人，其行为模式是以行为人为原点将相关信息对外扩散，也就是说其行为具有面向公众性，但具体手段却可以不同，传递的方式可以是口头、书面和电子媒体，也可一对多或一对一进行传播。"微信私聊"亦具有"散布"行为所要求的公众性特点，特定情形下的"微信私聊"已超出言论自由的界限。

本案中，诉争"微信私聊"的行为系针对永晟达公司的特定客户进行传播，根据行为传播的特点，源发性行为人在首次传播行为完成后，无任何防止信息继续传播的举措，其放任了该信息在之后进行继发性传播的可能性。传播人仅需完成一次传播，在不阻碍其后再次传播的情况下，也完全可以达到向公众传播的目的。此外，被告的行为有别于偶发的、临时性的、随意的私下聊天行为。被告在 2015 年 9 月发表对永晟达公司商业诋毁的言论，后在公安机关主持调解下作出道歉，被告理应对其言论所应尽的注意义务等具有更高层次的认知。之后，被告却于 2016 年 1 月再次对特定对象散布相似言论，足见其主观上具有传播、诋毁对方的目的，而非一般随意的私下聊天。被告明知向特定客户传播涉及竞争对手永晟达公司的诋毁信息，且该信息具有向公众传播、扩散的可能性和现实性，仍然以"微信私聊"的方式损害永晟达公司商业信誉及商品声誉，应认定该行为符合《反不正当竞争法》关于商业诋毁行为"散布"的立法本意，构成商业诋毁行为，不属于法律所保护的言论自由范围。

◈ 拓展案例

案例一：上海美芙诺生物科技有限公司诉湖南广播电视台卫视频道等商业诋毁纠纷案[1]

一、基本案情

被告湖南卫视设立《越淘越开心》栏目介绍宣传嗨淘网上销售的商品。2013 年 5 月 20 日，该栏目播出一期《做辣妈不做大妈》节目，内容主要是介绍胶原蛋白粉产品。在节目中主持人及嘉宾称原告生产的胶原蛋白粉系伪劣产品、有大量的脂肪和杂质、估计纯度不足 30%。

被告快乐淘宝公司是涉案《做辣妈不做大妈》节目的制作方。该公司由湖南卫视与淘宝网共同出资成立，经营嗨淘网销售服装及美容护肤保健产品。涉案《做辣妈不做大妈》节目在嗨淘网上提供在线播放，视频播放框下方有"本期节目相关商品"的链接，包含涉案被告千金公司的商品。千金公司是涉

---

〔1〕 上海市浦东新区人民法院（2013）浦民三（知）初字第 764 号民事判决书。

案节目介绍的胶原蛋白粉产品的生产商和销售商，其明星产品栏中有 5 月 20 日李湘在越淘越开心中力推千金极胶的视频链接标记及产品详细描述。被告优酷网、土豆网的综艺频道均能在线播放涉案《做辣妈不做大妈》视频，但在接到诉讼后立即删除了视频。

二、法律问题

1. 涉案综艺娱乐节目是否属于商业广告？
2. 涉案节目是否构成商业诋毁的不正当竞争行为？
3. 快乐淘宝公司、千金公司、土豆网、优酷网是否应当共同承担侵权责任？

三、重点提示

就如何辨识综艺娱乐节目是否属于软广告而言，我国《广告法》对商业广告定义为，商品经营者或者服务提供者承担费用，通过一定媒介和形式直接或者间接地介绍自己所推销的商品或者所提供的服务的商业广告。从该定义可知，认定商业广告的核心标准为是否直接或间接地对商品进行推销介绍。因此，要辨识综艺娱乐节目是否系软广告，可以从主客观方面进行具体判断：主观上，商家是否有做广告的意图；客观上，商业广告内容是否成为节目的中心及主体内容，是否促使消费者发生购买商品的行为。重要的是节目中的非商业片段是否与商业广告内容相互交错，本质上成为广告的附属，使得整个节目在某种程度上成为赞助商产品或服务单一的商业宣传。在本案中，《越淘越开心》栏目设立的目的就是销售嗨淘网上的商品，围绕特定的被告千金公司生产的胶原蛋白产品等展开，实际上促发了消费者的购买欲望。因此，涉案《做辣妈不做大妈》节目虽表现为一期综艺娱乐节目，但实际上为一则商业广告。

关于涉案现场实验类比较广告是否构成商业诋毁。首先，涉案节目在对比实验过程中，将原告产品包装上的 "MiNOCN" 商标等相关信息予以清晰显示，且刻意在画面显示涉案产品包装信息时予以特写镜头，能辨识为原告的产品；其次，涉案节目在实验实施主体、比对对象、比对标准、比对结论等方面都不符合实验客观真实的基本要求的情况下，所谓的实验结论亦严重缺乏事实依据和科学依据，内容虚假；最后，所谓的实验结论或评论显然是对原告商品声誉的负面评价，"伪劣产品"构成对原告商品严重的负面评价，已损害了原告的商品信誉。综上所述，涉案广告构成商业诋毁。

涉案产品的实际广告主或共同广告主千金公司，与涉案节目的制作方若共同实施了不正当竞争行为，应共同承担直接侵权责任。湖南电视台作为广告发布者，在知道或应当知道涉案节目中含有大量植入性广告的情况下，对该节目内容的审查应当附有较高的注意义务，但其未尽到合理的注意义务，其传播涉案节目的行为系对不正当竞争行为的帮助行为，具有主观过错，构成共同侵权。土豆、优酷等网站对涉案视频不负有事先主动审查的义务，在接到诉讼后立即删除了视频，不构成侵权。

案例二：上海毕佳数据系统有限公司诉上海中彦信息科技有限公司商业诋毁纠纷案[1]

一、基本案情

原告与被告有大致相同的经营范围，都从事计算机网络信息系统领域内的技术开发、技术咨询、技术转让、技术服务、购物返利等经营服务。51比购网（www.51bi.com）由原告经营，主要为公众提供商品信息比较服务和购物返利等；返利网（www.51fanli.com）由被告经营，主要为公众提供网购向导服务和购物返利等。

2011年12月26日，该微博发布名为《返利网发官方声明谴责山寨返利网》的文章，文中称："今日，返利网向社会发布官方声明，称51比购等公司虚假标高返利比例、诱骗网名注册的非法行为已影响了行业正常秩序的发展，并公布非法和山寨返利网站第一期黑榜……""51比购网等多家返利网站利用虚假标高返利比例的非法行为诱骗消费者注册，而且常常遭到消费者投诉返利金额拿不到；同时用粗制滥造、断章取义等恶劣手段混淆视听，对返利网返利金额、注册奖励、兑现金额等内容进行恶意解读"等。

二、法律问题

1. 被告发布的微博是否对原告的商业信誉造成诋毁？

---

[1] 上海市第二中级人民法院（2012）沪二中民五（知）终字第81号民事判决书。

2. 如果被告构成侵权，应承担何种民事责任？

三、重点提示

原告经营的 51 比购网和被告经营的返利网均系向公众提供网络购物信息服务和购物返利的网站，属于同业竞争关系。被告在其官方声明中表明自己网站是一家严谨和负责任的网站，却指称原告网站为"非法山寨返利网站"，利用虚假标高返利比例的非法行为诱骗消费者注册，而且常常遭到消费者投诉返利金额拿不到，用粗制滥造、断章取义等恶劣手段混淆视听，对被告网站的返利金额、注册奖励、兑现金额等内容进行恶意解读，并通过微博大号等工具诱导不知情消费者等，但对此未提供相应证据予以证实，属于捏造虚伪事实。被告将含有上述内容的涉案文章通过其官方微博进行转发，任何能够登录互联网的计算机用户均有机会接触到该信息，其行为属于向不特定的公众散布虚伪事实。上述虚伪陈述的内容表明被告网站的服务质量和信誉优于原告网站，在一定程度上贬低了原告网站的服务，会使相关公众对原告的服务质量和企业形象产生不良印象，损害了原告的商业信誉，使原告的社会评价度降低，故被告的行为构成对原告的商业诋毁。

因被告的行为对原告造成了一定的不良影响，使原告的社会评价度降低，应当承担停止侵权、消除影响、赔偿损失的侵权责任，但消除影响的范围应与侵权行为造成的影响范围相当，所以法院判令被告在其网站和微博上刊登声明消除影响，对原告要求被告在新浪网首页上刊登声明消除影响的主张不予支持。

案例三：宣达实业集团有限公司与孟莫克公司、孟山都（上海）有限公司商业诋毁纠纷案[1]

一、基本案情

2005 年 7 月，上海奥格利公司与捷盛公司签订合同，约定前者向后者有偿提供干吸塔低温热量回收（DWHS）专有技术，合同履行地为浙江上虞杭

---

〔1〕 上海市第一中级人民法院（2009）沪一中民五（知）初字第 228 号民事判决书。

州湾精细化工园区。该项目被地方政府列入 2005 年温州市技术创新重点项目计划，承担单位为原告宣达公司。

2006 年 9 月 13 日，被告委托律师向中国化工学会无机酸碱盐专业委员会发送律师函，指称"从 2004 年，MECS, Inc 的前员工洪博志、宣达公司和上海奥格利公司等开始侵犯委托人的 HRS 技术秘密，将其改称为 DWHS 技术在中国市场上进行兜售"。2006 年 9 月 20 日，被告孟莫克公司分别向杭州湾精细化工园区管委会刘涌江主任、上虞市发改局傅亚文局长发送《孟莫克公司商业秘密被侵权案》的函，两份函件内容基本一致，主要内容为："旨在反映捷盛公司和忠盛公司在上虞市杭州湾精细化工园区建造的年产 30 万吨的硫酸工厂项目侵犯我公司技术秘密并存在重大安全隐患的情况……"函件同时要求相关部门必要时暂停该项目中 DWHS 单元的开车和试车。2007 年 4 月 10 日，被告孟莫克公司、孟山都公司委托律师向中国硫酸工业协会齐焉常务副理事长发送律师函，指称"宣达公司作为一个已被诉至法院的侵权者，竟然还能利用贵会所组织的全国性硫酸专业会议这一平台宣传其涉嫌侵权技术……恳请贵会立即阻止宣达公司在中国硫磺市场及硫磺制酸座谈会上，以任何名义进行任何有关于涉嫌侵权的 DWHS 技术的宣传"等内容。

二、法律问题

1. 被告孟莫克公司向杭州湾精细化工园区管委会、上虞市发改局，以及向中国硫酸工业协会和中国化工学会无机酸碱盐专业委员会致函的行为是否构成商业诋毁？

2. 如果被告构成侵权，应承担何种民事责任？

三、重点提示

发送函件的对象为地方职能部门和行业协会，如果其旨在督促处理存在的问题，不能仅仅由于激烈的言辞等而认定其散布了虚伪的事实。但是，如果向这些部门表达意见时超出了正常反映问题的范围，则有可能会损害被反映一方的商业信誉。本案中，被告发送的上述函件的内容除了被告孟莫克公司提起侵犯商业秘密诉讼所依据的事实及理由外，还包括了原告技术设备"存在重大安全隐患"，以及阻止原告在 2007 年 5 月中国硫磺市场及硫磺制酸座谈会和第 26 届硫酸技术交流会上宣传 DWHS 技术和产品的行为，取消安排与会代表参观忠盛项目的议程等内容。被告在没有任何证据的情况下发表忠盛项目"存在重大安全隐患"这样明示问题严重程度的否定性表述，其行为显然已经超出了正常反映问题的范围，会对原告的生产经营产生不良影响，从而损害原告的商业信誉，构成商业诋毁。

被告的行为构成对原告的商业诋毁，依法应承担停止侵害、消除影响、赔偿损失等民事责任。故被告孟莫克公司、孟山都（上海）有限公司应立即停止损害原告宣达实业集团有限公司商业信誉的不正当竞争行为，并赔偿给原告造成的经济损失。此外，因为被告行为严重侵犯了原告的商誉，法院判决被告就其不正当竞争行为在《浙江日报》上刊登声明以消除影响，声明内容须经法院审核，如逾期不履行，由一审法院在《浙江日报》上公开判决内容，登报费用由两被告共同负担。

◈ 拓展资料

专题二十五　拓展阅读资料

专题二十六　商业秘密侵权行为

◈ 知识概要

根据《反不正当竞争法》第 9 条规定，所谓商业秘密，是指不为公众所知悉、具有商业价值并经权利人采取相应保密措施的技术信息和经营信息。认定商业秘密，需要把握以下要件：①该信息不为公众所知悉，即具有秘密性。这种秘密性是相对的，一个经营者的独门秘方可能是商业秘密；几个经营者分头研发得到的相同技术成果，只要其他多数经营者不掌握，也可能分别构成商业秘密。②该信息具有商业价值。首先，具有商业价值，是指该信息能够给经营者带来经济利益或者竞争优势；其次，具有商业价值的信息，可以是能够带来直接的、现实的经济利益或者竞争优势的信息，也可以是能够带来间接的、潜在的经济利益或者竞争优势的利益。③权利人采取了相应保密措施。首先，保密措施的方式是多种多样的；其次，保密措施应当与商业秘密的商业价值、独立获取难度等因素"相应"。④该信息应当是技术信息或者经营信息。对二者应作广义理解。技术信息可以包括产品配方、设计方案、加工工艺、操作手法、控制程序、制作方法等信息。经营信息可以包括客户信息、货源信息、产销信息、招投标中的标底及标书内容等信息。[1]

根据《反不正当竞争法》，侵犯商业秘密主要有以下表现形式：以盗窃、贿赂、欺诈、胁迫、电子侵入或者其他不正当手段获取权利人的商业秘密；披露、使用或者允许他人使用以前项手段获取的权利人的商业秘密；违反保密义务或者违反权利人有关保守商业秘密的要求，披露、使用或者允许他人使用其所掌握的商业秘密；教唆、引诱、帮助他人违反保密义务或者违反权利人有关保守商业秘密的要求，获取、披露、使用或者允许他人使用权利人的商业秘密。经营者以外的其他自然人、法人和非法人组织实施前款所列违法行为的，视为侵犯商业秘密。第三人明知或者应知商业秘密权利人的员工、前员工或者其他单位、个人实施本条第1款所列违法行为，仍获取、披露、使用或者允许他人使用该商业秘密的，视为侵犯商业秘密。其中，《最高人民法院关于审理不正当竞争民事案件应用法律若干问题的解释》第13条对客户名单是否构成商业秘密，作出了特别规定：商业秘密中的客户名单，一般是指客户的名称、地址、联系方式以及交易的习惯、意向、内容等构成的区别于相关公知信息的特殊客户信息，包括汇集众多客户的客户名册，以及保持长期稳定交易关系的特定客户。客户基于对职工个人的信赖而与职工所在单位进行市场交易，该职工离职后，能够证明客户自愿选择与自己或者其新单位进行市场交易的，应当认定没有采用不正当手段，但职工与原单位另有约定的除外。

此外，在责任承担上，《反不正当竞争法》作出了进一步的明确：经营者

---

[1] 李曙光：《经济法学》，中国政法大学出版社2018年版，第284页。

恶意实施侵犯商业秘密行为，情节严重的，可以在按照上述方法确定数额的1倍以上5倍以下确定赔偿数额。赔偿数额还应当包括经营者为制止侵权行为所支付的合理开支。权利人因被侵权所受到的实际损失、侵权人因侵权所获得的利益难以确定的，由人民法院根据侵权行为的情节判决给予权利人500万元以下的赔偿。

在举证责任上，《反不正当竞争法》增加了如下规定：在侵犯商业秘密的民事审判程序中，商业秘密权利人提供初步证据，证明其已经对所主张的商业秘密采取保密措施，且合理表明商业秘密被侵犯，涉嫌侵权人应当证明权利人所主张的商业秘密不属于本法规定的商业秘密。商业秘密权利人提供初步证据合理表明商业秘密被侵犯，且提供以下证据之一的，涉嫌侵权人应当证明其不存在侵犯商业秘密的行为：有证据表明涉嫌侵权人有渠道或者机会获取商业秘密，且其使用的信息与该商业秘密实质上相同；有证据表明商业秘密已经被涉嫌侵权人披露、使用或者有被披露、使用的风险；有其他证据表明商业秘密被涉嫌侵权人侵犯。

◆ 经典案例

上海多巨信息科技有限公司、岳某与上海拓软计算机
科技有限公司侵害商业秘密纠纷上诉案[1]

一、基本案情

2003年拓软公司成立，主要从事计算机领域内技术开发、咨询、服务，计算机软件及辅助设备、电子产品、办公文化用品等产品的销售经营。岳某2007年入职拓软公司，2014年离职。2012年多巨公司成立，以岳某为法定代表人，经营范围同为计算机信息技术开发、咨询、服务，计算机网络工程、软件开发、网页设计制作等，2014年变更为以岳某为股东的一人有限公司。

拓软公司为了保密，对涉案的客户名单设置内部管理系统，登陆需输入

---

〔1〕　上海知识产权法院（2018）沪73民终79号民事判决书。

用户名和密码，且通过内部章程作了保密规定，岳某作为发起人或协同人或知会人对此知情，且部分以联系人的身份参与到合同签订的过程中。

二、法律问题

1. 涉案客户名单是否构成商业秘密？

2. 岳某是否实际披露或使用了上述客户信息而涉嫌侵害商业秘密？多巨公司是否应当与岳某承担连带侵权责任？

3. 本案被告应当承担何种民事责任？

【法院裁判结果】

一审法院经过审理作出如下判决：一审判决：①多巨公司、岳某于一审判决生效之日起1年内停止侵害拓软公司享有的涉案客户名单（详见一审判决书附件）商业秘密；②多巨公司、岳某于一审判决生效之日起15日内连带赔偿拓软公司经济损失18万元；③多巨公司、岳某于一审判决生效之日起15日内连带赔偿拓软公司律师代理费3万元和公证费2万元。

多巨公司和岳某不服一审判决，向上海知识产权法院提起上诉，请求撤销原审判决，依法改判驳回拓软公司的全部诉请，或发回重审。二审法院依据《民事诉讼法》第170条第1款第1项的规定，判决：驳回上诉，维持原判。

三、法理分析

（一）涉案客户名单属于商业秘密

根据《反不正当竞争法》的规定，商业秘密，是指不为公众所知悉、能为权利人带来经济利益、具有实用性并经权利人采取保密措施的技术信息和经营信息。根据该条规定，商业秘密应当具有秘密性、价值型、实用性和保密性的特征。

在本案中，一审法院主要根据商业秘密的特征，从以下三个方面认定涉案客户信息属于商业秘密。首先，涉案客户名单不为公众所知悉，具有秘密性。多巨公司和岳某主张涉案客户名单可以通过黄页查询、网络检索等方式获取，并非有别于公知信息的特殊信息。涉案客户名单确实包含有客户名称、地址、电话等简单信息，但拓软公司通过联络、洽谈，从众多公司中发展成为形成交易关系的客户，已从不特定的公司中分离出来，并非如多巨公司和岳某所称系简单可以从公开领域获知的信息。其次，涉案客户名单中的客户基本信息可供拓软公司联络涉案客户；交易信息如销售价格、折扣率、加密狗号、版本等信息，无论业务员如何变更，都能准确定位客户所享受的优惠待遇及需要的服务内容；销售日期、到期日期等信息为拓软公司在合同到期前及时开展续约谈判提供了商机。故涉案客户名单能够积极提高拓软公司竞争优势以获取经济利益，具有商业价值。最后，拓软公司在载有涉案客户名单的服务通软件系统中给工作人员账号设置了不同权限，在内部管理系统中公布了拓软知识产权及保密制度，并两次发布对拓软公司及客户信息保密的要求。可见拓软公司有保护涉案客户名单的意愿，并且采取了限定涉密信息的知悉范围、提出保密规范等与其商业价值相适应的合理保密措施，具有保密性。

此外，判断客户信息是否属于商业秘密，还需要结合以下方面综合认定。一方面，权利人所掌握的明确的能区别于相关公知信息的特殊客户信息，包括客户名称、客户联系方法、客户需求类型和需求习惯、客户的经营规律、客户对商品或者服务价格的承受能力等综合性客户信息，能为其带来一定的竞争优势，既不能简单理解为客户清单，也不能理解为客户清单中的某一项具体信息，客户名单是指含有区别于相关公知信息的综合性客户信息。另一方面，可从客户的特有性以及获取客户名单的难易程度这两个角度判断客户名单"不为公众所知悉"性。无论客户属于权利人的长期稳定客户、有过一次交易的客户，还是未进行过交易的潜在客户，如果是权利人经过一定的努力和付出，包括人、财、物和时间的投入，在一定时间段内相对固定的、有独特交易习惯的内容，具有现实的或者潜在的商业价值，能给权利人带来一定的竞争优势，才可以被认为是受《反不正当竞争法》保护的商业秘密。就本案而言，拓软公司的经营业务包括向使用用友软件的客户提供软件维护、软件升级、耗材销售的经营活动，从这种商业模式的特性来看，即使是拓软公司提供过一次维护服务的客户，这些客户系拓软公司通过自身的努力收集获得的，拓软公司掌握该等客户的名称、联系人、联系方式、客户需求类型，属于能区别于公知信息的综合性客户信息，拓软公司可以据此向客户提供与使用用友软件相关的服务或者产品，而无需额外花费获客成本，能给拓软公司在从事与用友软件维护和更新相关的经营活动中带来一定的竞争优势。

综上，涉案客户名单完全满足商业秘密的要求，可以认定属于原告拓软公司的商业秘密，受《反不正当竞争法》的保护。

（二）岳某侵害了原告拓软公司的商业秘密，多巨公司应当与岳某承担连带责任

负有保密义务的职工，在合理期间内，不得不正当披露或使用工作期间所知悉的商业秘密。《反不正当竞争法》并不禁止离职人员与原单位客户发生交易，但前提是离职人员未不正当地利用在原单位任职期间获取的商业秘密。在本案中岳某系拓软公司前服务经理，工作期间可以接触到涉案客户名单。根据《反不正当竞争法》第 10 条以及国家工商行政管理局《关于禁止侵犯商业秘密行为的若干规定》（1995 年 11 月 23 日国家工商行政管理局令第 41 号公布；1998 年 12 月 3 日国家工商行政管理局令第 86 号修订）指出，根据法律和合同，有义务保守商业秘密的人（包括与权利人有业务关系的单位、个人，在权利人单位就职的职工），不得披露、使用或者允许他人使用其所掌握的商业秘密。岳某作为原告拓软公司的职工，有义务保守拓软公司的商业秘密，在无法合理证明多巨公司（岳某为唯一股东）交易的近半数客户与拓软公司重合的情况下，应当认定其侵犯了原告拓软公司的商业秘密。此外，就岳某主张的信赖抗辩，根据《最高人民法院关于审理不正当竞争民事案件应用法律若干问题的解释》第 13 条第 2 款规定："客户基于对职工个人的信赖而与职工所在单位进行市场交易，该职工离职后，能够证明客户自愿选择与自己或者其新单位进行市场交易的，应当认定没有采用不正当手段，但职工与原单位另有约定的除外。"这种抗辩的适用一般发生在医疗、法律服务等较为强调个人技能的行业领域。就本案而言，岳某主张涉案客户名单中有27 家系由其带入拓软公司的，并无证据予以印证；拓软公司存在关于保护商业秘密的内部规章制度和公告，岳某应当在受聘期间或者聘用终止后，都不得使用拓软公司的任何商业秘密；岳某称系客户主动自愿选择与其进行交易，但未能提供证据予以证明。因此，其主张的个人信赖抗辩无法得到支持。

就多巨公司连带侵权责任的认定，根据《反不正当竞争法》规定，第三人明知或应知他人有侵犯商业秘密的违法行为，仍获取、使用或者披露他人的商业秘密，应当认定构成共同侵权。在本案中，拓软公司与多巨公司的主营业务均为计算机软件销售和服务，在岳某从拓软公司离职后的两年多时间里，与多巨公司发生交易的近半数客户，曾经与拓软公司发生类似业务关系，在多巨公司与岳某未提供令人信服的事实和理由的情况下，实在难以用商业规律和生活经验予以解释。故多巨公司与岳某构成共同侵权，应当与岳某承担连带责任。

（三）被告应当承担停止侵权和赔偿损失的侵权责任

第一，就停止侵权而言，商业秘密是一项特殊的知识产权，权利人不具有排他的独占权。客户名单中的信息是个变化的信息聚合体，随着时间的延续，相应信息必然会发生变化。故一审法院综合本案情况，认为要求多巨公司与岳某在 1 年内不得使用涉案客户名单，应当认为足以保护拓软公司关于涉案客户名单具有的竞争优势。

第二，就损失赔偿而言，拓软公司主张以税务机关提供的信息为基础，按照多巨公司与涉案客户交易的毛利润即软件销售交易总金额的 35%、服务销售交易的全部金额确定多巨公司所获利润。对此，一审法院认为，增值税发票金额为含税金额，多巨公司实际获利应当以税后金额计。鉴于拓软公司并未提供证据证明软件销售毛利润为 35%，软件服务成本为零的主张亦与实际情况不符，对其主张的计算标准一审法院不予采纳。一审法院综合生效判决认定岳某在拓软公司任职期间销售提成为 15%、涉案客户名单的数量、当事人的过错程度和侵权后果等因素酌定经济损害赔偿金额为 18 万元。根据法律规定，赔偿数额还包括为制止侵权行为支出的合理费用。拓软公司主张的律师代理费 3 万元和公证费 2 万元，确系为本案诉讼支出，且金额合理，一审法院予以支持。鉴于多巨公司与岳某系共同侵权，应当为上述赔偿金额承担连带责任。

四、参考意见

保护商业秘密的目的在于保护其背后能给权利人带来的经济利益或者竞争优势。判定客户名单是否属于商业秘密依法应从秘密性、价值性以及保密措施三方面进行认定。对于秘密性的判断需要考虑权利人为获得该经济利益或者竞争优势而付出的对价，即要求权利人要经过一定的努力和付出，以赋予相关信息非经一定程度的投入不能获得的价值，这也是客户名单作为商业秘密价值性的体现。价值性不应仅局限于过去、现在，更应包含将来的价值。

在本案中，根据拓软公司提供的软件、服务特性，涉案的客户名单系拓软公司通过自身的努力收集获得的，根据客户名单反映的信息内容属于能区别于公知信息的综合性客户信息，拓软公司可以据此向客户提供相关的服务或者产品，而无需额外花费获客成本，具备价值性，能给拓软公司在从事与用友软件维护和更新相关的经营活动中带来一定的竞争优势，属于商业秘密。

拓展案例

案例一：兰州正丰石油化工技术装备有限责任公司与无锡奋图过滤材料有限公司、王某、无锡奋图网业进出口贸易有限公司侵害商业秘密纠纷上诉案[1]

一、基本案情

2000 年 8 月 16 日，正丰公司与颇尔公司签订《订货合同》，约定由正丰公司为颇尔公司生产涉案网孔管，同时约定了技术开发费及技术保密条款，双方分别于 2003 年、2006 年签订了《长期合作协议》，正丰公司以网孔管系列产品形成了主要生产支柱并以颇尔公司为特殊客户发展了相对固定的客户群。2005 年 4 月，王某受聘为正丰公司企业标准的评审专家，2005 年 11 月以后，王某分别担任正丰公司工程技术部经理、质检部经理、供销部副经理等职务。2008 年 1 月，王某与正丰公司签订了《保守商业秘密和竞业限制制度》。同年 8 月王某离职，在被告网业公司和过滤材料公司从事网孔管生产技术指导工作并领取报酬，参与了有关生产设备的制造。网业公司和过滤材料公司系关联企业，同一生产面向不同市场，网业公司主要面向海外市场营销。

---

[1]　甘肃省高级人民法院（2013）甘民三字终第 00005 号民事判决书。

二、法律问题

1. 正丰石油公司起诉主张的网孔管生产设备技术信息及经营信息是否构成本案商业秘密？

2. 被告王某是否将原告的相关信息带到了被告过滤材料公司和被告网业公司并不正当使用？

3. 如侵权成立，各被告应承担何种赔偿责任？

三、重点提示

首先，技术方案在国内外是不为公众所知的技术信息；在长期经营中经多年供销合作、技术改进和商誉积累，从而形成了客户群并加以保护，该客户资料不为一般同业竞争者所清晰了解和普遍掌握，从其他公开渠道也不易获得，属特定的经营信息，具有秘密性。其次，该技术方案系原告斥资组团研发，并持续给其公司带来经济利益；客户资料包含了营销渠道或客户的消费状况，原告为此付出了时间、资金和劳动，是原告稳定生产、开拓市场、增强企业竞争力的重要依据，二信息均具有价值性和实用性。再次，原告对该技术信息和客户资料采取了严格保密措施，故二信息具有保密性。综上，原告自主研发的螺旋焊接网孔管卷焊机技术信息和与之相关的客户资料构成原告的商业秘密。

被告王某曾负责原告公司网孔管生产设备及产品的创新开发及质检工作，知悉相关专有生产技术；后负责原告公司供销部的市场销售工作，了解公司客户情况，属于原告的重要技术人员。在与原告未解除劳动合同的情况下，将所掌握原告的技术秘密和客户资料披露给二被告公司，违反保密义务约定，未经辞职和脱密，擅自到其他公司从事与原告公司业务相同的技术工作，其行为侵害了原告的商业秘密。

侵害人对于商业秘密权利人可计算的财产及收入损失应当全面赔偿，包括商业秘密的研发成本、使用状况、市场容量和供求关系以及受害人营业额的减少量、维权成本等。因消除影响、赔礼道歉系公民、法人的人身性权利受到侵害时的法律救济手段，原告主张应由被告共同承担消除影响、赔礼道歉的责任。经查，本案被告未对原告的公司商誉进行诋毁或造成负面影响，原告也未提交其法人人格受到损害的证据，故对该诉讼请求不予支持。

案例二："Parrot"商标侵权及不正当竞争纠纷案[1]

一、基本案情

2011 年 2 月 15 日，原告派诺特深圳公司、法国派诺特公司在中国签订《商标使用许可协议》，约定：就 G944420 号、G947073 号、G650645 号注册商标，法国派诺特公司授予原告在中国（不包括中国香港、澳门、台湾地区）范围内的不可转让、不可再许可的独占权利，为免费许可，原告可以以独占被许可人的名义对侵权人启动司法程序等。被告上海派若特公司原名上海森萌国际贸易有限公司，股东为被告仇某等三人，仇某担任法定代表人。2011 年 11 月，原告派诺特深圳公司与仇某签订《劳动合同》，由仇某担任原告的 OEM 区域商务经理，负有保密和竞业禁止义务，此外，仇某还兼任法国派诺特公司上海代表处的首席代表、派诺特深圳公司上海分公司的区域商务经理。2012 年 11 月，克莱斯勒公司（甲方）、上海派若特公司（乙方）签订《服务协议》，由乙方为甲方提供数字电视盒、数字电视天线等产品，后因被告上海派若特公司未能按照预定计划完成项目，法国派诺特总公司才发现被告上海派若特公司的侵权行为。

二、法律问题

1. 克莱斯勒公司向仇某提供的数字电视采购项目的初步信息和后续资料，是否构成原告的商业秘密？
2. 仇某是否违反保密协议约定，和上海派若特公司构成共同侵权？
3. 若构成侵权，被告应当承担何种民事责任？

三、重点提示

交易相对方专门向原告发出的内容明确、特定的商业采购信息，是针对原告的特定商业邀约，不为第三方等公众知悉，对原告而言具有潜在的商业

---

[1] 上海市浦东新区人民法院（2013）浦民三（知）初字第 483 号民事判决书。

价值，已经构成专属于原告的商业机会，属于原告的具有实用性、能够为原告带来经济利益的经营信息。而原告对此类经营信息已经在先采取了要求保密等合理措施，其属于经营秘密，应当受到法律保护。

综合仇某实施的使用原告商标、变更企业名称等行为，足以认定其存在将原告的潜在客户克莱斯勒公司所可能带来的业务"飞单"转至上海派若特公司的主观恶意，并为达成该目的，实施了包括披露、使用原告的经营秘密在内的行为，严重违反了我国《反不正当竞争法》的规定，已经构成侵害原告的经营秘密。上海派若特公司明知仇某侵害原告经营秘密的违法行为，但仍使用其披露的原告的经营秘密，亦构成侵害原告的经营秘密。

两被告共同侵害原告商标权、经营秘密，并共同实施使用"派若特"字号及"Parrot"字样的不正当竞争行为，应当对此依法承担停止侵权、赔偿损失等民事责任。

拓展资料

专题二十六　拓展阅读资料

| 第十三章 |

金融市场法

专题二十七　商业银行监管法

📚 知识概要

近年来，个人金融信息是金融机构日常业务工作中积累的一项重要基础数据，也是金融机构客户个人隐私的重要内容。如何收集、使用、对外提供个人金融信息，既涉及银行业金融机构业务的正常开展，也涉及对客户信息、个人隐私的保护。如果出现与个人金融信息有关的不当行为，不但会直接侵害客户的合法权益，也会增加商业银行的诉讼风险，加大运营成本。近年来，个人金融信息侵权行为时有发生，并由此引发了不少民事纠纷，成为社会关注的焦点。

📚 经典案例

刘某诉 A 银行侵权责任纠纷案

一、基本案情

2012 年 1 月 1 日，刘某填写申请表向 A 银行申领信用卡一张，该申请表背面为《领用合约》。《领用合约》第 3 条为："甲方（申领人）在申请表中所填内容（包括但不限于工作单位、联系方式及地址、身份证件号码）有所变更时，需立即以书面或双方认可的其他形式通知乙方办理资料变更。否则，由此产生的后果或损失由甲方承担。甲方同意乙方可通过短信或电子邮件方式向其发送与牡丹信用卡有关的信息，乙方保留终止发送的权利。"A 银行信用卡章程中亦有类似条款。2012 年 6 月起，A 银行使用"88888"短号码向刘某发送诸如"持 A 银行信用卡至 ×× 商场化妆品专柜刷卡消费，当日单张POS 消费满 1000 元获赠 100 元现金券，满 2000 元获赠 300 元现金券""购车有惊喜，分期 0 费率！本行携上海开展购车促销活动，信用卡客户申请 2 年期购车分期享 0 手续费 0 利息，成功申请更可获赠惊喜礼品"等多条短信。2012 年 7 月 1 日，刘某向工行客服号码"88888"发送短信，内容为："根据全国人大关于网络信息安全的决定，你行发送商业信息属于垃圾信息，应立即停止发送。否则需依法承担责任。"同日，"88888"回复短信称："您好，给您造成的不便，我们深表歉意。若您的问题仍未解决，请拨我行服务热线或者前往营业网点进行反映，我们会尽快地为您解决问题。"2012 年 9 月 1 日，刘某再次向"88888"发送短信："你使用短号码发送商业信息，未经同意，应停止发送。赔偿损失。再次警告，否则起诉。""88888"回复短信称："您好，短信客服是我行新推出的服务渠道，由于您是我行优质客户，符合我行各类宣传短信的发送条件，如经常使用客服热线的客户等，因此有可能会收到多条宣传短信。感谢您的理解和支持！"2012 年 10 月 1 日，刘某第三次向"88888"发送短信："你使用短号码发送商业信息属于违法行为，请停止。否则依法应承担责任。""88888"回复短信称："您好，给您造成的不便，我们深表歉意。若您的问题仍未解决，请拨我行服务热线或者前往营业网点进行反映，我们会尽快地为您解决问题。"刘某遂提起本案诉讼，要求判令 A 银行停止侵害、赔礼道歉，赔偿公证费及律师费损失，赔偿其他损失 50 000 元。

一审法院判决 A 银行停止向刘某发送商业性短信息，并向刘某书面赔礼道歉、赔偿刘某公证费 1000 元，驳回刘某的其他诉讼请求。A 银行不服，提起上诉，二审法院判决撤销一审判决，驳回刘某原审全部诉讼请求。刘某对二审判决不服申请再审，上海高院经审理驳回刘某再审申请。

1. 关于手机号码是否属于个人信息保护的法律范畴。

一审法院认为，保证个人信息的隐秘、安全和正当合理使用已经成为维护个人生活领域安宁、保持个人良好生活环境的重要手段，因此公民的个人信息应当属于一般人格权的范畴，受到法律保护。个人信息除传统的姓名、家庭住址、工作情况外，还应包括手机号码等其他所有专属于本人并可将本人与他人识别开来的信息总和。因此，手机号码作为个人信息应属于一般人格权的保护范围。二审法院和再审法院对此持相同观点。

2. 关于《领用合约》和信用卡章程是否赋予 A 银行向持卡客户发送商业性信息的权利。

一审法院认为，《领用合约》和信用卡章程虽然约定 A 银行可通过短信或电子邮件方式向持卡人发送与信用卡有关的信息，但对于该条款中"与信用卡有关的信息"存在两种解释：狭义的理解为只包括身份确认、余额变动、消费提醒、转款到账等金融信息，而广义的理解为包括所有涉及信用卡的信息，即包括本案中涉及的商业性信息。本案中，该条款系 A 银行提供的格式条款，根据法律规定，在格式条款具有两种以上的理解时，应当作出不利于提供格式条款一方的解释，因此一审法院认定，在本案中宜将上述格式条款解释为 A 银行只可发送有关身份确认、余额变动、消费提醒、转款到账等有关银行卡交易情况的服务短信，不包括商业性信息。

但是，二审法院认为，《领用合约》已约定 A 银行可通过短信或电子邮件方式向持卡人发送与信用卡有关的信息，该《领用合约》虽未对何谓"与牡丹信用卡有关的信息"作出明确界定，但本案所涉电子信息内容均为与系争银行卡有关的未来商业信息，虽与涉案信用卡已实际发生的交易行为并无直接关联，但显然亦属与系争银行卡有关的信息，故 A 银行发送系争电子信息具有相应合同依据。二审法院指出 A 银行作为专业金融机构，在其拟定的格式合同中未对相应概念予以明确并由此引发争议，有所不当，但认为此种瑕疵并不足以否定系争电子信息的法律属性，亦不能据此认定 A 银行存在相应过错。

再审法院支持了二审法院的认定，认为刘某与 A 银行签订的《领用合约》约定 A 银行可以通过短信向刘某发送与信用卡有关的信息，故 A 银行向刘某发送相关消费信息及商业信息的行为并无过错。刘某以短信方式单方向 A 银行作出的拒绝接受商业信息的意思表示未得到 A 银行同意，故 A 银行继续向其发送与信用卡消费相关的信息亦未违反合同约定。

3. 关于 A 银行的行为是否构成侵权。

一审法院认为，A 银行获取刘某的个人信息并无不当之处。但在获取刘某的手机号码后，A 银行有义务妥善保管该信息，并在合理限度内适当地利用其所获取的个人信息。未经持卡人明示同意或者请求，A银行不得利用其所掌握的手机号码向持卡人发送商业性短信息，发送信息后如持卡人明确表示拒绝接收该类信息的，即应当立即停止向其发送。因专用服务号码的专有性及用途特殊性，即便持卡人同意接收信息，金融机构也不得滥用持卡人对专用服务号码的高度信赖而使用该号码向用户发送商业性信息。本案中，A银行使用其专用服务号码"88888"向持卡人发送商业性信息，并未取得持卡人同意或经持卡人请求。为避免错过正常用卡过程中需要获取的交易信息，刘某难以使用手机安全软件屏蔽该号码发来的信息（即使可以通过某种技术手段屏蔽商业性信息，亦是不合理地加重了刘某的负担），只能在收到商业性信息后手动删除，这势必会对刘某的正常生活造成困扰，打扰刘某个人生活的安宁。在刘某通过短信方式明确表示拒绝接收该类信息后，根据《全国人民代表大会常务委员会关于加强网络信息保护的决定》第7条"任何组织或个人未经电子信息接收者同意或者请求，或者电子信息接收者明确表示拒绝的，不得向其固定电话、移动电话或者个人电子邮箱发送商业性电子信息"的规定，A银行应停止向刘某发送商业性信息。但A银行并未停止发送信息，亦未向刘某提供便捷的退订方式，而是以需要核实身份为由要求刘某拨打"88888"客服电话或至银行柜台办理相关手续，人为设置了退订商业性短信息的障碍。从本案刘某起诉后A银行即停止向刘某发送商业性信息亦可推论，停止向持卡用户发送商业性信息并不存在技术上的障碍。A银行单方面制定的退订方式不合理地限制了刘某的权利，加重了刘某的义务。因此，A银行超出合理限度利用其掌握的刘某手机号码并向其发送商业性信息，侵犯了刘某个人信息受保护的权利，应承担侵犯一般人格权的法律责任。

二审法院认为，认定A银行发送系争电子信息的行为是否构成侵权应以此种行为是否具有过错并侵害刘某民事权益为依据。关于A银行是否存在过错，二审法院认为，在《领用合约》实际履行过程中，刘某收到相关信息后并未立即表示异议，而是在5个月之后方提出相关主张，此种不作为属以默示方式表达其意思表示，应认定刘某与A银行已达成相应合意，A银行发送系争电子信息并无不当。此后刘某明确拒绝接收此类信息，属于对合同约定的变更，但因刘某未依照A银行的指示办理相应手续，则其变更合同的意思表示尚未送达A银行，相应变更行为并未完成，故A银行之后继续发送系争电子信息亦无过错。同时，针对电子信息的退订，二审法院指出，A 银行作为专业金融机构，就是否接收电子信息未向合同相对方提供快捷的合同变更方式，确有不当，但 A 银行此举系为维护合同安全性，并无相关恶意，故此种不当行为亦不足以构成侵权法框架内的过错。关于刘某的民事权益是否受到侵害，二审法院认为，一方面，涉案电子信息均为简短文字，占用移动设备的空间极小，对刘某所有移动设备及其存储空间不构成价值上的贬损，且刘某可自行采取技术手段对其移动设备恢复原状，难以认定 A 银行对刘某的财产性权利造成了侵害后果；另一方面，A 银行发送的涉案信息内容无违反法律或公序良俗之嫌，发送频率尚不足以使民事主体产生精神上的痛苦，亦不可能产生要求 A 银行承担精神损害赔偿责任的事实基础。A 银行的行为虽对刘某的隐私空间及个人信息受保护的权利造成一定影响，但其影响方式及频率亦属低微，相应对刘某上述权利的损害程度亦极微弱，并未达到对刘某其他非财产性权利构成侵害的程度。因此，综合上述对于侵权责任承担的两方面前提的分析，二审法院认为，A 银行发送涉案信息的行为并未对刘某构成侵权。同时，二审法院另认为，A 银行在履行系争领用合约过程中虽有前述瑕疵，但类似具有轻微瑕疵的行为广泛存在于社会生活之中，尤其商业活动中更为多见，如均要求相关行为人承担侵权法律责任，不仅缺乏现实意义，亦将使民事主体限于动辄犯法的境地，属不当加重民事主体的义务。

再审法院认同二审法院关于 A 银行不构成侵权的认定，认为 A 银行向刘某发送短信文字简短、占用移动设备内存极小，并不足以构成对刘某移动设备及其存储空间等财产上的贬损。且 A 银行发送的商业信息未违反社会公共利益和社会公德，故 A 银行的行为尚不足以造成对刘某个人信息受保护的权利的损害。

二、法律问题

本案的主要法律问题是，在商业银行与客户因个人信息使用所引发的法律纠纷中，如何平衡商业银行正常的营销活动与个人信息保护之间的关系，如何界定个人信息的法律范畴和保护程度，以及如何划分商业银行和客户在个人信息使用上的权利义务。

三、法理分析

（一）关于金融消费者个人信息保护的法律范畴

《最高人民法院关于审理利用信息网络侵害人身权益民事纠纷案件适用法律若干问题的规定》（法释〔2014〕11号）第12条对个人信息范围进行了列举，包括"自然人基因信息、病历资料、健康检查资料、犯罪记录、家庭住址、私人活动等个人隐私和其他个人信息"。从该条规定来看，其将个人信息纳入"个人隐私"的范畴，并未对二者作出清晰的界限区分。《民法总则》第111条对个人信息单独进行了规定，实际上将个人信息与第110条规定的名誉权、隐私权、婚姻自主权等传统人格权区分开来。

《消费者权益保护法》第29条规定："经营者收集、使用消费者个人信息，应当遵循合法、正当、必要的原则，明示收集、使用信息的目的、方式和范围，并经消费者同意。经营者收集、使用消费者个人信息，应当公开其收集、使用规则，不得违反法律、法规的规定和双方的约定收集、使用信息。经营者及其工作人员对收集的消费者个人信息必须严格保密，不得泄露、出售或者非法向他人提供。经营者应当采取技术措施和其他必要措施，确保信息安全，防止消费者个人信息泄露、丢失。在发生或者可能发生信息泄露、丢失的情况时，应当立即采取补救措施。经营者未经消费者同意或者请求，或者消费者明确表示拒绝的，不得向其发送商业性信息。"该条规定从消费者保护的角度对个人信息保护进行了规定，对于商业银行及其客户也是同样适用的。

关于金融领域的个人信息保护，《征信业管理条例》以及《个人信用信息基础数据库管理暂行办法》对征信领域的个人信息保护作出了比较详细的规定，包括征信机构对个人信息的收集、查询、使用与对外提供等。而商业银行在提供日常金融服务过程中对个人信息保护的规定，则散见于《中国人民银行关于银行业金融机构做好个人金融信息保护工作的通知》（银发〔2011〕17号）、《中国人民银行关于金融机构进一步做好客户个人金融信息保护工作的通知》（银发〔2012〕80号）等相关规范性文件中，且规定较为笼统。

尽管上述法律、司法解释和部门规章均涉及个人信息保护问题，但是对于个人信息属于何种民事权利，是属于个人隐私权的一部分，还是一种独立的民事权利，尚未作出明确清晰的界定。从已有的司法审判实践来看，对于金融消费者个人信息，有认为个人信息的隐秘、安全和正当合理使用是维护个人生活领域安宁、保持个人良好生活环境的重要手段，而将其作为独立权利类型纳入一般人格权范畴的实践；也有不将个人信息作为单独的权利形态，而将其纳入隐私权，或根据对个人信息利用所导致的后果，用对名誉权的保护来吸收对个人信息的保护的实践。

如果将个人信息纳入隐私权范畴，即认为个人对与其自身相关的信息具有控制权，有权限定个人信息扩散范围和使用目的。如将个人信息纳入名誉权保护，则是用名誉权的保护机制来实现对使用个人信息行为的审查，并非是对个人信息本身的保护，审查的重点不在于对个人信息使用的正当性，而在于特定后果的产生是否满足侵权的构成要件。

（二）关于使用客户个人信息是否构成侵权的认定

无论将个人信息纳入隐私权还是名誉权，对于不正当使用用金融消费者个人信息的行为，一般认为需要承担侵权责任。根据《侵权责任法》第6条第1款规定，"行为人因过错侵害他人民事权益，应当承担侵权责任"。据此，认定商业银行利用客户个人信息构成侵权，需要满足两个条件：商业银行利用客户个人信息存在过错；客户民事权益因商业银行行为遭到侵害。按照"谁主张谁举证"的原则，个人诉商业银行不当利用其个人信息侵权的，应举证证明商业银行利用其个人信息的行为存在过错，且该行为损害了自身合法权益。对于该问题，实践中各法院的裁判标准并不一致。在本案中，一审法院认为刘某的正常生活以及生活安宁因银行的行为遭受了打扰，并被增加了至银行柜台办理业务退订的义务，权益遭到了损害；而二审法院则以银行行为对刘某的影响方式、频率及程度轻微为由，认定银行行为对刘某权益损害极度微弱，不足以构成侵权。

四、参考意见

（一）关于个人金融信息的范围

根据《中国人民银行关于银行业金融机构做好个人金融信息保护工作的通知》（银发〔2011〕17号）第1条的规定："个人金融信息，是指银行业金融机构在开展业务时，或通过接入中国人民银行征信系统、支付系统以及其他系统获取、加工和保存的以下个人信息：①个人身份信息，包括个人姓名、性别、国籍、民族、身份证件种类号码及有效期限、职业、联系方式、婚姻状况、家庭状况、住所或工作单位地址及照片等；②个人财产信息，包括个人收入状况、拥有的不动产状况、拥有的车辆状况、纳税额、公积金缴存金额等；③个人账户信息，包括账号、账户开立时间、开户行、账户余额、账户交易情况等；④个人信用信息，包括信用卡还款情况、贷款偿还情况以及个人在经济活动中形成的，能够反映其信用状况的其他信息；⑤个人金融交易信息，包括银行业金融机构在支付结算、理财、保险箱等中间业务过程中获取、保存、留存的个人信息和客户在通过银行业金融机构与保险公司、证券公司、基金公司、期货公司等第三方机构发生业务关系时产生的个人信息等；⑥衍生信息，包括个人消费习惯、投资意愿等对原始信息进行处理、分析所形成的反映特定个人某些情况的信息；⑦在与个人建立业务关系过程中获取、保存的其他个人信息。"由此可见，个人金融信息的范围是十分广泛的，未来还有可能随着经济社会的发展，不断拓展个人金融信息的范围。

（二）商业银行使用个人信息是否构成侵权的认定

1. 关于商业银行是否存在过错，一般涉及对商业银行利用客户个人信息是否超出正常、合理的业务操作范围的认定。一种是根据业务合同的约定来判断银行的行为是否超出合同授权范围。鉴于业务合同往往是商业银行提供的格式合同，则对于业务合同相关条款的解释往往也涉及对于格式合同条款的解释规则，即在商业银行未明确提示且格式条款具有两种以上的理解时，应当作出不利于商业银行的解释。另一种则是在没有合同依据的情况下，根据业务本身的边界来进行判定。实践中，考虑到商业银行一般均通过格式合同来约定与客户之间的权利义务关系，因此法院应更多地考虑格式合同的解释问题。对此，《中国人民银行关于银行业金融机构做好个人金融信息保护工作的通知》（银发〔2011〕17号）也有所涉及，第4条第2款明确要求："银行业金融机构通过格式条款取得客户书面授权或同意的，应当在协议中明确该授权或同意所适用的向他人提供个人金融信息的范围和具体情形。同时，还应当在协议的醒目位置使用通俗易懂的语言明确提示该授权或同意的可能后果，并在客户签署协议时提醒其注意上述提示。"

2. 关于金融消费者的权益损失的认定。根据《中国人民银行关于银行业金融机构做好个人金融信息保护工作的通知》（银发〔2011〕17 号）第 4 条第 1 款的规定："银行业金融机构不得篡改、违法使用个人金融信息。使用个人金融信息时，应当符合收集该信息的目的，并不得进行以下行为：①出售个人金融信息；②向本金融机构以外的其他机构和个人提供个人金融信息，但为个人办理相关业务所必需并经个人书面授权或同意的，以及法律法规和中国人民银行另有规定的除外；③在个人提出反对的情况下，将个人金融信息用于产生该信息以外的本金融机构其他营销活动。"根据该规定，只要商业银行存在上述行为时，即可认为其侵害了金融消费者的合法权益，可以认定为构成侵权责任。

拓展案例

李某诉 A 银行借记卡盗刷纠纷案

一、基本案情

2016 年 6 月，原告李某向居住地的甲省 A 银行（被告）申请办理借记卡一张。《A 银行借记卡章程》第 8 条规定："申请借记卡必须设定密码。持卡人使用借记卡办理消费结算、取款、转账汇款等业务须凭密码进行（芯片卡电子现金除外）。凡使用密码进行的交易，发卡银行均视为持卡人本人所为。依据密码等电子信息办理的各类交易所产生的电子信息记录均为该项交易的有效凭据。持卡人须妥善保管借记卡和密码。因持卡人保管不当而造成的损失，发卡银行不承担责任。……"该条规定系小号字体，与其他条款字体相同，无明显区别。

2016 年 11 月 5 日凌晨，李某上述卡内资金在乙省 B 银行自动取款机上被取款 5 次，金额合计 10 000 元。2016 年 11 月 5 日 10 时 30 分，李某向甲省的公安机关报案，称其 A 银行的银行卡被人盗刷 10 000 元。当日甲省的公安机关作出立案决定书，对李某银行卡内人民币被盗窃案立案侦查。由于李某系公职人员，在 11 月 4 日~11 月 6 日期间一直在单位值班，从未外出，其所在单位为此出具了证明材料。

2016 年 12 月，李某向甲省的人民法院提起诉讼，主张 A 银行对其卡内的资金负有安全保障义务，其银行卡从未离身，一直在正常使用，其本人在

2016 年 11 月 5 日亦未进行任何取款或转账操作，故银行已构成违约，应对其损失承担赔偿责任。被告 A 银行辩称：原告李某申请开立账户时，双方约定使用密码进行交易即视为本人交易，涉案款项系通过正确的密码取出，A 银行已经尽到付款义务；现有证据不足以证明银行卡系被盗刷；公安机关已对本案进行立案侦查，依法应驳回李某的起诉，将案件移送公安机关处理或依法中止审理；本案如涉及盗刷，显然系李某泄露了密码信息，其应对未能妥善保管密码承担责任；受理银行卡交易的是 B 银行，在盗刷的情况下未能尽到识别伪卡义务的主体也是 B 银行，A 银行对系统外的机构及设备没有管理职责和义务，不存在过错，请求驳回李某的诉讼请求。

1. 关于本案是否应移送公安机关处理。一审法院认为，原告李某系基于其与 A 银行的储蓄存款合同关系提起的本案诉讼，A 银行基于储蓄存款合同应承担的民事责任，与他人利用银行卡实施盗刷行为而应承担的刑事责任并不是同一法律关系。依照《合同法》第 121 条的规定，公安机关是否侦破本案并不影响李某通过民事诉讼要求 A 银行承担民事责任。A 银行承担责任后，可依法向有关责任人进行追偿。因此，A 银行关于本案应移送公安机关处理或中止审理的辩解意见不能成立，不予采纳。二审法院支持了这一观点，认为被上诉人李某的起诉系基于民事上的储蓄存款合同关系，与他人利用银行卡实施盗刷行为而应承担的刑事责任并不是同一法律关系。李某与上诉人 A 银行之间的储蓄存款合同纠纷本身不涉及犯罪，亦没有证据证明李某系实施盗刷行为的共同行为人，因此，公安机关的侦查行为并不影响 A 银行对李某的责任承担。根据《关于在审理经济纠纷案件中涉及经济犯罪嫌疑若干问题的规定》（法释〔1998〕7 号）第 10 条"人民法院在审理经济纠纷案件中，发现与本案有牵连，但与本案不是同一法律关系的经济犯罪嫌疑线索、材料，应将犯罪嫌疑线索、材料移送有关公安机关或检察机关查处，经济纠纷案件继续审理"的规定，本案应当继续审理。

2. 关于"使用密码进行交易即视为本人交易"条款的效力。一审法院认定，《A 银行借记卡章程》中的"凡使用密码进行的交易，发卡银行均视为持卡人本人所为"的条款，系 A 银行单方制作的格式条款，具有免除己方责任、加重对方责任、排除对方主要权利的情形，A 银行依法应履行提示及明确说明义务。因该条款与其他条款并无明显区别，且系小号字体，现有证据亦不能证明 A 银行依法就该条款的内容向李某进行了提示及明确说明，故该条款应为无效，不应适用。对这一问题，二审法院认为，虽然根据 A 银行借记卡章程规定，凡使用密码进行的交易，发卡银行均视为持卡人李某本人所为，但该规则适用的前提是当事人持真实的借记卡进行交易。

3. 关于持卡人与银行的举证责任。关于本案是否存在银行卡盗刷的问题，一审法院认定，根据李某单位出具的证明，李某在银行卡被异地取款的时间段内并未外出，足以认定在前述五笔取现行为发生时，李某持有借记卡且人在甲省，不在乙省。关于 A 银行认为上述五笔取款行为不能确定是盗刷行为，因 A 银行持有借记卡交易过程的大部分证据，故应由其承担证明存款被合法正当提取的举证责任，而 A 银行未能举证证明涉案借记卡系合法正当取现。关于本案李某是否尽到银行卡及密码妥善保管义务的问题，一审法院认为，A 银行亦未能举证证明李某授权他人使用借记卡及泄露密码的事实，故其应承担举证不能的法律后果。综上，李某主张其借记卡账户内的存款被他人在异地盗刷，法院予以采信。二审法院支持了一审法院的前述认定，认为一审法院根据上述事实，综合考量涉案银行卡账户凌晨短时间内异地交易、甲省与乙省的距离、李某的职业身份、李某的挂失报警时间以及李某的陈述等事实认定诉争交易为伪卡交易并无不当。A 银行认为对伪卡交易的认定标准应当采用排除合理怀疑的证明标准，并无法律依据，对其该项上诉主张不予支持。

4. 关于损失承担责任。一审法院认为，原告李某持有被告 A 银行发行的借记卡，其与 A 银行之间依法成立储蓄存款合同关系。A 银行作为经营存贷款业务的专业金融机构，负有保障持卡人存款安全的义务。该涉案借记卡系银联卡，B 银行接受伪卡交易的行为系代表 A 银行，故应认定 A 银行在涉案借记卡的防伪技术上未尽到防范义务，已构成违约。二审法院支持了一审法院的前述认定，并对该问题进行了进一步阐明。二审法院认为，根据《商业银行法》第 6 条和第 33 条规定，A 银行对持卡人存款具有安全保障义务。上诉人 A 银行为李某提供借记卡服务，就应当确保该借记卡内的数据信息不被非法窃取并加以使用。并且，A 银行作为发卡行及相关技术、设备和操作平台的提供者，在其与持卡人的合同关系中明显占据优势地位，应当承担伪卡的识别义务。该案所涉伪卡交易能够进行，说明李某持有的真正银行卡卡内数据信息可以被复制并存储到其他伪卡内，并且伪卡输入密码后还可以进行正常的交易活动，因此 A 银行制发的借记卡以及交易系统在防伪技术上存在缺陷，A 银行未能履行交易安全保障义务，给李某造成了经济损失，应承担赔偿责任。

二、法律问题

本案的主要法律问题是，借记卡被盗刷所引发的合同纠纷中，如何区分民事案件审理与刑事案件侦查的关系，持卡人与银行关于银行卡及密码保护的举证责任分配以及各自责任承担，银行卡合同中银行免责条款的效力以及伪卡交易认定等方面。

三、重点提示

（一）银行卡盗刷法律责任认定的问题

近年来，银行卡盗刷案件频频发生。受到损害的储户越来越多，金额越来越大，持卡人权利救济的诉求也日益增强，在实践中引发大量民事纠纷。但是，在实际审判过程中，关于此类案件中法律责任的认定，存在如下问题：

1. 民事法律责任认定上缺乏法理依据

我国目前还没有出台针对银行卡盗刷案件中民事法律责任分配的法律法规、规章和规范性文件，在案件审理过程中，关于持卡人与银行之间的权利义务关系，主要适用《民法通则》《合同法》《商业银行法》《消费者权益保护法》等法律法规来调整，在责任认定和分配上缺乏明确的法理依据，导致各地法院审判尺度不统一。

2. 银行卡盗刷案件中责任划分不明确

银行卡内的资金被盗刷后，在公安机关对银行卡真伪和密码泄露的原因还未查明时，责任的认定和承担存在很大的争议，举证责任分配难是主要的争议焦点：

第一，银行卡真伪举证难。在银行卡盗刷案件中，当事人一般都会主张真的银行卡就在其身边，银行予以支付的是盗刷者持伪造的银行卡申请的支付，银行违约在先，应承担相应的违约责任。而银行则主张自己是按照严格的操作规程进行的支付，并无违约行为。因此，难点就在于对盗刷者持有银行卡的真伪难以鉴别。

第二，密码泄露举证难。银行卡密码具有唯一性和私密性，由持卡人控制，密码是否曾经泄露成为难点，银行和持卡人对此都难以举证。这也是法院在举证责任分配中会遇到的一个难点。

3. 对民事法律责任的划分缺乏统一的裁量标准

从各地法院公开的判决来看，法院更倾向于判决银行承担赔偿责任，但是对于责任承担的比例缺乏统一而合理的裁量标准。不同的盗刷案件看似相似，其实引发盗刷的原因和当事人过错程度、案件的具体情况都不一样，因为没有统一的裁量标准和依据，导致法院作出的赔偿责任、赔偿比例都不统一。

（二）关于"先刑后民"原则的适用

"先刑事后民事"原则的适用，一般是作为被告的银行根据《民事诉讼法》第150条第1款第5项的规定而提出的抗辩理由。但是，适用该原则的基本前提是，民事案件的事实需要通过刑事案件的审理来认定。在银行卡盗刷引起的持卡人与银行之间的民事纠纷中，审查对象为银行与持卡人在银行卡合同中的权利义务关系；而刑事案件审查对象为犯罪嫌疑人侵犯他人财产所有权的犯罪行为。银行卡合同的相关案件事实独立于对银行的侵犯财产犯罪事实。对于盗窃嫌疑人是否涉嫌犯罪的认定，并不影响银行卡合同关系的银行与持卡人相应责任认定与承担。因此，刑事案件的侦查审理并不会影响民事案件相关事实的认定，应分开审理。发卡银行没有证据证明持卡人存在过错时，应由其承担过错赔偿责任。银行承担责任后，可向相关主体追偿。此外在司法实践中如此操作还能将持卡人的诉讼时长控制在较短的范围内，降低其维权成本，及时有效维护其合法权益。

对于该问题，最高人民法院《关于在审理经济纠纷案件中涉及经济犯罪嫌疑若干问题的规定》（法释〔1998〕7号）第10条已经进行了明确："人民法院在审理经济纠纷案件中，发现与本案有牵连，但与本案不是同一法律关系的经济犯罪嫌疑线索、材料，应将犯罪嫌疑线索、材料移送有关公安机关或检察机关查处，经济纠纷案件继续审理。"此外，《最高人民法院关于银行储蓄卡密码被泄露导致存款被他人骗取引起的储蓄合同纠纷应否作为民事案件受理问题的批复》（法释〔2005〕7号）明确："因银行储蓄卡密码被泄露，他人伪造银行储蓄卡骗取存款人银行存款，存款人依其与银行订立的银行卡合同提起民事诉讼的，人民法院应当依法受理。"这对盗刷案件中的民事纠纷与刑事案件的关系，进一步予以明确。

（三）持卡人及银行的举证责任分配

1. 关于伪卡交易的初步举证责任。在银行卡合同纠纷诉讼中，持卡人应当提供诉争交易及伪卡交易的初步证明。该证明需要同时满足涉案交易发生时人卡未分离的状态，以及持卡人本人所在地与交易发生地分离的状态这两个条件。

2. 关于持卡人是否对银行卡及密码尽到妥善保管义务的举证责任。根据《商业银行法》《合同法》的相关规定以及银行卡合同中双方的协议，银行有对持卡人的个人金融信息进行保密以及对其账户内资金安全予以保障的义务。而持卡人也有妥善保管银行卡及账户密保信息以避免泄露的谨慎义务。持卡人与银行对于银行卡相关密保信息的泄露是否有过错，对双方是否承担责任以及承担责任的程度、比例起着关键性作用。《最高人民法院关于民事诉讼证据的若干规定》第 7 条规定："在法律没有具体规定，依本规定及其他司法解释无法确定举证责任承担时，人民法院可以根据公平原则和诚实信用原则，综合当事人举证能力等因素确定举证责任的承担。"从本案的审理结果看，一审、二审法院均将持卡人是否对银行卡及密码尽到妥善保管义务的举证责任，分配给发卡行。

（四）关于持卡人与银行的损失承担。

关于银行卡被盗刷、相关损失如何承担、损失赔偿责任在持卡人与银行之间如何分配的问题，是与持卡人与银行关于是否尽到对银行卡及密码妥善保管义务的举证责任分配紧密联系的。如银行对持卡人未尽到妥善保管义务承担全部举证责任，则在其举证不能的情况下，将推定持卡人尽到妥善保管义务，即持卡人对损失发生无过错，由银行承担全部损失赔偿责任。如法院判定持卡人也需对其尽到妥善保管义务承担举证责任而持卡人举证不能，则持卡人、银行双方对于损失发生均存在过错，法院可结合案件具体情况，在持卡人与银行之间按双方过错比例分配损失赔偿责任。

（五）关于"使用密码进行交易即视为本人交易"条款的效力。

一方面，从格式合同条款的效力认定角度而言，根据《合同法》第 40 条"格式条款具有本法第 52 条和第 53 条规定情形的，或者提供格式条款一方免除其责任、加重对方责任、排除对方主要权利的，该条款无效"的规定，银行为重复使用而预先印制的合同法意义上的格式条款，该条款免除被告审核银行卡真伪的义务及相应的法律责任，不能当然被认定为有效。

另一方面，从该条款的适用范围而言，该规则适用的前提是当事人持真实的银行卡进行交易，而不得适用于伪卡交易。银行无权单方面增加持卡人的义务，将防止信息被盗的过高程度的谨慎义务强加于持卡人。当持卡人的个人金融信息泄露被非法利用时，发卡行与伪卡使用者之间的交易行为对持卡人不产生法律效力。银行对伪卡使用者的付款行为不构成对持卡人的履约行为，银行仍应在借记卡账户原有余额限度内向持卡人提供银行卡消费结算、转账汇款、提取现金等服务。

（六）司法审判实践中的倾向

本案最核心的问题是，持卡人是否对银行卡及密码尽到妥善保管义务的举证责任分配问题。在司法审判实践中，法院对该问题存在两种倾向：

第一，将举证责任分配给发卡行。如银行无证据证明持卡人对密码泄露存在过错，则推定持卡人尽到了妥善保管密码的义务，银行未尽到交易安全保障义务。关于银行主张持卡人对泄露交易密码存在过错的问题，鉴于第三方如何获得密保信息进行伪卡交易的具体情节并未查明，而银行也未能提供证据证明持卡人存在因故意或过失泄漏借记卡密码或者磁卡信息，为他人伪造、盗刷借记卡提供便利的过错，故其该项主张缺乏事实和法律依据，不予支持。银行作为专业金融机构及相关技术、设备、操作平台的提供者，在其与持卡人的关系中明显占据优势地位，综合考虑原告作为普通持卡人以及其对于相关金融、技术信息的了解程度不对称等因素，被告应对其已尽交易安全保障义务而不存在过错并且原告存在过错的法律事实承担举证责任。此外，银行作为从事法定金融业务的主体和发卡机构，更有条件通过升级各种交易保护技术措施来降低损失，根据风险和收益相一致的原则，由银行来承担借记卡卡内信息及密码泄露的举证责任，更有利于促进银行卡类业务的健康发展。

第二，将举证责任分配给持卡人，如持卡人无证据证明发卡行有泄露其银行卡密码的行为，则推定持卡人未能尽到妥善保管义务。银行卡的使用具有私密性，交易密码由持卡人自己设定并由其知悉和掌握，持卡人的行为直接影响着密码的安全。从距离证据的角度来看，持卡人应当更清楚密码的保管情况，基于密码的主观性特征，如要求银行对持卡人是否存在密码泄露的过失举证，将会过分加重银行的责任，放纵个人忽视密码安全保护责任，从而引发道德欺诈。从可操作性上看，持卡人对密码泄漏具有更大的举证可能性。银行若要举证持卡人存在泄漏密码的行为，可能要对持卡人进行跟踪式服务和监控，银行在技术上难以实现，成本上也是较大负担，而且还涉及持卡人的隐私问题。因此，要求银行承担证明责任并不适当，应当由持卡人对自己已尽妥善保管密码的义务承担举证责任。

基于对举证责任理解上的不一致，导致司法实践中，法院对此类案件的裁判主要分为三大类：

第一，驳回持卡人的诉讼请求。判决理由是持卡人未能及时发现银行卡内资金被盗刷从而未及时向银行挂失或者向公安机关报案，并且提供不了证据来证明卡是由他人复制盗刷，因此承担举证不能的法律后果。

第二，判决银行承担全部责任。判决理由是发卡行没有证据证明持卡人将银行卡信息和密码泄漏给他人，对银行卡交易具有过错的情况下，银行作为专业的金融机构，有最大限度防范银行卡使用过程中安全漏洞的义务，但未能识别出伪卡造成储户资金损失而承担相应的法律后果。

第三，判决银行与持卡人各自承担相应的责任。判决理由是发卡行提供的银行卡安全保障技术性较差，信息易被测录，其交易系统不具有识别伪卡的功能，故未能尽到安全保障义务，对盗刷事件的发生具有过错。在持卡人未尽到妥善保管银行卡内信息和密码的义务，也具有一定的过错时，则双方依据各自的过错程度承担相应的法律责任。

鉴于银行卡盗刷案件责任划分容易引发争议，最高人民法院可以在总结全国司法审判实践的基础上，对此类案件的举证责任进行归纳总结，出台较为合理的举证规则，将相关证据的举证责任在银行与持卡人之间进行合理分配，以实现个案判决中的合理性以及不同判决在裁量标准上的一致性，以合理引导当事人及公众的预期，形成良好的示范效应。

第一，明确持卡人应承担的证明责任：证明其与银行之间存在合同关系，以及银行不履行合同的事实。只要持卡人证明发卡行不履行合同，发卡行就要承担合同法中相应的违约责任，除非有相应的法定免责事由。持卡人还应当证明自己设置的密码符合安全性标准，而不能是出生日期、银行卡后六位、简单的数字组合等，否则持卡人就要承担相应责任。

第二，发卡行应承担的证明责任：证明持卡人存在过错。按照持卡人的过错程度不同，发卡行所承担的责任也不同。当发卡行能证明持卡人所设置的密码过于简单，没有对银行卡尽到合理的注意义务时，可以根据持卡人过错大小减轻自身责任。当发卡行能够证明持卡人将密码写在银行卡上足以导致盗刷的发生，或者持卡人有盗刷的故意、与盗刷者存在意思联络等，破坏了合同的合法性基础时，发卡行对于盗刷行为不用承担责任。

拓展资料

专题二十七　拓展阅读资料

专题二十八　证券市场监管法

知识概要

证券融通违法行为是指证券法律关系主体在证券的发行、上市、交易、监管以及其他相关活动中，违反国家证券法律法规所实施的损害投资者利益、破坏证券市场流通秩序的行为。证券融通违法行为主要包括操纵市场、内幕交易、虚假陈述和欺诈客户，具有实施主体广泛、隐蔽性强、危害后果严重等特征。

证券业组织机构可以分为证券市场机构和证券监管机构。证券市场机构与市场秩序直接相关，主要指证券公司和证券服务机构。证券监管机构在我国证券法律实施中发挥至关重要的作用，包括证券登记结算机构、证券交易所、证券业协会和证券监督管理委员会等，旨在保护证券投资者特别是中小投资者的合法权益，维持证券市场的稳定、秩序和效率。

经典案例

案例一：郭某祥内幕交易案[1]

一、基本案情

李某智系戈德集团有限公司（简称戈德集团）法定代表人，且系其妻郭某芝担任法定代表人的天津圣荣生投资有限公司（简称圣荣生）的主要投资人。被告人郭某祥系郭某芝之弟，长期以炒股为业。郭某祥除使用其和"郭某芝"证券账户以外，还自行或通过他人介绍，借用李某来、范某彬、梁某英、杨某梅、李某春等人的身份证件开立证券账户和银行账户，并由其实际控制用于炒股。在炒股期间，李某智、郭某芝的银行账户与郭某祥使用的证券账户之间有大量资金往来。2009 年至 2010 年间，郭某祥先后使用其和"郭某芝""范某彬""杨某梅"等账户买卖 ST 四环、滨海能源、广宇发展、鑫茂科技、模塑科技等上市公司股票进行短线操作，郭某祥将所买股票卖出后，将部分资金转入郭某芝的银行账户。李某智为运作位于天津市西青区的天津国家信息安全产业基地（简称产业基地），以戈德集团和圣荣生的名义与其他股东设立海澜德投资有限公司（以下简称海澜德），并聘请武某英担任负责人为产业基地进行招商。2010 年 7 月，武某英联系北京世纪互联工程技术服务有限公司（简称世纪互联）负责人，为产业基地进行招商引资。世纪互联同意将云立方项目投资到产业基地，但提出需要进行融资。李某智欲通过借壳上市方式解决上述融资问题，并确定天津泰达投资控股有限公司（简称泰达控股）的子公司滨海能源为目标壳公司。2010 年 8 月底，李某智向泰达控股董事长刘某文提出对滨海能源进行重组。刘某文原则同意后，李某智向泰达控股证券部经理朱某芳提出资产置换的重组方案，后经谈判，泰达控股未接受李某智提出的上述方案。2010 年 10 月中下旬，李某智再次向朱某芳提出定向增发的重组方案，泰达控股对该方案予以认可，并与李某智等人就重组方案继续进行商谈。2010 年 11 月 10 日，滨海能源应深圳证券交易所（简称深

---

[1]　一审刑事判决书：天津市第一中级人民法院（2014）一中刑初字第 54 号刑事判决书。二审刑事裁定书：天津市高级人民法院（2015）津高刑二终字第 9 号刑事裁定书。

交所)的要求停牌核查。在定向增发的重组方案达成一致后,滨海能源于2011年3月22日发布非公开发行股票预案公告并复牌。后因部分认购方放弃认购,滨海能源于2011年下半年终止上述非公开发行股票事项。滨海能源上述重组事项,在公开披露前属于内幕信息,其价格敏感期为2010年8月31日至11月10日,李某智属于该内幕信息知情人员。2010年7月至10月间,被告人郭某祥自行或通过其亲属郭某启、郭某以及李某智之姐李某红借用郭某、于某、李某先、田某英、王某英、周某田、周某龙、周某怀、周某东、涂某兰、马某发、张某英、谈某翠和方某友的身份证件开设了证券账户和银行账户,通过李某红借用刘某英的身份证件开设了银行账户,并使用以上证券账户、银行账户及本人证券账户、郭某芝和李某智的银行账户进行股票交易和资金转移。2010年8月份前后,被告人郭某祥在未提供任何抵押物的情况下,向李某智的朋友赵某军以年息15%的利息借款人民币2000万元(以下币种均为人民币),连同前期炒股部分资金,通过李某智、郭某芝以及刘某英、周某龙、周某怀、方某友、谈某翠的银行账户进行资金转移,大部分资金转入前述证券账户。被告人郭某祥在上述内幕信息价格敏感期内,通过其暂住地的电脑使用"李某来""郭某""梁某英""李某春""涂某兰""张某英""马某发""李某先""田某英""王某英""于某"证券账户,集中前述资金大量买入滨海能源股票,并将"郭某祥""郭某""范某彬""梁某英""周某东""周某田""张某英""马某发"账户中的部分滨海能源股票溢价卖出。滨海能源股票停牌核查后,证券监督管理机构介入调查;被告人郭某祥在滨海能源股票复牌后,逐步将其在内幕信息价格敏感期内购买的大部分滨海能源股票卖出,并将部分账户予以销户。案发后,经深交所确认,被告人郭某祥在内幕信息价格敏感期内进行滨海能源股票交易成交额为68 644 689.89元,其在内幕信息价格敏感期内买入滨海能源股票的盈利金额为8 891 604.61元。2012年6月11日,被告人郭某祥被公安机关抓获归案,买卖滨海能源股票所用电脑和上网卡等物品被依法扣押。一审法院认为:被告人郭某祥作为非法获取滨海能源股票内幕信息的人员,在涉及对滨海能源股票交易价格有重大影响的信息尚未公开前,买入和卖出该股票,依照法律规定,被告人郭某祥的行为已构成内幕交易罪,且情节特别严重。公诉机关指控被告人郭某祥犯罪的事实清楚,证据确实、充分,罪名成立,予以确认。被告人郭某祥内幕交易行为的盈利金额 8 891 604.61 元均为违法所得，依法应予没收。被告人郭某祥所做其行为不构成内幕交易罪的辩解及其辩护人所提认定郭某祥内幕交易罪证据不足的辩护意见，缺乏根据；其辩护人所提郭某祥购买滨海能源股票具有正当理由以及郭某祥购买滨海能源股票没有获利的辩护意见，理由不足；其辩护人所提内幕信息价格敏感期的认定缺乏依据的辩护意见，与事实不符，均不予采纳。被告人郭某祥系经通知后到公安机关接受讯问，归案后虽供述稳定，但未能如实供述主要犯罪事实，故不能对被告人郭某祥从轻处罚。被告人郭某祥的辩护人所提该点辩护意见亦不能成立，不予采纳。据此，原审法院判决：①被告人郭某祥犯内幕交易罪，判处有期徒刑六年，并处罚金人民币 890 万元；②扣押在案的电脑、上网卡等物品，依法予以没收；③继续追缴被告人郭某祥的违法所得，依法予以没收。宣判后，郭某祥提出上诉，后在天津市高级人民法院审理期间撤回上诉。天津市高级人民法院认为，一审判决认定事实和适用法律正确，量刑适当，遂于 2015 年 2 月 3 日作出刑事裁定：准许上诉人郭某祥撤回上诉。

二、法律问题

1. 如何认定郭某祥行为是否构成内幕交易？
2. 对郭某祥进行内幕交易的处罚体现了证券法的何种原则？

三、法理分析

（一）内幕交易的具体认定

《中华人民共和国证券法》（以下简称《证券法》）第 76 条第 1 款规定："证券交易内幕信息的知情人和非法获取内幕信息的人，在内幕信息公开前，不得买卖该公司的证券，或者泄露该信息，或者建议他人买卖该证券。"在判定是否构成内幕交易时，应重点从三个方面着手：内幕交易的知情人员、内幕信息和内幕交易行为。

关于内幕交易的知情人员的认定，根据《证券法》和《中华人民共和国刑法》（以下简称《刑法》）等法律的有关规定，我国将内幕交易的行为主体划分为证券交易内幕信息的知情人员和非法获取内幕信息的人。然而在司法实践中，对于"非法"的理解较有争议，最终法院对此给出的解释是：对

"非法获取"内幕信息中"非法"的理解，并非是指获取内幕信息的手段"非法"，而是说，任何第74条所列举的"内幕信息的知情人"之外的主体，都被禁止知悉内幕信息，一旦他们知道内幕信息，无论是主动还是被动知悉，就是"非法"。有学者建议将主体范围扩大为"知悉内幕信息的人员"。[1]即只要是知悉内幕信息的人员，不考虑其身份、手段，也不论信息经过多少次传递都可能构成内幕交易的主体。

内幕信息，是指在证券交易活动中，涉及公司的经营、财务或者对该公司证券的市场价格有重大影响的尚未公开的信息。《证券法》第75条第2款规定了内幕信息的具体类别。在司法实务中，认定内幕信息价格敏感期的形成时间，需要结合涉案内幕信息的内容进行实质解释。对于影响内幕信息形成的动议和决策人员，其动议、决策的初始时间应当认定为内幕信息的形成时间。

内幕交易行为主要划分为"证券买卖""泄露内幕信息""建议他人买卖证券"三类行为。在认定交易行为是否明显异常时，需要考虑账户开立、投入资金、买卖证券、平时交易习惯及公开市场信息等方面，结合案件的侦破经过进行综合分析判断。在司法实务中，审查案件的侦破经过对认定行为人是否构成内幕交易罪具有重要意义。在认定行为人的交易行为明显异常之后，行为人仅提出通过分析技术指标和公开信息进行该项交易等辩解的，不能成为其明显异常交易的正当理由，不足以排除该异常交易的违法性。

本案中，被告人郭某祥是非法获取滨海能源股票内幕信息的人员，属于内幕人员的范畴。李某智与泰达控股协商定向增发的重组方案这一举措属于尚未公开的对滨海能源股票交易价格有重大影响的信息，符合内幕信息的特征。该内幕信息价格敏感期为自2010年8月底李某智向刘某文提出对滨海能源进行重组至2010年11月10日滨海能源应深交所的要求停牌核查，在此期间，郭某祥凭借其非法获取的该内幕信息大量买入和卖出滨海能源的股票。综上所述，本案满足内幕交易认定的基本构成条件，郭某祥

---

[1] 参见曾洋："证券内幕交易主体识别的理论基础及逻辑展开"，载《中国法学》2014年第2期。

行为构成《证券法》所禁止的证券融通违法行为中的内幕交易。由于其内幕交易过程共实现盈利金额 8 891 604.61 元，根据《刑法》第 180 条第 1 款："证券、期货交易内幕信息的知情人员或者非法获取证券、期货交易内幕信息的人员，在涉及证券的发行，证券、期货交易或者其他对证券、期货交易价格有重大影响的信息尚未公开前，买入或者卖出该证券，或者从事与该内幕信息有关的期货交易，或者泄露该信息，情节严重的，处 5 年以下有期徒刑或者拘役，并处或者单处违法所得 1 倍以上 5 倍以下罚金；情节特别严重的，处 5 年以上 10 年以下有期徒刑，并处违法所得 1 倍以上 5 倍以下罚金。"本案涉案金额巨大，情节特别严重，故判决被告人郭某祥犯内幕交易罪，判处有期徒刑 6 年，并处罚金人民币 890 万元，没收在案物品及违法所得。

（二）公平、公开原则和诚实信用原则

从微观角度看，内幕交易的实质是行为人利用内幕信息从事证券交易，目的是获得额外利益或者避免正常交易风险的损失。内幕交易违反了证券法的公平、公开原则和诚实信用原则。

证券法的公开原则是实现证券市场机制的有效手段，是证券法的精髓。公开原则有两层含义。第一层含义是指市场、市场主体及其行为的公开，第二层含义是指相关的法律、法规和监管执法活动的公开。公开原则的核心是信息公开，只有建立在信息公开和信息共享的基础上，才会形成公正的证券市场秩序。本案郭某祥与证券市场中其他投资者相比具有显著的信息优势，由此在交易的起点便形成了市场上的不平等差异，对其违法行为的处理体现了证券法对公开原则的坚守。

证券法的公平原则首先要求参与证券发行和交易活动的当事人法律地位是平等的；同时，还表现为在证券发行和交易中坚持时间优先和价格优先；此外，公平原则必须排除证券从业人员在证券市场上借职务之便为自己买卖证券以获取利益。公平原则意味着投资者获得信息的机会均等，尤其是利用证券信息的机会均等。内幕交易违背了公开、公平的基本原则，损害投资者和上市公司的合法权益，扰乱了正常的市场秩序，使信息和机会的天平倾斜于内幕信息拥有者。因此，禁止和取缔内幕交易是证券法的重要任务之一。

本案中法院对郭某祥内幕交易的处罚旨在保证所有投资者都有同等的机会获悉相同的证券市场信息，有同样的自由决定自己的投资方向和领域，直接体现了证券法的公平原则。

内幕交易也违反了诚实信用原则。该原则要求民事活动的当事人在行使权力和履行义务时，遵守诚实信用原则的道德标准。作为市场经济活动中的道德准则，它要求一切市场参加者符合商人的道德标准，在不损害他人利益和社会公共利益的前提下，追求自己的利益。其目的是实现当事人之间的利益关系和当事人与社会之间的利益关系的平衡，并维护市场道德秩序。从证券法律上看，诚实信用原则就是当事人本着诚实不欺、信守诺言的道德观念，参与证券的发行与交易，善意地取得证券权利和履行证券义务。[1]本案中，郭某祥作为间接持有内幕信息的主体，在证券市场上从事证券买卖等行为违背了其自身的诚信义务，侵害了公司其他股东的合法权益，同时损害了广大投资者平等进行证券市场交易的权利。因此，为保障证券市场的健康发展，应有力打击此类违法行为，彰显我国法律对诚实信用原则的重视与保护。

从宏观角度看，对郭某祥内幕交易的处罚体现了经济法对社会整体经济利益的优先保护。经济法强调社会整体经济利益优先于个体利益的保护，并不是排斥正当的个体利益的实现，更不否认民商法领域中的私法自治，而只是在涉及社会整体经济利益的关系中体现社会整体经济利益的优先性，这种优先在传统民法的"公序良俗"原则中也有隐约的体现，用以制约权利行使过程中的某些非理性行为。本案在维护其他投资者的正当利益的基础上，要求郭某祥对受到损害的个体进行弥补性的赔偿，同时法院依照《刑法》有关规定对郭某祥处以惩罚性的罚金和剥夺人身自由类型的刑罚，以此体现法律对社会整体经济利益的保护和对此类违法行为的惩戒与预防。

我国证券市场的发展起步较晚，广大投资者的心理也很不成熟，很多投资者抱着一种急功近利的投机心理，由此引发的虚假陈述、欺诈客户、内幕交易等违法行为层出不穷。同时，我国证券法律制度明显滞后于证券市场的

---

〔1〕　参见万建华主编：《证券法学》，北京大学出版社2013年版，第33页。

发展，如果无法对当前证券市场上的违法行为作出及时恰当的处理，对于一些侵害证券市场管理秩序和投资者利益的行为缺乏有效的法律规制，这违背了证券市场的基本原则，影响到广大投资者对证券市场的信心，长此以往必将会影响证券市场的可持续发展。

四、参考意见

对于本案内幕交易的监管，可以从不同主体的视角分析：

从被告郭某祥的视角分析，内幕交易是其不良投机心理的表现，此类行为应当被及时发现并恰当处理，否则极易引发证券市场病态的交易趋势。同时，在证券市场中，郭某祥等内幕信息的知情人员也应严格遵循相关法律规定避免不正当行为的发生，共同维护证券市场的健康发展。

从其他投资者的视角分析，内幕交易使得无内幕信息交易者在市场上处于相对弱势的地位，且有可能因郭某祥的违法行为遭受损失，因此在法理上应当将其他投资者纳入保护的范围。由于金融交易的特殊性，内幕交易的侵害对象具有不明确性和公共性，从而使得在民事救济中原告对"交易因果关系"和"损失因果关系"的举证很困难，给民事救济途径造成了很大的障碍。我国《证券法》第 76 条第 3 款规定，内幕交易行为给投资者造成损失的，行为人应当依法承担赔偿责任。但是，该条规定过于原则性，缺乏应有的可操作性，无法满足实践中有效救济受害投资者的需求。因而，近年来法律工作者不断呼吁最高司法机关应借鉴域外经验，尽快出台司法解释，增强该条的可操作性，促进证券市场的良性发展。

从证券监督管理机构的视角分析，在防范措施方面，我国需要进一步完善与内幕交易相关信息的披露机制，提高信息披露的深度与准确性，并加强对企业执行关于内幕交易的内部控制的外部监督。与此同时，扩大对内幕交易的市场监督，改善我国目前基本完全依靠证监会干预的制裁和救济体系，加大内幕交易被监测并查处的可能性。[1]

---

〔1〕 参见何青、房睿："内幕交易监管：国际经验与中国启示"，载《经济理论与经济管理》2013 年第 7 期。

案例二：郭某诉甲证券公司、乙证券交易所、丙金融期货
交易所期货交易责任纠纷案[1]

一、基本案情

2013 年 8 月 16 日 11 时 05 分，甲证券公司在进行交易型开放式指数基金（ETF）申赎套利交易时，因程序错误，其所使用的策略交易系统以 234 亿元的巨量资金申购股票，实际成交 72.7 亿元。当天下午开市后，甲证券公司在未进行信息披露的情况下卖空股指期货、卖出 ETF 对冲风险。同年 11 月，证监会对甲证券公司作出行政处罚决定，认定其相关行为构成内幕交易。原告郭某认为，甲证券公司上述行为导致当日股指期货市场涨跌幅异常波动，应对其同日进行的股指期货交易损失承担侵权赔偿责任。乙证券交易所、丙金融期货交易所在明知甲证券公司出现异常交易及内幕交易的情况下，未及时发布提示性或警示性公告，亦未适当履行监管职责且有误导之嫌，故应与甲证券公司共同承担赔偿责任，遂提起诉讼。

法院认为：甲证券公司相关行为构成内幕交易，郭某在内幕交易时间段内进行 IF1309 交易且其主要交易方向与甲证券公司内幕交易方向相反，故其相关交易损失应由甲证券公司承担。法院同时认为，现无证据证明乙证券交易所、丙金融期货交易所曾发布相关不实信息或在甲证券公司发布公告前即已提前知晓相关事宜。乙证券交易所、丙金融期货交易所作为证券、期货交易市场的自律管理组织，其除了依照章程行使自律管理职责外，还具有为集中交易提供保障、发布信息的法定义务，并被赋予在法定条件下对特定市场主体采取单方、强制性、不利益措施的权力。甲证券公司实施内幕交易行为时，乙证券交易所、丙金融期货交易所尚无从知晓其行为原因及性质，亦无法对证券市场主体的该类行为是否违规作出认定，更无发布相关信息的事实基础。至于应否对甲证券公司的错单交易采取临时停市、限制交易等措施，则应由乙证券交易所、丙金融期货交易所结合当时市场具体状况，以合理、合法为原则，以维护市场整体秩序及交易公平为目的自行决定，并非在市场

---

[1] 一审民事判决书：上海市第一中级人民法院（2013）沪一中民六（商）初字第 30 号民事判决书。

出现异常时即必然立即行使。如否定交易所行使该种权力时的自主决定权，则证券、期货市场的交易行为和交易结果将因个别主体的违规行为而处于不确定状态，实质将对市场秩序及交易公平构成更大伤害。无论交易所在行使其监管职权过程中作为或不作为，只要其行为的程序正当、目的合法，且不具有主观恶意，则交易所通常不应因其自主决定的监管行为而承担民事法律责任。从当日交易情形来看，在甲证券公司错单交易后，市场已在短时间内恢复正常，不存在之后另行临时停市的必要。甲证券公司之后采取的内幕交易行为，在数量及金额上亦未达到限制交易的法定条件。因此，乙证券交易所、丙金融期货交易所未采取原告所主张的紧急处置措施，应属合理，并未影响证券市场秩序及交易公平，无需因此承担民事赔偿责任。

上海市第一中级人民法院于 2016 年 12 月 28 日作出（2013）沪一中民六（商）初字第 30 号民事判决：甲证券公司赔偿郭某损失 11 280 元；驳回郭某其余诉讼请求。判决后，各方均未提起上诉，该判决已生效。

二、法律问题

1. 结合本案，证券交易所承担民事赔偿责任的标准是什么？
2. 简述乙证券交易所与丙金融期货交易所进行市场监管的职能范围。

三、法理分析

（一）证券交易所的民事赔偿责任

对于交易所是否应就其监管行为承担民事责任的问题，理论界及实务界长期存在争议。我国《证券法》及其他相关法律法规对此亦未明确。本案根据我国《证券法》及《期货交易管理条例》的相关规定，认定证券交易所、期货交易所的法律性质为自律管理组织。交易所因其自律监管行为承担民事赔偿责任的标准，应结合交易所的性质、交易所监管职责的范围以及资本市场的特点进行合理认定。面对资本市场的突发事件，是否采取监管措施以及采取何种监管措施，应由交易所结合市场具体状况，以合理、合法为原则，以维护市场整体秩序及交易公平为目的自主决定。无论交易所在行使其监管职权过程中作为或不作为，只要其行为的程序正当、目的合法，且不具有主观恶意，则交易所通常不因其自主决定的监管行为而承担民事赔偿责任。本案中，甲证券公司实施内幕交易行为时，乙证券交易所和丙金融期货交易所尚无从知晓其行为原因及性质，亦无法对证券市场主体的该类行为是否违规作出认定。且甲证券公司错单交易后，市场已在短时间内恢复正常，不存在之后另行临时停市的必要。因此，乙证券交易所和丙金融期货交易所未采取原告所主张的紧急处置措施并未影响证券市场秩序及交易公平，无需因此承担民事赔偿责任。

（二）证券交易所的职能范围

根据《证券法》第 102 条第 1 款，证券交易所是为证券集中交易提供场所和设施，组织和监督证券交易，实行自律管理的法人。目前，我国证券市场的监管体制总体上是以政府监管为主，自律监管为辅。自律监管主要指证券交易所、证券业协会和证券公司等的监管，是证券监管体系的重要组成部分。它管理证券市场主体的注册、准入，监督证券市场交易行为，处理争议，以维护市场秩序和保护市场参与者的利益。自律监管具有灵活性、专业性、低成本、高效率的优势，能够克服政府监管的某些弊端，在监管体系中起着不可或缺的作用。

根据《证券法》的规定，证券交易所具有如下职能：为组织公平的集中交易提供保障，公布证券交易的即时行情；对证券交易实行实时监控；对上市公司及相关信息披露义务人披露信息进行监督；根据需要对出现重大异常交易情况的证券账户限制交易；依照证券法律、行政法规制定上市规则、交易规则、会员管理规则和其他有关规则；对违反证券交易所有关交易规则的在证券交易所内从事证券交易的人员给予纪律处分；等等。法律赋予证券交易所的诸多权能体现了国家对自律监管的逐步重视以及对自律组织权力的认可和保护。实践中，在强化证券交易所的自律监管的同时，也要协调其与政府主管部门、证券业协会的关系，进一步加强自律监管力度，对政府监管起到很好的补充作用。

本案中，乙证券交易所与丙金融期货交易所作为郭某和甲证券公司证券集中交易的场所和证券业的自律监管机构，应当为郭某和甲证券公司之间进行公平的交易提供合理保障，及时发现违反证券交易所有关交易规则的行为并予以限制和处罚。由于没有证据能够合理期待乙证券交易所与丙金融期货交易所对甲证券公司的内幕交易动态能够即时掌握，且内幕交易结束后无另行临时停市之必要，因此不能判定本案中交易所怠于履行其法定监管职责，故法院驳回原告针对乙证券交易所与丙金融期货交易所的诉讼请求。尽管法院未追究交易所的法律责任，乙证券交易所与丙金融期货交易所仍应当因本案的发生引起警醒，更加审慎地监督证券市场中交易的即时行情，与政府监管共同维护证券市场的健康发展。

四、参考意见

证券交易所一方面作为证券市场的组织者、管理者，实行自律管理；另一方面作为独立的市场主体，要接受政府的监管。其身份具有双重属性——既是管理者，又是被管理者。作为连接市场与政府的纽带，证券交易所的地位重要而特殊。

本案中，乙证券交易所与丙金融期货交易所并不单纯为证券市场的交易提供一个固定的场所，还负担着制定一系列公平合理的规则、监督交易活动与上市公司的职责。同时，证券交易所作为市场主体必须接受政府的监管，包括重要人事的任免权、章程和规则制定与修改的批准权、业务审批权、监督权等等。由此可见，作为协调政府与市场的"润滑剂"，证券交易所具有十分重要的作用。

现行《证券法》将证券上市与退市的决定权下放给了证券交易所，强调自律管理。此种做法更有助于推动证券交易的市场化进程，完善证券交易、证券交易所，乃至整个的证券市场制度。另外，《证券法》与旧法相比不再强调证券交易所的非营利性，这为学界带来了关于未来证券交易所作为营利性法人，与证券市场组织监督者的身份如何协调的思考。[1]

拓展案例

案例一：朱某明操纵证券市场案[2]

一、基本案情

2013 年 2 月 1 日至 2014 年 8 月 26 日，朱某明在任国开证券营业部证券

---

〔1〕　李东方主编：《证券法学》，中国政法大学出版社 2017 年版，第 225 页。

〔2〕　一审刑事判决书：上海市第一中级人民法院（2017）沪 01 刑初 49 号刑事判决书。

经纪人期间，先后多次在其担任特邀嘉宾的《谈股论金》电视节目播出前，使用实际控制的三个证券账户买入多只股票，于当日或次日在《谈股论金》节目播出中，以特邀嘉宾身份对其先期买入的股票进行公开评价、预测及推介，并于节目首播后1至2个交易日内抛售相关股票，人为地影响前述股票的交易量和交易价格，获取利益。经查，其买入股票交易金额共计人民币2094.22万余元，卖出股票交易金额共计人民币2169.70万余元，非法获利75.48万余元。

2016年11月29日，上海市公安局以朱某明涉嫌操纵证券市场罪移送上海市人民检察院第一分院审查起诉。检察机关审查认为，现有证据足以认定犯罪嫌疑人在媒体上公开进行了股票推介行为，并且涉案账户在公开推介前后进行了涉案股票反向操作。经过上海市公安局的补充侦查，得到中国证监会出具的认定函认定：2013年2月1日至2014年8月26日，朱某明在《谈股论金》节目中通过明示股票名称或描述股票特征的方法，对15只股票进行公开评价和预测。朱某明通过其控制的三个证券账户在节目播出前1至2个交易日或当天买入推荐的股票，交易金额2094.22万余元，并于节目播出后1至2个交易日内卖出上述股票，交易金额2169.70万余元，获利75.48万余元。朱某明所荐股票次日交易价量明显上涨，偏离行业板块和大盘走势。其行为构成操纵证券市场，扰乱了证券市场秩序，并造成了严重社会影响。

2017年5月18日，上海市人民检察院第一分院以被告人朱某明犯操纵证券市场罪向上海市第一中级人民法院提起公诉。7月20日，上海市第一中级人民法院公开开庭审理了本案。法庭辩论阶段，公诉人发表公诉意见：

其一，关于本案定性。证券公司、证券咨询机构、专业中介机构及其工作人员，买卖或者持有相关证券，并对该证券或其发行人、上市公司公开作出评价、预测或者投资建议，以便通过期待的市场波动取得经济利益的行为是"抢帽子"交易操纵行为。根据《刑法》第182条第1款第4项的规定，属于"以其他方法操纵"证券市场，情节严重的，构成操纵证券市场罪。其二，关于控制他人账户的认定。综合本案证据，可以认定朱某明通过实际控制的"朱某""孙某""张某"三个证券账户在公开荐股前买入涉案15只股票，荐股后随即卖出谋取利益，涉案股票价量均因荐股有实际影响，朱某明实际获利75万余元。其三，关于公开荐股的认定。结合证据，朱某明在电视节目中，或明示股票名称，或介绍股票标识性信息、展示 K 线图等，投资者可以依据上述信息确定涉案股票名称，系在电视节目中对涉案股票公开作出评价、预测、推介，可以认定构成公开荐股。其四，关于本案量刑建议。根据《刑法》第 182 条的规定，被告人朱某明的行为构成操纵证券市场罪，依法应在 5 年以下有期徒刑至拘役之间量刑，并处违法所得 1 倍以上 5 倍以下罚金。建议对被告人朱某明酌情判处 3 年以下有期徒刑，并处违法所得 1 倍以上的罚金。

法庭经审理，认定公诉人提交的证据能够相互印证，予以确认。综合考虑全案犯罪事实、情节，对朱某明处以相应刑罚。2017 年 7 月 28 日，上海市第一中级人民法院作出一审判决，以操纵证券市场罪判处被告人朱某明有期徒刑 11 个月，并处罚金人民币 76 万元，其违法所得予以没收。一审宣判后，被告人未上诉，判决已生效。

二、法律问题

如何判断朱某明行为构成操纵证券市场？

三、重点提示

操纵市场是指行为人以不正当手段，影响证券交易价格或者证券交易量，扰乱证券市场秩序的行为。根据《证券市场操纵行为认定指引》，操纵市场的手段包括连续交易、约定交易、自买自卖、蛊惑交易、抢先交易（抢帽子）、虚假申报等。行为人通过使证券交易价格异常或形成虚拟的价格水平，或者致使证券交易量异常或形成虚拟的交易量水平，对证券市场上的投资者进行误导，进而利用所期待的市场波动获得经济利益。操纵市场行为扰乱了正常的证券市场经济秩序和社会整体经济利益，为证券交易规范所禁止。

证券公司、证券咨询机构、专业中介机构及其工作人员，违反规定买卖或者持有相关证券后，对该证券或者其发行人、上市公司作出公开评价、预测或者提出投资建议，通过期待的市场波动谋取利益的，构成"抢帽子"的交易操纵行为。本案中，朱某明具有一定的社会知名度，他利用其电视节目《谈股论金》特邀嘉宾的身份，借助影响力较大的传播平台发布诱导性信息，容易对普通投资者交易决策产生影响。其在发布信息后，又利用证券价格波动实施与投资者反向交易的行为获利，破坏了证券市场管理秩序，违反了证券市场公开、公平、公正原则，具有较大的社会危害性。本案朱某明的行为情节严重，构成操纵证券市场中的抢先交易（抢帽子），根据《刑法》第182条，应处 5 年以下有期徒刑或者拘役，并处或者单处违法所得 1 倍以上 5 倍以下罚金。由于本案系上海市人民检察院第一分院提起公诉，没有投资者主张财产损失，否则应参照《证券法》第 77 条第 2 款，"操纵证券市场行为给投资者造成损失的，行为人应当依法承担赔偿责任"。

案例二：谭某杰等与佛山电器照明股份有限公司虚假陈述纠纷上诉案[1]

一、基本案情

佛山电器照明股份有限公司（以下简称佛山照明）成立于 1992 年 10 月 20 日，经批准在深圳证券交易所上市，证券简称为佛山照明（A 股），证券代码为 000541（A 股）。2012 年 7 月 6 日，佛山照明发布《关于收到广东证监局行政监管措施决定书的公告》，内容如下：近日，公司收到广东监管局发的行政监管措施决定书（2012）9 号《关于对佛山电器照明股份有限公司采取责令公开说明措施的决定》。决定内容如下："经查，我局发现你公司 2009 年年报、2010 年中报及年报、2011 年中报及年报未披露与佛山施诺奇加州电器有限公司（以下简称施诺奇）、佛山市斯郎柏企业有限公司（以下简称斯郎柏）的关联关系、关联交易；未在上述定期报告中披露与（香港）青海天际稀有元素科技开发有限公司（以下简称香港天际）的关联关系；未如实披露与香港天际共同成立佛照锂的关联交易。上述行为违反了《公开发行证券的公司信息披露编报规则第 15 号 – 财务报告的一般规定（2010 年修订）》第 37 条、第 38 条，《企业会计准则第 36 号 – 关联方披露（2006）》第 2 条、第 10 条，《上市公司信息披露管理办法》第 48 条，《证券法》第 63 条、第 65 条、第 66 条等规定。按照《证券法》第 192 条和《上市公司信息披露管理办法》第 63 条的规定，我局决定对你公司采取责令改正的行政监管措施。现责令你

---

[1] 一审民事判决书：广东省广州市中级人民法院（2013）穗中法金民初字第 5 号民事判决书。二审民事判决书：广东省高级人民法院（2015）粤高法民二终字第 13 – 967 号民事判决书。

公司予以整改，于收到本决定书后 10 日内在中国证监会指定信息披露媒体上，补充披露与施诺奇、斯郎柏、香港天际的关联关系及近 3 年的关联交易情况，以及更正后的 2011 年年度报告。"同日，佛山照明发布《关于收到广东证监局行政监管措施决定书的公告》，公告亦涉及其他四家公司与佛山照明之间的关联关系。佛山照明董事会于 2012 年 11 月 5 日发布重大事项公告，内容如下：本公司于 2012 年 11 月 2 日收到《中国证券监督管理委员会调查通知书》，通知称"因涉嫌信息披露违法违规，根据《证券法》的有关规定，我会决定对你公司立案调查，请予以配合"。公司将积极配合监管部门的调查工作，并按照有关规定及时履行信息披露义务，敬请广大投资者注意投资风险。2013 年 3 月 6 日，佛山照明发布《关于收到中国证监会广东监管局行政处罚决定书的公告》，内容如下：本公司于 2013 年 3 月 6 日收到广东证监局下发的行政处罚决定书（2013）1 号，该处罚决定书对本公司信息违法违规行为的相关当事人佛山照明、钟某才、邹某平、刘某明、赵某、解某、魏某作出行政处罚。另查，自 2012 年 7 月 6 日起，佛山照明 A 股累计成交量至 2013 年 1 月 16 日达到可流通部分的 100%。自 2012 年 7 月 6 日起至 2013 年 1 月 16 日之间的交易日，佛山照明 A 股收盘价平均价为 6.7087 元。佛山照明确认其股票价格在 2012 年 7 月 6 日之后有下跌。在案件审理过程中，法院要求谭某杰等人明确选择其诉讼请求具体针对佛山照明被行政处罚的七个虚假陈述行为中的哪一个行为，谭某杰等人均选择了 2010 年 7 月 15 日佛山照明公告增资佛照锂的行为，同时确定所有行为对原告损失均产生影响。

一审法院判决：①佛山照明在本判决发生法律效力之日起 15 日内向原告赔偿共计 59 310 191.16 元；②驳回原告的其他诉讼请求。如果佛山照明未按本判决指定的期间履行给付金钱义务，应当依照《民事诉讼法》第 253 条之规定，加倍支付迟延履行期间的债务利息。一审案件受理费 2 157 108 元，由佛山照明负担 1 004 361 元，原告负担情况详见判决书附表 1 的原告负担。

宣判后，王某等 14 人、佛山照明不服上述一审判决，向广东省高级人民法院提起上诉。

二审法院认为：佛山照明被广东证监局行政处罚的事项属于重大事件，佛山照明的行为构成证券虚假陈述，并无不当；原审法院根据本案实际情况，计算系统风险致损金额，认定原告的投资差额损失在扣除系统风险致损金额后的部分由佛山照明承担，并无不当。佛山照明主张股价下跌所造成的投资损失，纯属系统风险、行业风险、公司经营风险等因素所致，与佛山照明的虚假陈述行为没有任何因果关系，均没有事实和法律依据，二审法院不予支持；根据最高人民法院《关于审理证券市场因虚假陈述引发的民事赔偿案件的若干规定》（以下简称《规定》）第 20 条第 1、2 款的规定，虚假陈述实施日是指作出虚假陈述或发生虚假陈述之日；虚假陈述揭露日是指陈述在全国范围发行或播放的报刊、电台、电视台等媒体上，首次被公开揭露日。原审法院认定 2010 年 7 月 15 日是佛山照明最早作出虚假陈述之日，确定该日为虚假陈述实施日，并无不当；梁某中主张 2012 年 11 月 5 日为第 2 个揭露日，经查明，该公告是对佛山照明虚假陈述公开披露的延续，并非首次被公开揭露，没有事实和法律依据，二审法院不予支持。综上，二审法院依法驳回上诉，维持原判。

二、法律问题

结合本案，判定虚假陈述行为时需要注意哪些问题？

三、重点提示

证券市场虚假陈述，是指信息披露义务人违反证券法律规定，在证券发行或者交易过程中，对重大事件作出违背事实真相的虚假记载、误导性陈述，或者在披露信息时发生重大遗漏、不正当披露信息的行为。

认定虚假陈述行为时需要考虑以下三个标准：①"理性人"标准。即虚假陈述行为人违反义务的行为是否违反了理性人的注意义务，这是判断其是否具有过错的关键。②"重大性"标准。该标准不仅从积极方面要求义务人披露的信息必须是重大的，而且从消极方面要求构成虚假陈述侵权的信息同样也是重大的。③"损失性"标准。根据我国的交易价差额计算法，直接损失为卖出证券时的交易价格与买进该证券时的交易价格之差。此外，根据学者观点和最高法院司法解释，直接损失还包括价差损失部分的印花税和价差损失部分的佣金。虚假陈述侵权所导致的间接损失在我国限于上列各项直接损失所产生的银行同期活期存款利息，其他可得利益的减损不纳入间接损失范围。[1]

---

〔1〕 参见郭锋："虚假陈述侵权的认定及赔偿"，载《中国法学》2003 年第 2 期。

在司法实务中，首先应根据《规定》第 17 条对所述行为是否属于虚假陈述进行具体认定。审理时，证券监管部门对上市公司的不当信息披露行为依照《证券法》的规定作出行政处罚的，在民事侵权诉讼中，应当认定上市公司构成对重大事件虚假陈述。之后，法院应从交易因果关系与损失因果关系两个层面，判断投资者损失与上市公司虚假陈述行为之间是否存在因果关系。此外，虚假陈述实施日、揭露日以及更正日几个关键时点的判定对虚假陈述侵权赔偿额的计算等问题至关重要，应当结合《规定》第 20 条进行合理判断。

结合本案情形，根据《上市公司信息披露管理办法》第 71 条，上市公司的关联交易是指上市公司或者其控股子公司与上市公司关联人之间发生的转移资源或者义务的事项。由于关联交易方可以运用行政力量撮合交易的进行，从而有可能使交易的价格、方式等在非竞争的条件下出现不公正情况，侵犯股东或部分股东权益，因此，上市公司的关联交易会对投资者购买上市公司证券的意愿产生影响，进而影响上市公司证券的交易价格。本案中，佛山照明在长达近两年的时间里存在 7 个关联交易，却故意隐瞒交易的关联性不予披露，且关联交易累计涉及金额达数亿元，严重违反上市公司信息公开的义务，违反法律规定的信息披露必须真实、准确、完备的原则，亦违反诚实信用原则，可以判定涉案关联交易事项属于虚假陈述的重大事件。信息披露直接涉及股票市场价格和股东知情权保障，是证券监管的核心领域。佛山照明发布的虚假信息对社会公众造成了严重误导，严重影响了相关股票的市场价格，侵害了证券市场上相关投资者的重大利益，应当对其虚假陈述给投资人造成的损失承担民事赔偿责任。

案例三：浙江九龙山国际旅游开发有限公司诉中国证券监督管理委员会金融行政处罚案[1]

一、基本案情

根据上海九龙山股份有限公司股权分置改革的相关承诺，2007 年 11 月

---

〔1〕　一审行政判决书：北京市第一中级人民法院（2012）一中行初字第 2828 号行政判决书。二审行政判决书：北京市高级人民法院（2013）高行终字第 3 号行政判决书。再审行政裁定书：最高人民法院（2013）行监字第 197 号行政裁定书。

16 日，日本松冈与浙江九龙江山国际旅游开发有限公司（以下简称九龙山国旅）签订《转让上海九龙山股份有限公司 66 254 198 股 A 股之股份转让协议》，协议约定：日本松冈将其持有的上海九龙山 66 254 198 股 A 股转让给九龙山国旅，转让价格为每股人民币 3.29 元，总计为人民币 217 976 311 元，股份所有权转移日为双方按照上海证券交易所的相关规定在中国证券登记结算有限责任公司上海分公司办理完毕标的股份的过户登记手续之日。2008 年 2 月 28 日，中华人民共和国商务部作出《商务部关于上海九龙山股份有限公司股权转让的批复》（商资批〔2008〕155 号），批准同意前述股权转让行为。2008 年 9 月 2 日，中国证监会作出《关于核准豁免 RESORT-PROP-ERTYINTERNATIONALLIMITED、OCEANGARDENHOLDINGSLTD、浙江九龙山国际旅游开发有限公司及平湖茉织华实业发展有限公司要约收购上海九龙山股份有限公司股份义务的批复》，核准豁免九龙山国旅等公司因受让持有上海九龙山 66 254 198 股限售流通 A 股及 88 380 000 股 B 股股份，导致合计持有该公司 66.41% 的股份而应履行的要约收购义务。2009 年 1 月 13 日，九龙山国旅完成受让上海九龙山 66 254 198 股 A 股的过户登记手续。自 2009 年 3 月 2 日至 2009 年 6 月 5 日，九龙山国旅合计减持上海九龙山 A 股 31 892 500 股，成交金额 165 390 536.49 元，盈利 112 582 401.78 元，扣除所得税后，净盈利 84 436 801.34 元。九龙山国旅减持前持股比例为 15.25%，减持后持股比例为 11.58%。中国证监会经调查，在取得九龙山国旅证券开户资料、股票交易流水、股份转让协议及询问笔录等证据后，委托中国证券监督管理委员会上海监管局（以下简称上海证监局）于 2011 年 11 月 11 日向九龙山国旅送达了《行政处罚事先告知书》，对拟处罚的违法事实、理由、依据及相对人享有的陈述、申辩、听证权利进行了告知，九龙山国旅明确表示不需要陈述和申辩，不要求举行听证会。2011 年 12 月 13 日，中国证监会作出被诉处罚决定，后委托上海证监局于 2011 年 12 月 29 日向九龙山国旅送达了被诉处罚决定。九龙山国旅不服，向中国证监会提起行政复议，中国证监会于 2012 年 5 月 18 日作出行政复议决定，维持了被诉处罚决定。九龙山国旅仍不服，遂提起本案诉讼。

北京市第一中级人民法院法院认为：根据《证券法》第 179 条第 1 款第 7 项的规定，中国证监会具有依法对违反证券市场监督管理法律、行政法规的行为进行查处的法定职责。《证券法》第 47 条第 1 款规定，上市公司董事、监事、高级管理人员、持有上市公司股份 5% 以上的股东，将其持有的该公司的股票在买入后 6 个月内卖出，或者在卖出后 6 个月内又买入，由此所得收益归该公司所有，公司董事会应当收回其所得收益。该法第 195 条规定，上市公司的董事、监事、高级管理人员、持有上市公司股份 5% 以上的股东，违反本法第 47 条的规定买卖本公司股票的，给予警告，可以并处 3 万元以上 10 万元以下的罚款。上述规定旨在防止上市公司具有特定身份的内部人员，以及持有一定比例以上股份的股东利用自身的身份优势、信息优势进行短线交易，侵害公司和其他投资者的合法权益，扰乱证券市场交易秩序。本案中，中国证监会根据查明的事实，认定九龙山国旅在 2009 年 3 月 2 日至 6 月 5 日期间，共减持上海九龙山 A 股 31 892 500 股，净盈利 84 436 801.34 元，减持前持股比例为 15.25%，减持后持股比例为 11.58%，九龙山国旅在庭审中对上述事实均不持异议，中国证监会据此作出被诉处罚决定并无不当。关于股票买入方式及行为人主观动机是否影响短线交易行为违法性认定的问题。本院认为，《证券法》第 47 条并未对买入股票的方式作出特别的限定，并且，通过协议转让股份虽然在形式上不同于通过证券交易所在二级市场上买卖股票，但其同样存在利用行为人的身份优势、信息优势进行短线交易获利的可能，亦应属于法律所禁止的短线交易方式。因此，九龙山国旅关于协议转让不在规定的交易方式之列的主张，本院不予支持。另外，根据《证券法》第 47 条规定的文义，只要特定身份的主体将其持有的公司股票在买入后 6 个月卖出，或者在卖出后 6 个月又买入，即构成该条规定所禁止的短线交易行为，而不考虑其主观上是否存在过错。故九龙山国旅关于其不具有短线交易的本意和动机的主张，不影响对其行为本身违法性的认定。综上，九龙山国旅关于撤销被诉处罚决定的诉讼请求，缺乏事实及法律依据，本院不予支持。法院作出如下判决：驳回原告浙江九龙山国际旅游开发有限公司的诉讼请求。

二、法律问题

1. 中国证券监督管理委员会在证券市场监管中的角色？
2. 对九龙山国旅的处罚体现了证券法的何种理念？

三、重点提示

1. 根据《证券法》第 7 条，国务院监督管理机构依法对全国证券市场实行集中统一监督管理。国务院证券监督管理机构根据需要可以设立派出机构，按照授权履行监督管理职责。国务院证券监督管理机构，即中国证监会，它的监管目标是保护投资者的合法权益，依法维护证券和期货市场的公开、公平、公正，保证证券和期货市场规范、有序地运行，减少证券和期货市场的系统性风险，保证证券和期货市场的健康、稳定发展。[1]

中国证监会对证券市场实施监督管理中履行的职责，参照《证券法》第179 条的规定，包括依法制定有关证券市场监督管理的规章、规则，并依法行使审批或者核准权；依法对证券的发行、上市、交易、登记、存管、结算，进行监督管理等。

此外，中国证监会在履行职能时也应当遵循金融市场监管法的适度监督原则。作为证券市场监管体制中的政府监管机构，证监会一方面要摒弃行政管理思维，尊重市场机制作用和金融机构的经营自主权利，严格按照相关法律法规规定的范围进行监管，避免越权监管；另一方面要注意发挥证券业协会和证券交易所等证券同业机构的自律监管作用，充分发挥自律监管更加贴近证券市场、成本更低的优点。同时，证监会要处理好金融监管与金融创新的关系，在金融全球化和自由化的大环境下，证监会等金融监管机构应适当放松监管，为金融机构实施创新提供一定空间。而且，在放松直接管制的同时，应监督各类金融机构建立综合性的风险监管自控机制，有效防范和化解金融风险，加强并扩充金融安全方面的监管措施，进而实现金融创新和金融监管的良性互动。

2. 本案中九龙山国旅利用自身的身份优势、信息优势进行短线交易，将其持有的该公司的股票在买入后 6 个月内卖出，共减持上海九龙山 A 股31 892 500 股，净盈利 84 436 801.34 元，严重侵害了公司和其他投资者的合法权益，扰乱了证券市场的交易秩序。中国证监会依照《证券法》第 195 条规定对九龙山国旅利用自身优势获取的不当利益实施行政处罚，彰显了该法

---

[1] 刘少军：《金融法学》，中国政法大学出版社 2008 年版，第 89 页。

第 1 条 "保护投资者的合法权益，维护社会经济秩序和社会公共利益" 的立法宗旨。由于证券市场上大量的投资者相对于上市公司处于信息不完全的弱势地位，为体现我国经济法的平衡协调原则这一基本理念，相关法律法规通过协调上市公司、投资者等主体之间的经济利益关系，尽量实现社会整体利益与个体利益的平衡，维护证券市场公平、公正、公开的正常秩序，以确保社会主义市场经济的健康发展。

案例四：周某诉甲证券公司证券交易代理合同纠纷案[1]

一、基本案情

2012 年 3 月 21 日，周某与甲证券公司签订《证券交易委托代理协议》。2012 年 3 月 26 日 11 时 33 分，周某通过交易软件委托以每股 13.51 元买入 L 股票 100 股。因值午间休市，当时并未成交，周某又于该日 11 时 36 分通过交易软件撤销前项委托，随后并通过电话再次告知甲证券公司撤销该项委托。但因甲证券营业部的网上交易软件系统午间不能撤单，故下午开市后，甲证券公司仍代理周某以每股 13.51 元买入了 L 股票 100 股。之后该股票一路下跌，再未回到每股 13.51 元的价位。2012 年 3 月 27 日，周某通过 EMS 快递书面告知甲证券公司：①不承认甲证券公司的 3230 号合同的买入行为，要求甲证券公司返还 1 356 元保证金；②甲证券公司有权处置该 100 股股票，周某保证予以配合；③周某决定在股票打开后，立即将 1 356 元以市价买入股票。甲证券公司对于周某的要求未予接受。2012 年 4 月 4 日，周某又以电子邮件通知甲证券公司，如果 2012 年 4 月 5 日，股票股价跌停被打开，那么周某立即以市价买入股票。2012 年 4 月 5 日，股票以当日跌停价 10.45 元开盘，并在 10.45 元和 10.46 元共成交了几百万股。2012 年 4 月 6 日，股票以当日跌停价 10.49 元收盘。甲证券公司对周某的上述要求又未进行处理。周某最后于 2013 年 1 月 28 日，以每股 11.73 元将该 100 股 L 股票卖出。周某为此起诉，要求甲证券公司按 13.51 元与 10.46 元之间的价差，

---

[1] 一审民事判决书：上海市长宁区人民法院（2012）长民二（商）初字第 553 号民事判决书。二审民事判决书：上海市第一中级人民法院（2013）沪一中民六（商）终字第 307 号民事判决书。

赔偿损失。

法院认为：周某与甲证券公司签订的《证券交易委托代理协议》《风险揭示书》《客户须知》等合同与文件，均系签约双方当事人的真实意思表示，当属合法有效的委托代理合同，双方当事人均应恪守履行。在合同履行的过程中，发生了周某在股票交易日的午间休市时间段内向甲证券公司先行委托买入涉案股票、随后又委托撤单的委托交易事件，最终因甲证券公司的网上交易软件系统在午间不能撤单等因素，造成周某委托的该笔交易撤单不能而以较高价格买入的事实。甲证券公司负有将其提供的网上交易软件系统不支持午间撤单功能的特性向周某告知说明的义务，但其实际并未将该交易特性在合同文本中以确切的文字予以描述并告知客户。虽然甲证券公司在风险提示书第4条中说明，由于通讯技术、电脑技术和相关软件具有存在缺陷的可能，这些风险可能给投资者带来损失或银证转账资金不能即时到账，但此处所指风险应当是不确定是否会发生的已知或未知的事件。但本案中，午间不能撤单的情况属于已知的固定存在的交易软件设置问题，故甲证券公司不能援引此条款予以免责。对于损失的认定问题，周某认为应以其于2012年3月27日、4月4日发送给甲证券公司函件及电子邮件中所提及的价格成交并计算损失，但该两次股票买卖的意思表示并不符合涉案委托代理合同约定的委托交易方式，函件中的条件和买卖价格均处于不确定状态，故对于损失的计算应当依据周某实际操作中已经形成的损失确定。

上海市长宁区人民法院于2013年8月22日作出（2012）长民二（商）初字第553号民事判决：①甲证券公司应向周某赔偿178元；②驳回周某的其余诉讼请求。判决后，双方分别提起上诉。上海市第一中级人民法院于2013年12月9日作出（2013）沪一中民六（商）终字第307号终审判决：驳回上诉，维持原判。

二、法律问题

结合本案，评价投资者与证券公司的法律关系，以及如何平衡二者间的利益？

三、重点提示

证券投资业近年来迅速发展，普通投资者一般通过与证券公司建立委托代理关系的方式参与其中，而现代技术背景下，证券公司提供的软件成为客户下达委托指令的重要媒介。考虑到证券公司与投资者双方信息不对称，经济地位、专业技术实力等方面的巨大差异，且交易软件均由证券公司研发或委托他人研发提供，客户对使用何种软件并无选择权利等各项因素，证券公司对于其所提供交易软件的使用方式、重要属性、可能存在何种风险、使用过程中应当注意的问题等，尤其是可能影响客户下达委托指令成败的软件特性，证券公司应负有对客户进行提示告知义务。本案中，甲证券公司负有将其提供的网上交易软件系统不支持午间撤单功能的特性向周某告知说明的义务，但其实际并未将该交易特性在合同文本中以确切的文字予以描述并告知客户，导致周某委托的该笔交易撤单不能而以较高价格买入。因此甲证券公司应当依据周某实际操作中已经形成的损失进行赔偿。本案明确了证券公司应负有的告知义务以及损失认定方式，以促使证券公司严格履行告知提示义务，积极填补软件设计瑕疵，有利于证券投资市场的良性发展。

实践中，由于各主要金融市场采用了有组织的市场交易模式，无论在证券交易所组织的证券市场从事交易，还是在组织化程度较低的其他市场从事交易，投资者只有通过证券公司等金融服务者才能从事并有效完成交易，这就必然会构成投资者对金融服务者的客观依赖。应当承认的是，投资风险通常是与证券发行和交易相关的，但是随着证券发行、交易秩序的逐步完善，投资风险更多地来自于金融服务者的活动。从最近数年的诸多案例暴露的情况来看，金融服务者未能善待投资者是造成投资者利益受损的主要原因。[1]

值得重视的是，学界关于"金融消费者"的观点得到了广泛关注。消费者权益保护受到重视的制度原因在于，消费者是商品或服务的获得者而非生产者，消费者几乎无法了解某种商品或服务的真实情况，与生产者之间存在明显的信息不对称。通过单独制定消费者权益保护法，可以形成一种抗衡信息不对称的法律制度，进而形成和谐的社会关系。在金融消费中，同样存在

---

〔1〕　叶林、郭丹："中国证券法的未来走向——关于金融消费者的法律保护问题"，载《河北学刊》2008 年第 6 期。

明显的信息不对称。例如本案中周某委托甲证券公司进行证券交易，但周某本人却对甲证券公司使用的对交易具有重大影响的网上交易软件系统毫不了解，这种情形极易造成证券公司在无形中对周某实施不利益行为。有学者建议在将来制定金融服务法，根据金融产品的特性以及金融消费者权益保护的需要，合理建构金融市场监管体制与机制。以本案为例，建议合理规定甲证券公司金融服务的监管机构及其权限与行使权限的程序，规定现行各金融监管系统之间的整合协调机制，完善有利于提高相关机构监管能力的制度措施和技术保障等。[1]

📚 拓展资料

专题二十八　拓展阅读资料

专题二十九　期货市场监管法

📚 知识概要

我国现行的期货市场监管相关法律规定主要包括《期货交易管理条例》《证券、期货投资咨询管理暂行办法》两部行政法规，《最高人民法院关于审理期货纠纷案件若干问题的规定（二）》等司法解释，以及《期货交易所管理办法》等一系列部门规章和相关规范性文件。

综合而言，目前我国期货市场监管法律体系尚存较大空白，缺少法律层面的统一规范。实践中，由此导致的行为规范化程度较弱、交易性质及市场资格认定标准模糊、交易标准不统一等问题引发了诸多争议，在司法实践中也有较为集中的体现。

---

〔1〕　陈洁："投资者到金融消费者的角色嬗变"，载《法学研究》2011 年第 5 期。

本专题共选取了 1 个经典案例和 4 个拓展案例，涵盖了期货合同及期货交易的识别、保证金制度、强行平仓、操纵期货市场价格及期货内幕交易行为的识别等核心内容。期货市场风险较大，保障市场的公平交易秩序并尽量避免系统性风险是期货市场监管工作的重心所在。并且由于期货市场监管法律体系并未形成较为完善的架构，因而在把握本部分知识时应加强对司法案例以及监管实践经验的关注和学习，以便对期货市场监管法形成更为全面而准确的认识。

经典案例

A 公司诉 B 交易中心期货欺诈责任纠纷案[1]

一、基本案情

A 公司成立于 2006 年，主要经营不锈钢生产业务。

B 交易中心成立于 2006 年，其经营范围为：不锈钢及有色金属的电子交易及相关配套服务；不锈钢、有色金属的销售；电子商务技术及信息服务等。

2006 年 12 月 13 日，A 公司与 B 交易中心签订交易商入市协议，约定："A 公司自愿成为交易中心的交易商，并严格按照交易中心各项业务规则的规定从事交易活动；交易中心有义务将交易规则等涉及不锈钢电子交易的规范性文件明示于其上……交易中心不参与 A 公司与其他入市交易商之间的不锈钢的实际交易行为……"在此期间，B 交易中心分别于 2009、2013、2014 年发布了三个版本的交易规则。

B 交易中心提交了省金融办出具的情况说明，载明："2011 年至 2013 年，根据国务院国发〔2011〕38 号文件、国办发〔2012〕37 号文件要求，由省金融办牵头对包括交易中心在内的省内交易市场进行清理整顿，并将相关清理整顿情况报部际联席会议，后部际联席会议复函我省，各类交易场所清理整顿工作通过验收。交易中心作为我省商品类交易场所通过验收并予以保留。"

---

〔1〕　一审判决书：无锡市中级人民法院（2015）锡商初字第 0016 号。二审判决书：江苏省高级人民法院（2016）民终字第 1190 号。

A 公司实际于 2009 年 10 月开始入市交易，自其入市交易后，绝大部分时间在交易中心保证金账户中无现金保证金。B 交易中心称，交易商的保证金可以多种方式体现，包括现金、承兑汇票、货物、信用担保等方式。B 交易中心提交了落款日期为 2009 年 12 月至 2013 年 1 月，担保人署名均为某某的数份担保协议，内容均为"本人对交易中心给予 A 公司预先调整 1000 万元保证金进行担保，保证 A 公司能在担保期限内对 1000 万元保证金进行偿还"。B 交易中心将担保协议对应的担保金额 1000 万元，作为给予 A 公司的预告调整保证金，使 A 公司能够继续交易。

2012 年 5 月 23 日，A 公司将 199 289 公斤电解镍存入交易中心指定交收仓库，B 交易中心将这些货物相对应的金额作为 A 公司的交易保证金（但并不计入账面可用资金，账面可用资金仅反映现金金额），因 A 公司尚有账面亏损未付，且该金额目前已大于上述货物价值，故交易中心未向 A 公司归还上述货物。至 2014 年 4 月，A 公司共计产生合同转让亏损 32 757 189.41 元、交收亏损 153 717.94 元、交纳交易手续费 823 035.8 元，交收手续费 11 700 元，并尚有账面亏损 18 672 272.49 元未付。

A 公司认为，C 公司以及其他一系列交易商为 B 交易中心的关联企业，其中 C 公司长期无保证金交易，并与其他一系列交易商进行关联交易，侵占投资者资金，为关联企业输送利益。B 交易中心的行为构成期货交易欺诈，请求交易中心返还交易保证金 15 073 370.66 元，免去自身支付账面亏损款 18 672 272.49 元的责任并请求交易中心返还 A 公司镍 199 289 公斤（价值 25 309 730 元）。

B 交易中心认为，C 公司在交易中心的角色与其他交易商不同，其主要作用是促进交易中心交易的活跃性，帮助交易商实现提前交收的现货使用需求，故 C 公司与其他交易商均会有大量交易，但其并不通过价格波动获取利润或承担风险。B 交易中心提供了经公证的这些"关联企业"的相关交易数据，在这 25 天中，这些"关联企业"交易较少，且交易结果为亏损。为证明在组织交易过程中未操纵价格导致行情偏离，其选取了 A 公司交易亏损较大的时段，比对了其提供的交易平台的价格行情（经公证）与上海金属网、上海有色网、江苏东方不锈钢电子交易中心、伦敦金属交易所的交易价格行情，并作出行情比对表，显示各个交易平台的行情走势一致，交易中心的价格并未发生行情偏离。

二、法律问题

1. 交易中心组织的交易是否属于期货交易？
2. 交易中心是否应赔偿 A 公司的损失？

三、法理分析

（一）B 交易中心组织的交易不属于期货交易

在期货交易监管以及司法实践中，对于交易行为是否属于期货交易的认定一直以来都是一个常设迷障的难题。其不仅是监管工作开展的起点，同时直接决定交易行为的效力判断，这也是相关司法裁判中基础且核心的考量焦点。在期货市场监管制度构建的初期，期货市场规范化程度较低，对于交易行为违规与否，或行为是否应当界定为期货交易都缺乏统一而明确的判断标准。2007 年《期货交易管理条例》的颁布，在一定程度上缓解了这一窘境，但由于未对期货交易进行细化阐释，其仍然无法发挥明确的指引作用。在各方呼吁和期盼下，2012 年国务院对该行政法规进行了较为全面的修改，明确了期货交易的概念和内涵。应当说，修改后的《期货交易管理条例》已经较为细致且直接地回应了这一问题，但由于期货市场交易模式的复杂性、期货交易体系尚不完善等原因，近年来围绕该问题的擦边球及随之而来的困惑仍未彻底消除，集中表现为期货合同与远期合同的界限模糊、场外期货交易的识别等问题。

就期货交易的学理界定而言，其是指在期货交易场所买卖标准化期货合约的一种有组织的交易方式。市场的限定性、合约及组织的标准化是期货交易的特征所在，也是期货合同与远期合同最主要的差异之处。期货合同必须在期货交易所内进行交易，而远期合同则可在买卖双方间通过"场外市场"进行买卖。[1]

就现行法规而言，我国目前尚无针对期货加以规范的法律，对于期货交易及期货交易场所的识别主要规定于《期货交易管理条例》以及《期货交易

---

〔1〕　李曙光主编：《经济法学》，中国政法大学出版社 2013 年版，第 299 页。

所管理办法》之中。其中，《期货交易管理条例》第 2 条中将期货交易界定为"采用公开的集中交易方式或者国务院期货监督管理机构批准的其他方式进行的以期货合约或者期权合约为交易标的的交易活动"，将期货合约界定为"期货交易场所统一制定的、规定在将来某一特定的时间和地点交割一定数量标的物的标准化合约。期货合约包括商品期货合约和金融期货合约及其他期货合约"。《期货交易所管理办法》第 3 条中将期货交易所界定为"按照《期货交易管理条例》以及本办法规定设立，不以营利为目的，履行《期货交易管理条例》和本办法规定的职责，按照章程和交易规则实行自律管理的法人。"第 6 条中对其范围进行了严格限定："设立期货交易所，由中国证监会审批。未经国务院或者中国证监会批准，任何单位或者个人不得设立期货交易所或者以任何形式组织期货交易及其相关活动。"从上述行政法规以及部门规章的规定中我们可以发现，立法层面采取的是严格限定的规范方式，亦即生效的期货交易需要具备两方面的条件：交易标的为期货合约或期权合约、交易场所为证监会审批设立的期货交易所。

从文义解释的角度出发，现行立法似乎已经对期货交易的识别作出了明确的规定，但需要注意的是，《期货交易管理条例》中只是阐明了期货交易生效的合规性要求，而对于期货交易的识别标准仍显得语焉不详。这一法律规范现状可能对相关交易主体的投机行为造成了不当的激励效果，即在蒙受损失时主张交易行为属于期货交易进而认定交易行为无效以规避风险，这也促使交易行为的性质界定成为近年来监管及司法实践中更为基础和关键的焦点。

本案中，对 B 交易中心所组织交易性质的识别是裁判的核心所在，其不仅关系到涉案交易效力的认定，同时也关系到对其一系列关联交易行为是否构成欺诈、是否应承担赔偿责任等问题的判断。在本案一审及二审过程中，A 公司均认为 B 交易中心属于违规的场外市场，所订立的商品合同实为期货合约，其所组织的交易为期货交易，请求法院认定 B 交易中心组织的交易行为无效。

一审法院回避了对交易行为的定性问题，依据双方自愿签署的入市协议、交易中心及其组织的电子交易均不存在无效事由，认定其所组织的相关交易行为合法有效。二审法院对该问题进行了针对性的阐述，认为依据 2009 年、2013 年以及 2014 年三个版本的交易规则，反映了交易中心交易模式为远期交易和现货交易等多种交易模式，不属于《期货交易管理条例》中所规定的以

"期货合约或期权合约"为交易标的的范畴，因而其所组织的交易不宜认定为期货交易。

二审法院的认定结果严格遵循了立法规定的文义解释，也反映了其限制市场风险不合理转嫁的立场，对本案中交易行为的定性结果并无不妥，但在认定依据上存在一定争议。其一，法院判断交易行为性质的依据为交易中心所颁布的交易规则，而非具体的交易行为内容。法院根据该三份交易规则即认定交易中心的交易行为属于基于现货的远期合同的结论缺乏足够的说服力。其二，对于 A 公司所主张的交易行为中并不存在实际合同并未作出回应，这同样也是判断交易行为是否属于期货交易的重要佐证之一。

再进一步而言，法院的裁判思路实际上囿于《期货交易管理条例》中期货交易法律构建的理论基础选择。如前文所述，该条例中将期货交易界定为以期货合约或者期权合约为交易标的的交易活动，这一界定方式采纳了目前学界主流的合约买卖说的观点。合约买卖说认为，期货交易的标的是标准合约，期货交易中的标准合约作为一个系统的期货交易法律体系中的交易对象，由一系列的合约构成，包括期货合约、选择权合约、期货选择权合约和杠杆保证金合约。[1]该学说在商品买卖说的基础上发展而来，通过对期货交易标的的细化界定从而摆脱了商品买卖说对远期合同理论的依赖。但合约买卖说仍存在一定缺陷，其一是合约买卖说无法解答标的的来源，既然期货合约是期货交易的标的，那么最初的第一份流通期货合约是如何出现的？这是一个逻辑上的悖论。其二是合约买卖说虽然强调对交易标的的详细界定，但并未能厘清期货合约标的与期货交易标的之间的深层关联，这也导致在实践中期货交易往往难以与远期合同严格区分开来。需要说明的是，前文我们在表述期货合同与远期合同之间的区别时，将能否进行场外交易这一项列为其最明显的区分标准。这一区别固然是显著存在的，但这一区别是从结论逆推所得，在监管和司法实践中并不能依据其是否在场外进行交易就作出其是否为期货交易或有效与否的判断。

由此我们不难发现，现行立法中对于期货交易界定的理论困境是导致监管和司法实践中障碍产生的根本原因。对于基础理论选择而言，期货以及期

---

〔1〕　参见李明良：《期货法》，人民法院出版社 1999 年版，第 7~8 页。

货交易的结构特征以及内涵是其需要解答的前提性问题，无论是《期货交易管理条例》所采纳的合约买卖说，亦或学理界比较具有代表性的商品买卖说以及远期债权说，都无法准确解答这一前提问题。相对而言，近年来提出的双层标的理论对这一问题的解决提供了崭新的视野，该理论认为，期货和期货交易的认定并非两个孤立的问题，而应当一体判断，换言之，只有期货交易标的的特征以及期货交易机制的特征在一项交易中同时具备，该项交易才是期货法以及期货监管法上所要调整和规制的对象。[1]该理论对期货交易法律结构的构建方式以及期货交易的识别提供了较为明确的标准，同时也具有良好的可操作性。在监管和司法实践中也应对该类理论设计的机理加以关注，考虑到期货监管法律的实际调整范围伴随着期货市场的不断发展而可能产生的扩张，通过对期货交易识别理论基础的反思和重构有助于提升期货交易的安全性并增强其预设功能的发挥，也更符合本世纪初金融危机后新的期货监管理念。

（二）交易中心不应赔偿 A 公司的损失

本案中，A 公司与 B 交易中心之间的法律关系为合同关系，A 公司请求 B 交易中心承担损害赔偿责任的请求权基础亦来源于此。学理讨论和司法实践中关于承担损害赔偿责任的要件构成存在较大争议，通说认为，承担损害赔偿责任的构成要件有四：一是有违约行为，当事人不履行合同或者不适当履行合同；二是有损失后果，违约行为给另一方当事人造成了财产等损失；三是违约行为与财产等损失之间有因果关系，违约行为是造成财产等损失的原因，财产等损失是违约后果；四是违约人有过错，或者虽无过错，但依法律规定应当赔偿。[2]

对于是否存在违约行为，A 公司认为 B 交易中心存在违规组织期货交易、违反交易规则允许交易商在保证金不足或无保证金情况下交易、利用关联交易操纵价格损害 A 公司利益这三个违约行为。上文已经论述，B 交易中心所组织的交易行为不属于期货交易，且根据省金融办出具的情况说明，可知其亦属于合法合规的交易平台，因此违规组织期货交易的行为不成立。二审法院在对是否存在利用关联交易操纵价格损害 A 公司利益行为进行认定时认为，

---

〔1〕 参见钟维："期货交易双层标的的法律结构论"，载《清华法学》2015 年第 4 期。

〔2〕 参见全国人大常委会法律工作委员会编：《中华人民共和国合同法释义》，法律出版社 2009 年版，第 86~87 页。

B 交易中心原审中提供了经过公证的 C 公司交易数据，A 公司认可交易中心提供的交易数据的真实性，而分析上述交易数据，并未发现 C 公司在交易过程中获取不正当利益，或存在向其他关联企业输送利益的情况，且交易中心的价格行情亦与其他相关交易场所基本一致，并未出现行情偏离的情形。结合本案事实，法院的认定结果是正确的，现有证据无法证明上述违约行为存在。而就违反交易规则允许交易商在保证金不足或无保证金情况下交易的行为而言，从 A 公司所举证的其历年的交易情况及其他交易商的交易情况来看，A 及其他交易商存在保证金不足或无保证金时进行交易的情况，可以认定存在该违约行为。

B 交易中心的确存在违反交易规则允许交易商在保证金不足或无保证金情况下交易的行为，那么是否应就该行为承担损害赔偿责任？对这一问题的解答还需要考虑其他三个构成要件，其中 A 公司的损害事实以及 B 公司有过错的这两个要件的存在毋需赘言，A 公司的财产损失包括账面亏损款 18 672 272.49 元以及 199 289 公斤镍（价值 25 309 730 元），而 B 公司允许交易商在保证金不足或无保证金情况下交易的行为显然存在监管不当的过错。由此，问题的关键就在于该行为与损害后果之间是否存在因果关系的判断上。一审法院认为 A 公司在大部分时间里都处于保证金不足的状态但并未提出异议且继续进行交易，因而认为其构成合意改变。这一认定过程存在明显的错误，A 公司继续进行交易的行为并不能当然视为对该违约行为的默示同意，且亦不会阻断该行为与损害结果之间的因果关系。事实上，一方面根据交易规则，交易中心可根据行情变化调整保证金标准，A 公司对该交易规则内容的明知和履行应当视为默示合意；另一方面，B 交易中心与 A 公司之间存在多份担保合同，充当着保证金的作用。更为关键的是，并无证据证明存在其他交易商在与 A 公司发生的具体交易中，因为其凭借保证金不足或无保证金的优势而操控了交易，使 A 公司处于交易不利的地位，从而造成 A 公司的损失。因而，应当认定该违约行为与 A 公司的损害后果之间无因果关系。综上，B 交易中心不应赔偿 A 公司的损失。

四、参考意见

1. 2007 年颁布的《期货交易管理条例》在期货交易、商品期货合约、金融期货等法律概念的界定上大多语焉不详，也在一定程度上导致了该段期间内监管及司法实践中对期货交易认定的模糊。2012 年针对上述问题进行了较为全面的调整，根据《期货交易管理条例》修改后对期货交易的定义，其强调交易对象应当为期货合约或期权合约。本案中，交易中心所组织的交易行为是基于现货的远期合同，不符合该界定，因此不属于期货交易。值得注意的是，我们在对期货交易纠纷案件进行分析时，应当对交易行为的识别和效力问题区别进行探讨。从规范逻辑角度出发，交易行为的识别应当是效力判断的逻辑前提。

2. A 公司与 B 交易中心为合同关系，其签订的交易商入市协议是判断二者间权利义务关系的主要依据。根据 A 公司与交易中心签订的交易商入市协议的约定，A 公司自愿按照交易中心各项业务规则的规定从事交易活动。A 公司亦在交易商入市申请表上承诺自愿申请进入交易中心从事不锈钢产品电子交易，并对本单位的交易活动承担一切法律责任。入市协议亦约定 A 公司应按照交易中心业务规则的规定，及时向交易中心交付货款、仓单、保证金、价差等，否则交易中心有权按照业务规则进行相应处理，A 公司自行承担因此可能发生的全部风险，这也是 B 交易中心不应承担赔偿责任的重要依据。

📑 拓展案例

案例一：某 A 诉 B 期货公司期货经纪合同纠纷案[1]

一、基本案情

某 A 与 B 公司于 2014 年 1 月 27 日签订《期货经纪合同》一份，该份合同包含期货交易风险说明书、客户须知、自然人客户开户申请表、B 公司期货经纪合同。其中，期货交易风险说明书载明："您在考虑是否进行期货交易时，应当明确以下几点：一、您在期货市场进行交易，假如市场走势对您不利导致您的账户保证金不足时，期货公司会按照期货经纪合同约定的时间和方式通知您追加保证金，以使您能继续持有未平仓合约。如您未于规定时间

---

[1] 一审判决书：上海市第二中级人民法院（2014）沪二中民六（商）初字第 145 号。二审判决书：上海市高级人民法院（2015）沪高民五（商）终字第 30 号。

内存入所需保证金，您持有的未平仓合约将可能在亏损的情况下被强行平仓，您必须承担由此导致的一切损失……"某 A 在该说明书尾部签字确认。

某 A 账户于 2014 年 5 月 20 日交易结算时扣除保证金占用的可用资金为 -240 958.83 元，风险度 159.50%。B 公司在该份结算单中发出追加保证金通知书，提示某 A 应在下一交易日开市前及时追加保证金或自行减仓，直至可用资金大于零，否则 B 公司有权对某 A 的持仓，根据市场变化进行部分或全部强行平仓处理。同日 19 时 40 分，B 公司向某 A 交易端发送系统通知，要求某 A 追加保证金。2014 年 5 月 21 日，B 公司对某 A 账户的期货合约 m1409 进行强行平仓。

某 A 账户于 2014 年 7 月 22 日交易结算时扣除保证金占用的可用资金为 -208 922.84 元，风险度 165.86%。B 公司再次通知某 A 追加保证金，要求某 A 在下一交易日开市前追加保证金或自行减仓。2014 年 7 月 23 日，B 公司对某 A 账户的期货合约 m1505 进行强行平仓。某 A 认为《期货经纪合同》中第 50 条第 2 款以及第 51 条因违反法律规定应属无效，B 公司的强行平仓行为属故意提供虚假信息导致客户下单，应由 B 公司赔偿其经济损失 228 839 元。

二、法律问题

1. 《期货经纪合同》中约定的保证金数额计算条款是否有效？
2. B 公司是否有权对某 A 账户采取强行平仓措施？

三、重点提示

期货交易高收益的同时也伴随着高风险，保证金制度即是应对期货市场风险的重要保障。而关于保证金数额应如何计算，业内较为权威的是期货交易所的计算标准。《期货交易管理条例》第 28 条规定，期货交易应当严格执行保证金制度。期货公司向客户收取的保证金，不得低于国务院期货监督管理机构、期货交易所规定的标准。从这一规定中可以看到，《期货交易管理条例》对期货公司与客户自行约定保证金数额的行为持开放态度，只是设定了以国务院期货监督管理机构、期货交易所规定的标准为限的最低标准。

强行平仓是保证金制度功能实现的主要手段，根据《期货交易管理条例》第 34 条第 2 款的规定，客户保证金不足时，应当及时追加保证金或者自行平仓，客户未在期货公司规定的时间内及时追加保证金或者自行平仓的，期货公司应当将该客户的合约强行平仓，强行平仓的有关费用和发生的损失由该客户承担。B 公司与某 A 签订的《期货经纪合同》中的强制平仓条款不违反法律规定，应认定有效。

案例二：某 A 与某 B 场外期货配资纠纷[1]

一、基本案情

2013 年 1 月 31 日，某 A 与某 B 签订《证券期货合作协议》，其主要内容为："一、甲方为（融资方）某 A，乙方为（出资方）某 B，乙方提供证券期货账户和密码给甲方……二、乙方提供账户资金共 1600 万元整，甲方提供风险保证金 800 万元整给乙方，乙方向甲方提供证券期货账户初始总资金为 2400 万元整……五、甲方按月向乙方支付资金账户管理费 166 667元（即月 1.04167%）……六、合同结算之前需平仓账户中所有证券期货，优先支付乙方本金和资金账户管理费，如果有剩余全部归甲方所有……"后某 B 又于 2013 年 5 月 14 日再次配资 800 万元。至此某 B 共为该账户配资 2400 万元，某 A 对账户入金 3720 万元，设定账户平仓线为 3000万元。

协议签订后，某 A 实际操作该账户。2013 年 6 月 3 日，某 A 尚有一宗500 吨铜的期货交易未完成，但此时账户可用资金为 30 241 703.37 元，已届平仓线。某 B 于次日更改账户密码，并对该 500 吨铜的期货交易进行了平仓处理，致某 A 可得利益损失 225 000 元，并清空账户资金。

某 A 向法院起诉请求确认其与某 B 签订的《证券期货合作协议》无效，并请求某 B 返还保证金 1200 万元及利息、返还其已支付的资金账户管理费及利息，赔偿可得利益损失及利息。

---

[1] 一审判决书：双鸭山市中级人民法院（2016）黑 05 民初 15 号。二审判决书：黑龙江高级人民法院（2017）黑民终 547 号。

二、法律问题

1. 在期货交易监管实践中为什么要禁止场外配资行为?
2. 某 A 的诉讼请求是否应得到支持?

三、重点提示

场外配资是期货配资的一种途径,实践中通常表现为使用配资人提供的账户进行交易并支付资金使用费的形式。《期货交易管理条例》第 29 条规定:"期货公司应当为每一个客户单独开立专门账户、设置交易编码,不得混码交易。"从这一规定中即可以看出立法层面对场外配资行为的禁止态度,中国证监会颁布的《关于防范期货配资业务风险的通知》中也对期货配资的防范进行了重点说明,要求期货市场主体不得以任何方式参与配资业务。一方面在配资业务中,客户资金被配资公司控制,其安全性难以得到保障,另一方面配资不可避免地会导致杠杆比例的放大,加大了客户财务风险。与此同时,配置资金进入期货市场可能扰乱期货市场秩序,引发市场风险。

本案中,双方签订的《证券期货合作协议》实质内容为场外期货配资行为。前文已经述及,场外期货配资行为是期货监管法中严格禁止的,根据《合同法》第 52 条的规定,该协议由于违反《证券法》《期货交易管理条例》中的强制性规定而无效。

案例三:某 A 违规交易行为涉嫌操纵期货交易价格[1]

一、基本案情

2015 年 11 月 25 日至 12 月 23 日,某 A 实际控制并利用某 A 等 9 个自然人名下期货账户(以下简称涉案账户组)交易"普麦 1601"期货合约。2015 年 11 月 9 日至 11 月 24 日,涉案账户组持有"普麦 1601"合约 17 手,买持仓量占单边市场总持仓量的比例为 68%,持仓优势明显。11 月 25 日至 12 月

---

〔1〕 参见中国证监会行政处罚决定书〔2017〕58 号。

23 日，通过连续买入，涉案账户组持仓量逐日放大到 317 手，买持仓量占单边市场总持仓量比例最高达到 99.68%。

2015 年 11 月 25 日至 12 月 23 日，涉案账户组之间共有 9 个交易日存在自买自卖的行为，共成功对倒 222 手"普麦 1601"合约（双边），对倒成交量占当日整个市场成交量的最小值为 10.67%，最高值达到 72.84%，占期间合约总成交量的比例为 25.64%。

操纵期间内，"普麦 1601"合约结算价从 2361 元/吨上涨至 2659 元/吨，涨幅 12.62%；同期，普麦现货价格仅上涨 2.5%，与"普麦 1601"合约类似的"强麦 1601"合约仅上涨 4.98%。"普麦 1601"合约走势明显背离普麦现货价及"强麦 1601"合约价格走势。

证监会监测到期货价格异常波动以及某 A 账户期货交易异常情况，随即对其涉嫌操纵期货交易价格的行为进行了立案调查。

二、法律问题

1. 《期货交易管理条例》为什么要严格禁止市场操纵行为？
2. 某 A 的行为是否构成操纵期货市场价格？

三、重点提示

市场操纵行为最早出现在证券市场，其是指操纵人利用掌握的资金、信息等优势，采用不正当手段，人为地制造证券或期货行情，操纵或影响市场价格，以诱导投资者盲目进行证券或期货买卖，从而为自己谋取利益或者转嫁风险的行为。市场操纵行为必然会扭曲市场的供求关系，导致市场机制失灵，并会形成垄断，妨碍竞争，同时还会诱发过度投机，损害投资者的利益。在期货市场中，市场操纵行为主要表现为操纵期货市场价格。在我国期货市场发展早期，由于缺乏有效的监管，大量市场操纵行为层出不穷。

2003 年最高人民法院颁布的《最高人民法院关于审理期货纠纷案件若干问题的规定（一）》主要关注司法裁判中的焦点问题，并未对市场操纵等期货市场违规行为进行回应。2007 年颁布的《期货交易管理条例》中，在总则部分即明确应禁止欺诈、内幕交易和操纵期货交易价格等违法行为。对上述违法行为的严格禁止，一方面能够保护期货市场中各参与主体的平等地位以及合法权益，维护期货市场交易的正常秩序；另一方面则能够有效控制期货商品价格的异常波动，降低交易风险并保障市场预设功能的实现。反之，如果不能从立法层面以及市场监管层面实现对该类行为的有效阻却，则会导致市场内交易风险的异常转嫁、投机交易频发、投资者信息受损等诸多不利后果，甚或引发系统性风险。

对操纵期货价格行为的辨别不仅需要结合当事人账户交易的情况以及市场价格变化情况，还需要综合考量同类期货合约价格变动、现货价格变动、持仓比例、是否存在交易异常等因素。本案中，首先，某 A 实际控制 9 个账户进行账户交易，并未按照关于实际控制关系账户的管理规定，主动申报账户组的实际控制关系，存在刻意规避监管的故意；其次，某 A 关于涉案期货合约的交易与过往交易习惯存在明显异常；再次，其买持仓量占单边市场总持仓量比例一直在 76.54% 以上，多日在 90% 以上，最高达到 99.68%；最后，对比现货和同类期货合约价格波动情况，在对倒期间，涉案期货合约涨幅高达 12.62%，而合约现货价格仅上涨 2.5%，同类的"强麦 1601"合约仅上涨 4.98%。因此可以认定，某 A 的行为构成操纵期货市场价格。

案例四：A 证券公司利用未披露重大信息涉嫌期货内幕交易[1]

一、基本案情

2013 年 8 月 16 日 11 时 05 分，A 证券公司在进行交易型开放式指数基金（以下简称 ETF）申赎套利交易时，因程序错误，其所使用的策略交易系统以 234 亿元的巨量资金申购 180ETF 成分股，实际成交 72.7 亿元。同日不晚于 11 时 40 分，A 公司管理层达成通过做空股指期货、卖出 ETF 对冲风险的意见。2013 年 8 月 16 日 13 时，A 公司称因重大事项停牌。当日 14 时 22 分，A 公司发布公告，称"公司策略投资部自营业务在使用其独立套利系统时出现问题。"但在当日 13 时开市后，A 公司即通过卖空股指期货、卖出 ETF 对冲风险，至 14 时 22 分，卖出股指期货空头合约 IF1309、IF1312 共计 6240 张，合约价值 43.8 亿元，获利 74 143 471.45 元；卖出 180ETF 共计 2.63 亿份，

---

[1] 中国证监会行政处罚决定书［2013］59 号。

价值 1.35 亿元，卖出 50ETF 共计 6.89 亿份，价值 12.8 亿元，合计规避损失 13 070 806.63 元。

证监会监测到期货价格的异常波动以及相关信息变化，随即对 A 公司涉嫌内幕交易的违法行为介入调查。经测算，180ETF 与沪深 300 指数在 2013 年 1 月 4 日至 8 月 21 日期间的相关系数达 99.82%，即巨量申购和成交 180ETF 成分股对沪深 300 指数，180ETF、50ETF 和股指期货合约价格均产生重大影响。同时，巨量申购和成交可能对投资者判断产生重大影响，从而对沪深 300 指数，180ETF、50ETF 和股指期货合约价格产生重大影响。证监会认为，"A 公司在进行 ETF 套利交易时，因程序错误，其所使用的策略交易系统以 234 亿元的巨量资金申购 180ETF 成分股，实际成交 72.7 亿元"为内幕信息。A 公司是《证券法》第 202 条和 2013 年 7 月 18 日实施的《期货交易管理条例》第 70 条所规定的内幕信息知情人。上述内幕信息自 2013 年 8 月 16 日 11 时 05 分交易时产生，至当日 14 时 22 分 A 公司发布公告时公开。而 A 公司在内幕信息公开前将所持股票转换为 ETF 卖出和卖出股指期货空头合约的交易，构成《证券法》第 202 条和《期货交易管理条例》第 70 条所述内幕交易行为。

A 公司在陈述申辩中提出：其一，2013 年 8 月 16 日全天所做的对冲交易，是按照其《策略投资部业务管理制度》的规定和策略投资的原理，符合业内操作惯例。其二，本案系我国资本市场上首次发生的新型案件，事件发生时，作为一个正常理性的市场交易主体，无法判断错单信息是否属于内幕信息，更无从判断下午的行为是否可能构成内幕交易行为。证监会认定相关交易构成内幕交易法律依据不足。

二、法律问题

1. 期货内幕交易行为应当如何识别？
2. A 公司对冲交易的行为是否构成内幕交易？

三、重点提示

与操纵期货市场价格行为带来的不利影响相似，期货内幕交易也会使市场主体的平等地位以及投资者的合法权益受到巨大损害，因而需要从立法以及监管层面严格加以阻却。《期货交易管理条例》第 69 条中将期货内幕交易行为界定为"期货交易内幕信息的知情人或者非法获取期货交易内幕信息的人，在对期货交易价格有重大影响的信息尚未公开前，利用内幕信息从事期货交易，或者向他人泄露内幕信息，使他人利用内幕信息进行期货交易"，并在第 81 条中对"内幕信息"及"内幕信息的知情人员"两个概念进行了阐释。关于内幕交易行为的认定一直存在较大争议，学界通说认为应当综合考量主体、客体、主观方面以及客观方面四个要件是否具备，其中主观方面主要考量行为人是否为牟取不正当利益，而客观方面则主要考量是否存在利用内幕交易的行为。但从相关法律法规以及规范性文件的内容以及证监会期货内幕交易监管实践来看，期货内幕交易行为最核心的判断依据包括内幕交易主体是否适格、是否属于内幕信息以及是否利用内幕信息三个方面。适格主体应当为内幕信息的知情人员或非法获取期货交易内幕信息的人，是否属于内幕信息有赖于对其重大性及未公开性等特征的判断。此外，还需要判断其是否存在利用内幕信息的行为。

拓展资料

专题二十九　拓展阅读资料

专题三十　保险市场监管法

知识概要

保险监管是国家对本国保险业的监督和管理，即国家保险监督机构依照法定职权对保险市场和保险企业进行监督管理的活动。保险行业关涉到社会生活的方方面面，与我们的日常生活紧密相关，由于其所经营的对象为各类风险，因而该行业的发展不可避免地伴随着偶然性和不平衡性。监管保险行业对于提升保险公司的偿付能力、保障被保险人及受益人的合法权益、维系稳定的市场交易秩序甚或社会生活秩序等方面均有重要意义。

我国保险市场监管法律体系主要由《中华人民共和国保险法》（以下简称《保险法》）以及保险监督机构颁布的多部规章构成，目前已经形成了较为完善的监管制度，在对保险市场各参与主体的组织、运行等方面均积累了较为充分的监管经验。本专题选取了 1 个经典案例和 3 个拓展案例，涵盖不利解释原则的应用、提示及说明义务的履行、保险违法违规行为的监管等方面。在本章节的学习过程中，同学们需要关注保险司法实践中的裁判思路，并在此基础上进一步思考监管及司法实践对保险市场秩序的引导及塑造功能应如何实现。

◆ 经典案例

A 汽运公司与 B 保险公司保险合同纠纷案[1]

一、基本案情

2012 年 11 月 30 日，A 汽运公司所有的苏 F－×××××客车在 B 保险公司处投保了客运承运人责任险，保险期限自 2013 年 1 月 1 日起至 2013 年 12 月 31 日止，责任限额为每人 40 万。保单所附《道路客运承运人责任保险条款》第 3 条约定："在保险期间内，旅客在乘坐被保险人提供的客运车辆的途中遭受人身伤亡或财产损失，依照中华人民共和国法律应由被保险人承担的经济赔偿责任，保险人按照本保险合同约定负责赔偿"；第 6 条约定："下列损失、费用和责任，保险人不负责赔偿：……（二）被保险人应该承担的合同责任，但无合同存在时仍然应由被保险人承担的法律责任不在此限；……（四）精神损害赔偿……"另，B 保险公司未能提供其已向 A 汽运公司就免责条款尽到明确说明义务的依据。

2013 年 1 月 1 日，A 汽运公司所属的 C 汽运集团作为甲方与 B 保险公司作为乙方签订《营运客车承运人责任保险协议》，双方约定："乙方根据甲方

---

〔1〕 一审判决书：南通市崇川区人民法院（2013）崇商初字第 0418 号。二审判决书：江苏省南通市中级人民法院（2014）通中商终字第 0453 号。

提供的投保车辆清单集中承保承运人责任保险，保险期限自 2013 年 1 月 1 日起至 2013 年 12 月 31 日止；保险期限内每人每座赔偿限额为 55 万元；甲方发生保险责任范围内的事故，必须在 24 小时内如实向乙方全国统一报案电话 95××1 报告事故及损失情况，甲方发生保险责任范围内的事故未及时报案的，乙方不承担保险责任；当地政府的调解委员会对事故的赔偿调解同样生效。"一审庭审中 B 保险公司认可 A 汽运公司所有的苏 F－××××客车包括在 C 汽运集团的集中投保车辆之列，适用上述《营运客车承运人责任保险协议》。

2013 年 7 月 14 日，A 汽运公司的投保车辆苏 F－××××客车与一辆半挂车追尾相撞，致使苏 F－××××客车乘客一人死亡。交警部门出具的道路交通事故认定书表明，苏 F－××××客车驾驶员负事故 70% 的责任。事故发生后 24 小时内，A 汽运公司向 B 保险公司进行了报案。

2013 年 8 月 22 日，A 汽运公司与死者近亲属之间的运输合同纠纷达成如下调解协议：由 A 汽运公司一次性赔偿死亡赔偿金 593 540 元，丧葬费 22 993.5 元，误工费 2198.17 元，被扶养人生活费 108 187.5 元，交通运输费、整容费 29 000 元，另外贴补精神抚慰金 30 000 元，以上合计 785 919.17 元，该笔款项已付清。

2013 年 9 月 11 日经投保人 C 汽运集团申请，B 保险公司同意自 2013 年 9 月 12 日起将苏 F－××××客车客运承运人责任险的被保险人以及投保人名称由 C 汽运集团变更为 A 汽运公司。

A 汽运公司请求 B 保险公司支付道路客运承运人责任保险金人民币 55 万元。

B 保险公司认为应当剔除不合理的赔偿费用，并在此基础上扣减苏 F－××××客车（投保车）、半挂车两个交强险的赔偿限额合计 22 万元，再乘以责任系数 70%，由此其应当支付的理赔款为 293 791.4 元。

二、法律问题

1. 本案中《道路客运承运人责任保险条款》第 3 条中"经济赔偿责任"应当如何解释？

2. 本案中《道路客运承运人责任保险条款》第 6 条免责条款是否有效？

3. 是否应当扣减交强险的赔偿金额？

三、法理分析

（一）"经济赔偿责任"应解释为包括合同责任以及侵权责任

本案中，第一个争议焦点即为 B 保险公司应当承担的理赔款是否应当按照道路交通事故认定书中认定的驾驶员责任比例来确定，这一确定方法也是 B 保险公司的主要诉求之一。上述争议源自于双方当事人对合同相关条款的不同理解。案涉保险合同所附《道路客运承运人责任保险条款》（以下简称《保险条款》）第 3 条约定："在保险期间内，旅客在乘坐被保险人提供的客运车辆的途中遭受人身伤亡或财产损失，依照中华人民共和国法律应由被保险人承担的经济赔偿责任，保险人按照本保险合同约定负责赔偿。"而本案中，A 汽运公司所承担的 785 919.17 元赔偿责任的依据系基于与死者近亲属之间的运输合同纠纷达成的调解协议，其中还包括依据运输合同关系赔偿的被扶养人生活费 108 187.5 元，交通运输费、整容费 29 000 元等。A 汽运公司认为，该条款中所指的"经济赔偿责任"包括其应承担的给旅客造成的一切损失，该损害赔偿责任既可为侵权责任，亦可为违约责任；而 B 保险公司则认为，该条款限定的责任范围为被保险人应对旅客遭受人身伤亡或财产损失所承担的赔偿责任，应仅包括侵权责任，而不包含违约责任所致的损害赔偿。从《保险条款》第 3 条的表述来看，似乎上述两种解释均具有一定合理性，而如何对该条款进行解释即为解决这一争议焦点的核心所在。

保险合同争议条款的解释规则规定于《保险法》第 30 条，该条款规定："采用保险人提供的格式条款订立的保险合同，保险人与投保人、被保险人或者受益人对合同条款有争议的，应当按照通常理解予以解释。对合同条款有两种以上解释的，人民法院或者仲裁机构应当作出有利于被保险人和受益人的解释。"学理讨论中一般称之为"不利解释原则"或"反立约人规则"，即"不利于条款起草人的解释"。该原则最早源于英国 1536 年"保险期限条款解释案"，在全世界各国保险立法中均得到普遍采纳。我国 1995 年《保险法》即采纳了该原则，规定为："对于保险合同的条款，保险人与投保人、被保险人或者受益人有争议时，人民法院或者仲裁机关应当作有利于被保险人和受益人的解释。"该条款并未限定不利解释原则的适用范围，其也在司法实践以及学理讨论中引起了较大的争议。一方面，从文义解释角度出发，该条款将不利解释原则确定为所有保险合同条款争议的解释方法，有悖于该原则设立的内涵，不恰当地加重了保险人的责任；另一方面，该条款的规定可能会对被保险人造成不当的激励效果，引发被保险人一方的道德风险，不利于保险关系的稳定以及对保险人合法权益的保障。与此同时，随着格式条款在保险市场的应用愈趋规范化，将不利解释原则的适用范围限定于格式条款的呼声也日益强烈。在此背景下，2009 年修订的《保险法》对该条款进行了调整，将不利解释原则的适用范围限定于格式条款，同时要求应先按照通常理解予以解释，只有存在两种以上通常理解的，方适用该原则。

事实上，正如有学者所指出的，现代契约法关注的"不是如何去刻画和注解有关契约的公式，而是去发现和衡量契约法在一个不断变化着的社会中所要保护的权利和义务"。[1] 从这一角度出发，1995 年《保险法》的规定方式存在对不利解释原则的机械化解读和应用之嫌。格式条款的单方参与性以及由此导致的保险关系、谈判地位、信息不对等是该原则得以正当化的主要法理基础所在。如果脱离格式条款的大前提，则该原则就存在与合同自由原则相矛盾的嫌疑；而忽视通常理解的优先效力，也会使该原则的实践应用产生难以避免的异化。与此同时，我们还应当在个案中考虑投保人个体的差异、保险关系强弱势关系的具体状态等因素。

回到本案，首先需要解决的问题是判断双方当事人对该条款的两种不同理解是否均属通常理解之列。一审法院并未关注双方当事人对于案涉《保险条例》第 3 条的理解差异，而是以责任保险的特征作为判断依据，认为"责任保险是指以被保险人对第三者依法应负的赔偿责任为保险标的的保险，承运人责任险正是将这种赔偿责任依法转承给保险公司的保险，B 保险公司理应按照保险合同的约定对 A 汽运公司向乘客所应承担的赔偿责任予以理赔。"一审法院的裁判思路并未把握住问题的核心争议焦点，也缺乏充分的认定依据。二审法院对此进行了纠正，将问题聚焦于双方当事人对该格式条款的理解差异之上，并首先采用通常理解解释方法加以考量，认为"在

---

〔1〕 参见傅静坤：《二十世纪契约法》，法律出版社 1997 年版，第 23 页。

民事法律范畴内，民事责任是指民事主体不履行其所承担的民事义务时依法应当承担的不利的法律后果，它可以产生于民事主体的违约行为，或者侵权行为。因此，B保险公司将条款中的赔偿责任限缩为侵权责任缺乏法律依据"。

二审法院严格遵循了《保险法》第30条的规定，通常理解解释方法应优先于不利解释原则予以适用。从规范逻辑角度出发，不利解释原则适用的前提为存在两种以上的通常理解，因而对通常理解的判断和识别是适用该原则的必要前提，因而通常理解解释方法当然地应居于前置位置被加以考量和适用。就规制效果而言，通常理解解释方法的优先适用能够有效避免保险关系双方的投资行为，降低道德风险，对保险关系的稳定性乃至保险市场的秩序均具有重要的保障作用。本案即为适用通常理解解释方法的典型范例，B保险公司将经济赔偿责任限定为侵权责任的理解不属于通常理解，应予以排除，"经济赔偿责任"应解释为包括合同责任以及侵权责任。

（二）由于未尽说明义务，免责条款无效

如前文所述，在保险交易缔结过程中存在显著的信息不平等以及谈判能力差异，投保人无论在专业知识、信息获取亦或议价能力等方面均与保险人存在较大差距，且保险合同大多以格式条款为主，导致通常情况下投保人都居于较为弱势的地位。该问题在《保险法》编纂的过程中就引起了广泛的关注，1995年《保险法》以"最大诚信原则和当事人合意之要求"为法理依据，创设了保险人说明义务制度以保护处缔约弱势的投保人的利益。具体规定在第17条："保险合同中规定有关于保险人责任免除条款的，保险人在订立保险合同时应当向投保人明确说明，未明确说明的，该条款不产生效力。"从该条款的表述中我们不难发现该条款存在规定不明的问题，其未进一步阐释"明确说明"的内涵，也未说明应该采用的方法。一方面，其在客观上导致司法实践中裁判混乱，自由裁量空间过大，不利于对保险市场交易秩序的保障；另一方面，说明义务的设立是为了使投保人对免责条款具备充分的认知和理解，而实践中保险公司往往通过对免责格式条款加粗而非特别说明的方式来尽到说明义务，使得该款规定形同虚设。由于说明义务履行方式的欠缺、履行标准的欠缺等问题，导致监管以及司法实践之中也面临诸多障碍。

在此背景下，2009 年《保险法》对此进行了针对性的调整，将免责条款显著标识以及对条款的说明区分开来，并较为细致地阐释了说明应采用的形式。具体规定为："对保险合同中免除保险人责任的条款，保险人在订立合同时应当在投保单、保险单或者其他保险凭证上作出足以引起投保人注意的提示，并对该条款的内容以书面或者口头形式向投保人作出明确说明；未作提示或者明确说明的，该条款不产生效力。"应当说，2009 年的此次修改有效解决了广受诟病的规定不明问题，将说明义务的履行内容扩充为提示以及说明两部分。就提示义务而言，强调相应条款在形式上应当足以引起对方注意；而就说明义务而言，对于免责条款应进行明确说明，使对方充分了解免责范围、减免责任等具体内容。

该条款的本次修改一直沿用至今，在《保险法》后续的多次修订中都未做调整，但这并不意味着该条款已无瑕疵，其在监管和司法实践之中仍然存在较多争议。对于该条款中所规定的说明程度以及标准的判断是最为核心的争议焦点，有观点认为应当以一般标准来进行判断，即应达到一般人所能够理解的程度；也有观点认为既然保险合同是保险人和特定的投保人之间成立的，其履行说明义务的标准应当为达到特定投保人所能够理解的程度。相对而言，一般标准具有更好的普适性，也能够为保险关系双方提供更为明确的行为指引，而个体标准则更符合个案正义的要求。综合而言，应当以一般标准为原则，兼顾特定投保人的特殊情况。

与不利解释原则相同，提示及说明义务同样是针对格式条款的限制手段之一，违反该义务会导致相应条款无效的法律后果。本案中，双方当事人签订的合同中免除责任条款约定于《保险条例》第 6 条："下列损失、费用和责任，保险人不负责赔偿：……（二）被保险人应该承担的合同责任，但无合同存在时仍然应由被保险人承担的法律责任不在此限；……（四）精神损害赔偿……"该条款以黑体字印刷，与一般条款有显著差异，但 B 保险公司未能提供对 A 汽运公司就上述免责条款进行明确说明的证据。虽然上述合同责任不负赔偿责任的免责条款以黑体字印刷，但这仅起到了提示投保人阅读的效果，而该提示阅读的方式并不构成对说明义务的履行，保险公司应当根据合同签订的具体情况，采用适当、充分的方式明确说明合同中责任免除的内容。而 B 保险公司未能向本院提交其已向被保险人就上述免责条款尽到明确说明义务的证据，故上述免责条款不生效。

二审法院即以此为依据认定《保险条例》第 6 条无效，本案系判断提示及说明义务履行与否的典型案例，相关法律关系较为简单，也并不涉及投保人理解能力与一般情况差异的情况。目前相关司法实践中仍然存在一定争议，如保险人应当证明到何种程度方能认定其已尽明确说明义务、投保人理解能力与一般情况存在差异的情况下如何具体判断保险人是否尽到说明义务等，上述问题仍然值得同学们加以深思。

（三）不应扣除交强险赔偿金额

交强险，系指保险人对被保险车辆发生交通事故造成本车人员、被保险人以外的受害人的人身伤亡和财产损失，在法定的赔偿责任限额内予以保险赔偿的强制性保险合同。与责任险不同，交强险属于强制性保险，采取无过错责任。在赔偿顺序上，根据《最高人民法院关于审理道路交通事故损害赔偿案件适用法律若干问题的解释》第 16 条的规定，应当先由承保交强险的保险公司在责任限额范围内予以赔偿；不足部分，由承保商业三者险的保险公司根据保险合同予以赔偿；仍有不足的，依照道路交通安全法和侵权责任法的相关规定由侵权人予以赔偿。

通过上述规定不难看出，交强险所补偿的是被保险人所受到的实际损失，在赔偿时其顺位先于责任险。本案中，交通事故双方均承担责任，交强险赔偿限额为 12.2 万元，其中死亡赔偿金限额为 11 万元，共计 22 万元。值得注意的是，上诉规定只是理赔的顺位关系，交强险的偿付为投保人而非责任险保险人。本案中 B 保险公司请求扣减该 22 万元赔偿金的诉讼主张存在两点明显的错误，其一为偿付主体错误，事故双方为各自交强险的投保人；其二为责任免除没有法律依据，A 汽运公司实际损失远超其责任限额 55 万元，其所应获得的 11 万元交强险理赔应在其总损失中扣除，而非在 B 保险公司所应承担的责任限额中扣除。

四、参考意见

1. 随着市场经济的快速发展，格式条款在商业合同中的应用愈加普遍，目前绝大多数的消费者合同、商事合同均采以格式条款为主的商业合同。格式条款的应用极大提高了交易效率，节约了交易成本，也促进了稳定交易秩序的形成，但也不可避免地会放大交易双方谈判能力等方面的差异。《保险法》中的不利解释原则、提示及说明义务、免责条款无效等规则的设立都是为了弥补上述弊端，对格式条款制定者设定更多的义务，以实现对交易弱势方倾斜保护的效果。但在监管和司法实践中也应避免对规则的僵化应用，需要结合个案情况进行审慎判断。

2. 本案中，B 保险公司承担的理赔责任范围应为乘客死亡交通事故给 A 汽运公司造成的实际损失。在明确合同责任赔偿属于 B 保险公司理赔范围的基础上，还需判断 A 汽运公司所支付的赔偿金额是否合理。根据赔偿协议，A 汽运公司所承担的赔偿范围包括死亡赔偿金、丧葬费、误工费、被扶养人生活费、交通费、整容费以及精神抚慰金。其中 A 汽运公司与死亡乘客亲属之间系基于运输合同纠纷达成赔偿协议，并非基于侵权纠纷，赔偿的损失项目中不应包含精神抚慰金，因此对该项损失应予以排除。

拓展案例

案例一：A 保险公司集分宝抵扣活动涉嫌违法[1]

一、基本案情

2016 年 9 月至 2017 年 7 月，A 保险公司在某车险平台开展集分宝抵扣商业车险保费的营销活动。A 保险公司预付资金向某集分宝公司购买集分宝，某集分宝公司收到款项后将相应数量的集分宝发放至 A 保险公司名下的集分宝账户。A 保险公司使用上述集分宝，在客户支付商业车险保费时直接抵扣部分保费。A 保险公司通过该种模式销售商业车险保单对应的商业车险保费收入为 1.77 亿元，使用集分宝抵扣商业车险保费共计 5888.96 万元。

2017 年 6 月，为调低车险综合费用率，A 保险公司向相关再保险公司临时分出安徽分公司商业车险保费 6750 万元，摊回分保费用 3300.75 万元。预收分保手续费率为 48.9%。通过上述处理，在 A 保险公司向保监会报送的监管报表中，安徽分公司车险综合费用率从分保操作前的 35.87% 下降至分保操

---

〔1〕 参见中国保险监督管理委员会行政处罚决定书（保监罚〔2018〕14 号）。

作后的 32.96%，环比下降 2.91 个百分点。

A 保险公司改变分公司商业车险分出业务摊回分保费用的财务处理方法，根据车险综合费用率是否满足车险产品监管标准等因素，调整相关分公司摊回分保费用。通过上述处理，在 A 保险公司向保监会报送的相关分公司监管报表中，21 家分公司车险综合费用率得以下降。其中福建分公司下降幅度最大，为 6.85 个百分点。

A 保险公司向关联企业 B 保险公司临时分出福建、山东、四川、湖北、陕西、青海等 6 家分公司商业车险保费 39 700 万元，摊回分保费用 21 835 万元。同时，A 保险公司从 B 保险公司分入商业车险保费 39 490 万元，应向其支付分保费用 21 816 万元。通过上述处理，在 A 保险公司向保监会报送的相关分公司监管报表中，上述 6 家分公司的车险综合费用率得以下降。

保监会在审查相关监管报表过程中发现异常，随即立案并介入调查。

二、法律问题

1. A 保险公司涉嫌何种违法行为？
2.《保险法》为什么要严格禁止保险费回扣行为？

三、重点提示

《保险法》第 116 条中列举了 13 项保险市场禁止行为，其中第 4 项即为"给予或者承诺给予投保人、被保险人、受益人保险合同约定以外的保险费回扣或者其他利益"；第 170 条规定，禁止编制或者提供虚假的报告、报表、文件、资料。A 保险公司使用集分宝抵扣商业车险保费共计 5888.96 万元，并在监管报表中对数据进行处理以调低车险综合费用率，涉嫌"给予或者承诺给予投保人保险合同约定以外的保险费回扣或者其他利益"以及"编制提交虚假报表"的违法行为。

禁止保险费回扣行为条款在保险市场监管各法律法规、部门规章中几乎均有规定，包括《保险法》第 116 条及第 131 条、《保险销售从业人员监管办法》第 24 条、《保险专业代理机构监管规定》第 46 条以及《保险公司管理规定》第 51 条。无论是对保险公司、保险专业代理机构、保险经纪机构，还是对保险销售从业人员、保险经纪人、保险公估从业人员，法律都作出了禁止性规定和违法违规处理措施。

案例二：某 A 与 B 保险公司人身保险合同纠纷案[1]

一、基本案情

B 保险公司的保险业务员给某 A 推销保险，经过该业务员介绍和推荐，在 2008 年 3 月 28 日某 A 以其子为投保人及被保险人与 B 保险公司签订了《保险合同》，并亲笔代其子在该合同内签名，但该合同内所登记的投保人、受益人的部分信息是错误的。某 A 分三期将 30 000 元保金支付给 B 保险公司。合同签订后，B 保险公司按某 A 提供的户名为其本人的银行账户，分九期打入每月红利共计 3285.9 元。2017 年 3 月 15 日，其子得知此事后，到 B 保险公司公司反映其对 2008 年 3 月 28 日与 B 保险公司签订的《保险合同》不知情，未在合同书上亲笔签名。

某 A 及其儿子诉至法院，请求确认某 A 以其儿子名义与 B 保险公司签订的《保险合同》无效，返还某 A 本金 30 000 元，并支付收取保险金之日起至还款之日止信用社同种同期贷款利息 34 300.8 元。

二、法律问题

1. 本案中《保险合同》效力应如何认定？
2. 某 A 主张的资金占用费是否应当保护？

三、重点提示

某 A 以其子之名与 B 保险公司签订《保险合同》时未经其子同意，以其名义签订的合同，在其子未追认之前，该《保险合同》是一个效力待定的合同，而其子知道该合同存在后，否认其在《保险合同》内亲笔签名，并明确向 B 保险公司提出交涉，拒绝追认该合同。因此本案中《保险合同》应认定无效。

《保险法》第 116 条规定："保险公司及其工作人员在保险业务活动中不

---

[1] 一审判决书：凤庆县人民法院（2017）云 0921 民初 887 号。二审判决书：云南省临沧市中级人民法院（2018）云 09 民终 31 号。

得有下列行为：①欺骗投保人、被保险人或者受益人；②对投保人隐瞒与保险合同有关的重要情况；③阻碍投保人履行本法规定的如实告知义务，或者诱导其不履行本法规定的如实告知义务；……"本案中，B保险公司的保险业务员明知某A不符合其公司销售的该款保险产品的投保条件，而采取欺骗、隐瞒、诱导手段，诱骗某A以其子为投保人及被保险人与其签订保险合同，存在过错，应赔偿某A因此受到的损失。因此某A所主张的资金占用费应当予以保护，当事人提出以当地银行同期贷款利率计算具体金额的请求应予支持。

案例三：某A与某B合伙经营合同无效纠纷[1]

一、基本案情

2016年6月7日，某A与某B签订《合伙经营协议书》，约定某A与某B合伙经营，合伙期限自2016年2月4日至2019年2月3日，某A出资12万元，某B出资28万元，某A与某B所占合伙财产比例和分成比例分别为7：3，某B承担合伙项目的总负责，某A协助配合公司经营活动。某A依约向某B交付12万元出资款，某A认为双方经营的合伙业务违反法律规定，故诉至法院，请求确认其与某B签订的合伙协议无效并返还其出资款12万元。

经查明，某A与某B合伙经营的企业在实际经营中以向有购买车辆保险意愿的客户收取入会费兑换积分，以积分兑换车辆保险的模式开展业务。

另查，在决定合伙前，某A已在某B处工作近2个月，对双方合伙经营的模式知情。

二、法律问题

1. 本案中《合伙经营协议书》是否有效？
2. 某A的12万元出资款是否应当退还？

---

〔1〕 一审判决书：克拉玛依区人民法院（2017）新0203民初714号。二审判决书：克拉玛依市中级人民法院（2012）（2017）新02民终580号。

三、重点提示

《保险法》第116条规定，保险公司及其工作人员在保险业务活动中不得有下列行为："……⑧委托未取得合法资格的机构或者个人从事保险销售活动。"根据上述规定，未取得合法资质的机构或个人禁止销售保险。某A与某B合伙经营企业的经营模式是以兑换车辆保险的方式为客户投保，虽是以赠送保险的形式，但本质是以销售保险为目的。涉案合伙企业并未依法取得合法资格，却在实际经营过程中从事保险销售活动，属于违反法律、行政法规的强制性规定的情形。根据《合同法》第52条的规定，应认定《合伙经营协议书》无效。

🔖 拓展资料

专题三十　拓展阅读资料

专题三十一　信托市场监管法

🔖 知识概要

信托市场监管法是调整对信托市场监管过程中发生的社会关系的法律规范的总和。包括《中华人民共和国信托法》（以下简称《信托法》）及大量的行政法规或规章，如银监会颁布的《信托公司管理办法》《信托公司集合资金信托计划管理办法》《信托公司治理指引》等。上述法律、法规及规章等共同构成了信托市场监管法律体系，保护投资者的利益，促进信托业健康稳定发展。

近10年来，出现了大量以"资产收益权"作为信托财产的信托计划，在营业信托实践中，此种信托模式是否符合信托监管法的相关规定，始终存在较大争议。本节选取了 1 个经典案例和 2 个拓展案例，其涵盖将资产收益权作为信托财产并销售收益权类资产证券化模式以及以信托资产买入收益权并反售给融资方等模式。相较于信托模式的不断创新，信托市场监管法的立法存在明显的滞后性，这在给相关监管及司法实践带来巨大挑战的同时，也进一步加强了信托监管及司法实践的秩序塑造及行为引导作用。

◆ 经典案例

A 公司诉 B 公司等营业信托纠纷案[1]

一、基本案情

A 公司成立于 1987 年，是一家信托类金融机构。

B 公司成立于 2006 年，公司经营范围包括房地产开发、项目投资。

2009 年 9 月 11 日，作为委托人的 B 公司与作为受托人的 A 公司签订了《昆山－联邦国际资产收益财产权信托合同》，约定受托人基于委托人交付的信托财产向投资人发行信托受益权份额 62 700 份，信托财产是委托人对基础财产（国有土地使用权和在建工程）依法享有的收益权以及因对其管理、运用、处分或者其他情形而取得的财产；优先受益权优先于一般受益权从信托财产中分配信托收益和获偿信托本金。在优先受益权获得足额清偿前，一般受益权不参与对信托财产的分配。优先受益权获得清偿后，一般受益权获得全部剩余信托财产。信托设立时，信托优先受益权规模为不超过人民币 2.3 亿元（以下币种同），但不低于 2.15 亿元；其余为信托一般受益权。本信托优先受益人投资于信托优先受益权的资金按照约定交付给委托人，并监督委托人将资金用于支付项目未付工程款和调整财务结构。在实物资产的保管中约定，本信托存续期内，信托财产所涉及的基础资产继续按原有方式保管，委托人承诺妥善保管基础资产，并负责管理、经营和销售该基础资产。为保证基础资产收益款的按时足额收回以及保证委托人履行资金补足义务，委托人自愿以受托人为抵押权人将基础资产抵押给本信托，以保证受托人在管理

---

〔1〕 一审判决书：上海市第二中级人民法院（2012）沪二中民六（商）初字第 7 号。二审判决书：上海市高级人民法院（2013）沪高民五（商）终字第 11 号。

信托财产时顺利行使各项权利，包括但不限于对该基础资产的受益权和处分权，并约定了罚息与违约责任。

同日，作为贷款人的 A 公司与作为借款人的 B 公司签订了《信托贷款合同》。该合同约定，信托贷款指由 A 公司作为受托人，根据信托合同、《某资产收益财产权信托受益权投资说明书》获得信托资金，并根据本合同以信托资金向借款人发放的贷款。贷款期限为 3 年，起止日期为 2009 年 9 月 18 日至 2012 年 9 月 18 日（以借据为准）。贷款金额为不超过 2.3 亿元，以借据为准，贷款分三次偿还。借款人将国有土地使用权和在建工程抵押给贷款人。保证人为信托贷款本金、利息、复利、罚息、违约金、损失赔偿金及处置抵押物的相关费用的偿还提供连带责任保证担保，直至《信托贷款合同》项下的全部款项归还完毕。贷款期间，借款人向贷款人指定的账户划转销售款，必须按合同规定在指定日期满足最低现金余额要求。

同日，双方公司还签订了《资金监管协议》。该协议约定，A 公司通过设立某资产收益财产权信托并转让优先受益权的方式向 B 公司融通资金；B 公司已与 A 公司签订信托合同，并同意 A 公司将全部信托受益权分为优先受益权和一般受益权，其中信托优先受益权由社会投资者认购，信托一般受益权由 B 公司持有。A 公司将募集的信托资金按信托文件的约定交付给 B 公司用于支付某项目后续工程款和调整 B 公司财务结构。该协议第 5.3 条特别约定，在本协议有效期内，为保证某资产收益财产权信托项下全部优先受益权按时、足额分配，B 公司保证并承诺信托专户及 A 公司指定的账户内最低现金余额要求与《信托贷款合同》第 12.4 条中的 A 公司指定专户最低现金余额表一致。协议第 6.1（3）条约定，B 公司未能如期按照本协议规定支付任何应由其支付的到期应付款项，构成 B 公司对本协议的违反。协议第七章违约处理第 7.1（3）条与《信托贷款合同》第十六章违约处理的第 16.1（3）条约定的内容一致，约定了相应的违约金、逾期罚息、复利等。该协议约定，《抵押协议》《担保函》是本协议的从属部分，与本协议具有同等法律效力。

经对比，《信托贷款合同》《资金监管协议》中的 A 公司指定专户最低现金余额表比信托合同中的信托专户最低现金余额表，三表的所列内容一致。

双方当事人于签订《信托贷款合同》《抵押协议》《资金监管协议》当日向国信公证处申请办理赋予强制执行效力的债权文书的公证，该公证处于

2009 年 9 月 17 日出具了公证书。

2009 年 9 月 11 日，双方还签订了为确保《信托贷款合同》的两份《抵押协议》，以在建工程提供抵押担保并办理抵押登记。

2009 年 9 月 25 日、27 日，A 公司支付给 B 公司信托优先受益权转让款 1 亿元、1.15 亿元，共计 2.15 亿元。

2010 年 12 月，双方公司签订了《某资产收益财产权信托补充协议》。

2012 年 6 月 4 日，国信公证处向 A 公司出具了《通知书》，明确 A 公司以 B 公司多次逾期未提供还款保证金、未满足最低余额要求为理由，要求该处出具执行证书，对此，该处认为该申请不具备出具执行证书的条件。

2012 年 6 月，抵押人与 A 公司即签订《抵押合同》，该合同约定：为确保于 2009 年 9 月 11 日《信托贷款合同》项下 B 公司义务的履行，抵押人愿意以其有权处分的房产提供抵押担保并办理了抵押登记。

2012 年 9 月贷款期届满，B 公司未能履行还本付息的义务，A 公司在多次交涉无果后，最终将 B 公司告上法庭，起诉的理由为信托贷款合同纠纷，要求 B 公司返还贷款本金 1.284 亿元以及 5385 万余元的违约金（含利息、违约金、罚息和复利）。

二、法律问题

1. A 公司与 B 公司之间是贷款关系还是信托法律关系？
2.《抵押合同》是否有效？

三、法理分析

（一）二者之间属于信托法律关系

信托关系是否成立的判断，系在近年来的监管及司法实践中较为集中出现的问题。事实上，这一判断不仅是相关监管工作开展的起点，也是司法裁判的主要逻辑前提之一。

判断双方之间属于信托法律关系还是借贷法律关系最核心的问题在于：其一，资产收益权能否作为信托财产；其二，特定资产不转移占有的情况下，资产收益权能否作为信托财产或者信托投资对象。

就现行法规而言，我国《信托法》第 2 条规定："本法所称信托，是指委托人基于对受托人的信任，将其财产权委托给受托人，由受托人按委托人的意愿以自己的名义，为受益人的利益或者特定目的，进行管理或者处分的行为。"本条文对信托的定义进行了阐释，并规定委托人将信托财产"委托给"受托人，这一界定方式究竟应如何理解对本案所涉法律关系的定性具有重大影响，下文将详细阐述。《信托法》第6条规定信托目的必须合法，第7条对信托财产进行了限制，规定："设立信托，必须有确定的信托财产，并且该信托财产必须是委托人合法所有的财产。"第10条规定法律法规要求办理登记的信托财产必须办理登记，否则该信托不产生效力。第11条规定了信托无效的六种情形，包括："信托目的违反法律、行政法规或者损害社会公共利益；信托财产不能确定；委托人以非法财产或者本法规定不得设立信托的财产设立信托；专以诉讼或者讨债为目的设立信托；受益人或者受益人范围不能确定；法律、行政法规规定的其他情形。"

就信托的学理界定而言，由于各国经济文化背景差异，对信托的定义也各不相同。信托是起源于英国财产转移和管理的一种制度，从英国衡平法的判例中逐渐发展而来。我国《信托法》将信托概念界定为："委托人基于对受托人的信任，将其财产权委托给受托人，由受托人按委托人的意愿以自己的名义，为受益人的利益或特定目的，进行管理和处分的行为。"从信托的定义来看，信托主要有以下特征：其一，信托基于信任而设立，委托人和受托人之间具有充分的信任关系。其二，信托作为一种法律关系，由三方当事人参加，即委托人、受托人和受益人。实践中，委托人和受益人实际上可以为一人，但在法律上必须以不同的身份来分别享有权利和承担义务。其三，信托财产名义上由受托人享有，信托财产具有独立性。其四，受托人虽以自己名义管理和处分信托财产，但必须按委托人的意愿和为受益人的利益行使，信托财产实质上归属于委托人和受益人。[1]

本案B公司以其合法拥有的项目的基础资产收益权作价交由A公司设立财产权信托，其中优先受益权规模不低于2.15亿元，由社会公众投资人投资获得，一般受益权由委托人持有，这种将资产的收益权作为信托的基础资产，并通过管理、运用、处分获得收益的方式即为资产收益权信托。此种信托模

---

〔1〕 李曙光主编：《经济法学》，中国政法大学出版社2013年版，第299页。

式中，资产收益权作为信托财产是否适格，是我们需要明确的问题，首先，资产收益权权利属性应如何认定，在理论及司法实践中尚存争议。我国《物权法》第 39 条规定："所有权人对自己的不动产或者动产，依法享有占有、使用、收益和处分的权利。"表明了利用资产产生的收益的是一种法律规定的权利，但是很难将资产收益权定性为法定的物权：其一，资产收益权中的资产不仅包括房屋等不动产，还包括股权、债券、金融等无形资产，无法将其定性为物权；其二，资产收益权不同于用益物权，资产收益权是指获取基于所有者财产而产生的经济利益的可能性，用益物权是物权的一种，是指非所有人对他人之物所享有的占有、使用、收益的排他性的权利，故不能将其定性为用益物权。如果将其定性为债权，也不具有合理性，债权的主体具有特定性，但是在某些情况下资产收益权的债务人并不具有特定性，比如在房地产公司实行资产收益权信托时，债务人（如房地产的购买者）即是不特定的。虽然存在争议，但是并不影响资产收益权成为信托财产，我国《信托法》第 2 条对信托的定义中，使用"财产权"这一英美法概念，而不是"物权""所有权"等这些大陆法系概念，即资产收益权作为财产权的一种，其可以成为信托财产，但是根据《信托法》第 11 条，成为有效的信托，还要求信托财产具有确定性，因此需要考虑基础资产、所涉及收益权的类型、未来收益权的范围等因素，若信托财产具有确定性，则应允许其成为该信托的信托财产。

信托的成立是否必须将信托财产转移占有也值得考虑，《信托法》第 2 条对信托的定义使用了"委托"，第 14 条规定"受托人因承诺信托而取得的财产是信托财产"。对于"委托给"的理解，理论界存在三种观点：其一，与英美法规定相同，即转移特定资产的所有权；其二，也有学者认为，将所有权"委托给"受托人与"转移给"受托人是两个不同的概念，委托并不转移财产的所有权；其三，一部分学者认为，委托人将财产"委托"给受托人，意味着财产可能转移、也可能并未转移给受托人，并不意味着信托财产的所有权一定仍归委托人所有。[1] 我国在立法时采用"委托"，不难看出对于信托财产是否要转移占有，立法者持有一种宽松的态度，从立法目的的角度来看，

---

[1] 楼建波："信托财产的独立性与信托财产归属的关系——兼论中国《信托法》第 2 条的解释与应用"，载《广东社会科学》2012 年第 2 期。

是否转移占有不是一个决定性标准，只要能够通过配套措施保障信托财产的独立性即可。

本案中，对法律关系的识别是裁判的核心要点，不仅关系到涉案交易效力的认定，同时也关系到违约责任的认定问题，在本案的一、二审过程中，一、二审法院均认为双方是信托法律关系，其一，鉴于信托合同系双方当事人真实意思表示，且未违反法律、法规的强制性规定，该合同合法有效，且 A 公司和 B 公司之间的信托法律关系存在在先，贷款资金来源于信托募集资金，《信托贷款合同》的还款方式采用信托合同中对信托专户最低现金余额的约定方式，该合同依附于信托合同而产生。其二，案外投资人的一笔款项不能既作为案外投资人购买收益权份额的款项，又作为 A 公司的房贷款项。其三，法院采信 B 公司的陈述，房地产交易中心不接受信托合同作为主合同办理抵押登记，并将贷款合同作为主合同签署《抵押协议》而办理抵押登记。

值得注意的是，关于是信托法律关系的认定，一、二审法院从一笔资金不能既作为案外人购买收益权份额的资金，又作为 A 公司房贷款项的角度出发，继而将其定性为信托法律关系。法院在判断时只是确定了《信托合同》成立，并未明确表示资产收益权信托是否允许设立，上述资产收益权信托依然处于法律规定的模糊地带。

（二）《抵押合同》有效

根据上述分析，法院认为《信托贷款合同》是依附于信托合同而存在的形式上的合同，若《抵押合同》所依附的主合同法律关系并不存在，那么该《抵押合同》是否有效，还要从该案产生"阴阳合同"的原因来分析。

该案中《抵押合同》与"阴阳合同"有着密切的关系。其一，如果没有《抵押合同》，A 公司无法招徕足够的投资者，即无法实现 B 公司的融资目的。该资产收益权信托计划是以 B 公司在建工程项目的未来收益权为信托财产，通过签订《信托合同》而设立的，其基础资产没有转移给 A 公司。A 公司将收益权的份额，出售给公众投资者，公众投资者最关心的问题在于收益权能否实现，如果不能解决用什么财产作担保的问题，为了吸引投资者，安排适当增信措施，本案的抵押担保即起到降低风险的作用。其二，《信托贷款合同》的订立目的在于办理抵押登记。根据《信托法》第 10 条规定："设立信托，对于信托财产，有关法律、行政法规规定应当办理登记手续的，应当依法办理信托登记。"但是房地产登记中心不接受以《信托合同》作为主合同的登记，公证机关认为《信托合同》中资产收益权信托的债权债务关系不明确，不予办理强制执行公证。这就使本案在制度衔接上出现裂痕，问题症结在于"信托登记"制度的缺失。其三，信托登记制度的作用在于赋予信托财产以独立地位。确认抵押权才能真正保护投资者的利益。综上，确认《抵押合同》有效是保障交易安全的基础。

四、参考意见

2010 年 11 月起，银监会发文明确禁止变相信托贷款，并强调要"按照实质重于形式的原则予以甄别"。比如《中国银监会办公厅关于信托公司房地产信托业务风险提示的通知》（银监办发〔2010〕343 号）中要求若将信托资金用于向房地产项目发放信托贷款，则该房地产项目要求符合"432"标准，即房地产开发项目四证（国有土地使用证、建设用地规划许可证、建设工程规划许可证以及建筑工程施工许可证）必须齐全、房地产开发项目资本金比例应达到国家最低要求 30%、开发商或其控股股东具备房地产开发二级资质。而信托委托方与信托方正是要规避上述监管要求，信托公司为了规避监管要求，创设出新的交易模式。通过本案，我们可以明显看出，虽然法院确认了信托法律关系，但是此类资产收益权信托还受到诸多限制，比如信托财产是否具有确定性，信托财产能否保持独立性，该类信托是否突破了"机构所持有的信托受益权不得向自然人转让或拆分转让"的限制，还需要信托市场监管法进行判断。

拓展案例

案例一：A 信托公司诉 B 公司营业信托纠纷案[1]

一、基本案情

2014 年 9 月 25 日，A 信托公司与 B 公司签订了《特定资产收益权转让暨

---

[1] 一审判决书：青海省高级人民法院（2015）青民二初字第81号。二审判决书：最高人民法院（2016）最高法民终233号。

回购合同》，约定 B 公司将其合法持有的办公大楼及东盟文化交流中心收益权转让给 A 信托公司，转让价款为人民币 8 亿元。A 信托公司取得特定资产收益权后，B 公司应按合同约定回购全部特定资产收益权并支付回购价款。回购价款等于回购本金总额与回购溢价金额之和，溢价率为每年 12%。

同日，A 信托公司与 B 公司签订了《还款协议》及《还款协议之补充协议》，约定 B 公司确认其在《特定资产收益权转让暨回购合同》中的支付义务，并对《特定资产收益权转让暨回购合同》中的相关约定进行了确认，违约责任约定与《特定资产收益权转让暨回购合同》一致。

之后，双方分别签署了《回购合同之补充协议》及编号为《还款协议之补充协议》，将溢价率变更为每年 12.8%。

A 信托公司与 B 公司签订了《抵押合同》，约定 B 公司以持有的 B 公司金属集团办公大楼及东盟文化交流中心在建工程向信托公司提供抵押担保，并办理了《在建工程抵押登记证明》。担保范围为《还款协议》约定的回购本金、回购溢价以及债务人因违反主合同而产生的违约金、赔偿金、B 公司应向 A 信托公司支付的其他款项以及 A 信托公司实现债权与担保权利而发生的费用。

二、法律问题

A 信托公司与 B 公司之间是借贷法律关系还是信托法律关系？

三、重点提示

由于监管部门对信托资金投向的种种限制，信托公司最常用的资产收益权作为信托财产并销售收益权类资产证券化模式在融资市场中不再具有明显优势。于是信托公司便设计出了通过信托资产买入收益权并反售给融资方的模式的信托产品，此类信托产品是将募集来的信托财产用于购买融资者的"特定资产收益权"，同时融资者承诺在信托期限届满前回购"特定资产收益权"，以保证受益人投资本金及收益的兑付。对于特定资产收益权买入返售模式而言，《信托公司管理办法》（银监会令 2007 年第 2 号）第 19 条规定："信托公司管理运用或处分信托财产时，可以依照信托文件的约定，采取投资、出售、存放同业、买入返售、租赁、贷款等方式进行。信托公司不得以卖出回购方式管理运用信托财产。"由此可知，特定资产收益权买入返售模式是区别于信托贷款的一种信托公司管理运用、处分信托财产的合法方式。

司法实践中也认可了这一观点，以本案为例，法院认为，A 依托公司与 B 公司之间的法律关系如下：其一，双方之间基于信托合同的条款，安排转让特定资产收益权所形成的信托法律关系。其二，双方基于收益权的回购合同形成的回购法律关系。根据《信托公司管理办法》《信托公司集合资金信托计划管理办法》等信托业监管规定，在具体的信托计划项下，信托公司可以采用"买入返售"等信托资金管理模式。信托公司采用资产收益权转让暨回购的方式管理信托资金，并发行相应的信托计划，这与信托贷款业务存在区别。

案例二：A 公司与 B 信托公司等合伙协议纠纷[1]

一、基本案情

2010 年 4 月 29 日、12 月 20 日，C 公司与 D 公司有限公司（以下简称 D 公司）、E 公司、F 公司先后签署了《关于业绩补偿的协议书》《业绩补偿的协议书之补充协议》，约定：若上述协议中的 D 公司在 2010 至 2013 年间每个会计年度的实际盈利数未能达到约定计算指标，则 C 公司可以人民币 1 元的价格向 D 公司、E 公司、F 公司回购其持有的股份；如发生协议所述的业绩补偿情形，则 C 公司应先向 D 公司回购股份；当 D 公司持有的 C 公司股份的数量少于补偿股份数量时，C 公司向 E 公司、F 公司回购两方持有的 C 公司股份。E、F 公司承诺不得于 2014 年 7 月 16 日前转让其持有的股票。

2011 年 8 月，A 公司签署《合伙协议》，G 股权投资管理有限公司等共 9 名合伙人组建了合伙企业。同年 8 月 16 日，该合伙企业决定"合伙企业资金用于受让 D 公司流通股的股份收益权"。

2012 年 3 月 15 日，B 信托公司分别与 E 公司、F 公司签署了《股票收益权转让协议》，约定的主要内容是，B 信托公司还分别与其签署了《股票质押合同》，将标的股票质押在 B 信托公司名下以担保《股票收益权转让协议》

---

〔1〕 一审判决书：陕西省高级人民法院（2015）陕民二初字第00012 号。二审判决书：最高人民法院（2016）最高法民终 19 号。

的履行，并于同年 3 月 26 日办理了相应的证券质押登记。

2012 年 3 月 28 日，该合伙企业与 B 信托公司签署两份《认购风险申明书》及《信托合同》。根据两份《信托合同》的约定，兴业银行上海分行（下称"兴业银行"）以约 2 亿元认购该信托计划优先受益权；案外第三人和合伙企业分别投资认购信托计划普通和次级受益权，资金均由合伙企业支付，合计约 1 亿余元。

2014 年 10 月，标的股票的禁售期届满之后，由于标的股票价格持续走低，2014 年 9 月 26 日，优先级信托单位兴业银行上海分行给 B 信托公司发出委托指令，主要内容是：标的股票于 2014 年 7 月 16 日解禁，标的股票的收盘价持续低于优先级保本价，且次级受益人至今未追加现金或追加股票，故根据《征询函》约定，现优先受益人即该行请贵公司立即将持仓股票变现，变现所得用于清偿优先级受益人本息。异议期内，A 公司及该合伙企业均未向 B 信托公司就清算事宜提出异议。

2015 年 3 月 5 日，A 公司向该合伙企业、G 公司邮寄送达了《请求维权催告函》，认为 B 信托公司与 E 公司、F 公司恶意串通，造成其信托投资全部亏损。A 诉称由于标的股票收益权不具有确定性，不是适格的信托财产，涉案信托计划无效。

二、法律问题

1. 标的股票收益权是否为适格的信托财产？
2. 信托财产的明确性应如何理解？

三、重点提示

特定资产收益权信托是信托模式的一种创新。信托财产是否具有独立性、合法性及确定性，是认定信托合同能否成立的关键因素。《信托法》第 7 条明确要求"设立信托，必须有确定的信托财产，并且该信托财产必须是委托人合法所有的财产"。这里的财产包括财产权利。第 11 条规定了信托无效的 6 种情形，包括"信托目的违反法律、行政法规或者损害社会公共利益；信托财产不能确定；委托人以非法财产或者本法规定不得设立信托的财产设立信托；专以诉讼或者讨债为目的设立信托；受益人或者受益人范围不能确定；

法律、行政法规规定的其他情形。"从上述规定我们可以看到,现行立法对信托财产的明确性投以极大的关注,该属性是判断信托财产的要点所在。

然而明确性的内涵究竟为何尚存较大争议。最高院认为,信托财产具有的确定性,其包括明确性和特定性两个方面。其一,从明确性的角度来讲,即数量和内容上应当明确。其二,特定性是指独立于委托人的其他固有财产。本案中,《股权转让协议》的约定,明确了交易股票收益权的数量、权利内容及边界,使得 B 信托公司可以管理运用该股票的收益权。

有权利负担的资产收益权能否成为适格信托财产?根据《关于业绩补偿的协议书》及其补充协议,A 公司主张,由于标的股票可能被回购,因此标的股票的所有权则不确定,其收益权也是不确定的。法院未支持 A 公司的主张,原因在于:其一,标的股票的协调不必然引起 B 信托公司丧失股票收益权;其二,B 信托公司已经取得股票质押权,且优先于 C 公司的回购权;其三,并未发生回购事实,没有对股票收益权产生实际影响。但是此案件具有特殊性,如果权利负担在先,且能够优先受偿,则根据《信托法》第 17 条,很可能导致收益权落空,动摇信托交易结构的基础。

📚 拓展资料

专题三十一　拓展阅读资料

专题三十二　外汇市场监管法

📚 知识概要

外汇管理法是指调整外汇管理活动中发生的社会关系的法律规范的总称。这些法律规范主要存在于我国的相关行政法规和部门规章之中。包括《外汇管理条例》《结汇、售汇及付汇管理规定》及大量的行政法规或规章,如国家外汇管理局颁布的《关于进一步调整经常项目外汇账户管理政策有关问题的通知》《境内机构经常项目外汇账户管理实施细则》等。通过这些法律、法规及规章的实施，对于加强外汇管制、保持国际收支平衡、维护正常的外汇市场秩序发挥了重要作用。

本专题选取了1个经典案例和2个拓展案例，针对变相私自交易外汇行为、个人境外投资及跨境担保等问题展开探讨。外汇市场监管是金融监管体系的组成部分，是避免市场调节机制失灵、维护市场正常秩序、稳定对外贸易的重要保障。外汇市场监管法的调整对象涵盖外汇市场的交易主体、交易客体、交易价格、交易行为等。

◈ 经典案例

某 A 与某 B 国际货物买卖合同纠纷案[1]

一、基本案情

2013 年 5 月 6 日，某 A（甲方）与某 B（乙方）在广东省深圳市签订《合作协议》，约定：鉴于甲方拥有美元资金，有从事外汇投资的需求且可以找到在委内瑞拉使用美元兑换委内瑞拉官方货币 VEF 的企业或个人，而乙方拥有 VEF 及常驻委内瑞拉的优势。本着合作共赢、互惠互利的原则，双方就共同合作投资折合 3 亿元 VEF 在委内瑞拉从事外汇投资贸易石油事宜达成如下协议，以兹共同遵守。

根据《合作协议》，双方合作内容为：甲方将 750 万美元或等值人民币投资款支付给乙方或乙方指定的美元或人民币账号，同时乙方在委内瑞拉投入等值 750 万美元的 VEF（逐次双方确认）。乙方按照甲乙双方认可的市场汇率将美元折算成 VEF 支付给甲方指定的企业或个人，收取 VEF 的企业或个人按照委内瑞拉中央银行公布的汇率将收取的 VEF 兑换成美元支付给甲方。在扣除甲方投资部分及每买卖 1 美元石油收取 1 元人民币费用后，甲、乙双方对因汇率差产生的收益进行分配。

双方的具体合作方式为：第一，甲方应寻找委内瑞拉本地使用美元兑换

---

〔1〕 一审判决书：深圳市中级人民法院（2015）深中法涉外初字第 142 号。

VEF 的企业或个人。按照乙方提供的美元账户信息将 750 万元美元支付给乙方。第二，乙方收取 750 万美元或等值人民币及付款银行账户信息后，按照甲、乙双方认可的美元兑换 VEF 的市场汇率，将甲方所支付的 750 万美元兑换成 VEF，并将乙方应投入的 750 万美元兑换成甲、乙双方认可的市场汇率的 VEF，一并支付给甲方指定的委内瑞拉企业或个人。第三，甲方应催促收款的企业或个人按照委内瑞拉中央银行公布的美元兑换 VEF 的官方汇率，将乙方支付的 VEF 兑换成美元并支付至甲方的指定银行账户。第四，甲方在收取上述企业或个人支付的美元后，扣除甲方投入的 750 万美元，将乙方投入的 VEF 兑换成 750 万美元付还乙方，盈利部分按照每买卖 1 美元石油收取 1 元人民币费用后，甲、乙双方按 50% 的比例进行分配。

2013 年 5 月 6 日、5 月 13 日、5 月 14 日，某 A 向某 B 银行账号分别转账支付投资款人民币 6 169 031.00 元、9 219 422.00 元、12 285 012.00 元，共计人民币 27 673 465.00 元。双方确认三次付款分别折合美元为 100 万美元、150 万美元、200 万美元，共计 450 万美元。

2013 年 5 月 16 日，某 A（甲方）与某 B（乙方）及丙方签订三方《补充协议》，但没有明确丙方的身份，丙方签章栏没有签字或盖章。《补充协议》约定：甲、乙双方共同投资，投资总额 5000 万美元，折合委内瑞拉官方货币 VEF 31 500 万元，共同进行贸易行为。贸易完成后，以委内瑞拉官方货币 VEF 进行核算，按投资总额 31 500 万委内瑞拉币计算，提取 30% 的佣金，即委内瑞拉币金额为 9450 万元付给丙方代表。交易完成后，甲、乙双方签字付佣金给丙方代表，完成贸易行为。

2013 年 5 月 24 日，某 A 从案外人处得知《合作协议》项下的交易无法达成，并通过短信告知了某 B。2013 年 6 月 4 日，某 A 发短信给某 B，内容为"好的。另外把 8100 万先存两个月定期。"2013 年 6 月 5 日，某 B 发短信给某 A，内容为"我今天到银行申请八千一百万委币转存 2 个月定期。利率 12.5%，月收入 843 750 委币。存折已发某信箱。"

某 B 提供相关账户流水，以证明其已按指示将某 A 的 8100 万委币存为 2 个月定期。且其为《合作协议》的履行进行了充分的准备，并已进行相关交易，《合作协议》能够正常履行。某 A 认为，其所提供的仅是两个无关账户的流水，并非 2 个月的定期存折，两个账户流水仅能显示 2013 年 5 月 23 日的余额，早于其指示某 B 存款之日，与案件无关。各银行账户余额与《合作协议》中约定的金额并不一致，并且经仔细审阅某 B 提供的银行流水，可以看出该等账户的银行往来流水十分活跃，明显可以看出此等账户实际上根本是某 B 在境外生意和业务往来的日常账户，而非为履行《合作协议》所用的账户，与《合作协议》无任何关联。

某 B 认为：①某 A 所投入的 27 673 465.00 元资金已经其本人同意兑换为 8100 万元委内瑞拉币，兑换的比例大概在 1 美元：18 委内瑞拉币；②该 8100 万元委内瑞拉币客观上是存于委内瑞拉境内，而依据短信内容可以清楚地看到因为某 A 没有依据协议尽快安排收款人所以导致后续损失。因而诉至法院，请求判令解除其与某 A 于 2013 年 5 月 6 日签订的《合作协议》和同月 16 日签订的《补充协议》；并判令某 A 承担因其违反《合作协议》及《补充协议》给某 B 造成的损失。

二、法律问题

1. 涉案《合作协议》及《补充协议》的效力应如何认定？
2. 某 A 是否应承担损害赔偿责任？

三、法理分析

（一）涉案《合作协议》及《补充协议》无效

我国采取严格的外汇监管制度，对外汇账户、收汇、结汇、付汇、汇率、银行间外汇市场等方面的监管均持谨慎态度。《外汇管理条例》《结汇、售汇及付汇管理规定》《个人外汇管理办法》等均对外汇交易相关事项进行了严格的规定。此类条款大多为强制性条款，违反此类条款不仅会导致相关外汇交易行为无效，还会面临行政处罚，情节严重的还会涉及刑事责任。外汇及外汇交易是外汇监管制度的调整对象，外汇是指以外币表示的可以用作国际清偿的支付手段和资产，主要有以下类别：①外币现钞，包括纸币、铸币；②外币支付凭证或者支付工具，包括票据、银行存款凭证、银行卡等；③外币有价证券，包括债券、股票等；④特别提款权；⑤其他外汇资产。我国外汇监管的主要经营活动包括境内机构、境内个人的外汇收支或者外汇经营活动，以及境外机构、境外个人在境内的外汇收支或者外汇经营活动。

以《外汇管理条例》为代表的我国外汇监管法律法规具有明显的行政化倾向，这也是实践以及学理讨论中备受争议的问题。委任性条款是行政化的主要体现之一，是与确定性规则相对的概念。前者是指没有明确规定行为规则的内容，而授权某一机构加以具体规定的法律规则；后者则是指明确规定了行为规则的内容，无须再援用其他规则来确定本规则内容的法律规则。[1]一般而言，委任性条款所占比重越大，表明法规的行政性越强。以《外汇管理条例》为例，根据学者所做的统计，发现其中确定性规则与委任性规则各为 14 条，可见其行政化色彩之浓厚。[2]从具体条款内容来看，一方面，大量事项需要行政审批作为必要的前置程序；另一方面，许多条款都并没有设置确切的规则，而是给予相关行政主管部门自行处置的空间。

此外，外汇监管法律制度所采用的严格管制方式也存在一定争议。持反对意见的学者认为，该种严格管制方式过于保守而僵化，客观上阻滞了我国金融市场与国际金融市场之间的交互关系。同时，将大量剩余立法权分配给行政机关的做法导致上位法空洞化，损害法律的明确性和可操作性。持支持意见的学者则认为，我国外汇市场法制建设发展起步较晚，并不具备灵活应对外汇市场快速变化的历史经验基础。且由于相应知识、信息等方面的匮乏，采纳严格管制的方式，行政机关利用其被赋予的剩余立法权灵活应对市场问题，具有强烈的实践理性。

综合而言，在现行外汇监管法律法规、部门规章及其他规范性文件的要求下，监管与司法实践中对外汇采取严格管制方式，对于违反相关强制性规范的外汇交易行为，应当认定无效，并按照《外汇管理条例》等法律法规来追究行为人行政责任乃至刑事责任。

本案中，双方之间的交易模式是某 A 通过某 B 在委内瑞拉共同进行投资，并将该投资在委内瑞拉按照美元对委内瑞拉币（以下简称 VEF）的市场汇率兑换为 VEF，然后支付给某 A 指定的委内瑞拉企业或个人并进行石油贸易；再通过该委内瑞拉企业或个人按照委内瑞拉中央银行公布的美元对 VEF 官方

---

[1] 参见张文显主编：《法理学》，法律出版社 2007 年版，第 120 页。
[2] 余涛："内地与香港外汇基本法制之比较：一个学理的反思"，载《经济法研究》2016 年第 2 期。

汇率将贸易收入的 VEF 兑换为美元，扣除每买卖 1 美元石油应支出的 1 元人民币费用，双方对该官方汇率与市场汇率的差价收益各分配 50%。在具体操作上，某 A 的投资是在中国境内支付给某 B，由某 B 在委内瑞拉兑换为 VEF，该投资行为涉及境内资金的跨境流动，应受中国外汇管理制度的约束。

《个人外汇管理办法》第 2 条规定："个人外汇业务按照交易主体区分境内与境外个人外汇业务，按照交易性质区分经常项目和资本项目个人外汇业务。"第 9 条规定："对个人结汇和境内个人购汇实行年度总额管理。年度总额内的，凭本人有效身份证件在银行办理；超过年度总额的，经常项目项下凭本人有效身份证件和有交易额的相关证明等材料在银行办理，资本项目项下按照第三章有关规定办理。"第三章第 16 条规定："境内个人对外直接投资符合有关规定的，经外汇局核准可以购汇或以自有外汇汇出，并应当办理境外投资外汇登记。"第三章第 26 条规定："境外个人在境内的合法财产对外转移，应当按照个人财产对外转移的有关外汇管理规定办理。"《个人外汇管理办法实施细则》第 2 条规定："对个人结汇和境内个人购汇实行年度总额管理。年度总额分别为每人每年等值 5 万美元……"《外汇管理条例》第 17 条规定："境内机构、境内个人向境外直接投资或者从事境外有价证券、衍生产品发行、交易，应当按照国务院外汇管理部门的规定办理登记。国家规定需要事先经有关主管部门批准或者备案的，应当在外汇登记前办理批准或者备案手续。"根据上述规定，无论是境外个人、境内个人，其资金从中国境内跨境流动至境外，均实行年度总额管理（5 万美元额度）。超过年度总额的，区分为经常项目项下及资本项目项下到银行按照相关规定进行办理，境内个人资金投资至境外应另行办理登记等相关监管手续。同时，根据《外汇管理条例》第 45 条的规定，私自买卖外汇、变相买卖外汇或者倒买倒卖外汇的，由外汇管理机关追究行政责任，严重的追究刑事责任。

所谓"变相买卖外汇行为"，是指不直接进行人民币和外汇的买卖，而采取比如以外汇偿还人民币或以人民币偿还外汇、以外汇和人民币互换实现货币价值转换的行为。该行为因发生在国家规定的外汇交易场所以外，属外汇非法交易范畴。本案中，某 A 为香港特别行政区居民，可参照适用境外个人的相关外汇管理规定，某 B 为境内个人。双方签订《合作协议》的主要目的是通过某 B 将某 A 的中国境内资金转移至境外进行投资，即由某 A 在中国境内将资金支付给某 B，某 B 在境外兑换为外币，双方之间的跨境资金明显超过外汇管理部门批准的年度总额。某 A 的投资不属于经常项目项下资金，某 B 作为境内个人在收到某 A 的资金后，未办理资本项下资金跨境流动的登记手续，实际上某 B 亦不能合法办理资金的跨境流动。双方在法定的外汇交易场所即银行之外，通过以人民币和外汇互换实现货币价值转换，系变相买卖外汇，违反了中国的外汇管理制度，损害了中国的金融市场秩序，该《合作协议》及《补充协议》应认定为无效。

（二）某 A 不应承担损害赔偿责任

根据上述分析，法院认为《合作协议》以及《补充协议》所约定的内容属于变相买卖外汇的行为，因违反《外汇管理条例》第 45 条而无效。合同无效后，双方应返还不当得利，并承担因过错所致相对方所受到的实际损失。

在合同无效的情形下，损害赔偿责任的承担需要综合实际损失、过错、因果关系三方面的因素。本案中某 B 主张其已为履行《合作协议》调集了大量外汇资金并已兑换为委内瑞拉币，因为美元对委内瑞拉币的汇率变化导致其产生了大量损失。其主张的实际损失是否存在、是否与某 A 的过错存在因果关系等问题需要结合本案具体情形进行判断。首先，本案中并没有实际发生任何人民币或者美元合法兑换为委内瑞拉币的行为，同时某 B 长期在委内瑞拉经商，其明知在委内瑞拉境内 VEF 随时可以得到而美元难以兑换到，根本无需囤积或者准备大量 VEF，其主张不符合一般人的认知。其次，其主张相关账户的存款专为《合作协议》而准备，但相关流水较为频繁，亦不能证明系为履行《合作协议》所准备。由此可见，虽然本案中某 A 具有过错，但某 B 的实际损失以及损失与合同无效这一结果之间的因果关系均无法证明，所以某 A 无需承担损害赔偿责任。

四、参考意见

1. 外汇是国际经济贸易的重要储备，为我国对外开放政策的不断推进提供坚实的保障。我国对外汇的监管一直采取严格管制的方式，《外汇管理条例》《个人外汇管理办法》等外汇监管法律法规具有较强的行政色彩。虽然该种监管方式存有争议，但不可否认的是，多年的实践已经证明，该种方式具有较强的稳定性和灵活性。根据现行外汇监管法律法规、部门规章的规定，个人资金从中国境内跨境流动至境外，均实行 5 万美元年度总额的规定。超过 5 万美元限额则需进行相关审批，未经审批的超额流动即涉嫌构成私自买卖外汇。本案中双方当事人所订立的《合作协议》名为买卖石油，实际上属于变相买卖外汇的行为。

2. 根据《合同法》第 58 条的规定，在合同被确认无效或者被撤销后，凡是因合同无效或者被撤销而给对方当事人造成的损失，主观上有故意或者过失的当事人都应当赔偿对方的财产损失。需要注意的是，在合同无效的语境下，对因果关系的判断与违约损害赔偿并不相同，其判断的是实际损失与合同无效这一结果之间的因果关系。换言之，可得赔偿的损失应当是由于合同无效所导致的。

拓展案例

案例一：某 A 诉某 B 委托理财合同纠纷案[1]

一、基本案情

2013 年 10 月 25 日，某 A（甲方）与某 B（乙方）签订《黄金外汇交易委托理财协议书》（以下简称《协议书》），约定：甲方委托乙方为其进行黄金外汇账户有偿委托理财，起始资金为 50 000 美元。经过双方协商，约定在 2013 年 10 月 24 日到 2014 年 10 月 23 日期间，按照以下条款规定对以上账户进行有偿委托理财："一、……甲方把交易账号和交易密码告知乙方（不含资金调拨密码），由乙方进行交易。……三、乙方拥有独立的下单操作权，但没有资金调拨权。甲方拥有资金调拨权，但没有下单操作权（否则造成的亏损和损失完全由甲方负责）……五、1. 结算时间：……2014 年 4 月 23 日为结算日。……七、任何市场都存在风险，亏损是不可避免的，双方须正确认知市场风险。在协议期间出现账户亏损属正常现象，甲方不得借此提出本金，否则出现的亏损乙方不予赔偿。在结算日之前，甲方不得私自对交易账户进行操作，否则出现的亏损乙方不予赔偿。在结算日，乙方应保证甲方交易账

---

〔1〕 一审判决书：北京市海淀区人民法院（2016）京 0108 民初 18537 号。二审判决书：北京市第一中级人民法院（2018）京 01 民终 862 号。

户不得出现亏损，若出现亏损乙方应对甲方的本金进行 100% 赔偿。"

2013 年 10 月 25 日，某 A 购汇 50 000 美元，并将上述外汇款汇至一境外的英国账户，双方当事人均认可上述 50 000 美元系《协议书》约定的黄金外汇账户的起始资金。

2016 年 1 月 28 日，双方签订《解除协议》，主要内容为："1. 甲、乙双方于 2013 年 10 月 25 日签订的《黄金外汇交易委托理财协议书》自本《解除协议》签订之日起解除。"

某 A 提交其名下借记卡账户历史明细清单一份，显示 2013 年 11 月 28 日，该账户曾存入 24 973.3 美元。某 A 主张上述款项系某 B 向其支付的理财收益，包括费用共计 25 000 美元。某 B 主张上述款项是某 A 自行从境外理财账户提取的，而非某 B 向其支付的收益，因为取款时间 2013 年 11 月 28 日并非《协议书》约定的结算日。

某 A 提交其名下新线零售交易历史表一份，显示 2013 年 11 月 28 日，上述账号向账号××× 转账付款人民币 60 800 元，并主张该笔费用系向某 B 支付的佣金，数额为收益的 40%。某 B 认可确已收到了某 A 支付的人民币 60 800 元，但并非约定的佣金，而是某 B 为某 A 推销古井贡酒五箱所得的销售款，每箱酒销售款是人民币 15 000 元，五箱共计人民币 75 000 元，人民币 60 800 元系折扣后的款项。某 B 就其上述主张，并未提交证据证明。

二、法律问题

1. 双方当事人所签之《协议书》及相关交易行为是否有效？
2. 《协议书》中第七条的效力如何？

三、重点提示

随着 2009 年商务部颁发《境外投资管理办法》以及 2017 年国家发改委颁布的《企业境外投资管理办法》，目前企业对外投资的制度相对完善。但对于个人对外投资的相关制度却付诸阙如。个人对外投资，无论是实业投资还是购买海外房地产，资金如何出境一直都是最为关键的问题。此类用汇属于资本项目用汇，目前尚处在严格管控之下。

根据《外汇管理条例》第 17 条，境内机构、境内个人向境外直接投资或者从事境外有价证券、衍生产品发行、交易，应当按照国务院外汇管理部门的规定办理登记。国家规定需要事先经有关主管部门批准或者备案的，应当在外汇登记前办理批准或者备案手续。根据《个人外汇管理办法》第 17 条，境内个人购买 B 股，进行境外权益类、固定收益类以及国家批准的其他金融投资，应当按相关规定通过具有相应业务资格的境内金融机构办理。由此可见，未依法取得行业监管部门的批准或备案同意，任何单位和个人不得擅自经营外汇投资交易，否则属于非法经营外汇业务或私自买卖外汇的行为。

本案中，双方当事人签订《协议书》约定某 A 以美元汇入境外的一个外汇账户，委托某 B 下单操作该账户进行牟利，由某 B 为某 A 提供有偿的投资管理服务，实质上系某 A 购入美元汇入境外。因某 B 不是具有相应业务资格的境内金融机构，相关交易行为也未办理批准或备案手续，故双方当事人所签之《协议书》以及相关交易行为违反了我国外汇管理的行政法规，应属无效。

在我国，关于保底条款效力的规定，较早见于《最高人民法院关于审理联营合同纠纷案件若干问题的解答》，在该份解释中，明确提出联营中保底条款的概念、性质、效力。其对效力的意见为无效，而认为无效的理由有二：一是认为联营中保底条款违背联营的本质，联营应当共担风险，共负盈亏；二是认为联营中的保底条款的存在，是借联营之名，行借贷之实，违反了企业间不得拆借资金的金融法规。对于委托理财合同中的保底条款，法院会依据证券法的规定，认定证券公司与客户委托理财合同中的保底条款无效，对于非证券公司与委托人之间的委托理财合同中的保底条款，一般也认定为无效。本案中，《协议书》第七条系保底条款，违反了民法的公平原则以及委托关系中责任承担的准则，违背了经济规律和资本市场规则，应属无效。

案例二：A 银行诉 B 公司借款合同纠纷案[1]

一、基本案情

B 公司为 2010 年 5 月 12 日在香港注册登记的公司。2011 年 7 月 8 日 A

---

[1] 一审判决书：宁波海事法院 (2017) 浙 72 民初 247 号。二审判决书：浙江省高级人民法院 (2017) 浙民终 716 号。

银行（香港）向 B 公司签发授信函，载明：A 银行依据银行授信总协议向 B 公司提供最高额为 2550 万美元的授信；贷款先决条件为 B 公司股东签署的对于所有款项的个人担保，B 公司签署的债券书（包含其当前和未来全部财产、资产和业务的固定抵押和浮动抵押）。

2011 年 7 月 28 日，B 公司签署了该授信函与银行授信总协议。B 公司与 A 银行签订债券书并进行了登记，约定：B 公司以当前和未来全部财产、资产和业务的固定抵押和浮动抵押为其授信协议下所负的所有债务提供担保。2011 年 7 月 29 日，B 公司以其所有的 "B" 轮为抵押财产在香港办理了抵押登记，抵押权人为 A 银行，抵押担保范围为 2011 年 7 月 28 日签署的授信函与银行授信总协议。

2011 年 7 月 28 日，B 公司股东分别与 A 银行签订担保协议，协议约定：B 公司股东需应 A 银行通知承担 B 公司在任何时间产生或拖欠（包括过去、现在或未来的实际债务或潜在债务）的债务和责任；所有担保人对担保协议承担连带责任；担保限额为无限连带担保；本协议所有事项均由香港特别行政区法律管辖和解释。

2011 年 8 月 1 日，A 银行发放贷款 2328 万美元。自 2015 年 11 月 1 日起，B 公司停止还款，贷款发生逾期。

另查明，2016 年 1 月 29 日，A 银行作为抵押权人，基于到期的 14 008 000 美元主债务、费用和到期利息，以 "B" 轮船东为被告，提起对物诉讼，提请新加坡高等法院扣押 "B" 轮。2016 年 8 月 1 日，新加坡高等法院拍卖了 "B" 轮。2017 年 1 月 25 日，A 银行以 B 公司未支付结欠本金、利息、罚息、复息及费用为由向一审法院提起诉讼，并要求 B 公司股东承担连带清偿责任。

二、法律问题

双方当事人所签之《协议书》及相关交易行为是否有效？

三、重点提示

本案中的担保合同属于跨境担保合同。我国在涉及跨境担保的领域一直有着较为严格的管理。自 1981 年《中华人民共和国外汇管理暂行条例》开始实施，我国先后经历了数次关于跨境担保的重大调整。1991 年规定跨境担保合同需要在担保前审批，并事后办理担保登记。1996 年，外汇局对中资银行对外出具的融资性保证、非银行金融机构和非金融企业法人出具的对外保证进行逐笔审批，对中资银行对外出具的非融资性对外保证按照资产负债比例进行管理。2010 年，外汇局对于境内银行提供融资性对外担保统一实行余额管理，对非银行金融机构和企业提供对外担保的管理以逐笔核准为主。2014 年，事前审批几乎全面取消，担保人签订内保外贷合同后，按规定办理内保外贷登记。境内债务人从事外保内贷业务，由发放贷款或提供授信额度的境内金融机构向外汇局集中报送外保内贷业务的相关数据即可。

　　本案中，B 公司股东为本公司涉案债务提供的担保发生于 2011 年 7 月 28 日，该对外担保未经相关部门批准。由于我国实行外汇管制，对外担保是产生外债的途径之一，我国《担保法司法解释》第 6 条规定了对外担保未经有关主管部门批准或登记无效，其立法本意是为了维护社会经济秩序和保护社会公共利益，但自改革开放以来，我国外汇管理制度是沿着人民币走向自由兑换这一路径开始演变的，实行人民币资本项目自由兑换是外汇体制改革的目标。随着我国经济体量和国际资本流动规模的增大，2014 年国家外汇管理局发布施行的《跨境担保外汇管理规定》及《国家外汇管理局关于发布〈跨境担保外汇管理规定〉的通知》，明确外汇管理部门对跨境担保合同的核准、登记或备案等外汇管理要求，以及不构成跨境担保合同的生效要件。在此背景下，未经批准的跨境担保行为实质上不会涉及国家外汇管理秩序，并不构成对我国社会公共利益和社会经济秩序的违反，涉案担保合同不宜再被认定为无效。

🔖 拓展资料

专题三十二　拓展阅读资料

| 第十四章 |

房地产市场监管法

专题三十三 房地产市场监管的措施

📚 知识概要

房地产市场监管法，属于房地产法的一个组成部分。我国房地产立法既散见于宪法、民法、刑法等法律规范，也集中于专门的房地产法律规范。其中，我国目前最主要的有《中华人民共和国土地管理法》（以下简称《土地管理法》）和《中华人民共和国城市房地产管理法》（以下简称《城市房地产管理法》）。本专题选取了 2 个经典案例和 4 个拓展案例，分别从城乡规划监管、建设用地监管、房地产交易监管、房地产开发市场监管的角度对案例进行诠释。

📚 经典案例

案例一：刘某诉甘肃锦祥房地产开发有限公司等商品房预售合同纠纷案[1]

一、基本案情

2009 年，环县环城镇红星行政村井巷子村小组（以下简称井巷子村小组）欲进行新农村建设项目开发。于 6 月 5 日，井巷子村小组就新农村建设项目开发事宜召开了群众代表大会，本次会议决议：1. 将井巷子居民新村开

----

〔1〕 一审判决书：甘肃省庆阳市中级人民法院（2014）庆中民初字第 15 号。

发建设项目承包给杨某、李某二人，该二人向井巷子村小组上交净利润 1400
万元；2. 组建环县锦祥房地产有限责任公司，组建手续等费用由该二人全部
承担；3. 土地转型费、地面青苗补偿费、土地出让金、征地补偿款及相关税
费等全部费用均由该二人承担。同日，井巷子村小组组长李杰代表井巷子村
小组与李某、杨某签订了合作开发房地产合同，其中李某负责招商开发位于
环城镇南关小学以西宗地 17.7 亩，需向井巷子村小组交纳 750 万元。2010 年
4 月 4 日，李某与李某某签订合作协议，约定将李某负责开发的"位于环城镇
南关小学以西宗地"即"园丁园住宅小区"开发权及收益以 360 万元出让给
李某某，后李某某在向环县环城镇红星行政村交清了各项费用后成立了锦祥
公司，公司法定代表人为马某，李某某负责实际开发与经营管理并开始施
工建设。2010 年 8 月，中国农业银行暂停受理、审批、发放第三套及以上
个人住房贷款。2010 年 9 月 14 日，锦祥公司与刘某签订了园丁园商品房预
售合同，约定将园丁园住宅小区 6 号楼全部楼盘以均价 2780 元/㎡，总价
7 963 966 元预售给刘某，刘某应于 2010 年 9 月 25 日前交付 300 万元整预付
款，待楼房盖至第三层后 7 日内交清 981 933 元，其余 50% 待楼房封顶后，到
农行或者建行申请按揭贷款。同日，双方又签订了园丁园商品房预售合同补
充协议，明确按揭手续由锦祥公司办理并允许刘某自行转让。合同签订后，
刘某分别于 2010 年 10 月 13 日、2011 年 6 月 7 日、2011 年 7 月 20 日向锦祥
公司交付购楼款 3 000 000 元、500 000 元和 481 933 元。2011 年底，园丁园住
宅小区建设工程竣工。刘某的房屋按揭贷款因故未能办理。2012 年 8 月 22
日，园丁园住宅小区 6 号楼取得商品房预售许可证，后锦祥公司将园丁园住
宅小区 6 号楼 1 层商铺，2 至 4 层住宅及 8 层 1 室住宅售与他人，其中 8 层 1
室住户在房管部门进行了商品房预售合同备案登记，并已入住。

另查明，园丁园住宅小区用地为井巷子村小组预留的安置用地，现土地
性质为国有，但未办理供地手续。

二、法律问题

1. 开发商在集体所有的土地上建造商品房的行为是否符合法律规定，为
什么？

2. 判断刘某与锦祥公司签订的园丁园商品房预售合同及补充协议的效力

问题。

三、法理分析

（一）开发商在集体所有的土地上建造商品房的行为不符合法律规定

房地产市场监管最首要的是对房地产开发用地的管理。由于土地属于比较特殊和重要的财产，根据我国的基本经济制度，法律对土地所有权的归属作了比较特殊的规定。土地所有权分为两类，一是国家所有权，即全民所有，主要包括城市的土地、法律规定属于国家所有的农村和城市郊区的土地等；二是集体所有权，主要包括法律规定的属于集体所有的土地。那么相应的基于国有土地所有权和集体土地所有权的不同性质而产生的土地使用权，可分为国有土地使用权和集体土地使用权。按照土地用途的不同，又可分为国有土地建设用地使用权、集体土地建设用地使用权和农业用地使用权。

《土地管理法》第 4 条规定，国家实行土地用途管制制度。国家编制土地利用总体规划，规定土地用途，将土地分为农用地、建设用地和未利用地。严格限制农用地转为建设用地，控制建设用地总量，对耕地实行特殊保护。使用土地的单位和个人必须严格按照土地利用总体规划确定的用途使用土地。原第 11 条第 2 款规定："农民集体所有的土地依法用于非农业建设的，由县级人民政府登记造册，核发证书，确认建设用地使用权。"集体土地用于非农用的，法律对其有严格的限制。第 60 条第 1 款规定："农村集体经济组织使用乡（镇）土地利用总体规划确定的建设用地兴办企业或者与其他单位、个人以土地使用权入股、联营等形式共同举办企业的，应当持有关批准文件，向县级以上地方人民政府土地行政主管部门提出申请，按照省、自治区、直辖市规定的批准权限，由县级以上地方人民政府批准；其中，涉及占用农用地的，依照本法第 44 条的规定办理审批手续。"原第 63 条规定："农民集体所有的土地的使用权不得出让、转让或者出租用于非农业建设；但是，符合土地利用总体规划并依法取得建设用地的企业，因破产、兼并等情形致使土地使用权依法发生转移的除外。"原第 43 条规定："任何单位和个人进行建设，需要使用土地的，必须依法申请使用国有土地；但是，兴办乡镇企业和村民建设住宅经依法批准使用本集体经济组织农民集体所有的土地的，或者乡（镇）村公共设施和公益事业建设经依法批准使用农民集体所有的土地的除外。前款所称依法申请使用的国有土地包括国家所有的土地和国家征收的原属于农民集体所有的土地。"

综上，我国实行的土地用途管制制度和农地转用行政审批制度从总体上确立了用市场和行政两种手段配置农村土地资源的总体框架。农村土地进入土地市场和农用地转为建设用地均受到政府行政手段的严格控制，集体土地上要进行房地产开发建设必须将其转为国有土地。本案中，井巷子村小组占用本村集体土地进行商品房开发建设违背了土地管理的强制性规定。

还有一点值得注意的是，园丁园住宅小区用地的土地性质为国有，考虑可能是当地政府出于对公民利益的保护，以免购房人陷入"小产权房"的困境而作出的改变，对此种改变笔者持保留意见。为了应对集体建设用地入市等问题，党的十八届三中全会通过的《中共中央关于全面深化改革若干重大问题的决定》提出了建立城乡统一的建设用地市场、促进农村集体土地承包经营权流转、慎重稳妥推进农民住房财产权转让等农村土地、住房财产的改革任务；提出了在符合规划和用途管制的前提下，允许农村集体经营性建设用地出让、租赁、入股，实行与国有土地同等入市、同权同价。2015 年 5 月，中共中央办公厅、国务院办公厅印发了《关于引导农村土地经营权有序流转发展农业适度规模经营的意见》，要求"抓紧研究探索集体所有权、农户承包权、土地经营权在土地流转中的相互权利关系和具体实现形式"。2015 年 2 月，十二届全国人大常委会第十三次会议审议通过了《关于授权国务院在北京市大兴区等 33 个试点县（市、区）行政区域暂时调整实施有关法律规定的决定》，暂时调整实施《土地管理法》等关于集体建设用地使用权不得出让等规定，允许农村集体经营性建设用地入市，同时提高被征地农民分享土地增值收益的比例，对宅基地实行自愿有偿的退出、转让机制。这些改革，都将对我国房地产市场立法和房地产市场监管产生影响，值得高度关注。

（二）刘某与锦祥公司签订的园丁园商品房预售合同及补充协议为无效合同

商品房预售是我国近年来房地产市场发展的产物，它与现售商品房买卖已经成为我国房地产市场中两种主要的房屋销售形式。商品房预售，是指房地产开发企业将正在建设中的商品房预先出售给买受人，并由买受人支付定金或者房价款的行为。商品房预售方式首创于香港地区，香港立信置业公司于 1954 年最先推出楼宇"分层售卖、分期付款"。由于房屋尚在施工中便被

"拆零砸碎"，分期分批地预售给广大投资者，如落花片片坠落，故商品房预售又被称为"卖楼花"。商品房预售可以缓解开发商的资金压力，提高房地产开发的资金使用效率，但由于房屋在销售时尚未建成，因而，对于买受人而言商品房预售的形式潜藏有一定的违约风险。商品房预售的交易方式和标的物具有特殊性，即交易时交易的标的物房屋尚在建设中，交易标的物所有权的转移是依合同中约定的期限，并把这个期限的到来作为房屋买卖权利、义务发生法律效力或者失去法律效力的根据。因此，商品房预售行为是一种附期限的交易行为，购房者在期限到来之前拥有期待权，当期限届至并办理了房屋过户手续即拥有了房屋的所有权。

我国商品房预售实行许可制度。开发企业进行商品房预售，应当向房地产管理部门申请预售许可，取得《商品房预售许可证》。未取得《商品房预售许可证》的，不得进行商品房预售。《商品房预售许可证》是开发商从事商品房预售的必备条件。根据《城市房地产管理法》第 45 条第 1 款规定："商品房预售，应当符合下列条件：①已交付全部土地使用权出让金，取得土地使用权证书；……④向县级以上人民政府房产管理部门办理预售登记，取得商品房预售许可证明。"同时，《最高人民法院关于审理商品房买卖合同纠纷案件适用法律若干问题的解释》第 2 条规定："出卖人未取得商品房预售许可证明，与买受人订立的商品房预售合同，应当认定无效，但是在起诉前取得商品房预售许可证明的，可以认定有效"。本案中，锦祥公司在向刘某预售园丁园小区 6 号楼时，房管部门未给其颁发商品房预售许可证，但在 2012 年 8 月 22 日锦祥公司取得了涉案房屋的商品房预售许可证。而且，本案中锦祥公司虽向环县环城镇红星村缴纳了土地出让金等各项费用，但土地管理部门至今未办理供地手续，锦祥公司也未取得所开发土地的使用权证书。锦祥公司在未取得土地使用权的情况下开发商品房并出售的行为违背了土地管理的强制性规定。根据《合同法》第 52 条 "有下列情形之一的，合同无效：……⑤违反法律、行政法规的强制性规定" 的规定，刘某与锦祥公司签订的园丁园商品房预售合同及补充协议应为无效合同。

四、参考意见

1. 根据原《土地管理法》第 43 条第 1 款的规定："任何单位和个人进行

建设，需要使用土地的，必须依法申请使用国有土地；但是，兴办乡镇企业和村民建设住宅经依法批准使用本集体经济组织农民集体所有的土地的，或者乡（镇）村公共设施和公益事业建设经依法批准使用农民集体所有的土地的除外。"原第 63 条规定："农民集体所有的土地的使用权不得出让、转让或者出租用于非农业建设；但是，符合土地利用总体规划并依法取得建设用地的企业，因破产、兼并等情形致使土地使用权依法发生转移的除外。"上述规定实际上剥夺了集体土地的部分开发权，限制了集体土地所有权人对土地的处分权，即集体土地只能用来建设自用的村民住宅、乡镇企业、公共设施和公益事业，不能出让，也不能用于房地产开发。因此，村集体将集体土地用于房地产开发并出售给本村以外的其他人，违反了《土地管理法》的规定。

2. 根据原《城市房地产管理法》第 45 条的规定："商品房预售，应当符合下列条件：①已交付全部土地使用权出让金，取得土地使用权证书……"和《最高人民法院关于审理商品房买卖合同纠纷案件适用法律若干问题的解释》第 2 条规定："出卖人未取得商品房预售许可证明，与买受人订立的商品房预售合同，应当认定无效，但是在起诉前取得商品房预售许可证明的，可以认定有效。"本案中，锦祥公司在向刘某预售园丁园小区 6 号楼时，房管部门未给其颁发商品房预售许可证，虽然 2012 年 8 月 22 日锦祥公司取得了涉案房屋的商品房预售许可证，但锦祥公司在未取得土地使用权的情况下开发商品房并出售的行为违背了土地管理的强制性规定。根据《合同法》第 52 条"有下列情形之一的，合同无效：……⑤违反法律、行政法规的强制性规定"的规定，刘某与锦祥公司签订的园丁园商品房预售合同及补充协议应为无效合同。

3. 在本书写作过程中，第十三届全国人大常委会第十二次会议审议通过了《全国人民代表大会常务委员会关于修改〈中华人民共和国土地管理法〉、〈中华人民共和国城市房地产管理法〉的决定》，新修订的土地管理法自 2020 年 1 月 1 日起施行。其中，①将第 11 条、第 12 条、第 13 条合并，作为第 12 条，修改为"土地的所有权和使用权的登记，依照有关不动产登记的法律、行政法规执行。依法登记的土地的所有权和使用权受法律保护，任何单位和个人不得侵犯。"②将第 63 条"农民集体所有的土地的使用权不得出让、转让或者出租用于非农业建设；但是，符合土地利用总体规划并依法取得建设用地的企业，因破产、兼并等情形致使土地使用权依法发生转移的除外。"修改为第 63 条"土地利用总体规划、城乡规划确定为工业、商业等经营性用途，并经依法登记的集体经营性建设用地，土地所有权人可以通过出让、出租等方式交由单位或者个人使用，并应当签订书面合同，载明土地界址、面积、动工期限、使用期限、土地用途、规划条件和双方其他权利义务。前款规定的集体经营性建设用地出让、出租等，应当经本集体经济组织成员的村民会议 2/3 以上成员或者 2/3 以上村民代表的同意。通过出让等方式取得的集体经营性建设用地使用权可以转让、互换、出资、赠与或者抵押，但法律、行政法规另有规定或者土地所有权人、土地使用权人签订的书面合同另有约定的除外。集体经营性建设用地的出租，集体建设用地使用权的出让及其最高年限、转让、互换、出资、赠与、抵押等，参照同类用途的国有建设用地执行。具体办法由国务院制定。"③删除了第 43 条"任何单位和个人进行建设，需要使用土地的，必须依法申请使用国有土地；但是，兴办乡镇企业和村民建设住宅经依法批准使用本集体经济组织农民集体所有的土地的，或者乡（镇）村公共设施和公益事业建设经依法批准使用农民集体所有的土地的除外。前款所称依法申请使用的国有土地包括国家所有的土地和国家征收的原属于农民集体所有的土地。"

综上，2019 年《土地管理法》修改的一大亮点在于允许集体经营性建设用地入市，同时也明确了入市条件。首先入市的土地要符合规划，规划必须是工业或者商业等经营性用途。其次，入市必须要经过依法登记。再次，在每年的土地利用年度计划中要做出安排。另外，即使获得了集体经营性建设用地的使用权之后的土地权利人也要按原来规划的用途来使用土地。

案例二：黑龙江天马再就业职业技能培训学校与西林钢铁集团有限公司房屋买卖合同纠纷案[1]

一、基本案情

2002 年 3 月 20 日，西林钢铁集团有限公司（以下简称西林公司）与案外

---

〔1〕 一审判决书：黑龙江省哈尔滨市中级人民法院（2016）黑 01 民终 895 号。再审判决书：黑龙江省高级人民法院（2017）黑民申 111 号。

人汇利达公司签订《房屋买卖协议书》，主要内容为汇利达公司以划拨方式取得位于哈尔滨市南岗区，土地面积为 813 平方米国有土地使用权，地块规划用途为教育设施用地。经批准，汇利达公司在上述地块上建设办公用房，定名为黑龙江天马再就业职业技能培训学校（以下简称天马学校）。案外人汇利达公司将该办公用房销售给西林公司，双方约定案外人汇利达公司在 2002 年10 月 1 日前将经竣工验收合格的办公用房交付西林公司，并同其一起到产权管理部门办理权属登记手续。之后，汇利达公司始终未按约定为西林公司办理产权登记手续，将产权过户到西林公司名下。另查明，天马学校于 2001 年4 月 20 日取得社会办学许可证，举办者为黑龙江天马实业集团股份有限公司，其法定代表人王某与案外人汇利达公司法定代表人为同一人。天马学校注册登记的地址为哈尔滨市南岗区。因原举办单位抽回出资，2004 年 3 月 29 日汇利达公司出资 10 万元作为天马学校的办学资金。2004 年 3 月 30 日，天马学校取得位于南岗区诉争之房的土地使用权和房屋所有权证书。2005 年 3 月 18日，天马学校在省民政厅登记注册。再查明，2011 年 8 月 6 日，西林公司、天马学校及案外人张某某签订了一份协议书，主要内容是：西林公司、天马学校及案外人就西林公司购买登记在天马学校名下房产的产权过户手续的办理问题，协商一致达成协议，将诉争房产更名过户登记在西林公司名下。这份协议签订后，天马学校未履行合同义务。

二、法律问题

划拨土地上的房屋可以转让吗？

三、法理分析

划拨土地上的房屋并非绝对禁止转让。《城市房地产管理法》第 23 条对土地使用权划拨作出了规定，土地使用权划拨是指县级以上人民政府依法批准，在土地使用者缴纳补偿、安置等费用后，将该土地交付土地使用者使用，或者将土地使用权无偿交付给土地使用者使用的行为。可见建设用地使用权的划拨有两种情况：一是建设用地使用权的划拨经县级以上人民政府依法批准，在建设用地使用者缴纳补偿、安置等费用后，将该土地交付给建设用地使用者使用的行为；另一种是建设用地使用权的划拨经县级以上人民政府依法批准，建设用地使用者无须缴纳补偿、安置等费用就可取得建设用地使用权的行为。在第一种情况下缴纳的补偿、安置等费用，不是支付土地使用权出让金。补偿、安置等费用不是建设用地使用权的对价，而只是对原先的建设用地使用者的损失和重新安置的补偿。根据《城市房地产管理法》第23条第2款的规定，依照该法规定以划拨方式取得土地使用权的，除法律、行政法规另有规定外，没有使用期限的限制。这里的"没有使用期限的限制"并非指永久使用而是未指定明确的使用期限，土地所有权人可以根据公共利益的需要收回建设用地使用权。

划拨建设用地使用权的流转，是指在符合法律规定的条件下，经市、县人民政府土地管理部门和房产管理部门批准，其划拨土地使用权和地上建筑物、其他附着物的所有权可以转让、出租和抵押。《城市房地产管理法》第32条规定："房地产转让、抵押时，房屋的所有权和该房屋占用范围内的土地使用权同时转让、抵押。"第40条规定："以划拨方式取得土地使用权的，转让房地产时，应当按照国务院规定，报有批准权的人民政府审批。有批准权的人民政府准予转让的，应当由受让方办理土地使用权出让手续，并依照国家有关规定缴纳土地使用权出让金。以划拨方式取得土地使用权的，转让房地产报批时，有批准权的人民政府按照国务院规定决定可以不办理土地使用权出让手续的，转让方应当按照国务院规定将转让房地产所获收益中的土地收益上缴国家或者作其他处理。"《城镇国有土地使用权出让和转让暂行条例》第45条第1款规定："符合下列条件的，经市、县人民政府土地管理部门和房产管理部门批准，其划拨土地使用权和地上建筑物、其他附着物所有权可以转让、出租、抵押：①土地使用者为公司、企业、其他经济组织和个人；②领有国有土地使用证；③具有地上建筑物、其他附着物合法的产权证明；④依照本条例第二章的规定签订土地使用权出让合同，向当地市、县人民政府补交土地使用权出让金或者以转让、出租、抵押所获收益抵交土地使用权出让金。"由此，根据上述规定，本案中西林钢铁集团签订的买卖房屋协议同时也包含了对汇利达公司的划拨土地使用权的转让。但同样地，根据法律规定，汇林集团必须向当地政府缴纳土地使用权出让金。

四、参考意见

根据《城市房地产管理法》第32条规定："房地产转让、抵押时，房屋的所有权和该房屋占用范围内的土地使用权同时转让、抵押。"本案中，西林钢铁集团有限公司与汇利达公司的房屋买卖行为，实质上也包含了汇利达公司所使用的划拨土地使用权的转让。《城市房地产管理法》第40条规定："以划拨方式取得土地使用权的，转让房地产时，应当按照国务院规定，报有批准权的人民政府审批。有批准权的人民政府准予转让的，应当由受让方办理土地使用权出让手续，并依照国家有关规定缴纳土地使用权出让金。以划拨方式取得土地使用权的，转让房地产报批时，有批准权的人民政府按照国务院规定决定可以不办理土地使用权出让手续的，转让方应当按照国务院规定将转让房地产所获收益中的土地收益上缴国家或者作其他处理。"《城镇国有土地使用权出让和转让暂行条例》第45条第1款规定，划拨建设用地使用权转让必须依照《城镇国有土地使用权出让和转让暂行条例》第二章的规定签订土地使用权出让合同，向当地市、县人民政府补交土地使用权出让金或者以转让、出租、抵押所获收益抵交土地使用权出让金。

◈ 拓展案例

案例一：庆阳市百达工程服务有限公司诉庆阳市土地
收购储备中心等合同纠纷案[1]

一、基本案情

2007年8月23日，庆阳市西峰区经济贸易局给温泉乡政府下发区经贸发（2007）59号关于庆阳市百达物流贸易中心的批复，批准项目名称：庆阳市百达物流贸易中心；实施单位：庆阳市百达工程服务有限公司；项目性质：私营；项目地址：西峰区温泉乡黄官寨村西组。2007年5月24日、2008年1月16日，庆阳市规划管理局核发了建设项目选址意见书。2008年4月14日，庆阳市国土资源局核发了NO.144号新增建设用地预审意见书，在该意见书中耕保科签署的审查意见为：2008年4月7日第三次预审会议通过，属商业居住用地，储备中心收储，按招拍挂方式公开出让。2008年4月16日，庆阳市规划管理局给百达公司核发了规划设计条件通知书。2008年4月22日，庆阳

---

〔1〕　一审判决书：甘肃省庆阳市中级人民法院（2014）庆中民初字第24号。

市国土资源局给庆阳土地储备中心下发新增建设用地收购储备交办单，并在该交办单中备注：2008 年 4 月 7 日预审通过，储备中心按程序收储土地，规划选址为商业居住用地，按招拍挂方式出让。2008 年 10 月 15 日，庆阳土地储备中心（甲方）与百达公司（乙方）签订了征地预缴保证金协议，约定：甲方按法定程序组织该宗地的出让活动，乙方保证按要求参加甲方组织的此宗地招标拍卖挂牌出让活动。如乙方能成功受让此宗地的土地使用权，则交纳的保证金用于抵顶出让价款，长退短补。如未能受让，甲方应于出让活动结束后 5 个工作日将上述保证金全额退给乙方。

二、法律问题

1. 百达公司与庆阳土地储备中心及西峰区政府之间是否存在土地出让合同？
2. 国有土地使用权出让的法律性质。

三、重点提示

土地使用权的出让，即国家作为土地的所有者将其可支配的土地有偿供应给用地者；国家通过对土地的垄断经营，以招标、拍卖等转让方式保障政府收入的增加和土地供求关系的动态平衡；土地使用权出让，应当签订书面出让合同。土地使用权出让合同由市、县人民政府土地管理部门与土地使用者签订。本案中，百达公司并未与土地管理部门签订任何书面土地出让合同，仅在 2008 年 10 月 15 日和庆阳土地储备中心签订了征地预缴保证金协议。在该协议中，仅约定了保证金的数额及交款期限，并约定了土地的出让方式为招拍挂，据此不能认定双方之间存在土地出让合同。

案例二：台山市国土资源局与台山市荣富房地产开发有限公司土地行政管理纠纷案[1]

一、基本案情

荣富公司成立于 2011 年 11 月 14 日，是经工商部门登记的有限责任公司（自

---

〔1〕 一审行政判决书：广东省江门市江海区人民法院（2017）粤 0704 行初 8 号。二审判决书：广东省江门市中级人民法院（2017）粤 07 行终 136 号。

然人独资），法定代表人是杨军华，公司统一社会信用代码为××××××××××××××。荣富公司于 2011 年 11 月参加台山市国土局土地交易中心的挂牌拍卖，竞得涉案土地使用权，并与台山市国土局签订了涉案的《国有建设用地使用权出让合同》。合同约定在 2012 年 12 月 14 日之前开工，在 2014 年 12 月 13 日之前竣工。但直到 2014 年 4 月 30 日台山市国土局向荣富公司发出《闲置土地调查通知书》时，仍未开工。2014 年 5 月 28 日，台山市国土局向荣富公司发出台国土资监字〔2014〕1355 号《闲置土地调查通知书》，告知荣富公司其受让的前述宗地未按规定进行建设，违反了《中华人民共和国土地管理法》等相关规定，造成土地闲置，要求其收到通知书 30 日内向台山市国土局书面报告土地闲置情况并接受调查处理。2015 年 6 月，台山市国土局通过 EMS 邮寄方式向荣富公司的法定代表人杨军华发出台国土资监字〔2015〕1084 号《闲置土地调查通知书》，告知荣富公司：其受让的前述宗地未按规定进行建设，违反了《中华人民共和国土地管理法》等相关规定，土地涉嫌闲置；2014 年 6 月 30 日，台山市端芬镇人民政府去函告知台山市国土局涉案地块因为拆迁补偿、市政下水道设施、税费缴交等三个问题未解决完善而无法动工建设，造成闲置；根据《闲置土地处置办法》第 8 条的规定，该宗土地可能符合申请延期的条件。

二、法律问题

1. 从法律层面，如何确定闲置土地的标准？
2. 从立法目的和立法背景的角度分析，为什么要对闲置土地的行为进行处置？

三、重点提示

出让房地产以前要有一定的投资，但这只是出让方式取得后转让的条件，法律并没有规定再转让的条件。也就是说，在一定程度上，房地产再转让行为无法可依。再加上土地转让管理疏漏，国有土地使用权的流转存在着"转让—受让—再转让—再受让"循环往复的现象，这就是"炒地皮"，而土地闲置的规定对此有一定程度的约束力。

案例三：松滋市金帝置业有限责任公司诉陈某明合伙协议纠纷案[1]

一、基本案情

松滋金帝置业公司成立于 2008 年 12 月 10 日，注册资本 1000 万元，经营范围：房地产开发、房屋工程建设、建筑安装、物业管理（凭相关资质证经营）等。松滋金帝置业公司实际取得房地产开发资质，无其他经营项目的资质。为便于开展开发项目的前期筹备工作，2008 年 12 月 22 日，松滋金帝置业公司任命陈高明为"金帝苑"项目负责人，全面负责和具体实施该项目的开发工作。松滋金帝置业公司向陈高明收取"管理费" 1 万元。2010 年 1 月 26 日，由陈某明及其合伙人邓某炯、蒋某群共同出资，以松滋金帝置业公司名义取得位于松滋市新江口××大道南侧××1115.83 ㎡的居住用地《建设用地规划许可证》，用于开发"金帝苑"商品房项目。2010 年 9 月 6 日，松滋金帝置业公司（合同甲方）与"金帝苑项目部（陈某明）"（合同乙方）签订"合作协议"。主要条款约定：1. 甲方应及时给乙方提供合法、有效的各项手续（营业执照、资质证书及相关资料）；2. 甲方安排会计（乙方承担 1000 元/月费用）协助乙方做好月报表，按税务（机关）要求报税务及相关单位（一切税费由乙方承担）；3. 银行按揭款项到达甲方账户（预留税款及相关保证金 5%）后，及时划拨给乙方；4. 因乙方过错给甲方造成损失的，甲方有权终止协议，并要求乙方赔偿损失；5. 乙方应依法缴纳税款，及时划拨工程款和履行相关的债权债务，如有拖欠，一切由乙方负责，甲方不承担任何责任；6. 乙方应做好项目的安全措施，如发生任何安全事故概由乙方负责；7. 乙方对外的一切合同须经甲方同意方能签署，否则无效。在开发过程中，"金帝苑"项目的建设工程发包给具有建筑资质的施工企业承建，于 2011 年 12 月竣工。但因该建筑工程超出规划面积、部分配套设施不合格、未清缴税款等原因，一直未通过竣工验收，由此，其不能协助业主办理产权登记。在"金帝苑"项目开发过程中，松滋金帝置业公司除安排一名专职会计负责向相关部门呈交财务报表外，既未投入资金，也未安排"持有资格证书的房地产专业、建筑工程专业的专职技术人员"参与开发经营和管理。

二、法律问题

没有建筑资质而借用企业名义对外签订建设工程合同的挂靠经营行为是否符合法律规定？

三、重点提示

挂靠经营行为就是一些自然人、合伙组织利用企业法人的独立人格和资质，规避了国家法律政策对个体私营经济在税收、货数、业务范围等方面的限制，并且利用所挂靠的企业法人的独立人格获得了自身难以取得的交易信用与经济利益的行为。我国《建筑法》第 12 条规定："从事建筑活动的建筑施工企业、勘察单位、设计单位和工程监理单位，应当具备下列条件：①有符合国家规定的注册资本；②有与其从事的建筑活动相适应的具有法定执业资格的专业技术人员；③有从事相关建筑活动所应有的技术装备；④法律、行政法规规定的其他条件。"第 14 条规定："从事建筑活动的专业技术人员，应当依法取得相应的执业资格证书，并在执业资格证书许可的范围内从事建筑活动。"正是由于《建筑法》对从事建筑活动的主体作出了以上规定，许多不具有或达不到法律规定条件的单位、个人便企图用"冒名"的方式，在"合法"的外衣掩盖下，进行追逐利益的活动。

案例四：黄山市金联投资置业有限公司与黄山市方圆房地产开发有限公司建设用地使用权转让纠纷案[1]

一、基本案情

金联公司原法定代表人韩某等投资兴建黄山紫光优蓝机器人项目，政

---

〔1〕 一审判决书：安徽省休宁县人民法院（2016）皖 1022 民初 951 号。二审判决书：安徽省黄山市中级人民法院（2017）皖 10 民终 270 号。

府奖励其 10 亩商住用地。2012 年 9 月 28 日，作为甲方的金联公司与作为乙方的方圆公司签订了《协议书》，约定金联公司将坐落于休宁县尧舜工业园区、欧罗巴后面地块，面积为 10 亩的商住用地，按政府出让现状，转让给方圆公司。2013 年 5 月 9 日休宁县国土资源局与金联公司签订了《国有建设用地使用权出让合同》，2013 年 11 月 15 日金联公司取得了休国用〔2013〕第 1195 号国有土地使用权证。涉案土地一直未进行任何开发。

二、法律问题

1. 金联公司与方圆公司之间房地产开发项目的转让是否符合法律规定？
2. 从立法层面思考，为何要对房地产开发项目的转让进行限制？

三、重点提示

房地产开发项目的转让就是项目权利人将项目权利和义务一并转移给受让人的行为。转让人与受让人之间通过合同方式约定双方权利与义务。在实践中，房地产开发企业直接"拿地"并不容易，因而通过项目转让方式取得房地产开发用地使用权成为房地产开发企业"拿地"的主要方式之一。根据房地产开发项目的权利内容，项目转让实际上包括土地使用权的转让和开发建设权利的转让。项目所有权是合同的标的，转移后转让方不再享有土地使用权和开发建设权，这是项目转让与合作开发的主要区别。根据《城市房地产开发经营管理条例》和《城市房地产管理法》的规定，在实务操作中，项目直接转让应当具备下列法定条件：①转让人和受让人都应当具备房地产开发经营资格，但受让方受让项目后作自用情形的除外。②转让人已经合法取得土地使用权，并已交付了土地出让金。如果是划拨土地，应当已经办理有关批准手续和补交土地出让金。③转让的项目应当已经依法得到批准，有规划建筑、施工许可证，手续合法。④项目用地已形成建设用地条件。转让方已按照出让合同约定进行投资开发，属于房屋建设工程的，需要已完成开发投资总额的 25% 以上；属于成片开发土地的，需要形成工业用地或其他建设用地条件。

拓展资料

专题三十三　拓展阅读资料

第四编

其他经济法律制度

称的问题，充分保护消费者的合法权益，又要明确消费者的初步举证的义务，及时查明案情，分清是非责任。"可见，《消费者权益保护法》第 23 条第 3 款并非简单地适用举证责任倒置规定，而是对经营者和消费者的举证责任进行分割，即由消费者承担初步的举证责任，证明其接受的商品或者服务存在瑕疵，再由经营者承担 6 个月内的瑕疵证明责任。

第一，关于消费者承担的初步举证责任。《消费者权益保护法》没有明确规定消费者初步证明责任的范围，仅要求消费者证明商品或者服务存在瑕疵。《消费者权益保护法》第 23 条第 1 款、第 2 款、《产品质量法》第 26 条规定，瑕疵包括两种类型，一是不具备在正常使用商品或者接受服务的情况下应当具有的质量、性能、用途和有效期限，但消费者在购买该商品或者接受该服务前已经知道该瑕疵，并且存在该瑕疵不违反法律强制性规定的除外；二是商品或者服务的实际质量状况与表明的质量状况不相符。除了证明商品存在瑕疵之外，消费者还应当证明其与经营者之间存在交易关系，即证明其向经营者购买了系争商品或者服务。

第二，关于经营者承担进一步的证明责任。消费者完成初步举证即可推定该商品或者服务存在瑕疵，依据举证责任倒置的规定，商品不具有瑕疵的举证责任便转移给经营者，由经营者证明推定事实不存在。《消费者权益保护法》第 23 条第 3 款规定，消费者自接受商品或者服务之日起 6 个月内发现瑕疵，"由经营者承担有关瑕疵的举证责任"。"有关瑕疵的举证责任"，依据《通知》第 4 条的规定，经营者应当提供充分的证据证明商品不存在质量问题，或者证明消损害是由于消费者使用不当等原因造成的。如果经营者不能提供证据证明商品或者服务不存在瑕疵，应当承担对其不利的法律后果。《消费者权益保护法》第 23 条第 1 款规定了经营者瑕疵证明责任的免责条件，即"消费者在购买商品或者接受该服务前已经知道其存在瑕疵，且存在该瑕疵不违反法律强制性规定"，经营者可以提供证据证明在购买该商品或者服务之前，消费者已经知道该瑕疵的存在，并且存在该瑕疵不违反法律的强制性规定。

第三，关于《消费者权益保护法》第 23 条举证责任倒置的适用范围。《消费者权益保护法》关于举证责任倒置的规定的适用是有条件的。①适用的商品或服务范围。依据该条规定，举证责任倒置的规定仅适用于经营者提供的机动车、计算机、电视机、电冰箱、空调器、洗衣机等耐用商品或者装饰装修等服务，不属于该范围内的商品或者服务，仍由消费者承担全部的证明责任。②适用的时间范围。根据该条规定，"消费者自接受商品或者服务之日起 6 个月内发现瑕疵"，经营者承担有关瑕疵的举证责任的时间范围是自消费者接受商品或者服务之日起 6 个月内。消费者自接受商品或者服务之日起超过 6 个月后才发现瑕疵的，经营者不再承担有关瑕疵的举证责任；消费者也不能依据《消费者权益保护法》第 23 条第 3 款要求经营者承担举证责任。

📚 经典案例

长安福特汽车有限公司诉班某勇等产品责任纠纷案[1]

一、基本案情

2016 年 2 月 3 日，班某勇向贵州华通华特汽车贸易服务有限公司（以下简称华通公司）购买了由长安福特汽车有限公司（以下简称福特公司）生产的福特牌 CAF6490A54 型多用途乘用车一辆，价格为 331 800 元。2016 年 3 月 1 日，班某勇向贵州省贵定县国家税务局交纳了车辆购置税 28 358.97 元，并将所购车辆在该地区登记，车辆号牌为贵 J××××。同年 3 月 30 日，原告班某勇将贵 J××××号车停放在贵阳市某某区某某一中，停放过程中，该车燃烧，现已毁损，且停放在华通公司内。经班某勇与华通公司、福特公司共同确定，该车毁损后残值为 500 元。

2016 年 4 月 11 日，贵阳市公安局某某分局刑事侦查大队出具情况说明一份，载明：燃烧车辆车牌为贵 J××××，现场未发现燃烧车辆被认为纵火的痕迹。同年 4 月 27 日，贵阳市公安消防支队某某区大队作出一份《火灾事故认定书》，主要载明：起火车辆为班某勇使用的车牌号为贵 J××××的车辆，着火车辆起火部位为车辆前引擎盖下发动机舱，车体基本烧毁。经调查，对起火原因认定如下：该起火灾发生时，着火车辆起火部位为车辆前引擎盖下发动机舱，排除防火、雷击、遗留火种等引起火灾的可能，不排除电

---

[1] 贵州省贵阳市中级人民法院（2017）黔 01 民终第 6031 号民事判决书。

气线路短路导致的车辆燃烧。

车辆毁损后，各方当事人对车辆燃烧原因发生争议，班某勇认为车辆燃烧是因华通公司销售的、福特公司生产的车辆产品问题造成，遂诉至法院。一审法院另查明，班某勇购买的贵J×××××号车，购车时附有整车出厂合格证，整车质保期为3年或10万公里。经审理，一审法院判决涉案车辆的生产者福特公司赔偿班某勇因车辆燃烧造成的损失并驳回班某勇的其余诉讼请求。福特公司不服判决，向贵阳市中级人民法院提起上诉。

二、法律问题

1. 本案属于产品质量纠纷还是产品责任纠纷？
2. 本案的举证责任如何分配？

【法院裁判结果】

一审法院裁判结果：一审法院依照《合同法》第107条"当事人一方不履行合同义务或者履行合同义务不符合约定的，应当承担继续履行、采取补救措施或者赔偿损失等违约责任"、第113条第2款"经营者对消费者提供商品或者服务有欺诈行为的，依照《消费者权益保护法》的规定承担损害赔偿责任"，《消费者权益保护法》第23条，《产品质量法》第46条，《民事诉讼法》第64条的规定判决：①福特公司赔偿班某勇因车辆燃烧造成的损失356 057.38元；②驳回原告班某勇的其余诉讼请求。

二审法院裁判结果：二审法院依照《民事诉讼法》第170条第1款第1项的规定，判决驳回福特公司的上诉请求，维持原判。

三、法理分析

（一）消费者要求产品的生产者或者销售者承担因产品质量缺陷原因而造成的人身、财产损害赔偿的，属于产品责任纠纷

欲认定本案属于产品质量纠纷还是产品责任纠纷，应当先明确产品责任与产品质量责任的概念区分。产品责任，又称为产品侵权损害赔偿责任，是因产品存在质量缺陷而造成他人人身、缺陷产品以外的其他财产（以下简称他人财产）损害所产生的，是一种无过错责任。《产品质量法》第43条规定：

"因产品存在缺陷造成人身、他人财产损害的，受害人可以向产品的生产者要求赔偿，也可以向产品的销售者要求赔偿。属于产品的生产者的责任，产品的销售者赔偿的，产品的销售者有权向产品的生产者追偿。属于产品的销售者的责任，产品的生产者赔偿的，产品的生产者有权向产品的销售者追偿。"依据该条规定，消费者因缺陷产品造成人身、财产损害的，可以向产品的生产者求偿，也可以向产品的销售者要求赔偿。最终，在生产者和销售者当中，由存在过错的一方对产品缺陷承担最终的责任。《产品质量法》上的产品责任可以分为两类：一类是由生产者承担的产品责任，《产品质量法》第41条第1款规定："因产品存在缺陷造成人身、他人财产损害的，生产者应当承担赔偿责任。"即由于生产者的原因致使产品存在缺陷，造成人身或者他人财产损失，缺陷产品的生产者应当承担责任；另一类是由销售者承担的产品责任，依据《产品质量法》第42条的规定，由于销售者的过错导致产品存在缺陷，造成人身或者他人财产损失，缺陷产品的销售者应当承担责任。此外，若销售者不能指明缺陷产品的生产者也不能指明缺陷产品的供货者的，也应当承担赔偿责任。

产品质量责任，又称产品质量瑕疵担保责任，是指销售者违反担保义务，销售的产品存在瑕疵而由销售者承担的违约责任。[1]关于销售者的产品质量担保义务，《产品质量法》第40条第1款规定："售出的产品有下列情形之一的，销售者应当负责修理、更换、退货；给购买产品的消费者造成损失的，销售者应当赔偿损失：①不具备产品应当具备的使用性能而事先未作说明的；②不符合在产品或者其包装上注明采用的产品标准的；③不符合以产品说明、实物样品等方式表明的质量状况的。"据此，销售者的产品质量担保义务可以分为两类：①明示担保义务，即具备产品应当具备的使用性能；②默示担保义务，即产品采用的产品标准应当符合在产品或者其包装上注明采用的产品标准，产品的质量应当符合以产品说明、实物样品等方式表明的质量状况。销售者销售商品无论违反哪种义务，都应承担责任。

本案中，经二审开庭审理查明，班某勇要求华通公司、福特公司承担责任的主张虽然与涉案车辆的质量问题有交叉，但其真实意思是要求车辆的生产者或者销售者承担因汽车质量缺陷发生自燃后造成其财产损害的赔偿责任。

---

〔1〕 亓培冰、张江莉：《产品责任前沿问题审判实务》，中国法制出版社2014年版，第76页。

| 第十五章 |

消费者保护法

专题三十四　惩罚性赔偿

📚 知识概要

依据《中华人民共和国消费者权益保护法》（以下简称《消费者权益保护法》）第 2 条，消费者是"为生活消费需要而购买、使用商品或者接受服务"的自然人。自然人在购买商品之后用于再次销售或其他生产经营活动，或者虽没有将商品用于再次销售或其他生产经营活动，但以营利为目的购买涉案商品，再向销售者索赔，不属于为生活消费而购买商品，属于"知假买假"行为。国务院法制办公布的《消费者权益保护法实施条例（送审稿）》第 2 条也规定，"自然人、法人或其他组织以牟利为目的购买、使用商品或接受服务的，不适用本条例。"2017 年 5 月 19 日，最高人民法院办公厅在《对十二届全国人大五次会议第 5990 号建议的答复意见（法办函〔2017〕181 号）》中表示，考虑在除食品、药品领域之外，逐步限制职业打假人的牟利性打假行为。因而，除了食品、药品领域，消费者的"知假买假"行为将无法依据《消费者权益保护法》第 55 条关于消费欺诈的条款获得保护。

在其他情况下，经营者在提供商品或者服务存在欺诈行为，损害消费者权益的，仍应承担惩罚性赔偿的法律责任。惩罚性赔偿，是根据经营者欺诈行为在主观上的可责性，为惩罚经营者的不法行为并阻遏将来类似不法行为的发生，由经营者支付给受损害的消费者除补偿性损害赔偿金之外的赔偿金的一种赔偿制度。[1]《消费者权益保护法》第 55 条第 1 款规定的惩罚性赔偿金额为商品的价款或者服务费用的 3 倍；增加赔偿的金额不足 500 元的，为 500 元。《中华人民共和国食品安全法》（以下简称《食品安全法》）第 148 条第 2 款规定了价款 10 倍或者损失 3 倍的惩罚性赔偿，增加赔偿的金额不足 1000 元的，为 1000 元。《最高人民法院关于审理商品房买卖合同纠纷案件适用法律若干问题的解释》第 9 条规定，出卖人订立商品房买卖合同时存在法定情形的，应承担不超过已付购房款 1 倍的赔偿责任。

📑 经典案例

王某君与徐州雅莲连锁超市有限公司凭样品买卖合同纠纷上诉案[2]

一、基本案情

2016 年 5 月 16 日，王某君分别 7 次在雅莲公司处购买 7 瓶"燕京 11 度纯生啤酒"（以下简称纯生啤酒）及其他商品。纯生啤酒生产日期为 2015 年 5 月 22 日 9 时 41 分，保质期 360 天，单价 5.50 元/瓶。王某君购买上述商品后，以纯生啤酒超过保质期为由要求雅莲公司赔偿但遭到雅莲公司拒绝。王某君遂起诉雅莲公司，要求雅莲公司退还货款 38.50 元、十倍赔偿 7000 元、赔偿复印费 30 元、交通费 20 元、误工费 150 元，合计 7238.50 元。庭审中，王某君放弃了要求赔偿复印费 30 元、交通费 20 元、误工费 150 元的诉讼请求。

一审法院另查明，自 2016 年 5 月起，王某君以产品销售者责任纠纷为由在徐州市、宿迁市的相关法院对相关超市提起民事诉讼并要求赔偿的案件已有近百起，其诉讼理由均围绕过期食品、食品标签是否规范、储存条件是否符合标准等问题，并依据《消费者权益保护法》《食品安全法》等法律中关于惩罚性赔偿的规定主张 10 倍赔偿。该类案件中，王某君购买的商品价格均较低，且每件商品分开结账、独立开票，购买时间点高度

---

[1] 参见马一德：《消费者权益保护专论》，法律出版社 2017 年版，第 202 页。
[2] 江苏省徐州市中级人民法院（2018）苏 03 民终 659 第号民事判决书。

集中。

二、法律问题

1. 王某君是否属于《消费者权益保护法》所保护的"消费者"？

2. 雅莲公司是否构欺诈？

3. 王某君能否以《消费者权益保护法》为依据主张惩罚性赔偿？

4. 雅莲公司在本案中应承担何种责任？

【法院裁判结果】

一审法院依照《最高人民法院关于民事诉讼证据的若干规定》第 2 条、《消费者权益保护法》第 2 条、《食品安全法》第 34 条、第 148 条的规定，判决：①王某君应于判决生效之日起 10 日内退还徐州雅莲连锁超市有限公司"燕京 11 度纯生啤酒"7 瓶，徐州雅莲连锁超市有限公司应在收到王某君退货的同时返还王某君货款 38.50 元；②驳回王某君要求徐州雅莲连锁超市有限公司赔偿 7000 元的诉讼请求。

王某君不服一审判决，向徐州市中级人民法院人民法院提起上诉，请求撤销原审判决，依法判令雅莲公司退还货款 38.5 元、赔偿 7000 元。二审法院依据《消费者权益保护法》第 2 条、《中华人民共和国民事诉讼法》第 170 条第 1 款第 1 项的规定，判决：驳回上诉，维持原判。

三、法理分析

（一）王某君是否具有《消费者权益保护法》上的"消费者"身份

《消费者权益保护法》第 2 条规定："消费者为生活消费需要购买、使用商品或者接受服务，其权益受本法保护；本法未作规定的，受其他有关法律、法规保护。"根据该条规定，消费者具有的一个重要特性是"为生活消费"，为生活消费而购买、使用商品或者接受服务，而非为生产经营消费。

一审法院主要从四个方面否定王某君的消费者身份。首先，在购买时间、数量上，2016 年 5 月 16 日 11 时 57 分、17 时 15 分、17 时 16 分 11 秒、17 时 16 分 58 秒、17 时 25 分、18 时 52 分，王某君分别 7 次在雅莲公司处购买"燕京 11 度纯生啤酒"共 7 瓶及其他商品。王某君多次购买涉案商品，具有反复性、持续性，且购买时间点高度集中。其次，在购买方式上，王某君购买一件商品开一张购物发票，并按购物发票张数向雅莲公司主张惩罚性赔偿，与因生活需要购买商品的消费行为特征不符。再次，王某君购买涉案商品后，既没有将购买的商品用于再次销售或其他生产经营活动，也没有用于自己的生活消费；至庭审时商品包装均完好无损，且王某君在购买后即以商品已过保质期为由向雅莲公司索赔，表明其购买商品并非为了生活需要。最后，王某君在短期内多次以类似的产品责任纠纷为由，以惩罚性赔偿为依据，提起民事诉讼，且每起案件的诉讼标的额控制在 10 000 元以下、诉讼费用为诉讼收费标准的最低数额 50 元，使其可能获得的赔偿数额与其投入的货款及诉讼费用之比达到最高倍比，更印证了王某君的购买行为具有营利性。

因此，王某君购买涉案商品的时间、数量、方式均超出了为生活需要购买商品的普通消费者的合理时间、数量及方式，故认定王某君不属于《消费者权益保护法》所保护的"消费者"。

（二）关于雅莲公司是否构成欺诈

雅莲公司是否存在欺诈行为是适用《消费者权益保护法》中惩罚性赔偿条款的必要条件。雅莲公司销售的纯生啤酒生产日期为 2015 年 5 月 22 日 9 时 41 分，保质期为 360 天，至 2016 年 5 月 16 日，该商品已过保质期。我国《食品安全法》规定，禁止生产经营已过保质期的食品。雅莲公司作为食品经营者，应充分知晓其所经营食品的生产日期、保质期等食品的基本信息。雅莲公司明知其销售的纯生啤酒已过保质期而继续销售，属于经营明知是不符合食品安全标准的食品。

认定雅莲公司在本案中是否存在欺诈行为，需要从以下几点进行分析：

第一，雅莲公司是否存在欺诈的故意。雅莲公司明知其销售的纯生啤酒已过保质期而继续销售，具有欺诈消费者的故意。

第二，雅莲公司实施了欺诈消费者的行为。按照《关于贯彻〈中华人民共和国民法通则〉若干问题的意见》第 68 条的规定，欺诈包括"故意隐瞒真实情况"或者"故意告知对方虚假情况"两种，即，经营者可能通过积极的行为也可能通过消极的行为实施欺诈消费者的行为。在消极的欺诈行为中，

经营者一般会对商品的重要信息采取"沉默"的态度。本案中，雅莲公司对纯生啤酒已过保质期的信息采取"沉默"的态度，应下架而不下架，应属对消费者实施了欺诈行为。

第三，王某君因雅莲公司的欺诈行为陷入认识错误，并基于认识错误而做出错误的购买行为。一审法院认定王某君对其购买的纯生啤酒已过保质期的事实为明知，并且王某君基于明知该啤酒已过保质期而购买，属于"知假买假"行为。王某君对其购买的啤酒的生产日期、保质期的信息已充分了解，不存在陷入认识错误，其欲证明雅莲公司构成欺诈，证据不足，因而无法认定雅莲公司构成欺诈。

（三）王某君能否以《消费者权益保护法》为依据主张惩罚性赔偿

王某君上诉请求二审法院撤销原判，依法判决雅莲公司承担退还货款和赔偿其商品价款 10 倍的惩罚性赔偿责任。《消费者权益保护法》第 55 条、《食品安全法》第 148 条，要求经营者承担惩罚性赔偿的前提是购买者的身份应当是"消费者"。前述已经分析王某君不具备消费者身份。江苏省高级人民法院《关于审理消费者权益保护纠纷案件若干问题的讨论纪要》第 2 条规定："对于食品、药品消费领域，购买者明知商品存在质量问题仍然购买的，其主张惩罚性赔偿的，人民法院予以支持，但自然人、法人或其他组织以牟利为目的购买的除外。"

一审法院审理查明的事实，二审法院予以认定。在购买商品的目的上，二审法院认为，以牟利为目的的知假买假者与一般消费者存在显著的差异。一般消费者购买商品，可能是为满足自己的生活所需，也可能是为他人或者代理他人购买生活用品，或者是出于收藏、保存、赠与的目的而购买商品。而知假买假者购买商品存在牟利动机，其目的在于获取一定的经济利益，以牟利为目的的知假买假者不应认定为"消费者"，亦不能获得《消费者权益保护法》及相关司法解释为保护消费者而设定的权益保障。

二审中，王某君和雅莲公司均没有提交新的证据。针对王某君的上诉请求，二审法院对王某君的知假买假行为进行进一步的论证。

根据一审法院已查明的事实，近年来，王某君以产品销售者责任纠纷为由在徐州、宿迁两地法院提起诉讼要求赔偿的案件已有百余起，涉案商品数百件，案件被告涉及多家不同商场、超市。王某君购买商品的行为具有高度集中性，并且大多按照单件分开结账，一单一票；其提起的诉讼也多围绕商品广告、标签是否规范、是否存在瑕疵，添加剂含量是否达标等问题就同种产品、同类问题为由提起多起诉讼，依据《消费者权益保护法》《食品安全法》等法律中关于惩罚性赔偿的规定，试图对每一件商品获得超出商品价款数十倍以上的赔偿。

据此，可认定王某君在购买涉案商品前，对涉案商品的情况具有深入了解和研究，所购商品自然不会对王某君产生欺诈和误导。王某君购买涉案商品并非出于生活消费需要，所购买的商品亦未对其构成实际伤害，其购物行为具有明显的牟利意图。因此，王某君要求雅莲公司承担惩罚性赔偿要求不应得到支持。

（四）关于雅莲公司应承担的责任

王某君在本案中要求雅莲公司承担退还货款 38.50 元和承担 7000 元的惩罚性赔偿的责任。

第一，关于退还货款 38.50 元的责任。《食品安全法》第 34 条第 10 项规定禁止生产经营标注虚假生产日期、保质期或者超过保质期的食品。在本案中，王某君从雅莲公司处购买的纯生啤酒已过保质期，该啤酒应为不符合食品安全标准的食品。《消费者权益保护法》第 24 条规定，经营者提供的商品不符合质量要求的，消费者可以依照国家规定、当事人约定退货。《食品安全法》第 148 条第 1 款规定，消费者因不符合食品安全标准的食品受到损害的，可以向经营者要求赔偿损失，也可以向生产者要求赔偿损失。雅莲公司作为食品经营者，应充分知晓其经营的食品的生产日期、保质期等食品信息，其明知纯生啤酒已过保质期而继续销售，属于经营明知是不符合食品安全标准的食品。故雅莲公司应退还王某君货款 38.50 元。

第二，关于雅莲公司是否应当赔偿王某君 7000 元，即雅莲公司是否应当承担惩罚性赔偿责任的问题。王某君上诉主张本案应适用《消费者权益保护法》《食品安全法》及相关法律规定支持其要求雅莲公司承担惩罚性赔偿的请求。《食品安全法》第 148 条第 2 款规定："生产不符合食品安全标准的食品或者经营明知是不符合食品安全标准的食品，消费者除要求赔偿损失外，还可以向生产者或者经营者要求支付价款 10 倍或者损失 3 倍的赔偿金；增加赔偿的金额不足 1000 元的，为 1000 元。"《最高人民法院关于审理食品药品纠

纷案件适用法律若干问题的规定》第 3 条规定："因食品、药品质量问题发生纠纷，购买者向生产者、销售者主张权利，生产者、销售者以购买者明知食品、药品存在质量问题而仍然购买为由进行抗辩的，人民法院不予支持。"上述法律及司法解释均明确规定可以要求赔偿损失并主张惩罚性赔偿的主体为消费者。而依据前述论述及法院认定，王某君不具有消费者的身份，其依据消费者身份主张权利无法获得支持。此外，一、二审法院援引江苏省高院《关于审理消费者权益保护纠纷案件若干问题的讨论纪要》第 2 条："对于食品、药品消费领域，购买者明知商品存在质量问题仍然购买的，其主张惩罚性赔偿的，人民法院予以支持，但自然人、法人或其他组织以牟利为目的的购买的除外"的规定，驳回了王某君的请求。法院认为，王某君试图通过购买商品获取惩罚性赔偿，并就相同商品或相同经营者提起反复、持续、分散的诉讼，具有明显的牟利目的，其行为违反了民事活动应当遵循的自愿、公平、等价有偿、诚实信用原则，故王某君要求雅莲公司 10 倍赔偿 7000 元的诉讼请求，于法无据。

四、参考意见

关于王某君是否属于《消费者权益保护法》所保护的"消费者"。依据《消费者权益保护法》第 2 条，"消费者为生活消费需要购买、使用商品或者接受服务，其权益受本法保护；本法未作规定的，受其他有关法律、法规保护"，消费者具有的一个重要特性就是"为生活消费"而购买、使用商品或者接受服务，而非为生产经营消费。判断购买商品的当事人是否为《消费者权益保护法》所保护的消费者，可以结合其在购买时间、数量，购买行为的特征，购买商品的用途以及该当事人以往的消费行为方面的因素综合分析。如果购买商品的当事人在购买时间、数量、方式均超出了为生活需要购买商品的普通消费者的合理时间、数量及方式，应认定王某君不属于《消费者权益保护法》所保护的"消费者"。

关于雅莲公司是否构欺诈。《消费者权益保护法》第 55 条认定经营者构成欺诈，承担惩罚性赔偿责任的行为要求经营者的行为符合"行为 + 结果"的要件，即经营者以欺诈故意实施了欺诈行为，消费者陷入错误认识并因之遭受损害。特定到食品安全领域，食品经营者在经营过程中，应充分知晓其所经营食品的生产日期、保质期等基本信息，发现不符合食品安全标准的食品应当及时作下架处理。

关于王某君能否以《消费者权益保护法》主张惩罚性赔偿。自然人、法人或者其他组织以牟利为目的购买其明知为存在问题的商品的行为，不适用惩罚性赔偿条款。具有牟利目的的购买者事前已经对商品做了深入的了解和研究，经营者的欺诈经营行为不会对其产生误导。不应当将符合上述条件的购买者认定为《消费者权益保护法》中的"消费者"。

关于雅莲公司在本案中应当承担的责任。民事活动应当遵循自愿、公平、等价有偿、诚实信用原则。经营者违反法律法规规定经营明知是不符合食品安全的食品，消费者可以向经营者主张损害赔偿。经营者的行为符合惩罚性赔偿的适用条件的，应以惩罚性赔偿条款作出处罚决定。但消费者以营利为目的，就相同商品或者经营者提起反复、持续、分散的诉讼，以获取惩罚性赔偿的，不应当适用惩罚性赔偿条款。牟利型消费行为因违背了《消费者权益保护法》等保护消费者权益的法律规定之宗旨，应当排除在惩罚性赔偿条款的"保护罩"之外。不过，依据《食品安全法》第148条第2款，"生产不符合食品安全标准的食品或者经营明知是不符合食品安全标准的食品，消费者除要求赔偿损失外，还可以向生产者或者经营者要求支付价款10倍或者损失3倍的赔偿金；增加赔偿的金额不足1000元的，为1000元……"在食品安全领域，经营者即使没有构成欺诈行为，但是"生产不符合食品安全标准的食品"，仍然可以被消费者主张惩罚性赔偿。

◈ 拓展案例

案例一：马某琴、赵某培生命权、健康权、身体权纠纷案[1]

一、基本案情

2014年1月23日，赵某培向马某琴开办的平顶山市新华区小凤美容店支付3000元，小凤美容店为赵某培做双眼皮手术，手术后，赵某培出现了双眼红肿，双眼不自然，右眼睑外翻，双侧不对称，疤痕明显等情况，为了修复

---

〔1〕 河南省平顶山市中级人民法院（2018）豫04民终第812号民事判决书。

眼睑，赵某培到郑州市某某区虎珂美容门诊进行了修复手术，花费修复费用19 000元，现双方因赔偿问题无法达成一致意见，诉至法院。赵某培向法院请求判令马某琴赔偿其3倍的美容费9000元、误工损失15 000元、精神损失费6000元、美容修复费用19 000元。

二、法律问题

1. 小风美容店的经营行为是否构成欺诈？

2. 马某琴是否应当承担赵某培人身损害、医疗费用及误工损失的赔偿责任？

3. 赵某培的精神损害赔偿请求能否得到支持？

三、重点提示

赵某培主张马某琴构成欺诈，应当举证证明马某琴的欺诈行为成立。马某琴经营的小风美容店没有相应的医疗机构执业许可证，其需证明自己没有实施欺骗、误导消费者的行为，否则应当承担不利的法律后果。《消费者权益保护法》第55条第1款规定，经营者提供商品或者服务有欺诈行为的，应当按照消费者的要求增加赔偿其受到的损失，增加赔偿的金额为消费者购买商品的价款或者接受服务的费用的3倍；增加赔偿的金额不足500元的，为500元。法律另有规定的，依照其规定。该法第49条规定，经营者提供商品或者服务，造成消费者或者其他受害人人身伤害的，应当赔偿医疗费、护理费、交通费等为治疗和康复支出的合理费用，以及因误工减少的收入。造成残疾的，还应当赔偿残疾生活辅助具费和残疾赔偿金。造成死亡的，还应当赔偿丧葬费和死亡赔偿金。

案例二：南京煦戈生物科技有限公司与程某全网络购物合同纠纷上诉案[1]

一、基本案情

2017年3月18日，程某全从煦戈公司的1688商城经营的店铺中购买了8

---

〔1〕　北京市中级人民法院（2018）京02民终第3038号民事判决书。

盒"人参肉桂复合粉"（养生咖啡），单价 168 元，共计货款 1344 元。程某全向法院提交了《卫生部 2012 年第 17 号关于批准人参（人工种植）为新资源食品的公告》（以下简称《卫生部公告》）和涉案商品实物外包装载明人参（人工种植）的基本信息，涉案商品实物外包装上载明的人参（人工种植）的基本信息与《卫生部公告》中载明的基本信息不一致。涉案商品外包装中应当标注而未标注食用限量以及不适宜人群，亦未标注人参（人工种植）在涉案商品中的含量。程某全因此起诉煦戈公司，请求法院判令煦戈公司返还购物款 1344 元，并依据《食品安全法》给予程某全购物价款的 10 倍赔偿金 13 440 元。经一审法院询问，程某全述称涉案商品已食用 1 盒，还剩 7 盒没有食用。

二、法律问题

1. 涉案商品是否符合食品安全标准及是否对消费者构成误导？

2. 程某全是否有权主张 10 倍的惩罚性赔偿？

3. 经营者承担 10 倍的惩罚性赔偿责任是否以造成消费者人身伤害、财产损失为前提？

三、重点提示

《食品安全法》第 67 条规定，预包装食品的包装上应当有标签，标签应当标明成分或者配料表、保质期等事项。涉案商品的配料中含有人参（人工种植），应当按照相关规定标注，若不按规定标示，则足以误导消费者。依据《食品安全法》第 53 条第 1 款、第 2 款的规定，食品经营者在采购食品进货时，具有检验预包装食品的标签是其法定义务，未履行该项义务的，应认定为明知食品标签存在瑕疵。

煦戈公司主张程某全不属于《消费者权益保护法》的消费者，应当提供证据证明程某全购买涉案商品不是用于生活消费目的，或者证明程其余购买涉案商品用于转售或者生产经营。如果煦戈公司不能举证证明程某全不属于消费者，那么程某全的购买动机不论是否用于牟利，在现有的法律规定下，无法否认购买者程某全的消费者身份。

依据《食品安全法》第 148 条、《最高人民法院关于审理食品药品纠纷案件适用法律若干问题的规定》第 15 条，经营者销售明知是不符合食品安全标准的食品，消费者除了要求赔偿损失外，还可以向经营者主张支付价款 10 倍的赔偿金或者依照法律规定的其他赔偿标准要求赔偿。因此，只要食品经营者"销售明知是不符合食品安全标准的食品"，消费者就可以主张"10 倍价款赔偿"，不论这一行为是否给消费者造成了实际损害。

案例三：谢某杰与南阳锦弘置业公司、南阳金岁月公司房屋买卖合同纠纷案[1]

一、基本案情

2015 年 5 月 19 日，南阳锦弘置业有限公司（以下简称锦弘置业）与谢某杰签订一份"《三锦国际》内部购房优惠协议"，约定谢某杰购买锦弘置业名下的一套房产，首付 60%。协议还约定锦弘置业实行全款返现和首付返现优惠，即谢某杰在定房后 7 天内付清总房款的 60% 以上，余款办理银行按揭手续；自 2017 年 7 月 1 日起谢某杰所缴房款的 80% 分 10 年返还。协议第四项违约责任还约定如锦弘置业未能按约定返还客户房款，超过约定时间 30 日的，锦弘置业承诺赔偿谢某杰当期违约金额双倍的违约金，合同继续履行。协议签订后，谢某杰即开始履行该协议，交清了首付款总房款的 60% 多一点。锦弘置业给谢某杰出具了房款收据，加盖了"南阳锦弘置业有限公司财务专用章"，收据显示记账人员为"李某"。

同年 9 月 1 日，河南三锦置业有限公司（以下简称三锦置业）与谢某杰同一房产又签订了一份《三锦国际认购书》，认购书内容与前述优惠协议相同，并约定谢某杰在约定期限内办理完毕房款余款按揭手续并及时供款。同日，三锦置业将锦弘置业给谢某杰出具的首付款收据收回，重新出具了一份新的首付款收据，并加盖了"河南三锦置业有限公司财务专用章"，该收据显示记账人员仍为"李某"。

因 2017 年 7 月 1 日被告未能按照"内部购房优惠协议"的约定履行首付款 80% 的返现义务，谢某杰遂提起本案诉讼。

---

[1] 河南省南阳市宛城区人民法院（2017）豫 1302 民初第 3841 号民事判决书。

法院另查明：三锦国际项目的土地使用权人及用地单位为南阳市市政工程总公司，至案发该项目仍未取得商品房预售许可证。

二、法律问题

1. 南阳锦弘置业有限公司和河南三锦置业有限公司是否存在故意隐瞒该项目无预售许可证的事实？

2. 谢某杰提出的南阳锦弘置业有限公司和河南三锦置业有限公司承担已付购房款1倍的惩罚性赔偿的请求应否得到支持？

三、重点提示

《最高人民法院关于审理商品房买卖合同纠纷案件适用法律若干问题的解释》第9条规定："出卖人订立商品房买卖合同时，具有下列情形之一，导致合同无效或者被撤销、解除的，买受人可以请求返还已付购房款及利息、赔偿损失，并可以请求出卖人承担不超过已付购房款1倍的赔偿责任：①故意隐瞒没有取得商品房预售许可证明的事实或者提供虚假商品房预售许可证明；……"本案中，南阳锦弘置业有限公司、河南三锦置业有限公司与谢某杰签订的购房协议并未明确注明三锦国际项目未取得商品房预售许可证，二者在庭审中也未提供证据证明其已告知原告该项目无预售许可证的事实。谢某杰在订立合同时并未仔细审阅合同条款、询问三锦国际项目是否已经取得预售许可证等相关证件，对本案纠纷的发生具有一定的过失，应当适当平衡谢某杰与被告南阳锦弘置业有限公司和河南三锦置业有限公司双方的责任。

🔖 拓展资料

专题三十四　拓展阅读资料

专题三十五　网络交易平台责任

知识概要

　　网络交易平台提供者[1]是经营者，作为独立的一方主体参与到网络消费活动中。网络交易平台掌握着大量经营者和消费者的信息，其行为对网络消费的整个交易过程有着直接的影响，也对网络消费市场的良性发展和社会经济的有序运转起着举足轻重的作用。[2]必须对网络交易平台提供者的经营行为进行监管，引导其承担社会责任。《消费者权益保护法》第44条[3]规定了网络交易平台提供者承担责任的两种情形：① 网络交易平台不能提供经营者的真实名称、地址和有效联系方式。②网络交易平台提供者明知或者应知经营者利用其平台侵害消费者合法权益，未采取必要措施。对于第一种情形，网络交易平台提供者承担的责任是不真正连带责任，其在向消费者赔偿之后，有权向经营者追偿，由经营者承担最终的责任。对于第二种情形，网络交易平台提供者明知或应知经营者利用其平台侵害消费者的权益，未采取措施制止的，应与经营者承担连带责任。《网络交易管理办法》第23～26条规定了平台对经营者的身份审查义务以及对经营者经营活动的监管义务，平台违反该义务的，应当承担相应的法律责任。

----

　　〔1〕《网络交易管理办法》第22条第2款："前款所称第三方交易平台，是指在网络商品交易活动中为交易双方或者多方提供网页空间、虚拟经营场所、交易规则、交易撮合、信息发布等服务，供交易双方或者多方独立开展交易活动的信息网络系统。"

　　〔2〕参见王博：《消费模式变革下的消费者保护法研究》，东北财经大学出版社2017年版，第166～167页。

　　〔3〕《消费者权益保护法》第44条："消费者通过网络交易平台购买商品或者接受服务，其合法权益受到损害的，可以向销售者或者服务者要求赔偿。网络交易平台提供者不能提供销售者或者服务者的真实名称、地址和有效联系方式的，消费者也可以向网络交易平台提供者要求赔偿；网络交易平台提供者作出更有利于消费者的承诺的，应当履行承诺。网络交易平台提供者赔偿后，有权向销售者或者服务者追偿。网络交易平台提供者明知或者应知销售者或者服务者利用其平台侵害消费者合法权益，未采取必要措施的，依法与该销售者或者服务者承担连带责任。"

◈ 经典案例

廖某华和浙江淘宝网络有限公司侵权责任纠纷案[1]

一、基本案情

受害人李某涛生前户籍住址为上海市金山区。2014 年 11 月 25 日，李某涛的女朋友阮某婷通过淘宝网向卖家廖某华购买了泰国普吉斯米兰一日 SeaStar 高品质游等 4 款旅游产品，旅游地点均为泰国。2015 年 1 月 10 日，李某涛在泰国海岛浮潜时溺水身亡，其父母李某宏、李某英诉至法院，要求廖某华以及浙江淘宝网络有限公司（以下简称淘宝公司）支付死亡赔偿金 1 059 240 元，精神损害抚慰金 5 万元。廖某华在淘宝网经营旅游业务，并没有取得旅游主管部门旅游业务的经营许可证，其在淘宝网上销售的涉案旅游产品并没有对旅游项目中可能产生的危及人身安全作出明确的警示说明。在庭审过程中，廖某华辩称自己是 SeaStar 公司旅游产品的代售者，不是旅游经营者。淘宝公司辩称，廖某华不是旅游经营者不需要取得经营资质，并且廖某华已经尽到安全告知义务，淘宝公司也已履行了平台审查义务，不应承担连带责任。一审法院判决廖某华向李某宏、李某英赔偿死亡赔偿金 151 472 元、精神损害抚慰金 50 000 元；淘宝公司对该赔偿义务承担连带责任。双方当事人不服一审判决，向北海市中级人民法院提起上诉。二审法院另查明：淘宝公司目前不接收外国法人在淘宝网注册并经营旅游业务。受害者女友阮某婷购买本案旅游产品的付款打入了廖某华的淘宝账户。受害人李某涛不会游泳。

二、法律问题

1. 对于李某涛的死亡，廖某华是否应承担责任？

2. 李某宏、李某英能否主张死亡赔偿金和精神损害抚慰金？

3. 对于李某涛的死亡，淘宝公司是否应当承担责任？

---

[1] 广西壮族自治区北海市中级人民法院（2018）桂 05 民终第 61 号民事判决书。

【法院裁判结果】

一审法院依照《最高人民法院关于审理人身损害赔偿案件适用法律若干问题的解释》第 18 条、第 29 条、第 30 条、《最高人民法院关于确定民事侵权精神损害赔偿责任若干问题的解释》第 8 条第 2 款、《最高人民法院关于审理旅游纠纷案件适用法律若干问题的规定》第 1 条、第 3 条、第 4 条、第 7 条、《中华人民共和国旅游法》第 28 条、第 48 条及《中华人民共和国消费者权益保护法》第 44 条之规定，判决：①廖某华向李某宏、李某英赔偿死亡赔偿金 151 472 元、精神损害抚慰金 50 000 元，合计 201 472 元；②淘宝公司对廖某华上述赔偿义务承担连带责任。

二审法院审理认定，李某宏、李某英的上诉请求部分成立，廖某华、淘宝公司的上诉请求不能成立。依照《最高人民法院关于适用〈中华人民共和国民事诉讼法〉的解释》第 73 条，《最高人民法院关于审理人身损害赔偿案件适用法律若干问题的解释》第 1 条第 1 款、第 29 条、第 30 条第 1 款、第 31 条和《中华人民共和国民事诉讼法》第 170 条第 1 款第 2 项的规定，判决：①变更广西壮族自治区北海市海城区人民法院（2016）桂 0502 民初 1853 号民事判决第一项为：上诉人廖某华向上诉人李某宏、李某英赔偿死亡赔偿金 807 688 元、精神损害抚慰金 4 万元，合计 847 688 元。②变更广西壮族自治区北海市海城区人民法院（2016）桂 0502 民初 1853 号民事判决第二项为：上诉人浙江淘宝公司对上诉人廖某华上述赔偿义务承担连带责任。③驳回上诉人李某宏、李某英的其他诉讼请求。

三、法理分析

（一）廖某华无经营资质而违规经营旅游业务，销售旅游产品时没有尽到对消费者的安全警示义务，在受害人李某涛遇险时也没有尽到救助义务，应承担相应责任

《消费者权益保护法》第 18 条规定："经营者应当保证其提供的商品或者服务符合保障人身、财产安全的要求。对可能危及人身、财产安全的商品和服务，应当向消费者作出真实的说明和明确的警示，并说明和标明正确使用商品或者接受服务的方法以及防止危害发生的方法。宾馆、商场、餐馆、银

行、机场、车站、港口、影剧院等经营场所的经营者，应当对消费者尽到安全保障义务。"2013年《中华人民共和国旅游法》（以下简称《旅游法》）第50条第1款规定："旅游经营者应当保证其提供的商品和服务符合保障人身、财产安全的要求。"依据上述法律规定，经营者提供商品或者服务应当符合保障人身、财产安全的要求，并依法履行对可能危及消费者人身、财产安全的商品或服务的说明和警示义务以及特殊场所对消费者的安全保障义务。

受害者女友阮某婷购买本案旅游产品的付款打入廖某华的淘宝账户，并通过其在淘宝网上注册的账号上刊登旅游信息，收取客户支付的旅游款项，其实际上经营了旅游业务。此外，淘宝公司目前不接收外国法人在淘宝网注册并经营旅游业务。依据以上事实，应当认定廖某华并非SeaStar公司旅游产品的代售者，而是旅游产品的经营者。廖某华作为旅游经营者，应保障其提供的服务符合保证旅客人身安全的要求，对可能危及旅游者人身、财产安全的旅游服务项目，应作出真实的说明和明确的警示，并采取措施防止危害的发生。

本案中，廖某华无经营资质而违规经营旅游业务，销售旅游产品时没有尽到对消费者的安全警示义务，并且，在受害人李某涛遇险时也没有尽到救助义务，严重违反了《消费者权益保护法》《旅游法》的相关规定，其行为存在重大过错，应对受害人李某涛的损害承担主要的赔偿责任。受害人李某涛作为完全民事行为能力人，应当预见浮潜项目可能存在的人身安全危险，并采取措施防止危险的发生。但是，其明知自己不会游泳，依然参加浮潜项目，将自身置于危险状态之下，其对损害后果的造成存在一定过错，应承担次要责任。

（二）廖某华销售旅游产品并提供旅游服务，造成受害人李某涛死亡，应当赔偿丧葬费和死亡赔偿金

（1）关于死亡赔偿金的问题。《消费者权益保护法》第49条规定，经营者提供商品或者服务，造成消费者死亡的，应当赔偿丧葬费和死亡赔偿金。《最高人民法院关于审理人身损害赔偿案件适用法律若干问题的解释》（以下简称《人身损害赔偿若干解释》）第17条第3款规定"受害人死亡的，赔偿义务人除应当根据抢救治疗情况赔偿本条第1款规定的相关费用外，还应当

赔偿丧葬费、被扶养人生活费、死亡补偿费以及受害人亲属办理丧葬事宜支出的交通费、住宿费和误工损失等其他合理费用。"本案中，廖某华在违规经营旅游产品，未尽到对受害人李某涛的人身、财产安全警示义务和安全保障义务，造成李某涛死亡的损害后果，应当承担赔偿责任。

（2）关于精神损害赔偿的问题。依据《中华人民共和国侵权责任法》（以下简称《侵权责任法》）第22条规定："侵害他人人身权益，造成他人严重精神损害的，被侵权人可以请求精神损害赔偿。"同时，依据《人身损害赔偿若干解释》第1条第1款规定，因生命、健康、身体遭受侵害，赔偿权利人起诉请求赔偿义务人赔偿财产损失和精神损害的，人民法院应予受理。本案中，廖某华的侵权行为造成受害人李某涛死亡的损害后果，致李某宏、李某英二人精神损害并造成严重的后果，因而，应当赔偿李某宏、李某英二人精神损害抚慰金。李某宏、李某英二人可依据《人身损害赔偿若干解释》第18条、第29条、第31条的规定请求确定精神损害抚慰金的数额。但受害人李某涛对损害后果也具有一定的过错，应当适当减轻廖某华的责任。

（三）淘宝公司没有尽到平台的审查义务，也没有采取必要措施防止损害的发生，应与经营者廖某华承担连带责任

网络交易平台在特定情况下应与经营者承担连带责任。《消费者权益保护法》第44条一方面规定了网络消费中网络交易平台承担责任的情况，一是消费者受到损害之后，网络交易平台不能提供销售者或者服务者的真实名称、地址和有效联系方式。在此种情形下，网络交易平台承担的是先行赔付的责任。二是网络交易平台明知或者应知销售者或者服务者利用其平台侵害消费者权益，没有采取必要措施制止的。在这种情况下，网络交易平台承担的是连带赔偿责任。同时，把网络交易平台承担的责任从"明知"扩展到"应知"，强化了网络交易平台的责任。判断网络交易平台的过错，还可以借鉴《最高人民法院关于审理道路交通事故损害赔偿案件适用法律若干问题的解释》第1条规定的精神，当存在下列情形时，应当认定网络按交易平台存在过失：①知道或者应当知道服务者无相应的服务资格或者未取得相应服务资格；②对服务者的资质证书未尽必要的审查义务。[1]

---

〔1〕 参见杨立新：《网络交易平台提供服务的损害赔偿责任及规则》，载《法学论坛》2016年第1期。

另一方面，从该条规定可以看出消费者要求网络交易平台承担责任除了需要具备以上条件，还应当证明：①自己是该商家的消费者，与商家存在交易关系；②自身的权益受到了损害，需要进行维权和救济。

本案中，依据法院审理查明可知，一方面，受害人女友阮某婷通过淘宝网向卖家廖某华购买了4款旅游产品，双方存在交易关系，并且受害人在接受服务的过程中遭受损害。另一方面，《旅游法》第48条第1款规定："通过网络经营旅行社业务的，应当依法取得旅行社业务经营许可，并在其网站主页的显著位置标明其业务经营许可证信息。"廖某华无经营资质而在淘宝网上违规经营旅游业务，造成受害人死亡的严重后果。淘宝公司应知经营旅游业务需要取得旅游助管部门的经营证许可，却允许无旅游业务经营许可证的廖某华在其网站上经营销售涉案旅游产品，没有尽到平台的审查义务，也没有采取责令廖某华办理经营许可证、停止非法经营旅游业务或者对其产品进行下架处理等必要措施，导致消费者的人身、财产处于缺乏安全保障的危险状态。因此，应当认定淘宝公司对受害人的损害存在过错，应与经营者廖某华承担连带责任。

四、参考意见

关于对李某涛的死亡，廖某华应当承担的责任。经营者开展经营应当取得法律规定的资质。《旅游法》第28、29条规定，经营者开展旅游经营的，应当取得旅游主管部门的许可；第50条第1款规定，旅游经营者应当保证其提供的商品和服务符合保障人身、财产安全的要求。据此，经营者提供商品或者服务应当符合保障人身、财产安全的要求，并依法履行对可能危及消费者人身、财产安全的商品或服务的说明和警示义务以及特殊场所对消费者的安全保障义务。经营者未取得相关经营资质擅自开展经营，造成消费者损害的，应当承担损害赔偿责任。消费者对自身遭受的损害有过错的，应当视其过错减轻经营者的责任。

关于李某宏、李某英能否主张死亡赔偿金和精神损害抚慰金。依照《消费者权益保护法》《人身损害赔偿若干解释》等法律法规，经营者的经营行为造成消费者死亡的，应当赔偿丧葬费和死亡赔偿金，侵害他人人身权益，造成他人严重精神损害的，被侵权人可请求精神损害赔偿。被侵权人应当举证

证明其受到了严重的精神损害，轻微的精神损害赔偿不适用上述法律规定。受害人对该后果具有过错的，应当适当减轻侵权人的责任。

关于对李某涛的死亡，淘宝公司应当承担的责任。网络交易平台经营者是网络消费关系中的经营者和消费者建立消费关系的桥梁，其掌握着大量的经营者和消费者的信息。应当规范网络交易平台经营者的经营行为，施加必要的义务和责任。应当督促网络交易平台经营者履行审查对经营者的身份审查义务以及对经营者经营活动的监管义务，防止加入平台开展经营的经营者实施侵害消费者权益的行为，也应当督促网络交易平台经营者规范自身行为，其单独或者与经营者共谋损害消费者权益的，依法承担责任。

◈ 拓展案例

案例一：徐某云诉敬某桥等网络购物合同纠纷案[1]

一、基本案情

敬某桥在淘宝网上开设"喀秋莎俄货精品"淘宝店。徐某云分别于2016年10月26日、11月3日、11月18日、11月29日4次在敬某桥的淘宝店上购买了共131件俄罗斯进口奶粉，共计5043.50元。从敬某桥所开设的淘宝店关于商品详情交易页的描述可知，涉案商品均为俄罗斯进口商品。涉案商品外包装上贴有中文标签，标注"乖孩子牌全脂奶粉""配料：牛乳，牛奶""原产国：俄罗斯""净含量：800g"，以及生产日期、保质期、贮存方式、国内经销商、地址、电话、营养成分表等信息。根据我国《进出口食品安全管理办法》的规定，向我国境内出口食品的境外食品生产企业实施注册制度。徐某云在我国国家认证认可监督管理委员会发布的《进口食品境外生产企业注册专栏》上查询，在"进口乳品境外生产企业注册名单"中未查见"俄罗斯"。徐某云要求敬某桥提供入境货物检验检疫证明、产品检验检疫卫生证书等进口食品合格证明材料，但敬某桥未能提供。徐某云遂向法院提起诉讼，要求敬某桥承担欺诈销售不符合食品安全标准的食品的惩罚性赔偿责任，淘宝公司承担连带责任。

---

〔1〕 上海铁路运输法院（2017）沪7101民初第318号民事判决书。

二、法律问题

1. 徐瑞云能否主张 10 倍的惩罚性赔偿？
2. 本案中，淘宝公司承担何种责任？

三、重点提示

《食品安全法》第 148 条[1]第 2 款规定，经营者经营明知是不符合食品安全标准的食品，消费者除要求赔偿损失外，还可以向生产者或者经营者要求支付商品价款 10 倍或者损失 3 倍的赔偿金；增加赔偿的金额不足 1000 元的，为 1000 元。但是，食品的标签、说明书存在不影响食品安全且不会对消费者造成误导的瑕疵的除外。根据《食品安全法》第 92 条[2]的规定，所有进口食品经检验检疫合格方可销售。本案中，敬某桥未能提供入境货物检验检疫证明、产品检验检疫卫生证书等进口食品合格证明材料，在《进口食品境外生产企业注册专栏》的"进口乳品境外生产企业注册名单"中未查询到"俄罗斯"，其无法证明该食品符合食品安全标准。

网络交易平台承担责任的前提是未能提供经营者的真实名称、地址和有效联系方式或者明知或者应知经营者利用其平台侵害消费者权益而未采取必要措施。淘宝公司若已履行了对敬某桥淘宝店的主体信息、经营资质的审查义务，及时向提供敬某桥的真实名称、地址和有效联系方式，并采取措施及时制止敬某桥的违法行为，则不承担责任。

---

[1] 《食品安全法》第 148 条："消费者因不符合食品安全标准的食品受到损害的，可以向经营者要求赔偿损失，也可以向生产者要求赔偿损失。接到消费者赔偿要求的生产经营者，应当实行首负责任制，先行赔付，不得推诿；属于生产者责任的，经营者赔偿后有权向生产者追偿；属于经营者责任的，生产者赔偿后有权向经营者追偿。生产不符合食品安全标准的食品或者经营明知是不符合食品安全标准的食品，消费者除要求赔偿损失外，还可以向生产者或者经营者要求支付价款 10 倍或者损失 3 倍的赔偿金；增加赔偿的金额不足 1000 元的，为 1000 元。但是，食品的标签、说明书存在不影响食品安全且不会对消费者造成误导的瑕疵的除外。"

[2] 《食品安全法》第 92 条："进口的食品、食品添加剂、食品相关产品应当符合我国食品安全国家标准。进口的食品、食品添加剂应当经出入境检验检疫机构依照进出口商品检验相关法律、行政法规的规定检验合格。进口的食品、食品添加剂应当按照国家出入境检验检疫部门的要求随附合格证明材料。"

案例二：浙江淘宝网络有限公司与刘某海合同纠纷上诉案[1]

一、基本案情

刘某海在淘宝网上哈尔滨百爱科技有限公司（以下简称百爱科技公司）官方网店直营店铺购买百爱大豆异黄酮片（第三代大豆异黄酮）及林蛙油片产品，并向百爱科技支付了货款 12 830.48 元并确认收到上述所购产品。经一审法院查明，百爱科技公司官方网店厂家直营店铺生产并销售的百爱大豆异黄酮片的执行标准与其产品标注的执行标准不符，林蛙油片所执行的标准也未进行登记；涉案产品所标注的生产企业也不具备合法生产手续。刘某海要求淘宝公司提供百爱科技公司的地址等信息，但产品的生产者百爱科技公司九三分公司已经注销，经哈尔滨市南岗区市场监督管理局确认，百爱科技公司的注册地址不存在该公司。刘某海向法院提起诉讼，要求淘宝公司承担退货退款，并支付其货款 10 倍的惩罚性赔偿责任。一审法院支持了刘某海的诉讼请求，淘宝公司不服法院判决，向哈尔滨市中级人民法院提起上诉。

二、法律问题

本案中，淘宝公司应承担何种责任？

三、重点提示

《最高人民法院关于审理食品药品纠纷案件适用法律若干问题的规定》第9条第1款、第2款规定："消费者通过网络交易平台购买食品、药品遭受损害，网络交易平台提供者不能提供食品、药品的生产者或者销售者的真实名称、地址与有效联系方式，消费者请求网络交易平台提供者承担责任的，人民法院应予支持。网络交易平台提供者承担赔偿责任后，向生产者或者销售者行使追偿权的，人民法院应予支持。"依据该条规定，网络交易平台不能提供食品的生产者或者销售者的真实名称、地址与有效联系方式的，应当承担先行赔付的责任，在网络交易平台向消费者赔偿后，可以向食品的生产者或

---

〔1〕 黑龙江省哈尔滨市中级人民法院（2017）黑 01 民终第 1711 号民事判决书。

者销售者追偿。本案中，一方面，淘宝公司虽已经向刘某海提供了百爱科技公司九三分公司的地址，但地址已经被哈尔滨市南岗区市场监督管理局确认不是百爱科技公司九三分公司的注册地址。故此，淘宝公司应当承担未能向刘某海提供生产者、销售者的真实名称、地址与有效联系方式的责任。另一方面，经法院审理查明，百爱科技公司官方网店厂家直营店铺生产并销售的百爱大豆异黄酮片的执行标准与其产品标注的执行标准不符，林蛙油片所执行的标准也未进行登记。据此可以认定百爱科技公司生产并销售不符合食品安全标准的食品。由于淘宝公司未能向刘某海提供百爱科技公司的真实名称、地址与有效联系方式，刘某海未能向百爱科技公司索赔，故要求淘宝公司承担先行赔付的责任，于法有据。

◈ 拓展资料

专题三十五　拓展阅读资料

专题三十六　经营者的"七天无理由退货"义务

◈ 知识概要

"七天无理由退货"制度是基于对处于弱势地位的消费者的倾斜性保护而产生的。《消费者权益保护法》引入"七天无理由退货"制度，也称消费者"反悔权"或者冷静期制度，保护处于弱势地位的消费者。《消费者权益保护法》第25条规定，经营者通过网络、电视、电话、邮购等方式销售商品，消费者有权自收到商品之日起7日内无需说明理由也可退回该商品。

消费者适用"七天无理由退货"制度有严苛的条件。其一，消费者退货的商品应属于法律规定允许退货的商品范围。《消费者权益保护法》第25条规定了5类不适用"七天无理由退货"的商品：①消费者定作的；②鲜活易腐的；③在线下载或者消费者拆封的音像制品、计算机软件等数字化商品；④交付的报纸、期刊；⑤根据商品性质并经消费者在购买时确认不宜退货的商品。《网络购买商品 7 日无理由退货暂行办法》（以下简称《暂行办法》）《暂行办法》第 7 条对第五类作了更详细的列举说明："下列性质的商品经消费者在购买时确认，可以不适用 7 日无理由退货规定：①拆封后易影响人身安全或者生命健康的商品，或者拆封后易导致商品品质发生改变的商品；②一经激活或者试用后价值贬损较大的商品；③销售时已明示的临近保质期的商品、有瑕疵的商品。"依据上述法律规定，消费者在退货前，应当确认其要退货的商品属于法律允许退货的商品范围，否则，经营者有权拒绝消费者的退货申请。其二，消费者退货的商品应当完好。《暂行办法》第 8 条[1]第 2 款、第 3 款规定了商品完好的认定条件。《暂行办法》第 9 条规定："对超出查验和确认商品品质、功能需要而使用商品，导致商品价值贬损较大的，视为商品不完好。"依据该条规定，消费者超出查验和确认商品品质、功能的需要使用商品，造成商品价值贬损较大的，经营者有权拒绝履行退货义务。

◈ 经典案例

王某诉深圳市启怡华嘉科技信息有限公司等买卖合同纠纷案[2]

一、基本案情

2017 年 2 月 11 日，王某在天猫网站上深圳市启怡华嘉科技信息有限公司（以下简称华嘉公司）设立的"sevenfriday 官方旗舰店"（以下简称"sevenfriday"）以 9599 元的价格购买了一款男士皮带机械手表，产品型号为"P2B/08 - LUCKY"，颜色分类为"P2B/08 中国元素特别版设计，全球限量 350 只"。2017 年 2 月 14 日，王某再次在"sevenfriday"以相同价格购买同款商品。王某收到购买的上述商品后，于 2017 年 2 月 17 日对其中一款商品以"七天无理由退

---

〔1〕《暂行办法》第 8 条："消费者退回的商品应当完好。商品能够保持原有品质、功能，商品本身、配件、商标标识齐全的，视为商品完好。消费者基于查验需要而打开商品包装，或者为确认商品的品质、功能而进行合理的调试不影响商品的完好。"

〔2〕北京市通州区人民法院（2017）京 0112 民初第 13458 号民事判决书。

货"为由提出了退货并退款的申请，并于当日通过快递将涉案商品退回。2017年2月20日，"sevenfriday"拒绝了王某的退款退货申请，拒绝原因为"已经影响商品完好"，拒绝理由是：王某退回的手表经仓库验货时发现手表表背划痕严重，手表盒子也已破损（因该手表是限量款，一只手表只有一个盒子），已经影响了商品的二次销售，因而无法支持王某的退货退款申请。同日，王某申请天猫客服介入处理。天猫公司介入后，于2017年2月24日告知王某应于48小时内在退款页面上传公章凭证证明商品完好卖家无故拒收，若逾期未收到有效凭证，天猫公司将打款给卖家。之后，因王某未提供相关凭证，天猫公司将商品价款打给了商家。

另外，王某认为华嘉公司在销售涉案商品的过程中存在价格欺诈行为，理由是：涉案商品在2017年2月11日的成交价"9599元"，这既是促销价，也是原价。该商品的促销价并不比原价低，所以"促销价9599元"属于虚构的促销价。法院经审理查明，涉案商品在sevenfriday官网的销售价格及新闻发布稿中标明的价格均为9600元，而华嘉公司在其天猫网站的"sevenfriday"上标示的价格也为9600元。

二、法律问题

1. 王某能否依据《消费者权益保护法》中"七天无理由退货"的规定申请退货？

2. 华嘉公司的行为是否构成价格欺诈？

【法院裁判结果】

关于涉案商品能否适用"七天无理由退货"，法院认为，依据华嘉公司提交的涉案商品发货前后的照片对比，涉案商品在发货前完好无损，背面无划痕，而退回的商品背面有划痕，外包装破损。因王某不能提供证据证明手表划痕、包装破损并非其持有期间所致，故应当承担举证不能的不利后果，涉案商品已经不符合退货条件，不适用"七天无理由退货"。

关于华嘉公司是否构成价格欺诈，根据华嘉公司提供的涉案商品在sevenfriday官网的销售价格及新闻发布稿中标明的价格均为9600元，而华嘉公司在其天猫网站的"sevenfriday官方旗舰店"上标示的价格也为9600元。

华嘉公司作为"sevenfriday 官方旗舰店"的经营者，其有权定期就相关商品举行促销活动，王某前后两次购买涉案商品，两笔交易均发生在同一个促销季内，故不应以前次购买价格作为后次购买价格的原价，并以此评价其"虚构原价"。因此，华嘉公司不存在虚构原价之情形，不构成价格欺诈。

最终，法院依据《暂行办法》第 8~9 条、《禁止价格欺诈行为的规定》第 7 条、《民事诉讼法》第 64 条第 1 款判决驳回王某的诉讼请求。

三、法理分析

（一）王某应证明涉案商品属于法律允许退货的商品范围，且需保持商品完好，不影响二次销售，即可申请"七天无理由退货"

第一，王某应当证明其要退货的商品属于法律允许退货的商品范围。《消费者权益保护法》第 25 条第 1 款、第 2 款规定："经营者采用网络、电视、电话、邮购等方式销售商品，消费者有权自收到商品之日起 7 日内退货，且无需说明理由，但下列商品除外：①消费者定作的；②鲜活易腐的；③在线下载或者消费者拆封的音像制品、计算机软件等数字化商品；④交付的报纸、期刊。除前款所列商品外，其他根据商品性质并经消费者在购买时确认不宜退货的商品，不适用无理由退货。"依据该规定，消费者通过网络购买的商品若不属于第 25 条第 1 款所列商品，且在购买该商品时经营者没有与其沟通确认所购买的商品不宜退货的，消费者即可适用"七天无理由退货"的规定。本案中，王某购买的商品是华嘉公司限量款男士机械手表，不属于第 25 条第 1 款规定的 4 类商品；此外，王某在购买该手表时，"sevenfriday"既没有在其网页上标明该手表不适用"七天无理由退货"，也没有和王某确认该手表不宜退货。因此，应当认定该商品属于法律规定可以退货的商品范围，王某可以适用"七天无理由退货"的规定。

第二，王某应当保证其退回的商品完好，不影响华嘉公司进行二次销售。《暂行办法》第 8 条规定："消费者退回的商品应当完好。商品能够保持原有品质、功能，商品本身、配件、商标标识齐全的，视为商品完好。消费者基于查验需要而打开商品包装，或者为确认商品的品质、功能而进行合理的调试不影响商品的完好。"第 9 条规定："对超出查验和确认商品品质、功能需要而使用商品，导致商品价值贬损较大的，视为商品不完好。"依据上述规定，消费者基于查验商品需要而打开包装，或者为确认商品的品质、功能而进行合理的调试，应认定商品完好，可以申请退货。但消费者若超出查验和确认商品品质、功能的需要使用商品，导致商品价值贬损，影响商品二次销售的，经营者可以拒绝退货。本案中，根据华嘉公司提交的涉案商品发货前后的照片对比，涉案手表在发货前完好无损，背面无划痕，而退回的手表背面有明显划痕，经核查，涉案手表存在划痕，外包装破损。因王某不能提供证据证明手表划痕、包装破损并非其持有期间所致，故应当承担举证不能的不利后果。涉案商品已经不符合退货条件，故而，王某的购买行为不能适用"七天无理由退货"的规定。

（二）王某应证明华嘉公司虚构商品原价，欺骗、诱导消费者与其进行交易，构成价格欺诈

价格欺诈行为是指经营者利用虚假的或者引人误解的标价形式或者价格手段，欺骗、诱导消费者或者其他经营者与其进行交易的行为。[1]《禁止价格欺诈行为的规定》（以下简称《规定》）第7条规定："经营者收购、销售商品和提供有偿服务，采取下列价格手段之一的，属于价格欺诈行为：①虚构原价，虚构降价原因，虚假优惠折价，谎称降价或者将要提价，诱骗他人购买的；……"发改委《关于〈禁止价格欺诈行为的规定〉有关条款解释的通知》（发改价监〔2015〕1382号）（以下简称《通知》）第2条规定了虚构原价与虚假优惠折价的含义。依据该规定，经营者销售商品时标示的价格属于虚假、捏造的价格，欺骗诱导消费者购买该商品的，应认定为价格欺诈行为。

本案中，王某认为华嘉公司在销售涉案商品的过程中虚构商品价格销售商品，属于价格欺诈行为。法院经审理查明，涉案手表在"sevenfriday"官网的销售价格及新闻发布稿中标明的价格均为9600元，而天猫网站上"sevenfriday"的网页上标示的价格也为9600元。王某前后两次购买涉案商品，两笔交易均发生在同一个促销季内，不应以前次购买价格作为后次购买价格的原价，并以此认为华嘉公司"虚构原价"。因此，华嘉公司并不存在虚构原价的情形，不构成价格欺诈。

---

〔1〕　参见庄智："论价格法规中价格欺诈条款的完善"，载《价格理论与实践》2018年第3期。

四、参考意见

关于王某能否依据《消费者权益保护法》的规定实行"七天无理由退货"。与线下购买商品不同，消费者在网络交易平台上购买商品，消费者无法查看、甄别该商品是否符合其购买预期，相关商品的性能是否与经营者提供的信息、发布的广告内容一致。如果不赋予消费者"后悔权"，不利于消费者权利的保护。依据《消费者权益保护法》第25条及《暂行办法》第6条、第7条的规定，在网络消费中，对符合法律规定情形的网络消费商品，经营者承担为消费者办理"七天无理由退货"的义务。消费者申请适用"七天无理由退货"条款，应当保持商品完好，不影响商品的二次销售。由于消费者的过错导致商品不完好或者已经影响二次销售的，经营者有权拒绝接收退回的商品。

关于华嘉公司的行为是否构成价格欺诈。认定经营者的行为构成价格欺诈，应当证明经营者利用虚假的或者引人误解的标价行为，欺骗、诱导消费者与之交易。经营者销售商品的过程中采用虚构降价，虚构降价原因，虚假优惠折价等手段欺骗、诱导消费者购买商品的，构成价格欺诈。在认定经营者的行为是否构成价格欺诈时，应当注意甄别价格欺诈行为和经营者正常的降价、优惠销售商品的行为。

◈ 拓展案例

案例一：谢某蓉诉成都京东世纪贸易有限公司网络购物合同纠纷案[1]

一、基本案情

2017年6月6日，谢某蓉在京东商城购买了成都京东世纪贸易有限公司（以下简称京东公司）销售的自营商品华帝抽油烟机和燃气灶套具，商品总价款为3399元，经优惠折扣后，谢某蓉实际支付的货款总额为2194元。其中，燃气灶单价为1179元。该商品于6月6日下午送货上门，6月7日由安装人员上门亲自拆箱安装。在京东公司的销售安装人员拆箱安装燃气灶后，谢某

---

〔1〕 四川省成都市龙泉驿区人民法院（2017）川0112民初第4032号民事判决书。

蓉认为该燃气灶打火慢，要求京东公司的销售安装人员进行了调试。由于调试结果没有改观，2017年6月8日，谢某蓉向京东公司提出换货要求，京东公司以"商品无质量问题"为由，拒绝了该换货要求；谢某蓉就向京东公司提出"七天无理由退货"要求，京东公司以该商品已安装、有使用痕迹为由，拒绝了谢某蓉的退货申请。谢某蓉遂起诉至法院。法院另查明，谢某蓉在购买上述商品后，京东公司赠送了谢某蓉一个"迷你小烤箱"。谢某荣购买的涉案燃气灶经安装调试但未使用。京东公司燃气灶的商品宣传单上的"七天退货"前有"√"符号。

二、法律问题

谢某蓉可否依据《消费者权益保护法》中"七天无理由退货"的规定申请退货？

三、重点提示

《消费者权益保护法》第25条第1款、第2款规定："经营者采用网络、电视、电话、邮购等方式销售商品，消费者有权自收到商品之日起7日内退货，且无需说明理由，但下列商品除外：①消费者定作的；②鲜活易腐的；③在线下载或者消费者拆封的音像制品、计算机软件等数字化商品；④交付的报纸、期刊。除前款所列商品外，其他根据商品性质并经消费者在购买时确认不宜退货的商品，不适用无理由退货。"据此，消费者通过网络购买商品，有权自收到商品之日起7日内申请退货，且无需说明理由，但其购买的商品应当不属于法律不允许退货的商品类型。谢某蓉欲申请"七天无理由退货"，须首先证明其购买的商品不属于第25条规定的不允许退货的商品范围。谢某蓉还应当保证其购买的商品完好，能够保持商品的原有品质与功能，并且商品本身、配件、商标标识齐全。《暂行办法》第8条第3款规定："消费者基于查验需要而打开商品包装，或者为确认商品的品质、功能而进行合理的调试不影响商品的完好。"第9条规定："对超出查验和确认商品品质、功能需要而使用商品，导致商品价值贬损较大的，视为商品不完好。"依据上述规定，消费者基于查验商品需要而打开包装，或者为确认商品的品质、功能而进行合理的调试，应认定为商品完好，可以申请退货。但消费者若超出查验和确认商品品质、功能的需要使用商品，导致商品价值贬损的，不适用"七天无理由退货"的规定。谢某蓉在安装燃气灶后，对该商品进行了功能调试但未使用，应当认定该燃气灶仍处于完好的状态，可以依法申请退货。

案例二：常某男诉北京苏宁云商销售有限公司买卖合同纠纷案[1]

一、基本案情

2016 年 7 月 10 日，常某男在苏宁易购的移动互联网网页上购买了北京苏宁云商销售有限公司（以下简称苏宁公司）自营的"华为 MateBook12 英寸平板"，价款为 4988 元，并于 2016 年 7 月 12 日收到该商品。2016 年 7 月 16 日，常某男向苏宁公司申请退货，理由为"七天无理由退货"，苏宁公司以常某男已打开商品包装为由拒绝其退货申请。随后，常某男投诉至北京市工商行政管理局通州分局。苏宁公司以"常冠男未提供华为售后故障检测单以及电脑已激活，不符合苏宁站内 7 天无理由退换货规定"为由要求工商部门终止调解。北京市工商行政管理局通州分局作出了消费者申诉案件终止调解书。常某男所购电脑在移动互联网页上标明有"七天无理由退货"且是绿灯亮起的提示。

常某男认为，其购买的平板电脑开机时必须激活系统，不开机操作，根本无法使用该电脑，也无法对电脑进行基本的查验。此外，其在向华为官方咨询时得知"激活不退，不是华为的规定"，而是苏宁公司自行制定的规则，且在购物前苏宁公司并未明确告知自己该事项。常某男遂向法院提起诉讼，要求苏宁公司履行退货义务。

二、法律问题

常某男购买的商品是否适用"七天无理由退货"的规定？

三、重点提示

《消费者权益保护法》第 25 条第 2 款规定："除前款所列商品外，其他根

---

〔1〕 河南省高阳县人民法院（2016）冀 0628 民初第 1190 号民事判决书。

据商品性质并经消费者在购买时确认不宜退货的商品，不适用无理由退货。"据此，经营者利用网络销售商品，依据商品性质不宜退货的商品，经营者应当在消费者购买时与之确认。本案中，常某男购买的平板电脑不属于《消费者权益保护法》第25条第1款规定的4类不适用"七天无理由退货"规定的商品范围，原则上可以向苏宁公司申请退货。苏宁公司以常某男已经打开电脑包装并且电脑已激活为由拒绝常某男的退货申请，应当证明其已经向消费者明示该商品一经激活即不适用"七天无理由退货"的规定，并且在消费者购买该商品时，其已经与消费者确认该不宜退货事项。

◈ 拓展资料

专题三十六　拓展阅读资料

专题三十七　消费者法的举证责任倒置

◈ 知识概要

《消费者权益保护法》第23条第3款规定："经营者提供的机动车、计算机、电视机、电冰箱、空调器、洗衣机等耐用商品或者装饰装修等服务，消费者自接受商品或者服务之日起6个月内发现瑕疵，发生争议的，由经营者承担有关瑕疵的举证责任。"依据该条规定，对于耐用商品或者装饰装修等服务，消费者自接受商品或者服务之日起6个月内发现瑕疵的，由经营者承担有关瑕疵的举证责任。该条规定突破了"谁主张、谁举证"的一般证据规则，规定了在特定情形下，经营者承担"倒置"的举证责任，加重了经营者的举证责任。2013年12月26日，《最高人民法院关于认真学习贯彻实施消费者权益保护法的通知》（以下简称《通知》）第4条指出："人民法院要合理分配当事人的举证责任，既要充分运用举证责任倒置，解决当事人商品信息不对

《产品质量法》第 42 条规定，由于销售者的过错使产品存在缺陷，造成人身或者他人财产损失，销售者应当承担责任；销售者不能指明缺陷产品的生产者也不能指明缺陷产品的供货者的，也应当承担赔偿责任。但在本案中，班某勇与福特公司都没有举证证明华通公司在销售车辆过程中存在过错致使车辆存在缺陷，同时，也不存在华通公司不能指明涉案车辆的生产者或者供货者的情形，故华通公司作为销售者不应当承担赔偿责任。此外，依据《产品质量法》第 46 条的规定，产品的缺陷是指产品存在危及人身、他人财产安全的不合理的危险，或者产品不符合保障人体健康和人身、财产安全的国家标准、行业标准。涉案车辆在班某勇购买后的使用期限不足 2 个月，在停放的过程中发生燃烧并烧毁，并结合《火灾事故认定书》充分排除了外来火源引发争议车辆燃烧的可能，说明该车辆已经存在危及人身、他人财产安全的不合理危险，即涉案车辆存在质量缺陷。该存在质量缺陷的车辆烧毁造成班某勇的财产损害，二者之间具有因果关系。因此，本案应属于产品责任纠纷，福特公司作为涉案车辆的生产者，应对班某勇遭受的损害承担赔偿责任。

（二）消费者购买特殊商品或者服务，自接受商品或者之日起 6 个月内发现瑕疵，应由经营者承担有关瑕疵的举证责任

《最高人民法院关于民事诉讼证据的若干规定》（以下简称《证据规定》）第 4 条规定："下列侵权诉讼，按照以下规定承担举证责任：……⑥因缺陷产品致人损害的侵权诉讼，由产品的生产者就法律规定的免责事由承担举证责任；……有关法律对侵权诉讼的举证责任有特殊规定的，从其规定。"该条是关于侵权责任案件中举证责任倒置的规定。依据该规定，在产品责任纠纷案件中，因缺陷产品致人损害的侵权诉讼，由生产者提供证据证明其存在法定的免责事由。有关法律对侵权诉讼的举证责任有特殊规定的，从其规定。在消费法律关系中，经营者具有专业的技术知识和丰富的从业经验，经营者和消费者之间存在信息不对称，因而在与经营者的交易中，消费者往往处于弱势地位。《消费者权益保护法》第 23 条第 3 款规定，经营者提供的机动车、计算机、电视机、电冰箱、空调器和洗衣机等耐用商品或者装饰装修等服务，消费者自接受商品或者服务之日起 6 个月内发现商品存在瑕疵的，由经营者承担有关瑕疵的举证责任。本案中，由于班某勇缺乏专业知识，对于汽车这

种生产工艺复杂、技术含量很高的产品，要求其举证证明产品缺陷及产品缺陷与损害后果之间存在因果关系无疑加大了班某勇的举证责任。依据前述法律规定，班某勇购车时间不足2个月，结合前述论及的内容，华通公司在本案中不承担责任，也就无须承担对涉案车辆瑕疵的有关举证责任；因此，涉案车辆是否存在瑕疵及是否是因质量问题而导致车辆自燃的举证责任应由福特公司承担。

但《消费者权益保护法》第23条第3款并非简单地适用举证责任倒置规定。依据该条规定，应由消费者承担初步的举证责任，证明其接受的商品或者存在瑕疵，再由经营者承担6个月内的瑕疵证明责任。本案中，班某勇通过《火灾事故认定书》证明了在排除放火、雷击、遗留火种等引起火灾发生可能情况，其车体已烧毁，并且贵阳市公安局某某分局也出具《情况说明》证明车辆发生燃烧，现场未发生人为纵火的痕迹。班某勇购车时间不足2个月，结合《火灾事故认定书》及《情况说明》已排除了可能引起车辆自燃的外来原因，可以认定班某勇对其车辆因自燃而烧毁已经完成了初步的举证责任。之后，应由经营者承担有关瑕疵的举证责任，即应由更容易掌握证据的福特公司承担其产品是否存在瑕疵的举证责任。福特公司在原审时提交了涉案车型的出厂合格证，但该合格证只是汽车准予出厂时的单方证明，不足以证明涉案车辆不存在瑕疵。福特公司不能提供证据证明其存在免责事由，应当承担举证不能的法律后果。

四、参考意见

关于本案的性质。产品质量责任不同于产品责任。产品责任是违约责任，是经营者违反产品质量担保义务，销售的产品存在瑕疵导致消费者损害应当承担的责任。产品质量责任属于合同责任，经营者销售商品的行为即体现了对消费者做出了明示和默示的担保。经营者违反该担保责任给消费者造成的损害表现为产品自身价值的损害及由此引起的间接损失。产品责任是侵权责任，是经营者销售的产品存在质量缺陷，造成消费者人身、除所购买的产品以外的其他财产损害应当承担的责任。产品责任承担责任的前提是产品存在缺陷，实际造成了第三人人身损害及财产损失。除产品存在缺陷给消费者带来的产品自身价值的损害之外，产品责任更关注缺陷产品对消费者的人身以及除缺陷产品以外的财产价值的损失以及其他间接损失。判断经营者的行为属于违约行为抑或侵权行为，应当承担违约责任还是侵权责任，不应当仅以消费者的起诉之主张简单判断，还应当结合案件具体情况认定。

关于本案的举证责任如何分配。依据《民事诉讼法》"谁主张，谁举证"的原则，当事人对自己提出的诉讼请求所依据的事实或者反驳对方诉讼请求所依据的事实，有责任提供证据加以证明。没有证据或者证据不足以证明当事人的事实主张的，由负有举证责任的当事人承担不利后果。在某些特殊消费案件中，经营者掌握着诸多案件相关的证据及其他信息，消费者难以通过个人的力量收集证据，不利于其适用法律保护自身权益。在一些特殊消费关系中，相对于消费者而言，经营者占据信息的压倒性优势，发生纠纷时，若坚持"谁主张，谁举证"的举证原则，消费者可能因庞大的举证成本放弃主张权益保护。为平衡举证责任失衡导致的不利后果，《最高人民法院关于民事诉讼证据的若干规定》第 4 条、《消费者权益保护法》第 23 条规定在特定情形下实行举证责任倒置，将原本应由消费者承担的责任转移给经营者承担。举证责任倒置不能理解为消费者不再承担任何的举证责任，消费者还应当就其权益受到损害承担初步的举证责任。

◈ 拓展案例

案例一：李某常与华润万家生活超市（珠海）有限
公司产品销售者责任纠纷上诉案[1]

一、基本案情

2015 年 9 月 14 日，李某常以 1098 元在华润万家生活超市（珠海）有限公司（以下简称华润超市）购买了 1 台帝度牌冰箱。该冰箱表面印有"DIQUA""DIQUA 帝度冷藏冷冻箱 BCD－180A 电气原理图""合肥荣事达三洋电器股份有限公司"等标识。该冰箱附带"合肥荣事达三洋电器股份有限公司 BCD－180A 保修凭证"1 张，载明：自售出之日起，凭保修凭证和购机发票实行保修，自购买之日起，冰箱实行产品整机保修 1 年，冰箱主要关键

―――――――――――――
〔1〕　广东省珠海市中级人民法院（2016）粤 04 民终第 1497 号民事判决书。

件实行品质免费保修 3 年。收到涉案冰箱后不久，李某常认为该冰箱不能制冷，且冰箱性能未能达到其广告中所介绍的程度，遂诉至要求华润超市进行赔偿。华润超市未出席庭审。但李某常未就涉案冰箱存在瑕疵提供证据，一审法院驳回李某常的全部诉讼请求。李某常不服一审判决，向珠海市中级人民法院提起上诉并请求二审法院撤销原判，判决华润返还购买冰箱的货款 1098 元并支付其 3 倍赔偿金 3294 元。华润超市认为超市已经履行了对涉案商品的审查义务，该商品没有质量瑕疵，电量和噪音受使用环境的影响有误差，不等于质量存在瑕疵。

二、法律问题

本案的举证责任如何分配？

三、重点提示

消费者应承担商品存在瑕疵的初步证明责任。消费者不能举证初步证明商品存在瑕疵，或者不履行瑕疵的初步证明责任的，应当承担对其不利的法律后果。《消费者权益保护法》第 23 条第 3 款规定："经营者提供的机动车、计算机、电视机、电冰箱、空调器、洗衣机等耐用商品或者装饰装修等服务，消费者自接受商品或者服务之日起 6 个月内发现瑕疵，发生争议的，由经营者承担有关瑕疵的举证责任。"依据该规定，经营者销售耐用商品或者提供装饰装修等服务，消费者自接受商品或者服务之日起 6 个月内发现商品存在瑕疵的，由经营者承担有关瑕疵的举证责任。依据该条规定，虽然应由经营者就商品出现瑕疵的原因并不是由于商品自身的质量问题所造成的这一方面承担举证证明责任，但消费者仍需提供证据初步证明其购买的商品存在瑕疵。《消费者权益保护法》第 23 条第 1 款、第 2 款规定了瑕疵的两种类型，一是不具备在正常使用商品或者接受服务的情况下应当具有的质量、性能、用途和有效期限，但消费者在购买商品或者接受该服务前已经知道该瑕疵，并且存在该瑕疵不违反法律强制性规定的除外；二是商品或者服务的实际质量状况与表明的质量状况不相符。据此，消费者应当举证证明其购买的商品存在上述法律规定的瑕疵。

本案中，李某常诉称其购买的冰箱不能制冷，不符合华润超市在广告中表明的质量状况，要求华润超市承担赔偿责任。虽然自李某常收到涉案冰箱之日起未超过 6 个月，应由经营者华润超市承担有关瑕疵的举证责任，但李某常也应先履行涉案冰箱存在瑕疵的初步证明责任。但李某常并未举证证明涉案冰箱存在不能制冷等瑕疵，应当承担举证不能的法律后果。由于李某常未履行商品瑕疵的初步证明责任，华润超市也就无需承担进一步的证明责任。

案例二：马某新与磴口县华宇农机有限责任公司买卖合同纠纷上诉案[1]

一、基本案情

2014 年 4 月 11 日，马某新与磴口县华宇农机有限责任公司签订（以下简称华宇农机公司）《商品购销合同》，约定由华宇农机公司向马某新出售时风 454 型拖拉机 1 台，售价为 52 500 元。双方约定产品质量及保修期以所付厂家的合格证说明书为准；马某新提货时，应付给华宇农机公司现金 14 900 元，余下所欠货款 37 600 元应于 2014 年 10 月 30 日全部交清。双方还约定，余下所欠货款利息由马某新负担，从提货之日起计算，月利息为 1.5%，至付清全款之日止。之后，马某新将拖拉机开回家，在使用过程中出现故障。2014 年 9 月，马某新将拖拉机开至华宇农机公司处修理，华宇农机公司将该拖拉机发电机、电瓶及拐轴总程予以更换。2015 年，华宇农机公司代表及拖拉机生产厂家到马某新现场查看该拖拉机，并为马某新更换轮胎一条。2015 年 3 月 7 日，马某新给付华宇农机公司货款 10 000 元。后华宇农机公司多次向马某新催要余款，马某新以拖拉机存在质量问题未解决为由拒付。2016 年 3 ~ 4 月间，华宇农机公司在双方的《商品购销合同》上备注"到 2016 年 12 月份还清"字样。但约定期限届满后，马某新未付清货款，故华宇农机公司诉至法院，要求马某新支付剩余货款及逾期付款利息。法院另查明，争议拖拉机的相关部件三包期如下：轴、齿轮为 9 个月，变速箱壳体、前桥壳体为 18 个月，前轮胎为 3 个半月，后轮胎为 4 个半月，电路为 3 个月。

---

[1]　内蒙古自治区巴彦淖尔市中级人民法院（2017）内 08 民终第 1464 号民事判决书。

二、法律问题

1. 本案中，马某新能否要求华宇农机公司履行"三包义务"？
2. 本案的举证责任应由谁承担？

三、重点提示

关于华宇农机公司应否履行"三包义务"的问题。《消费者权益保护法》第 24 条第 1 款规定："经营者提供的商品或者服务不符合质量要求的，消费者可以依照国家规定、当事人约定退货，或者要求经营者履行更换、修理等义务。没有国家规定和当事人约定的，消费者可以自收到商品之日起 7 日内要求退货；7 日后符合法定解除条件的，消费者可以及时退货，不符合法定解除合同条件的，可以要求经营者履行更换、修理等义务。"本案中，马某新在使用拖拉机的过程中发现拖拉机存在质量问题，可以在该拖拉机质量保证期内积极向有关行政部门投诉或者到法院起诉要求解决争议，亦可以要求华宇农机公司更换、修理、退货或者要求与华宇农机公司解除合同，但马某新未在法律规定的期限内通过以上合法途径主张自己的权利，其怠于主张自己的权利的行为免除了华宇农机公司的"三包义务"。故华宇农机公司不应承担"三包"的责任。

关于本案举证责任应由谁承担的问题。消费者自接受商品或服务之日起 6 个月内发现瑕疵的，应由经营者承担有关瑕疵的举证责任。但消费者怠于行使权利，超出 6 个月的担保期限的，依据"谁主张，谁举证"的原则，仍由消费者承担案件有关的证明责任。《消费者权益保护法》第 23 条第 3 款规定，经营者提供的机动车、计算机、电视机、电冰箱、空调器、洗衣机等耐用商品或者装饰装修等服务，消费者自接受商品或者服务之日起 6 个月内发现瑕疵，发生争议的，由经营者承担有关瑕疵的举证责任。依据该规定，经营者承担有关瑕疵的举证责任的期限是消费者接受商品或者服务之日起 6 个月内，超过 6 个月期限的，则免除经营者关于商品瑕疵的证明责任。"法律不保护躺在权利上睡觉的人"，本案中，马某新发现拖拉机存在故障，但未在质量保证期内通过合法途径主张权益，致使拖拉机的质量保证期经过，免除了经营者华宇农机公司原本应承担的 6 个月内的质量瑕疵举证责任，进而导致该拖拉机是在质量保证期内即存在质量问题并经修理仍然无法正常使用，还是在质量保证期经过后出现机械故障无法使用这一事实，无法通过审理查明。根据"谁主张，谁举证"的原则，现华宇农机公司要求马某新给付剩余货款，距马某新接收拖拉机已经近 3 年，马某新应当就其主张提供证据证明，否则应当承担对其不利的法律后果。

📚 **拓展资料**

专题三十七　拓展阅读资料

| 第十六章 |

价格监管法

专题三十八　价格违法行为的主要类型

📚 知识概要

　　价格监管法制度的核心是价格违法行为的界定和价格主管机关价格监督检察权的设置。自我国 1997 年价格法生效以来，围绕着这一对概念制定的价格监管法随着市场经济的迅速发展不断进化演变。目前生效的若干法律和行政法规共同构成了价格监管法的制度框架，依照其效力位阶及其生效的先后顺序，这些法律和行政法规主要包括：《中华人民共和国价格法》（1997）、《中华人民共和国价格管理条例》（1987）、《关于商品和服务实行明码标价的规定》（2000 年修订）、《价格违法行为行政处罚规定》（2010 第三次修订）、《反价格垄断规定》（2011）、《价格行政处罚程序规定》（2013）、《价格违法行为举报处理规定》（2014）、《规范价格行政处罚权的若干规定》（2014）、《关于〈禁止价格欺诈行为的规定〉有关条款解释意见的通知》（2015）、《网络交易价格举报管辖规定（试行）》（2017）。在价格监管法的学习中存在规范繁多不易掌握，并且与《反不正当竞争法》《反垄断法》《消费者权益保护法》存在规范竞合等难点，本专题选取 2 个经典案例和 2 个拓展案例，涵盖价格违法行为的主要类型和行使价格监督检察权的法律竞合问题。

经典案例

北京市物业服务评估监理协会及其会员实施价格垄断案[1]

一、基本案情

2012 年以来，北京市多位市民反映，北京市物业服务评估监理协会及其会员单位实施价格垄断，要求查处。经查，北京市物业服务评估监理协会作为北京市 48 家第三方物业服务评估机构的行业组织，在 2012 年至 2016 年期间，组织行业内 48 家第三方机构，多次通过会议、邮件等方式，制定了物业服务评估监理业务收费标准，对未执行收费标准的第三方机构进行通报。该行为违反了《反垄断法》《价格法》的有关规定，限制了市场价格竞争，损害了消费者的合法权益。北京市发展改革委对北京市物业服务评估监理协会处以 35 万元罚款，对其 48 家会员单位分别处以不同额度罚款，累计罚款 219 万余元。

二、法律问题

1. 价格违法行为有哪些类型？
2. 价格垄断行为的法律构成有哪些？

三、法理分析

1. "价格违法行为"是国家在监督管理价格行为时经常使用的法律术语，但《价格法》和相关法律法规没有给出关于"价格违法行为"的法律定义。通过对价格主管机关颁布的行政法规和公布的价格违法行为案件的梳理，我们可以大致确定被价格主管机关视作"价格违法行为"的主要行为类型。

第一类，《价格法》第 13 条规定的违法明码标价义务的行为和第 14 条规定的不正当价格行为。不正当价格行为包括：①相互串通，操纵市场价格，损害其他经营者或者消费者的合法权益；②在依法降价处理鲜活商品、季节性商品、积压商品等商品外，为了排挤竞争对手或者独占市场，以低于成本

---

[1]　发改委 12358 价格监管平台 2017 年典型案件。

的价格倾销，扰乱正常的生产经营秩序，损害国家利益或者其他经营者的合法权益；③捏造、散布涨价信息，哄抬价格，推动商品价格过高上涨的；④利用虚假的或者使人误解的价格手段，诱骗消费者或者其他经营者与其进行交易；⑤提供相同商品或者服务，对具有同等交易条件的其他经营者实行价格歧视；⑥采取抬高等级或者压低等级等手段收购、销售商品或者提供服务，变相提高或者压低价格；⑦违反法律、法规的规定牟取暴利；⑧法律、行政法规禁止的其他不正当价格行为。

第二类，《反不正当竞争法》列举的不正当竞争行为中与价格相关的违法行为。包括引人误解的虚假宣传行为、不正当有奖销售行为、搭售或附加不合理交易条件的行为等。

第三类，《反垄断法》和《反价格垄断规定》规定的价格垄断行为。依据《反价格垄断规定》第3条，价格垄断行为包括：①经营者达成价格垄断协议的行为；②具有市场支配地位的经营者使用价格手段进行排除、限制竞争的行为；③行政机关等组织滥用行政权力在价格方面排除、限制竞争的行为。对于价格垄断协议行为，《反价格垄断规定》明确了固定价格等八种情况下的横向价格垄断协议、纵向价格垄断协议以及行业协会操纵价格等行为。关于具有市场支配地位的经营者使用价格手段进行排除、限制竞争的行为，《反价格垄断规定》对《反垄断法》第17条规定的滥用市场支配地位行为进行了具化，包括：①以不公平的高价销售商品或者以不公平的低价购买商品；②没有正当理由低于成本销售商品；③没有正当理由通过设定过高的销售价格或者过低的购买价格，变相拒绝与交易相对人进行交易的行为；④通过价格折扣等手段限定交易相对人只能与其进行交易或者只能与其指定的经营者进行交易的行为；⑤在交易时在价格之外附加不合理的费用的行为；⑥没有正当理由对条件相同的交易相对人在交易价格上实行差别待遇的行为。

2. "价格垄断行为"一般是指某个经营者通过滥用市场支配地位或交易中的优势地位，或两个以上的经营者通过合谋、串通等形式，操纵、控制市场价格，排挤价格竞争，侵害其他经营者和消费者合法权益的市场经营行为。但实际上，《价格法》、《反垄断法》以及《反价格垄断规定》都有规制价格垄断行为的内容，这些规范列举的价格垄断行为的总范围超过了一般意义上价格垄断行为的范围，基于对这些规定的理解，可以将价格垄断行为分为四个大的类型来分别分析其构成要件。

第一类是经营者价格垄断协议。《价格法》第 14 条第 1 项规定的"相互串通，操纵市场价格，损害其他经营者或者消费者的合法权益"的不正当价格行为即是对这一类型的价格垄断行为的列举。《反垄断法》第 13 条和第 14 条分别列举了两种不同的垄断价格协议。第 13 条第 1 款禁止具有竞争关系的经营者达成固定或变更商品价格的垄断协议。第 14 条禁止经营者与交易相对人固定向第三人转售商品的价格或限定向第三人转售商品的最低价。《反价格垄断规定》首先在第 3 条第 1 款概括地将"经营者达成价格垄断协议"规定为价格垄断行为。之后在第 7 条和第 8 条进一步详细地列举了"具有竞争关系的经营者达成的价格垄断协议"的八种类型以及"经营者与交易相对人达成的价格垄断协议"的三种类型。我们可以进一步将经营者价格垄断协议进一步区分为横向价格协议和纵向价格协议。

横向价格协议对应的是《反价格垄断规定》的第 7 条，其构成要件是：①行为主体是处于同一经济层级的互为竞争对手的经营者。②行为主体实施了一致的确定商品或服务的价格的行为，包括共同提价、共同降价、共同维持某一价格水平等。③行为主体之间有意思联络，即共谋。④损害并不要求实际已经发生，只要有损害的可能性和现实危害性就足以构成损害。

纵向价格协议对应的是《反价格垄断规定》的第 8 条，其构成要件是：①行为主体是处于不同经济层级的经营者，如产品制造商和零售商。②行为主体实施了一致的确定商品或服务的转售价格的行为，包括固定转售价格、限定转售最低价等。③行为主体之间有意思联络，即共谋。共谋的意思表示可以是明示的，如书面协议；也可以是默示的，如双方在贸易中达成的各种默契。④损害并不要求实际已经发生，只要有损害的可能性和现实危害性就足以构成损害。

第二类是具有市场支配地位的经营者使用价格手段排除、限制竞争的行为，其构成要件是：①行为主体是处于市场支配地位的经营者。②行为主体以价格为手段实施垄断行为，包括不公平价格、倾销价格、排他性折扣价格、价格歧视、不合理价格之外附加费用等。③具有主观上实施垄断行为的故意。④行为有限制竞争的可能或者已经实质性地对竞争造成了损害。

第三类是行政机关和法律、法规授权的具有管理公共事务职能的组织滥用行政权力实施的价格垄断行为。此类行为的构成要件是：①行为主体是行政机关和法律、法规授权的具有管理公共事务职能的组织。②行为主体实施了价格垄断协议或使用价格手段实施了排除、限制竞争的行为。③行为构成了对行政权力的滥用。

第四类是行业协会实施的价格垄断行为。行业协会是指从事相同行业的人或组织出于共同的目的而形成的有一定规章制度和行为规范要求的团体。通常意义上而言，行业协会作为同行业竞争者之间的一种联合，成立宗旨在于促进行业内成员间的沟通、协调，并努力为其提供各种服务，以此促进成员及整个行业的发展。行业协会在具体的商业活动中可能扮演着不同的角色，因而在《价格法》和《反垄断法》上具有不同的主体地位。行业协会可能具有的身份包括：行业管理者、公共事务执行者和普通经营者，其可能实施的价格垄断行为也相应地具有不同的构成要件。

行业管理者的身份是行业协会这一概念的核心意涵，即是通常意义上行业协会应当具备的身份，作为行业管理者的行业协会是介于政府、企业之间，商品生产者与经营者之间，并为其服务、咨询、沟通、监督、公正、自律、协调的社会中介组织。其中，服务职能是行业管理的主要职能，体现在为会员提供信息发布、政策咨询、技术支持、产品认证、对外联络、联系政府等各种服务。但是行业管理活动也可能产生竞争风险。《反价格垄断规定》第9条列举了行业协会以行业管理者身份进行的价格垄断行为，主要包括：行业协会通过章程和决议形成的价格垄断以及行业协会组织经营者达成的价格垄断协议。

公共事务执行者的身份是指在特定的时候，行业协会经法律、法规授权，也可获得公共事务的管理职能，此时行业协会便拥有了行政权，其具有了行政属性。行业协会基于行政授权执行公共事务时，如果以价格为手段对竞争造成了损害，需要判断其是否构成价格垄断行为，应比照行政机关和法律、法规授权的具有管理公共事务职能的组织滥用行政权力实施的价格垄断行为的构成要件进行判断。

当行业协会直接从事市场经营活动时，其身份便是市场中普通的经营者。作为经营者，行业协会可以与他人达成垄断协议，也可以滥用其相关市场具有支配地位实施价格垄断，此时应适用经营者通过达成价格垄断协议和经营者滥用市场支配地位从而使用价格手段排除、限制竞争的行为的构成要件。

四、参考意见

在本案中，北京市物业服务评估监理协会组织行业内48家第三方机构来制定物业服务评估监理业务收费标准的活动是行业协会的自治管理活动，这一行为是行业协会以行业管理者的身份作出的，因此判断这一行为是否构成价格垄断行为，应依据《反价格垄断规定》第9条来判断是否存在行业协会通过章程和决议形成价格垄断或行业协会组织经营者达成价格垄断协议的情形。

拓展案例

案例一：黑龙江省大庆市新玛特购物广场虚假促销案[1]

一、基本案情

大庆市一市民反映，其在新玛特购物广场 JEEP 专柜购物时，发现部分商品实际打折力度低于标识的打折力度，认为存在价格欺诈，要求查处。经查，该专柜打折活动标语为"全场 5 – 8 折"，而货号（205330）的裤子实际标示销售价格为 1056 元/条，标牌价格为 1200 元/条，折扣为 8.8 折。相关问题属于虚假优惠折扣，萨尔图区物价监督管理局依法责令该商场立即纠正价格违法行为，并对其处以 5000 元罚款的行政处罚。

二、法律问题

1. 简述价格欺诈行为的概念和构成要件。

2. 关于价格欺诈行为，有哪些法律规范存在着竞合情形，如何解决竞合问题？

三、重点提示

1. "价格欺诈"行为源于《价格法》第 14 条第 4 项对不正当价格行为的

---

〔1〕 发改委 12358 价格监管平台 2017 年典型案件。

列举：经营者不得"利用虚假或者使人误解的价格手段，诱骗消费者或者其他经营者与其进行交易。"但《价格法》并未明确"价格欺诈"的法律概念。此后，国家发改委（原国家计委）先是于 2001 年依照《价格法》制定颁布了《禁止价格欺诈行为的规定》，其中不仅在第 3 条对价格欺诈行为进行了明确的定义："经营者利用虚假的或者使人误解的标价形式或者价格手段，欺骗、诱导消费者或者其他经营者与其进行交易的行为。"还列举规定了 14 种价格欺诈行为，包括虚假标价、两套价格、模糊标价、虚夸标价、虚假折扣、混淆处理、模糊赠售、隐蔽价格附加条件、虚构原价、谎称价格、质量或数量与价格不符、假冒政府定价、广告宣传中的价格欺诈行为以及其他价格欺诈行为。又于 2006 年及 2015 年，制定颁布了《关于〈禁止价格欺诈行为的规定〉有关条款解释意见的通知》，对《禁止价格欺诈行为的规定》的有关条款进行了进一步的明确和解释。

依据这些法律法规，价格欺诈行为的构成要件是：①行为主体是市场中的经营者。②行为主体实施了以价格为手段的欺诈行为，即经营者通过标价形式或者价格手段虚构事实、隐瞒真实情况，欺骗、诱导消费者或者其他经营者与其进行交易。③行为主体具有主观故意。④实施的行为具备侵害市场秩序以及消费者的合法权益的可能性。

2. 调整民商事法律关系的基本法律对价格欺诈行为有原则性规定，如《民法总则》第 148 条和《合同法》第 54 条第 1 款规定的对因欺诈行为实施的民事法律行为、订立的合同的撤销权。更重要的是规范市场秩序的诸多经济法律部门对价格欺诈行为的专门规定，除了《价格法》和《禁止价格欺诈行为的规定》的相关规定，《消费者权益保护法》第 20 条及其配套的《侵害消费者权益行为处罚办法》，为保护消费者的合法利益，明确规定了"经营者向消费者提供有关商品或者服务的质量、性能、用途、有效期限等信息，应当真实、全面，不得作虚假或者引人误解的宣传。""经营者提供商品或者服务应当明码标价。"《反不正当竞争法》为保护市场中其他经营者的合法利益，也在第 8 条规定了禁止经营者进行虚假的宣传欺骗误导消费者。并且根据国家工商总局 1994 年《关于对商品价格和市场信息进行虚假宣传定性处理问题的答复》中的规定，经营者利用广告或者其他方法，对商品价格和市场信息进行虚假宣传，可以按《反不正当竞争法》规定的虚假宣传行为定性处罚。

《广告法》也对虚假价格广告等行为进行了规定。此外，商务部门作为主管我国内贸和外贸工作的政府部门，于 2006 年联合国家发改委、工商总局等五个部委颁布了《零售商促销行为管理办法》，对于零售商的各种降价促销行为进行了规范，禁止零售商以促销为名，进行价格欺诈活动。即使是在价格法律体系内部，价格欺诈行为也与哄抬物价行为、囤积居奇行为等存在竞合。

　　《价格法》及其下位法规与《消费者权益保护法》《反不正当竞争法》及其下位法规的竞合，在实践中表现为发改委或物价局的价格监督检查权与工商行政管理部门对不正当竞争行为和侵害消费者权益行为的监督监察权的执法冲突，2007 年全国人大常委会法制工作委员会为解决此类问题曾作出过批复："……对同一个滥收费用行为可以适用《反不正当竞争法》或者《价格法》的有关规定进行行政处罚……由首先实施监督检查的行政机关给予罚款的行政处罚为宜……"同时，各执法部门为避免行政执法冲突，又通过部门规章、细则对各自的职责进行了进一步细分来缓和这一冲突。随着 2017 年以来推动的机构改革，国家各部委的结构和职能进行了大幅调整。2018 年 3 月，根据第十三届全国人民代表大会第一次会议批准的国务院机构改革方案，将国家工商行政管理总局的职责、国家质量监督检验检疫总局的职责、国家食品药品监督管理总局的职责、国家发展和改革委员会的价格监督检查与反垄断执法职责、商务部的经营者集中反垄断执法以及国务院反垄断委员会办公室等职责整合，组建国家市场监督管理总局，作为国务院直属机构。发改委原本具备的微观管理和具体市场的审批职权将被逐渐取消，而其宏观规划、调控方面的职权则可以得到突出和加强。价格监督监察的主管机关与反垄断主管机关、工商行政主管机关的合并意味着因法律竞合引起的职权界限不清、法律适用不统一等问题将在根本上得到解决。而且可以预见的是，随着执法机关的机构改革的顺利推进，原本为各部门规定的执法权限和实施细则将失去意义，微观经济行为的监管规范也将呈现融合统一的趋势。

　　本案的分析难点在于举报的市民并未与商家形成交易，商家的虚假打折行为是否符合《价格法》第 14 条第 4 项"诱骗消费者或者其他经营者与其进行交易"的事实构成。也就是说，价格欺诈行为的可责性判断是否应建立在发生了侵害消费者利益的损害结果的基础上。

　　关于价款格欺诈行为的客观方面要件的理解，应参照 2015 年 6 月颁布的

《国家发展改革委关于〈禁止价格欺诈行为的规定〉有关条款解释的通知》第1条的内容:《规定》第3条所称"经营者利用虚假的或者使人误解的标价形式或者价格手段,欺骗、诱导消费者或者其他经营者与其进行交易的行为",是指经营者通过标价形式或者价格手段虚构事实、隐瞒真实情况,欺骗、诱导消费者或者其他经营者与其进行交易;无论是否形成交易结果,均构成价格欺诈行为。

案例二: 天猫商城贵派仕红黄蓝专卖店虚构原价案[1]

一、基本案情

蚌埠市一市民反映,其在天猫商城贵派仕红黄蓝专卖店购买了一双旱冰鞋,第二天查看商品信息时,发现店家再次修改了原价,认为该商品从未以原价的价格成交,要求查处。经查,举报人反映的问题属实,该专卖店对此款儿童旱冰鞋标示虚假原价的行为违反了《中华人民共和国价格法》第14条第4项规定的内容。该店铺注册地价格主管部门徐州市泉山区物价局依据《价格违法行为行政处罚规定》第7条的有关规定责令该店铺立即改正价格违法行为,并处以5000元的行政处罚。

二、法律问题

1. 电商价格行为的监管有哪些特殊性?
2. 该案件管辖权应如何确定?

三、重点提示

1. 一般而言,价格监督监察的管辖权配置,我国法律采用的通行原则是属地管辖原则,即将监管和执法的管辖权分配给行为所在地的、具有相应管理职权的价格主管机关。2013年7月起实施的《价格行政处罚程序规定》第7条明确规定:"价格行政处罚由价格违法行为发生地的县级以上价格主管部门管辖。法律、行政法规另有规定的除外。"但基于网络平台而进行的电子商务

---

[1] 发改委12358价格监管平台典型案件。

中，交易各方在虚拟的网络平台上进行交易，其对应的现实物理空间具有明显的跨区域性和空间不确定性。如此一来，作为属地管辖原则合理性基础的"行为的空间确定性"就被互联网打破了，发生在网络空间中的价格行为的特殊性给价格法的适用带来了新的困难。困难主要反映在以下几个方面[1]：

第一，价格行为发生在网络空间中，具有灵活性，价格主管机关不通过网络平台难以了解经营主体的价格行为。一方面，在传统的实体店经营模式下，市场监管机关通过许可证管理的方式可以对经营者的信息予以把握，受城市土地资源的限制，实体店数量是有限的，执法所需的信息成本是可以承受的。而互联网平台上的经营者数量庞大，经营内容灵活，也不再按照地理位置分布，其不受土地资源的限制。价格主管机关通过注册的方式获取经营信息会产生巨大的成本。但在另一方面，互联网平台因其信息的存储和聚合能力又可以为监管和执法提供巨大的便利，网络交易过程中产生的证据和经营者信息主要存在于网络平台之上，根据国家工商总局《网络交易管理办法》第7条第2款，网络经营者需要向网络平台提供其自身的身份信息。

第二，价格行为发生在网络空间中，具有虚拟性，价格主管机关难以依托于具体地理地点进行监管和执法。网络平台上的经营者虽然需要按照规定向网络平台提交其身份信息和地址，但其经营活动并不受实际地理场所的限制，经营地点可以随时发生变化。因此，价格主管机关在进行实地调查取证、现场检查或者强制执行的过程中，往往可能因为经营者登记的地点与实际地点不符而导致执法活动无法进行。同时，通过网络平台交易的经营者和消费者往往不在同一个行政管辖区域，面对面调处基本无法进行，双方提供的信息也容易难辨真伪。

第三，价格行为发生在网络空间中，具有分散性，按照传统监管方式，价格主管机关难以对某个经营者的经营活动进行统一的监管。如果某一网络经营者的分散发生的经营行为分别被不同地区的价格主管机关依据本地的执法标准进行监管，则会引起法律适用不统一的问题。

2. 为解决这些问题，2017年1月起，发改委制定实施的《网络交易价格举报管辖规定（试行）》明确了网络交易中价格行为所在地的确定规则。依据

---

〔1〕　参见王锡锌："网络交易监管的管辖权配置研究"，载《东方法学》2018年第1期。

该规定：被举报经营者所在地即行为发生地。被举报的网络交易价格行为系电商实施的，由电商所在地价格主管部门管辖；被举报的网络交易价格行为系平台实施的，由平台所在地价格主管部门管辖；被举报的网络交易价格行为系平台和电商共同实施的，由平台所在地价格主管部门管辖；被举报电商所在地难以确认的，由最先接收举报的价格主管部门在收到举报之日起 1 个工作日内，从 12358 价格监管系统向平台发送电子协查文书，通过平台进行查找。该规定还明确了举报受理机关和管辖权机关之间的移送程序。所以本案应由被举报的天猫商城贵派仕红黄蓝专卖店所在地的价格主管部门管辖。

案例三：山东省菏泽市仁爱医院未执行明码标价案[1]

一、基本案情

菏泽市一市民反映，其在该市仁爱医院做割包皮手术时，被收取高额费用，要求查处。经查，该院属营利性医疗机构，其医疗服务价格执行市场价格自主定价。院方口头告知了价格和手术项目（有患者签名的手术同意书为证）。但该院没有执行《关于商品和服务价格实行明码标价的规定》（国家计委令第 8 号）文件的有关规定，菏泽市牡丹区物价局责令该院严格执行明码标价公示制度，并处以 5000 元罚款的行政处罚。

二、法律问题

1. 什么是明码标价？
2. 违反明码标价规定与价格欺诈行为之间的关系？

三、重点提示

1. "明码标价"既是我国价格领域中的一项强制性行政管理措施，是我国价格管理最基本的形式和内容之一，也是经营者为价格行为时必须履行的义务。《价格法》第 13 条对明码标价以及违反明码标价的违法行为作了规定：

---

〔1〕 发改委 12358 价格监管平台典型案件。

"经营者销售、收购商品和服务，应当按照政府价格主管部门的规定明码标价，注明商品的品名、产地、规格、等级、计价单位、价格或服务的项目、收费标准等有关情况。经营者不得在标价之外加价出售商品，不得收取任何未予标明的费用。"但《价格法》并未对明码标价义务进行准确的定义。我国曾于 1990 年和 1994 年先后两次颁布《关于商品和服务实行明码标价的规定》，并发布了实施细则。2000 年 10 月国家发改委（前国家计委）又对该规定做了进一步修改。依据这一规定，明码标价的法律定义是：经营者收购、销售商品和提供服务按照本规定的要求公开标示商品价格、服务价格等有关情况的行为。同时，《关于商品和服务实行明码标价的规定》的第 3 条将明码标价规定为经营者的法定义务：经营者在经营实行市场调节价、政府指导价或者政府定价的商品和服务时应进行明码标价。

明码标价的总体要求是做到价签价目齐全、标价内容真实明确、字迹清晰、货签对位、标示醒目。根据商品和服务的特点，按经营类型的不同，经营者的标价义务也不同。如从事零售业务的，商品标价签应当标明品名、产地、计价单位、零售价格等主要内容，对于有规格、等级、质地等要求的，还应标明规格、等级、质地等项目。收购农副产品的，应当在收购场所醒目位置公布收购价目表，标明品名、规格、等级、计价单位和收购价格等内容。房地产经营者应当在交易场所标明房地产价格及相关收费情况。各类商品专业交易市场，如开架柜台、自动售货机、自选市场等采取自选方式售货的，经营者应当使用打码机在商品或其包装上粘贴价格标签等。对需要实行行业统一规范标价方式或增减标价内容以及不宜标价的商品和服务，由价格主管部门认定或确定，经营者不能擅自决定。

2. 明码标价制度能够起到预防经营者进行价格欺诈的重要作用，因为从表现形式上看，价格欺诈与明码标价的关系极为密切。价格主管部门以明码标价制度为监管手段，可以有效防范价格欺诈行为的发生，以致在地方价格主管部门的监管活动中明码标价与价格欺诈也常常作为一对双生用语同时出现。但我们应认识到，违反明码标价规定的行为和价格欺诈行为具有不同的事实构成和法律后果。

违反明码标价规定的行为不需要考虑行为主体的主观方面，经营者定价时不符合定价规范的行为部分就构成了明码标价义务的违反，因而应承担

《关于商品和服务实行明码标价的规定》中规定的相应行政责任："由价格主管部门责令改正，没收违法所得，可以并处 5000 元以下的罚款；没有违法所得的，可以处以 5000 元以下的罚款。"

但如果价格主管部门在调查违反明码标价规定的行为时，发现了行为人具有利用虚假的或者使人误解的标价内容及标价方式进行价格欺诈的故意，那么行为人的行为即构成《价格法》第 14 条规定的价格欺诈行为，价格主管部门应依照《价格违法行为行政处罚规定》第 5 条来实施更高程度的处罚："责令改正，没收违法所得，并处违法所得 5 倍以下的罚款；没有违法所得的，处 10 万元以上 100 万元以下的罚款，情节较重的处 100 万元以上 500 万元以下的罚款；情节严重的，责令停业整顿，或者由工商行政管理机关吊销营业执照。"

可见，明码标价责任是侵害行为发生前的事前预防责任，而价格欺诈责任则是侵害行为发生后的事后纠正责任。前者只强调行为主体对定价规范的遵守，并不强调行政处罚。从规定的措辞来看，价格主管机关是否实施罚金可以视违法程度而定，5000 元的罚金最高上限也只是为了对经营者起到提醒的作用，惩罚性并不高。而价格欺诈则强调行为主体具有损害市场秩序、侵害消费者利益的主观恶意，并对这种恶意造成的损害后果施以高额的罚金处罚以达到矫正市场秩序的目的。从规定的措辞来看，一旦发现价格欺诈行为，价格主管机关必须实施罚金处罚。

🔖 拓展资料

专题三十八　拓展阅读资料

| 第十七章 |

国有资产法

专题三十九　私分国有资产

📚 知识概要

随着国有企业改制的不断深化和经济转型进程的深入推进，如何正确界定转型期国有企业中的相关职务犯罪，对规范国有企业改制行为，防止国有资产流失，确保市场经济健康持续快速发展具有重要意义。

在《中华人民共和国企业国有资产法》（以下简称《企业国有资产法》）中第 2 条规定，"企业国有资产"是"是指国家对企业各种形式的出资所形成的权益"；在第 5 条中则描述了"国家出资企业"包括国家出资企业，是指国家出资的国有独资企业、国有独资公司，以及国有资本控股公司、国有资本参股公司。在现在的经济体制改革进程中，国有企业中很容易出现国有资产的流失。其中一个常见手段就是将国有资产私分。在刑事案件中也较多被引用，在《中华人民共和国刑法》（2017 年修正）的第 396 条第 1 款中规定了"私分国有资产罪"，规定国家机关、国有公司、企业、事业单位、人民团体，违反国家规定，以单位名义将国有资产集体私分给个人，数额较大的，对其直接负责的主管人员和其他直接责任人员，处 3 年以下有期徒刑或者拘役，并处或者单处罚金；数额巨大的，处 3 年以上 7 年以下有期徒刑，并处罚金。

改革开放后，在国有企业改制的过程中出现了一些国有资产流失的现象，为了防止国有资产流失的现象的发生，在《企业国有资产法》中第 31 条明确规定"国有独资企业、国有独资公司合并、分立，增加或者减少注册资本，发行债券，分配利润，以及解散、申请破产，由履行出资人职责的机构决定。"其为国有资产在企业中的调动设定了严格的程序化标准，以防国有资产遭到随意的处置造成流失。并且为了在企业改制中能够更好限制国有资产的处置行为，防止国家出资企业中国有资产的流失，在《企业国有资产法》第71 条中更是规定"国家出资企业的董事、监事、高级管理人员有下列行为之一，造成国有资产损失的，依法承担赔偿责任；属于国家工作人员的，并依法给予处分：①利用职权收受贿赂或者取得其他非法收入和不当利益的；②侵占、挪用企业资产的；③在企业改制、财产转让等过程中，违反法律、行政法规和公平交易规则，将企业财产低价转让、低价折股的；④违反本法规定与本企业进行交易的；⑤不如实向资产评估机构、会计师事务所提供有关情况和资料，或者与资产评估机构、会计师事务所串通出具虚假资产评估报告、审计报告的；⑥违反法律、行政法规和企业章程规定的决策程序，决定企业重大事项的；⑦有其他违反法律、行政法规和企业章程执行职务行为的。国家出资企业的董事、监事、高级管理人员因前款所列行为取得的收入，依法予以追缴或者归国家出资企业所有。"在制定了第 31 条的程序性规定后，更是规定了导致国有资产流失后的责任分担原则，以此来防止国有出资企业中的国有资产的流失情况发生，并且规定责任承担后果，以起到警示作用。并且也出台了《企业国有资产监督管理暂行条例》（国务院令第 709 号），《国有资产评估管理办法施行细则》（国资办发〔1992〕36 号）等文件来配套国有企业改制的进程，力求在这其中的改制程序能够更加正规减少国有资产流失的可能。

经典案例

童某某等私分国有资产案[1]

一、基本案情

中铁十六局集团有限公司（以下简称中铁十六局）成立于 1995 年 8 月 1

---

[1] 福建省南平市中级人民法院（2015）南刑终字第 65 号刑事裁定书。

日，系法人独资企业，由全民所有制企业中国铁道建筑总公司100%控股；2001年5月24日，中铁十六局经中国铁道建筑总公司批复进行改制，由中国铁道建筑总公司占中铁十六局56%股权，职工集体股权占44%；2007年4月23日，职工集体股权转让给中国铁道建筑总公司，中国铁道建筑总公司持有中铁十六局100%股权。2007年11月5日，中国铁道建筑总公司独家发起成立中国铁建股份有限公司，中国铁道建筑总公司净资产折为股本投入股份公司，持有中国铁建股份有限公司股权61.33%，并全部由中国铁道建筑总公司持有，成为中国铁建股份有限公司控股股东（其中，国务院国有资产监督管理委员会是中国铁道建筑总公司实际控制人，持有中国铁道建筑总公司100%股权）。2002年10月25日，中铁十六局成立顺昌远宏公司，职工持股6.33%。2007年6月6日，职工将所持股份转让给中铁十六局，成为法人独资企业，中铁十六局持有顺昌远宏公司100%股权。2002年12月23日，中铁十六局成立顺昌分公司，系中铁十六局分支机构，企业类型是国有控股；2007年6月13日，顺昌分公司变更为顺昌工程指挥部。2011年4月19日，中铁十六局成立集团地产开发公司，系中铁十六局全资子公司；同年5月19日撤销顺昌工程指挥部，顺昌远宏公司包括顺昌工程指挥部人员资产整合到集团公司地产开发公司，顺昌远宏公司成为其下辖子公司。同年6月13日注册成立中铁十六局集团置业投资有限公司（以下简称置业公司），顺昌远宏公司由置业公司100%控股。顺昌远宏公司、顺昌分公司（后变更为顺昌工程指挥部）系一套人马两块牌子，分别独立核算、独立建账。2005~2011年期间，顺昌分公司（后变更为顺昌工程指挥部）违反国家规定，设置财务账外账，将本应列入公司正式账目的收入采取隐匿收入或收入不入账的方式，将土地征地补偿款8 787 804.59元、2005~2009年期间的房租收入164 905.41元、中铁十六局下属子公司邵武谢坊生产基地从2008~2012年期间所上交的管理费及收取的历史遗留账共计1 406 233.01元、中铁十六局下属企业光泽战备仓库从2008~2011年期间所上交的管理费共计1 004 000元、顺昌分公司在2002~2003年期间承揽工程收入4 174 469.39元转入公司工会账户。2009~2013年期间，由时任顺昌远宏公司董事、董事长、顺昌工程指挥部指挥长的被告人童某某提议，与时任顺昌远宏公司董事、总会计师、顺昌工程指挥部总会计师的被告人黄某，时任顺昌远宏公司董事、副董事长、党委书记、顺昌工程指挥部党委书记的被告人王某甲，时任顺昌远宏公司职工董事、工会主席、顺昌工程指挥部工会主席的被告人张某甲，时任顺昌远宏公司监事、顺昌工程指挥部总工程师的被告人刘某所组成的领导班子研究后，在未向上级主管部门备案或审批的情况下，在计提工资总额之外，将转入工会账户上的国有资产以发放奖金、福利补贴、个税补差、取暖费等名义分给公司员工共计 7 788 332.84 元，并由时任顺昌远宏公司财务部部长、顺昌工程指挥部财务部部长的被告人时某具体操作。其中被告人王某甲、张某甲参与研究金额共计 7 520 489.49 元。

2014 年 3 月，被告人童某某、黄某、王某甲、张某甲、刘某、时某主动投案并且退还各自分得的涉案款。在被告人的辩护词中，认为顺昌远宏公司不是国有独资企业，只是国有上市公司的隶属企业，是国有投资企业不是国有独资企业。并且主张顺昌远宏公司是一个独立法人单位，对于每年产生的经营利润有自主支配权，给职工发放的奖金、福利是企业依法享有支配权的可分配利润不属于应当上缴国家的国有资产。

二、法律问题

1. 顺昌远宏公司是否属于国有独资企业？
2. 顺昌远宏公司给职工发放的奖金、福利是否属于国有资产？
3. 童某某等人对经营利润进行支配是否会造成国有资产流失？

【法院裁判结果】

一审法院根据《中华人民共和国企业国有资产法》《企业国有资产监督管理暂行条例》《中华人民共和国会计法》等相关国有资产管理法规及企业财会制度，应认定童某某等的行为违反国家规定，其行为构成私分国有资产罪。顺昌远宏公司应被认定为国有企业，其给职工发放的奖金、福利属于国有资产。一审法院根据《中华人民共和国刑法》第 396 条第 1 款、第 25 条第 1 款、第 67 条第 1 款、第 72 条第 1 款、第 3 款、第 52 条、第 53 条、第 64 条的规定，判决童某某等对经营利润进行支配的行为构成私分国有资产罪。

童某某等人不服一审判决，向福建省南平市中级人民法院提出上诉，请求撤销原判决。二审法院根据《中华人民共和国刑法》第 396 条第 1 款、第 25 条第 1 款、第 67 条第 1 款、第 72 条第 1 款、第 3 款、第 52 条、第 53 条、第 64 条，《中华人民共和国刑事诉讼法》第 225 条第 1 款第 1 项之规定，裁定驳回上诉，维持原判。

三、法理分析

（一）顺昌远宏公司是否属于国有独资企业？

《企业国有资产法》第 5 条中规定："本法所称国家出资企业，是指国家出资的国有独资企业、国有独资公司，以及国有资本控股公司、国有资本参股公司。"从本条文中可以看出这部法规所规制的企业，是所有有国家资本参与其中的企业，不管国有资本在企业其中是属于独资、控股或只是参股，该企业都必须收到《企业国有资产法》的规制。其中本条所称的国有独资企业是指企业全部资产归国家所有，国家依照所有权和经营权分离的原则授予企业经营管理权，国有独资企业依法取得法人资格，实行自主经营、自负盈亏、独立核算，以国家授予其经营管理的财产承担民事责任。

根据童某某的辩称，认为顺昌远宏公司是国有上市公司的隶属企业，但从条文可以看出，鉴定一家企业是否国有独资企业的标准是该企业的出资是否属于国家出资。在本案中，一审法院从顺昌远宏公司的产生发展中肯定了顺昌远宏公司的国有独资企业地位。中铁十六局在 2001 年 5 月 24 日企业改制时，中国铁道建筑总公司占 56% 股权，系国有控股公司。2007 年 4 月 23 日，中国铁道建筑总公司收购中铁十六局职工集体股权，持有中铁十六局 100% 股权，中铁十六局系其下属全资子公司。由此可见，中铁十六局系属于国有独资企业。2007 年 11 月 5 日，中国铁道建筑总公司独家发起成立中国铁建股份有限公司，中国铁道建筑总公司净资产折为股本投入股份公司，持有中国铁建股份有限公司股权 61.33%，并全部由中国铁道建筑总公司持有，成为中国铁建股份有限公司控股股东，其中，国务院国有资产监督管理委员会是中国铁路建筑总公司实际控制人，持有中国铁道建筑总公司 100% 股权。虽然中国铁建股份有限公司是上市公司，但是，由于该公司是由国资委持有 100% 股权，所以中国铁建股份有限公司也属于国有独资企业。顺昌远宏公司系中铁十六局下属企业，成立时职工股权占 6.33%，2007 年 6 月 6 日，中铁十六局收购职工股权，持有100%股权，该公司变更为法人独资企业，由于中铁十六局属于国有独资企业，因此顺昌远宏公司也是国有独资企业；顺昌分公司（后更名为顺昌工程指挥部）是中铁十六局分支机构，系非独立法人。由于该分公司并无独立法人地位，随主体中铁十六局属于国有独资企业。

因此，根据顺昌远宏公司、顺昌分公司及顺昌工程指挥部实际出资情况均应认定为国有公司、企业。在本案中顺昌远宏公司被认定为国有独资企业。

（二）顺昌远宏公司给职工发放的奖金、福利是否属于国有资产？

《企业国有资产法》第2条规定，企业国有资产是指国家对企业各种形式的出资所形成的权益。这里讲的国家对企业的出资，是指各级政府以及政府授权投资的部门、机构投入到企业的、作为企业资本金组成部分的资产。国家对企业的出资有多种形式。由国家对企业的出资所形成的权益，即本法所称的企业国有资产或称经营性国有资产（以下简称国有资产）。在适用本款条文时，必须要注意，并不是只有国家的直接货币出资才算国有资产，在国家对企业进行出资以后，由该部分出资所获得的利润、权益、分红等，都算是国有资产。

在本案中顺昌分公司、顺昌工程指挥部及顺昌远宏公司，采取隐匿收入或收入不入账的方式，将国有资产转入账外户头，在未向上级主管部门备案或审批的情况下，在计提工资总额之外，将账外资金以发放奖金、福利补贴、个税补差、取暖费等名义发放给员工。由于顺昌远宏公司是国有独资企业，其出资是属于国家对企业的出资。而由于该部分出资所形成的收入，也属于上述条文所提及的由于国家出资所形成的利润。顺昌分公司等采取了隐匿收入或收入不入账的行为，是为了隐瞒该部分的国有资产。因此，根据《企业国有资产法》的规定，其在经营中的获利，也属于国有资产，而非辩护词中所说公司获利不属于可自主支配的经营性利润。根据《企业国有资产法》的规定，国有独资企业要对经营性利润进行分配，必须由履行出资人职责的机构决定。[1]

---

[1]《中华人民共和国企业国有资产法》第31条："国有独资企业、国有独资公司合并、分立，增加或者减少注册资本，发行债券，分配利润，以及解散、申请破产，由履行出资人职责的机构决定。"

（三）童某某等人对经营性利润进行支配是否会造成国有资产流失？

根据《企业国有资产法》第 31 条规定，"国有独资企业、国有独资公司合并、分立，增加或者减少注册资本，发行债券，分配利润，以及解散、申请破产，由履行出资人职责的机构决定。"在本案中，顺昌远宏公司是属于国有独资企业，该企业的经营性利润分配，根据条文应该由履行出资人职责的机构国资委来决定，而不能由顺昌远宏公司的班子会议决定。根据我国现行《公司法》，就算是对一家普通的企业的经营性利润进行分配也必须经过股东大会的决议，而不能由班子会议擅自决定。《企业国有资产法》第 71 条规定"国家出资企业的董事、监事、高级管理人员有下列行为之一，造成国有资产损失的，依法承担赔偿责任；属于国家工作人员的，并依法给予处分：①利用职权收受贿赂或者取得其他非法收入和不当利益的；②侵占、挪用企业资产的；③在企业改制、财产转让等过程中，违反法律、行政法规和公平交易规则，将企业财产低价转让、低价折股的；④违反本法规定与本企业进行交易的；⑤不如实向资产评估机构、会计师事务所提供有关情况和资料，或者与资产评估机构、会计师事务所串通出具虚假资产评估报告、审计报告的；⑥违反法律、行政法规和企业章程规定的决策程序，决定企业重大事项的；⑦有其他违反法律、行政法规和企业章程执行职务行为的。国家出资企业的董事、监事、高级管理人员因前款所列行为取得的收入，依法予以追缴或者归国家出资企业所有。"企业的资产归企业所有，是企业进行生产经营活动的物质基础，任何单位和个人都不得侵占或者挪用，否则不但损害了企业的利益，还可能损害企业债权人的利益。这种行为，法律也是严格禁止的。在本案中，童某某等人属于该条文所述中的董事、监事、高级管理人员，满足了该条文中的主体要素。其擅自经班子会议对于经营性利润进行分配，属于该条文中第 6 款的内容，违反了决策章程而决定企业重大事项。根据本款条文的规定，童某某等人所不合章程分配的利润的行为，应当负担赔偿责任并且对于该行为所造成的流失的国有资产要依法予以追缴。

因此，在本案中，童某某等人对经营性利润进行分配的行为属于《企业国有资产法》第 71 条中的造成国有资产流失的行为，并且不经过履行出资人职责的机构的决定就将资金私分的行为也属于私分国有资产的行为。

四、参考意见

关于本案所涉公司国有独资企业性质的认定。根据《企业国有资产法》第5条的规定，国家出资企业，是指国家出资的国有独资企业、国有独资公司，以及国有资本控股公司、国有资本参股公司。私分国有资产的情况在国有企业改制后更为频繁，许多人利用国有企业在改制中的分立、合并，试图混淆其国有企业的性质。认定国有企业的性质，应从其发展历程、出资性质以及其是否拥有独立法人地位等予以判断。

本案的关键在于顺昌分公司、顺昌工程指挥部及顺昌远宏公司是否属于国有独资企业。案中所涉的顺昌远宏公司系中铁十六局下属企业，并且职工职权已被中铁十六局收购，其属性随中铁十六局。顺昌分公司（后更名顺昌工程指挥部）是中铁十六局分支机构。分支机构并没有独立法人地位，其属性与其主体中铁十六局一致。中铁十六局是国资委持有100%股份的上市公司，属于国有独资企业。

关于童某某等行为性质的认定。本案中童某某等未经股东大会的决议而擅自决定分配经营性利润的行为，已经违反了《公司法》中的程序要求。但经营性利润是否属于国有资产，此行为能否适用《企业国有资产法》对其评价需要进一步分析。《企业国有资产法》第71条规定了国有出资企业中董事、监事、高级管理人员对国有资产的损失需负责的情形。据此，应当首先确认该分配利润的主体是否符合主体要件，再确认其行为是否符合本条中所包含的行为要件。

本案中，童某某等分别在顺昌远宏公司、顺昌工程指挥部担任董事、监事等要职，满足了《企业国有资产法》第71条的主体要件，其违反《公司法》分配经营性利润的行为触犯了《企业国有资产法》第71条第1款第6项关于"违反法律、行政法规和企业章程规定的决策程序，决定企业重大事项"的规定。根据《企业国有资产法》第5条，国家对企业各种形式的出资所形成的权益均属于国有资产。本案所涉的几家企业根据分析评价，可以确认其国有独资企业性质，因此该企业所形成的经营性利润应被认定为国有资产。

至此，可以认定童某某等违反《公司法》程序要求分配经营性利润的行为会造成国有资产的流失，应当对其违法行为承担责任并追缴流失的国有资产。

📚 拓展案例

案例一：冯某某等私分国有资产案[1]

一、基本案情

2001 年始，广州光华鞋业有限公司（实质为国有公司）总经理被告人冯某某、副经理被告人黄某、黄某某等公司领导经讨论决定将公司账外资金以"春节慰问金"的名义发放给公司员工，并由被告人黄某、财务人员被告人区某某、陈某某负责具体操作。2001～2016 年期间，广州光华鞋业有限公司违反国家规定，以账外资金发放"春节慰问金"给员工共人民币 40 421 900 元。其中，被告人冯某某分得人民币 250 万元，被告人黄某、黄某某各分得人民币 396 万元，被告人区某某分得人民币 70 万元，被告人陈某某分得人民币 8.78 万元。冯某某的辩护意见中认为该企业发展过程中政府没有支持，完全是靠其自身的努力，在这其中冯某某功不可没，他是为了留住人才并经过公司集体讨论才决定向员工发放奖金，并不是以占有国有资产为目的。而黄某某的辩护意见中更是认为本案私分的"小金库"更多是来源于"炮金"、提前付款的返点等原本不属于国家资产的财产，因此实质上对这部分财产的私分没有造成国有资产流失。

经一审法院审理查明，2001 年始，广州光华鞋业有限公司（实质为国有公司）总经理被告人冯某某、副经理被告人黄某、黄某某等公司领导经讨论决定将公司账外资金以"春节慰问金"的名义发放给公司员工，并由被告人黄某、财务人员被告人区某某、陈某某负责具体操作。2001～2016 年期间，广州光华鞋业有限公司违反国家规定，以账外资金发放"春节慰问金"给员工共人民币 40 421 900 元。其中，被告人冯某某分得人民币 250 万元，被告人黄某、黄某某各分得人民币 396 万元，被告人区某某分得人民币 70 万元，被告人陈某某分得人民币 8.78 万元。

二、法律问题

1. 为了留住人才，以资金发放奖金为方式是否与"为了占有而私分"的

---

[1] 广东省广州市番禺区人民法院（2017）粤 0113 刑初 2373 号刑事判决书。

形式有所区别？该行为是否属于私分国有资产？

2. 本案中"小金库"资金来源即"炮金"、提前付款的返点等资金是否属于国有资产？

三、重点提示

发放奖金以留住人才只是冯某某等私分资产的一个出发点，但是私分国有资产的目的并不是认定私分国有资产行为的先决条件，也无法改变国有资产流失的事实性质。根据《企业国有资产法》第71条的规定"国家出资企业的董事、监事、高级管理人员有下列行为之一，造成国有资产损失的，依法承担赔偿责任；属于国家工作人员的，并依法给予处分：①利用职权收受贿赂或者取得其他非法收入和不当利益的；②侵占、挪用企业资产的；③在企业改制、财产转让等过程中，违反法律、行政法规和公平交易规则，将企业财产低价转让、低价折股的；④违反本法规定与本企业进行交易的；⑤不如实向资产评估机构、会计师事务所提供有关情况和资料，或者与资产评估机构、会计师事务所串通出具虚假资产评估报告、审计报告的；⑥违反法律、行政法规和企业章程规定的决策程序，决定企业重大事项的；⑦有其他违反法律、行政法规和企业章程执行职务行为的。"分析条文可得，关于私分国有资产的行为认定，并不需要判断该行为主观的目的性。换言之，不管该行为是出于何种目的性，均不影响私分国有财产行为的成立。

联系《企业国有资产法》第2条，可以得知国家对企业的出资有多种形式。由国家对企业的出资所形成的权益，即本法所称的企业国有资产或称经营性国有资产。在案例中，所谓的"炮金"和提前付款的返点，虽然不是直接的国有出资部分，但是由于该公司是属于国有公司，这部分的资金是属于国家对企业的出资所形成的利益。因此该部分应当被认定为国有资产。

案例二：李某某、罗某某私分国有资产罪案[1]

一、基本案情

2005年，兰州××××公司根据兰州市人民政府关于国有企业改革文件

---

[1] 甘肃省兰州市中级人民法院（2016）甘01刑终3号判决书。

的规定，依照相关程序进行整体改制。时任兰州×××公司总经理的被告人李某某与被告人罗某某预谋后，将公司的下岗职工生活费、房租费、养老金等款项在账外隐匿，未纳入财务正常核算账簿，截至评估基准日2005年5月31日，共有152万余元的国有资产未纳入改制范围。2005年10月起，被告人罗某某分多次将上述隐匿的152万余元转入改制后的兰州××服饰有限责任公司账户102万余元，转入兰州×××公司账户40万余元，4万余元由被告人罗某某保管，其余6万余元用于2006～2008年公司支出。另外在改制资产评估过程中，被告人李某某、罗某某为使本公司在兰州市城关区靖远路10号的部分房产不纳入改制，从兰州市规划国土资源局获取了靖远路10号部分房屋为违章建筑的证明，致使评估事务所将该处959.6平方米国有房产的价值评估为零。2005年10月，该公司又与兰州市城关区拆迁办签订了拆除靖远路10号面积合计为791.92平方米的《货币补偿协议书》。据此，获得拆迁补偿款421余万元。2006年10月至2007年11月，被告人罗某某分9次将拆迁补偿款中404万余元转入兰州××服饰有限公司账户，其余留存在兰州×××公司账户。被告人李某某、罗某某在兰州×××公司改制过程中隐匿国有资产共计573万余元，均由改制后的兰州××服饰有限责任公司实际控制、占有，属将隐匿的国有资产转为改制后集体持股的公司所有。2008年8月27日，兰州××服饰有限责任公司分2次将隐匿财产中的487万元上交兰州市人民政府国有资产监督管理委员会。

两人不服一审判决向甘肃省兰州市中级人民法院提起上诉，辩称拆迁中房屋和账外资金都是企业下属的原集体所有制企业集体所有，原鞋帽公司展销部和供销公司是集体企业，不属于国有资产；其既没有私分国有资产的目的也没有私分的行为，账外私存公款、评估为零是为了躲避债务，用于支付拖欠的费用。

二、法律问题

1. 该公司在账外隐匿，未纳入财务正常核算账簿的152万余元的资金是否属于国有资产？

2. 该公司在专制中使得建筑物价格评估为零的行为是否属于私分国有资产？

三、重点提示

该公司在账外隐匿，未纳入财务正常和账簿的 152 万余元的资金是改制前罗某某与李某某密谋所藏匿的兰州某公司的财产，该公司是属于国有企业。在《企业国有资产法》第 2 条规定，"企业国有资产"是指国家对企业各种形式的出资所形成的权益。两人将这部分资金以挂账在集体所有企业、作为员工下岗生活费等的方式隐匿在账外，并在完成改制后分批次转入以改制后组成的股份有限责任公司账号内。但由于这些资金从本质上是属于当时国家对企业的出资，因此其是属于国有资产的。

本案中该部分在改制中被评估价格为零的房产是属于当时兰州某国有公司的物业，是属于《企业国有资产法》中第 2 条规定的国家对企业各种形式出资所得的利益，因此更应当被认定为国有资产。兰州某公司为了使该部分房产不改制而作出虚假证明，并使其评估价值为零的行为，根据《企业国有资产法》第 47 条的规定，"国有独资企业、国有独资公司和国有资本控股公司合并、分立、改制，转让重大财产，以非货币财产对外投资，清算或者有法律、行政法规以及企业章程规定应当进行资产评估的其他情形的，应当按照规定对有关资产进行评估。"本案中，罗某某与李某某的行为明显违反了该项规定，是罗某某与李某某为了私分国有资产而进行的违法行为。

案例三：张某某、刘某某、陈某某、孙某某、顾某某、李某某、方某某、马某某私分国有资产罪案[1]

一、基本案情

恒大宏野公司是由 1975 年成立并运营的四平市公路客运公司转制而来的民营股份制企业。2000 年 5 月，四平市公路客运公司由国有企业转变为国有控股企业，更名为四平市宏野公路客运有限公司（以下仍简称宏野公司），企业注册资金人民币 147 万元。宏野公司于 2000 年 9 月 12 日在工商管理部门注册登记成立，按照四平国有资产管理局（2000）第 47 号《关于四平客运公

---

[1] 吉林省四平市中级人民法院（2016）吉 03 刑终 182 号刑事判决书。

司整体改组股权管理有关问题的批复》，四平市客运公司（含四平韩土运输有限公司）净资产为147万元（其中经营性净资产97万元，非经营性资产50万元），其中国家股97万股，占总股本的66%，由市财源国资公司持有；职工个人股50万元，占总股本的34%。2005年，宏野公司在改制的过程中，委托天诚信会计公司以同一时间（2005年6月7日）、同一文号（吉天评报字[2005]第255号）先后出具了两份《关于宏野公司企业改制资产评估报告书》（以下简称含土地使用权价值和无形资产的评估书、不含土地使用权价值和无形资产的评估书），含土地使用价值和无形资产的评估书的评估结论为截止到评估基准日，（2005年2月28日）宏野公司评估后资产总计为25 800 652.89元，负债评估价值总计为25 684 758.56元，净资产为115 894.33元。不含土地使用权价值和无形资产（运输线路权）的评估书是宏野公司为了能够以零价收购该公司97万国有股，又重新委托天诚信会计公司出具的评估书，评估结论为截止到评估基准日（2005年2月28日），宏野公司资产评估后价值总计为16 896 762.89元，负债评估价值总计为25 684 758.56元，净资产为−8 787 995.67元。这份评估报告书将宏野公司的无形资产（运输线路权）8 028 340元和土地使用权价值1 435 536.92元剔除，评估净资产为−8 787 995.67元，并以此向市财政局等有关部门报批，对97万国有股进行零价收购。宏野公司具有二级道路旅客运输经营资质，占有使用土地大约15 035平方米。被告人张某某身为宏野公司董事长、总经理与该公司其他七名班子成员（本案被告人），在国家控股的宏野公司的改制期间，利用职务之便，采取在委托资产评估时隐匿资产、少做资产评估、多做改制成本、虚列成本费用的手段，取得净资产为−8 787 995.67元的评估报告书，并上报政府改制相关部门的批准，宏野公司用10万元的价格购得市财源国资公司持有的宏野公司97万国家股股权，转让给公司全体股东，之后又依该评估报告书等手续，以企业改制成本不足为由，申请获得企业改制的相关优惠政策，经四平市人民政府国企改制领导小组及政府改制相关部门的批准，将出资购买股权款10万元又还给宏野公司，用于支付公司改制成本。按97万国有股份占企业实收资本比例66%计算，5 064 874.91元×66%＝3 342 817.44元，3 342 817.44元为国有股占有价值，其中，被告人张某某分得国有股占有率为17.289073%，分得国有资产价值为577 942元；被告人陈某某、刘某某、孙某某、顾某某、李某某、方某某、马某某每人分得国有股占有率为 5. 532 504%，分得国有资产价值为 184 941. 50 元，合计 1 294 590. 50 元；其他 99 人分得国有股占有率为 43. 983 41%，占有资产价值 1 470 284. 94 元。即被告人张某某、刘某某、陈某某、孙某某、顾某某、李某某、方某某、马某某私分国有资产 1 872 532. 5 元。现被告人张某某等 8 人已将各自分得股权出售给张某甲、张某乙，张某某出售股权所得人民币 350 万元，刘某某、陈某某、孙某某、顾某某、李某某、方某某、马某某每人出售股权所得人民币 100 万元。

张某某等不服一审裁判提出上诉，在辩护意见中均认为公司改制后的净资产额为 11 万元，而非 400 万元。司法会计检验只对资产总额按比例进行折算，对负债没有计算。

二、法律问题

1. 在该案中公司改制后的净资产是如何计算？
2. 张某某等当事人以单位职工收购名义私分企业国有股权要承担何种责任？

三、重点提示

在本案中关于认定私分国有资产的一个较大的争议点是关于公司改制中的资产如何计算，关键在于土地使用权价值和无形资产（运输线路权），以及负债是否要算入改制中的评估范围。其实关于土地使用权，在《国资委关于进一步规范国有企业改制工作实施意见的通知》（国办发〔2005〕60 号）中就有明确规定。在第 3 点第 5 项中规定，"关于企业改制涉及土地使用权的，必须经土地确权登记并明确土地使用权的处置方式。进入企业改制资产范围的土地使用权必须经具备土地估价资格的中介机构进行评估，并按国家有关规定备案。涉及国有划拨土地使用权的，必须按照国家土地管理有关规定办理土地使用权处置审批手续。"由此可见，根据国资委对于国有企业改制工作的实施意见，明确规定土地使用权是在改制中需要一并评估的部分，并且需按相关规定办理审批手续。

而关于在改制中的金融债务，国务院出台了专门的规定，即《国务院关于在国有中小企业和集体企业改制过程中加强金融债权管理的通知》（国发明电〔1998〕4 号），以防止在企业改制中出现逃避债务的行为。

　　而关于无形资产（运输线路权），在《企业国有资产法》第 2 条中规定了，国家对于企业的出资并不限于货币形式，也可以以实物、知识产权、土地使用权等可以用货币估价并可以依法转让的非货币财产作价出资。所以属于无形资产的运输线路权也属于国有资产，在进行国有企业改制时的资产评估时，需要根据《国有资产评估管理办法施行细则》（国资办发［1992］36号）的规定进行评估。

　　张某某等被告的行为已经构成了私分国有资产，根据《企业国有资产法》第 71 条的规定"国家出资企业的董事、监事、高级管理人员有下列行为之一，造成国有资产损失的，依法承担赔偿责任；属于国家工作人员的，并依法给予处分：①利用职权收受贿赂或者取得其他非法收入和不当利益的；②侵占、挪用企业资产的；③在企业改制、财产转让等过程中，违反法律、行政法规和公平交易规则，将企业财产低价转让、低价折股的；④违反本法规定与本企业进行交易的；⑤不如实向资产评估机构、会计师事务所提供有关情况和资料，或者与资产评估机构、会计师事务所串通出具虚假资产评估报告、审计报告的；⑥违反法律、行政法规和企业章程规定的决策程序，决定企业重大事项的；⑦有其他违反法律、行政法规和企业章程执行职务行为的。国家出资企业的董事、监事、高级管理人员因前款所列行为取得的收入，依法予以追缴或者归国家出资企业所有。履行出资人职责的机构任命或者建议任命的董事、监事、高级管理人员有本条第一款所列行为之一，造成国有资产重大损失的，由履行出资人职责的机构依法予以免职或者提出免职建议。"张某某等被告的行为已经明显违反了该条文规定，其利用私分的国有资产所取得的收入必须依法予以追缴或者归国家出资企业所有，但由于该公司已经改制，不由履行出资人职责的机构依法予以免职或者提出免职建议。

📚 拓展资料

专题三十九　拓展阅读资料